U0845309

1975 邓小平主持整顿

程中原 夏杏珍 / 著

人民出版社

1975 年的邓小平

1973 年 4 月 12 日，邓小平出现在周恩来举行的欢迎柬埔寨西哈努克亲王的宴会上。这是邓小平自 1967 年销声匿迹后，第一次公开露面。

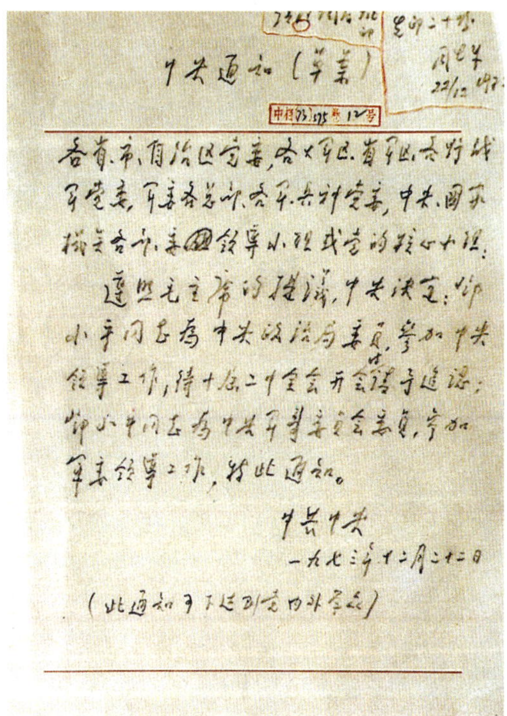

中共通知（草案）

各省、市、自治区党委，各大军区、省军区、野战军党委，军委各总部、各军兵种党委，中央、国家机关各部委领导小组或党的核心小组：

遵照毛主席的提议，中央决定：邓小平同志为中央政治局委员，参加中央领导工作，待十届二中全会开会时予以追认；邓小平同志为中央军事委员会委员，参加军委领导工作，特此通知。

中共中央

一九七三年十二月二十二日

（此通知可下达到党内外群众）

1973 年 12 月 22 日，周恩来起草的中共中央关于邓小平任职决定的通知

1974 年，毛泽东、周恩来、邓小平在北京中南海游泳池客厅亲切交谈

1974 年 4 月 10 日，邓小平在联合国大会第六届特别会议上发表讲话

1974 年 11 月 12 日，邓小平在湖南长沙陪同毛泽东，会见民主也门总统委员会主席鲁巴伊

1974 年，国产万吨货轮“风庆”号下水

1975 年 1 月 13 日，周恩来在第四届全国人大第一次会议上抱病作《政府工作报告》

春节期间将上映《创业》等一批新影片

新华社一九七五年二月九日讯　春节将临，我国电影工作者最近摄制完成的一批彩色故事片、美术片、新闻纪录片和科学教育片，将于二月十一日起在全国城乡陆续上映。

由长春电影制片厂拍摄的彩色故事片《创业》，以解放前夕油矿工人护矿斗争到六十年代石油会战为背景，艺术地再现了我国石油工人在中国共产党的领导下，同帝、修、反作斗争，排除错误路线和错误思想的干扰，独立自主、自力更生开发大油田的革命志气和英雄业绩，歌颂了奴隶们创造历史的伟大真理。

影片《创业》的摄制，是把革命样板戏创作原则和创作经验运用于电影艺术创作的新成果。《创业》摄制组深入学习、领会革命样板戏的经验，成功地塑造了主人公周挺杉在阶级斗争、路线斗争中的英雄形象，为我国工人阶级高唱赞歌。

这部影片又是专业作者、业余作者和工人群众进行三结合创作的产物。

《创业》的编剧、导演等主要创作人员都比较长时间地深入生活，亲身感受到我国石油工人奋发图强的革命精神和大无畏的英雄气概。他们和业余作者、石油工人一起，组成创作班子，集体讨论研究。剧本初稿完成后，又拿到群众中去征求意见。大庆、胜利、玉门等油田党委和工人群众把《创业》的拍摄当作自己份内的工作。曾参加过六十年代石油会战的工人组成了顾问团，对影片提出许多好建议。由群众推选出来的八名大庆工人在摄制组里既当群众演员，又做技术指导，发挥了积极作用。

最近摄制完成并将在春节期间上映的影片共有三十部。重新拍摄的彩色故事片《平原游击队》，在原来剧本的基础上进行了加工、提高，歌颂了人民战争的伟大思想。此外还有美术片《骏马飞腾》《大潮汛之夜》和纪录片《战鼓催春》等，描绘了我国工农兵群众战天斗地的革命精神面貌，赞颂了社会主义新生事物茁壮成长。一些科教片介绍了许多先进技术的诞生。

1975年2月10日，《人民日报》关于电影《创业》上映的消息

1975年2月10日　星期一　第四版　　人民日报

沿着毛主席的无产阶级文艺路线胜利前进

——彩色故事影片《创业》剧照

长春电影制片厂摄制的彩色故事影片《创业》，以解放前夕油矿工人护矿斗争和六十年代石油会战为背景，描写了以周挺杉为代表的中国石油工人在党的领导下，向美帝、苏修及国内反动派作坚决的斗争，排除错误路线、错误思想的干扰，终于在大草原上拿下大油田的故事。影片塑造了铁人式的石油工人的高大形象，表现了中国工人阶级大无畏的英雄气概和高度的阶级斗争、路线斗争觉悟，歌颂了毛主席**“独立自主、自力更生”**方针的伟大胜利，体现了奴隶们创造历史的伟大真理。

（本组照片为新华社、中国电影公司供稿）

⇦　“石油工人一声吼，地球也要抖三抖。”周挺杉带领钻井队发扬“有条件要上，没有条件创造条件也要上”的革命精神，连续战斗。这是周挺杉顶着寒风，手扶刹把，快速钻进。

⇧　“青天一顶星星亮，荒原一片篝火红，石油工人学‘两论’，创业有了指路灯。”会战前线指挥所政委华程（前排左）带领周挺杉等深夜学习《矛盾论》和《实践论》，从中汲取精神力量。

⇧　在石油会战的紧要关头，现代修正主义背信弃义。周挺杉钻井队指导员许光发拿着“还债苹果”向大家作政治动员，激发工人们的革命精神。

⇧　解放前夕，在三座大山重压下的石油工人十斤娃（周挺杉）拉着背驮“美孚”油桶的骆驼队，怀揣“中国人民解放军布告”，向裕明油矿走来。

⇧　周挺杉带领钻井队连续战斗，深钻快钻。

1975 年 2 月 10 日，《人民日报》发表的电影《创业》剧照

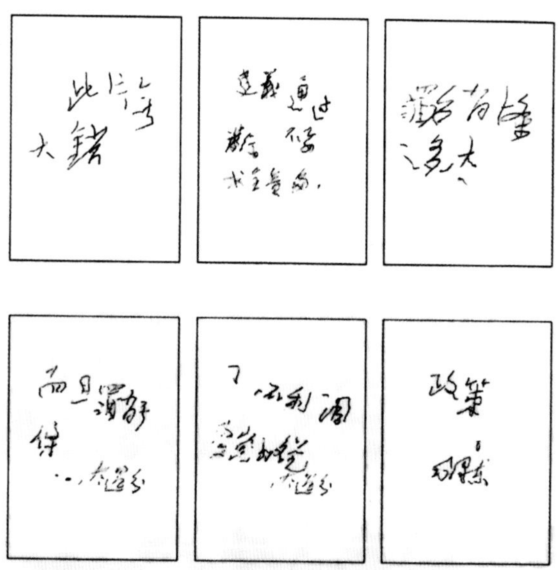

1975 年 7 月 25 日，毛泽东关于电影《创业》的批示手迹

1975年夏在全国上映的电影《海霞》剧照，右一为影片主人公海霞

1975年，邓小平等人在毛泽东的客厅里

1975 年 4 月 18 日，邓小平陪同朝鲜最高领导人金日成，乘敞篷汽车经过北京天安门广场

中共中央军委确定，1975 年军事训练的重点之一是干部训练。图为某部教导队集训基层干部。

目　录

引　言

1975 年，在中华人民共和国历史上是极不寻常的一年，是闪耀着特殊光辉的一年。

这一年，邓小平，这位在“文化大革命”开始后即以党内第二号“走资派”被打倒、1973 年又重新出山的伟大人物，在毛泽东、周恩来的支持下，大刀阔斧地在全国各方面进行整顿，同占据要津的“四人帮”展开了特殊的斗争，力图拨乱反正，使历经 8 年“文化大革命”动乱的中国，恢复正常的生产秩序和社会秩序，实现安定团结的局面。同时，他又推行改革开放，力图尽快把国民经济搞上去。后来，邓小平曾几次回顾 1975 年整顿这一段难忘的历史。他说：“其实，拨乱反正在一九七五年就开始了。那时我主持中央党政工作，提出了一系列整顿措施，每整顿一项就立即见效，非常见效。这些整顿实际上是同‘文化大革命’唱反调，触怒了‘四人帮’。他们又一次把我轰下台。”①邓小平又说：“说到改革，其实在一九七四年到一九七五年我们已经试验过一段。”“那时的改革，用的名称是整顿，强调把经济搞上去，首先是恢复生产秩序。凡是这样做的地方都见效……一九七六年四五运动，人民怀念周总理，支持我的也不少。这证明，一九七四年到一九七五年的改革是很得人心的，反映了人民的愿望。”②

曲折前行的历史有其自身发展的逻辑。重大历史事件的发生、发展和结局，都不是任何个人主观意志所能决定的，而是历史的必然要求的反映，也是

---

① 《邓小平文选》第 3 卷，人民出版社 1993 年版，第 81 页。

② 《邓小平文选》第 3 卷，第 255 页。

各种力量交互作用的结果。恩格斯说过，到目前为止的历史总是像一种自然过程一样地进行，而且实质上也是服从于同一运动规律的。历史的最终的结果总是从许多单个的意志的相互冲突中产生出来的。有无数互相交错的力量，有无数个力的平行四边形，由此就产生出一个合力，即历史结果，而这个结果又可以看作一个作为整体的、不自觉地和不自主地起着作用的力量的产物。因为任何一个人的愿望都会受到任何另一个人的妨碍，而最后出现的结果就是谁都没有希望过的事物。各个人的意志都达不到自己的愿望，但每个意志都对合力有所贡献，因而是包括在这个合力里面的。① 1975 年的整顿及其最终结局，是"文化大革命"发展到那一特定历史时期的产物，也是各种政治力量相互对立、斗争，融汇成一个合力的结果。

只要我们具体地审视历史，哪怕只是不长的一个段落，就会发现，历史发展的进程，同处于主导地位的个人的主观意志、同预先设定的目标，不相一致，甚至完全背离，这种情况是经常发生的。列宁说过："据说，历史喜欢作弄人，喜欢同人们开玩笑。本来要走进这个房间，结果却走进了另一个房间。"②毛泽东，这位领导中国人民解放事业取得胜利，缔造了中华人民共和国，并奠定了社会主义基业的伟大领袖，他所发动和领导的"文化大革命"，就处于这样的事与愿违的悲剧境地。

毛泽东在发动"文化大革命"以后，曾经不无喜悦地对外国朋友说："过去我们搞了农村的斗争，工厂的斗争，文化界的斗争，进行了社会主义教育运动，但不能解决问题，因为没有找到一种形式，一种方式，公开地、全面地、由下而上地发动广大群众来揭发我们的黑暗面。"③现在终于找到了这种办法，这就是"文化大革命"。他认为用"文化大革命"的办法，可以自下而上地发动群众揭发我们的黑暗面，"天下大乱，达到天下大治"④，实现反修防修，防止和平演变，防止资本主义复辟，巩固无产阶级专政。

可是，毛泽东的良好愿望脱离了客观实际。他对形势的判断，他确定的

---

① 《马克思恩格斯选集》第 4 卷，人民出版社 1995 年版，第 697 页。

② 《列宁全集》第 20 卷，人民出版社 1958 年版，第 459 页。

③ 毛泽东：《同卡博、巴卢库的谈话》（1967 年 2 月 3 日）。中共九大的政治报告（1969 年 4 月 1 日）引用了这一段话。这个报告于 1969 年 4 月 14 日经中共九大通过，发表在 1969 年 4 月 28 日的《人民日报》上。

④ 《建国以来毛泽东文稿》第 12 册，中央文献出版社 1998 年版，第 71 页。

"文化大革命"的对象、依靠的力量、进行的方法,都出现了严重的差错。事情的发展同毛泽东的预想背离。他亲自发动的"文化大革命"被林彪、江青两个反革命集团利用,变成了一场给中国人民带来极大灾难的内乱。当时全国上下,"打倒一切","全面内战"。毛泽东这样英明、伟大,也难于控制和改变这种"天下大乱"的局面。

面对全国绵延不息的动乱,1967 年 1 月,毛泽东决定解放军介入"文化大革命",实行"三支两军",以控制和稳定局势;1967 年夏,巡视大江南北,号召停止派性武斗,实行"大联合"、"三结合";1968 年 8 月,又派出由工人组成的毛泽东思想宣传队进入清华大学制止武斗。经过艰苦努力,甚至流血牺牲,总算在 1968 年 9 月,实现了"全国山河一片红"(即除台湾省外,当时全国 29 个省、自治区、直辖市都成立了革命委员会),宣布"文化大革命"在全国范围进入"斗、批、改"阶段。继 1968 年 10 月中共八届十二中全会①之后,1969 年 4 月,召开了被称为"团结的大会,胜利的大会"的中共第九次全国代表大会。

原以为中共九大以后,经过"斗、批、改",就可以实现"天下大治"的预期目标,不想在 1970 年 8 月的庐山会议上,又发生了一场激烈的斗争。陈伯达配合林彪集团,发动突然袭击,"煽风点火,唯恐天下不乱,大有炸平庐山,停止地球转动之势"。② 会后,毛泽东发动了"批陈整风"。1971 年夏,他又"周游历国",同各地党政军负责人谈话。目的之一,是敲山震虎,教育、挽救林彪。林彪不仅不思悔改,反而变本加厉,策划谋害毛泽东。挂上炸弹的飞机,企图在毛泽东的专列行将经过的苏州至无锡之间的硕放车站第 127 号铁路桥下手。林彪的阴谋被毛泽东识破和粉碎,最终以"9·13"叛国外逃、座机"三叉戟"在蒙古温多尔汗坠毁而告终。

否极泰来。历史在震惊世界的突发事件中出现了转机。

林彪事件给毛泽东的震撼难以估量。它促使毛泽东猛醒,正视并开始纠正"文化大革命"的一些错误,特别是纠正"文化大革命"前期造成的一批冤假错案,落实干部政策,解放老干部。

1971 年 11 月 14 日,毛泽东在接见参加成都地区座谈会人员时,当着叶剑英的面,肯定"二月逆流",说所谓"二月逆流"是老帅和副总理们"对付林

---

① 中共八届十二中全会作出了把刘少奇开除出党的错误决定。

② 《建国以来毛泽东文稿》第 13 册,中央文献出版社 1998 年版,第 114 页。以下引用该书,只注书名和页码。

彪、陈伯达、王关戚”。①

1972年1月10日，毛泽东未及更衣，在睡袍外罩上一件大衣，就匆匆赶赴八宝山革命公墓参加陈毅的追悼会，连说“陈毅同志是一个好人，是一个好同志”。

1972年8月14日，毛泽东在邓小平揭批林彪的来信上作出批示，肯定邓小平“在中央苏区是挨整的”，“是所谓毛派的头子”；“他没历史问题”，“有战功”；“率领代表团到莫斯科谈判，没有屈服于苏修”。这个批示使得“文化大革命”初期就作为党内第二号“走资派”而被错误打倒的邓小平，于1973年3月重新回到了中央领导岗位。

陈云、王稼祥、谭震林、罗瑞卿、谭政、杨成武、李一氓、苏振华、林枫、叶飞、吴冷西、舒同、郭化若、何长工、贺诚、陈丕显、刘景范等一大批老同志，都由毛泽东亲自批示，或被“解放”出来，或安排工作。

林彪事件后，中央日常工作由周恩来主持。周恩来领导进行了1972年的整顿。他组织批判极左思潮，力图恢复正常秩序，致力解决国民经济的“三个突破”②问题，使动乱局面逐步得到控制，经济和社会生活出现了转机。

可是，好景不长。在“批林”是“批极左”还是“批极右”这个带根本性质的问题上，周恩来同江青、张春桥等人发生了尖锐的对立。毛泽东不赞成批极左，他在1972年12月说：“极左思潮少批一点吧”，“（林彪）是极左？是极右。修正主义，分裂，阴谋诡计，叛党叛国”。③

此后，江青一伙的政治地位继续上升。中共十大（1973年8月24日到28日召开）以后，江青、张春桥、王洪文、姚文元在中共中央政治局内结成了一个小集团——“四人帮”。他们利用毛泽东的错误判断，兴风作浪，制造新的动乱。1974年年初，他们搞起了一个“批林批孔”运动。他们声称“批林批孔”运动是“第二次文化大革命”，制造“批林批孔批周公”的舆论，把矛头指向周恩来以及邓小平、叶剑英等老一辈无产阶级革命家，企图篡夺党和国家的最高

---

① 王关戚，指王力、关锋、戚本禹，都是江青为副组长的中央文革小组的成员。

② 国民经济的“三个突破”，指职工人数突破5000万人，工资支出突破300亿元，粮食销量突破800亿斤。

③ 毛泽东在1972年12月17日的一次谈话。据中共中央党史研究室：《中共党史大事年表》，人民出版社1987年版，第383页；徐达深主编：《中华人民共和国实录》第3卷下册，吉林人民出版社1994年版，第875页。

权力。

于是，动乱再起。在“四人帮”的煽动和指挥下，1974 年春夏之交，到处批“复辟派”、揪老干部，政治空气十分紧张；在“不为错误路线生产”等口号下，不少工矿企业停工停产；社会上又出现联络站、上访团、汇报团以及民兵指挥部一类组织，派性重新膨胀，山头重新树立，有些地方又发生严重武斗事件。总之，“批林批孔”运动再度引起动乱，使得刚刚趋向安定的政治局势、社会生活和有所发展的国民经济重新遭到严重破坏。

这时，历经波折、年老体衰的毛泽东已经不愿像“文化大革命”初期那样放手发动群众搞政治运动了。他对江青一伙的做法不满，多次给予严肃批评。周恩来、叶剑英、邓小平等人想方设法对“批林批孔”运动的规模、范围、力度有所约束，有所限制，即便如此，也终难遏制“批林批孔”运动对国民经济和社会生活的巨大破坏。

1974 年前 5 个月，山东、湖南、贵州、内蒙古、江西、浙江、安徽、山西、湖北、新疆、四川等 11 个省区的工业产值比 1973 年同期下降，全国工业生产出现萎缩甚至倒退的严重局面。虽然中共中央于 1974 年 7 月 1 日发出《关于抓革命、促生产的通知》，混乱局面有所控制，但终难改变许多企业的半瘫痪状况。“批林批孔”运动造成的经济损失十分巨大。1974 年，全国没有完成工业生产计划，主要工农业产品，除原油、粮食增长外，其他全都减产。钢产量比 1973 年下降 410 万吨；原煤产量下降 400 万吨；铁路货运量下降 5.3%，比 1973 年少运货物 4321 万吨；外贸逆差 13.4 亿美元。全年财政赤字 7.7 亿元人民币。

面对社会动乱不止和国民经济下降的局面，毛泽东决心结束“文化大革命”。他先后作出了“要安定团结”、“把国民经济搞上去”和关于理论问题的指示。与此同时，对四届全国人大的人事安排，他也及时作出了决策。他看透了江青的野心，不许她插手“组阁”，并指出要解决“四人帮”的问题。他依靠周恩来主持人事安排，要邓小平担任国务院第一副总理，中共中央政治局常委、副主席，中国人民解放军总参谋长等党政军重要职务，让周恩来、邓小平、叶剑英等老一辈无产阶级革命家执掌党、国家、军队的最高权力。

中共十届二中全会和四届全国人大一次会议以后，邓小平接替病重的周恩来总理，主持国务院工作。他不负党和人民的重托，立即在实现“两步设想”、建设四个现代化社会主义强国的宏伟目标指引下，以“三项指示为纲”，大刀阔斧地领导了1975年的整顿。

四届全国人大一开过，邓小平立即对军队整顿作了部署，同时开始重点抓铁路整顿，很快就取得突破性进展。随即，他在工交战线各行各业推广铁路整顿的经验，并乘胜转入对钢铁工业和国防科技的重点整顿。短短三四个月，铁路运输面貌改观，煤炭工业恢复发展，钢铁扭转欠产局面，整顿收到了令人惊叹的实效。整个工交战线出现安定团结和把生产搞上去的好势头。

在此期间，围绕"四人帮"提出的"反经验主义"，展开了一场严重的斗争。毛泽东尖锐地批评了"四人帮"，有力地支持了邓小平。江青被迫写了检查，王洪文被派往外地。从1975年7月2日起，中共中央政治局常务工作由邓小平主持。

这时，毛泽东主动提出要调整党的文艺政策，逐步活跃文艺。他接连对周扬一案和电影《创业》作出批示。邓小平抓住有利时机，及时地把整顿向面上铺开并引向深入。毛泽东和中共中央批准了邓小平的提议，国务院设立了政治研究室，成为协助邓小平领导整顿的参谋班子和写作班子。7月起，军队的整顿、文艺的调整、科技的整顿、地方的整顿，先后展开。邓小平决心乘胜前进。他赋予整顿双重任务：首先是拨乱反正，进而要改革发展。在他看来，"把国民经济搞上去"，不仅要恢复生产秩序，完成1975年的年度计划和"四五"计划，而且要设计出实现"两步设想"、建设"四个现代化社会主义强国"的蓝图。邓小平认为，当时在发展国民经济方面有两项工作最为急迫：一是对发展国民经济从指导思想到具体要求要确定共同遵循的"章程"，二是对实现"两步设想"具有关键作用的今后10年要作出长远规划。为此，邓小平着重抓了三件事：计划工作务虚会和《工业二十条》，关于科学工作的《汇报提纲》，10年长远规划。

邓小平提出，整顿的核心是"党的整顿"，并部署在1975年冬至1976年春进一步开展"全面整顿"。全面整顿包括军队整顿、地方整顿、工业整顿、农业整顿、商业整顿、文化教育整顿、科技整顿、文艺整顿和党的整顿9个方面。为"全面整顿"作准备，邓小平指导起草了工业和科技方面的两个条例，以"三项指示为纲"指导"全面整顿"的《人民日报》社论也已由国务院政治研究室起草好。就在"全面整顿"准备进行而尚未展开之际，"批邓、反击右倾翻案风"运动开始，"全面整顿"夭折。

邓小平主持的1975年整顿，反映了在实践证明"文化大革命"已经失败的形势下当代中国历史发展的必然要求；整顿在短期内取得的巨大成功，集中体现了中国共产党的领导力量与核心作用，反映了中国人民建设现代化社会主义强国的强烈愿望；而整顿的中途夭折，说明这个历史的必然要求在当时各种政治力量交互作用的“合力”下事实上之不可能实现。

但是，这不过是历史的极其短暂的曲折。正是1975年整顿取得的成功及其遭受的挫折，进一步唤起了人民的觉醒，鼓舞了人民的斗志，增强了人民的信心，迎来了以怀念周恩来、拥护邓小平、反对“四人帮”为主题的四五运动，迎来了粉碎“四人帮”、结束“文化大革命”的“十月的胜利”。

1975年整顿，演出了许多惊心动魄、生动感人的活剧，给人们留下了不可磨灭的记忆，对中华人民共和国的历史发展产生了巨大的、深远的影响。

在“文化大革命”10年内乱中，1975年整顿有其独具的、特殊的辉煌。作为从大乱走向大治的努力，作为拨乱反正、改革开放的尝试，作为历史转折的前奏，作为邓小平理论的孕育，1975年整顿的历史，值得深入研究、认真总结，值得浓墨重彩地大书特书，载入中华人民共和国和中国共产党的史册。

第一章
历史机缘

一、毛泽东指示要安定团结

（一）毛泽东的“八月指示”和中共中央关于召开四届全国人大的决定

1974年8月，炎炎盛暑。神州大地的政治气候，由于“批林批孔”运动的展开，同自然季节一样，持续高温。在北京参加各大军区司令员、政委会议①的将军们，更是闷热难熬。这时，从号称中国“三大火炉”之一的武汉，风景秀丽的东湖梅岭1号别墅里，忽然吹出一阵清风——毛泽东指示：“无产阶级文化大革命已经八年。现在，以安定为好。全党全军要团结。”这条“八月指示”，使得位于政治寒暑表高处的水银柱一下降了下来。军队高干会上的将军们如沐春风，会议也很快散场。

毛泽东的这条“最高指示”被传达到广大干部、群众，是在10月中旬。传达这条指示的，是中共中央在1974年10月11日发出的《关于准备在最近期间召开第四届全国人民代表大会的通知》。该通知开头第一句话，就是全中国人民久已企盼的消息：“中央决定，在最近期间召开第四届全国人民代表大会。”接着，就传达了毛泽东这条关于安定团结的重要指示，指出“根据国内外的大好形势”，中共中央认为在最近期间召开四届全国人大“是适宜的”，要求各单位抓紧做好各项准备工作。

（二）四届全国人大缘何“难产”

早在一年前，周恩来于1973年8月24日代表第九届中央委员会向中共

① 又称军队高干会、各大军区负责人会议。

十大作的报告中，就已经向全中国和全世界宣布："最近，我们还要举行第四届全国人民代表大会。"但是，8 月 28 日中共十大闭幕以后，却久久不见召开四届全国人大的音讯。经过"文化大革命"锻炼、政治嗅觉特别灵敏的中国人，心中不免升起一团疑云：四届全国人大又一次被推延，是不是中央高层又出了什么事情？

这种怀疑和猜测不是没有道理的，因为召开四届全国人大这件事，前后已经说了四五年，其间有过一次大的反复，闹得惊天动地。

在 1968 年 9 月实现"全国山河一片红"以后，1969 年 4 月召开了中共九大。此后，召开四届全国人大就被提上了议事日程，开始着手修改宪法等准备工作。1970 年八九月间的中共九届二中全会上，由"称天才"、设国家主席的问题，引发了一场同林彪集团的尖锐斗争。尽管如此，中共九届二中全会还是认为，召开四届全国人大是"全国人民的迫切愿望"，建议全国人大常委会"进行必要的准备工作，以便在适当的时候召开四届（全国）人大"。① 此后，开展"批陈整风"，从 1970 年 12 月起，接连召开华北会议、中共中央军委座谈会直至"批陈整风"汇报会，花了半年多时间。到 1971 年 8 月 12 日，毛泽东、周恩来才又重新商议召开四届全国人大事宜。毛泽东设想在当年国庆节后召开。8 月 14 日，毛泽东到南方各地巡视，周恩来即在北京积极筹备。

1971 年 9 月 12 日晚，林彪调用"三叉戟"飞机企图南逃广州的时候，周恩来正在人民大会堂福建厅主持会议，讨论准备在四届全国人大会上作的《政府工作报告》。"9 · 13"事件打乱了一切工作的正常秩序，召开四届全国人大这件大事不得不又一次被搁置下来。

经过两年"批林整风"、清查清理，中共中央批准了关于林彪反党集团的审查报告，作出永远开除林彪党籍的决议，并于 1973 年 8 月 24 日至 28 日在北京召开了中共第十次全国代表大会。这标志着林彪的事情已经了结，历史翻开了新的一页。可是，在中共十大宣布"最近"就要召开四届全国人大以后，却迟迟没有下文。接踵而来的，是一场与"文化大革命"相提并论的全国性的政治运动——"批林批孔"运动。不是中央高层出了什么事，又是为什么呢？

的确，为什么 1973 年 8 月中共十大闭幕以后四届全国人大又一次久拖不

① 中国共产党第九届中央委员会第二次全体会议公报（1970 年 9 月 6 日）。

开？为什么一年后毛泽东在武汉发表“八月指示”，召开四届全国人大又被重新提上日程？这个历史的疑团，不能不解。不然，就无法把握毛泽东的思想脉搏的变化，无法把握中国共产党内主要政治力量之间的相互斗争和起伏消长；当然，也就说不清楚这一段历史的来龙去脉，无从了解1975年整顿的历史机缘，即整顿何以适逢其时地在1975年进行，而且是在“文化大革命”中作为党内第二号“走资派”被打倒的邓小平主持下进行的。

事实上，中共十大闭幕以后，四届全国人大会议的筹备工作立即在周恩来主持下积极进行。1973年9月12日，周恩来在陪同毛泽东会见法国总统蓬皮杜后，向毛泽东汇报了四届全国人大筹备情况。当天，周恩来主持召开了中共中央政治局会议，商定：发出关于召开四届全国人大的通知。先在中共中央政治局内成立3个小组进行筹备工作。这3个小组，一个是“组织工作小组”，由王洪文任组长，李德生、李先念、纪登奎、吴德、汪东兴为组员，负责调整全国人大代表名额，审查全部组成人事名单。再一个是“宪法修改小组”，康生任组长，张春桥为代组长，江青、纪登奎、苏振华、倪志福为组员，负责宪法的修改、整理，拟先选几个单位试作修改。另一个是“《政府工作报告》起草小组”，周恩来任组长，王洪文、叶剑英、张春桥、姚文元、李先念、华国锋为组员，应在近期提出报告要点或大纲。这3个小组的工作均需在10月5日前进行完毕。①

9月14日，周恩来陪同法国总统蓬皮杜前往山西大同参观、访问。行前，他向毛泽东书面报告了9月12日中共中央政治局会议议定的事宜，并说：“这些程序如果进行得顺利，四届（全国）人大正式会议开五六天就能解决问题。”②

10月16日，周恩来再次主持召开中共中央政治局会议，讨论四届全国人大筹备工作，并基本通过了《政府工作报告》草稿。③ 按正常情况，如果不发生什么意外，四届全国人大在11月、至迟12月召开是没有问题的。

可是，历史进行曲的主旋律中常会被插进不和谐的变奏，预期的进程被偶发事件所改变的情况并不少见。就在这时，接连发生了三件大事，影响了人民共和国历史前进的脚步。

---

① 据中共中央文献研究室编：《周恩来年谱（1949—1976）》（下卷），中央文献出版社1997年版，第621页。以下引用该书，只注书名和页码。

② 据《周恩来年谱（1949—1976）》（下卷），第621—622页。

③ 据《周恩来年谱（1949—1976）》（下卷），第628页。

（三）对历史进程发生影响的三件大事

1. 连续召开“帮周会”

所谓“帮周会”，就是中共中央政治局连续批周恩来及叶剑英的会。

事情的起因同基辛格来访有关。1973 年 11 月 10 日至 14 日，已经担任美国国务卿兼总统国家安全事务助理的基辛格又一次来中国访问。周恩来、叶剑英等人同他就中美关系、台湾问题及其他有关问题举行了多次会谈。其间，毛泽东于 12 日下午会见了基辛格，周恩来在座。14 日，发表了中美关于基辛格访华的公报。

据已经解密的美方档案记录，在 11 月 13 日上午于人民大会堂举行的会谈中，基辛格提出，以美国的卫星系统向中国提供早期预警，以便及时采取措施，保护中方的防空、防御系统（轰炸机、导弹等），或者在中美之间签订一个有关意外的核战争的协议（提供了草拟文本）；不论采取上述两种方式中的哪一种，都需要在美国的卫星与北京之间建立热线，以便在几分钟之内让中国得到消息。周恩来回答，对于你想讨论的事情，我必须研究一下。明天早晨在你离开之前，我会来向你告别。我想，有些东西对我们会有所帮助，虽然在战争中人的因素起决定性作用，但也必须考虑实际的因素。第二天早晨，周恩来对基辛格说，热线只能以一种无人感到中美双方是盟友的方式建立。基辛格表示同意。周恩来告诉基辛格，对基辛格提出的建议，他将同叶剑英和毛泽东进一步研究。黄镇会给华盛顿一个答复。①

11 月 14 日早晨，周恩来送基辛格离开北京，还没有来得及向毛泽东汇报、同毛泽东和叶剑英进一步研究，毛泽东就听到了不可靠的汇报，误认为周恩来和叶剑英在会谈中有错误，大为不满，说了很严厉的话。11 月 17 日，毛泽东召集周恩来和姬鹏飞、乔冠华、黄镇等外交工作负责人到他的住处开会，讲了对这次中美会谈的一些意见，提出召开中共中央政治局会议讨论。②

---

① 据威廉·伯尔：《基辛格秘录》，远方出版社 1999 年版，第 233—235 页。该书中译本注明资料来源为：“PPS 节 381 号，《总统的中国之行》”。引者按，似应为《我的中国之行》，基辛格于 1973 年 11 月 19 日写给美国总统尼克松的报告。PPS 是存于美国国家档案局的国务院文件（1969—1977 年）。该书作者说：“没有证据表明他（引者按：指黄镇）或其他的中国官员曾经对基辛格的建议作出反应。”（第 235 页）

② 据乔冠华写的一份材料；《周恩来年谱（1949—1976）》（下卷），第 634 页。当时，姬鹏飞是外交部部长，乔冠华是外交部副部长，黄镇是中国驻华盛顿联络处主任。到会的还有担任翻译的外交部干部王海容、唐闻生、章含之、沈若芸。

当天晚上，周恩来即主持召开中共中央政治局会议，传达了白天毛泽东说的对于中美会谈的意见，并介绍了此次同基辛格会谈的情况。会上，江青斥责周恩来和叶剑英是“右倾投降主义”。周恩来同她再三争辩，江青有恃无恐。周恩来只得委曲求全，于 18 日两次向毛泽东书面报告中共中央政治局会议情况，表示自己在这次中美会谈中“做得不够”。①

按照毛泽东的意见，中共中央政治局从 11 月 21 日起连续开会，批评周恩来以及叶剑英的“错误”，一直开到 12 月初才完。会上，江青等人斥责周恩来、叶剑英在这次中美会谈中“丧权辱国”、搞“投降主义”。周恩来不得不作检讨，讲了整整两个半天。江青提出这是“第十一次路线斗争”，诬蔑周恩来是“错误路线的头子”。姚文元也跟着指责周恩。江青还指责周恩来是迫不及待地要代替毛泽东。此后，江青把要求增补她本人和姚文元为中共中央政治局常委的意见报告毛泽东。②

江青一伙如此嚣张是别有原因的。林彪事件以后，江青集团的地位进一步上升。通过中共十大，王洪文当上中共中央副主席，张春桥成为中共中央政治局常委，江青、姚文元仍是中共中央政治局委员。但他们的政治野心并不满足，他们还要攫取更高的权力。王洪文、张春桥、江青、姚文元很快就在中共中央政治局内进一步结成小集团——“四人帮”。利用毛泽东的批评、指示兴风作浪，打击别人、抬高自己，是这些人惯用的手法。“帮周会”上，江青等人对周恩来、叶剑英进行围攻，就是想利用毛泽东的错误判断和严厉批评，上纲上线，乘势把周恩来和叶剑英整下去，以便在四届全国人大以后，由他们执掌政权和军权。

但是，领导一切的还是毛泽东。12 月 9 日，毛泽东会见尼泊尔国王比兰德拉后，分别同周恩来、王洪文等人谈话。他肯定“这次会开得好，很好”，同时，对江青也有批评。毛泽东说：就是有人讲错了两句话。一个是讲“第十一次路线斗争”，不应该那么讲，实际上也不是。对总理可以批评，林彪就不行。一个是讲总理“迫不及待”。他（指周恩来）不是迫不及待，她自己（指江青）才是迫不及待。③

---

① 据《周恩来年谱（1949—1976）》（下卷），第 632—634 页。

② 据《周恩来年谱（1949—1976）》（下卷），第 634—635 页；唐闻生、王海容在 1976 年 10 月 17 日给华国锋写的材料。

③ 据唐闻生、王海容在 1976 年 10 月 17 日给华国锋写的材料；张玉凤回忆，唐闻生、王海容，还有乔冠华、章含之、罗旭列席了这次中共中央政治局会议；《大型电视文献纪录片〈周恩来〉》，陕西人民出版社、珠海出版社 1998 年版，第 283—284 页。

毛泽东还明确表示:“增补常委,不要。”这说明毛泽东对江青的过火批判不高兴,对她的野心也有所觉察。在中共十大的人事安排酝酿过程中,江青、姚文元曾经被列入中共中央政治局常委名单,是毛泽东把他们的名字勾掉的。江青这回想要死灰复燃,毛泽东又断然否定。在政治天平上,毛泽东没有向江青倾斜,这是十分明智的。

显而易见,由于发生了这个事件,本来在周恩来主持下紧锣密鼓进行的四届全国人大筹备工作,再一次被搁置了起来。毛泽东这时对由谁来“组阁”,犹豫不决。这从毛泽东后来说的一句话可以得到印证——一年之后,1974 年 10 月,召开四届全国人大重新被提上日程。这时,关于谁担任新一届政府的总理、谁负责“组阁”,毛泽东作出了决断,他说:“总理还是我们的总理。”①

2. 八大军区司令员对调

就在 1973 年 12 月 9 日,毛泽东同周恩来、王洪文等人分别谈话,对“帮周会”作了结论之后 3 天,即 12 月 12 日,毛泽东主持召开了一次中共中央政治局会议。会上,毛泽东指出:“政治局要议政。军委要议军,不仅要议军,还要议政。”“军委不议军,政治局不议政,以后改了吧。”毛泽东表示赞成叶剑英的意见,提出:议一个军事问题,全国各个大军区司令员互相调动。他提议 8 个大军区司令员对调:陈锡联(原沈阳军区)当北京军区司令员,李德生(原北京军区)到沈阳军区去;杨得志(原济南军区)跟曾思玉(原武汉军区)对调;许世友(原南京军区)跟丁盛(原广州军区)对调;韩先楚(原福州军区)跟皮定均(原兰州军区)对调;新疆、成都、昆明军区不动。同时,毛泽东提议邓小平参加中共中央军委、当委员;是不是当中共中央政治局委员,以后开中共十届二中全会报告追认。毛泽东说,这也是他同叶剑英商量过的意见。

毛泽东的这两项重大决策,事先还分别征求了周恩来、王洪文的意见,得到赞同。毛泽东要叶剑英把大军区司令员、政委都找来,参加议军。中共中央政治局会议拥护毛泽东关于八大军区司令员对调等意见,并讨论了贯彻实施的办法。

八大军区司令员对调,事关重大。12 月 12 日会后,毛泽东和中共中央政

① 1974 年 10 月 20 日,毛泽东在长沙会见丹麦首相后同王海容、唐闻生谈话。王海容、唐闻生回京后即向中共中央政治局成员传达。这句话,江青的记录为“总理是总理”。华国锋在 1978 年 2 月 26 日五届全国人大一次会议上的《政府工作报告》中引用了毛泽东的这句话,按当时惯例用黑体字排出,为“总理还是我们的总理”。

治局天天为实施此事而忙碌。13、14 日两天，毛泽东分别同中共中央政治局有关成员谈大军区司令员对调问题。15 日，中共中央政治局会议根据毛泽东的意见，商定了中共中央军委会议出席者名单，并研究决定了大军区司令员在地方一律不兼职等问题。这天，毛泽东又同中共中央政治局有关成员、北京军区负责人和已到北京的沈阳、济南、武汉军区负责人谈话。此后几天，中共中央政治局成员按照分工，同各大军区负责人分别就对调事谈话。18 日起，中共中央军委开会，讨论对调问题及实施对调的具体事宜。12 月 21 日，毛泽东接见参加中共中央军委会议成员，发表重要讲话。12 月 22 日，中共中央军委发布八大军区司令员实行对调的命令，中共中央发出邓小平任政治局委员、中央军委委员，参加中共中央和中央军委领导工作的通知。

需要探究的问题是：在 1973 年 12 月，毛泽东为什么要实行八大军区司令员对调？

明说的理由是“在一个地方太久了，不好”。这当然是一个理由，而且，从制度上讲，应该实行任期制和轮换制。但在当时，这显然是一种说辞，与实际情况是对不上榫的。毛泽东自己在 12 月 21 日当着各大军区负责人的面就说，陈锡联、杨得志、许世友“这几位同志呢，在一个地方搞得太久了”，李德生、曾思玉、丁盛“倒是搞得不那么久呢”。

从 12 月 12 日到 21 日，毛泽东出席会议、发表重要谈话 5 次，几乎每次都提议唱《三大纪律八项注意》，每次都特别强调三大纪律的第一条“步调一致才能得胜利”。这不能不使在场的人联想到 1971 年八九月间，林彪“9・13”自我爆炸之前，毛泽东南巡时的情景。那时，他也是几次三番要大家唱《三大纪律八项注意》，几次三番强调“步调一致”这一条。

毛泽东在 12 月 5 次谈话中说的许多话，听来更是触目惊心。毛泽东说：

——我还可以打几仗呢。要打就打嘛！天下大乱，包括中国嘛！我能吃饭，也能睡觉，所以，要打，我最欢迎了。

——准备打仗！内战、外战都来！我还可以打几仗。

——一打来就可以分清，谁是真正愿意打的，谁是勾结外国人，希望自己做皇帝的。

——如果中国出了修正主义，大家要注意啊！

毛泽东的这些话，显然不是无的放矢，也不是专指外国。

什么事情使毛泽东如此警觉、如此愤激？

分析一下八大军区司令员中的一位——北京军区司令员李德生的情况，可能提供部分的答案。

李德生是一员战将，在1930年参加中国工农红军，经过长征、抗战、解放战争，在刘邓大军中当到师长，抗美援朝战争中任志愿军师长、副军长，真是战功赫赫。1955年，39岁的李德生任十二军军长，被授予少将军衔。"文化大革命"中，他在安徽支"左"。为制止两派武斗，他指挥战士挥舞"红宝书"，把一触即发的两派群众组织分开，并不顾个人安危爬到"造反派"堡垒里做工作，有胆有识，智勇双全。中共中央不止一次向全国通报他的经验。1968年，李德生任安徽省革委会主任。在1968年10月13日的中共八届十二中全会开幕式上，周恩来让李德生站出来同毛泽东和大家相认。毛泽东当众夸奖他："安徽的事情办得不错啊"，"整芜湖整得不错嘛"。在中共九届一中全会上，第一次当选中央委员的李德生被选为中央政治局候补委员，成为中国政坛升起的新星。1969年5月，他任中共中央军委委员；1970年，任总政治部主任。

1970年八九月间，在庐山召开的中共九届二中全会上发生激烈斗争。陈伯达编的"称天才"语录没有发给李德生。毛泽东指着李德生说，不是一个山头的，宝贝如何能给你呢？李德生深得毛泽东的信任，会议期间被派下庐山，主持中共中央军委办事组工作（其后，李德生即为办事组成员。当时组长是黄永胜，副组长是吴法宪）。中共九届二中全会后，毛泽东于1970年10月14日在吴法宪的检查书上批示："办事组各同志忘记了九大通过的党章"，特地注明"除个别同志如李德生外"。华北会议（1970年12月22日至1971年1月24日召开）揭发批判陈伯达后，中共中央宣布改组北京军区，李德生作为"掺沙子"的重要一员被任命为北京军区司令员。任命宣布之前，毛泽东把李德生从合肥召来北京，亲自在位于中南海游泳池的住处向他交代任务，面授机宜。

"9·13"事件发生时，李德生被派到第一线，在空军作战值班室坐镇指挥，接连几个昼夜，胜利完成任务。事后，他是中央专案组成员、中共中央军委办公会议成员。在1973年8月召开的中共十届一中全会上，李德生再度擢升，经毛泽东、周恩来提名，当选为中共中央副主席，进入领导核心。毫无疑问，他是毛泽东看中的接班人。

可是，到1973年12月，风云突变。在北京军区司令员任上不到3年，当中共中央副主席才3个月，李德生就被调出北京。他兼任的总政治部主任，只因毛泽东“不要兼了吧”一句话，就被抹掉了。

事出必然有因。

个中缘由，限于材料，现在还无法完全解释清楚。但从《李德生回忆录》所披露的材料可以得知，是“四人帮”诬陷所致。江青诬蔑李德生是“大军阀”。她伙同王洪文等人，说李德生“推行林彪路线”，“上林彪贼船”。1980年8月26日，中共中央为李德生彻底平反的决定中有一段话说得分明：“1974年9月间各大军区负责同志会议上，‘四人帮’强迫德生同志承认‘推行林彪路线’、‘上林彪贼船’是不合乎事实的，应予以推倒。”①这就说明，当年在毛家湾1号林彪住宅发现的不只是林彪收集、抄录的“克己复礼”一类孔孟言论，而且发现了可以同怀疑“上贼船”有某种联系的材料。尽管经事后甄别，还当事人以清白，但正当其时，问题的严重性，是怎么样设想都不过分的。

不幸中之大幸，毛泽东并没有作出过度的反应。

他在1973年12月21日接见参加中共中央军委会议的同志时，首先对自己这些年“听一面之词”错整了人，作自我批评。毛泽东说：我看贺龙同志搞错了，我要负责，要翻案。他又说：杨（成武）、余（立金）、傅（崇碧）也要翻案，都是林彪搞的。我是听了林彪的一面之词，所以我犯了错误。（邓）小平讲，在上海的时候，对罗瑞卿搞突然袭击，他不满意。我赞成他。也是听了林彪的话，整了罗瑞卿。毛泽东说：（我）有几次听一面之词，就是不好呢，向同志们作点自我批评。这一番话，说得很恳切，确实是接受教训以后的肺腑之言。而且，显然还有弦外之音：这一次不会听一面之词。

毛泽东采取的措施是：对调。只调司令员，不动政委，司令员不再兼任地方职务；同时，“不开除你的政治局委员、中央委员、军区司令员，照样做官，照样革命”。实际上，对怀疑与林彪集团有某种牵连的司令员采取背靠背弄清事实的办法。应该说，其反应警惕而又适度。毛泽东嘴上虽然说“要打就打嘛！天下大乱，包括中国嘛”这一类话，内心深处却是力求避免动乱再起的。所以，他采取的措施既是保证党和国家安全所必需，又不至于引起人心的动荡和局势的混乱。

当然，事情远没有完。在毛泽东看来，中共十大以后的这些事情说明，批林还不彻底，同林彪集团有关的人和事还没有完全查清，林彪路线的极右实质

① 转引自《李德生回忆录》，解放军出版社1997年版，第485页。

也还没有完全批透。因此，召开四届全国人大的条件还不成熟。必须开展一场政治运动，求得问题的解决。

3.“批林批孔”运动

这件事同上面两件事有着相当密切的联系，甚至可以说就是由上面两件事而来。毛泽东同意开展这场运动的目的，在他“同意转发”的中共中央关于开展“批林批孔”运动的通知中有所表露。主要是“深入批林，批判林彪路线的极右实质”，“加强思想和政治路线方面的教育”。[①] 也就是说，重点是进一步弄清同林彪集团有牵连的人和事；在此同时，通过批判林彪尊孔反法，批判孔子的儒家思想，从中国传统文化精神深处，挖掘林彪路线的思想根源，对群众进行教育。

江青集团主动提出、积极发动这场运动，则另有他图。他们的主要目标有两个：一个是继续打击周恩来，以便在四届全国人大上由他们来“组阁”；另一个是整垮一批军队干部，夺取军权。为此，江青等人费尽心机，使尽招数，大打出手。

一是“点火放炮”。1974 年 1 月 13 日深夜，也就是毛泽东刚刚在江青、王洪文上报的《林彪与孔孟之道》（材料之一）上写下“同意转发”批示的时刻，江青就以个人名义，给空军领导人写信，要他们“批林批孔”。当夜，她又把迟群、谢静宜等人找去，说他们是她的“炮队”，命他们出去“点火放炮”，分别给驻在浙江的二十军防化连、南京军区空军司令员专程送去以她个人名义写的信和材料。[②] 1 月 18 日，中共中央发出关于印发《林彪与孔孟之道》（材料之一）的通知。1 月 24 日，江青给叶剑英、邓小平等中共中央军委领导人写信，说长时间里批孔“深入不下去”，对林彪和孔子的关系“更是不清楚”，“因此我特请谢静宜、迟群二位同志向全军指战员宣读中央的通知”。当天开了军队系统“批林批孔”动员大会，会上不仅宣读了中共中央的通知，还宣读了江青给中共中央军委领导人的信。1 月 25 日，又召开中央直属机关“批林批孔”动员大会。江青等人让抱病与会的周恩来读江青给二十军防化连的信。迟群、谢静宜大谈到二十军送信的经过，吹捧江青那封信绝不单单是一个批孔的问题，而且是关系到上层建筑领域里的一场革命，是贯彻中共十大精神，执行毛泽东关于抓大事、抓路线的指示，是全党、全军、全国人民的事情。江青在会上

① 引文见《中共中央关于转发〈林彪与孔孟之道〉（材料之一）的通知》（1974 年 1 月 18 日）。

② 据苏延勋的揭发交代，见中发[1977]37 号文件，第 23 页。苏延勋，空军原副处长。

颐指气使，影射攻击周恩来，点名批评郭沫若。在此前后，江青以个人名义，给国务院文化组、外交部、中国科学院、四机部第十设计院以及下乡知识青年写信、送材料，力图抓出典型，发动运动。

二是批"走后门"。在"1·25"大会上，江青等人借南京大学学生钟志民要求退学、退伍这件事，提出一个"走后门"的问题。在上山下乡运动中，一些领导干部的子女通过非正常渠道参军、上大学，这是不正之风。老红军后代钟志民接触社会实际以后，主动退学、退伍到农村去，是先进行动。可是，江青等人这时把"走后门"问题突出地提出来，作为"批林批孔"联系实际的一个主要内容，却是醉翁之意不在酒。他们故意混淆不同性质矛盾的目的，是利用批"走后门"，打击中央、地方和军队的一些领导干部。

三是"放火烧荒"。在 1974 年 2 月 8 日的一次会上，王洪文、张春桥肆无忌惮地攻击解放军三总部，说总参领导人"右倾手软，右得不能再右了"，对总政"可以夺权"，总后是"垮得越彻底越好"。[①] 江青连连越权，私自处理军队问题，有关军队的重要信件，不送给中共中央军委六人小组牵头人叶剑英[②]，而是批给王洪文、张春桥。江青的批语有言："后勤问题看来得点火"；空军"捂盖子、翻案，不解决不行了"；"总参是有一些死官僚？还是林彪余孽在作祟"，"要放火烧荒才好"。张春桥回批："两种都有，是要烧一烧。"[③]如此等等，江青俨然要做军队的"太上皇"。3 月 5 日，江青、张春桥召集会议，扬言"要整一整军队"，即从总政开刀，向军委各总部"放火烧荒"。他们指派亲信到总政"放火"、"夺权"，下令《解放军报》不得编发自己的稿件，造成军报变相停刊 178 天，中共中央军委无法通过报纸指导工作。王洪文诬蔑总参是"维持会"，要求"搞总参领导的问题"，"揭不开就砸，砸不开就用炸弹炸"。张春桥亲自到总后"放火"，说"总后已经瘫痪"，"有些问题要靠打内战才能解决"。

四是"批周公"。"批林批孔批周公"，道出了江青一伙别具的用心。这句话虽没有见诸报端，却广泛传播。人所共知，"周公"是周恩来从事抗日民族

---

① 据《解放军报》记者：《玩火者 必自焚——"四人帮"篡军乱军的反革命"放火烧荒"事件始末》，《解放军报》1976 年 12 月 14 日。

② 1974 年 1 月 18 日，中共中央政治局会议提议中央军委成立由叶剑英牵头，有王洪文、张春桥、邓小平、陈锡联参加的五人小组。20 日正式向毛泽东提出此建议时，增加了苏振华，成为六人小组。毛泽东表示同意。

③ 此处及本段以下引的江青、张春桥、王洪文的话，均见 1976 年 10 月粉碎"四人帮"后中共中央发出的揭露他们罪行的文件。

统一战线工作时各界人士对他的尊称。因此,江青他们“批周公”的矛头所指,并非那位辅佐周成王的西周政治家。他们继续大搞影射史学,露骨地攻击周恩来“开倒车,搞复辟”,诬蔑林彪事件后周恩来解放、任用老干部是“兴灭国,继绝世,举逸民”。1974 年 6 月,周恩来患膀胱癌病重住院。江青从北京到天津鼓吹“儒法斗争继续到现在”,动员批“现代大儒”,批“党内的大儒”。江青在天津甚至当众给一个公社社员改名“周克周”,说“用我们这个周去克他那个周”。

毛泽东对江青等人的不少做法不满,不断提出批评,或直接制止。

1974 年 2 月 6 日,江青给毛泽东写信,把迟群、谢静宜给她的一封谈“批林批孔”的信和有关材料转给毛泽东。毛泽东在信封上写批语说,除少数外大都未看。一切人不见,你有事应找政治局。①

1 月 30 日,叶剑英给毛泽东写信,就所谓“投降主义”和“走后门”问题作自我批评。2 月 15 日,毛泽东复信叶剑英,不同意“批林批孔”又夹着批“走后门”,指出这样做的话“有可能冲淡批林批孔”。他认为:“此事甚大,从支部到北京牵涉几百万人。开后门来的有好人,从前门来的也有坏人”,并就此批评“现在,形而上学猖獗,片面性”。毛泽东还明确表示:“小谢(静宜)、迟群讲话(按:即他们在 1 月 25 日大会上的讲话)有缺点,不宜向下发。”②这样,毛泽东及时制止了已经开始的由于批“走后门”而造成的混乱,使江青等人通过批“走后门”打击老一辈无产阶级革命家和一大批党政军领导干部的图谋未能得逞。

3 月 20 日,毛泽东就江青求见事复信,不但拒绝见她,还作了严厉的批评。信的全文③是:

江青:

不见还好些。过去多年同你谈的,你有好些不执行,多见何益?有马列书在,有我的书在,你就是不研究。我重病在身,八十一了,也不体谅。你有特权,我死了,看你怎么办?你也是个大事不讨论,小事天天送的人。请你考虑。

毛泽东

74. 3. 20

---

① 据《建国以来毛泽东文稿》第 13 册,第 372、375 页。

② 据《建国以来毛泽东文稿》第 13 册,第 377 页。

③ 《建国以来毛泽东文稿》第 13 册,第 372 页。

当时江青最让毛泽东反感的“特权”是，凌驾于中共中央政治局之上，用个人名义到处写信、送材料。毛泽东不止一次指出：“有意见要在政治局讨论，印成文件发下去，要以中央的名义，不要用个人的名义。”①

3月下旬，江青搅闹中共中央政治局会议，阻挠邓小平出席联合国大会第六届特别会议。毛泽东得知后很生气，于3月27日写信批评江青，告诫她“不要反对为好”，要“小心谨慎”。② 4月17日，毛泽东在给江青的一封复信中又告诫她“不可主观片面”。③ 6月24日，他又在江青的来信上批示“你太不懂群众生活了”。④

从上述一系列批评可见，虽然江青集团一心想把“批林批孔”运动搞成“第二次文化大革命”，可是，毛泽东已经不想如“文化大革命”初期那样“放手发动群众”了，他也不让再搞“打倒一切”、“全面内战”了。

毛泽东对江青等人更严厉的、具有“定性”性质的批评，是在1974年7月17日的中共中央政治局会议上公开作出的。

那是毛泽东即将离开北京到外地休养的前夕，毛泽东亲自主持召开中共中央政治局会议。会上，他当着中共中央政治局委员们的面，批评江青说：“江青同志，你要注意呢！别人对你有意见，又不好当面对你讲，你也不知道。不要设两个工厂，一个叫钢铁工厂，一个叫帽子工厂，动不动就给人戴大帽子。不好呢，要注意呢。”他还说，江青“你也是难改呢”。毛泽东严肃地指出：“你们要注意呢，不要搞成四人小宗派呢”，并一再说：“她并不代表我，她代表她自己。”⑤

毛泽东在这次中共中央政治局会议上关于江青的这一番话，不满之情溢于言表；对江青的问题，也是一针见血，击中了要害。当然，对江青，毛泽东还是一批二保。但在当时，毛泽东这番批评已经足够了。江青及其“四人小宗派”的威风由此而大煞，权力也没有得到扩张。这是1975年整顿的前提之一。

（四）军队高干会和毛泽东“八月指示”的意义

对全局来说，更加具有决定意义的是，一个月后毛泽东作出的“八月指示”。

---

① 《王洪文、张春桥、江青、姚文元反党集团罪证（材料之一）》，1976年12月，第4页。
② 《建国以来毛泽东文稿》第13册，第373页。
③ 《建国以来毛泽东文稿》第13册，第374页。
④ 引自《建国以来毛泽东文稿》第13册，第374页。
⑤ 《建国以来毛泽东文稿》第13册，第394页。

八大军区司令员对调以后，好几个大军区通过召开党委扩大会议等方式，揭发有关同林彪集团斗争中的人和事，主要对象是几位军区领导干部。到5月，在王洪文主持下，由当时的中共中央组织部部长郭玉峰具体负责，在钓鱼台成立两个小组，从大军区会议简报、"大字报"汇编、各种揭发材料、林彪死党的笔记本和交代材料、中共九届二中全会记录及新华社《国内动态清样》等，分头整理选编材料。主要内容是林彪集团从1970年中共九届二中全会以后到1971年"9·13"外逃摔死之前这一段时间里，到广州军区、福州军区、南京军区以及苏州等地活动的情况。材料涉及中共十大后担任中共中央副主席的北京军区司令员和上述几个大军区的领导干部。到7月，王洪文把这些所谓军队领导干部与林彪关系的材料报送给毛泽东，并发给中共中央政治局委员。7月间，江青对某些人说这些人问题严重，唆使他们向毛泽东报告。8月中旬，王洪文主持召开军队高干会，各大军区司令员、政委出席。王洪文不向到会成员传达毛泽东的重要指示，对几位同志的自我批评不置可否，把会议的气氛搞得十分紧张。

邓小平乘9月4日陪同多哥共和国总统纳辛贝·埃亚德马将军一行会见毛泽东的机会，在会见后报告了各大军区司令员、政委会议的情况。毛泽东作了重要指示。毛泽东还说，都是一些老问题了，在会上讲也可以，写出来印发也可以，不写也可以。不要那么挖苦，不要强迫人家作检讨，不要搞得那么紧张，传达范围也不要太大，检讨不要发下去。毛泽东这样说过以后，王洪文不能再向各大军区司令员、政委封锁毛泽东的指示了。在后来开会时，王洪文不得不把毛泽东在8月间几次谈话中所作的指示向大家传达。

关于会议的开法，毛泽东指示：我看找他们来。不要一个一个，各大军区司令员、政委都来，一道谈一下。听说会议气氛紧张，他特别交代，每个同志发言时不要插话，发言后都要鼓掌欢迎。

关于问题的性质和程度，毛泽东说：除若干同志外，有少数同志或多或少有些问题。他又说，各地"大字报"揭露的都是老账。这些人有错误，揭一揭也好。

毛泽东回顾了同林彪集团斗争的经过，肯定"打招呼"的作用。毛泽东说：你说（林彪）在广州作准备，为什么后来林彪又不敢去了呢？往北跑了呢？就是因为我打了招呼，他们听了我的话，开了4000人的干部大会，把我的话透出去了，是顾同舟把消息报告了，林彪就往北跑了。毛泽东就此重申了一条政策界限：还是我周游历国的时候说了的，以那个时候为界。也就是说，1971 年 8 月中旬到 9 月 12 日毛泽东在外地巡视期间发表谈话，向党内、军内打招呼，是一条界限。

关于对人的方针，毛泽东重申：要实行惩前毖后、治病救人的方针。一棍子打死就不好了。允许人家改正错误嘛，要给人家机会。对有些同志要看几年。这使到会同志得到解放。会议进行过程中，毛泽东于 9 月 8 日对李德生的信作了批示："已阅，改了就好。"说明李德生的嫌疑，从根本上已经被排除了。

最为重要的一条，是毛泽东对此后全党、全军、全国总方针的指示："无产阶级文化大革命，已经八年。现在，以安定为好。全党全军要团结。"

毛泽东的"八月指示"，其中心思想是安定团结。它产生的直接结果，一是各大军区司令员、政委会议在正常的、团结的气氛中于 9 月 10 日结束，二是四届全国人大的召开被重新提上了日程。毛泽东在 1974 年 8 月间的几次谈话、对八大军区司令员的对调，及其后在"批林批孔"运动中进行的军队高层清查工作作了一个基本总结，从而打碎了江青集团"点火放炮"、"放火烧荒"，妄图搞乱军队，整掉一批军队领导干部的迷梦，也中止了他们继续利用"批林批孔"运动篡权的部署。

到这时，毛泽东和"四人帮"的矛盾上升，达到发动"文化大革命"以来所没有过的高点；反之，毛泽东和周恩来、叶剑英、邓小平的关系走出了低谷。毛泽东决心依靠他们来结束"文化大革命"，实现安定团结的局面。这时，中国的政治和社会走向，是从大乱走向大治，是从政治运动恢复到正常秩序。历史提供了 1975 年整顿得以进行的不可缺少的政治环境。

二、邓小平走到中国政治舞台的中央

站在中国政治舞台中央主持 1975 年整顿的，是邓小平。

众所周知，"文化大革命"初期，邓小平被认为是同刘少奇一起搞"修正主义"的党内第二号"走资本主义道路的当权派"而被打倒。"刘邓路线"一时成为过街老鼠，被"批深批透，批倒批臭"。邓小平从被"打翻在地再踏上一只脚"到重新出来工作，并站到中国政治舞台中央，主持国务院日常工作，随后又主持中共中央日常工作，经过了漫长的岁月和曲折复杂、惊心动魄的斗争历程。历史的机缘、政治合力的作用，决定着邓小平的命运。其中最为重要的，是人的因素。

如果说，邓小平是一匹千里马，也得要有赏识他的伯乐。发现他的伯乐，也是重新让这匹千里马扬蹄驰骋的伯乐，首先要数毛泽东，同时还有周恩来和叶剑英。用对立统一的观点来观察，正是林彪的垮台为邓小平的复出提供了条件，"四人帮"的失势为邓小平主持 1975 年整顿创造了前提。

（一）毛泽东为邓小平说话

其实，在"文化大革命"中，毛泽东对邓小平这位在 20 世纪 50 年代就被他看中、选定的接班人并没有否定。"文化大革命"开始的时候，毛泽东找邓小平谈话，要邓小平同林彪搞好关系，但邓小平同林彪搞不到一起去。他同林彪谈了一次，就谈崩了。① 邓小平为林彪所不容，林彪与江青勾结起来，把刘少奇、邓小平绑在一起，攻击、批判不断升级。但就在邓小平被打翻在地、"永世不得翻身"似乎已成定局的时候，毛泽东也没有把他的问题看得多么严重。在毛泽东看来，"文化大革命"中喊喊"打倒"，是批评、帮助的一种方式。他心中有数，多次说，邓是内部问题，刘、邓应有区别。

1967 年 7 月 16 日，毛泽东在武汉同个别人谈话。有人问他，主席多次说过对刘、邓要区别，可现在的口号叫"打倒刘、邓、陶"。毛泽东即说：（对邓小平）打倒一年，顶多打倒两年。小平，文可以与少奇、恩来相比，武可以与林彪、彭德怀相比。（解决战争期间）指挥两个野战军的只有一个邓小平。小平举重若轻，善于决断。他的毛病就是性子急了一点，决心下得太快。也不要紧。他不专权，会用人。林彪要是身体不行了，还是要小平出来，至少是（中共中央政治局）常委。②

1967 年 9 月，毛泽东在视察华北、中南和华东地区时，又一次说，邓是"内部问题"。

1967 年 10 月 9 日，毛泽东在审阅陈伯达、江青选编的《刘少奇言论》的

---

① 据毛毛：《我的父亲邓小平："文革"岁月》，中央文献出版社 2000 年版，第 37 页。以下引用该书，只注书名和页码。

② 据王力：《现场历史——"文化大革命"纪事》，牛津大学出版社 1993 年版，第 96 页；王力：《"文革"第一年》，载《传记文学》1995 年第 5 期；毛毛：《我的父亲邓小平："文革"岁月》，第 46 页。

《出版说明》时，把说明中的"他伙同党内另一个最大的走资本主义道路的当权派邓小平"一句改为"伙同其他一些走资本主义道路的当权派"，还删去了另一处同刘奇并列的邓小平的名字，并写批语指明："《说明》中，不提邓小平。"①

中共八届十二中全会印发了邓小平写的带有检讨性质的自传。1968年10月31日，毛泽东在中共八届十二中全会闭幕会上讲话，公开说"替邓小平讲几句好话"。对开除邓小平党籍的意见，毛泽东表示"还有一点保留"，并说"我看还是慎重一点"，"总要使他跟刘少奇有点区别"。就这样，毛泽东制止了林彪、江青等人要把邓小平开除出党的企图。

（二）历史把邓小平推到政治舞台的前沿

在中共九届二中全会上，林彪集团"麒麟皮下露出了马脚"。对被打下去的邓小平来说，无疑是提供了复出的机遇。

在林彪事件爆发前夜，毛泽东于南巡途中，在杭州同当地党政军负责人谈话时就提到了邓小平。那是1971年9月10日下午，毛泽东离开杭州前，同南萍（浙江省革委会主任、省军区政委）、熊应堂（浙江省军区司令员）、白宗善（空五军司令员）、陈励耘（空五军政委）谈话。毛泽东说：邓小平不同于刘少奇，要有区别。百万雄师过大江，当时有个总前委，主要还是邓小平起作用的。这一席倾向性很鲜明的话，不是流露出了伟大领袖当此危急时刻的某种考虑吗？

1. 林彪集团的覆灭和邓小平的复出

林彪自我爆炸后，邓小平以政治家特有的敏感，意识到中国要有大变化，自己重见天日的机会来了。他立即抓住机遇，给毛泽东写信，表示拥护毛泽东和中央关于林彪事件的决定，同时汇报了自己在江西的情况："我在主席的关怀下，到江西来整整两年了。这两年，我每天上午到工厂劳动，下午和晚上，看书、看报、听广播和做些家务劳动，除到工厂外，足不出户，与外界是隔绝的。在这时期，我遵照主席指示，努力通过劳动和学习自我改造，绝对遵守我向党作的保证，除自己的亲属外，没同任何人有来往。我们的生活，由于组织上的照顾，没有什么困难。"他在信中提出："我个人没有什么要求，只希望有一天

---

① 《建国以来毛泽东文稿》第12册，第422页。

还能为党做点工作，当然是做一点技术性质的工作。我的身体还好，还可以做几年工作再退休。报上每天看到我们社会主义祖国在国内建设的突飞猛进，和国际威望的空前提高，都使我的心情激动起来，想做点事，使我有机会能在努力工作中补过于万一。”他在信中还请求毛泽东帮助安排好他的孩子们。毛泽东读后在信封上批示：“印发政治局。他家务事请汪（东兴）办一下。”①

林彪事件后，毛泽东大病一场。

1972 年 1 月 10 日，毛泽东抱病参加陈毅的追悼会。因是临时决定，匆匆赶去，毛泽东花白的长髯来不及修剪，连衣服也来不及更换，只在睡袍外面罩了一件大衣。在同陈毅的亲属谈话时，毛泽东把邓小平与刘伯承并提，说邓小平的问题是人民内部矛盾。周恩来当场示意陈毅的子女，把毛泽东对邓小平的评价传出去。

1 月下旬，周恩来即在接见外地一个会议的代表时，当着江青、姚文元的面指出：在揭批林彪的过程中，一定不能混淆两类不同性质的矛盾；林彪这伙人就是要把邓小平搞成敌我矛盾，这是不符合主席的意思的。

1972 年 8 月 3 日，邓小平利用中央要求揭发批判林彪的机会，致信毛泽东，在批林的同时作自我检讨，并向中共中央、毛泽东提出：愿为党和人民做一点工作。8 月 14 日，毛泽东对邓小平的信写了以下批语：

> 请总理阅后，交汪（东兴）主任印发中央各同志。邓小平同志所犯错误是严重的，但应与刘少奇加以区别。一、他在中央苏区是挨整的，即邓（小平）、毛（泽覃）、谢（唯俊）、古（柏）四个罪人之一，是所谓毛派的头子。整他的材料见《两条路线》、《六大以来》两书……二、他没历史问题。即没有投降过敌人。三、他协助刘伯承同志打仗是得力的，有战功。除此之外，进城以后，也不是一件好事都没有做的。例如率领代表团到莫斯科谈判，他没有屈服于苏修。这些事我过去讲过多次，现在再说一遍。②

毛泽东的这个批语，虽然还有“所犯错误是严重的”这类话，但总的说来，对邓小平作了一个很不错的政治结论，特别是肯定他在中央苏区就是“所谓毛派的头子”——用当时流行的话来说，即早就是站在毛主席革命路线一边

① 毛毛：《我的父亲邓小平：“文革”岁月》，第 209—211 页。

② 《建国以来毛泽东文稿》第 13 册，第 308 页。

的领导骨干，肯定他“打仗是得力的”、“有战功”，全国解放后做过好事，突出的是“没有屈服于苏修”。毛泽东的这些评语，为邓小平复出铺平了道路，具体的安排就要看周恩来的政治艺术了。

周恩来审时度势，采取了积极而又稳妥的办法。

毛泽东写下批语的第二天，1972 年 8 月 15 日，周恩来即在中共中央政治局会议上传达毛泽东的批语，却没有讨论安排邓小平工作的问题，因为毛泽东的批语虽有此意向，但毕竟没有说得十分明白。会后，以中共中央名义通知中共江西省委，邓小平恢复党的组织生活，可以作一些调查活动。此后，邓小平即到江西瑞金、湖南韶山冲等地参观访问、调查研究。

然而，三四个月过去了，对解放邓小平的问题却不见下文。其中一个重要原因，是当时党内高层就批林是批极左还是批极右展开了激烈的争论。周恩来搅在里面，受到打击。不过，周恩来仍然关注着邓小平重新出山这件大事。他在等待适当的机会。

1972 年 12 月 17 日晚，毛泽东当面对周恩来说：“谭震林同志虽有一时错误①，但还是好同志，应该让他回来。”第二天，周恩来利用致函纪登奎、汪东兴的机会，在信中传达了应该让谭震林“回来”的“昨晚主席面示”、吩咐“此事请你们二人商办”以后，又特意提出：“邓小平同志一家曾要求做点工作，请你们也考虑一下，主席也曾提过几次。”这就促使中央把安排邓小平的工作提上日程。12 月 27 日，纪登奎、汪东兴回信，提出建议：邓小平仍任副总理，分配适当工作。

在周恩来的安排下，邓小平于 1973 年 2 月接到中央要他于近期返回北京的通知。2 月 22 日，邓小平一家回到北京，住到西郊马神庙附近的花园村，一个新建大院东边最后一栋灰色的两层楼房里。

从 2 月下旬到 3 月初，周恩来主持中共中央政治局会议，讨论恢复邓小平的工作问题。3 月 9 日，周恩来致信毛泽东，汇报讨论情况，提出中共中央政治局认为需要中央作出一个《关于恢复邓小平同志的党的组织生活和国务院副总理的职务的决定》，发到县、团级党委，向全党及全国人民通报此事。3 月 10 日，毛泽东批示“同意”。这个决定即于当天发出。

---

① 周恩来在 1972 年 12 月 18 日致信纪登奎、汪东兴传达毛泽东的指示时，在这句话后面用括号加了说明：“现在看来，当时大闹怀仁堂是林彪故意造成打倒一批老同志的局势所激成的。”据《周恩来年谱（1949—1976）》（下卷），第 567 页。

此后,周恩来在玉泉山3号楼做全面检查并治疗两周后,病情趋于稳定,周恩来即于3月28日与李先念等人一起同多年不见的邓小平会面。29日,周恩来约邓小平到毛泽东住处开会,同毛泽东见面。根据毛泽东的意见,对邓小平的工作安排,中共中央政治局会议议定:“正式参加国务院业务组工作,并以国务院副总理身份参加对外活动;有关重要政策问题,小平同志列席政治局会议参加讨论。”[①]4月1日,星期天,上午,周恩来即召开中央国家机关各部、委负责人会议,宣布了上述决定。周恩来指出:如果不是把林彪、陈伯达的问题揭发出来,不是粉碎林彪反党集团斗争的胜利,邓小平同志的问题是解决不了的[②];并说:今天这个会是毛主席催促要开的,再不传达就失职了。墨西哥总统来访,邓小平同志参加接待。

随后,周恩来、邓颖超在玉泉山3号楼同邓小平、卓琳会面长谈,共进晚餐。

接着,一个新安排的外事活动,使邓小平的公开露面提前了一个星期。1973年4月12日晚7点半,人民大会堂一楼宴会厅灯火辉煌,周恩来在这里举行盛宴,欢迎视察柬埔寨解放区后来到北京的西哈努克亲王和夫人。邓小平身穿灰色中山服,在王海容搀扶下,步入宴会厅,以国务院副总理的身份出席宴会。这是邓小平自1967年销声匿迹以后,第一次在公开场合同中外人士见面。虽然他坐的位置并不显眼,却吸引了全场的目光。他没有说一句话,甚至还显得有点孤单,但无论是中国人还是外国人,都感觉到他重新登上中国政治舞台的分量。

诚然,这只是一件事情的开始。邓小平只是参加国务院的业务工作,还没有走到中国政治舞台的中央。当时,中国共产党最高领导层的状况,正如毛泽东有一次向外国客人所说:“我们现在有领导危机”,总理身体不好,叶剑英身体也不好,还有他自己也已年迈,“只有他(邓小平)算一个壮丁”。[③] 处在长期内乱中的中国,正需要邓小平这样精力充沛而又成熟老练的政治家。周恩来在1973年秋天向外国客人谈到邓小平时说:这是一位将来会成为很重要人

---

① 据《周恩来年谱(1949—1976)》(下卷),第585页;毛毛:《我的父亲邓小平:“文革”岁月》,第274页。

② 金冲及主编:《周恩来传》(下),中央文献出版社1998年版,第2081页。以下引用该书,只注书名和页码。

③ 毛泽东会见越南劳动党第一书记黎笋时的谈话(1975年9月24日)。

物的领导人。①

邓小平复出以后，毛泽东、周恩来、叶剑英等人又因势利导，一步一步把邓小平推到中国政治舞台的中央。

2. 参加中共中央军委，进中共中央政治局

安排邓小平参加中共中央军委、进中共中央政治局，是 1973 年 12 月毛泽东在决定八大军区司令员对调时，亲自提议采取的一个重要举措。为此，毛泽东在中共中央政治局会议上、在同中共中央政治局部分成员的谈话中多次作了说明。

12 月 12 日，毛泽东主持召开中共中央政治局会议。他在会上说：我和剑英同志请邓小平同志参加军委、当委员。他又说：（邓小平）是不是当政治局委员，以后开（中共十届）二中全会报告追认。

12 月 14 日，毛泽东同部分中共中央政治局委员谈话时又说：现在，请了一个军师，叫邓小平。发个通知，当政治局委员、军委委员。政治局是管全部的，党政军民学，东西南北中。我想政治局添一个秘书长吧，你（指邓小平）不要这个名义，那就当个参谋长吧。

12 月 15 日，毛泽东在同部分中共中央政治局委员和北京、沈阳、济南、武汉军区负责人谈话时说，我们现在请了一位总参谋长（指邓小平）。他呢，有些人怕他，但是办事比较果断。他一生大概是三七开。你们的老上司，我请回来了，政治局请回来的，不是我一个人请回来的。你（指邓小平）呢，人家有点怕你，我送你两句话，柔中寓刚，绵里藏针。外面和气一点，内部是“钢铁公司”。过去的缺点，慢慢地改一改吧。

12 月 18 日，中共中央政治局会议讨论通过了毛泽东的提议。12 月 22 日，周恩来亲自起草中共中央关于邓小平担任中央政治局委员、中央军委委员，参加中央和军委领导工作的决定的通知。这个通知于当天发出，下达到党内外群众。1974 年 1 月 18 日，周恩来主持召开中共中央政治局会议，提议成立中共中央军委五人小组，由叶剑英牵头，邓小平参加。② 翌日，邓小平即同叶剑英等人一起，指挥西沙对越自卫反击战并取得胜利。

3. 出席六届联大特别会议

再一个重要举措是，决定由邓小平担任出席第六届特别联大的中国代表

① 《周恩来传》（下），第 2081 页。

② 中共中央军委五人小组的另外 3 个成员是陈锡联和张春桥、王洪文。

团团长，在国际上树立邓小平作为中国政府代表的形象，提高邓小平在国际政治舞台上的威望。这也是毛泽东亲自作出的决策，并且是由毛泽东出面同江青作斗争以后才得以实现的。

联合国大会第六届特别会议定于1975年4月9日在纽约召开。[①] 3月20日左右，外交部就我国出席六届联大特别会议代表团团长人选问题请示毛泽东。毛泽东主动提出由邓小平当团长，乔冠华当邓小平的参谋。毛泽东说，这件事不要讲是他的意见，还是由外交部写报告提出为好。外交部即于3月22日向中央呈送了团长人选问题的请示报告。3月24日，周恩来批示同意。考虑到国内情况，他建议在六届联大特别会议的三周会期中，邓小平可以只出席一周，在大会上发表讲话，与多方要人接触后，便可回国。当天，毛泽东圈阅了周恩来的批示。

毛泽东、周恩来派邓小平当团长出席六届联大特别会议，本来是一件顺理成章的事情。显而易见，由邓小平率领中国代表团参加六届联大特别会议，规格高，影响大，是对第三世界发起的这次重要会议的有力支持，对发展我国的对外关系，特别是同亚、非、拉各国的友好关系有积极作用。可是，江青竭力反对。就在毛泽东圈阅同意的当天晚上，江青找来王海容、唐闻生，强令撤回外交部的报告。王海容、唐闻生告以毛泽东已经圈阅，外交部无权撤回。

周恩来得知江青有不同意见，3月25日下午，在参加毛泽东会见坦桑尼亚总统尼雷尔的活动后，提出与王洪文一起向毛泽东请示，但因毛泽东太累未能面谈。毛泽东让秘书传话：关于邓小平出国的事，他是这个意见，如果政治局大家都不同意，那就算了。周恩来表示，将在明天（26日）向中共中央政治局传达。王洪文表白：原来不清楚，既然主席这样说了，当照办。周恩来要王洪文向张春桥、姚文元谈一谈。

这天下午，江青四次打电话给王海容、唐闻生，逼她们撤回要邓小平率团出席六届联大特别会议的报告。

王海容、唐闻生担心26日的中共中央政治局会议发生问题，于是打电话请示毛泽东处：毛主席是否仍主张由邓小平率团出国？她们可否将是主席提议让小平同志当团长的意见说出去？秘书回话，除重述25日下午的话之外，

---

① 这次会议的议题是“研究原料和发展问题”。会议是由阿尔及利亚民主人民共和国革命委员会主席布迈丁以第四次不结盟国家首脑会议执行主席名义建议召开的。它标志着第三世界人民的日益觉醒和团结的不断增强，反映了第三世界国家反对帝国主义和霸权主义、维护民族独立、捍卫国家主权和保护民族资源、发展民族经济的斗争的新高涨。

还说：毛主席说，如果实在不行，也可以说明，让邓小平去是他提议的。

3月26日，中共中央政治局会议讨论此事，江青继续无理取闹。当与会的中共中央政治局委员均表示同意毛泽东的意见时，江青表示保留自己的意见。

会后，王海容、唐闻生向毛泽东汇报了会议情况。毛泽东于27日给江青写信："江青：邓小平同志出国是我的意见，你不要反对为好。小心谨慎，不要反对我的提议。"江青这才复信表示拥护毛泽东的提议。但4月3日至5日，中共中央政治局讨论邓小平出席六届联大特别会议的主题发言稿和中国代表团的具体工作方针时，江青和张春桥、姚文元都称病不到。

4月6日上午，邓小平率团离京赴纽约出席六届联大特别会议，周恩来抱病与叶剑英、李先念等党和国家领导人以及首都群众四千多人前往机场热烈欢送。4月10日，邓小平在六届联大特别会议上发言，第一次向全世界阐述毛泽东前不久在会见赞比亚总统卡翁达时提出的划分"三个世界"的理论，支持第三世界各国在原料和发展问题上维护国家主权、发展民族经济、反帝反霸的立场。邓小平发言后，当场受到许多国家代表的热烈祝贺。4月19日，邓小平一行乘专机回到北京，受到党和国家领导人以及首都群众四千多人热烈欢迎。周恩来在机场举行了盛大的欢迎仪式。通过这次活动，在国际、国内重新树立了邓小平具有重要地位的公众形象。

从1973年4月12日邓小平在欢迎西哈努克亲王的宴会上公开露面、正式复出，到1974年4月10日在联合国大会讲坛上发言，经过一年时间，已经逐步把邓小平推到了中国政治舞台的前沿。

这时，周恩来的身体状况每况愈下，加快了邓小平代替周恩来主持中央日常工作的进程。①

---

① 早在1972年5月，周恩来就被确诊患了膀胱癌。同年11月，专家会诊认为，他的心脏病发展较重，要及时严重注意。毛泽东即写批语嘱咐："应当休息、节劳，不可大意"。然而，周恩来仍然日夜操劳，还要应对江青等人的种种无理纠缠。1973年1月5日，周恩来大量便血，但他仍旧坚持工作，直到3月5日才去医院做透视检查。在把邓小平复出安排妥帖之后，周恩来住到玉泉山3号楼，进行了两周的全面检查治疗。4月上旬，周恩来做了治疗手术，又投入紧张的中共十大准备工作。中共十大以后，又是筹备四届全国人大，又是所谓"帮周会"，再加上一个"批林批孔"运动，搞得身患绝症、年已76岁的周恩来心力交瘁，病情更加重笃。但他以惊人的意志，勉力支撑，坚持把邓小平出席六届联大特别会议这件事办完。1974年四五月间，周恩来4次发生缺氧状况，病情不允许再有延误，才在1974年6月1日住进北海西岸的解放军305医院，当天就做了大手术。国务院的日常工作开始由邓小平代理。

就在这时，毛泽东于1974年7月对江青等人发出了“不要搞成四人小宗派”的警告，并在8月发出了“安定团结”的号召。紧接着，召开四届全国人大被重新提上日程。中国的政治局面和人事状况，需要邓小平出来担当中国政坛的主角，而邓小平走到中国政治舞台中央的准备至此也已经就绪了。

（三）围绕四届全国人大人事安排的斗争

1. 毛泽东的提议和“四人帮”的反应

1974年国庆节刚过，毛泽东就在武汉提出要筹备四届全国人大、酝酿国家机构人事安排。10月4日，毛泽东让秘书张玉凤用电话告诉王洪文：毛主席提议邓小平担任国务院第一副总理。要王洪文把他的这一重要人事安排告诉周恩来。10月11日，中共中央发出通知，传达毛泽东的最新指示：“无产阶级文化大革命已经八年。现在，以安定为好。全党全军要团结”；并宣布：“中央决定，在最近期间召开第四届全国人民代表大会”。

历史又发展到了一个关节点。正当毛泽东号召实现安定团结的时候，江青、张春桥、王洪文、姚文元结为“四人帮”，为了篡夺党和国家的最高领导权，又一次兴风作浪。他们把矛头指向周恩来和邓小平，直接的目标是阻挠邓小平出任国务院第一副总理。

事后知道，在1974年9、10月提出准备召开四届全国人大（在四届全国人大之前，召开中共十届二中全会）时，为夺取最高权力，江青同张春桥、王洪文、姚文元进行了密谋策划。他们企图逐步改组中共中央政治局，取得中共中央政治局的稳定多数。办法是让一些人先列席中共中央政治局会议，然后伺机正式补为中共中央政治局委员。他们要张春桥当国务院第一副总理，王洪文当全国人大常委会副委员长，以夺取国务院和全国人大常委会的领导权。他们先后在上海、辽宁等地选定帮派骨干分子20多人，企图安插到公安部、教育部、文化部、铁道部、邮电部、六机部和人民日报社、全国总工会、团中央、全国妇联，夺取这些部门的全部或部分领导权。他们还在上海物色培养了“工人大使”、外事干部110多人，以便夺取外交大权。

现在毛泽东指定邓小平出任国务院第一副总理，打碎了他们的如意算盘，他们怎么能善罢甘休呢？

2. “风庆”轮事件

江青等人找到的借以发难的题目，是所谓“风庆”轮事件。

“文化大革命”爆发以后，江青集团一直在远洋运输业中造船还是买船、租船的问题上大做文章，牵强附会地诬蔑攻击刘少奇、周恩来等人“崇洋媚外”、奉行“卖国主义”。“风庆”轮是我国自行设计制造的一艘万吨货轮。1974年国庆节前，它经过往返上海—罗马尼亚、历时150天的远航归来。“四人帮”在1974年年初该轮重载试航阶段，就曾借批判中国远洋运输总公司和交通部“崇洋媚外”，来影射攻击周恩来等人是“20世纪70年代的李鸿章”。现在“风庆”轮远航返回，“四人帮”又想寻机惹事。国庆节后不久，“四人帮”收到他们在上海的亲信写的万言长信，知道“风庆”轮副政委李国堂、实习三副顾文广（均为中国远洋运输总公司所派）在远航途中反对批判所谓造船、买船问题上的“崇洋媚外”、“卖国主义”，还对王洪文、中共上海市委和京剧“样板戏”颇有微词，遂抓住一点，肆意夸大，无限上纲。江青于10月14日在登载《“风庆”轮的问题》的《国内动态清样》上作了不少批注，并给在京的中共中央政治局委员写信，说该报道“引起我满腔的无产阶级义愤！试问，交通部是不是毛主席、党中央领导的中华人民共和国的一个部？国务院是无产阶级专政的国家机关，但是交通部确有少数崇洋媚外、买办资产阶级思想的人专了我们的政”。“这种洋奴思想、爬行哲学，不向它斗争可以吗？”江青还说，那个副政委李国堂“是钻进革命队伍的阶级异己分子”；并提出：“政治局对这个问题应该有个表态，而且应该采取必要的措施”。王洪文当天即表示“完全同意”。张春桥、姚文元也在同一天写下批语。张春桥强调这是造船工业上“两条路线斗争的继续”，姚文元认定李国堂“代表一条修正主义路线”。①

10月17日晚，中共中央政治局会议快要结束时，“四人帮”突然提出“风庆”轮问题。

江青拿出“风庆”轮的传阅材料，质问邓小平对这个问题是什么意见，要他立即表态。邓小平说：我已圈阅了。对这个材料还要调查一下呢！

江青进一步逼问：对批评“洋奴哲学”是什么态度？是赞成还是反对？邓小平针锋相对地回击江青：政治局讨论问题要平等，不能用这样的态度待人。这样政治局还能合作？强加于人，一定要写出赞成你的意见吗？

张春桥、姚文元一起指责邓小平。江青更是对邓小平大肆攻击和谩骂。邓小平忍无可忍，连说“我要调查”，愤然离开会场。张春桥看着邓小平走出

---

① 据毛泽东于1976年3月10日《对“风庆”轮问题请示报告的批示》的附件(4)、(5)。

去,阴险地说:我早知道你要跳出来,果然跳出来了。①

“四人帮”认为,中共中央政治局会议上的争吵,正好给了他们一个攻击邓小平的口实、一个把邓小平搞下去的机会,立即星夜密谋。按江青的通知,王洪文、张春桥、姚文元都到钓鱼台17号楼江青的住处碰头商议。他们认为,中共中央政治局会议上这样争吵已有1970年庐山会议(中共九届二中全会)的气息,并诬陷起因是邓小平对“文化大革命”不满意,有气;邓小平“跳出来”同对解放军总参谋长的提名有关。他们四人商定:抢在邓小平10月20日陪同丹麦首相到长沙会见毛泽东之前,由王洪文先去报告。

第二天(10月18日)上午9点,王洪文乘专机飞往长沙。下午2点左右,毛泽东接见了他。

王洪文借汇报10月17日中共中央政治局会议情况,诬陷邓小平和周恩来。他一开头就把形势说得十分严重。王洪文把周恩来、邓小平同1970年庐山会议上的林彪、陈伯达相类比:北京现在大有庐山会议的味道。王洪文还说:我这次来湖南没有告诉总理和政治局其他同志。是我们四个人——春桥、江青、文元和我开了一夜会,商定让我向主席汇报。我是冒着危险来的。

王洪文讲了10月17日晚中共中央政治局会议上争吵的经过后说:邓小平还是搞过去“造船不如买船,买船不如租船”那一套。邓有那样大的情绪,是与最近酝酿总参谋长人选有关。

王洪文还诬陷周恩来、邓小平、叶剑英、李先念等人进行篡权活动:总理现在虽然有重病,住在医院,但昼夜都忙着找人谈话。几乎每天都有人去。经常去总理那里的有小平、剑英、先念等人。他们在这时来往得这样频繁,和四届全国人大的人事安排有关。

王洪文对江青、张春桥、姚文元分别吹捧了一番,最后请毛泽东指示。王洪文说,今天我还要赶回北京,他们几个人还等着我传达主席的意见呢。

毛泽东对江青等人看得很透。他没有听信王洪文进的谗言,当即对他进行严肃批评:有意见当面谈,这么搞不好,要跟小平同志搞好团结。他叮嘱王洪文:你回去后多找总理、剑英同志谈谈。毛泽东告诫王洪文:你要注意江青,

---

① 1974年10月17日的中共中央政治局会议情况,据纪希晨等:《长沙诬告前后——特别法庭第一审判庭侧记之一》;《周恩来传》(下卷),第2108页。

不要跟她搞在一起。①

王洪文在毛泽东面前表示“一定按主席指示办”，可是，当天下午回到北京后，他把毛泽东的忠告当耳边风，没有去找周恩来、叶剑英，却于当天晚上到钓鱼台向江青、张春桥、姚文元复命。他们四人在17号楼江青处密商对策。江青还把王海容、唐闻生两人找来，因她们将于10月20日陪同丹麦首相赴长沙会见毛泽东。

在密商的小会上，张春桥蓄意栽赃，把产生财政赤字和外贸逆差的原因说成是由于国务院领导同志“崇洋媚外”，把10月17日晚的中共中央政治局会议比作“二月逆流”。江青在10月18日中午已经找王海容、唐闻生谈过，要她们向毛泽东反映国务院“崇洋媚外”的问题，并攻击邓小平在10月17日中共中央政治局会议上的表现是又一次“二月逆流”。江青说，10月17日晚，邓小平在中共中央政治局讨论“风庆”轮问题的会上同她发生争吵，扬长而去，致使会议无法开下去。她还说，国务院的领导同志经常借谈工作串联，总理在医院也很忙，并不是在养病。小平和总理、叶帅都是一起的，总理是后台。在10月18日夜间召开的小会上，江青再次嘱咐王海容、唐闻生二人到长沙诬告邓小平，还托她们带给毛泽东一封她写的信。信中说：听说主席身体好，非常高兴；并说：“昨日王洪文同志带回来的橘子，味甚鲜美，使我想起一首唐诗：‘江上阴云锁梦魂，江边深夜舞刘琨。秋风万里芙蓉国，暮雨千家薜荔村。乡思不堪悲橘柚，旅游谁肯重王孙？渔人相见不相问，长笛一声归岛门’”。②

“四人帮”这时的用心，是要说动毛泽东收回成命，不让邓小平担任国务院第一副总理。

3. 邓小平的长沙之行

第二天（10月19日），周恩来找王海容、唐闻生到医院谈话，告诉她们，经过了解，事情并不像江青等人所说的那样，而是他们四个人事先计划好要整小平。他们已搞过多次，小平同志忍了很久。

在找王海容、唐闻生谈话之前，周恩来已同邓小平谈话，嘱咐邓小平到长沙时在毛泽东面前不提此事。

---

① 据张玉凤（1974年10月18日毛泽东同王洪文谈话时在场）在1976年10月20日写的揭发材料和1980年7月18日写的证词；《周恩来年谱（1949—1976）》（下卷），第679页。

② 引诗为唐末诗人谭用之的《秋宿湘江遇雨》，见《全唐诗》第七六四卷。

1974年10月20日下午,邓小平在长沙陪同毛泽东会见丹麦首相保罗·哈特林。谈话结束送走外宾后,毛泽东问邓小平有什么事要说,邓小平说,我没有什么要说的。邓小平问毛泽东有什么话没有。毛泽东叫邓小平坐下,说:我不懂北京的事,听说要开全国人大,我看不用那么急,要看总理的身体情况,看准备工作情况。邓小平说:把主席的话带回去。毛泽东点了点头。

邓小平回到北京以后,即于10月21日上午把同毛泽东的谈话经过致信王洪文,让他通报中共中央政治局委员们周知。

毛泽东与邓小平这一分多钟的交谈非同寻常。不单把四届全国人大"组阁"的重任明确地交给周恩来,而且促使毛泽东更加信任邓小平。同前一天王洪文气急败坏地在毛泽东面前诬告完全相反,邓小平一句不说中共中央政治局会议上的争吵,表现得那样豁达大度。一个卑劣,一个伟岸,对比太强烈了!这无疑会在毛泽东的心中激起对邓小平的好感,更加坚定重用邓小平的决心。

邓小平离开后,毛泽东同王海容、唐闻生继续关于四届全国人大人事安排等问题的谈话。

毛泽东要她们回北京传达他的意见:总理还是我们的总理。如果他身体可以,由他和洪文同志一齐给各方商量,提出一个人事安排的名单。邓小平做第一副总理兼总参谋长,这是叶剑英的意见。我赞成照他的意见办,战时有事,平时无事,挂个名。杨成武可以做副总长。王洪文来的时候没有这么明确,再明确一下。(全国大常委会)委员长一二人再考虑。

毛泽东重申:总的方针要团结、要安定。①

毛泽东还要她俩转告王洪文、张春桥和姚文元,不要跟在江青后面批东西。②

关于"风庆"轮事件,毛泽东说,"风庆"轮的问题本来是一件小事,而且先念等同志已在解决,但江青还这么闹。③

在带去的江青来信上,毛泽东写了批语:"已阅。务望谨慎小心。注意团

---

① 以上毛泽东的意见,据江青1974年10月22日的记录稿。参见《周恩来年谱(1949—1976)》(下卷),第680页。

② 据《历史在这里沉思(二)》,华夏出版社1986年版,第202页。

③ 据《周恩来年谱(1949—1976)》(下卷),第680页。

结不同意见的同志。”①请王海容、唐闻生带回交江青。

王海容、唐闻生二人在10月22日把毛泽东的指示向中共中央政治局作了传达。

毛泽东10月20日关于最高层领导人事安排的决策，使“四人帮”阻挠邓小平担任国务院第一副总理兼解放军总参谋长的图谋无法得逞，他们想排斥周恩来主持“组阁”工作的阴谋也成了一枕黄粱。

4. 毛泽东制止江青“组阁”

在这两代中央领导人交替的关键时刻，周恩来按照毛泽东的决策和委托，不顾自己8月10日做第二次大手术后虚弱的病体，毅然再度挑起处理党和国家全面工作的重担。从10月下旬到11月上旬，他连续十多天在医院分别与邓小平、叶剑英、李先念商讨，同王洪文、江青谈话，并约中共中央政治局委员分三批开会，传达毛泽东10月20日的“长沙指示”，解决“风庆”轮事件，研究四届全国人大筹备工作。11月6日，周恩来写信给毛泽东，表示“我积极支持主席提议的小平为第一副总理，还兼总参谋长”，并说明四届全国人大“代表名单，宪法草案和报告，政府工作报告，均可在十一月搞出”，“人事名单估计十一月下旬可搞出几个比较满意人选”。关于自己的病情，膀胱癌虽未治愈，但“我的身体情况比七月十七日见主席时好多了，只是弱了些，如果十二月能开（四届全国）人大，定能吃得消”，“务请主席放心”。②

江青这时仍不死心，她不听毛泽东的告诫，还想利用其特殊身份插手“组阁”。这时，毛泽东一方面坚决制止江青插手，另一方面坚决支持邓小平同“四人帮”的斗争。

11月12日，毛泽东在长沙会见也门民主共和国总统委员会主席鲁巴伊后，同邓小平谈话。他对邓小平说：你开了一个“钢铁公司”！好！邓小平说：我实在忍不住了，不止一次了。毛泽东说：我赞成你！邓小平答道：她（指江青）在政治局搞了七八次了。毛泽东说：（江青）强加于人哪，我也是不高兴的。她们（用手指王海容、唐闻生）都不高兴。邓小平说：我主要感觉政治局的生活不正常。最后我到她那里去讲了一下，“钢铁公司”对“钢铁公司”。毛泽东说：这个好。邓小平又跟毛泽东说：最近关于我的工作的决定，主席已经

---

① 《建国以来毛泽东文稿》第13册，第374页。
② 《周恩来年谱（1949—1976）》（下卷），第682页。

讲了，不应再提什么意见了，但是看来责任是太重了一点。毛泽东说：没办法呢，只好担起来啰。

也就在11月12日这一天，毛泽东看到江青给他的信。江青向毛泽东提出人事安排建议名单，要谢静宜任全国人大常委会副委员长，迟群当教育部部长，乔冠华当国务院副总理，毛远新、迟群、谢静宜、金祖敏列席中共中央政治局会议，作为接班人培养。毛泽东在信上批道："不要多露面，不要批文件，不要由你组阁（当后台老板）。你积怨甚多，要团结多数。至嘱。""人贵有自知之明。又及。"①

江青心犹不甘，在11月19日，又给毛泽东写信，先作了几句骗人的检讨，接着就挑拨关系。她公然伸手要官、要权："自（中共）九大以后，我基本上是闲人，没有分配我什么工作，目前更甚"。② 毛泽东在11月20日复信说："你的职务就是研究国内外动态，这已经是大任务了。此事我对你说了多次，不要说没有工作。此嘱。"③但江青野心不死，在12月间，又把王海容、唐闻生找去，要她们向毛泽东转达她的意见，由王洪文任全国人大常委会副委员长。毛泽东立即一针见血地指出："江青有野心。她是想叫王洪文做委员长，她自己做党的主席。"④毛泽东看穿了江青的野心，坚决不许。这时江青再怎么厚颜纠缠，已属徒劳了。

12月间，周恩来在病榻上紧张地展开了四届全国人大的各项准备工作。在最关键的人事安排问题上，他统筹全局，反复衡量。针对"四人帮"竭力要将他们的亲信安插在文化部、教育部、国家体委等部委的情况，周恩来同邓小平、李先念等人多次交换意见，认为教育部关系重大，不能让，还是由周荣鑫当部长为好；文化部、国家体委看来不能不作让步。12月20日前后，周恩来又在医院分批召集中共中央政治局委员开会，通过了四届全国人大常委会委员长、副委员长和国务院副总理候选人名单的三个方案。⑤

5. 毛泽东、周恩来"长沙会晤"

12月23日，周恩来抱病飞赴长沙，当面向毛泽东汇报四届全国人大筹备

---

① 《建国以来毛泽东文稿》第13册，第394页。

② 转引自《建国以来毛泽东文稿》第13册，第376页。

③ 《建国以来毛泽东文稿》第13册，第374—375页。

④ 《建国以来毛泽东文稿》第13册，第395页。

⑤ 据《历史在这里沉思（一）》，华夏出版社1986年版，第75页。

情况。行前，医务人员发现周恩来的大便有隐血，需要立即进行检查治疗。这时正是决定党和国家的权力掌握在谁手里的关键时刻，与周恩来同去汇报的又是王洪文。叶剑英表示，为了人民共和国的最高利益，现在不能提及周恩来便血之事；并反复叮嘱医务人员要采取一切措施，确保周恩来安全返回。

12 月 23 日当天，毛泽东就听取了周恩来、王洪文的汇报。

毛泽东摇着手对王洪文说："不要搞'四人帮'！团结起来！四个人搞在一起不好！"毛泽东又一次说："江青有野心。你们看有没有？我看是有。我比你们了解她，几十年。"

在谈到邓小平时，毛泽东指指脑袋说：他政治思想强。Political 比他（用手指王洪文）强，他没有小平强。毛泽东又说：我看小平做个军委副主席。军委副主席、第一副总理兼总参谋长。他还边说边用笔写"人才难……"，毛泽东刚写到"难"字，周恩来就把"人才难得"说了出来，毛泽东放下了笔。①

第二天，毛泽东要周恩来、王洪文"留在这里谈，告诉小平在京主持工作"。毛泽东在 12 月 24、25、27 日又同周恩来和王洪文谈了三次。

谈话的一个重要内容是分析和批评"四人帮"。毛泽东说：江青他们在批刘、批林中立了功，但不要搞宗派，搞宗派要摔跤的。摔了跤，能爬起来就好。关于江青，毛泽东说：我在做江青的工作，劝她"三不要"：一不要乱批东西，二不要出风头，三不要参加组织政府（内阁）。对江青，毛泽东又说：当然要一分为二。她在批刘、批林问题上是对的，说总理的错误是第十一次路线错误就不对了。毛泽东还说："批林批孔"、批"走后门"，成了三个主题，就搞乱了。搞乱了，也不告诉我。毛泽东对批孔是满意的。他说：说批林容易批孔难。世界上的事，说起来难，做起来并不难，现在孔夫子是文圣被打倒了。同时，他又指出：说"批林批孔"是第二次文化大革命是不对的。② 他责成江青等人作自我批评，要王洪文在长沙期间写出书面检查。③

谈话的再一个重要内容是关于人事安排。毛泽东对四届全国人大常委会委员长、副委员长和国务院副总理的具体人选提了一些意见。他同意叶剑英以中共中央军委副主席的身份兼任国防部部长。关于国务院副总理的人选，

---

① 《周恩来年谱（1949—1976）》（下卷），第 687 页。

② 周恩来在中共中央政治局常委会上传达的毛泽东谈话要点（节录）（1974 年年末至 1975 年年初）。

③ 据《周恩来年谱（1949—1976）》（下卷），第 687 页。

毛泽东在邓(小平)、张(春桥)、李(先念)后面加了一个陈(锡联),并提议张春桥兼任解放军总政治部主任。① 最重要的,还是邓小平的职务。周恩来建议,在四届全国人大前召开的中共十届二中全会上,增补邓小平为中共中央政治局常委或中央副主席。毛泽东提出以邓小平为中共中央副主席兼政治局常委。② 这一重要决策,把邓小平推到了中国政治舞台的中央。毛泽东了解了周恩来的病情,关切地对周恩来说:你身体不好,四届全国人大之后,你安心养病,国务院的工作让小平同志去顶。③

12 月 26 日,正是毛泽东的 81 岁生日。王洪文到韶山参观,毛泽东单独同周恩来促膝长谈。毛泽东就理论问题发表了重要谈话(详见本书第三章《整顿的突破口——铁路》),并同周恩来再次就党和国家领导人的任职安排交换意见。经过分析和比较,他们最终确定了中共十届二中全会和四届全国人大会议上的人事安排方案。毛泽东还表示,江青、张春桥有严重政治历史问题的情况,他已经获悉。④

(四)邓小平主持国务院工作

周恩来返回北京以后,即在中共中央政治局常委会上传达了毛泽东的谈话要点。经过“文化大革命”中的多次反复,在这关键时刻,毛泽东又一次批评“四人帮”,对四届全国人大的人事安排作出决断,把党和国家的最高权力交给邓小平去执掌。在当时,毛泽东的指示和决定具有绝对权威。他要邓小平担任中共中央副主席兼政治局常委、国务院第一副总理、中共中央军委副主席兼总参谋长五个职务。这一英明决策,得到党内绝大多数同志的拥护,江青等人也无可奈何。至此,“四人帮”从“批林批孔”运动开始,到处兴风作浪,处心积虑地妄图排斥以至于打倒周恩来、邓小平,由他们来“组阁”的阴谋归于失败。

从 1970 年起就酝酿召开的四届全国人大,经过中共九届二中全会(庐山会议)、“批陈整风”、“9·13”事件、“批林整风”、“批林批孔”以及“风庆”轮事

---

① 周恩来在中共中央政治局常委会上传达的毛泽东谈话要点(节录)(1974 年年末至 1975 年年初)。

② 据《周恩来年谱(1949—1976)》(下卷),第 687 页。

③ 据《周恩来年谱(1949—1976)》(下卷),第 687 页。

④ 据《周恩来年谱(1949—1976)》(下卷),第 687—688 页。

件等惊心动魄的斗争，在毛泽东关于安定团结的方针指导下，在毛泽东、周恩来的直接筹划下，终于在1975年1月召开。这次大会是力图结束“文化大革命”动乱局面，恢复正常秩序，实现安定团结的一个标志。

1975年元旦，周恩来在人民大会堂主持召开中共中央政治局会议，讨论四届全国人大有关人事安排问题。根据毛泽东要安定团结的指示，会议确定“基本不动，个别调整”的原则，讨论通过了邓小平起草的关于国务院的部委设置和各部部长、委员会主任、最高人民法院院长人选的报告。会后，即向在长沙休养的毛泽东作了报告。1月5日，中共中央发出1975年1号文件，任命邓小平为中共中央军委副主席兼中国人民解放军总参谋长。接着，中共十届二中全会于1月8日至10日在北京举行，邓小平在这次会议上当选为中共中央副主席、政治局常委。

1975年1月13日，第四届全国人民代表大会第一次会议胜利开幕。1月17日，四届全国人大一次会议根据中共中央的提议，任命了国务院总理、副总理，各部部长，各委员会主任。周恩来连任国务院总理，副总理为：邓小平、张春桥、李先念、陈锡联、纪登奎、华国锋、陈永贵、吴桂贤、王震、余秋里、谷牧、孙健。各部部长和各委员会主任是：外交部部长乔冠华，国防部部长叶剑英，国家计划委员会主任余秋里，国家基本建设委员会主任谷牧，公安部部长华国锋，对外贸易部部长李强，对外经济联络部部长方毅，农业部部长沙风，冶金工业部部长陈绍昆，第一机械工业部部长李水清，第二机械工业部部长刘西尧，第三机械工业部部长李际泰，第四机械工业部部长王诤，第五机械工业部部长李成芳，第六机械工业部部长边疆，第七机械工业部部长汪洋，煤炭工业部部长徐今强，石油化学工业部部长康世恩，水利电力部部长钱正英，轻工业部部长钱之光，铁道部部长万里，交通部部长叶飞，邮电部部长钟夫翔，财政部部长张劲夫，商业部部长范子瑜，文化部部长于会泳，教育部部长周荣鑫，卫生部部长刘湘屏，国家体育运动委员会主任庄则栋。

四届全国人大一次会议闭幕后，周恩来于1月30日主持召开中共中央政治局常委会，研究国务院副总理分工问题。2月1日，周恩来请邓小平将各副总理的分工列出。当天，周恩来在人民大会堂主持召开了国务院全体副总理出席，叶剑英、郭沫若（中国科学院院长）列席的国务院常务会议，审定了国务院12位副总理的分工。会议确定：邓小平“主管外事，在周恩来总理治病疗养期间，代总理主持会议和呈批主要文件”；常务副总理李先念、纪登奎、华国锋三人,“负责处理国务院日常事务”;副总理各有分工:李先念主管财政、贸易,纪登奎主管劳动工资和干部调配,华国锋主管政法和科学工作,张春桥主管文化、教育,陈锡联主管国防工业和体育,陈永贵主管农业,吴桂贤主管卫生和轻工业,王震主管交通和供销,余秋里主管计划和工业,谷牧主管建设和工业,孙健主管工业生产。

2月1日的国务院常务会议后,周恩来又主持召开国务院全体会议,各副总理、各部部长、各委员会主任出席。周恩来在会上讲话,传达、讲解了在四届全国人大筹备期间毛泽东所作关于人事问题和理论问题指示的内容,重申了毛泽东对邓小平所作的“政治思想强,人才难得”等评语,并说:“以后的事情还要副总理们多做”,“以小平同志为首”,“将来这样的会,请小平同志主持”,“希望新的国务院成立以后,出现新的气象,争取今年第四个五年计划能够完成而且超额完成”。① 邓小平发言说:国务院的头还是周总理,我们帮助,因为他有病,具体事情有12个副总理。将来国务院要有几个人搞常务,经中央批准后再通知大家,请他们多做工作。毛主席在(中共)十届二中全会时就提出,现在还是以安定为好。这是我们要注意的一个重要指示。现在看来国际形势对我们是很有利的……世界大战的危险是个现实问题,但是可以不可以争取几年之内不打?我们利用这段时间把我们的力量加强,把社会主义经济基础加强,也包含军事力量特别是装备的加强。所以,我们要好好地把建设抓一下。今天在座的各部门要认真地注意抓这个工作。②

2月2日,周恩来致信毛泽东,报告国务院各副总理分工情况。毛泽东圈阅同意。至此,周恩来完成了由邓小平接替他主持国务院工作的安排,邓小平实际上开始主持国务院的日常工作。

通过中共十届二中全会、四届全国人大一次会议和国务院有关会议,完成了毛泽东主持作出的人事安排,中国党、政、军的最高权力没有被交给江青集团,而是掌握在忠于人民、忠于社会主义事业的马克思主义者手里。这就为1975年整顿奠定了组织基础。邓小平也在毛泽东、周恩来、叶剑英等人的支持和安排下,通过正常程序走到了中国政治舞台的中央,在1975年整顿中施展他卓越的政治才能。

---

① 据《周恩来年谱(1949—1976)》(下卷),第693—694页;力平:《周恩来一生》,中央文献出版社2001年版,第536页。

② 据《邓小平年谱(1975—1997)》(上),第15—16页。

三、邓小平以“三项指示为纲”领导1975年整顿

邓小平主持国务院全局工作以后，立即大刀阔斧地领导整顿。在整顿中，他以实现周恩来在四届全国人大一次会议上所作《政府工作报告》中提出的四个现代化宏伟目标为号召，提出“三项指示为纲”的著名口号，与“四人帮”进行了针锋相对的斗争，领导整顿取得了极大的成功。要了解和把握1975年整顿这段波澜起伏的历史，必不可少的，是要对毛泽东作出的三项指示、周恩来提出的宏伟目标和邓小平强调的“三项指示为纲”有一个较为全面的认识。

（一）毛泽东的三项重要指示

邓小平主持的1975年整顿，是以“三项指示为纲”来推进的。毛泽东关于学习理论、反修防修，要安定团结，要把国民经济搞上去这三项重要指示，是在不同时间、不同场合，针对不同情况先后作出并重申的。它们比较集中地反映了毛泽东在“文化大革命”后期的思想。

1. 关于要安定团结的指示

在本章第一节中，我们曾说过，“无产阶级文化大革命，已经八年。现在，以安定为好。全党全军要团结”，这个重要指示是毛泽东于1974年8月在武汉作出的。它随即在各大军区司令员、政委会议上传达；接着，在1974年10月11日中共中央《关于准备在最近期间召开第四届全国人民代表大会的通知》中正式公布。这个指示，指出了当时国内政治局势的总走向是迅速结束“文化大革命”，实现全党全军的“团结”，实现全社会的“安定”。这表明，毛泽东对“批林批孔”运动后再度出现的动乱局面不满，也表明了他迅速结束“天下大乱”而实现“天下大治”的愿望。同时，对于八大军区司令员对调后在“批林批孔”运动中进行的清查工作作了一个总结，实际上宣布了“批林批孔”运动的结束。随后，毛泽东即把中共十大后已经搁置一年的召开四届全国人大的问题重新提上议事日程，并在1974年10月初向中共中央政治局提议由邓小平出任国务院第一副总理。毛泽东安排邓小平进入中央领导核心，将实现安定团结和把经济搞上去的重任托付给周恩来、邓小平、叶剑英，是邓小平得以主持领导1975年整顿、施展其抱负和才华的前提。

在发出“八月指示”以后，到1975年年初，毛泽东又接连三次重申“要安

定团结”。

第一次是1974年10月20日的“长沙谈话”。

毛泽东在会见丹麦首相后，同王海容、唐闻生的谈话时重申：“总的方针要团结、要安定。”显然，主要是针对“四人帮”制造“风庆”轮事件和王洪文“长沙诬告”等分裂活动而发。

对于怎样实现安定团结，毛泽东在这次谈话中主要讲了两方面的内容：一是明确把党、政、军的最高权力交给周恩来、邓小平等人；二是批评江青，告诫王洪文、张春桥、姚文元。

毛泽东再一次重申安定团结，是在1974年12月下旬与周恩来进行“长沙会晤”时。

这次，毛泽东再次强调要“团结起来”，再次当面告诫王洪文“不要搞‘四人帮’”、“不要搞宗派”，再次批评“江青有野心”，还明确指出：“说‘批林批孔’是第二次文化大革命是不对的”。

同时，毛泽东就怎样在全国实现安定团结的局面，作出了重要的具体部署：

一是制止武斗。他指示：“凡有两派的地方，民兵不要搞进去。”

二是解放干部。毛泽东指示，在四届全国人大召开以后，要解决“文化大革命”爆发以来被关押、受监护的干部问题，把他们解放出来。

三是释放在押战犯。毛泽东提议四届全国人大召开后进行特赦，把“国民党那些战犯放出来”。

毛泽东第三次讲安定团结，是在1975年1月8日至10日的中共十届二中全会期间。

当周恩来于1月9日打电话到长沙，向毛泽东请示有何指示时，毛泽东又一次强调指出：“还是安定团结为好。”

周恩来在1月10日中共十届二中全会的闭幕会上说：二中全会闭幕前，请示毛主席有什么话要说，主席讲了八个字：“还是安定团结为好。”最后，我还是说主席的话：“还是安定团结为好。”希望中央政治局的工作，各省、市、自治区的工作，解放军的工作，各级革命委员会一直到人民公社的工作，都要遵照主席的指示做好。1975年是安定团结的一年，是争取跃进胜利的一年。我相信，在毛主席的谆谆教导下，安定团结，一定会把各项工作做得更好。①

① 引自《周恩来年谱（1949—1976）》（下卷），第690—691页。

从 1974 年 8 月至 1975 年 1 月，毛泽东一而再、再而三地指示“要安定团结”，说明当时毛泽东已经从思想到行动上，认识和接受了“文化大革命”前期“怀疑一切”、“打倒一切”、“全面内战”的教训，决心以最大的努力尽快结束“文化大革命”的动乱局面，恢复正常的生产秩序、工作秩序和社会秩序，恢复正常的政治生活。邓小平在 1975 年整顿中创造性地贯彻执行了毛泽东关于安定团结的指示，取得了显著的成效。实践证明，毛泽东关于安定团结的方针是完全正确的。

2. 关于理论问题的指示

关于怎样认识社会主义，关于怎样反修防修、防止“和平演变”、防止资本主义复辟，这是从 1956 年苏共二十大以后出现世界性的反共浪潮以后，长期萦绕在毛泽东心头、他反复思考的问题。为在中国防止出现修正主义，他先后采取了全党整风，提倡干部参加生产劳动，农村“四清”、城市“五反”——开展社会主义教育运动等办法。当认为中国出现了修正主义的时候，他又领导发动了“文化大革命”。在毛泽东看来，过去的各种斗争都不能解决问题，只有实行“文化大革命”，公开地、全面地、自下而上地发动群众揭发我们的黑暗面，才能把被“走资派”篡夺的权力重新夺回来。“文化大革命”的实践，证明这场政治运动不是也不可能是任何意义上的革命或社会进步。它根本没有“乱了敌人”，却只是“乱了自己”，因而，没有也不可能由“天下大乱”达到“天下大治”。对“文化大革命”这一全局性的严重错误，毛泽东始终未能大彻大悟。他没有认识到这是一场由他错误发动，被林彪、江青两个反革命集团利用，给党、国家和各族人民带来严重灾难的内乱。但是，毛泽东本人首先识破了林彪集团企图夺取最高权力的阴谋，机智地领导粉碎了他们策动的反革命武装政变；也是毛泽东首先识破了江青集团借开展“批林批孔”运动之机，进行篡权活动，揭露了他们的野心和分裂活动，宣布他们是“四人帮”。毛泽东虽然坚持在全局上肯定“文化大革命”，但是，他从实践中还是清醒地认识到了“文化大革命”“怀疑一切”、“打倒一切”“全面内战”的严重错误，并力图进行纠正。当毛泽东发出“要安定团结”的指示，决心结束“文化大革命”的时候，他必然要考虑并决定的问题是，当不再采用“文化大革命”这种非常办法的时候，在不搞政治运动的正常情况下，应该怎么样来反修防修、防止“和平演变”、防止资本主义复辟呢？毛泽东关于理论问题的指示，试图作出回答。

毛泽东第一次集中谈论这个问题，是 1974 年 10 月 20 日在长沙会见丹麦首相保罗·哈特林的时候。毛泽东对这位丹麦首相说：

> 总而言之，中国属于社会主义国家。解放前跟资本主义差不多。现在还实行八级工资制，按劳分配，货币交换，这些跟旧社会没有多少差别。所不同的是所有制变更了。

1974年12月26日，是毛泽东的81岁生日。这一天，他在同周恩来谈话时又一次谈到这个问题。他说：

> 列宁为什么说对资产阶级专政，要写文章。要告诉春桥、文元把列宁著作中好几处提到这个问题的找出来，印大字本送我。大家先读，然后写文章。要春桥写这类文章。这个问题不搞清楚，就会变修正主义。要使全国知道。
>
> 我同丹麦首相谈过社会主义制度。我国现在实行的是商品制度，工资制度也不平等，有八级工资制，等等。这只能在无产阶级专政下加以限制。
>
> 所以，林彪一类如上台，搞资本主义制度很容易。因此，要多看点马列主义的书。
>
> 列宁说："小生产是经常地、每日每时地、自发地和大批地产生着资本主义和资产阶级的"。工人阶级一部分，党员一部分，也有这种情况。
>
> 无产阶级中，机关工作人员中，都有发生资产阶级生活作风的。①

1975年6月21日，毛泽东会见柬埔寨共产党中央总书记波尔布特时又指出：

> 我们现在正是列宁所说的没有资本家的资产阶级国家，这个国家是为了保护资产阶级法权。
>
> 一个社会主义，一个资本主义，我们现在还是两种可能。中国将来可能也变修正主义，但是最后还会回到马克思、列宁的道路。

毛泽东关于理论问题的谈话，表明他深深地忧虑社会主义制度建立以后，还存在着资本主义复辟的危险性，也还存在着变为修正主义的危险性。这种忧虑是富有远见的。他力图寻找产生这种危险性的内在原因，即从社会主义

---

① 《建国以来毛泽东文稿》第13册，第413—414页。

的经济基础和社会制度本身去寻找产生资本主义与资产阶级的根源，以便及早采取措施，加以避免；在指出新社会“所有制变更了”，即实现了生产资料公有制这一社会主义本质特征的同时，又指出中国现在实行的商品生产、货币交换、按劳分配及八级工资制等“跟旧社会没有多少差别”。其思考是深刻的。毛泽东指出，在社会主义国家，从工人阶级中、从共产党员中，也会产生资本主义和资产阶级；在无产阶级中、在机关干部中，都会发生资产阶级生活作风问题；党和国家的最高权力如果被“林彪一类”阴谋家、野心家掌握，搞资本主义制度很容易。这些论断的正确性已经被此后 20 世纪 90 年代的苏联解体、东欧剧变所证明。只是联系 20 世纪 60 年代中国的实际，对国内阶级斗争形势和党内矛盾状况作出错误判断而导致发动“文化大革命”，这样的教训是沉痛的。但在准备结束“文化大革命”、转入正常的政治生活时，特别加以强调，引起人们警觉，注意防范，不是没有必要的。毛泽东认为，在社会主义的中国，防止变为修正主义、防止资本主义复辟的办法，在思想上、政治上，全体党员、全国人民要多读马列主义的书，搞清楚关于无产阶级专政的理论；在经济上，要对商品制度、货币交换、按劳分配及工资制度加以限制，对小生产进行限制和改造。

应该看到，经过“文化大革命”八九年的实践，毛泽东的认识有了发展、变化，对这些问题的认识更加深入了。

在“文化大革命”初期，他对产生修正主义、复辟资本主义的社会基础，更多地着眼于旧社会遗留下来的社会成分。他赋予“文化大革命”的任务之一是要解决这部分人的问题。

1966 年 6 月 10 日，毛泽东同越南劳动党主席胡志明谈话。毛泽东说：现在我们搞文化大革命，搞教育界、文艺界、学术界、哲学界、史学界、出版界、新闻界。这次是大大小小可能要整倒几百人、几千人，特别是学术界、教育界、新闻界、出版界、文艺界、大学、中学、小学。因为当时我们没有人，把国民党的教员都接受下来了。大、中、小学教员，办报的，唱戏的，写小说的，画画的，搞电影的，我们很少，把国民党的都包下来。这些人都钻到我们党内来了。这样一说，你就知道文化大革命的道理。

1967 年 2 月 3 日，毛泽东接见阿尔巴尼亚领导人卡博和巴卢库时说：我在 1962 年 1 月“七千人大会”上讲了一篇话。我说，修正主义要推翻我们，如果我们现在不注意，不进行斗争，少则几年十几年，多则几十年，中国会要变成法西斯专政的。毛泽东又说，我们党内暴露出许多人，大概可以分为几部分①……总之，在中国人数并不多，百分之几。他们的阶级基础只有百分之几，比如地主、富农、资本家、国民党等等，顶多有5%。那么，7亿人口里面也不过是3500万人。他们也分散，分到各个乡村、各个城市、各个街道。

1970年12月18日，毛泽东会见美国朋友斯诺。这时，他已经看到"文化大革命"中"到处打，分两派"，造成"天下大乱"、"全面内战"的严重问题。但他仍然认为：你不搞这个东西也不行，一是有反革命，二是有"走资派"。毛泽东还举例说明：外交部就闹得一塌糊涂。有一个半月失去了掌握，这个权掌握在反革命手里。他还说了与4年多前同胡志明谈的类似的话：我们没有大学教授、中学教员、小学教员啊，全部用国民党的，就是他们在那里统治。文化大革命就是从他们开刀。抛掉的就是百分之一、二、三，就让他们在那里，年纪老了，不能干事了，养起来了。其他的都保存，但要跟劳动相结合，逐步逐步来，不要忙，不要强迫，不要强加于人。

到1974年作出关于理论问题的指示时，毛泽东就更多地从经济制度上着眼看问题了。毛泽东的立足点是反修防修，反对"和平演变"，防止资本主义复辟。他主张对商品制度、货币交换、按劳分配、八级工资制加以"限制"，自然意味着还允许它们存在而不是消灭，其合理性和必要性显而易见。他看到，社会主义制度下的商品生产、货币交换、按劳分配、八级工资制，与旧社会根本不同的是"所有制变更了"，但又认为"跟旧社会没有多少差别"，因而政策的基本立足点是"限制"，则不免偏颇。他看到了消极的一面，保持着警惕。但是在当时，他没有指明——像他过去指明的那样——按劳分配是社会主义原则，是共产主义的学校，能够调动劳动者的积极性，有利于发展社会生产力，应该贯彻和完善；也没有指明——像他过去指明的那样——商品制度、货币交换有其积极作用，应该充分发挥和利用，否则就会脱离现实，就是超越历史阶段，不利于调动各种积极因素，不利于发展社会生产力，显然是片面的。进而认为这是资本主义复辟的经济基础，更是对他错误的"无产阶级专政下继续革命"理论的补充，也是这一错误理论的认识根源之一。至于毛泽东把列宁当年针对苏俄在特定情况下的小生产所作论断，用来估计中国小生产发展的趋势，指

---

① 在以下的谈话中，毛泽东分析了四部分人：民主革命阶段可以合作、不赞成搞社会主义的所谓老干部，新中国成立后进党的一批人，收容下来的国民党的这些人，资产阶级、地主、富农的子弟。

出了消极面，却对这些消极面不免看得过于严重。事实上，经过引导，小生产可以被组织起来，成为集体经济。毛泽东在 20 世纪 50 年代领导农业合作化运动，领导对个体手工业的改造，就是这样做的。在社会主义条件下，小生产也可以作为社会主义经济的补充而存在与发展，只要加强管理，不放任自流，可以避免大量地产生资本主义和资产阶级。

应该看到，毛泽东作出关于理论问题的指示以后，在经济上并没有采取什么"限制"的实际步骤。在经济政策方面，他采取审慎的态度，没有同意一些过高、过急的改变政策的建议，因而城乡经济政策也没有继续向"左"的方向发展。

对于怎样学习理论，毛泽东作了具体部署。1975 年 2 月 9 日，《人民日报》发表社论《学好无产阶级专政的理论》，传达了毛泽东关于理论问题的指示。2 月 18 日，中共中央就此发出通知。2 月 22 日，《人民日报》、《红旗》杂志发表《马克思、恩格斯、列宁论无产阶级专政》的 33 条语录，并在编者按中公布了毛泽东关于理论问题的谈话。一个"学习无产阶级专政理论"的运动随即在全国开展起来。

3. 关于把国民经济搞上去的指示

1974 年由于开展"批林批孔"运动，动乱再起，国民经济遭受严重干扰和破坏。全国工农业总产值下降。主要工农业产品，除粮食略有增长外，其他都减产。钢产量比 1973 年下降 410 万吨；原煤产量也下降了 400 万吨；铁路货运量下降 5. 3%，比 1973 年少运 4321 万吨。外贸逆差 13. 4 亿美元。全年财政赤字 7. 7 亿元。1974 年 11 月，李先念等人到长沙向毛泽东汇报国民经济计划执行情况时，上述全年统计数字虽然还没有出来，但总的趋势不好，大部分计划指标完成不了，已经是确定无疑的事实。1975 年是第四个五年计划的最后一年，如不采取得力措施，"四五"计划很难完成。毛泽东听了汇报以后指示：明年要把国民经济搞上去。①

李先念回到北京，向中共中央政治局作了传达。"把国民经济搞上去"这一指示，即成为当时经济工作的指导方针。在此前后，国务院副总理余秋里、谷牧向毛泽东汇报国民经济情况时，毛泽东也作了相仿的指示：国民经济要抓上去，人口非控制不可。②

---

① 《建国以来毛泽东文稿》第 13 册，第 410 页。

② 据王震于 1975 年 3 月 28 日在全国铁路工作会议上的讲话；1974 年年底，毛泽东在国家计委《关于 1975 年国民经济计划的报告》上所作的批示：人口非控制不行。

按照毛泽东的指示，国务院召开了全国计划会议，议定1975年国民经济计划草案。经毛泽东圈阅同意，1975年2月10日，中共中央发出4号文件——《中共中央批转1975年国民经济计划的通知》。《通知》在简要引述毛泽东关于学习理论和"还是安定团结为好"的指示后，向全党传达了"把国民经济搞上去"这一指示，要求全党"坚持抓革命、促生产、促工作、促战备的方针，把国民经济搞上去"。毛泽东的这个指示，就成为动员全国干部、群众行动的口号。

（二）周恩来重申的"四化"蓝图

1975年1月13日，第四届全国人民代表大会第一次会议在北京人民大会堂举行。朱德委员长宣布大会开幕。自1965年1月4日三届全国人大一次会议闭幕以后，按照宪法规定应该每年举行一次的全国人大会议，已经停开了整整10年。四届全国人大的召开，是力图结束"文化大革命"动乱局面、恢复正常秩序、实现安定团结的一个标志。

周恩来总理在1月13日的大会上，代表国务院作《政府工作报告》。

这个报告是邓小平主持起草，按周恩来审阅的意见修改而成，并经周恩来主持的中共十届二中全会讨论通过。当时，周恩来病重体弱，邓小平限定这份报告不超过5000字，以便半小时左右能够读完，不致太过影响周恩来的身体健康。

周恩来的《政府工作报告》最为鼓舞人心、最为引人注目的地方，是重申了三届全国人大上《政府工作报告》中提出的把我国建设成为社会主义现代化强国的宏伟目标和"两步设想"的蓝图。

周恩来说：

> 遵照毛主席的指示，三届全国人大的政府工作报告曾经提出，从第三个五年计划开始，我国国民经济的发展，可以按两步来设想：第一步，用十五年时间，即在一九八〇年以前，建成一个独立的比较完整的工业体系和国民经济体系；第二步，在本世纪内，全面实现农业、工业、国防和科学技术现代化，使我国国民经济走在世界的前列。

周恩来又说：

> 我们要在一九七五年完成和超额完成第四个五年计划，这样就可以为在一九八〇年以前实现上述的第一步设想打下更牢固的基

础。从国内国际的形势看，今后的十年，是实现上述两步设想的关键的十年。在这个时期内，我们不仅要建成一个独立的比较完整的工业体系和国民经济体系，而且要向实现第二步设想的宏伟目标前进。

报告中提出的“两步设想”的时间虽然定得较为局促一点，但四个现代化的宏伟目标和“两步设想”的具体蓝图，使全国人民看到了社会主义中国的光明前途，给遭受“文化大革命”动乱之苦的人民带来了希望。它们是邓小平主持1975年整顿、动员全国各族人民“把国民经济搞上去”的精神支柱和巨大动力。在历史的进程中，它们也是团结人民同“四人帮”进行斗争的锐利武器。

（三）邓小平提出“三项指示为纲”，领导1975年整顿

1. 邓小平提出“三项指示为纲”

毛泽东从1974年8月到1975年1月，作出并重申了三项重要指示，但毛泽东本人并没有把它们联系在一起。邓小平审时度势，融会贯通，把它们联系起来，提出这三项指示是各项工作为纲，用来领导1975年的整顿，取得了巨大成功。应该说，“三项指示为纲”是邓小平的一个创造，是完整、准确地理解和运用毛泽东思想的一个典范，表现了邓小平作为伟大的无产阶级政治家的雄才大略。

邓小平提出“三项指示为纲”，有一个过程。

从当时的重要文献可以看到，在1975年2月10日发出的《中共中央批转1975年国民经济计划的通知》中，已经传达了毛泽东的这三项指示，要求认真贯彻执行，完成和超额完成1975年国民经济计划与第四个五年计划，只是还没有把它们连在一起，说是“三项指示”。

在邓小平口授起草并经他主持的国务院会议讨论定稿的中共中央9号文件——《中共中央关于铁路工作的决定》中，毛泽东的这三项重要指示是这个文件的指导思想，也是铁路整顿的根本要求。在这个文件和邓小平于3月5日关于铁路整顿的讲话中，虽然也还没有提出“三项指示为纲”，但已经把这三项指示的联系和关系，放在铁路整顿这一具体工作中作了相当充分的阐述，“把国民经济搞上去”这个中心也突出了出来。万里于3月28日在全国铁路工作会议上作的《传达贯彻中央9号文件的基本情况和今后意见》讲话中，就有了“毛主席的三项重要指示”的提法。

邓小平明确地把毛泽东的三项指示联系在一起，作为此后各项工作的纲，是在5月29日钢铁工业座谈会上的讲话中。邓小平说：

> 毛主席最近有三条重要指示，一条是关于理论问题的，要反修防修，再一条是关于安定团结的，还有一条是要把国民经济搞上去。这三条重要指示，就是我们今后一个时期各项工作的纲。这三条是互相联系的，不能分割的，一条都不能忘记。①

1975年7月4日，邓小平在对中央读书班第四期学员的讲话中，再次讲了毛泽东的三条重要指示：

> 前一个时期，毛泽东同志有三条重要指示：第一，要学习理论，反修防修；第二，要安定团结；第三，要把国民经济搞上去。这三条指示互相联系，是个整体，不能丢掉任何一条。这是我们这一时期工作的纲。②

邓小平以毛泽东的"三项指示为纲"来领导1975年的整顿，这是一个非常高明的决策。因为毛泽东的三项指示集中反映了当时全国上下，干部、群众共同一致的久乱思治、久贫思富的强烈愿望，唯有贯彻执行毛泽东的三项指示，才能把全党、全军、全国人民凝聚在一起，治理经过8年"文化大革命"以后的混乱局面。从另一方面看，进行整顿的主要障碍和对立面是"四人帮"。邓小平主持的整顿以毛泽东的"三项指示为纲"来进行，就在同"四人帮"的斗争中占据了主动，"四人帮"就很难明目张胆地反对。

邓小平在提出"三项指示为纲"时，还很有针对性地提出了两个重要论点：一个是"整体"论。他强调毛泽东的三项指示是一个"整体"，是互相联系的、不可分割的，不能丢掉其中任何一条。另一个是"大局"论。邓小平强调周恩来提出的发展我国国民经济的"两步设想"，以及在20世纪末把我国建设成为实现四个现代化的社会主义强国，"这就是大局"。"全党全国都要为实现这个伟大目标而奋斗"。③ 这两个论点，在顾及全面的基础上突出了"把国民经济搞上去"这个重点。邓小平以此统一全党全国的奋斗目标，明确1975年的工作重心，并对"四人帮"割裂三项指示、破坏安定团结、破坏经济建设的言行提供了批评的依据。邓小平对三项指示的总体把握，使1975年整顿

---

① 据《邓小平年谱(1975—1997)》(上)，第50页。

② 《邓小平文选》第2卷，人民出版社1994年版，第12页。

③ 《邓小平文选》第2卷，第4页。

具有一种高屋建瓴、势不可当的气势。

2. 围绕理解和贯彻毛泽东关于理论问题指示的斗争

围绕怎样理解和贯彻毛泽东关于理论问题的指示，邓小平同“四人帮”进行了有理、有利、有节的斗争。

针对“四人帮”的极左观点，邓小平把对毛泽东关于理论问题指示的学习，引导到要安定团结、把国民经济搞上去的方向上。邓小平在3月5日全国工业书记会议上的讲话中谈到学习毛泽东关于理论问题的指示时，针对张春桥等人的极左观点指出，限制资产阶级法权，也要有个物质基础，不然怎么过渡到共产主义？各尽所能，各取所需，要有丰富的物质基础嘛。邓小平分析了世界形势，说明可以争取较长一段不打仗的时间；并强调要利用这个时间，把我们社会主义的物质基础加强。邓小平后来回顾这段斗争经历时说过：“关于共产主义，‘文化大革命’中有一种观点，宁要穷的共产主义，不要富的资本主义。我在一九七四年、一九七五年重新回到中央工作时就批驳了这种观点。”“当时我告诉他们没有穷的共产主义，按照马克思主义观点，共产主义社会是物质极大丰富的社会。因为物质极大丰富，才能实现各尽所能、按需分配的共产主义原则。社会主义是共产主义的第一阶段……社会主义时期的主要任务是发展生产力”。① 邓小平对学习毛泽东关于理论问题指示的阐述，把毛泽东关于限制资产阶级法权的观点同把国民经济搞上去的指示联系了起来，把对无产阶级专政理论的学习同将国民经济搞上去这个大局结合到一起。

邓小平还敏锐地觉察到，“四人帮”在学习无产阶级专政理论中提出“反经验主义”，矛头是指向周恩来和革命老干部的，是要把理论问题的学习变成一场有一定政治目标的运动，为他们篡夺党和国家的最高权力服务。邓小平采取向毛泽东请教的办法，促使毛泽东清醒地制止了“四人帮”的这一图谋。按照毛泽东的布置，自5月下旬至6月初，邓小平连续主持召开中共中央政治局会议，专门对江青等人进行了批评，并迫使江青、王洪文作出检讨，使他们再也不能借学习毛泽东关于理论问题的指示来兴风作浪。而邓小平，则通过这场斗争，在毛泽东和周恩来、叶剑英等人的支持下，在主持国务院工作的同时，又主持中共中央政治局的常务工作，把整顿进一步推进到文教、科技等领域。

邓小平还强调学习理论要联系实际。在整顿中，他致力于运用毛泽东关

① 《邓小平文选》第3卷，人民出版社1993年版，第171页。

于理论问题的指示，着重解决以下实际问题：反对资产阶级派性，增强无产阶级党性，实现安定团结；反对搞资本主义的行为；反对资产阶级的生活作风和思想作风。

由于邓小平对学习毛泽东关于理论问题的指示作了积极引导，毛泽东既支持邓小平反对"反经验主义"，在实践上也采取审慎态度，不支持"四人帮""左"的做法，所以，理论学习并没有妨碍1975年整顿，在某种意义上，还不同程度地推动了1975年整顿的进行。

3. 落实毛泽东关于安定团结指示的主要措施

在落实毛泽东关于安定团结的指示方面，邓小平得心应手地运用思想政治工作和行政、法律措施这两手，两手都很硬。一方面，他强调让毛泽东的指示和中央文件同干部、群众直接见面，宣传动员要很深入，要做到家喻户晓；另一方面，有明确的政策、确定的期限、强硬的措施。从当时的实际情况出发，为治乱安邦，邓小平横下一条心，大刀阔斧，雷厉风行，进行整顿，只用了八九个月，就使一个动乱的中国逐渐出现安定团结的局面。

为实现安定团结的局面，他主要采取了五项重点措施。

（1）反对派性。一是指明派性的性质起了变化。邓小平说：如果说"文化大革命"初期的两派是自然形成的话，那么现在还搞两派，性质就不同了。二是提出采取行政手段。在5月21日的国务院会议上，邓小平讲到反对派性时又一次提出，如果闹派性严重而又不改正，就坚决调开。张春桥等人当场非难，邓小平立即驳斥。事后多年，邓小平在讲到严厉打击刑事犯罪问题时曾重提此事："一九七五年处理铁路问题时，对帮派分子，我说现在不抓人，把他们调开。'四人帮'说不行。我说凡是帮派头子，有一个调开一个，再出一个再调开，一天调一个，一年调三百六十五个。这个话传下去以后，铁路上的秩序马上就好了。"①可见邓小平当时反对派性态度之坚决，见效之迅速。

（2）调整领导班子。邓小平指出："领导班子就是作战指挥部。""领导班子问题，是关系到党的路线能不能贯彻执行的问题。"各级领导班子"都要加强"，"要使领导班子一不软，二不懒，三不散"②，成为坚强的、敢字当头的领导班子。他强调要发挥老干部、中年干部的作用，提拔青年干部要讲"台阶"

---

① 《邓小平文选》第3卷，第34页。

② 《邓小平文选》第2卷，第9页。

论，要一个台阶一个台阶上。按照邓小平的要求，工业交通系统所属冶金、煤炭、石油、化肥、电力、一机、森工、水产、建材、纺织、交通、铁道、邮电 13 个部门，对 1439 个重点企业进行了考察，确定领导班子需要调整的单位有 379 个，占 26.3%。① 到 1975 年 7 月底，已调整的为 133 个，其中 58 个调整后有显著变化。在军队整顿中，通过反对派性、整风、缩编，消除林彪的影响，使军队领导权掌握在老一辈无产阶级革命家的手中，成为后来粉碎"四人帮"的首要保证。

(3)落实政策。邓小平不仅重视落实干部政策，而且特别关注为群众落实政策。"文化大革命"中对群众影响大、牵连多的，是清理阶级队伍和清查"五一六分子"。邓小平指出，不仅要给戴帽子的受害者落实政策并平反，还要解决受牵连的人和虽然未戴帽子而受了伤害的人的问题。他还提出，落实政策时还要特别注意老工人、技术骨干、老劳模，有些该回到领导岗位的要调回来。

(4)恢复和健全规章制度。针对"文化大革命"中无政府主义泛滥，组织纪律涣散，邓小平指出："现在许多地方都存在无人负责的现象，积重难返，非突出地抓一下不可。"他强调"执行规章制度要严一点"，否则，"企业的混乱情况就无法改变"。在各种规章制度中，他又抓住主要矛盾，提出："关键是建立责任制。"②

(5)打击破坏活动。这是治理社会混乱、实现安定团结所必不可少的。邓小平强调要坚决打击，依法惩办。在整顿中，对各种违法犯罪分子批斗了一批，逮捕了一批，还处决了一些罪大恶极者。

邓小平主持领导的 1975 年整顿，在实现"两步设想"、建设"四化"强国的目标指引下，在"三项指示为纲"指导下，发展之迅速、成效之显著、斗争之尖锐复杂，为当代中国历史上所少见。下面，我们将从各个方面，较为详细地叙述这一波澜壮阔、风云变幻的历史画卷。

---

① 据国家计委保存的表格《工业交通各部门重点企业领导班子调整情况》(1975 年 8 月，统计到 7 月底)。

② 《邓小平文选》第 2 卷，第 30 页。

第二章
整顿的突破口——铁路

邓小平担任党、政、军领导职务后，立即对军队整顿作出部署，进行准备；转过手来，马上就集中精力，抓铁路整顿这一1975年整顿的突破口。

一、邓小平决策：整顿从铁路开始

邓小平同国务院主管经济和工业交通的几位副总理分析了当时的国内经济情况，研究怎样把国民经济搞上去。大家清醒地看到，由于"批林批孔"运动再次引起社会动乱，对国民经济造成很大破坏，1974年的工业生产情况很不好，许多企业处于半瘫痪状态，工业总产值仅完成计划的93.6%。主要工业产品除原油以外，都没有完成国家计划规定的指标，钢、原煤、棉纱等比1973年还有下降。影响全局的、突出的薄弱环节是铁路。铁路是国民经济大动脉，跨越省区，贯通全国，对能否把国民经济搞上去，具有重要的战略地位。当时铁路运输存在的严重问题，制约了钢铁、煤炭、电力等工业的发展，拖了国民经济的后腿，非解决不可。

（一）铁路运输的主要问题

当时铁路运输存在的主要问题是：

1. 生产下降

1974年全年的铁路货运量为7.87亿吨，只完成计划的92%，比1973年少运货物4321万吨，下降了5.3%。① 1975年头两个月，情况未见好转。1月

① 据《当代中国的计划工作》办公室编：《中华人民共和国国民经济和社会发展计划大事辑要（1949—1985）》，红旗出版社1987年版，第355页。

份，全国20个铁路局中，只有北京、锦州、吉林、柳州、成都5个铁路局完成运输计划，齐齐哈尔、哈尔滨、沈阳、呼和浩特、太原、郑州、武汉、济南、上海、南昌、广州、西安、兰州、乌鲁木齐、昆明15个铁路局都没有完成运输计划。1月份的日装车量为45835辆，为计划安排量的91.7%；2月份更下降为42945辆，比1974年同期减少9.4%，只相当于当时日装车能力55000辆的80%。其中，煤炭每天少装2000车，相当于每天少运出煤炭近10万吨。① 这对钢铁、化肥、电力等工业生产和一些城市的生活影响很大。

铁路基本建设取得了湘黔铁路建成通车等成绩，但年度施工计划完成得不够好。1974年新线铁路施工共有大中型项目24个，计划投资9.47亿元，铺轨525公里。截止到年底，投资只完成89.7%，铺轨只完成57%。营业铁路建设计划投资6.24亿元，实际只完成68%。②

2. 事故惊人

1974年一年，全路发生行车重大事故和大事故755起，比1973年增加48%，为10年前（1964年）88起的8倍多。③ 其中，重大火灾60多起，火车相撞50多起，汽车、拖拉机与火车相撞1000多起。④ 机车质量问题是酿成事故的重要原因之一。1974年，全国铁路机车完好率不到70%，大部分机车不能按期维修，不少是带病作业。⑤

3. 规章制度不严，劳动纪律松弛

责任事故常常由此酿成，安全、正点也就难以达到。1975年1月，旅客列车正点率只有68.8%，货运列车正点率为70%。⑥ 有个典型事例：在郑州和信阳之间，火车拉什么，铁路工作人员就偷什么。有一次，火车拉钢精锅，火车司机就在路上把火车停下，下去偷回来三个。司机、司炉、副司炉，一人分一个。可是没有拿锅盖，他们又下去拿回来七八个锅盖。结果，火车误点五个钟头。

---

① 据全国工业书记会议文件之三：《在全国工业书记会议上的讲话》（1975年2月28日草稿），第4页；路局未完成计划情况，据国家计委文件（75）计生字第56号；1975年1月份、2月份装车数据，据《铁路情况简报》第4期（1975年2月1日）、第12期（1975年3月3日）。

② 据《1974年铁路基本建设完成情况》，《铁路情况简报》第3期（1975年2月3日）。

③ 据《邓小平文选》第2卷，第5页。

④ 据《全国工业书记会议情况反映（4）》（1975年2月28日），第2页。

⑤ 据《万里文选》，人民出版社1995年版，第73页。

⑥ 据《铁路情况简报》第4期（1975年2月1日）。

人家问为什么火车开得那么慢。他们说路况危险，只能开慢车。[①]

4. 刑事犯罪突出，治安问题严重

1974 年，全国铁路系统发生危害国家安全的案件 220 多起，其中企图制造爆炸、阴谋颠覆列车的重大案件有 26 起。发生各类刑事案件 1.89 万多起，其中凶杀、抢劫案 380 多起，出口过境物资被盗案 200 多起。客货车零配件丢失、被盗情况严重，直接影响火车正常运行。以吉林铁路局为例，1974 年 1 月至 10 月，因车辆零配件被盗影响列车晚点 650 列。无票乘车、爬车、斗殴、哄抢、闹事等治安问题也相当严重。[②] 京广线广水、孝感等站区治安情况不好，是个典型。这里，出口过境物资和铁路器材被盗事件时有发生。偷煤、扫煤情况尤其严重，有的人明扫暗偷，有的人公开哄抢(1974 年发生哄抢煤炭事件 21 起，其中一起就哄抢 220 吨煤炭)，拿回去自己烧之外，还高价出售。当地流传："车上一扫，自行车、手表；车上一扒，'飞鸽'、'罗马'。"这些站区地处湖北、河南之交，无票乘车，进行大米、黄豆交易的人多。孝感一次查获无票乘车 200 多人，大米、黄豆 1 万多斤。[③] 这种情况在当时不是一地一站才有，而是相当普遍。

5. 堵塞严重，运输不畅

一些铁路枢纽、重点站段，经常发生堵塞。京广、津浦、陇海、浙赣四大干线不通畅，列车不能安全正点。情况特别严重的是两条线(陇海、浙赣)、四个点(徐州、南京、南昌、太原)。其中，位于津浦、陇海两大干线交会点的徐州，问题尤为突出，直接影响华东地区以至于全国的铁路干线不能畅通。还有郑州，地处京广、陇海两线交会点，问题也很严重。

由于铁路运输不畅，大庆、克拉玛依等油田曾被迫关井停产；山西、黑龙江、安徽等铁路沿线地区，存煤 500 多万吨拉不出来；还有一些煤矿因外运受阻，致使煤堆自燃，不能继续生产。缺煤使华东电网的发电量减少 1/3，江苏、湖南等省有 40%以上的工厂停产或大幅度减产。电力不足，导致南方几省的氮肥减产三分之一。云南昆阳的磷矿石运不出来，许多省、市的磷肥生产难以为继，这就不能不使农业生产受到影响。上海存煤有时只够用一个星期，常常告急。当时，铁路问题已经成为能否把国民经济搞上去的关键。显而易见，铁

---

① 据 1975 年 5 月 8 日晚《党中央和国务院领导同志接见参加钢铁工业座谈会代表的讲话》(打字稿)，华国锋的插话。

② 据《全国工业书记会议情况反映(4)》(1975 年 2 月 28 日)，第 1—2 页。

③ 据《铁路情况简报》第 15 期(1975 年 3 月 12 日)。

路运输问题不解决，生产部署被统统打乱，整个国民经济计划就都会落空。

（二）邓小平整顿铁路的决心

邓小平看到，要想把国民经济搞上去，完成第四个五年计划，首先要整顿铁路，改变铁路运输拖后腿的状况，让它名副其实地当好发展国民经济的“先行官”。他对铁路整顿决心很大，抓得很紧。

1975 年 1 月 28 日，邓小平召见刚上任 10 天的铁道部部长万里，要他汇报铁路情况。

万里是邓小平的老部下，早在解放战争期间就受到邓小平的赏识。刘邓大军南下，渡江占领南京，挺进大西南，万里都在邓小平手下工作。邓小平在重庆主持西南军政，万里管工业。① 邓小平、万里两家同住一个院子。1952 年，邓小平进京，任政务院副总理。不久，万里也奉调到中央，先后任建筑工业部副部长、城市建设部部长；1958 年起任北京市委书记处书记、北京市副市长，主管市政建设。首都的十大建筑工程，就是他协助周恩来具体领导完成的。“文化大革命”一开始，万里即作为“刘邓司令部的黑干将”被打倒。说来可笑，主要罪名只不过是邓小平打桥牌的牌友，还上了“造反派”有名的漫画《百丑图》。但查来查去，万里没有实质性问题。万里出身城市贫民，参加革命后贡献突出，主持北京市政建设，更是政绩卓著，赢得过毛泽东“真是日行万里啊”的赞扬，所以较早得到解放。1973 年，万里即官复原职。1974 年，周恩来、邓小平“组阁”，铁道部部长这一难当的要职，挑上万里这个能人担任。

万里上任以后，即全面了解情况。他把当时铁路运输中存在的问题，向邓小平讲了一番。接着，万里对徐州火车站堵塞严重、徐州铁路分局连续 20 个月没有完成运输任务的情况，作了分析，认为问题的要害是派性严重；铁路与地方的关系，即体制问题，也具有决定性作用。

邓小平当即表示，体制问题要解决，应当实行铁路运输的统一领导，把权力集中到中央，铁道部在中央直接领导下工作，干部由铁道部统一管理、调配，与地方脱钩。运输生产一定要建立健全规章制度，加强组织纪律性，保证安全、正点。

关于工作部署，万里提出，铁路问题复杂，解决起来难度较大，在调查研究

① 当时，邓小平任中共中央西南局第一书记、西南军政委员会副主席（主席为刘伯承）、西南军区政委，万里任西南军政委员会工业部部长。

的基础上争取半年解决问题。邓小平说:不行! 不能拖,不能等,要用最快的速度、最坚决的措施,迅速扭转形势,改变面貌。

邓小平要万里回去研究一下,给国务院写个报告。①

过了 9 天,铁道部的报告还没有出来。邓小平即于 2 月 6 日晚,同纪登奎和王震一起再次召见万里。王震当时是主管交通和供销的国务院副总理。他是铁路扳道工出身,真正的“老铁路”。从 16 岁那年(1924 年)起,王震就担任粤汉铁路岳阳路段工会执行委员、纠察队队长。不过,那时是破坏一个旧世界,现在是要建设一个新世界。邓小平在这天晚上再次强调,要用最快的速度、最有力的措施,迅速改变铁路面貌。他把原说要铁道部写报告的事搁在一边,对万里提出,要铁道部代中央起草一份解决铁路问题的文件。对文件的指导思想和写法,他扼要地讲了意见。

就在这时,又发生了一个十分严重的情况:在南方养病的毛泽东的专用列车,几乎不能畅通行进。

毛泽东是在 1974 年 7 月中旬离开北京到南方休养的。他先在武汉住了将近三个月,10 月 13 日到长沙,住了一百一十几天。1975 年 2 月 3 日,毛泽东离开长沙前往杭州,准备到那里过农历春节。从长沙到杭州,毛泽东的专列要通过的浙赣线,当时很不通畅。南昌铁路局的向塘站,在南昌以南十多公里的地方,地处浙赣线西段,是铁路枢纽,由于派性严重干扰,经常阻塞。列车经过的浙江金华地区,两派武斗激烈,双方动用轻、重武器,行车安全没有保障。毛泽东在南昌停留了几天。浙江省委发出紧急通知,宣布撤销、解散武斗组织,两派民兵组织立即停止活动,谁开枪就把谁当做反革命论处。同时,采取了一系列安全保卫措施。② 毛泽东的专列于 2 月 8 日安全抵达杭州。

此事进一步说明,解决铁路问题已经刻不容缓。

2 月 11 日,农历大年初一,邓小平就找余秋里(主管计划和工业的国务院副总理,因病由国家计委副主任袁宝华代表)、谷牧(主管建设和工业的国务院副总理)和万里到他家里,讨论铁路和工业问题。万里表示,以解决铁路问题为重点的全国工业书记会议准备在 3 月召开。邓小平说:不行,要在 2 月 25 日开。邓小平要求

---

① 以上 1975 年 1 月 28 日邓小平召见万里时的谈话,据张广友:《改革风云中的万里》,人民出版社 1995 年版,第 14—15 页。

② 据访问铁瑛时谈话(1994 年 5 月 25 日,访问者:程中原、刘志男);《浙江“文革”记事》(内部本),《浙江地方志》编辑部印行,第 232 页。

抓紧把文件搞好。他口授了这个文件的主要内容，强调铁路要集中，要实行军事化管理。① 在审改中共中央《关于加强铁路工作的决定》稿时，邓小平增写了一段话："对于少数资产阶级派性严重、经过批评和教育仍不改正的领导干部和头头，应该及时调离，不宜拖延不决，妨害大局。对严重违法乱纪的要给予处分。"②

二、铁路整顿的部署

（一）全国工业书记会议

根据邓小平的决策，国家计委和铁道部抓紧进行会议准备工作。万里会同国家计委副主任房维中，组织力量起草《关于加强铁路工作的决定（草案）》。袁宝华同各省、自治区、直辖市负责人通气，组织有关省、市准备大会发言材料，保证了这次发动整顿的重要会议按邓小平规定的日期召开。

1975 年 2 月 25 日，农历乙卯年元宵节，经中央批准的全国工业书记会议按邓小平的要求，如期在北京京西宾馆召开。出席这次会议的有 29 个省、自治区、直辖市党委和国务院 25 个有关部、委、办等单位的主要负责同志。③ 各

---

① 据王震于 1975 年 3 月 28 日在全路领导干部会议上的讲话、袁宝华于 1995 年 4 月 7 日在当代中国研究所的报告。

② 《邓小平年谱（1975—1997）》（上），第 12 页。

③ 出席全国工业书记会议的主要负责同志名单如下：第一，各省、自治区、直辖市同志：徐驰（四川省委书记）、贾庭三（贵州省委副书记）、何波（云南省计委副主任）、宋子元（西藏区委秘书长）、肖纯（陕西省委书记）、李超伯（甘肃省委常委）、狄子才（青海省委副书记）、丁毅民（宁夏区革委会常委）、李恽和（新疆区委常委）、戴苏理（河南省委副书记）、赵修（湖北省委书记）、孙国治（湖南省委常委）、覃应机（广西区委书记）、张根生（广东省委常委）、金传德（上海市革委会工交组负责人）、许家屯（江苏省委常委、省革委会副主任）、谢正浩（浙江省委副书记）、娄学政（安徽省委常委）、陈佳忠（福建省委常委）、白栋材（江西省委书记）、张铚秀（山东省委副书记）、杨寿山（北京市委常委）、徐信（天津市委书记）、岳宗泰（河北省革委会工交办主任）、李金时（山西省革委会业务组组长）、邵子言（内蒙古区革委会副主任）、杨春甫（辽宁省委书记）、阮泊生（吉林省委书记）、任仲夷（黑龙江省委副书记）、吕东（华北经济协作区筹备组负责人）。第二，各部、委、办同志：袁宝华（国家计委副主任）、顾秀莲（国家计委副主任）、李人俊（国家计委副主任）、彭敏（国家建委负责人）、施义之（公安部副部长）、沙风（农林部部长）、陈绍昆（冶金部部长）、马仪（一机部副部长）、牛书申（二机部副部长）、张孔修（三机部革委会副主任）、王诤（四机部部长）、王川（五机部党组成员）、罗垣（六机部局长）、李光军（七机部党的核心组第一副组长）、李建平（煤炭部副部长）、唐克（石油化工部副部长）、钱正英（水电部部长）、曹鲁（轻工部副部长）、万里（铁道部部长）、于眉（交通部副部长）、钟夫翔（邮电部部长）、张劲夫（财政部部长）、高修（商业部副部长）、姚依林（外贸部副部长）、方毅（外经部部长）、郭世荣（供销总社副主任）、郑汉涛（国防工办副主任）和徐斌（总后勤部副部长）、崔田民（铁道兵政委）等人。

省、自治区、直辖市另有负责具体工作人员 2 至 5 人参加。2 月 25 日上午，王震主持预备会，谷牧对《中共中央关于加强铁路工作的决定（代拟草案）》作了说明。这个经国务院修改后的稿子，作为“会议文件之一”发给了与会人员。

2 月 25 日下午，召开第一次全体会议。国务院副总理纪登奎、华国锋、吴桂贤、王震、余秋里、谷牧、孙健出席。会上，有江苏、辽宁、浙江、北京、宁夏、安徽、上海、福建、山西 9 个省、自治区、直辖市的负责同志发言。大家表示拥护召开这次会议。许多同志说，过去铁路指挥不动，调度不灵，问题老解决不了；生产建设上的很多问题，都卡在交通运输上；“先行官”不先行，拖了国民经济的后腿。现在是彻底解决铁路问题的时候了。中央采取这样坚决有力的措施，这个决心下得好！江苏的负责人说，南京、徐州两地运输堵塞，问题严重，长期没有解决，拖了全国的后腿。我们的工作没有做好，应该向中央检讨。参加这次会议，我们的决心大了，要在 3 月份根本解决问题。上海的与会者说，铁路集中统一管理以后，地方的任务并没有减轻。上海路局也有不少问题，今后我们更要很好地帮助他们，依靠广大铁路职工贯彻落实中央的决定。浙江的同志谈了他们的打算。首先，省委要学好中央的决定，统一认识，提高觉悟，认真传达，层层发动，把中央的决定变成广大干部、群众的自觉行动。其次，要坚决打击破坏铁路交通的分子，保证运输畅通。

2 月 26 日下午，继续召开大会。公安部负责人作了关于加强铁路公安保卫工作的发言。他介绍了当时铁路上的敌情和治安情况，说明了值得注意的问题。他还根据中央关于加强铁路工作决定的精神，提出搞好铁路公安保卫工作的建议：要大张旗鼓地宣传中央文件精神，使人人关心治安秩序，敢于同危害铁路运输的坏人坏事作斗争；要稳、准、狠，以准为重点地打击一小撮坏分子，重大案件发动群众讨论、批判，造成一个强大的攻势；在地方党委统一领导下，由铁路、公安、驻军、民政、工商等部门组成专门班子，大力整顿铁路治安秩序；铁路沿线要普遍建立健全路社联防组织和护路队伍；等等。

这次全国工业书记会议突出了铁路问题这个重点，但它并没有孤立地来看铁路问题，而是把铁路运输问题摆在全国工业生产的全局上来认识和解决。会上，国务院负责同志发表了讲话，这个讲话的草稿预先以“会议文件之三”于 2 月 28 日分发给与会人员。

国务院负责同志的讲话较好地概括了当时全国和工交战线的形势：中共十届二中全会和四届全国人大的召开，对全国人民是一个极大的鼓舞。特别是毛泽东关于理论问题的指示、关于“还是安定团结为好”的指示、关于把1975年的国民经济搞上去的指示，在全国传达以后，进一步振奋了广大干部和群众的革命精神。工交战线的广大群众都憋了一股劲，要大干社会主义，把生产很快地搞上去。

这个讲话指出，当时突出的问题是，钢铁和煤炭的生产情况不够好，尤其是交通运输跟不上。这个讲话提出，在3月份和第二季度，要抓紧有利时机，放手发动群众，敢于打硬仗，千方百计，尽快把生产搞上去。除了加强支农工作、努力抓好轻工业生产、千方百计把钢铁生产促上去、狠抓煤炭生产等任务以外，这个讲话突出地提出：“集中全力抓好铁路运输。”这个讲话要求铁道部和有关省、市党委采取有效措施，派出得力干部，下去帮助工作，在3月份，无论如何要解决好几个路局的问题，迅速把津浦、京广、陇海、浙赣四条干线搞畅通。这个讲话要求认真贯彻中央关于加强铁路工作的决定，铁路工作实行高度集中统一领导。铁道部门要更好地依靠地方党委。要严格执行必要的规章制度，严肃组织纪律，整顿铁路运输秩序，确保运输安全、正点。要加强铁路治安保卫工作，对破坏铁路运输的行为要严肃处理。这个讲话还对铁路整顿提出了预期目标：要继续坚持“一卸二排三装”的原则，加快车辆周转，提高运输效率，力争尽快达到正常水平。铁路平均日装车，3月份要达到4.9万到5万车，其中煤炭1.73万车；第二季度要达到5.2万车，其中煤炭1.8万车以上。要大力抢运山西省的落地煤和云南、贵州、湖北、湖南等省的磷矿石。各地区、各部门要配合铁道部抓好卸车，抓好搬运，抓好水陆联运，抓好路矿协作，保证铁路畅通无阻。

（二）中共中央9号文件

3月5日，全国工业书记会议结束的这一天，经中共中央政治局讨论通过、毛泽东圈阅同意的中共中央9号文件《中共中央关于加强铁路工作的决定》正式发出。这天下午，中共中央和国务院负责人在人民大会堂东大厅接见出席会议的人员，邓小平发表了重要讲话。

9号文件和邓小平的讲话，成为指导铁路整顿的纲领。

9号文件抓住主要矛盾，把当时铁路运输的问题概括为“一个突出”、“两个不能适应”。它指出：“铁路运输当前仍然是国民经济中一个突出的薄弱环节，不能适应工农业生产发展的需要，不能适应加强战备的需要。”为了迅速

改变这种状态,中央特作出五条决定。主要内容是:

第一,提出掀起社会主义建设新高潮的口号。

9 号文件要求,贯彻毛泽东关于“还是安定团结为好”的方针,认真学好毛泽东关于理论问题的指示,认真坚持抓革命、促生产、促工作、促战备的方针,掀起社会主义建设的新高潮。

第二,改变全国铁路的管理体制,实行全国铁路以铁道部领导为主的管理体制。

9 号文件指出:“铁路是国民经济的大动脉,跨越省区,贯通全国,各个环节紧密联系。铁路又是国防建设的重要组成部分,带有半军事性质。”因此,党对铁路工作的领导,“历来强调集中统一”。9 号文件以中央名义重申“三个统一”:“全国铁路必须由铁道部统一管理,铁路运输必须由铁道部集中指挥,铁路职工必须由铁道部统一调配,铁路的政治工作和运输指挥工作必须统一起来。”为此,还决定“成立铁道部党委,加强铁道部政治部”,强化铁路系统的思想政治工作;规定了铁道部对所属企事业单位干部的管理权限。

第三,规定改进铁路管理体制后地方党委对铁路工作的领导职责。

9 号文件指出,实行以铁道部为主的管理体制后,地方的任务并没有减轻,大量工作还要地方党委去做。他们的任务是,对铁路单位的政治运动、思想政治工作和地区性社会活动,作出部署;对当时极少数问题较多、严重影响全国铁路运输的单位,采取有力措施,限期解决;组织好铁路部门同地方厂矿企业和港口的协作配合,组织好装卸和短途运输,并在人力、物力等方面给铁路以积极的支援。

第四,为确保铁路运输安全、正点,对建立健全必要的规章制度,加强组织性、纪律性,反对派性,作了明确的规定。

9 号文件提出,首先必须把四项规章制度建立健全起来,这就是:岗位责任制、技术操作规程、质量检验制度、设备管理和维修制度。9 号文件指出:“这些制度,是搞好铁路运输,搞好生产建设,保障国家财产和客货运输安全所必需。没有不行。有了不执行是不允许的。”9 号文件特别指明,对于少数坚持资产阶级派性不改的领导干部和头头,要采取组织措施。这是邓小平亲自加写的。

第五,强调整顿铁路运输秩序,同各种破坏行为作斗争。

9 号文件强调:铁路运输是否畅通,关系到发展国民经济和加强战备的全局。任何人都不准妨碍铁路人员的正常工作。9 号文件严正指出:阻拦火车、中断运输、损坏列车和铁路设施,都是违法的,必须坚决制止。情节严重的,要严肃处理;对少数职工利用职权,内外勾结,搞资本主义的行为,必须坚决反对,严肃批判;对制造事故、杀人抢劫、煽动停工停产、煽动哄抢物资、盗窃铁路器材的现行反革命分子和坏分子,要坚决打击,依法惩办。

(三)邓小平的“3·5”讲话

3 月 5 日,中共中央和国务院负责同志接见与会的各省、自治区、直辖市和各部、委、办负责同志时,邓小平没有按惯例同大家握手。他说:不拉手了,现在工业情况还不好,等你们工业搞上去了,再拉手。① 邓小平在其他领导同志向与会者询问情况、发表意见后,作了重要讲话,对铁路整顿从思想到方针、政策、办法都作了明确的指示。

第一,邓小平从“讲大局”的高度,即从建设“四化”强国的高度,来强调铁路整顿的紧迫性和重要性,具有高屋建瓴的气势。

邓小平首先提出,全党要讲大局。他说:“现在有一个大局,全党要多讲。”什么是大局? 就是分两步走,发展我国国民经济,建设“四化”强国:“第一步到一九八零年,建成一个独立的比较完整的工业体系和国民经济体系;第二步,到本世纪末,也就是说,从现在算起还有二十五年时间,把我国建设成为具有现代农业、现代工业、现代国防和现代科学技术的社会主义强国。全党全国都要为实现这个伟大目标而奋斗。这就是大局。”②他分析了国际形势,说明要抓紧时间把经济搞上去。他指出,毛主席讲要准备打仗。打仗要有物质基础。毛主席对三个世界划分这个战略已经给我们争取了 5 年时间,还可能再争取 5 年。我们要利用这个时间,把社会主义的物质基础加强。③ 他分析了国内生产形势,指出:“农业还比较好一点,但是,粮食产量按全国平均每人只有六百零九斤,储备粮也不多,农民的收入就那么一点。工业方面,那就确实值得引起严重注意。现有的生产能力没有发挥出来。去年一年,工业生产的情况是不好的。今年是第四个五年计划的最后一年,生产再搞不好,势必影响第五个五年计划的实行。”由此,邓小平指明:“我们必须预见到这种形势,

---

① 据邓小平 1975 年 3 月 5 日在全国工业书记会议上的讲话(记录稿)。

② 《邓小平文选》第 2 卷,第 4 页。

③ 据邓小平 1975 年 3 月 5 日在全国工业书记会议上的讲话(记录稿)。

认真抓这个问题。"①

邓小平从铁路在国民经济全局上的地位，来说明中央为什么首先下决心解决铁路问题。他说："怎样才能把国民经济搞上去？分析的结果，当前的薄弱环节是铁路。铁路运输的问题不解决，生产部署统统打乱，整个计划都会落空。所以中央下决心要解决这个问题。"他强调"要从大局出发，解决问题不能拖"，要求一个月内见效。真是大刀阔斧，雷厉风行！

第二，邓小平这篇讲话抓住了解决铁路问题的关键——反对派性。

邓小平结合阐述9号文件，对解决铁路问题的办法，除指出"还是要加强集中统一"，要"建立必要的规章制度，增强组织性纪律性"之外，特别着重讲了反对资产阶级派性的问题。这是当时的主要矛盾所在，是解决铁路问题的关键。9号文件第四点着重讲了这个问题。邓小平在讲话中特别加以强调，使这个问题显得更加突出、更加重要。

邓小平指出，领导同志要看到派性问题的严重性，在这个问题上要有一个明确的态度。他说，反对派性"是大是大非问题"，"现在闹派性已经严重地妨碍我们的大局"，"这个问题不解决，光解决具体问题不行"。同时，邓小平又指出，要分别情况，区别对待：对闹派性的人要再教育，对闹派性的头头要反对。派性头头也有两种情况：对派性迷了心窍的人，"教育过来，既往不咎，再不转变，严肃处理"；少数坏人，他们利用派性浑水摸鱼，破坏社会主义秩序，破坏国家经济建设，在混乱中搞投机倒把，升官发财，对这样的人，不处理不行。邓小平点了徐州那个闹事的派性头头顾炳华的名，说："实际上是他在那个地方专政，对这种人不及时处理，等到哪一年呀？"

邓小平还指出，反对派性，"解决问题要有一点办法"。他提出的主要办法有两条：一条是把铁路系统里闹派性的人同地方上闹派性的人之间的联系切断，另一条是把闹派性的头头从原单位调开。邓小平说："调动后又钻出个新的头头怎么办？钻出来再调。调两次、三次，总可以解决了吧。""闹派性的头头不服从调动怎么办？不服从调动不发工资。"邓小平总括为三句话：第一，不管大派、小派，都是闹的资产阶级派性。第二，觉悟了，解散了，表扬。第三，还没有解散的要解散，解散了一样表扬。总之，这个问题不解决，不算根本

---

① 《邓小平文选》第2卷，第4—5页。以下引自收入《邓小平文选》第2卷的这篇讲话者，不再加注。

解决。

第三，这篇讲话充分体现了相信群众、依靠群众的作风。

邓小平指出，中国铁路工人是中国工人阶级最先进、最有组织的一部分。他相信绝大多数人会拥护中央这个决定，相信这个决定是行得通的。他要求把9号文件同群众直接见面，用中央的决定来动员群众。他说："三月份的动员要很深入，包括对职工家属、铁路沿线农民，都要做到家喻户晓。"

王震是主管交通的国务院副总理，他向中央立下"军令状"：保证一个月内见效。

会后，铁道部和地方协同配合，按照这个要求，广泛发动群众，贯彻9号文件和邓小平"3·5"讲话精神，进行铁路整顿，一个月解决了徐州问题，四个月基本解决了全路的问题。

三、万里解决徐州问题

铁道部以最快速度贯彻落实9号文件。3月5日下午，召开处、局级以上领导干部会议，铁道部临时领导小组成员、副部长郭鲁和政治部主任黎光传达了全国工业书记会议精神。3月6日下午，召开铁道部机关和在京直属单位职工群众大会，部长万里传达了《中共中央关于加强铁路工作的决定》和邓小平接见全国工业书记会议人员时的讲话，并提出了贯彻落实中央决定的具体措施。① 3月7日晚，又召开全路电话会议，进行传达。万里反复强调：要把9号文件作为铁路整顿分纲，不换节目，不改镜头，一抓到底。他提出："不唱天，不唱地，只唱9号文件这出戏。""千条里，万条里，不安定团结没有理。"王震在电话会议上就如何贯彻落实作了指示。铁道部临时领导小组决定，要狠抓典型，狠抓薄弱环节，要向问题严重的单位派工作组。铁道部临时领导小组明确，首先集中力量解决好徐州问题，保证津浦、陇海两条运输干线畅通。一个由铁道部临时领导小组成员李新带领的工作组，立即赶赴徐州。3月9日，铁道部部长万里、江苏省委分管工业工作的常委都到达徐州，雷厉风行地着手解决徐州问题。

① 据《铁道情况简报》第14期（1975年3月8日）。

（一）徐州问题由来已久

徐州问题是“文化大革命”中老大难问题的一个典型。从1967年“一月风暴”以后，徐州就形成两派，争斗不休。

徐州地处苏、鲁、豫、皖四省交界，津浦、陇海两大干线在此交会，是一个战略要地。徐州的情况很特殊，其行政区划属于江苏省，但军事防地属济南军区，铁路管理设徐州铁路分局和机务段，是济南铁路局的下属单位。[①] 党政、军事、铁路，一地三头，局面安定的正常岁月中，尚且多有矛盾，不易协调，更何况在“文化大革命”这样的动乱年代！

在1967年的“一月风暴”中，江苏省造反派以“红总”为主的一派（多数）于1月26日夺了省委的权，由于没有搞好大联合及“三结合”，以“八二七”为主的一派（少数）表示反对。“红总”说“1·26”夺权“好得很”，“八二七”则说“好个屁”。“好派”和“屁派”于是形成。但“屁派”的名字不雅，而且离开了具体的语言环境，更不知所云，故很快改为“P派”——既保持了“好个屁”原来的音，又切合“批”字的音和义。徐州“造反派”的两派，同南京以至于江苏的这两派，有一定的“血缘”关系。“好得很”者支持徐州“3·18”夺权后成立的革委会，故称“支派”；“好个屁”者要踢开这个革委会，称为“踢派”。由于徐州的战略地位，军队介入很早。在这里执行支“左”任务的是六十八军（军长张铚秀）。徐州成立革委会也是经过济南军区批准的。当时中央要求南京不要过问徐州问题，其中有个重要原因，就是想把徐州划给山东。但是，中央下不了这个决心，因为如果把徐州划给山东，江苏丢掉了包袱，山东却增加了包袱。[②]

此后，“支派”、“踢派”内部几经分化组合，武斗此起彼伏、陆续不断。

1968年2月2日，津浦线上两列客车遭“造反派”武装抢劫，乘警的枪支也被抢走。从2月3日起，徐州“造反派”两派中的一派从市区撤出，在徐州四周炸毁桥梁，破坏铁路，严重影响铁路交通的安全畅通。2月4日，周恩来接到铁道部军管会《关于徐州地区铁路运输中断的情况反映》后，立即开会，商定措施。会后，周恩来致信毛泽东，并附这份《情况反映》，说明：像另纸所报铁路破坏情况，在徐州、蚌埠、郑州、连云港十字线上为最甚，次之为衡阳、柳

---

① 江苏省省会南京，设有一个铁路分局，归上海铁路局管辖。

② 此议据《周总理1968年12月25日接见讲话》（根据记录整理，未经总理审阅），徐州“工总”政宣组、徐州“红代会”政宣组印发（1968年12月30日）。

州、广州三角线上，再次为西南昆明、成都一线。现在这些破路、破桥行动，已超过派性，而为反革命、特务分子混入一派或两派中进行的。目前必须首先责成济南军区调集机动兵力，沿线夹击。一经发现这股反革命集团，便需进行围攻和追击。务须做到政治战、军事包围两结合，逼其全部放下武器，然后区别对待，将坏头头、反革命分子与被胁逼的群众分开处理。并须就地发布公告，宣布这一破坏铁路、炸毁桥梁的行动完全是反革命行为，必须实行专政措施。这一措施拟不待全国护路、护桥的命令下达，在今晚提前实行。毛泽东当日批示：完全同意，退总理办。1968 年 2 月 6 日，中共中央、国务院、中共中央军委、中央文革发布命令（称“2・6 命令”），指出：煽动、操纵和指挥破坏铁路、炸毁桥梁、袭击列车、杀人劫货的极少数坏头头是反革命分子，必须坚决镇压法办。①

对徐州“翻了几个个”（毛泽东语）②的情况，毛泽东一直颇为关注。

1968 年 10 月 13 日，扩大的中共八届十二中全会在北京开幕。毛泽东在开幕会上讲话，不用讲稿，纵意而谈，系统总结了上次中央全会到现在两年多的工作。主要内容之一，是讲两派问题，强调要做工作，促进联合，涉及江苏、广西、浙江、四川、辽宁和保定、温州等地，而第一个谈的就是徐州。

毛泽东说：有些工作是我们没有做好。我举一个例，比如讲，徐州有问题，你完全怪徐州的同志，我看不行；要怪两个军区，我看也不行。一个南京，一个济南。主要还是怪我们中央自己，就是没有做工作。现在搞起一个学习班嘛③，最近这两个月抓了一下，就跟他们谈，一连谈了几次呀？（黄永胜插话：四次）谈了四次，就开始好转了。在军队里头分两派。不仅是野战军跟地方军是两派。野战军现在是一派嘛，都支持那个“支派”，包括“八三一”。后头有一派人不赞成的，比较少数，多数是支持“八三一”的，“支派”。开头是支持“支派”、反对“踢派”，后头是支持“踢派”、反对“支派”，现在又就是这个啰，搞了这么一个反复。以至于几千人在南京不得回来，有几千人在济南也不得

---

① 据《周恩来年谱（1949—1976 年）》（下卷），第 216 页；陈扬勇：《周恩来与“文化大革命”初期的铁路交通》，《人民铁道报》1994 年 1 月 8 日第 3 版。

② 毛泽东：《关于徐州两派群众组织要大联合的意见》（1968—1969 年），引自《建国以来毛泽东文稿》第 12 册，第 619 页。

③ 指中央办的毛泽东思想学习班徐海班，从 1968 年 9 月上旬办起（“支派”在这个学习班上的汇报提纲成稿于 1968 年 9 月 5 日），至 1969 年 7 月结束。

回来，几千人在连云港，还有在徐州躲在军队里头。所以，这个问题要引到我们自己身上。（许世友插话：这个问题我们有错误，他们发了一个电报，要我们转，我们就转到中央来了。这个问题，我们要作检讨）你们也有一份，但是我看主要是怪我，我这个人工作不好，没有抓紧做，也有些理由可以解释的。（王效禹插话：我有错误①）你是王效禹同志啊。就是没有抓紧去解决。我们军队的同志是可以讲清楚的，两派也好，三派也好，是可以讲清楚的。

毛泽东在谈了其他地区的问题以后，又回到徐州问题上，对两派斗争的由来和发展，作了深刻的分析，同第一段谈话一样，富有自我批评的精神。他老人家说：中央过去办了一些事，不一定样样都对。一开始搞个"支派"嘛，我就赞成了嘛，支持"支派"、反对"踢派"。"踢派"就纷纷跑，北跑济南，南跑南京、上海、蚌埠。后头"踢派"回来，"踢派"一党政权，他们说不是一党政权，实际上是一个党，"踢派"一个党，他那个党叫"踢派"。其实一个"支派"，一个"踢派"，这个里头都是有共产党，军队里头也是两个方面都是共产党。共产党跟共产党打架呀，是可以做工作的，应该做工作的，是可以解决的。

在中央举办毛泽东思想学习班徐海班期间，毛泽东对徐州问题又作过多次指示。

他指出："徐州两派都是革命群众组织，要大联合。""徐州已经翻了几个个了，再也不能翻个了。""一派不灵，两派才灵。一派掌权不行，两派联合才行。""讲明政策，多数人是能接受的。"②

1968 年 12 月 25 日，周恩来总理在中南海国务院会议室接见参加徐海班学习的两派群众组织头头和有关方面负责人，从下午 5 点谈到晚上 9 点 50 分。他除要求两派群众组织必须停止武斗，各自多作自我批评，实行联合外，重点放在解决铁路运输问题上。周恩来强调：徐州铁路是个关键问题。现在要彻底（同地方）脱钩。全国铁路都要脱钩。群众组织当然要脱钩，革委会也要脱钩。③

徐海地区毛泽东思想学习班办了 10 个月，到 1969 年 7 月结束。1969 年

---

① 王效禹，时任山东省革委会主任、济南军区政委。1967 年 7 月，他受中央委托，率领济南、南京两大军区代表团处理徐州问题。

② 《建国以来毛泽东文稿》第 12 册，第 619 页。

③ 据《周总理 1968 年 12 月 25 日接见讲话》（根据记录整理，未经总理审阅），徐州"工总"政宣组、徐州"红代会"政宣组印发（1968 年 12 月 30 日）。

7月26日，六十八军党委向中共中央、毛泽东呈报了《关于改组徐州市革命委员会的请示报告》。7月29日，中共中央加了批语表示同意，毛泽东批示“照办”，徐州市革委会重新改组，徐州“支派”和“踢派”的联合问题才算勉强解决。

但是，在随后进行的清理阶级队伍中，搞了一个清查所谓“五一六”，搞得草木皆兵、人人自危。徐州市搞“五一六”整了6000多人，徐州地区整了12万人。派性又有抬头。自1972—1973年反“回潮”、1974年“批林批孔”运动以后，一些老“造反派”、一些“反潮流”战士，重拉山头，当上了派性头头。他们揪斗干部，大搞打、砸、抢，严重破坏社会秩序和经济建设。邓小平在“3·5”讲话中点名批判的、徐州领头闹事的坏头头顾炳华，就是一匹害群之马。顾炳华原是徐州地区物资局的技术员。他和徐州铁路分局电务二段的夏绍斌、机务段的罗修德勾结，利用建在徐州车站边上的物资局大楼控制车站，同时以徐州机务段为活动据点，为非作歹，破坏铁路运输。他们强占徐州市委办公室和徐州机务段乘务员公寓，抢劫现款和汽车等国家物资；公安机关逮捕犯罪分子时，他们扣留执行任务的公安人员；他们还绑架徐州市委负责同志，把铁路分局和站段的主要领导干部揪到南京去告状。如此等等，闹得徐州市委和铁路分局不能工作，全市不宁，路段不安。徐州铁路运输经常不通畅，全国各地通过徐州区段的货物被迫长期停装、限装，徐州铁路分局连续21个月没有完成运输计划，严重影响工农业生产、国防建设和人民生活。1975年二三月间，徐州铁路分局仍然没有完成运输计划。津浦线蚌埠口，通过能力是39个列车，2月2日只跑了10个列车，2月上旬日平均跑了16个列车。陇海线商丘口，通过能力是19个列车，最少时只跑了3个列车，2月上旬日平均跑了7个列车。徐州站的列车检修人员不能正常工作，2月15日夜，只开出4个列车。徐州机务段有车长275人，请假的最多时达100多人。出勤的有的也不出乘，致使徐州站开出的“三无”列车（无守车、无车长、无货票）多达70%。徐州机务段有119台机车，严重时趴窝50多台。保留在徐州地区的列车有时高达30多列。2月中旬，徐州地区内保留的货车竟有44列之多，郑州铁路局管区内保留有16列，陇海线有被堵死的危险。① 造成这种状况的主要原因，是

---

① 据铁道部《关于贯彻中央9号文件解决徐州铁路问题的总结报告》（1975年5月27日），《铁路情况简报》第6期（1975年2月17日）。

严重的派性。当然,徐州铁路分局管理体制复杂,分局下属的站段分布在苏、鲁、皖三省,也是原因之一。

(二)12天整顿

"文化大革命"爆发9年间,徐州问题多次反复,可说是积重难返。但中央下了决心,解决问题就有了希望。这次万里亲自到徐州整顿,确有不达目的、誓不罢休的气概。

3月9日,万里到达徐州,在江苏省和徐州市党政领导配合下,解决徐州问题。

3月9日当天,中共中央9号文件就同徐州铁路员工和广大干部、群众见了面。同日,江苏省革命委员会发出通告,逮捕了坏头头顾炳华。徐州全市人心大震。

3月10日,即召开徐州铁路分局万人大会,全体职工、家属参加,传达9号文件。万里号召铁路上的同志,坚决在3月份转变铁路"先行官"变成拉后腿的局面。① 3月11日,在徐州体育馆召开徐州党员干部大会,江苏省委分管工业的常委传达9号文件和邓小平等人的讲话,万里逐条宣讲"主席最近的三条重要指示",号召"3月份转变局面,搞好安定、团结"。② 3月13日,万里出席徐州铁路分局机务段确保铁路畅通誓师大会。接着,他又深入下去,出席各种各样的群众座谈会。在各种场合,万里都发表讲话,旗帜鲜明地宣讲9号文件精神,使中央整顿铁路、解决徐州问题的决心,以及整顿铁路的方针政策,家喻户晓,妇孺皆知,形成一种非要在几天内解决问题不可的、十分强烈的政治气氛和舆论攻势。

开始时,有些干部、群众对解决徐州问题信心不足。他们说,过去党中央、毛主席有过多次指示,问题都没有解决,这次9号文件能灵吗?过去"支派"中少数派性严重的人,以正确自居,头脑里"放鞭炮",总想拿9号文件压对方;过去"踢派"中少数重拉山头的人,扬言"3月不闹,4月再干"。③ 工作组

---

① 见万里1975年3月11日在徐州党员干部大会上的讲话,中共徐州市委办事组印,第13页。

② 见万里1975年3月11日在徐州党员干部大会上的讲话,中共徐州市委办事组印,第12—13页。

③ 据铁道部《关于贯彻中央9号文件解决徐州铁路问题的总结报告》(1975年5月27日)。

不受干扰，始终把力量放在放手发动群众上，把中央的精神和徐州的问题都摆到全体铁路职工面前，使中央的决心成为徐州地区干部、群众的决心，并使9号文件规定的方针政策成为判别是非、选择去从、决定行动的标准。

徐州铁路问题矛盾的焦点是派性。万里指出："徐州分局的问题主要是派性严重，已经严重到破坏生产，使一些单位处于停产、半停产状态的程度，无论在经济上、政治上都造成了极为恶劣的影响。"①反对派性是整顿能否迅速见效的关键，而反对派性的关键又在于对闹事的各派头头区别对待：对跟着跑的，或进行教育，或作出处理；对为首的坏人，集中主要力量坚决打击。逮捕了顾炳华以后，对夏绍斌、罗修德，采取传讯、强制学习的办法，想把他们拉回来。但是，夏绍斌不思悔改，还写传单为顾炳华翻案，攻击9号文件；罗修德也不认罪，还继续"放毒"，进行反扑。于是，把这两人也拘捕起来。对受蒙蔽跟着闹事的各派头头，则坚持原则，分清是非，要他们立即停止活动，限期改正。对顾炳华等人的揭发批判，同整顿社会秩序和车站秩序，同宣判刑事犯罪分子结合，形成了一场声势浩大的对敌斗争的进攻战。② 原来"造反派"两派中的头头，绝大多数没有闹事。有10个头头还联名提出了一个《不反复的建议书》。各派头头经过教育，认识了错误，向群众作了检查。由于他们检查得比较好，结果一个也没有被调离。③ 在群众中开展以消除派性、增强党性为主题的自我教育，讲大局，讲安定团结，摆派性的表现，论派性的危害，挖派性的根源，消除派性的影响。徐州市各有关单位在广泛谈心、小组座谈的基础上都召开了安定团结大会，决心团结起来，大干快上，把造成的损失弥补上，保证铁路畅通无阻。

同时，抓紧落实政策，为被误伤的同志平反。在清理阶级队伍中，特别是在清查所谓"五一六反革命集团"过程中，误伤了很多干部、群众，而且牵连到他们的家属和亲戚朋友。徐州市清查"五一六"搞了6000多人，如果按5口之家来算，再加上他们的亲戚朋友等社会关系，涉及的面就有好几万人。④ 这

---

① 万里：《反对派性，限期解决徐州问题》，《万里文选》，第73页。

② 据铁道部《关于贯彻中央9号文件解决徐州铁路问题的总结报告》（1975年5月27日）。

③ 据万里《传达贯彻中央9号文件的基本情况和今后意见》（1975年3月28日在全国铁路领导干部会议上的讲话，记录整理稿）。

④ 据《邓小平文选》第2卷，第10页。

个问题不解决，这么多人背着包袱，积极性调动不起来，干部与群众的矛盾、“造反派”两派的对立，都不能真正解决。在认清落实政策的重要意义后，各单位领导主动承担责任，检查错误。对搞错了的，公开平反。领导和骨干主动找被误伤的人，向本人及其家属诚恳地赔礼道歉，消除影响。对调出和死亡的，也都落实政策，做到不拖不欠、不留尾巴。徐州铁路分局清查“五一六”中应平反的359人、清理阶级队伍中被误伤的121人，在半个月内都落实了政策。① 这就促进了团结，调动了积极性。

把各级领导班子整顿好，是贯彻9号文件的要求，也是搞好铁路运输的组织保证。徐州铁路分局党委常委存在着严重的“软、散、懒”问题。领导干部中，有的人不敢坚持原则，少点头，慢开口，遇到问题绕道走，对派性不敢抵制；有的人本身派性严重，对群众有亲有疏，有错不认，不积极落实政策；有的人上怨领导、下怨群众，想躺倒不干。领导班子内部思想不见面，互有戒心，拧不成一股绳。通过学习贯彻9号文件，他们认真检查了思想路线不端正的问题，批判了派性，认识到徐州铁路分局搞成这样，主要责任在领导；解决领导与群众的矛盾，关键是领导要到群众中去。万里带领工作组推动徐州铁路分局领导到群众中去，听取批评意见，诚恳检查错误，取得了群众的谅解和信任。在初步端正认识的基础上，对徐州铁路分局的领导班子和几个站段的领导班子进行了必要的调整，初步解决了“软、散、懒”的问题，提高了战斗力。

万里在徐州领导铁路整顿12天，徐州铁路分局的面貌焕然一新，铁路运输的形势迅速改观。3月中旬以后，列车通过对数，由每天38对增加到72对；机车出车台数，由70台左右上升到90台以上；徐州站办理车数，由3800辆增加到7700辆。在车数剧增的情况下，消灭了“三无”列车。日平均装车由700多辆增加到1400多辆，保证了煤炭等重点物资的运输。②

四、徐州经验的推广和发展

全国各省、自治区、直辖市传达贯彻9号文件后，铁路运输情况有所好转。

① 据铁道部《关于贯彻中央9号文件解决徐州铁路问题的总结报告》（1975年5月27日）。

② 据铁道部《关于贯彻中央9号文件解决徐州铁路问题的总结报告》（1975年5月27日）。

前一段时间问题多的济南、南京、南昌、杭州等路局，运输水平有提高。京广、津浦、陇海等主要干线基本畅通。3 月上旬平均日装车 46741 辆，中旬达到 50004 辆，下旬头 7 天上升到 52140 辆。其中，3 月 25 日装车 53539 辆，3 月 27 日卸车 55314 辆，都是历史上少有的好成绩。煤炭装车量也稳步上升。3 月上旬，每天平均装 15704 辆，中旬达 16622 辆，下旬头 7 天上升为 17405 辆。3 月 22 日，创造了 18377 辆的好成绩。沿途保留列车，2 月份多达 217 列，3 月上、中旬减少为 140 列，下旬又减少为 80 列。行车事故也有所下降。① 实践证明，9 号文件找到了解决当时铁路运输问题的正确、有效的办法。

（一）9 号文件适用于各行各业

邓小平对 9 号文件的贯彻抓得很紧。万里尚在徐州抓点的时候，邓小平就召集过一次国务院办公会议进行检查。徐州铁路整顿见效后，邓小平立即抓住徐州这个典型，以点带面，推动整个铁路的整顿和工业交通系统各行各业的整顿。3 月 22 日，邓小平和国务院有关领导人听取万里关于解决徐州铁路分局问题的汇报，决定万里在国务院全体会议上作进一步汇报。3 月 25 日下午，邓小平即主持召开国务院全体会议，听取万里的汇报，检查国务院各系统传达贯彻 9 号文件的情况。

在听取万里的汇报时，邓小平随时插话，对铁路和各方面的整顿作出指示。②

万里讲到，徐州市应该平反的大概有七八千人。

邓小平指出：平反工作要真正搞起来也快。要一批一批地搞，不要一个一个地搞。弄错了就要立即平反。要在群众中宣布。主要是牵扯到孩子，左邻右舍，部上部下，亲戚朋友。他还具体指示：要借这个东风一块解决，七八千人，800 人一批，分 10 批。搞群众运动的方法很快，念 800 人的名字嘛，弄错了立即平反嘛。

万里讲到，徐州市委准备平反一段时间以后，来个对敌斗争，对顾炳华大

---

① 据万里《传达贯彻九号文件的基本情况和今后意见》（1975 年 3 月 28 日，在全国铁路领导干部会议上的讲话，记录整理稿），国家计委《第一季度工业生产情况简报》（1975 年 4 月 7 日［75］计生字第 138 号）。

② 以下引自《邓小平在万里向国务院汇报徐州铁路局情况时的插话》（1975 年 3 月 25 日），载《党的文献》1999 年第 6 期。

揭发、大批判；铁路系统对罗修德开展大批判。

邓小平说：实际上，顾炳华有他的纲领，反党的十大报告，派性被敌人利用了。

邓小平强调，要直接发动群众。

他说：办学习班，直接发动群众来解决问题，看看哪一种方法比较好一些。要放手发动群众，相信95%的群众是拥护社会主义的。要釜底抽薪，把群众的问题解决了就好办了，就能把坏头头弄出来，不然不行。

他又说：管你有理无理，这段时间闹就无理。党的方针政策，和群众见面，解决问题比较快，也比较透。多数人对派性厌倦了，有95%的群众拥护毛主席关于安定团结的指示。只要这一条肯定的话，就充分发动群众，问题就好解决了。

邓小平要求国务院各部门推广徐州的经验，发动群众，解决问题。邓小平说：各部也要同省委商量一下，让能干的、强的同志和地方结合起来，搞几个点看看。徐州就是老大难，在铁路、在地方，都是典型的。七机部的这个基地、那个基地，这个单位、那个单位，相信只要群众起来了，问题就好解决了。相信采取这个办法是行的。

万里在汇报全国铁路系统贯彻9号文件的情况时讲到，问题多的单位是太原、昆明、南昌三个铁路局和洛阳、太原、成都、柳州四个车辆厂，他们根本没有动；太原铁路分局党委副书记张安邦搞派性，说运输生产不能超过军管时期；还有一个李金时，是山西省军区副司令员……

邓小平立即果断地说：要查一查，只要是确实的，要调走。属于军队的，军委下命令调走；属于铁路系统的，铁道部赶快调走。

他接着又说：看有后台没有，省委、军区有没有人支持，是不是有人不听中央指示、不听部里调动。有后台的要脱钩，不听铁路指挥的，调走嘛！从4月1日开始。党中央、国务院下决心，你们报告嘛！犯错误我们承担，我们已经等了很久了。现在有9号文件，有脱钩的条件。铁路局不听指挥的，4月1日就调，铁路第一步可先采取脱钩。如那个副局长，宣布撤职，不只是调的问题。

邓小平还指示：铁路不要等地方，四个厂不搞好，计划要落空，你们无法修理，车开不动。因为和铁道部关系密切，铁道部要管，和地方一起搞。

限期解决、不能再等，是邓小平领导1975年整顿的重要一条。他在这次会上再三强调：到了4月1日要行动。

邓小平在作会议总结时说：9号文件发下去之后，铁路运输迅速好转，对各行各业都有很大影响和推动。铁道部门的主要经验，就是只要放手发动群众，同派性坚决斗争，生产就能搞上去。铁道部门在这方面做得很突出，徐州的经验比较典型。这些经验值得大家很好地学习。他又指出：铁路一通，就暴露出冶金、电力等各行各业的问题。国务院各部都要自己打算打算，怎样工作，怎样解决老大难问题。邓小平还说：下一步的中心是要解决钢的问题。

在召集由各部门负责人参加的国务院全体会议的同时，中央还把部分省、市负责人也召来北京，在另一个地方讨论怎样贯彻9号文件。①

3月25日，邓小平主持的国务院全体会议，肯定了徐州经验和3月开始的铁路整顿的成绩，对继续搞好铁路整顿和工交系统整顿提出了指导性意见。

这次国务院全体会议指明，9号文件不仅适用于铁路工作，除体制以外，也适用于各行各业。这就是说，工交系统都要按照9号文件精神，参考徐州进行铁路整顿的经验，展开整顿。对于铁路整顿，会议认为：目前工作还刚刚开始，不能满足于现状，要一鼓作气，乘胜前进。不要"雨过地皮湿"，轰一阵子就过去了；也不要人走茶凉，虎头蛇尾。要检查一下有没有"夹生饭"、有没有薄弱环节，及早研究，及早解决，免得上去了又下来。会议明确提出：3月份小上，4月份要大上，要雷厉风行地解决领导班子问题、铁路秩序问题、运输生产问题、铁路建设问题。总的要求，通过贯彻9号文件，从根本上解决铁路问题。

国家计委按照国务院有关会议议定的意见，于3月28日拟就一份电话稿；3月31日，国家计委副主任袁宝华签发："请生产组、值班室即组织今晚给各省、市、区打电话，并印发工交（包括农林、国防工业）各部。"②这份以国家计委名义发出的电话稿，传达了国务院全体会议的精神，全文如下：

各省、市、自治区党委：

中央九号文件和全国工业书记会议精神传达贯彻后，有力地推动了工交战线革命和生产形势的发展。但是还不够平衡。根据（党）中央和国务院领导同志最近指示精神，各地要把进一步深入传达贯彻中央九号文件和全国工业书记会议精神，切实抓紧抓好。

一、中央九号文件精神，除体制外，适用于各行各业，各地区一定

① 据谷牧：《在全路领导干部会议上的讲话》（1975年3月30日）。

② 此处事实和下引电话稿全文，均据国家发改委保存的档案。

要抓紧有利时机，大张旗鼓地迅速把文件精神传达到整个工交战线的广大群众中去，务必做到家喻户晓。要按照中央九号文件的要求，解决好领导班子的问题，促进安定团结，把运输和工业生产尽快搞上去。

二、要继续抓好中央九号文件在铁路运输系统的传达落实，要扎扎实实，一抓到底，抓出成效来。领导班子存在问题的路局、站、段，要切实抓紧解决，三月进行宣传教育，仍不改正的，四月就要作组织调整，不能再拖、再等。

三、要把中央九号文件精神，迅速传达到铁路沿线的县、社、队广大干部和农民中去，依靠各级党委，依靠广大群众，加强对阶级敌人的专政，整顿维护好铁路运输秩序。

此外，铁路运输开始上来了，要大力组织好短途运输及时跟上。

各地贯彻落实情况，请于四月五日前向我们反映，以便及时汇总上报。

国家计划委员会

一九七五年三月二十八日

（二）工交战线生产形势好转

按照这个通知，工交战线各行各业，各省、自治区、直辖市推广、运用徐州经验，贯彻9号文件，进行整顿。生产形势很快发生了变化。

煤炭生产本来也是一个薄弱环节。新成立的煤炭部领导班子（部长徐今强）决心打一场生产翻身仗。他们积极贯彻9号文件，一方面促生产运输好的陕西、河北、河南、安徽及东北地区各矿，让它们多产、多运；另一方面，敢于同派性作坚决的斗争，重点解决“两省四矿”（山东省的枣庄、肥城、新汶，江苏省的徐州）问题。上述两省的四个矿，在全国煤炭行业中占有重要地位。华东地区统配煤的40%由这四矿供应。钢铁生产炼焦所必需的洗精煤，占到全国的八分之一、华东地区的一半以上。上钢、武钢、马（安徽马鞍山）钢、浙钢等钢厂所需洗精煤的40%靠这四矿。经过整顿，“两省四矿”生产上得很快。洗精煤在4月份的日产量创造了全国历史上的最好水平。统配煤平均日产75.4万吨，比计划超产1.9万吨。

整个工业生产打破了停滞不前的局面。4月份，化肥生产开始大上，日产量达7.5万吨，比3月多产1万吨。月发电量为5亿度，比2月份增长12%。棉纱、棉布等轻工业产品的生产都有上升。一直稳产、高产的原油，月月超额完成任务，4月份平均日产20.8万吨，比计划超产5000吨。全国工业总产值在1至4月份完成919亿元，比1974年同期增长8%，4月份比1974年同期增长19.4%。煤炭部要求上半年时间过半，完成任务过半。有11个省、自治区、直辖市也决心实现"双过半"。①

（三）解决老大难，解开10个"疙瘩"

根据国务院全体会议的决定，铁道部于3月28日至30日召开全路领导干部会议。

会前，国家计委生产调度室对当时的铁路运输问题提出了《几点意见》②，认为要狠抓落实政策和解决领导班子问题；要对20个铁路局、62个铁路分局分析排队，定出解决方案，拿出切实可行的措施。《几点意见》提出，全路要下决心解决老大难的10个"疙瘩"：（1）詹东线煤炭运输问题（即山西东南部地区煤炭外运问题）。（2）山西阳泉地区煤炭运输问题。（3）津浦线煤炭运输问题。（4）胶济线原油（主要是胜利油田的原油）运输问题。（5）东北地区进关物资——成品油和采煤坑木运输问题。（6）河北迁安铁矿积存的精矿粉运输问题。（7）海南铁矿石运输问题。（8）云南昆阳磷矿石外运问题和贵州六盘水煤炭运往四川攀枝花钢厂问题。（9）闽、赣两省木材外运问题。（10）东北地区木材运输问题。《几点意见》对这10个老大难问题，逐一作了分析，提出了如何解决的设想。《几点意见》还建议要狠挖运输潜力，创造新水平，要以安全、正点为重点，提高效率，提高质量。万里批示："即印发到会各同志阅，会议期间要把这些意见讨论解决。"

3月28日，全路领导干部会议开始。万里在会上作题为《传达贯彻中央9号文件的基本情况和今后意见》的讲话，指出9号文件传达贯彻以来，全国的铁路运输形势发展很快。徐州、南京地区的情况有了显著变化，向塘地区也有好转，津浦、京广两大干线基本畅通，沈阳、武汉、西安等铁路局都进展较快，但发展是不平衡的。万里提出整顿的目标：3月份日装车达到5万辆的水平，4

---

① 本段所引材料，均据中共中央和国务院领导同志接见全国钢铁工业座谈会代表时（1975年5月8日21时30分至5月9日零时30分），谷牧的讲话（记录打字稿）。

② 此件存铁道部档案处。

月份达到5.2万辆以上；第二季度末做到畅通无阻、四通八达、安全正点，把欠债还清，当好“先行官”。在贯彻中，末句改成“当好先行”，形成4句话、16个字的口号：“畅通无阻，四通八达，安全正点，当好先行。”王震接着讲话，指出9号文件在各地引起强烈反响，表明整顿是党心所向、人心所向。他赞扬“铁道部临时领导小组是硬班子”，强调解决铁路问题不能拖延，拖延就要妨碍大局。①

3月30日，谷牧在会上作总结讲话。他指出，第一，要继续抓对毛主席三条指示、9号文件广泛深入的宣讲工作。要大张旗鼓，反复宣传，而且要用实际行动表示我们的决心。经过9年“文化大革命”中的多次反复，干部们对这次整顿在思想上存在不少顾虑，主要有五怕：怕讲集中统一会犯“条条专政”的错误，怕建立健全规章制度会犯“管、卡、压”的错误，怕抓了运输生产会犯“唯生产力论”的错误，怕群众并发动起来会引起新的派性，怕搞不好再“翻一次烧饼”。谷牧针对这些顾虑，进行深入细致的分析，批评错误认识，分清是非，要求干部挺起腰杆子来，坚决进行这场斗争。第二，组织工作要跟上。要调整领导班子，不称职的人、坚持闹派性不改的人，坚决调开。调整领导班子要雷厉风行，不能再拖。对少数破坏铁路运输的坏人，要坚决惩办。第三，要大力改进组织调度、业务领导等工作，限期整顿，执行行之有效的规章制度，提高效率，做到安全正点。②

铁道部3月干部会议是贯彻落实国务院全体会议决定的一次重要会议，也是总结推广徐州经验，在全路贯彻9号文件、进行铁路整顿的一次动员大会。谷牧的讲话提出了整顿工作在铁路系统全面铺开的指导思想、基本方针和工作目标。会后，万里富有创造性地贯彻落实国务院全体会议的决定和铁道部3月干部会议的要求。从4月到6月，他亲自深入老大难单位，调查研究，督促检查，切切实实地解决问题。

（四）铁路系统的重点整顿和徐州经验的发展

4月10日，万里率工作组到达山西太原，重点解决太原客运段的问题；4月中旬，到郑州铁路局推动整顿，深入洛阳机车厂解决了那里的问题；随后，经

① 王震：《在全国铁路领导干部会议上的讲话》（1975年3月28日，记录稿）。

② 据铁道部所存档案。

徐州、南京检查工作，于4月25日抵江西南昌，比较顺利地解决了向塘机务段和南昌铁路局的问题。5月2日，万里离开南昌到达湖南长沙，重点解决当时我国唯一生产电机机车的株洲田心机车厂的问题，同时解决长沙新火车站的设计组织工作。5月6日，万里在长沙发表了重要讲话。5月中、下旬在北京出席全国钢铁工业座谈会后，万里又率领工作组二下郑州。6月2日至3日，他全力解决新乡铁路分局的问题。6月4日至10日，在万里参与和主持下，经过尖锐激烈的斗争，调整了郑州铁路局的领导班子。6月16日，万里到达昆明，在云南省委的配合下，解决了昆明铁路局的问题。①

万里在1975年第二季度亲临第一线领导进行的铁路系统重点整顿，解决了三局（太原、郑州、昆明）、两厂（洛阳、田心）的问题，在运用徐州经验的基础上，又有新的发展和创造。

第一，在宣讲、贯彻9号文件时，更加突出毛泽东的三项指示。

当时还没有“三项指示为纲”的提法，但万里已经十分强调用毛泽东关于学习理论、安定团结、把国民经济搞上去这三项指示教育群众、动员群众、组织群众，实际上是以这三项指示为纲来领导铁路整顿。万里说，9号文件最主要的是第一条中的三个内容。他把三项指示同当时的铁路整顿联系起来进行解释，指出，学习毛主席关于理论问题的指示，首先要联系实际，要看你对派性是让步、迁就、投降，还是抵制、批判、斗争。“还是安定团结为好”，是针对不安定、不团结来讲的。不安定、不团结来自派性，来自资本主义势力，来自阶级敌人的破坏；政治是经济的集中表现。无产阶级革命是为了发展生产。光说社会主义优越性，可生产搞不上去，优越性在哪里？万里还指出，9号文件中这三项内容是一致的，是互相关联的，也是缺一不可的。②

第二，把解决派性问题同解决领导班子问题联系起来，以解决领导班子问题为重点。

通过调查研究，万里对老大难单位领导班子的情况了然于胸，分别情况，果断地采取组织措施，该撤的撤，该调的调，抓住了主要矛盾和解决主要矛盾的关键。“老大难”单位得以很快解决问题，步入正轨。

“南昌铁路局的问题，省里就有人支持。一定要把铁路上搞派性活动的

① 万里在1975年4月至6月的行程，据《万里文选》和张广友《改革风云中的万里》关于铁路整顿的有关篇章。下面谈到这段行程中的活动时，除另外注明出处者外，也均据此。

② 《万里文选》，第77—79页。

里外联系切断。"[①]这是邓小平在"3・5"讲话中已经指明了的。为解决南昌铁路局的问题，万里在4月24日前往南昌路过南京时，向正陪同金日成在南京访问的邓小平请示汇报。邓小平指出：不管是谁，只要是支持派性的都不行，该调的就调。这样做不仅对解决派性有利，对支持派性的人也好，换个环境比较超脱，不降低职务，照样做官，照样干革命嘛。[②] 为有利于南昌问题的解决，邓小平当场决定把江西省军区司令员调出南昌，到武汉军区任职。

万里到南昌后，即于4月29日深入问题严重的向塘机务段，发动群众大批派性。这个机务段有职工1679人，其中党员391人。1974年以前，它是南昌铁路局较好的一个单位。由于"批林批孔"运动中，机务段党委主要负责人大搞派性，支一派压一派，造成职工队伍内部严重对立，生产一落千丈。1974年一年，少供应机车2141台次，先后在管段沿线保留列车4002列，亏损66万多元，1975年第一季度，又亏损27万多元。派性头头当政，是问题的症结所在。万里采取断然措施，撤了大闹派性的机务段党委正、副书记两人的职，调走了一个机务段党委委员兼机务段副主任，在南昌铁路局和向塘机务段引起很大震动。为贯彻这一正确决定，又进行了针锋相对、寸步不让的斗争，几经较量，取得胜利。[③] 对南昌铁路局的领导班子也作了调整，从广州铁路局调来干部担任南昌铁路局党委书记，比较顺利地解决了南昌问题。

在株洲田心机车厂这个有8000职工的大厂，万里在全厂职工和家属大会上公开批评机车厂党委第一、二把手，要他们检讨；宣布闹派性严重的三人离职，到铁道部里检查，5月9日前报到，不得迟缓。万里要求田心厂有一个大转变。这个厂到5月底超额完成了任务。

位于京广、陇海两条铁路干线交叉点的郑州铁路局也是一个"老大难"。党委书记唐岐山，在"文化大革命"前是郑州机务段的工程师、司机长，靠"造反"起家，当上中共九届、十届中央委员，时任郑州铁路局党委书记、河南省委常委、郑州市委书记[④]，闹得乌烟瘴气，问题十分突出。6月初，万里二下郑州。首先解决新乡铁路分局的问题。他在群众大会上宣布，撤销篡夺分局领导权

---

① 《邓小平文选》第2卷，第5页。

② 《邓小平年谱（1975—1997）》（上），第38页。

③ 中共南昌铁路局向塘机务段委员会：《我们是怎样改变"老大难"被动局面的》（全国铁路工作会议材料，1975年7月）。

④ 唐岐山于1978年被逮捕，1979年12月，由郑州市中级人民法院依法判处无期徒刑。

的×××一切职务，令其检查。接着，在郑州铁路局党委内，同唐岐山等人展开针锋相对的激烈斗争。在征得河南省委主要领导人同意，报中央有关领导同志批准后，万里召开郑州铁路局机关干部会宣布：免去唐岐山在郑州铁路局的一切职务，调离郑州局，由河南省和中共中央组织部另行安排工作。郑州局党委第一书记由前不久从兰州局调来的老干部苏华代理，主持工作。由胡逸平负责局革委会工作。

在昆明，万里于昆明铁路分局干部大会上宣布：昆明分局党委书记是个派头头，撤销其党内外一切职务，令其检查交代问题，交群众揭发批判，视其表现进行处理。同时，任命了新的分局党委书记。

第三，落实政策，关心群众生活，调动大家的生产积极性。

4月10日，万里来到太原客运段。这个客运段有500名女职工，但没有托儿所。有个列车员对万里说："我把孩子锁在屋里，能安心工作吗？"万里批评段里的领导干部搞派性迷了心窍，眼里没有群众，不关心群众生活，要他们马上解决。结果第三天就腾出了房子，不到10天就把托儿所办了起来。万里回到北京后，又到铁路公寓看望太原客运段的职工。铁道部部长对群众生活的关心，给了全段职工很大的鼓舞。在万里督促下，太原客运段党委对落实政策也抓得很紧，为被错定为"五一六"和"铁联"的22人平反，对其他34起案件进行了复查落实，被调离的13名老工人也回到了原来的岗位。经过两个多月工作，这个客运段改变了面貌。①

五、铁路整顿的历史评价

（一）铁路整顿的成效

4个月的铁路整顿，取得了十分明显的成效，全国铁路形势发生了显著的变化。②

——安定团结的局面逐步形成，一批后进单位的问题得到初步解决。徐州铁路分局改变了连续21个月没有完成运输计划的状况，为全国铁路整顿提

---

① 据铁道部太原工作组：《太原客运段的落后面貌是怎样改变的？》（全国铁路工作会议材料，1975年7月）；《万里文选》，第80页。

② 以下经整顿后铁路的变化情况，据《上半年铁路运输情况汇报提纲》（1975年7月22日），铁道部档案处存；《万里同志在全国铁路工作会议上的讲话》（1975年7月8日）。

供了经验。南昌铁路局原来也已有 17 个月没有完成运输计划，1975 年 5、6 两个月都超额完成。徐州、南京、郑州、向塘、长沙、昆明等地区运输堵塞的局面基本得到改变，津浦、京广、陇海、浙赣等主要干线保持畅通。

——铁路运输生产大幅度提高，初步扭转了被动局面。1975 年第二季度的铁路货运量比第一季度增长 19.8%，日均装车数增长 17.5%，日卸空车数增长 17.1%，客车的运行正点率提高 18.4%，货车的提高 9.1%。1975 年上半年货运量完成 4.1607 亿吨，为年度计划的 48.95%，比 1974 年同期增长 8.6%，创造了历史最高纪录。煤炭运输是铁路运输的一个重点，约占铁路货运量的 40%。上半年煤炭运量完成年度计划的 55.5%，从 4 月开始，扭转了连续 58 个月完不成煤炭装车计划的状况。在 20 个铁路局中，齐齐哈尔、哈尔滨、吉林、锦州、北京、太原、柳州、成都、西安、乌鲁木齐 10 个局做到时间过半，任务完成过半。

——10 个“疙瘩”已经被基本解开。完全解决的有 7 个：胜利油田做到产多少、运多少，海南铁矿石运输问题已解决，迁安精矿粉已无积压，东北地区进关的成品油和坑木达到要求，昆阳磷矿石外运月月超额完成计划，闽、赣木材积压问题已解决，阳泉存煤运输问题也已解决。基本解决的有两个：淮北在 4 月已将存煤拉完，但 6 月末存煤又有回升；东北地区的木材库存较多。解决晋东南地区煤炭外运问题的詹东线，煤炭运输量有提高，但问题尚未解决。

——铁路基本建设步伐加快。1975 年上半年新线建设和营业铁路改造完成的投资，比 1974 年同期提高 13%。土石方和大中型桥梁完成的实物工作量，分别比 1974 年提高 48% 和 3%。勘探设计工作量比 1974 年同期提高 50%。运输急需的津浦复线、太焦铁路和北京、天津、石家庄枢纽工程建设，都加快了进度。

——机车车辆工业开始出现大幅度增产的局面。铁道部所属 32 个铁路工厂，有 31 个超额完成计划。工业总产值在第二季度比第一季度增长 61%。二七、天津、牡丹江、株洲、沈阳、石家庄、大同等工厂的主要产品和总产值，做到了时间过半，任务完成过半。

——铁路治安秩序有所好转。拦截火车、中断运输的事件已经被基本消除，哄抢运输物资、盗窃设备器材的现象大大减少，扒乘货车、无票乘车的情况也大为减少，刑事犯罪案件有所下降。

经过第二季度的重点整顿以后，铁道部及时地在 6 月 30 日至 7 月 10 日召开了全国铁路工作会议，结合学习中共中央 13 号文件①，总结、交流 4 个月来贯彻 9 号文件、进行铁路整顿的经验，部署 1975 年下半年的工作。

会议先分运输、工业、基建 3 个系统交流情况和经验，然后开大会总结汇报。② 大家认为，4 个月来贯彻毛泽东三项重要指示和 9 号文件，进行铁路整顿，全国铁路的形势大有改观，运输、生产初步扭转了被动局面，基本建设加快了步伐。同时应该看到，铁路整顿，是党性同派性的尖锐斗争。一些派头头集中攻击 9 号文件和铁路整顿。向塘机务段有人贴"大字报"攻击 9 号文件是"资产阶级反动路线"，声称要"血战到底"。贵州省派头头召开的一个 300 多人参加的会议，诬蔑"9 号文件是新老资产阶级分子在中央黑后台的支持下搞出来的复辟纲领"。上海铁路局党委成员中，有人暗示 9 号文件是"条条专政"，是只讲集中、不讲民主；有人说"软、懒、散"班子的提法没有阶级分析，不能按这个提法来解决领导班子问题；有人挑拨新、老干部关系，说 9 号文件发下来后，老干部得意忘形，新干部灰溜溜。③ 一定要足够认识派性的顽固性，准备作长期斗争。还应看到，铁路的问题仍然不少，一些"老大难"单位的问题还没有解决深透，有些单位的矛盾刚开始暴露；运输生产还没有完全稳定，安全生产情况不好，基础工作薄弱，对整顿运输秩序，完善规章制度，加强组织性、纪律性，还要做大量艰苦细致的工作。

7 月 8 日，万里在会上作总结讲话，总结贯彻 9 号文件的基本情况，提出 1975 年下半年的中心工作和 10 点意见。他特别强调"必须集中力量狠抓安全正点"，并指出："安全正点，是铁路运输工作高效率、高水平的集中反映，是

① 中共中央 13 号文件是全国钢铁工业座谈会（1975 年 5 月 8 日至 29 日）后，中共中央为转发《中共冶金工业部核心小组关于迅速把钢铁工业搞上去的报告》而写的《中共中央关于努力完成今年钢铁生产计划的批示》，于 1975 年 6 月 4 日发出。

② 会议印发的材料有：铁道部的《关于贯彻中央 9 号文件解决徐州铁路问题的总结报告》，徐州火车站的《在贯彻中央 9 号文件中整顿健全规章制度，加强基础工作》，徐州列车段的《以无产阶级专政理论为武器，批判资本主义倾向，抵制资产阶级思想侵蚀》，济南铁路局公安处徐州公安分处的《认真贯彻中央 9 号文件，铁路治安秩序出现了新局面》，南昌铁路局向塘机务段的《我们是怎样改变"老大难"被动局面的》，铁道部太原工作组的《太原客运段的落后面貌是怎样改变的？》等。在 7 月 5 日和 7 日的全体会议上，由运输、工业和基建 3 个系统推选的 8 个单位代表发言。这 8 个单位是：太原、济南、北京、成都铁路局，第二工程局，第三设计院，济南、大连工厂。还邀请参加全国铁路治安工作会议的上海铁路局金华地区党委和山东邹县县委的代表介绍了经验。

③ 据《全国铁路工作会议简报》第 2 期（1975 年 7 月 2 日）。

铁路职工高度组织性、纪律性的表现，也是铁路部门对党、对国家、对人民认真负责的一个重要标志。”他号召抓住当时的大好时机，继续进行整顿，“把铁路工作迅速搞上去，使铁路平时能畅通无阻，四通八达，安全正点，当好先行，战时能成为打不垮、炸不断的钢铁运输线”。①

（二）铁路整顿成功的关键

铁路整顿的成功，邓小平的领导起了关键作用。邓小平领导了铁路整顿这场复杂的斗争。他作出了整顿首先从铁路抓起的决策，提出了铁路整顿的纲领、方针、政策、办法。他密切关注着铁路整顿的进展，亲自总结经验，把铁路整顿引向深入，推向前进，并带动各行业、各部门整顿的展开。邓小平领导的铁路整顿，创造了一个拨乱反正的范例。铁路整顿的实践，生动地展现了邓小平的领导艺术和领导风格。

一是“敢”。敢字当头，态度明确，横下一条心，敢摸老虎屁股，不怕再被打倒。有人骂邓小平的“3·5”讲话是“复辟纲领”。邓小平当着王洪文的面说：“这种人是有的，你不要怕。只要我们有了明确的态度，有了正确的方针，事情就好办了。”②

二是“硬”。大刀阔斧，雷厉风行，措施强硬，决不妥协。解决问题，规定期限，如不解决，就采取断然措施。对派性严重而又坚持不改的领导干部、派头头，视情况或撤职，或调离。对违法犯罪分子，批斗了一批（1.17 万人），逮捕了一批（3000 余人），还处决了少数罪大恶极者（130 人）。③

三是“实”。抓点，直抓到具体单位，一个一个单位地进行分析，逐个解决问题。整个铁路整顿环环紧扣：2 月下旬开会；3 月上旬发 9 号文件，下旬推广典型经验；4 月全面铺开；5 月以铁路促钢铁，鞍山、武汉、包头、太原四大钢厂订出整顿计划，中共中央发出 13 号文件，整个钢铁工业系统动员起来，大打“两千六”（即完成 1975 年年产 2600 万吨钢的生产任务）。解决工人生活存在的实际问题，一直抓到解决洗澡问题。邓小平在 1979 年 10 月的省市自治区党委第一书记座谈会上回顾说：“真正鼓干劲，就是要解放思想，实事求是地解决问题。1975 年整顿铁路时，遇到一个解决铁路工人主要是火车司机洗

① 据铁道部档案处所存万里讲话打印件。

② 《邓小平文选》第 2 卷，第 10 页。

③ 据公安部、铁道部召开的全国铁路治安工作会议情况报告（1975 年 7 月 15 日）。

澡的问题。工人下工一身脏，要洗个澡，那么大的企业，搞些喷头有什么困难？但是没有人管。这样的例子，我相信全国可能有不少。事在人为，只要有人做，就会有效果。"①

四是"准"。通过全面的调查研究，准确地抓住主要矛盾。在整个经济工作中，先抓工交；在工交中，先抓铁路、煤炭、钢铁；在这三个薄弱环节中，先抓铁路；在全路范围内，着重抓"两线四点"；在四个点中，先抓徐州。实践证明，重点抓得很准。在整顿的内容上，抓住了反对派性和调整领导班子这两个关键，而以在反派性的基础上调班子为重点，以建立一个硬班子为目标，这也是十分准确的。在处理行业和地方的关系上，掌握矛盾的特殊性。铁路整顿，强调铁路和地方要脱钩；钢铁整顿，强调地方和钢铁企业要配合。

（三）铁路整顿在 1975 年整顿中的作用

铁路整顿是邓小平主持国务院工作、领导进行 1975 年整顿的第一个战役，是工交战线各行业整顿的突破口，也是四届全国人大提出两步走、实现四个现代化宏伟目标后，为把国民经济搞上去进行的第一次努力。在"文化大革命"和"批林批孔"运动造成严重内乱的情况下，只用了不到一个月时间，问题最严重的徐州就改变了局面；不到两个月，两条线、四个点就解决了问题；四个月后，"一个突出"、"两个不能适应"的问题基本解决，达到四通八达、畅通无阻。铁路整顿在"文化大革命"10 年内乱的历史上创造了一个奇迹，在中国社会主义经济建设史上写下了辉煌的一页。

铁路整顿迅速取得成功，为各行业的整顿树立了榜样，增强了全国上下从乱到治、实现安定团结的信心，造成了一种非要在短时间内进行整顿、把国民经济搞上去的声势。铁路整顿取得的经验，指导了各行业整顿的展开。"国务院各部委都在向铁道部学习。"②王震这句话说明铁路整顿带动了其他行业的整顿，对各部门的整顿起了推动作用。铁路系统通过整顿，调整了领导班子，实行了集中统一领导，建立健全了规章制度，恢复了治安秩序，保证了线路畅通，运输生产改变了被动局面，月月超额完成计划。这就对钢铁、煤炭、电力、化肥等生产起了保证作用，为 1975 年国民经济计划的胜利完成，为第四个

---

① 《邓小平文选》第 2 卷，第 197 页。

② 《王震副总理在全国铁路工作会议上的讲话》（1975 年 7 月 8 日），第 2 页。

五年计划的胜利完成,立下了第一等的功劳。

铁路整顿实质上是针对铁路这一行业的具体工作,开始对“文化大革命”中的一些具体方针、政策予以否定。强调集中统一,既符合铁路本身具有的半军事化性质,也是对片面批评“条条专政”和分散主义盛行的否定;要求线路畅通、安全正点、把运输生产搞上去,无疑是对批判所谓“唯生产力论”的反拨;反对资产阶级派性,调整领导班子,既削弱了“四人帮”的帮派势力,又动摇了他们的思想基础;建立健全规章制度,加强组织性、纪律性,恢复治安秩序,则是对无政府主义和批判所谓“管、卡、压”的否定。这就决定了铁路整顿必然会遇到各种阻力,必然是一场尖锐复杂的斗争。这场斗争的实质,说到底,是要不要实现安定团结、要不要把国民经济搞上去,是肯定“文化大革命”还是否定“文化大革命”。

铁路整顿是在“文化大革命”发展到那一时期的特定情况下进行的。非常条件下必须采取非常手段。它是一个治理动乱、整顿秩序的范本。经历过这段曲折斗争历史的人们,深切地体会到,从乱到治、实现安定团结是多么艰难,应该十分珍惜和维护安定团结的局面。

第三章
国防科技整顿

中国所处的国际环境,决定了国防尖端科技事业在整个国家科技事业中的特殊重要地位。在"文化大革命"前期的大动乱中,毛泽东、周恩来等老一辈无产阶级革命家一刻也没有放松对国防尖端科技事业的关心、指导,尽可能排除运动的干扰、破坏。1967 年 3 月,毛泽东就指定粟裕担任国防工业军管小组组长,对国防工办和国防工业各部(第二至第七机械工业部)实行军管。① 经过全国广大科技人员、职工、解放军指战员的共同努力,以导弹运载核武器、氢弹,人造地球卫星的成功为标志,取得了突破性的进展。但是,随着"四人帮"破坏的加剧,特别是由于"批林批孔"运动的影响,国防科技事业陷入了低谷。从发展我国卫星通信、导弹、核武器等国防尖端科技的需要出发,改变这种裹足不前的局面,显得十分紧迫。这样,国防科技整顿的任务,几乎与铁路整顿同时,在 1975 年 3 月就率先被提上了日程。

一、国防尖端科技的突破性进展和存在的突出问题

(一)国防尖端科技事业发展历程的回顾

历史有着不可割断的延续性。在切入 1975 年国防尖端科技整顿这个正题之前,先简要回顾一下我国国防尖端科技事业发展的历程,对理解我们将要

---

① 据《粟裕传》,当代中国出版社 2000 年版,第 976 页。国防工业各部相应的名称是:二机部——核工业部,三机部——航空工业部,四机部——电子工业部,五机部——兵器工业部,六机部——船舶工业部,七机部——航天工业部(导弹工业部)。1967 年 4 月,对第一机械工业部也实行军管,常规武器的研制、生产属一机部负责。

叙述的正题是有必要的。

周恩来总理在1956年春天召开的全国知识分子问题会议上，发出了“向科学进军”的号召。会后，国务院成立了国家科技规划委员会，着手制定12年科学规划。就在此时，中共中央、国务院把发展我国国防科技提上了重要日程，决定由中共中央军委副主席聂荣臻元帅、副总参谋长张爱萍上将领导和主持制定国防科技发展规划，作为国家12年科学规划的一个重要组成部分。国防科技提出5项重点任务，列在国家科学规划确定的12项重点任务的前列。这5项重点任务是：原子能技术，喷气与火箭技术，半导体技术，电子计算机技术，自动控制技术。当时，电影《五朵金花》正在全国上映。人们把国防科技规划中的这5个项目称为中国科技的“五朵金花”。以研制“两弹一星”为主要目标的中国国防尖端科技，从此创业。

讨论国防科技规划的时候，在如何处理导弹和飞机、火箭技术和喷气技术的关系问题上，发生了争论。在张爱萍的组织和主持下，经过广泛、认真的讨论，原则上同意导弹和飞机、火箭技术和喷气技术同时发展的意见。1956年4月，国务院、中共中央军委决定在国防部成立航空工业委员会（简称“航委”），由聂荣臻任主任，黄克诚、赵尔陆任副主任，专门统一领导发展中国的导弹和航空科技事业。

此后，中国的导弹研制工作迅速上马。1956年5月26日，中共中央军委确定由航委组建国防部导弹管理局和国防部第五研究院（简称“五院”），负责导弹的研究、设计、试制任务。说干就干，3天以后，5月29日，聂荣臻就受周恩来总理的委托，约请33位有关部门领导人共同研究，商定从二机部、中国科学院及军事工程学院、清华大学等高校选调30多名专家到五院工作。同时，分配了100多名当年毕业的大学生到五院。这两部分人，组成了中国最初的导弹研制队伍。

经过一个多月的筹建，1956年7月，国防部导弹管理局经中共中央军委批准正式成立（简称“国防部五局”）。在调集了科技人员以后，国防部第五研究院也在同年10月8日正式宣布成立，聘请著名空气动力学专家钱学森教授担任院长。钱学森在1934年由交通大学毕业后考取“庚款留美”公费生，于1935年赴美留学，先后获得美国麻省理工学院航空工程硕士学位（1936年）和加州理工学院航空、数学和博士学位（1939年）。1949年起，担任加州理工学院航空系教授、喷气推进中心主任。1955年，冲破重重阻力，刚从美国归来。

国防部五院和国防部五局成立以后，从国防尖端科技事业发展的需要出发，机构又几经变动，队伍也不断扩大。1957 年 3 月，中共中央军委决定，国防部五局的机构、人员合并到五院。当年 11 月，中共中央军委又决定，五院在原 10 个教研室基础上成立两个分院，分别承担导弹总体、火箭发动机和控制导引系统的研究工作。1958 年 2 月，将通信兵所属军事电子科学研究院划归五院建制。1958 年至 1959 年，总政治部为五院调配了几千名领导干部和技术干部，动员了数千名复员士兵到五院工作。1960 年前后，有数千名大学和中专毕业生投身导弹研制技术队伍行列。

稍后，核武器的研制工作展开。1958 年 1 月，成立三机部九局（2 月后，改为二机部九局），负责核武器的研究、设计。1958 年 7 月，在北京建立核武器研究所。1959 年 6 月起，在该所进行中国第一颗原子弹的前期研究工作。王淦昌、彭桓武、郭永怀、朱光亚、程开甲等人曾先后任副所长。1963 年春，核武器研制基地基本建成。原子弹的主要研制工作即转到该基地进行。

为了加强对国防尖端科技事业的领导，先后成立了国防科委、国防工办、中央专委等机构。

1958 年 10 月 16 日，中共中央批准中央军委 9 月的报告，成立国防部国防科学技术委员会（简称“国防科委”）。聂荣臻任主任，陈赓任副主任。其任务为：贯彻中共中央、中共中央军委关于国防科学技术研究的方针、政策，负责加强对军内外有关国防科学技术研究工作的组织领导、规划协调、监督检查。国防科委采取一系列措施，组织、发展国防科技事业。1959 年 4 月，中共中央军委决定并报请中共中央批准，将国防部五院并到国防科委，并调万毅任国防科委副主任。1960 年 8 月，国防科委召开新材料会议，制定战略武器所需新材料研制规划，并为五院安排了 300 多项新材料的研制任务。1960 年 10 月，中共中央军委责成张爱萍负责召集总参、总政、国防科委、空军、海军、通信兵部、三机部等有关部门负责人，共同商讨筹建研究院的有关问题。1960 年 12 月，中共中央军委向中共中央呈送了关于以三机部、一机部和海军、空军、通信兵部的有关研究机构为基础，组建航空、舰艇、无线电电子学 3 个研究院的报告，即获批准。这 3 个研究院均隶属国防部建制，业务工作由国防科委统一领导，主要任务是负责军用飞机、舰艇和军事电子装备的研制，并解决仿制、引进中的技术问题。1962 年 1 月起，这 3 个研究院正式列入军队编制。① 此外，还有各军兵种的 22 个科研单位的业务工作归属国防科委指导。1961 年年初至 1965 年，经中共中央和中共中央军委批准，还先后将哈尔滨工业大学、北京航空学院、北京工业学院、成都电讯工程学院、西北工业大学、南京航空学院、上海交通大学等 11 所院校划归国防科委领导。

1960 年 11 月 29 日，中共中央批准罗瑞卿提出的成立国务院国防工业办公室（简称“国防工办”）问题的报告。国防工办在党内向中共中央书记处和中共中央军委负责，直接管理二机部、三机部和国防科委、国防工委所属范围工作。其主要任务是：对常规和国防尖端武器装备的生产、建设、科研、干部与技术力量的培养工作进行通盘规划，全面安排，组织实施，督促检查。罗瑞卿任主任，赵尔陆任常务副主任，孙志远、方强、刘杰、刘西尧、邱会作、张爱萍、郑汉涛、李如洪先后任副主任。国防工办成立后，原来负责有关国防尖端科研、试制、生产、建设所需材料、专用设备计划安排、调度和组织协作，由有关部委负责人组成的五人小组即撤销。由贺龙任主任的国防工委也于 1963 年 9 月撤销，其任务合并到国防工办。

1961 年春节期间，周恩来在一次会议上指出：要集中力量，突破国防尖端，争取 3 年到 5 年过关。这年 5 月，二机部向中共中央提出在 1964 年进行原子弹试验的设想。7 月，中共中央作出《关于加强原子能工业建设若干问题的决定》。1962 年 10 月，中共中央政治局听取国防工办关于原子能工业生产建设及核武器研制情况的汇报。刘少奇提出，中央要搞个委员会，以加强领导，使各方面配合。他要国防工办提出方案和名单，报中共中央批准。1962 年 10 月 30 日，罗瑞卿给中共中央递交了关于成立中共中央 15 人专门委员会（简称“中央专委”）的报告，同时提出力争在 1964 年爆炸中国第一颗原子弹的目标。1962 年 11 月 3 日，毛泽东在罗瑞卿的报告上写了以下批语：“很好，照办。要大力协同做好这件工作。”于是，中央专委正式成立。这是一个在中共中央直接领导下有高度权威的行政权力机构，其主要任务是：加强对原子能工业生产建设及核武器研究、试验工作的领导；组织各有关方面大力协同，密切配合；督促检查原子能发展规划的制定和执行情况；根据需要，在人力、物

---

① 番号和首任院长、政委分别为：第六研究院，院长唐延杰、政委王振乾；第七研究院，院长刘华清、政委戴润生；第十研究院，院长孙俊人、政委黄远。

力、财力等方面及时进行调度。中央专委由周恩来任主任。成员是国务院副总理贺龙、李富春、李先念、薄一波、陆定一、聂荣臻、罗瑞卿，以及国务院和中共中央军委有关部门的负责人赵尔陆、张爱萍、王鹤寿、刘杰、孙志远、段君毅、高扬。中央专委办公室设在国防工办，由罗瑞卿兼主任，赵尔陆、张爱萍、刘杰、郑汉涛兼副主任。

1962 年 12 月初，周恩来主持中央专委会议，指示二机部的工作要做到"实事求是、循序渐进、坚持不懈、戒骄戒躁"。会议批准了二机部提出的 1963 年、1964 年原子弹研制计划（简称"两年计划"），并逐项研究与解决了二机部提出的干部、设备和材料试制等问题。会后，周恩来、聂荣臻即指派张爱萍、刘西尧一行前往东北、华东地区具体落实。

20 世纪 60 年代中期，美国和苏联两个超级大国继续推行其核威慑政策，对中国形成南北夹击之势，我国的独立与安全遭到严重威胁。面对这样的紧张形势，为确保我国国家安全，中共中央和中共中央军委要求加强战备，加强国防现代化建设，加速发展国防科技，特别是国防尖端科技。按照这一要求，在聂荣臻主持下，由国防工办、国防科委具体负责，制订了国防科技第三个五年（1966—1970 年）发展计划（简称"国防科技'三五'计划"）。这个计划包括"国防尖端技术"和"常规武器"两部分，其主要任务概而言之是：继续下大力突破国防尖端技术，同时解决急需的常规武器装备问题。聂荣臻指出："三五"期间，国防科技的发展方针应是奋发图强、自力更生、循序渐进、迎头赶上。要着重研究国防科技的发展方向，确定重点发展目标。国防尖端科技要进一步突破。常规武器也要从仿制、改进适时地转入自行研制，尽快研制出部队急需的新式武器装备。①

突破国防尖端科技，当时提出 4 项主要任务：

1. 发展核武器，以突破氢弹技术为重点。首先完成空投原子弹的研制、试验和实现导弹核武器的发射试验，争取于 1968 年进行氢弹试验，接着进行氢弹武器化工作，为地地导弹配上核弹头，力争在 20 世纪 70 年代中期实现这一目标。

2. 积极研制地地导弹。提出"八年四弹"的目标，即在 1965 年至 1972 年的八年时间里，研制出中近程（改进型）、中程、中远程和洲际四种地地导弹。

---

① 引自《当代中国的国防科技事业（上）》，当代中国出版社 1992 年版，第 84 页。

确定优先发展液体燃料导弹,同时抓紧研制固体燃料导弹;重点发展战略导弹,同时发展战术导弹;在发展弹道式导弹技术的基础上,发展发射人造地球卫星的运载火箭等原则。

3. 发展核潜艇。中国第一艘鱼雷核潜艇争取于 1972 年下水试航。

4. 研制人造地球卫星。争取中国第一颗人造地球卫星于 1970 年左右发射。

研制常规武器,也确定了 5 个重点。这 5 个重点是:

1. 常规武器以陆军武器为发展重点。

2. 陆军武器发展以防空武器和反坦克武器为重点。

3. 军用飞机发展以歼击机为重点。

4. 海军舰艇发展以潜艇为重点。

5. 军事电子技术发展,以保障进一步突破国防尖端技术为重点。①

(二)国防尖端科技事业在“文化大革命”前期的突破性进展

为实施国防科技“三五”计划,周恩来、叶剑英、邓小平、聂荣臻等人努力排除“文化大革命”的干扰,采取各种措施,推动国防科技事业继续发展;国防科技战线的广大科技人员、干部、工人和解放军指战员,采取各种形式,抵制林彪、“四人帮”的破坏和捣乱,发扬艰苦奋斗的光荣传统,坚决完成党和国家的任务。因此,国防尖端科技事业大体实现了预定的目标,取得了新的突破。

在“文化大革命”前期,国防尖端科技取得的突破性成就主要有 3 项:氢弹提前试验成功,我国第一颗人造地球卫星上天,我国第一艘鱼雷核潜艇研制成功。

1. 氢弹提前试验成功

早在 1964 年 1 月,中央专委就要求,原子弹炸响后,在“三五”期间要解决氢弹的有无问题。1964 年 10 月 16 日,我国第一颗原子弹爆炸试验成功。1965 年 1 月,毛泽东指出:“原子弹要有,氢弹也要快。”刘少奇也提出,要像炸响原子弹那样早日炸响氢弹。二机部根据上述指示和周恩来提出的要求,向中央专委报送了研制氢弹的两年计划,提出力争在 1968 年进行氢弹装置爆炸

---

① 以上关于发展国防尖端科技和常规武器的计划要求,据《当代中国的国防科技事业(上)》,第 83—85 页。

试验。1965 年年底，中央专委批准以研制重量轻、体积小、威力大、聚变比高的氢弹为主攻方向。

1966 年 5 月 9 日，含有热核材料的原子弹试验获得成功，给氢弹理论研究提供了实测数据。

1966 年 12 月 28 日，氢弹原理试验获得成功。中国从炸响原子弹到突破氢弹技术，只用了两年零两个月，比美国、苏联当年的发展速度要快得多。

过了不到半年，1967 年 6 月 17 日，首次全当量氢弹空爆试验就取得了成功，比 1966 年年底提出的预定计划提前了近 4 个月。经实测，这次氢弹的爆炸威力为 330 万吨梯恩梯当量。① 氢弹空爆试验的圆满完成，打破了美、苏两个超级大国的核垄断，为确立我国在国际上的大国地位加上了一块很重的砝码。

2. 第一颗人造地球卫星上天②

1957 年 10 月 4 日，苏联成功发射了世界上第一颗人造地球卫星。第二年 5 月 17 日，毛泽东在中共八大二次会议上提出“我们也要搞人造卫星”，表明了中国人民发展航天技术、向宇宙空间进军的强烈愿望和决心。③

早在 20 世纪 50 年代末，中国科学院即在副院长张劲夫、竺可桢、裴丽生和科学家钱学森、赵九章等人组织领导下，开始在人造地球卫星的理论探索、预先研究以及探空火箭的研制方面做了大量工作。1965 年年初，赵九章（时任地球物理研究所所长）和吕强（时任自动化研究所所长）联名向中国科学院提出研制人造卫星的建议。中国科学院草拟了发展人造卫星的规划纲要。与此同时，钱学森（时任国防部五院副院长）也向国防科委和国防工办提出建议，把人造卫星及其运载火箭的研制列入国家计划，并及早开展研制工作。张爱萍（时任副总参谋长兼国防科委副主任）即邀请中国科学院、七机部、四机部的领导人，对发展人造卫星进行了必要性和可行性论证。1965 年 3 月，国防科委提出《关于开展人造卫星研制工作的报告》。当年 5 月经中央专委批准，人造卫星工程的研制任务被正式列入国家计划。同年 8 月，中央专委又原则批准中国科学院的《卫星发展规划纲要》，同意中国第一颗人造卫星争取在

---

① 据《当代中国的国防科技事业（上）》，第 102—103 页。

② 本节内容，除另外注明者外，均据《当代中国的国防科技事业（上）》，第 104—107 页。

③ 转引自许达哲、王宗银：《星箭腾空兴中华——纪念“长征”一号火箭成功发射“东方红”一号卫星 30 周年》，《光明日报·科技周刊》2000 年 4 月 24 日 B1 版。

1970年左右发射。

人造卫星研制工作开始不久，“文化大革命”爆发，中国科学院的领导机关即基本陷于瘫痪。为不至影响人造卫星研制，周恩来主持的中央专委决定把人造卫星工程改由国防科委直接组织领导，罗舜初副主任具体负责。1967年3月，毛泽东批准对中国科学院新科技局（专为组织协调人造卫星、导弹、火箭、核武器等国防尖端科技研究而成立，局长谷羽，是胡乔木的夫人）实行军事接管。不久，中共中央军委又批准以中国科学院卫星设计院及有关厂、所为基础，并从七机部抽调部分研究力量，组建空间技术研究院，归国防科委直接领导。空间技术研究院于1968年2月正式成立，钱学森兼任院长。1970年5月，该院划归七机部领导。中共中央、中共中央军委采取这些组织措施，为人造卫星研制工作在动乱中能够比较顺利地进行提供了保证。

但“文化大革命”的干扰不断，人造卫星的研制是在消除干扰的过程中取得成功的。

发射人造卫星的运载工具“长征”一号是一枚三级火箭。第一、二级选用两级液体燃料火箭发动机，第三级采用固体燃料火箭发动机。起飞重量81.5吨，起飞推力104吨，箭长29.46米，最大直径2.25米。火箭的设计、研制由火箭技术研究院抓总；火箭的第一、二级和控制系统，由火箭技术研究院在自行研制的中远程导弹基础上改进而成；第三级固体燃料火箭发动机是新研制的，由固体燃料发动机研究院负责研制。①

在一段时间里，受“文化大革命”和其他原因的影响，“长征”一号火箭第一、二级的研制工作停滞不前，影响了整个工程的进度。中央专委果断批准“长征”一号火箭改由研制战略导弹的七机部第一研究院统一抓总。1969年7月，火箭试车受派性影响难以进行。周恩来亲自四次召集有关人员进行说服教育，并确定组成指挥部加强领导，使这次试车取得成功。随后，1969年年底进行第三级固体燃料火箭与卫星的对接试车，1970年1月进行第一、二两级火箭飞行试验，也都获得成功。

在发射前，1970年4月14日，周恩来、李先念等人听取了关于人造卫星和运载火箭测试情况的汇报。周恩来要求参试人员谦虚谨慎，进一步做好发

---

①　据许达哲、王宗银：《星箭腾空兴中华——纪念“长征”一号火箭成功发射“东方红”一号卫星30周年》，《光明日报·科技周刊》2000年4月24日B1版。

射前的各项工作，并批准将“东方红”一号卫星及其运载火箭转往发射阵地。4月16日深夜，周恩来叮嘱罗舜初：在发射现场要一丝不苟地进行检查，一个螺丝钉也不能放过。4月20日，周恩来又对这次发射提出全面要求：安全可靠，万无一失，准确入轨，及时预报。

1970年4月24日凌晨，毛泽东批准实施发射。当天晚上21时35分，我国自行研制的“长征”一号运载火箭，运载着同样是我国自行研制的“东方红”一号人造卫星腾空而起，按程序正常飞行，准确进入轨道，人造卫星上播放的清脆悦耳的《东方红》乐曲响彻九霄。“东方红”一号人造卫星的升空，使中国成为继苏联、美国、法国、日本之后，第五个完全依靠自己的力量成功发射人造卫星的国家。它揭开了我国航天技术和航天工业的新篇章。接着，在1971年3月3日，又用“长征”一号火箭成功地发射了第二颗人造卫星——“实践”一号。这是我国研制的第一颗科学实验卫星——空间物理探测卫星，用于试验太阳能电池供电系统、温控、电子元器件等在宇宙空间长期工作的性能，同时用于测量空间环境的各种物理参数。“实践”一号原设计寿命为1年，实际在宇宙空间运行了8年多，为我国设计长寿命卫星提供了宝贵经验。①

3. 第一艘鱼雷核潜艇研制成功

早在1958年6月，中共中央就批准研制导弹核潜艇。至1961年，在潜艇总体设计与核动力装置方面都取得了初步成绩。1963年3月，导弹核潜艇研制工作因国家经济困难暂时下马。20世纪60年代中期，国民经济经过调整有所好转，中共中央决定，研制导弹核潜艇这项工程于1965年3月重新上马；并要求二机部于1970年建成陆上模式核反应堆，作为研制潜艇用核动力装置的初阶。为了分散难点、缩短研制周期，中央专委又于1965年8月决定，核潜艇研制工程分两步进行：第一步，研制鱼雷核潜艇，先解决将核动力用于潜艇和反潜鱼雷等重大技术问题。第二步，研制导弹核潜艇，解决潜地导弹及其水下发射系统等关键技术问题。此后不久，又确定：中国第一艘鱼雷核潜艇要力争在1972年下水试航，达到战术、技术指标要求，以交付海军使用。

为及时解决这项工程所需要的仪器设备问题，中央专委要求按研制原子弹的规定办法办理，做到有求必应。国防科委还会同国防工办先后召开多次协调会。1967年夏，刘华清主持召开了有几百名厂、所负责人和技术干部参

① 据《当代中国航天事业》，中国社会科学出版社1986年版，第54、265页。

加的大型协调会。聂荣臻到会讲话,要求以国防建设大局为重,克服困难,抓紧落实鱼雷核潜艇的研制工作。会后,国家计委和国防工办组织落实了配套设备与新材料的研制工作,将承担一次配套任务的1600多个厂、所组成协作网,有力地支援了鱼雷核潜艇的研制工作。为加强组织协调,1968年2月,经中共中央军委批准,国防科委成立了核潜艇工程办公室;1969年10月,国务院、中共中央军委又决定成立在其直接领导下的核潜艇工程领导小组。此后,根据试验的需要,建设了鱼雷、水声和潜地导弹三个试验场和一个双平面自导反潜鱼雷工厂,负担起试验和生产的任务。毛泽东于1968年和1969年两次签发电报,指令沈阳军区派部队支援核潜艇总装厂的建设;责成成都军区加强对陆上模式堆工程的领导,并派部队支援工程建设。在各方协作、共同努力下,我国第一艘鱼雷核潜艇于1971年4月开始在码头进行系泊试验。1971年6月16日,中央专委检查了核潜艇系泊试验中启动反应堆联合试验和航行试验的准备情况,指出各项试验一定要严格按照系泊、航行、长航、深水等阶段分阶段进行。核潜艇试航领导小组按照中央专委的指示,精心指挥,按步骤、分阶段地于1971年8月和1974年4月,相继完成了系泊试验和航行试验。试验结果表明,我国第一艘鱼雷核潜艇水下航速较高,续航力大,隐蔽性好,设计和建造是成功的,可以交付海军使用。

(三)国防尖端科技事业存在的突出问题

在"长征"一号运载火箭研制成功后,设在北京南苑的运载火箭研究院即把研制重点开始转到远程和洲际运载火箭。1971年9月10日,我国第一枚洲际运载火箭在西北地区酒泉发射场首次进行飞行试验,获得基本成功,标志着我国液体燃料火箭技术又取得一个新的突破,为发射重型卫星创造了物质技术条件。

在人造卫星研制方面,在研制"东方红"一号卫星和"实践"一号卫星的同时,就已开始研制比这两颗卫星重10倍、技术更复杂的返回式遥感卫星。目标是:用具有更大推力和精确制导的火箭,把带有空间遥感仪器、能够保持高精度姿态、按预定程序、准确无误地对地观测的卫星,准确地送入预定轨道运行,并在完成预定任务后,按预定计划回收。这是一项科技水平很高的巨大工程。在研制过程中,由于受"文化大革命"运动的干扰,加上技术上遇到的困难,研制进度一再拖延,发射计划多次改变。

从 1971 年试飞第一枚洲际运载火箭之后，3 年多时间里，我国的运载火箭、人造卫星一直默无声息。1965 年提出的“八年四弹”计划，时间超过了两年，任务却连一半都没有完成。1974 年开展“批林批孔”运动，把国防科技研究和生产的部署全都搞乱。这一年，洲际导弹试验发射三次，一发也没有打成。[①] 到 1974 年秋，具备了发射返回式遥感卫星的条件，但首次发射失利。这次发射是在 11 月 5 日进行的。用新研制的“长征”二号运载火箭送返回式遥感卫星上天。火箭腾空后没有什么异常，但到升空 20 秒时，突然坠毁，原因是运载火箭控制系统的一根导线折断。箭坠星毁，整个试验失败。

核武器的试验也沉寂多年。美国用各种侦察手段一直监视着我国在这方面的进展。1974 年秋，它的新闻媒体说：中国的核试验自 1971 年就没有了活动。[②]

国防尖端科技的这种停步不前的局面、国防科技部门存在的混乱，严重地影响我国国防实力的加强。

二、国防尖端科技的整顿

1975 年年初，邓小平、叶剑英主持国务院、中共中央军委工作后，立即将整顿国防科技事业，狠抓导弹、核武器研制任务提上了紧迫的日程。1975 年 2 月 17 日，国家计委、国防科委向中共中央提出《发展我国卫星通信问题的报告》，指出：加速发展我国卫星通信是很必要的，应根据不同的使用要求，统一规划，形成一定的通信卫星系列。对研制我国第一颗赤道同步卫星，应该集中力量打歼灭战，本着综合使用，军民结合，平战结合，国际、国内通信，传送广播、电视兼顾的原则，以先解决有无问题和满足各方面试验要求为主要目的，在使用中考验人造卫星各系统的性能。人造卫星研制、建设所需费用，初步预算约 9 亿元。具体项目，由国防科委制定总体规划，经国家计委综合平衡后，列入年度计划实施。《报告》要求，卫星通信工程由国防科委负责抓总，运载火箭、通信卫星由七机部负责研制，地面测控系统由四机部和七机部负责研制，通信地球站（即通信卫星地面站）的设备由四机部负责研制，发射场由国

① 据东方鹤：《张爱萍传》（下卷），人民出版社 2000 年版，第 895 页。

② 转引自东方鹤：《张爱萍传》（下卷），第 897 页。

防科委负责建设。3 月 31 日，中共中央军委第八次常委会讨论了这个《报告》，随即得到中共中央和毛泽东的批准。以研制、发射我国第一颗赤道同步地球卫星为目标的，包括通信卫星、运载火箭、测控系统、发射场、地面站五大系统的卫星通信工程被正式列入国家计划。国家将这项工程正式命名为“331 工程”。

在新任务面前，国防尖端科技的整顿就显得格外迫切了。

（一）叶帅点将

在此危难、混乱之际，谁能够在乱中求治，使我国国防尖端科技事业重振雄风呢？主持中共中央军委工作并任中央专委主任的叶剑英元帅想到了张爱萍。

张爱萍是一位颇具传奇色彩的儒将。1910 年，他出生在四川达县山区。15 岁时，他参加学生运动，当了达县中学学生会副会长。张爱萍 18 岁加入中国共产党，任中共达县县委委员。第二年，他到上海，任中共闸北区委副书记，因组织“飞行集会”被英国巡捕逮捕入狱。张爱萍获释后至苏北红十四军，在指挥战斗中，左手中弹负伤。张爱萍伤愈出院后，经周恩来批准，转途香港到达中央苏区，一直在少共（即共青团）工作，先后担任过少共苏区中央局秘书长，“赤色少先队”（青年武装组织）中央总训练部部长、中央总队总队长。他多才多艺，能文能武，富有创造精神，在少共中央局几位正直能干的青年干部——胡耀邦、刘英、陈丕显、赖大超——中间，也是很有特点的一个。长征途中，张爱萍先后担任红三军团四师十二团政委、十三团政委，四师政治部主任等职，在彭德怀麾下一路征战，历经艰险。两河口会议之后，胡耀邦到红十三团当党总支书记，与张爱萍一起爬雪山、过草地，胜利到达陕北。张爱萍即奉调担任中革军委骑兵团政委，以后进红军大学学习。他结业留校后，当了红大（后为抗日军政大学）教员，主讲游击战争课程。抗战爆发后，毛泽东派张爱萍到上海建立江浙省军委，担任书记。正当张爱萍着手在上海郊区组织抗日游击战争之际，他接到命令前往武汉。周恩来、叶剑英要他在中共中央长江局参谋处任少将高级参谋，参与国共合作、联合抗日的谈判。张爱萍的直接领导就是叶剑英。

1938 年 3 月 8 日，张爱萍受周恩来、叶剑英委派，赴徐州会见驻守在那里的国民党第五战区司令长官兼安徽省主席李宗仁，向他转达以下建议：率部在济南以南、徐州以北同日寇大打一仗，采取阵地战与运动战相结合的方针，“守点打援”，各个击破，挫败日本侵略军的狂妄之气。至于围歼日军的地点，可以选在鲁南重镇台儿庄。届时，共产党领导的人民军队将配合作战。在此之前，周恩来、叶剑英已经请前往徐州协助李宗仁指挥作战的白崇禧转致上述建议，但未见动静，军情紧迫，故特派张爱萍专程趋前敦促。张爱萍在年长他20岁的李宗仁面前侃侃而谈，将周恩来、叶剑英的建议转达得清清楚楚，分析得头头是道，还非常得体地表示期望李司令长官：歼敌寇、扬国威、振民心、留青史，万勿失此良机。张爱萍同李宗仁长谈后第三天，李宗仁就下令在台儿庄布防。3月23日，中国抗日战争史上震惊世界的大胜仗——台儿庄战役打响了。26年后，李宗仁从海外归来，陈毅元帅设宴款待。李宗仁与张爱萍在宴会上重逢，李宗仁当面夸奖：“台儿庄大捷有你的大功。”

自此，张爱萍成为深得周恩来、叶剑英信任的得力干部。此后，张爱萍在创建新四军部队，开辟皖东北、淮海、盐阜、东海等抗日根据地斗争中取得卓著的功绩。富有独立思考和创造精神，是张爱萍的显著特点。皖南事变后，他曾指挥新四军第三师第九旅的船队，在六百里洪泽湖上经过五天战斗，平定在湖上横行的七股顽军，成立洪泽县抗日民主政府。1942年12月，担任三师师长的张爱萍受命统一指挥盐阜地区的反“扫荡”作战。他从该地为平原、水网地区和村镇稠密等特点出发，提出采取“敌进我进”的战术，作战中用“小孩拉瞎子”、“狗咬叫花子”、“老头挖洞逗猴子”等办法来袭扰日寇，还采取“挖沟、填河、拆炮楼”、“杀狗”、“预设内应”等办法，作好与敌周旋的准备。1943年3月，张爱萍指挥部队顶住了日寇历时一个多月的“大扫荡”，并组织全面反击。从陈集歼灭战的胜利，到攻占八滩、单家港，再到5月解放陈家港，取得了反“扫荡”的胜利，巩固并扩大了抗日根据地。

1944年9月11日，新四军四师师长彭雪枫在八里庄战斗中牺牲。张爱萍奉中共中央电令，任四师师长兼九旅旅长、淮北军区司令员。到职之后，他就作出“扩大一万地方军，创建十个独立团，发展十万民兵”的决策。1945年中共七大召开之际，张爱萍连续指挥部队发起睢南战役、宿南战役、睢宁战役，开始光复淮北山河。8月，展开大反攻的作战行动，他指挥四师指战员和淮北军区所属各部勇猛进攻，乘胜追击，收复了淮北的许多县城。抗战胜利后，张爱萍任华中军区副司令员；不久，即作为破击津浦铁路顽敌的前线总指挥，统率六纵（司令员王必成）、九纵（司令员张震）奔赴前沿。行进中，张爱萍不幸头部负重伤，仍坚持在担架上指挥作战。他因身体实在不能支撑，只得去疗养，先在东北，后去苏联。

1949 年 1 月，张爱萍康复回国，经彭德怀建议、毛泽东决定，担任华东军区海军司令员兼政委，负责组建中国人民解放军海军。4 月 23 日，也就是直捣国民党反动派老巢、胜利解放南京的这一天，中国人民解放军的一个新军种——海军在第三野战军司令部驻地姜堰白马庙诞生。[①] 原来对海军一无所知的张爱萍，在不长的时间里，取得了“发言权”，领导华东海军做了许多开创性的工作，对人民海军的建设作出了重大贡献。周恩来曾夸奖张爱萍：“学什么会什么，干什么都能干得好。”[②]

叶帅选中张爱萍来担负整顿国防尖端科技的重任，还有一个重要因素，就是：张爱萍是我国国防尖端科技事业的创始人之一。从 1956 年着手制定 12 年国防科技发展规划开始，到 1966 年“文化大革命”爆发，10 年间，张爱萍一直是我国国防科技事业的重要领导者和组织实施者。他以中国人民解放军副总参谋长的身份负责筹建研究机构，调集科研人员，实施各项研制、试验计划。星、弹、箭、场、测[③]，国防尖端科技事业的每一项建设都凝聚着他的智慧和心血。他先后担任国防工办副主任，国家科委常务副主任，中央 15 人专门委员会成员、中央专委办公室副主任，特种武器（导弹、原子弹）定型委员会副主任。1964 年，张爱萍任首次核试验委员会主任委员，亲自深入核试验基地，周密部署，督促检查，向中央及时汇报情况，提出决策建议。1964 年 10 月 16 日 15 时，我国自行研制的第一颗原子弹爆炸成功，张爱萍立即在试验现场用电话向周恩来总理报告喜讯。1965 年 5 月，他又受命担任原子弹空爆试验委员会主任委员、现场总指挥。5 月 9 日，用飞机空投原子弹爆炸试验同样取得了成功。在此前后，张爱萍还担任了地地导弹作战基地专门领导小组组长，研究并制定出第一个导弹作战基地建设的初步方案。他还受命组建导弹部队（即第二炮兵，简称“二炮”）的领导机构。[④] 张爱萍 10 年的个人经历，同中国国防尖端科技事业融成了一体，还有什么人比他来使国防科技事业重振雄风更合适呢？

---

① 1989 年 2 月 17 日，中央军委确定 4 月 23 日为中国人民解放军海军的诞生日。

② 转引自东方鹤：《张爱萍传》（下卷），第 560 页。

③ 星，人造卫星；弹，原子弹、氢弹；箭，运载火箭、洲际导弹；场，基地、试验场、发射场；测，测控系统（仪器、设施、场地、船只）等。

④ 据东方鹤：《张爱萍传》（下卷），第 809、806 页。

1974 年国庆节，在落实政策、解放干部的形势下，张爱萍应召从福州到北京出席了国庆招待会。"文化大革命"中，他被囚禁 6 年，腿伤致残，在周恩来总理的亲自关心下，才得"解放"。那是 1972 年 11 月，周恩来在人民大会堂一次会议间隙，询问总参两位领导：你们把张爱萍搞到哪里去了？这几年还没有把他的问题搞清楚吗？据我所知，他不是什么叛徒、特务嘛。周恩来又说：没有问题，就快把人家解放出来嘛，我们还是很需要他的。到这年年底，张爱萍得到"解放"。当时，他腋下拄着两根拐杖。他的老部下、福州军区副司令员石一宸把他接到福州，请一位老中医用祖传方法治疗，三个多月后大有好转，可以丢掉双拐，持手杖走路。所以，这次国庆招待会，张爱萍是从福州回京参加的。

1974 年 10 月 2 日，叶帅亲自到张爱萍下榻的京西宾馆看望，知道他的腿疾已基本治愈，就要他暂时不要去福州了。叶剑英说：宋时轮想要你到军科（即中国人民解放军军事科学院）去，我们想让你回国防科委，你愿意到哪里去？叶剑英又说：我们考虑，国防科委更需要你。现在那里很乱，你们原来制订的计划基本上都没有实现。国防科委管两摊，地方这摊，七机部和二机部，他们管不了，乱得很。张爱萍说：我去了也干不好，过去是兼管，那里确实太复杂了。派性闹得厉害，光院部合并①问题，就翻来覆去整我。叶剑英表示，院部合并是正确的。他希望张爱萍再考虑考虑。如果腿还没有全好，上半天班也行，或者一天在单位待上两个小时也行。

11 月 5 日，返回式遥感卫星发射失败。第二天，叶剑英即在西山召见张爱萍。一见面，他就告诉张爱萍，昨天发射返回式卫星没有成功，起飞 20 秒后就坠毁了。叶帅要张爱萍来抓国防科委的工作，并说，形势严峻，我们不能再耽误时间了。小平也认为你最合适。叶帅最后对张爱萍说：军委已经决定，并同陶鲁笳谈了，你任国防科委主任，陶鲁笳改任政委；同时，恢复你的副总（参谋）长职务。张爱萍没有拒绝。以后，他又到西山看望邓小平。邓小平说：人家让你工作就工作嘛，工作总比不工作好。此后，张爱萍又向叶帅正式表示：

① 即研究院同工业部合并，以便于研究和制造（生产）紧密结合。此项建议由张爱萍提出，经国务院和中共中央军委决定，报请中共中央批准，于 1964 年 11 月实施。合并的院部是：第五研究院扩充一部分力量后，成立导弹工业部，即第七机械工业部；第六研究院划归航空工业部，为第三机械工业部第六研究院；第七研究院划归造船工业部，为第六工业部第七研究院；第十研究院划归电子工业部，为第四机械工业部第十研究院。"文化大革命"中，此事受到批判。

服从组织上的决定。①

邓小平对张爱萍主持国防科委工作寄予很大希望。他在 1975 年 3 月 20 日的中共中央军委常委会上指出，国防科研和武器装备生产现在分得很乱。空军的归空军，海军的归海军，实际上没有人管……可以由（国防）科委统一起来。与此同时，中央加强了国防科技工业的领导力量。1975 年 1 月，四届全国人大一次会议任命刘西尧为二机部部长、李成芳为五机部部长、边疆为六机部部长、汪洋为七机部部长。

（二）张爱萍抓点

张爱萍是那种"不待扬鞭自奋蹄"的无产阶级革命家。他临危受命，说干就干。同叶帅谈话，明确了任职以后，没等正式任命下达，他就行动起来了。他夜访在运动中反对过他的国防科委负责干部；向中央要求"解放"在运动中曾向他连放"三炮"的战友；邀请核物理学家、航天专家到他的临时住地——北京海运仓总参招待所促膝长谈，摸清情况，组织班子，商量办法。经过酝酿，张爱萍把国防尖端科技整顿的重点定在七机部（即航天部）。这个部是"文化大革命"中出了名的"老大难"单位，但它是生产导弹的专业部，也是把国防尖端科技搞上去的关键部门。在正式任职之前的一次碰头会上，他就提出到七机部蹲点的设想。

1975 年 3 月 8 日，中共中央军委正式任命张爱萍为国防科委主任。当天，他就率领一个工作组来到七机部下属的"老大难"单位。

张爱萍先到北京南苑的七机部第一研究院（中国运载火箭研究院）。该院承担各种型号运载火箭的研制任务，下辖十余个设计、研究、生产单位。张爱萍在这里看了两天，看到秩序混乱、一片破败衰落的景象。第三天，他到了坐落在北京永定路的二三〇厂及其配套研究单位十三所。混乱败落的情景同第一研究院如出一辙，某些方面更为严重。许多人"吃社会主义"——把搞导弹的钢材拿来做私人的东西，有的人甚至成吨成吨地倒卖出去。纪律松弛，上班极不正常，人们谑称之为"八九二三部队"、"八二〇〇部队"。②

---

① 以上叶剑英同张爱萍的两次谈话、邓小平同张爱萍的谈话，均据东方鹤：《张爱萍传》（下卷），第 887—890 页。

② "八九二三部队"，指上午 8 点钟上班、9 点钟走人，下午 2 点钟上班、3 点钟走人。以后，发展到只是在上午 8 点钟和下午 2 点钟来点个卯，称"八二〇〇部队"。

问题严重到这样的程度，根子在派性。在七机部，“文化大革命”搞了9年，派性也闹了9年。突出的两大派：“915”和“916”，全北京乃至全中国闻名。

这两大派都有“通天”人物，针锋相对，水火不容。周恩来曾37次亲自主持解决七机部的问题，一些派头头却置若罔闻。派性斗争危害严重，影响恶劣。1968年6月8日，第一研究院导弹和航天材料研究所所长、1957年从联邦德国归来的杰出科学家姚桐斌被造反派中的坏人毒打致死。周恩来要粟裕赴现场亲自处理。粟裕乘直升机飞抵南苑机场，带一个排驱车直达东高地的研究所，传达周恩来的指示。在严词责令之下，造反派头头才把凶手交了出来。这年夏天，第一研究院的造反派两派发生严重武斗。粟裕赶到现场，责令两派立即撤离武斗区域，并找两派头头谈了一宿。第二天，他又在三座门中共中央军委办公地召集两派头头开会，这才刹住了武斗歪风。①

二三〇厂更是帮派势力横行之地。“916”派头头舒龙山，从二三〇厂“造反”起家，得到江青、王洪文的赏识，在1972年年底被任命为七机部党的核心小组成员，于1973年当上党的十大代表，后兼任部直机关临时党委书记。在张爱萍等人进厂的第二天，舒龙山的帮派势力就公开示威，在进厂门的大路地面上刷出一条大标语：“张爱萍，我们这里关你什么事？你从哪里来还滚回哪里去！”还有人给张爱萍送条子，说他管不着。张爱萍毫不动摇，坚持做了十多天的调查，掌握了情况，下定决心：整顿七机部，首先从派性开刀，突破口就是派性最厉害的二三〇厂。

1975年3月27日，召开七机部全体干部大会。张爱萍拄着拐杖上台讲话。他针锋相对，首先对二三〇厂帮派势力提出的“管不着”、“滚回去”的问题作出回答。他说：“我首先在这里回答一个问题。二三〇厂有两个人给我写了一张条子，说：‘国防科委直接抓二三〇厂，对吗？有什么问题应由七机部、一院、二三〇厂自己来抓、来解决嘛！七机部是国务院的一个部，你业务上可以管一管，政治上你管不着……’我说我们国防科委特别是我，来七机部是帮忙的。为什么要来帮忙呢？第一，党的利益高于一切，为了党的利益，每一个共产党员、真正的革命者，不管在哪里，都应当有责任帮忙。其次，国防科委是党中央、国务院、中央军委的统一组织搞战略武器研究的参谋部门，因此，它

① 以上两件事据《粟裕传》，第979—980页。

有责任、有义务来帮忙。如果不帮这个忙,那就是失职。在这里,我个人向同志们检讨,这几年,我个人消极怠工,来帮你们的忙太少了。所以,现在我们要来帮忙。"

张爱萍尖锐地指出七机部存在的两大病症:第一,毛泽东的指示在这里没有能够得到贯彻执行;第二,林彪集团特别是他们的代理人在这里的余毒没有被完全肃清。

他把批判的锋芒直指派性。他指出:最大的罪恶是破坏团结,搞分裂,把七机部搞乱了。现在,又通过另外一种方式表现出来,从工作上、从什么型号方案论证上表现出来。张爱萍说:"你们这个地方,讲什么这个派、那个派。我看广大群众、干部、知识分子,百分之九十五以上都是革命的,起来反对修正主义,反对林彪反党集团卖国叛党,反对他们破坏我们的团结,破坏我们的革命和生产。可是,却有很少的头头不是这样,他们利用派性掩护他们的活动,利用派性达到他们不可告人的目的——名誉、地位。另外,还利用派性搞他们的阴谋活动,用派性掩盖他们做坏事,而派性又掩护了他们。这就告诉同志们,要用毛主席的话大喝一声:同志,该猛醒了!所有的人都要觉悟起来。什么你是我非,我这一派正确,你那一派不正确。我看广大群众、广大干部都是正确的,只有那些派头头是坏蛋!"①

张爱萍揭露了二三〇厂存在的贪污盗窃、损公肥私、消极怠工、打架内讧等影响和破坏生产的恶劣现象,予以无情的抨击。对于如何改变这种混乱局面,他提出了一个响亮的口号:整顿。这是邓小平提出、毛泽东同意的乱中求治的措施,已经在铁路整顿中开始见到成效。

张爱萍提出,要进行思想上的整顿、生产秩序上的整顿,更重要的是对领导、对干部的整顿。他结合二三〇厂的实际分析了现状,并说:你们有些地方的那些人,就跟国民党、旧社会的工头差不多了。可是,工人同志告诉我们,这里的各级领导、相当多的领导干部睁一只眼闭一只眼。我问他们现在呢?说两个眼都闭上了。所以我们必须整顿,一定要整顿。什么你管得着、我管不着?不按党性、不按国家和人民的利益做事,什么人我都要管!如果说你是玉皇大帝,我也要请孙悟空把你搬下来。我就不怕牛鬼蛇神、跳梁小丑什么的。这些东西啊,说一句老话,何足道哉!

---

① 此处及以下讲话均转引自《张爱萍传》(下卷),第903—907页。

同时，张爱萍又从国际形势的严峻说明整顿的必要。他说："5 年，谁敢保证这 5 年内就不出事呢？我说最近三两年是最关紧要的，1975 年到 1977 年……在这有限的时间里，我们就是要集中我们国家现有的一切科学技术力量，国民经济的力量，科学研究、试制、生产的力量，在中央、军委统一领导和组织下，必须争取在最近两三年内拿出像样的武器来，拿出我们的'杀手锏'来……我们的'杀手锏'，要一下打到它的黄龙府！"他强调说："要集中我们的全力，尽我们现在最大的力量，为了这个目的，拿出一个'杀手锏'样的东西来。这，就是目标。"他所说的这个"杀手锏"，就是洲际导弹，就是能把核弹头发送到世界任何地方的洲际导弹。

张爱萍激情满怀地说："同志们，我们从现在起，就要好好地、密切地团结在最高的利益、最高的原则、一个路线、一个目标下。过去不管你怎么样，在今天开会以前怎么样，我不管，但是，从现在开始，必须团结起来，共同努力奋斗，上下一致，左右协作，互相支持，亲密合作。否则，我是要管的，而且还要一管到底……"

张爱萍指出，要把全部力量、全部干劲都拿出来，来完成任务。他告诫那些想撂挑子的人说："依我看，撂挑子就撂呗！你以为没有你地球就不转了？我看还会照样转的。中央领导同志讲，不干的，不要占着茅坑不拉屎。经过党的教育，结果不行。三番五次，多少次，党中央领导同志来过这里多少次，难道不是教育和等待吗?！还要等待到什么时候?！我们决不允许用党的、国家的、人民的利益来等待哪一个人，等待是有时间的。我的态度是：'不干你就给我走！'这个话从现在开始，前边不算，谁不干谁就走！"

针对帮派势力施加的压力，张爱萍义正词严地表示："我到工厂的头一天晚上，贴出大标语，不让我们管二三〇厂的事，让我们滚回去，给我们以吓人的压力。你的压力就压住了吗？见他妈的鬼！是我自己跑来的。我要怕压，早就退避三舍了。第一，我是共产党员。第二，党交给我的任务，能够在火线上退却、逃跑、投降吗？不能！"他号召大家："整个七机部要树立一个好的风气，坚决支持正气，打击歪风邪气。正气是什么？就是那么四条，党性，党的利益，革命和国家利益，还有一个目标。所有违犯这些的，什么压力、破坏生产等等，统统要打击，坚决打击……不要害怕捅你两刀子，捅就让他捅嘛，为革命事业牺牲，是毛主席说的死得其所。革命者本来就是准备流血牺牲的人，哪有一个革命者说我到你这儿革命来，是为了长命百岁？要是捅了一个洞，就进医院；

捅死了，就埋在八宝山。为了中华人民共和国、中华民族，还有我们的党，流点血是应该的，是真正的光荣！”这些掷地作金石声的语言，道出了无产阶级革命者、中国共产党人的真精神。张爱萍就是以这种精神来领导国防尖端科技的整顿的。

3月29日，二三〇厂召开职工大会。已经当上了七机部党组成员的“916”派头头舒龙山迫于形势，请了假回厂在大会上作“检讨”，讲了一番派性的危害和自己决心努力改正错误的话。张爱萍带头鼓掌。在他看来，对犯了错误愿意改的人就应该欢迎。

可是，舒龙山的“检讨”是假的。像舒龙山那样的野心分子，离开了搞阴谋、搞派性是一天也活不下去的。

4月初，张爱萍在二三〇厂的一次大会上狠批派性。他说：“过去七机部是这个样子吗？如果是这个样子，导弹、卫星能上天吗？这说明过去是好的……而现在你们这里你整我、我整你，不管什么都是吹胡子瞪眼，打茶壶茶碗，只想个人的小天地，把革命利益置于脑后……你扪心自问一下，还像一个中国人吗……有些人满脑子的个人利益，满脑子的小山头、小宗派，连馒头都不如，是桌子上的小水泡，很快就会干的。只要太阳一照，不用说有太阳，就是电灯一照，慢慢也干了。有人说我骂得太凶了。要我对这种人讲好话，办不到！这些人派性迷了心窍，我能给他们说好话吗？”

这次讲话后，舒龙山向上面告了张爱萍的状；在南苑的第一研究院和永定路的二三〇厂都出现了“大字报”，攻击张爱萍推行“唯生产力论”，鼓吹“今不如昔”，诬蔑“文化大革命”的大好形势，同舒龙山的告状信如出一辙。这些都是舒龙山的帮派势力所为，是受他们的头头影响和操纵的。张爱萍针锋相对地予以回击。4月4日，他在二三〇厂44车间说：“有人批我说‘今不如昔’，我还没有用这个词，但我的话里就有这个意思。‘你们七机部的情况比比过去的老五院，差到哪里去了？天渊之别呀！’就是‘今不如昔’嘛！”4月17日，他在二三〇厂干部理论学习会上又说：“凡是按党性办的，我们都欢迎。我们不能牺牲党和国家的利益来等待某一个人或某几个人，我们已经等了好几年了……继续搞你那个小宗派，连馒头、包子都不如的小沙粒子，这些人不要说党性，连人性、良心都没有。有的人嫌我糟蹋他，骂得太厉害了，有什么办法？你不改，我还要骂，而且要骂到底。”

此后，他安排工作组在二三〇厂进行整顿试点，要求他们尽快作出成绩，以点上之果催面上之花，推动七机部的整顿和发展。对整个七机部的整顿，以实现在1977年拿出洲际导弹这个目标为主线，进行整顿，一方面围剿派性，另一方面抓科研、生产，边破边立，尽快恢复正常的政治、生产秩序。

张爱萍和他的同事们，在中共中央和中共中央军委的领导下，一刻也没有放松对把整个国防尖端科技搞上去的思考、规划和领导。

就在中共中央军委通过并上报国家计委、国防科委《发展我国卫星通信问题的报告》这一天，3月31日，张爱萍同钱学森及七机部、第一研究院等单位的有关领导和专家，出席了在第二研究院图书馆小礼堂召开的空气轴承论证会。①

空气轴承是导弹里的一个重要部件，由二三〇厂负责设计、生产。原来采用“大锥式”结构，虽然可以使用，但加工、装配困难，合格率低。该厂工人师傅先后设计出“三段式”和“小锥式”两种结构方案，但由于设计者分属两派，彼此互不承认，还相互否定、相互攻击。没有人去组织论证，更没有人敢拍板，一拖就是5年。而当时正准备发射的洲际导弹“东风”五号导弹01批及“东风”四号导弹第1、2发，都有待更新空气轴承，好的设计方案怎么能闲置不用呢？张爱萍即组织了这次论证会，同时，他也希望以此来促使二三〇厂的科研、生产步入正轨。在论证会上，双方展开争论，各讲优长。张爱萍果断决策：为了保证“东风”五号01批和“东风”四号第1、2发的发射任务顺利完成，这几发导弹上的空气轴承仍然采用原来的“大锥式”结构方案。对“三段式”和“小锥式”方案，成立三结合的方案论证试验组，同时进行试验，再行确定，以待用在“东风”五号02批和“东风”四号01、02批上。从而，把这个久拖不决的难题解决了。

在1977年前拿出“杀手锏”，即射程达8000公里的洲际导弹，是七机部当时的近期奋斗目标，也是国防尖端科技整顿的中心。1975年4月21日，七机部第一研究院按照张爱萍的建议，召开了洲际导弹“东风”五号、“东风”四号两个方案的论证会。导弹各系统的专家聚集在一起，讨论、论证洲际导弹研制的要求、重点和规划。

张爱萍自始至终参加会议。听了三天会，到4月24日，他作了一个总结性的发言。

---

① 此处及以下关于这次论证会的叙述，均据东方鹤：《张爱萍传》（下卷），第920—921页。

他首先提出要“抢时间”，失掉了的时间“现在要抢回来”。

怎样“抢时间”？他指出，大家要响应毛泽东的号召，“团结起来，以大局为重，焕发精神，努力工作”。他强调，要消除派性、增强党性。干部，特别是第一把手要负起责任来。他点名批评了坐在身旁的第一研究院领导同志：“我看一院的问题首先是××负责。特别是这几年，名之为一把手，一把手你把着的是什么？究竟是一把好手，还是一把断手？是一把健康的手，还是一把烂手？应该找广大的群众、广大的干部检查检查，用X光照一照，因为他是一把手，当然要找他负责。”

针对当时存在的没有规划、五花八门、眉毛胡子一把抓的混乱情况，张爱萍强调“要抓重点”。首先是把“东风”五号洲际导弹在1977年前拿出来，可以确保打到敌人心脏里。这一条卡死，然后再去搞第二代洲际导弹，再发展。

与会专家都赞成张爱萍的指导性意见。通过这次论证会，基本上确定“三步走”规划：1977年前拿出洲际导弹“东风”五号，同时搞“东风”四号（已经确定的另一种型号的洲际导弹）；1978年拿出潜地导弹；1980年拿出通信卫星。其中，1977年前拿出射程为8000公里的洲际导弹是必须完成的重点。会后，张爱萍又同钱学森等同志反复商量、论证，确定把“三步走”规划作为正式方案上报中央专委、中共中央军委、中共中央。

（三）邓小平撑腰

邓小平一直关注着国防尖端科技的整顿。1975年5月12日，邓小平赴法国访问，于5月18日上午回到北京。5月19日上午，他就出席在三座门召开的中共中央军委第13次常委会议。他同叶剑英、聂荣臻、陈锡联一起，听取张爱萍、陶鲁笳（国防科委政委）、汪洋（七机部部长）、钱学森（国防科委副主任）、马捷（国防科委副主任）汇报国防科委工作和七机部整顿的情况。邓小平早就听说张爱萍到二三〇厂受到大标语、“大字报”“驱赶”等情况了。听了张爱萍的汇报后，邓小平说：“你们要勇敢地干工作，不要怕说错话。说错话、有错误，这不要紧。做工作，没有错误不可能，错了就改嘛！只要你们大胆工作，错了我们负责，我和叶帅负责……”①叶剑英说：“我完全同意。我们支持

① 此处及以下邓小平、叶剑英的谈话，转引自《邓小平年谱（1975—1997）》（上），第46—47页；东方鹤：《张爱萍传》（下卷），第913—914页。

你们的工作，军委的同志都支持你们的工作。”邓小平又说：“‘大字报’一万张都不怕。你（指张爱萍）还在七机部吧？没有被撵跑吧？要待下去，不要怕被抓小辫子。我这个人像维吾尔族的姑娘，就是辫子多。”

钱学森汇报了4月21日论证会后形成的航天工作“三步走”规划，特别强调重中之重是在1977年前拿出射程为8000公里的洲际导弹。中共中央军委领导人一致赞成。

邓小平听完汇报后，又作了重要指示。①

邓小平说：对那些继续搞派性的人不能等了。我们决不能用党和国家的利益去等那么几个人。不管是谁，不管你是“915”、“916”，不管你是四五十年的老资格，还是年轻的新干部，凡是继续搞派性的，老虎屁股都得摸，不然还得了！起码要有爱国主义嘛！不要说社会主义。这么多年搞出来了什么呢？还在那里闹，而且还说“有理”。把七机部闹成这个样子，不要说社会主义，连爱国主义都没有。你们回去传达时，就说这个话是我讲的。不外乎被打倒，要打倒就打倒我。

限期改正，是铁路整顿创造的一条好经验，得到邓小平充分肯定。这时，他又要求在国防尖端科技整顿中加以运用。邓小平说：过去我们对铁道部说，只等一个月。结果，很快就扭转过来了。现在我们对七机部也提出只等一个月，到6月30日为止。从7月1日起，要搞成一个“七一”派、毛主席派、党性派。过一个月以后，那就不客气了，凡继续闹派性的坚决调开，你们调不动，军委调。对什么人也不等，管你是老虎屁股，还是狮子屁股，都要摸，都要斗，坚决地斗！

在谈到整顿七机部各级领导班子时，邓小平指出，你们要特别注意培养一批年轻的、有发展前途的科技人员，放到适当的领导岗位上，当然，要老同志带。注意保护这些人，使用这些人。要赶快把这个问题解决好。要主动给科技人员创造好的工作条件和生活条件。如果让他们成天忙于家庭和个人事务，哪还有心思搞技术工作？他还指出：要建立严格的科学管理，严格的科研、生产制度。政治思想整顿好了，安定团结搞好了，一定要建立严格的科研、生产制度，特别是尖端的东西。没有严格的规章制度，一个小零件就可以毁

---

① 以下邓小平的指示，据《邓小平年谱（1975—1997）》（上），第46—47页；《当代中国的国防科技事业（上）》，第97页。

全局。①

会议讨论了关于战略导弹研制工作的安排，确定首先抓洲际导弹的研制。

5月19日，中共中央军委听取汇报，邓小平、叶剑英作指示后不久，5月25日，毛泽东、周恩来就批准了国防科委关于导弹、核武器的研制规划。6月30日，中共中央和毛泽东又批发了国防科委《关于解决七机部问题的报告》（中共中央1975年第14号文件）。7月，国务院、中共中央军委决定成立导弹工业总局（第八机械工业总局，简称八机总局），以便对导弹的生产、研制工作统一管理。中共中央军委还召开了有400多个厂、所领导干部参加的国防工业重点企业会议。8月3日，邓小平在会上讲话，提出一定要建立"敢"字当头的领导班子；一定要坚持产品质量第一的要求，把科研工作抓紧，发挥科技人员的积极性；一定要关心群众生活。② 8月11日，中共中央批准了国防科委党委及其常委的组成人员名单。中共中央的这些决策、邓小平的重要指示、国防科委进行整顿的措施，促使国防科技各工业部的形势进一步好转。

（四）争做"七一"派

张爱萍在中共中央军委汇报会后，进一步抓紧对七机部的整顿。张爱萍等人在七机部、在第一研究院、在二三〇厂，进行了广泛深入的贯彻和动员。这些单位和部门都先后召开了"增强党性、反对派性、争做'七一'派，向'七一'献礼"的誓师动员大会。在每一个誓师动员大会上，张爱萍都结合传达邓小平、叶剑英的指示，强调两点：第一，不许再闹派性，要做"七一"派。张爱萍说：热衷于搞这派那派的、占山为王的，没有一个好东西。我们是共产党领导的科技队伍，决不准许派性在这支队伍里生根、发展和膨胀。我们只有一个派——共产党派。任何一个组织，无论是人多人少，任何一个人，无论是官大官小，都不允许继续抱着派性这个僵尸。在"七一"之前都必须转变过来，回到我们大家共同参加的这个派中来。这个派就是共产党派，也可以称作"七一"派。有继续搞派性的，对不起，两个山字叠在一起：出去！调出去。什么人都一样。你要闹派性，一边闹去。③ 第二，一定要在1977年前拿出洲际导

① 邓小平这段谈话，引自《邓小平年谱（1975—1997）》（上），第47页。

② 邓小平这篇讲话以《关于国防工业企业的整顿》为题收入《邓小平文选》第2卷。会议规模等情况，据《当代中国的国防科技事业（上）》，第97—98页。

③ 此处及本段以下张爱萍的讲话，引自东方鹤：《张爱萍传》（下卷），第914—915页。

弹来。张爱萍说：别的东西失掉了是小事，时间失掉了是无法补上的。必须抓紧又抓紧。我们必须进行政治思想、组织、科研、生产方面的整顿，提高党性，消除派性，团结一致，为完成1977年的任务而奋斗。

经过深入广泛的动员，"争做'七一'派，不做两面派"，成为上上下下围剿派性的行动口号；抢时间，为完成1977年的任务而奋斗，成为大家共同的目标。与此同时，果断地采取了组织措施。七机部提出把屡教不改的派头头舒龙山调出。张爱萍毫不犹豫地表示同意。在这之前，王洪文在钓鱼台约见张爱萍，同他套近乎，向他打招呼说：舒龙山是我的朋友，希望你支持他的工作，团结他一道工作。张爱萍没有理睬。

经过整顿，二三〇厂最早恢复了正常生产，第一研究院也迈开了前进的步伐。同时，张爱萍一刻也不放松处于关键地位的科研工作，特别是重要方案、规划的决策。

1975年5月26日，张爱萍召开专家座谈会，专题研究导弹发射方式和发展目标问题。他引导大家打开思路，多想办法，到现场勘察、议论。这次会议之后，确定了变液体为固体、变大型为小型、变固定为机动的导弹发展目标。

6月2日，张爱萍听取第五研究院领导、专家关于卫星研究规划的汇报。卫星总设计师孙家栋谈了三个方案：侦察，导航，通信。张爱萍指出：我们研究问题、考虑问题，要从国际形势、时局、备战需要考虑。你们提了三个方案，我赞成第三方案，通信卫星是重点。我们的战略方针是积极防御，预警是第一，反导的东西，要努力搞，这是最有用的。他还表示国防科委要成立一个科学技术部，下面专门设一个航天局，管航天技术。

"长征"二号运载火箭第一次发射返回式遥感卫星失利，张爱萍不仅认真抓了失利原因的复查工作，而且对第二次发射的准备，从发射工作领导班子的配备，到发射现场的组织，都亲自过问。8月19日，张爱萍出席"长征"二号第二发质量动员会。讲话后，他即兴吟诵了一首四言诗，精辟地点出火箭及卫星的症结所在和解决办法："生于乱世，先天不足。精心保健，诊断从速。内脏脉络，检查周密。气血畅通，筋骨有力。一鸣上天，为民争气。"负责组织第二次发射的同志，受张爱萍这首诗的启发，加强了对"长征"二号火箭的测试检查，更换了43台（件）仪器设备，保证了发射的成功。①

① 以上三件事均据东方鹤：《张爱萍传》（下卷），分别见第920—921、922—923、924页。

（五）整顿见效，“三星高照”

经过整顿，七机部的战略导弹、运载火箭和卫星研制工作取得很大进展，二机部的核武器研制也有新的突破。

最显著的成绩是：1975 年下半年，接连成功地发射了三颗人造地球卫星。人们用中国传统的吉庆语言，将其赞誉为“三星高照”。

7 月 26 日、12 月 16 日，两次用“风暴”一号运载火箭成功地发射了重量超过 1 吨的技术试验卫星一号、二号。“风暴”一号运载火箭，由以上海机电二局为骨干组成的科技队伍经多年研制而成。其运载能力与“长征”二号运载火箭相当，也是以洲际导弹为原型研制的两级运载火箭。

“三星高照”中最亮的一颗星，是 1975 年 11 月 26 日发射的返回式遥感卫星。研制返回式遥感卫星比研制科学实验卫星的技术更复杂、难度更大，需要在航天摄影技术、高精度姿态控制技术、卫星返回技术等方面有所突破。美国经历了 12 次失败才获得成功。我国的这颗返回式卫星命名为“尖兵”，从 1966 年开始研制，经过了方案论证、方案设计、初样研制、正样研制四个阶段。经过组织攻关，解决了空间摄影系统、姿态控制系统、温度控制系统、返回舱、制动火箭发动机、卫星回收系统等问题。1974 年 11 月 5 日首发失利后，在 1975 年整顿中又认真复查，解决存在的问题。“尖兵”返回式卫星属于试验型卫星，重约 1800 公斤，由仪器舱和返回舱两个舱段组成。星上有结构、热控、摄影、姿态控制、程序控制、遥测、遥控、跟踪、返回、天线和供、配电等系统。它携带一台可见光地物相机，在轨道上对预定地区进行摄影；还带了一台恒星相机，同时对星空摄影，以便事后校正姿态误差。在卫星完成预定拍摄任务后，将装胶片暗盒的返回舱回收，以便提取所需的信息。

1975 年 8 月，张爱萍听取了关于即将出厂的返回式卫星及发射这颗卫星的“长征”二号运载火箭质量情况的汇报，要求做到确保质量，力争“一鸣翔天”。

1975 年 11 月 26 日，按时在酒泉卫星发射场用“长征”二号运载火箭把返回式遥感人造卫星“尖兵”成功地送入预定轨道。卫星入轨后，由分布在我国大陆上的卫星地面测控站对卫星进行跟踪、测轨、遥测和遥控。当卫星运行到第 47 圈，遥控站按时发出了卫星返回调姿遥控指令。地面接收站立即收到了卫星调姿过程的遥测参数。遥控站又发出了将返回舱与仪器舱解锁和启动时间控制器的指令，仪器舱上的分离火箭随后点火工作，两舱分离。接着，根据指令,返回舱起旋,返回舱上的制动火箭点火、工作。“尖兵”卫星在轨道上运行了3天。11月29日11时许,返回舱携带着照相胶片等试验资料,按预定计划返回地面。① 毛泽东兴致勃勃地观看了卫星获得的遥感资料。叶剑英高兴地称赞这颗卫星有功。② 返回式遥感卫星的发射、回收成功,是我国航天技术发展史上的一个新突破,标志着中国航天技术跻身于世界先进行列。中国成为继美、苏之后,第三个掌握卫星回收技术和航天遥感技术的国家。

在核武器研制、试验方面,中国也打破了多年的沉寂。

1975年10月下旬,张爱萍同国防科委副主任陈彬、二机部副部长张均等人奔赴新疆南山马兰训练基地,组织第17次核试验。这是一次地下核试验,也是我国第二次地下平洞核试验。张爱萍听取了这次核试验准备工作情况的汇报,又亲临各参加试验的部队和部门仔细检查。10月27日,第二次平洞地下核试验爆炸成功。这次地下核试验在近区物理诊断测量方面取得了较多的重要数据,较好地解决了坑道自封闭、快速取样、近区物理测量、抗电磁干扰等方面的技术问题,提高了地下核试验的技术水平。与此同时,竖井地下核试验方案开始设计。③

经过整顿,中国的国防尖端科技事业,又以令全世界瞩目的步伐前进了。

---

① 本段以上叙述,据《当代中国的航天事业》,第310页。

② 据《当代中国的航天事业》,第56、60页。

③ 据《当代中国的国防科技事业(上)》,第274、276页。

第四章
钢铁整顿

一、钢铁生产的起落和徘徊

钢铁整顿的任务，实际上是同铁路整顿的任务同时提出来的。

1975 年 2 月 10 日发出的《中共中央批转一九七五年国民经济计划的通知》，就已指出："把国民经济搞上去，当前特别要把交通运输和煤炭、钢铁生产抓上去。"为什么要把钢铁生产作为当时经济工作的一个重点呢？理由很简单，因为钢铁生产处在徘徊不前的状态，特别是由于 1974 年"批林批孔"运动的破坏，生产下跌，欠产十分严重。

为了全面了解 1975 年的钢铁整顿，有必要在这里对新中国钢铁工业发展的历程，包括几次起落和 10 年徘徊、3 年小徘徊的情况，作一简略的回顾。

旧中国的钢铁工业支离破碎，陈旧落后。1943 年是产钢最多的一年，产量也仅为 92.3 万吨，其中 84.3 万吨是日本占领下的昭和制钢所（鞍山钢铁公司的前身）生产的。新中国建立的当年（1949 年），钢产量只有 15.8 万吨。中国共产党在战后硝烟里接管国民党反动统治留下的这个烂摊子，迅速医治了战争创伤，克服了重重困难。经过 3 年恢复时期，到 1952 年，产钢 135 万吨，超过历史最高年产量的 46.1%。

从 1953 年起开始实施第一个五年计划，发展钢铁工业是基本建设的重点。钢铁工业的投资占工业总投资的 13.9%。在苏联援建的 156 个重点项目中，钢铁工业项目有 7 个：鞍山钢铁公司、武汉钢铁公司、包头钢铁公司、本溪钢铁公司、北满钢厂（即齐齐哈尔钢厂）、吉林铁合金厂、热河钒钛矿。① 鞍钢、

① 后来，又把有色金属工业所属的吉林电极厂改属钢铁工业，实际上为 8 个项目。

武钢、包钢这三大钢铁工业基地的兴建，标志着中国钢铁工业发展进入新阶段。经过5年创业，成绩巨大。到1957年，第一个五年计划提前超额完成，钢产量达到535万吨，成品钢材为436万吨；同1952年比，平均年增长率分别为31.7%和31%。[①] 但同发达国家相比，差距还很大。1957年，美国产钢10225万吨，苏联5116万吨，联邦德国2800万吨，英国2205万吨，日本1257万吨。[②]

1956年4月25日，毛泽东发表题为《论十大关系》的讲话，总结新中国经济建设的初步经验，提出根据中国实际情况，发展中国社会主义经济的原则、方针，把国内外一切积极因素调动起来，为社会主义服务。毛泽东指出，对外国的经验，包括苏联的经验，“必须有分析、有批判地学，不能盲目地学，不能一切照抄，机械搬用”。他强调经济建设要发挥中央和地方两个积极性，认为必须充分利用沿海工业基地，但为了平衡工业发展的布局，内地的工业也必须大力发展。冶金工业部领导集体深入学习了这篇重要讲话，认识到过去学习苏联经验，照抄照搬的多，结合中国实际很不够。发展钢铁工业没有充分调动地方的积极性。在钢铁工业的布局上，对沿海大城市如上海、天津有规划，但对东南沿海各省（鲁、苏、浙、闽、粤）重视不够，对内地有铁矿资源的省、自治区也重视不够。他们分析了中国发展钢铁工业的有利条件，根据发挥中央和地方两个积极性，充分利用沿海工业、同时大力发展内地工业等精神，提出中国钢铁工业的发展要采取大、中、小相结合的方针，确定“三大、五中、十八小”的建设规划。所谓“三大”，就是已经开始建设的鞍钢、武钢、包钢三大钢铁基地。这三大基地必须坚持办下去。以后，还要选择有利时机，在合适的地方再办一两个大型钢铁厂——20世纪60年代的“三线”建设中，兴建了攀钢（位于四川攀枝花，一期工程设计生产能力为年产生铁160万—170万吨、钢150万吨、钢坯125万吨、钢材90万—110万吨）；70年代到80年代，又兴建了宝钢（位于上海宝山，设计生产能力为年产生铁650万吨、钢670万吨、钢材422万吨）。“五中”，是在中型钢铁厂中选择5个有发展前途的，建成年产30万至100万吨的中型厂。选定的“五中”是：山西太原、四川重庆、北京石景山（即首钢的前身）、安徽马鞍山、湖南湘潭。除湖南湘潭是新建的外，其他4个都是

① 据《当代中国的钢铁工业》，当代中国出版社1996年版，第62页。

② 据《当代中国的钢铁工业》，第66页。

扩建。"三大"、"五中"之外,还规划建设18个年产10万至30万吨钢的小型钢铁厂,分布在18个省、自治区,就是所谓的"十八小"。它们是:河北邯郸钢铁厂、山东济南钢铁厂、山西临汾钢铁厂、江西新余钢铁厂、江苏南京钢铁厂、广西柳州钢铁厂、广东广州钢铁厂、福建三明钢铁厂、安徽合肥钢铁厂、四川江油钢铁厂、新疆八一钢铁厂、浙江杭州钢铁厂、湖北鄂城钢铁厂、湖南涟源钢铁厂、河南安阳钢铁厂、甘肃兰州钢铁厂、贵州贵阳钢铁厂、吉林通化钢铁厂。这个"三大、五中、十八小"的新方案报给中共中央、国务院,引起很大反响。陈云副总理很赞成,说:"三皇五帝十八罗汉"好,符合中国国情。毛泽东也高兴地说:你们有了十八罗汉,好嘛!① "五中"、"十八小"的建设项目,从1957年开始陆续开工,对改变钢铁工业布局、提高钢铁生产能力作用很大,影响深远。

1958—1960年"大跃进"时期,全民大办钢铁,主观愿望违背了客观经济规律,急于求成,超过了国力的可能,结果造成国民经济和钢铁工业内部的比例失调,钢铁生产出现3年大起、2年大落的局面:1958年到1960年,钢产量直线上升,1960年达到1866万吨;1961年大幅度下降,跌到870万吨,下跌53%;1962年继续下跌,跌到667万吨,比1961年又降了23%。经过1963—1965年的调整,钢铁工业贯彻调整、巩固、充实、提高的方针,生产逐步恢复。1966年,钢产量回升到1532万吨,绝大多数技术、经济指标创造了历史最好水平。但由于"文化大革命"的干扰,1967年又下跌到1029万吨,下降33%;1968年再跌至904万吨。这是又一次大起大落。为控制混乱局面,周恩来在毛泽东支持下,从1968年8月15日起,召开长达四个半月的重点企业会议(简称"八一五"会议),促进联合,停止武斗,恢复生产。从1969年起,钢铁生产开始回升。这一年,全国钢产量回升到1333万吨,比1968年增长了46.2%。1970年,钢产量又上升到1778.6万吨,增长率为33.5%,超额完成了"三五"计划的指标(1600万吨)。但1970年的钢产量,实际上只是接近1960年的1866万吨。毛泽东在1970年11月13日会见巴基斯坦总统叶海亚·汗时说:"我们这几年钢一直总在1000万吨到1800万吨之间往来徘徊,徘徊了10年左右,还是上不去。""通过这场文化大革命,许多人觉悟了,今后10年有可能上去。"②钢铁生产"10年徘徊"的说法,由此而来。

---

① 转引自《当代中国的钢铁工业》,第61页。

② 转引自《当代中国的钢铁工业》,第103页。

毛泽东这个摆脱徘徊局面、把钢铁生产搞上去的愿望，在林彪事件以后、周恩来主持进行整顿时得到实现。1971年，全国产钢2131.7万吨；1972年上升为2328.3万吨；1973年又上升为2531.9万吨，创造了历史最高水平。毛泽东在1974年1月的一次汇报会上，高兴地说："钢铁工业总在1000万吨到1800万吨之间往来徘徊，徘徊了10年之久上不去，现在上来了，已达到2500万吨了。"①

可是，接踵而来的1974年的"批林批孔"运动，给钢铁生产造成了巨大的破坏。这一年的钢产量从1973年的2531.9万吨猛跌为2111.9万吨，比1973年下降了420万吨，比1974年计划的2600万吨少产了近500万吨，又一次出现徘徊的苗头。

"批林批孔"运动对钢铁生产的影响最为突出和严重的，是先前曾创造过辉煌业绩的武钢。

1972年3月，李先念副总理在一份报告上的批示中，要求国家计委特别是冶金部应当狠抓武钢等几个大的钢铁基地。在国家计委主任余秋里的督促下，冶金部对武钢落后的原因作了深入调查，尖锐地指出，武钢问题的关键在于：干部政策不落实，知识分子的作用没有发挥，老工人骨干的积极性受到挫伤。在李先念、余秋里和袁宝华（国家计委副主任）的直接指导与干预下，湖北省立即调整了武钢的领导班子。新班子及时采取措施，解决落实干部政策、知识分子政策问题，把起骨干作用的老工人调回关键岗位。只一年工夫，到1973年，生产面貌就发生了巨大的变化。钢产量从1972年的167.6万吨上升到1973年的182.8万吨，利税总额从1972年的28574万元上升到1973年的35102万元。武钢成为经过整顿改变面貌的典型，被称为武钢的"一年巨变"。冶金部在那里召开了现场会议，推广武钢的经验。② 可是，"批林批孔"运动闹起来以后，武钢的领导班子发生了分化，有的领导成员带头造反、争当"法家"，整个武钢又陷入混乱之中。1973年间"一年巨变"打了翻身仗的武钢，在1974年一落千丈。钢产量从1973年已经攀升到的182.8万吨的高点，一下子跌落到74.8万吨的低谷。利税总额跌落更甚，从1973年的35102万元下滑到4011万元，少了3个亿。就是这样，从1973年起，又出现了一个大的起落。

---

① 转引自《当代中国的钢铁工业》，第107页。

② 以上关于武钢的情况，均据《当代中国的钢铁工业》，第106—107页。

二、邓小平把钢铁整顿提到中心位置

（一）中央的要求和“八大钢座谈会”

1. 中央要求在1975年3月基本解决四大钢厂的问题

在1975年3月5日召开的、重点解决铁路问题的全国工业书记会议上，解决钢铁问题和煤炭问题的要求就同时被提了出来。国务院常务副总理纪登奎明确指出：铁路两条线（指陇海、浙赣）、四个点（指徐州、南京、南昌、太原），四大钢厂（指鞍钢、武钢、包钢、太钢），四个煤矿（指山东的枣庄、肥城、新汶，江苏的徐州），中央责成地方，在3月份基本解决。

在中央提出要解决鞍、武、包、太四大钢厂问题的时候，冶金部会同国家计委已经为解决钢铁生产存在的问题，采取了若干实际的部署。

2. 召开搞好攀枝花钢铁基地建设的会议

1975年1月，中共四川省委派渡口市委书记廖井丹、安以文等人到国家计委汇报工作，冶金部同国家建委、燃料化学工业部、水电部、交通部、一机部、农林部、轻工部、财政部等部门的负责同志一起参加了会议，共同讨论研究了进一步搞好攀枝花工业基地建设的问题。①

会议肯定，遵照毛泽东有关指示建设的攀枝花工业基地，从1965年春开始建设，进展迅速，成绩巨大。1970年出了铁，1971年出了钢。经过9年多艰苦奋斗，现在第一期主体工程绝大部分已经建成。到1974年年底，已建成投产的主要项目有：2座总规模为650万吨的铁矿山，3座总容积为3400立方米的高炉，3座120吨的氧气顶吹转炉，辊径为1150毫米的初轧机，大型轨梁厂的方圆钢系统，年产原煤能力达321万吨的7对矿井，装机容量24万千瓦的3座电厂，以及相应的选矿、烧结、炼焦、洗煤、建材等项目。渡口工业区有人口40万人，其中职工18万人、家属9万人、农村人口13万人。几年来的生产实践证明，攀枝花钒钛磁铁矿的冶炼技术已经过关，国内首次试制的一些大型冶金设备绝大部分的性能是好的。在不到10年的时间里，我们在“大三线”地区，坚持“独立自主，自力更生”的方针，完全用我国自己的力量，建立起了一

---

① 此处及以下对会议情况的叙述，均据国家计委《关于攀枝花工业基地建设问题的会议纪要》[1975]1号。

个以钢铁为主体的工业基地。

会议明确提出了进一步搞好攀枝花工业基地建设的任务和要求。

第一，充分发挥现有设备的生产能力，达到和超过设计的要求，为国家多作贡献。1975 年，计划生产矿石 550 万吨、铁 110 万吨、钢 70 万吨、钢材 30 万吨、原煤 265 万—285 万吨。争取在 1977 年达到一期工程规定的设计能力，即年产铁 160 万—170 万吨、钢 150 万吨、钢材 110 万吨。要求攀枝花工业基地多生产矿石和生铁，为“大三线”的重工业、国防工业、农业和轻工业服务，为贵州、云南特别是四川服务。

第二，大打矿山之仗，加快原料基地的建设。进一步发展攀枝花工业基地的钢铁生产，建立“大三线”的战略后方，必须把铁矿山的建设和生产尽快搞上去。要求在两年之内建成朱家包包铁矿，迅速达到设计能力。在此基础上，再进一步扩大。攀枝花及周围地区要准备每年开采几千万吨铁矿石，不仅满足本地区的需要，还要支援重庆、水城、昆明的钢铁工业，使“大三线”的生产建设有一个更大的发展。为了加快矿山建设，中共渡口市委决定加强攀枝花矿山公司的领导班子，把那里的革命和生产抓好；并由国家计委、冶金部、一机部和四川省，帮助解决攀枝花矿山生产建设中的设备、机修和备品、备件等问题。

第三，大搞综合利用。毛泽东在 1958 年视察武钢时指出：“像武钢这样的大企业，可以逐步地办成综合性的联合企业，除了生产多种钢铁产品外，还要办点机械工业、化学工业和建筑工业等。”攀枝花工业基地必须统筹规划，全面发展，逐步建设成为一个以钢铁工业为主，包括煤炭、有色金属、机械、轻工、化工、建材等多种行业的工业基地。渡口市的农业资源条件好，要就地取材，积极发展为人民生活服务的轻工业和手工业。

第四，坚决把攀枝花工业基地的农副业搞上去。要动员城乡人民，苦战几年，打一场发展农副业生产的翻身仗。坚持近郊区“以菜为主，全面发展”的方针，搞好蔬菜基地和其他农副业生产。

第五，加强党对攀枝花工业基地建设的领导。将攀枝花工业基地建设继续列为综合项目。各部门要继续负责，协助四川省安排渡口市的生产、建设任务。在国家计划确定之后，投资、材料、设备统一划归渡口市管理。在中共四川省委的领导下，渡口市委对攀枝花工业基地的生产、建设实行一元化领导。

3.“八大钢座谈会”的召开

1975 年 2 月 17 日，农历正月初七，春节假期刚过，冶金部就向国务院打了一个《关于召开八大钢会议的报告》。这份报告主送“余秋里、谷牧、孙健副总理并报先念、登奎、国锋副总理”。余秋里、谷牧、孙健三位副总理主管工业生产，李先念、纪登奎、华国锋是常务副总理。

该报告劈头就摆出钢铁欠产的严重情况，并指明主要原因：“今年以来钢铁生产计划完成很差。一月份平均日产钢只有五万四千五百吨，二月上旬下降到四万三千八百余吨。按今年平均日产水平已欠产九十余万吨。除鞍钢受地震影响生产大幅度下降外，主要是几个大钢铁企业内部工作上的问题，也有煤、电、运输等外部条件的影响。”

为什么要开“八大钢座谈会”？这份报告说明了召开这次会议的必要性和会议的目的：“鞍钢、本钢、首钢、攀钢、武钢、包钢、太钢、马钢①等八大企业占全国钢产量的百分之五十，铁产量的百分之六十五。抓好八大钢对完成今年计划有决定作用。因此，拟从本月十八日开始，在北京召集八大钢铁企业的负责人参加的短会，以解决这些企业当前工作为重点，同时落实生产条件，争取三月份生产有较快的上升。”

关于会议的开法，该报告写道：“这次会议要学习毛主席最近作的关于理论问题和安定团结的重要指示，交流抓革命、促生产的经验，进一步端正领导上的思想政治路线，加强革命团结，鼓起更大的干劲，充分发动群众，扭转钢铁生产被动局面。”“会议拟分两批开，第一批是武钢、包钢、太钢、马钢，第二批是鞍钢、本钢、首钢、攀钢。会期七至十天。”“会议后期拟请煤炭、铁道、石油化工、水电、一机等兄弟部参加，落实钢铁生产的外部条件。”随这份报告附送了武钢、包钢、太钢、马钢四家的《简要情况》，鞍钢、本钢、首钢、攀钢四家另报。

经国务院批准，“八大钢座谈会”按原定计划于 2 月 18 日在北京召开，比全国工业书记会议早了一个星期。出席会议的有八大钢铁企业负责人近 20 人②，

---

① “八大钢”的所在地分别为：鞍钢——辽宁鞍山，武钢——湖北武汉，包钢——内蒙古包头，太钢——山西太原，攀钢——四川渡口攀枝花，首钢——北京，马钢——安徽马鞍山，本钢——辽宁本溪。

② 出席“八大钢座谈会”的各企业负责人名单：鞍钢——沈越（中共鞍山市委第二书记）；武钢——李振江（党委第一书记），沈因洛（党委第二书记、革委会主任）；包钢——赵军（党委第一书记），陶力（党委第二书记），刘跃宗（党委书记兼革委会主任）；太钢——卜虹云（党委书记）；首钢——周冠五（党委第一书记），郑绍宁（党委书记），李文琦（党委副书记、革委会副主任）；本钢——石磊（党委副书记）；攀钢——白良玉（党委第一书记），黎明（党委副书记、革委会副主任）；马钢——王彦才（党委副书记、革委会副主任），刘少华（党委副书记）。

规模不大,没有按原定计划分两批开。会期则比原定的长了一倍,开了 20 多天,到 3 月 11 日才结束。与这次座谈会几乎同时,中央召开了以铁路整顿为主题的全国工业书记会议(1975 年 2 月 25 日至 3 月 5 日)。在全国工业书记会上,中共中央、国务院领导人对工业生产提出“三月份赶上来,二季度要大上”的要求,对鞍、武、包、太四大钢铁企业的问题提出“三月份基本解决”的要求。这两个具体目标,成为“八大钢座谈会”的中心话题。会议期间,余秋里副总理等人分别听取了汇报。3 月 9 日,冶金部向纪登奎、余秋里副总理作了关于会议情况的书面报告。当天下午 3 点至 6 点半,陈锡联、纪登奎、余秋里、孙健四位副总理接见鞍、武、包、太四大钢铁企业的负责人,作了指示。3 月 11 日,余秋里副总理又同有关领导同志研究了包钢的领导班子问题。

4. 余秋里在“八大钢座谈会”期间的讲话

“八大钢座谈会”的主要领导人是国务院副总理兼国家计委主任余秋里。余秋里是著名的独臂将军,1955 年被授予中将军衔。他生于 1914 年,15 岁时在家乡江西吉安参加农民暴动,任赤卫大队分队长,加入共青团。他虚岁 18,即转为共产党员,参加了反“围剿”斗争。1934 年 8 月,余秋里随红六军团西征,担任负责保卫红六军团军政委员会主席任弼时安全的政治保卫队队长。1935 年 4 月,余秋里任红六师十八团政委。1936 年 3 月 12 日,从毕节向镇雄进军途中,在得章坝截击国民党军的战斗中,他为救助团长成本兴(后改名为成钧),被国民党军的一排机枪子弹击中左臂。他拖着断臂,在国民党军的围追堵截中走了两万里,度过了 192 个日日夜夜,到 9 月中旬甘南战役后医疗条件许可时才把左臂锯掉。抗日战争爆发后,他参与了冀中平原游击战和晋绥六分区抗日根据地的开辟。解放战争期间,他参加了保卫延安和解放大西北的战役。1952 年,长期在战斗部队担任政委的余秋里转做后勤工作,任西南军区后勤部部长兼政委。1954 年后,他任解放军总财务部第一副部长、部长。1957 年,余秋里任解放军总后勤部政委。1958 年,他转到地方工作,任石油工业部部长,组织并参加了大庆石油大会战,开发了大庆油田,为摘掉中国的“贫油国”帽子立下了超人一等的功勋。他的作风刚毅果断,尖锐泼辣,雷厉风行。面对钢铁生产滞后的局面,余秋里作出切中要害的指示,发出震聋发聩的声音。

余秋里对钢铁生产的状况深为忧虑,沉痛地说:搞了 26 年,花了五六百亿元投资,职工 300 多万人,只搞 2000 多万吨钢!他激励大家要大干快上,奋起直追。

为了把钢铁生产搞上去，余秋里提出几条主要措施：第一，对矿石、洗精煤、无烟煤的运输、供应，都要实行长期固定、专列直达、定点供应，重油和电也要保证。第二，要发动群众，坚持岗位责任制，严格操作规程和交接班制度，搞好设备维修和管理。重大关键设备，要由懂得技术的工人管理。关键配件要组织地区协作加以解决，解决不了的由国家统一安排。第三，要抓好薄弱环节。首先要抓好矿山的生产；冶炼上去了，还要抓好炼钢的后部生产，即轧钢的生产。当前首先要抓好重点企业的生产，特别是鞍、武、包、太四大钢厂的生产。

针对“八大钢”存在的问题，余秋里作了尖锐的批评，并提出了具体的整顿措施。

对武钢，余秋里说：听说武钢党委8个书记，只有几个人工作，那些人干什么呢？（答：养病）到底病得怎么样？是不是到了不能工作的地步？能不能动员他们回来？有些人不愿意干，就让他们长期休息，就让他们当顾问。有一帮子人，一遇到困难就逃避；有些同志革命意志衰退，不是迎着困难上，愿意干就来，不愿干就走。不要占着茅坑不拉屎。现在有一批干部不干工作。就是有病，死不了还要坚持工作嘛。

鞍钢在全国国民经济中的地位很重要，当时它的钢铁产量几乎占全国产量的1/4，一年生产的钢材价值比一个省的产值还大，具有举足轻重的地位。余秋里在听取鞍钢的汇报后说：1975年2月的辽宁海城地震对鞍钢有些影响，出现一些问题，因为没有经验，不可避免。鞍钢在地震后这一段时间恢复得还比较快，这是很大的成绩。地震这件坏事变好事，促进了革命精神，促进了内部团结。他对鞍钢的工作提出三条要求：第一条，要革命加拼命，坚决完成1975年的国家计划。1975年计划生产620万至630万吨钢，一定要完成。内部要充分挖潜，利用现有工程、设备、技术条件，大搞群众运动，大搞技术革新。基本建设要搞地区性大会战，首先保证1975年生产以及与1976年有关的基建重点项目，重点技术项目要打歼灭战，建成一个、投产一个，要将设备完好率搞上去。第二条，中共鞍山市委的屁股要坐在鞍钢，主要领导力量要转到鞍钢来，抓鞍钢这是路线问题。第三条，要大力培养、提拔青年干部。鞍钢不仅出钢材，而且要出干部。

在同有关领导同志研究包钢的领导班子问题时，余秋里用四句话概括了包钢主要领导人的状况：扶不起，推不动；陪不起，拖不得。因此，要坚决调换包钢的领导班子。

5.“八大钢”要大上的决心和措施。

“八大钢座谈会”认真学习了毛泽东关于理论问题、关于安定团结、关于把国民经济搞上去的重要指示，重温了毛泽东历来对钢铁工业的指示，学习了中共中央1975年第4、5、9号文件，学习了邓小平在全国工业书记会议上的讲话，以及中共中央、国务院其他领导同志在全国工业书记会议和“八大钢座谈会”上的讲话、指示，按照中央提出的“三月份赶上来，二季度要大上”的要求，联系企业实际，讨论了怎样把钢铁生产搞上去的问题，统一了认识，研究了措施。①

第一，认识到钢铁生产的严峻形势，振奋了革命精神，增强了大干快上的决心和信心。

会议认真分析了当时钢铁生产的形势，算了欠产账。1974年，“八大钢”除首钢外，都没有完成国家计划。1975年，全国计划产钢2600万吨、产铁2700万吨。其中，“八大钢”的钢产量占50%，铁产量占65%。1975年1、2月份，全国产钢288万吨、产铁304万吨，比计划欠产钢95万吨、欠产铁86万吨。“八大钢”各自欠产的情况如下：

企　业	欠产钢（万吨）	欠产铁（万吨）
鞍　钢	32.8	35.7
武　钢	11.7	15
包　钢	4.7	5.6
太　钢	7.4	6.4
本　钢	1.4	6.9
首　钢	1.7	6.4
马　钢	2.3	3.3
攀　钢	1.6	6.3

① 以下所述认识和措施，据《冶金工业部给（余）秋里同志并报（纪）登奎同志关于八大钢座谈会的报告》（1975年3月9日），冶金工业部：《八大钢座谈会综合简报》。

对于怎样迅速扭转被动局面，把钢铁工业搞上去，会前信心不足。较为普遍地存在着对内怕乱、对外部条件无能为力的“一怕二等”思想，存在着只求稳住、不谋打开局面，只能小上、不能大上的畏难情绪。会议开始时，包钢的党委第一书记赵军表示：“包钢也可能上去，也可能不死不活，上不去。”太钢的党委书记卜虹云说：“急诊室里治不了慢性病，上是要上的，但要慢慢来。”他们还反映，内蒙古、山西有些人认为，能保持现状、稳住，就可以了。武钢的党委第一书记李振江也反映：“（中共湖北）省委无权威，下边更无权威。老单身、家属工问题不解决，容易闹事，怎么能快上？”马钢、本钢、攀钢的同志感到，外部条件不解决，要大上，很困难。

通过学习、研究、讨论，特别是传达了邓小平在全国工业书记会议上的讲话，大家受到的震动很大。与会同志重温了毛泽东关于钢铁工业的一系列指示①，进一步认识到钢铁工业关系整个国民经济发展进度，关系我国的国防和国际地位，具有重要的战略地位，深感我国现在只有这么点钢是不够的。他们表示，中央领导同志讲，到 1980 年，我们要搞到 4000 万吨钢才行。党中央、毛主席对钢铁工业这样关心、重视，一定不能辜负党中央、毛主席的期望，不能辜负全国人民的强烈要求，要快一点把钢铁搞上去。鞍钢的沈越说：中央点了鞍钢的名，点得好。这是对我们很大的鞭策，也是对鞍钢寄以很大的希望。我们要把压力变成动力，坚决一吨不少地完成全年任务。武钢的李振江、沈因洛表示：我们的畏难情绪是当前的主要危险。我们要有雄心壮志，拼了命也要把生产搞上去。1975 年 3 月 15 日左右，铁要上到日产 7000 吨，钢要上到日产 4600 吨。第二季度要达到“钢上八千铁争万”。

第二，钢铁工业上得慢，有外部条件影响，但主要是内部问题，是领导班子问题。

会议对“八大钢”的领导班子逐个作了分析，提出了解决的办法。

会议认为，“八大钢”的领导班子，有共性的问题，也有不同的情况。共性的问题，一是战斗力还不强，用是否是“经得起阶级斗争、路线斗争考验的团

---

① 毛泽东历来非常重视钢铁工业。1957 年，他指示：“美国有那么多钢，是美国人的钢，并不是我们中国人的钢，我们天天吹他们好，有什么用处？我们增加一吨钢，是我们的事情，我们就高兴。”1960 年，他指示：“世界上没有不搞实力的，我们处于被轻视的地位，就是钢不够。”同年，毛泽东还指示：“工业问题主要是煤、铁、钢，有煤就有铁，有铁就有钢，有钢就有机械，有机械就有其他。”

结战斗的指挥部"的要求来衡量，还有不同程度的差距；二是贯彻老中青三结合方针不力，论资排辈的老框框还没有打破，领导班子里年老体弱的干部多；三是班子庞大、不精干，群众反映："书记成班，主任成排，开会一大片，发言大半天，这样下去怎么办？"

武钢、包钢、太钢的领导班子基本上属于"软班子"，没有形成强有力的领导核心。对关键性的二级厂矿问题解决不及时，对派性没有继续抓紧解决，因而影响到生产上不去。要抓紧解决领导班子的问题，为1975年第二季度大上创造条件。不能让那些继续闹派性、不干工作的领导干部干扰生产。

武钢主要是加强党委核心领导的团结问题，坚持民主集中制，在党委集体领导下，把管政工、管生产、管生活的三个班子建立健全起来。党委第一书记李振江要注意发挥一班人的积极性。沈因洛已回武钢，要把生产全面抓起来。

包钢的领导班子要调整、充实、加强。采取适当步骤，在适当时机，把党委副书记、革委会主任×××和搞派性比较厉害的公司、厂矿一级干部调离包钢。从包钢内部选拔一批优秀的中青年干部，充实到领导岗位。另外，从其他企业调入一两名抓生产的干部，充实公司党委领导班子。

太钢的领导班子也要作适当调整。将党委副书记、革委会主任×××，党委常委×××，政治部副主任××三人调离太钢。将黄墨滨（现任党委常委、革委会副主任）提任党委副书记兼革委会主任，并选拔优秀青年干部充实领导班子。

冶金部过去对企业抓得不紧，特别是抓重点不够。企业的领导班子问题，主要是依靠所在省、自治区、直辖市党委去解决。由于决心不大、措施不够有力，见效不快。今后，将会同有关省、自治区、直辖市党委加强对"八大钢"的领导。首先，要下功夫把企业的领导班子建设成一个精干的、老中青结合的、团结战斗的指挥部。二级厂矿也应这样。要大胆提拔一批优秀的、有实践经验的中青年干部到领导岗位上来，坚决破除论资排辈的框框。年老体弱，但还可以工作的人，可以当顾问；确实身体差，难以坚持工作的人，离职休养。对继续闹派性的领导干部和派头头，根据中央领导人的指示，由冶金部调出举办读书班，一边学习，一边参加劳动，然后根据其表现，有的回原单位工作，有的另行分配。

会议要求，各有关省、自治区、直辖市党委加强对"八大钢"，特别是鞍钢、武钢、包钢、太钢四个单位的领导。冶金部也要加强对这些单位的领导，组织1/3的机关干部，由部党委核心小组成员带队到基层蹲点。

第三,各企业要充分发动群众,认真贯彻毛泽东关于理论问题的重要指示,促进安定团结,促进生产大上。要大讲中共中央、毛泽东对冶金工业的关怀,大讲完成 1975 年钢铁生产计划的重大政治意义和经济意义,要准备打仗。1975 年生产 2600 万吨钢的任务一吨也不能少,要做到家喻户晓、人人皆知,使"三月份赶上去,二季度要大上"成为群众的自觉行动口号。要认真贯彻"鞍钢宪法",开展"工业学大庆"的群众运动。要大张旗鼓地表扬一批先进集体和先进个人,发扬积极因素,振奋广大干部和群众的革命精神。

第四,要打击一小撮坏分子的破坏活动。对极少数坚持闹派性、妨害生产的人,要采取组织措施。要限期解决那些问题比较严重、影响生产大上的厂矿的问题。太钢要把发电厂、第三炼钢厂等 6 个单位的领导班子成员调出太原市办学习班,武钢要迅速解决烧结厂的问题,包钢要解决炼钢厂的问题。

第五,为了实现在 1975 年第二季度达到年计划要求的日产水平,要进一步落实外部条件。第二季度钢的日产水平要达到 7.5 万吨,铁要达到 7.7 万吨;比 3 月份的计划日产水平,钢要增长 1.5 万吨。要求地方中小企业的铸钢日产水平由 3 月份计划 9000 吨,提高到 1.5 万吨,增长 6000 吨;重点企业由 5.1 万吨,提高到 6 万吨,增长 9000 吨,其中"八大钢"增长 4000 多吨。为了保证重点企业,特别是"八大钢"达到计划日产水平,全季度需炼焦煤 514 万吨,平均每天需要 5.65 万吨。3 月初,每天只到货 4.2 万吨,差距很大。全季度需油 81 万吨。还需要解决电的问题。例如,包钢需要 9.1 万千瓦,而当时实际只供 4.1 万千瓦。关于煤、油、矿石的生产、定量、专列直达运输的措施,务必在 3 月份落实下来。当时急需的设备、机械,除发动群众自己解决一部分外,请一机部、铁道部协助解决。

"八大钢座谈会"在全国工业书记会议之后几天结束,各省、自治区、直辖市一般都把这两个会议的精神一起进行传达和贯彻。各大钢铁企业都有一定进展,但很不平衡。效果比较明显的是太钢,经过思想整顿和组织整顿,推动了生产,长期落后的面貌发生了变化。钢的日产水平,4 月比 3 月增长了 42.4%,5 月 1 日至 7 日达到年平均日产水平。钢材增长 114.9%。生铁日产水平,4 月比 3 月增长 45.6%。但即使有这样的进步,离完成年计划还有差距。①

---

① 据太钢党委书记卜虹云于 1975 年 5 月 9 日在全国钢铁工业座谈会上的发言记录稿(铅印,会上分发)。

（二）邓小平把钢铁整顿作为下一步中央工作的中心

“八大钢座谈会”揭露了一些矛盾，解决了一些问题，作出了一定的部署，但是远没有根本解决问题。在3月下旬徐州铁路整顿取得突破性进展的时候，邓小平立即腾出手来，抓住时机，把钢铁整顿的问题进一步提上中央的工作日程，摆到工作的中心位置。

前面已经讲到，3月25日，邓小平主持召开国务院会议，请刚从徐州回到北京的万里，在会上作关于徐州铁路局整顿情况的汇报，讨论怎样运用徐州经验推动整个工交战线的整顿。邓小平在听取汇报时插话，把解决钢铁问题提到今后工作中心的重要位置。邓小平说：铁路一通，就暴露出冶金、电力等各行各业的问题。各部都要打算打算，怎样工作，怎样解决老大难问题。下一步的中心是要解决钢的问题。①

这次国务院会议还提出，中共中央9号文件的精神不仅适用于铁路工作，除体制外，也适用于各行各业。②

3月31日，国家计委向各省、自治区、直辖市发出电话通知（同时印发工业交通各部委），传达这次国务院会议的精神，要求迅速把中共中央9号文件精神传达到整个工交战线广大干部、群众中去，把交通运输和工业生产尽快搞上去。③

三、工交战线的进展和钢铁生产的滞后

（一）工业生产打破停滞不前局面

国务院会议的精神传达贯彻之后，整顿即在工交战线全面开展起来，整个工业生产打破了停滞不前的局面。

煤炭生产本来是一个薄弱环节。新到任的煤炭部领导决心打一场生产翻身仗。他们积极贯彻中共中央9号文件，敢于同派性作坚决斗争，重点解决了两省（山东、江苏）四矿（山东的枣庄、肥城、新汶，江苏的徐州）问题，生产上得

---

① 《邓小平在万里向国务院汇报徐州铁路局情况时的插话》，《邓小平年谱》（1975—1997）（上），第29页。

② 谷牧在全路领导干部会议上的讲话（1975年3月30日）。

③ 国家计委于1975年3月31日给各省、自治区、直辖市和印发工交各部委的电话稿，袁宝华签发。

很快。1975年4月份洗精煤的日产量,创造了全国历史最高水平。

原油,一直稳产、高产,月月超额完成任务。

化肥,在4月份达到日产7.5万吨。

发电量,在4月份为5.01亿度,比2月份增长12%。

棉纱、棉布等轻工业产品的产量都有上升。

煤炭部要求1975年上半年时间过半,完成任务过半。有11个省、自治区、直辖市也决心实现“双过半”。①

(二)钢铁继续欠产

用当时流行的语言来说,在贯彻中共中央9号文件以后,全国工交战线的生产形势真是一片大好。但是,在工业生产中被尊为“元帅”的钢铁,却进展迟缓,久久不能“升帐”,问题十分突出。贯彻“八大钢座谈会”精神以后,不能说钢铁生产没有一点起色,有的企业如太钢,有不小的进展,但总体看来,上得慢而不稳。与计划要求相比,不仅没有“还账”,而且是在继续欠产。欠产最为严重的还是鞍、武、包、太四大钢厂。

迅速扭转这种局面,解决钢铁生产问题,已是刻不容缓。时间紧迫,如果像解决铁路问题那样,由领导干部带领工作组,深入到“老大难”单位去一个一个地解决问题,这种方法已经难于应急。中央决定采取集中解决问题的办法:把与钢铁生产相关的四个方面的负责人,即:各大钢铁厂负责人,这些钢铁厂所在省、自治区、直辖市党委主管工业的书记,冶金部负责人,与钢铁生产直接相关的煤炭、电力、铁道和计划、经济等国务院部委负责人,一起召集到北京,召开全国钢铁工业座谈会,集中揭露矛盾,找出钢铁生产上得缓慢的原因,寻求迅速地把钢铁生产搞上去的办法。

四、钢铁会议的召开和李先念、谷牧的讲话

钢铁会议的正式名称是全国钢铁工业座谈会,从1975年5月8日起在北京前门饭店召开。参加这次座谈会的有:12个省、自治区、直辖市主管工业的

---

① 据谷牧接见参加全国钢铁工业座谈会代表时的讲话(1975年5月8日)。这11个省、自治区、直辖市是:北京、天津、上海、辽宁、河北、广东、广西、吉林、黑龙江、甘肃、宁夏。

党委书记、常委,12 个大钢铁厂的负责人,冶金部和国务院有关部委的负责人。会议由国务院常务副总理李先念和主管建设与工业工作的副总理谷牧主持。

(一)谷牧在钢铁会议上的讲话

5 月 8 日晚 9 点半,中共中央和国务院负责人接见到会代表。① 谷牧首先发表重要讲话。在他讲话过程中,李先念等领导同志时有插话。

谷牧当时担任国务院副总理兼国家建委主任。他 17 岁投身中国革命,加入共青团,1932 年转为共产党员。1934 年,谷牧到北平(今北京),参加左翼作家联盟,成为北方"左联"是一个专有名词。"左联"的主要负责人之一。抗日战争爆发后,他先后任中共东北军 120 师、107 师、112 师工委书记。1940 年后,谷牧先后任中共滨海地委书记兼军分区政委,中共中央山东分局秘书主任、统战部部长,新海连特委书记兼警备区政委,鲁中南区党委副书记兼军区副政委等职。新中国成立后,他担任过中共济南市委书记、济南市市长,中共上海市委宣传部部长、市委副书记。1954 年,谷牧调到中央工作,先后担任国家建委副主任、主任,主管基本建设工作已经 20 多年了。在 1975 年 1 月召开的四届全国人大一次会议上,谷牧被任命为国务院副总理,兼任国家基本建设委员会主任。他工作作风细致扎实,是一位视野开阔而又脚踏实地的经济建设工作领导人。

谷牧开宗明义地指出,这次会议要集中解决的就是一个问题:如何千方百计把钢铁工业促上去。

1. 钢铁欠产的情况

谷牧分析了中共中央 9 号文件传达贯彻两个月以来,全国工业生产的形势和钢铁生产的情况。

他说:全国工业总产值,在 1975 年 1 至 4 月份完成 919 亿元,比 1974 年同期增长 8%;1975 年 4 月份一个月,比 1974 年同期增长 19.4%。有 11 个省、自治区、直辖市提出"双过半",即时间过半、任务完成过半。钢铁生产也正在上,但实在不够理想,上得又慢又不稳定。日产钢 7 万吨都突破不了,只

---

① 参加接见的中共中央和国务院领导同志有:李先念、陈锡联、华国锋、陈永贵、吴桂贤和王震、谷牧、孙健。

有一天突破，老是在6.5万、6.6万吨之间。1975年1至4月份已欠产195万吨，也就是说，时间过了1/3，任务只完成1/4。

他尖锐地提出："中共中央9号文件下达后，对各行各业都有推动，运输、煤炭都上来了。为什么钢上不去？我们的会议要回答这个问题。"

他指出，欠产的195万吨钢中，有118万吨是十大钢厂①欠下的。谷牧对十大钢厂作了具体分析。他说：

拿十大钢厂来说，可以分为三类情况：

一类是首钢、唐钢、马钢、本钢和上海、天津，革命和生产形势一直比较好。一度由于外部条件，例如上（钢）、天（钢）、唐（钢）缺生铁，产量受点影响。

再一类是太钢，较长时期是'老大难'单位，八大钢厂会议后转变很快，2月份日产钢600多吨，3月份1500吨，4月份超过2000吨。

再一类是鞍钢、武钢、包钢、攀钢、湘钢，只有一点小的进展，基本没有大进展。

我们分析了一下，几大钢厂上不去究竟是什么原因。前一段还可以说是煤炭、运输等外部条件，现在应该说，基本上都是内在原因。几大钢厂的革命没有解决好，路线不端正，领导干部不得力，广大干部和群众的积极性没有调动起来，矛盾没有完全揭开。

谷牧讲到这里，李先念插话说："还有点怕吧！"谷牧接着说："我看钢铁工业也到了像铁路那样，要一家一家地限期解决问题的时候了，不能再拖；否则，对全国影响太大了。"

2. 把钢铁促上去的四点意见

在分析形势、说明解决钢铁问题的重要性和迫切性以后，谷牧对如何解决钢铁工业的问题，提出四点重要意见。

第一，是决心问题。

谷牧指出："现在不少人对完成今年2600万吨钢的计划没有信心。"针对

---

① 十大钢厂指：鞍钢、武钢、包钢、太钢、攀钢、首钢、马钢、本钢、唐钢、湘钢。在谷牧讲话的分类分析中，实际上有12个钢厂，包括了上钢和天钢，即上海和天津的钢铁企业。出席这次座谈会的12个省、自治区、直辖市党委工业书记、常委，除十大钢铁企业所在的省、自治区、直辖市外，还包括上海、天津两市的党委工业书记、常委。在1975年7月制定冶金工业10年规划时，确定了10个大型骨干钢铁企业，亦称十大钢铁基地，它们是：鞍钢、本钢、京津唐、邯（郸）邢（台）、包钢、太钢、武钢、上海、马钢、攀枝花。

这种精神状态,他坚决果断地说:“今年生产 2600 万吨钢的任务决不能动摇。2600 万吨的任务非完成不可!”

谷牧给大家算了一笔简单的账,说明完成这项任务是完全可能的,是建立在科学分析的基础上的。谷牧说:“完成 2600 万吨,今后日产要达到 7.9 万到 8 万吨。这是过去已经实现过的。1973 年 11 月,达到过平均日产 8.09 万吨,当年第四季度平均日产 7.9 万吨。1973 年实现过的,现在再实现一次。去年新增生产能力有一百四五十万吨,全国钢的生产能力有 3200 万吨……所以这个决心要下。”这是很有说服力的。

在算过经济账以后,谷牧又从政治上看问题。他说:“这不仅是个经济问题,也是个政治问题,应该提得高一点。过去钢铁工业出现了 10 年徘徊,现在 3 年又出现一个小徘徊。今年如果完成 2500 万吨,那就是 3 年原地不动。应该这样尖锐地提出问题,引起全党重视。我们认为,今年搞 2600 万吨钢,经过努力完全可以完成。”

第二,要解决领导班子问题。

谷牧指出:“钢铁要上去,要认真解决好几家大企业的革命问题、领导班子问题。”他说:“几个大钢厂,在这次会议上,一家一家地研究革命和生产问题怎么解决,由冶金部部长和有关省委同志签字,上报中央。”“会议开得短一点。少数几家没有解决的,留下来,拖几天,非解决不可。”会前,关于鞍钢的问题,中共辽宁省委已经下了决心。谷牧说:“鞍钢的问题这次会上不谈了。我们希望鞍钢的问题解决得快些。鞍钢的生产无论如何不要下,他要拉下,谁也背不起。”①

第三,要搞出一个好的文件。

谷牧提出:这次会议上,大家努力,搞一个使整个冶金系统感到震动、能调动群众积极性的文件。这个文件的稿子已经交给到会同志讨论,修改好后报请中央批转,在钢铁系统放手发动群众,掀起一个声势浩大的,抓革命、促生产的群众运动。学习解决铁路问题的经验,文件经中央批转后,放手发动群众,就可以使全国钢铁生产的形势大大好转,国家计划是可以实现的。

第四,冶金系统要建立强有力的指挥调度系统。

---

① 会议期间,实际上还是研究了鞍钢的问题,在向中共中央和国务院的情况汇报中作了反映,鞍钢也写了完成生产任务的保证书。

谷牧要求，大家保钢，对重点企业，冶金部和有关省份都要加强领导，其他各部门要积极帮助解决钢铁生产上的问题。大家都来抓钢保钢，坚决把钢铁工业搞上去，把整个国民经济搞上去！①

（二）李先念在钢铁会议上的讲话

1. 会议的目的和开法

在到会的几位中央领导同志发表意见后，中共中央政治局委员、国务院常务副总理李先念作了重要讲话。②

他强调，这次会议的目的是"把钢铁促上去"。他指明把钢铁生产促上去的思路是，彻底揭露矛盾，依靠地方解决问题。他说："不要掩盖矛盾，要把矛盾彻底揭开、彻底解决。还是靠你省里自己解决，解决不了，中央帮你解决。"

李先念分析了工业交通战线的形势和钢铁生产的状况。他说："中央发了 9 号文件，形势起了很大变化。首先是铁路变了，接着煤炭在变，化肥、轻工等都在变，电力也在向好的方面发展。解决铁路问题带动了其他行业。钢铁工业也有起色，但不能令人满意，不是在'还账'，而是在继续'欠账'，这样不行。所以向中央报告，开钢铁会议，把钢铁促上去，带动其他行业，才能保证国家计划的严肃性。现在对计划是不严肃的，可以执行，也可以不执行。这不是我们的作风，不是共产党的作风。"李先念指出："对钢铁心里总有点底。如果路线正确，政策对头，群众起来，全心全意依靠工人阶级，那不是 2600 万吨，应是 3000 万到 3200 万吨。可是，现在搞 2600 万吨还费这么大劲。"他认为，问题是"有点分散，'歼灭战'打得不够好"。他强调："这次就要把这个问题解决一下。"

李先念还尖锐地提出效益问题："我们的固定资产投资的效果如何？"他指出："我们钱花了，就是没有产生多大效果。""解放以来，钢铁工业投资 380 亿元，可是钢只有 2000 多万吨。""这个问题值得我们很好深思，值得很好总结。"针对包钢投资 20 亿元，搞了 20 年，拥有 20 万职工和家属，到当时才搞到年产 60 万吨钢的状况，他问道："为什么那么慢？为什么固定资产不能发挥应有的作用？为什么已有的生产能力不能充分发挥出来？"他说："对这些问

① 据《党中央和国务院领导同志接见参加钢铁工业座谈会代表的讲话》（记录初稿）。

② 以下均据《党中央和国务院领导同志接见参加钢铁工业座谈会代表的讲话》（记录初稿）摘引。

题不能含糊。不能像武钢同志那种态度，只说什么形势是好的、班子是团结的，把矛盾掩盖起来。”他斩钉截铁地说：“不能自己欺骗自己。一定要把问题摆开，一定要解决好。”

2. 必须解决几个突出的问题

李先念着重提出，钢铁要上，必须解决几个突出的问题。

首先是路线问题。“要解决怎么上，首先是路线问题，是执行毛主席革命路线，还是执行你自己的另一条路线？”李先念说，“团结胜利路线是毛主席在党的九大提出的。毛主席提出安定团结的指示也快一年了，为什么你那里还有派性，政策不落实，还不安定团结？为什么群众还没发动起来？到底问题在哪里？这次要解决这个问题。”

第二，解决问题的关键是领导班子。李先念说，解决问题，“现在经验已经有了，徐州、南京、向塘，前一段闹得可不得了，但现在不也解决了吗？所以关键还在领导”。他指出：“路线是靠班子执行的。路线是否端正？班子是否有朝气，是不是拼命的、团结的、科学的？”他又强调说：“关键还在领导。少数人在那里捣乱，工人在那里着急，但那里的领导软弱无力，不敢碰。”更严重的是，“领导中就有派性，不团结”。李先念提出：“必要时，钢铁系统的干部调动一下。当然，我们要做教育工作，摆事实，讲道理，实在不行的就调。”“对这些人的问题要严肃对待，该处分的处分，该调动的调动，该批评的批评。对那些屡教不改的人，老是迁就，不处理，这怎么得了！”他严肃地批评中共湖北省委“太软弱了”。武钢有一排干部、8 名党委书记、10 名党委常委，“现在有多少人在工作？做事的留下，不做事的调开”。

第三，要提倡过硬作风，做扎扎实实的工作。李先念说：“现在要讲硬作风，要打硬仗，要一不怕苦、二不怕死。钢铁工业不打硬仗怎么行？石油行业也是打了不少硬仗的。我们不是说他们没有缺点，但他们有个好作风，没有汽车就用人拉。钢铁工业不过硬，怎么行？”他又指出：“希望同志们这次确实能解决问题，不要回去轰一轰，开万人大会就完了。要做扎扎实实的工作。从矿山到钢铁生产，再不赶上去不行了。”他还特别提出，要讲究成本核算，提高生产技术水平。他指出：“现在焦比① 600 多公斤，这个钢铁谁办得起？国外把焦炭当做‘黑金’。我国焦炭多，但也得在这上面下工夫。罗马尼亚就不能这

① 焦比，即炼一吨钢与所需要焦炭的数量之比。

样搞钢铁。我看这样搞，谁都搞不起，我们是不惜工本。"他要求发动群众，把问题交给工人讨论。他说："只要群众真正发动起来了，这些生产技术上的问题就容易解决。"

第四，要抓典型。李先念说："要抓典型。煤炭就是抓开滦煤矿。去年开了三次会，死抓不放。为什么煤炭能做到，你不能做到？开会一次两次是不行的，开几次就上去了。石油是抓大庆这个典型。大庆经验一推动，就带出好作风来了。我看了《胜利油田》纪录片，他们就是有一股劲。你们把《胜利油田》纪录片看一下。"

李先念最后说："这个会要写个文件，要写得有生气，能动员群众。不仅动员钢铁工业，也能动员其他行业。总之，钢上去了，其他行业可以上得更快、更好！"

李先念讲话完毕，时钟已经指在零点30分，新的一天已经开始了。

全国钢铁工作座谈会按照李先念、谷牧讲话的部署进行。从5月9日到18日的10天里，围绕把钢铁生产促上去这个中心，进行两项议程。一方面，揭露矛盾，解决问题。围绕李先念、谷牧等中央领导同志的讲话，进行学习、讨论；并在5月11日，请万里到会介绍铁道部贯彻中共中央9号文件的经验。太原钢铁厂也在会上介绍了他们的经验。与会者联系实际，揭露矛盾，研究钢铁生产上得缓慢的原因，表示解决问题的决心，商讨解决问题的办法，落实解决问题的具体措施。会议写出解决各钢厂问题的《情况汇报》；各大钢厂同所在地党委和冶金部，联合向中共中央、国务院写出保证完成1975年钢铁生产计划的《保证书》。另一方面，讨论、修改文件——冶金部上送的《关于迅速把钢铁工业搞上去的报告》和代为草拟的《中共中央关于努力完成今年钢铁生产计划的批示》。

五、钢铁生产上得慢的原因和促上去的措施

钢铁生产形势严峻，贯彻中共中央9号文件以来虽有一些进步，但上得缓慢，这是与会者的共识。1975年3月，钢的日产量为5.87万吨，4月为6.56万吨，5月上半月为6.77万吨，虽在缓慢上升，但一直没有达到完成年计划的水平。到5月15日为止，钢产量累计完成759万吨，与全年计划要求相比，已经欠产202万吨。其中，鞍钢欠产44万吨，武钢欠产34万吨，包钢欠产10万

吨。要完成年产2600万吨钢的计划，从5月16日起，全国钢的日产量必须达到8.035万吨。各钢厂的发展是不平衡的。25个重点钢厂分为三类：第一类是生产形势一直比较好，达到或接近完成年计划水平的，有首钢、上海、天津、马钢、本钢、大连、大冶等13个单位。其中，上钢、天钢、唐钢只要增加生铁供应，钢可以多搞。第二类是本来问题多，长时间上不去，全国工业书记会议后转变较快的单位。突出的是太钢。太钢党委从3月份以来，广泛深入地宣传贯彻中共中央9号文件和全国工业书记会议精神，坚决整顿公司和厂矿两级领导班子，认真落实党的政策，深入批判派性，打击坏分子的破坏活动，形势显著好转。日产钢从2月的600吨上升到4月的2000多吨。第三类主要是鞍钢、武钢、包钢三大钢铁公司，还有攀钢、湘钢，基本上是原地踏步。

钢铁生产上得慢，特别是鞍钢、武钢、包钢三大钢铁基地上得慢，原因何在？钢铁会议认真地逐个作了具体分析。

（一）鞍钢生产上不去的原因

鞍钢贯彻中共中央9号文件以后，生产逐步上升，4月比3月，钢增长7.82%，铁增长5.7%。进入5月上旬，钢平均日产1.7万吨，铁平均日产1.83万吨，但同计划要求相差甚远。1975年，鞍钢钢产量计划是620万吨。至5月上半月为止，共产钢185万吨，比计划欠产44万吨，占全国欠产钢总数的四分之一。鞍钢欠的产，别家谁也补不起。

鞍钢生产上不去，其原因是多方面的，但归根结底在于中共鞍山市委的领导班子。

中共鞍山市委第二书记沈越，于5月9日在钢铁会议上发言说：鞍钢的问题，主要是革命问题。市委领导的思想政治路线不端正，有派性，影响了工人阶级的团结，影响了调动各方面的积极性。

全国钢铁工业座谈会《关于解决鞍钢问题的情况汇报》，对鞍钢的问题作了分析。①

1974年开展“批林批孔”运动，中共鞍山市委主要领导成员之间的矛盾逐

---

① 以下叙述，均据全国钢铁工业座谈会上报中共中央、国务院的《关于鞍钢、武钢、包钢问题的情况汇报》之一《关于解决鞍钢问题的情况汇报》（1975年5月18日）。

渐公开并激化。4月间,市委搞"吹氧会",事先圈定"重点人",组织力量专门整这些"重点人"的材料,市委书记×××(地方干部)被列在"重点人"之中。对于"吹氧会"这种搞法,市委主要领导人中存在根本分歧:支"左"的军队干部、市委第一书记×××(某军政委),市委书记×××、×××(某军副政委)认为,这是为了帮助干部,只是方法上有缺点。市委书记×××(地方干部)认为,"吹氧会"只吹地方干部,不吹军队干部。这是借"批林批孔"的机会整老干部。市委第二书记沈越(地方干部)同情这种看法。从此,中共鞍山市委前五把手之间,即部队干部与地方干部之间,矛盾尖锐化。市委其他书记和常委也由此形成两种不同看法,非此即彼。"吹氧"不仅没有吹出安定团结,反而把市委领导班子吹出了裂缝来。此后,市委第一书记与第二书记之间的矛盾有所发展。另外两位市委书记之间的矛盾也比较尖锐,这两人是分管鞍钢的第一、二把手。甲认为乙借"批林批孔"整他,企图架空他;乙认为甲执行"没有王鹤寿的王鹤寿路线"①,想要赶走市委第一书记。这两人背后各有一批同情者,他们两人不团结,影响到下面不团结。

鞍钢领导对两派群众组织一直没有处理好,派性活动同市委某些领导人有牵连。"批林批孔"运动后,派性活动更有发展,工人、干部的气不顺,生产积极性受到影响。

"文化大革命"初期,鞍钢职工分成"老捍"和"大联合"两派。"大联合"派是保中共鞍山市委第一书记兼鞍钢党委书记王鹤寿的,有十四五万人。这一派群众组织,一直没有受到正确对待。在整党中,有的厂矿让"大联合"派的工人、干部中的党员承认"当了没穿军装的国民党兵",才能恢复党的组织生活;"纳新"(吸收新党员)时,很少吸收"大联合"派中的人入党;"清队"(清理阶级队伍)时,又不恰当地揪了他们当中的一批人。几年间,在提拔、使用干部问题上也掺杂着派性,说什么"文化大革命中'大联合'派站错了队,'老捍'派站正了队",以此划线。

在1974年的"批林批孔"运动中,派性严重发作。

在4月间的鞍钢"吹氧会"上,原"老捍"派的一些干部、群众,把1970年

---

① 王鹤寿,曾先后担任中共鞍山市委第一书记兼鞍山钢铁公司党委书记、冶金工业部部长,"文化大革命"中遭受迫害。

解决派性等问题的一次鞍山市革委会全委扩大会说成是“杀少正卯①的开始”，“回潮的潮头”。5 月，原“老捍”派部分人通过串联，将几万张“大字报”上街，否定这次全委扩大会的大方向。市委的一些领导人表示同情，有的人还流着泪说：对“造反派”的感情淡薄了。“老捍”派群众贴的“大字报”还把“大联合”派的一些干部说成是“逸民”②、“保王干将”，把原“大联合”派的群众说成是“王鹤寿的阴魂”、“王鹤寿的社会基础”。某些市委领导人把原“大联合”派的一些干部从重要岗位上调换下来，并急忙提拔了一批原“老捍”派的干部，安排到鞍钢重要岗位上。这些做法，挫伤了原“大联合”派干部、群众的积极性。原“大联合”派的老工人、老干部、老劳模很反感，说市委只要少数，不要大多数。市委说话，他们信不过。

同时，管理混乱也是影响鞍钢生产的一个原因。鞍钢是个大型联合企业，但许多环节不联合，管理比较混乱，生产事故不断。工人批评说：生产指挥打乱仗，开会一起打嘴仗，出了问题打围仗，最后谁也不认账。

（二）武钢上不去，到底为什么？

武钢当时的生产能力为：钢，年生产 230 万吨；铁，年生产 300 万吨。1973 年，生产钢 180 万吨，最高日产量曾达 6300 吨。1974 年，计划生产钢 200 万吨。受“批林批孔”运动影响，仅完成 74. 8 万吨，欠产 120 多万吨。1975 年计划生产钢的数量跟 1974 年的一样，仍为 200 万吨。从 1 月至 3 月，只生产 22. 7 万吨，欠产近 27 万吨。贯彻中共中央 9 号文件以来，虽然生产有一点进步，但上升幅度不大，没有从根本上扭转被动局面，还是没有完成生产计划，继续欠产。到 5 月 15 日止，共生产钢 44. 4 万吨，欠产 34 万吨，只完成年计划的 1/5。到钢铁会议期间，日产钢水平没有超过 4000 吨，而且质量下降。“自由炼钢”，不把质量关，有时出什么钢算什么钢。事故增多，有时一天八九次，火

---

① 少正卯，是与孔子同时代的人，曾在鲁国讲学，吸引很多孔子的学生前去听讲，造成孔门“三盈三虚”。据《荀子·宥坐》篇记载，鲁定公十二年（公元前 498 年），孔子担任鲁国司寇（管理司法、刑狱的官员）并代行宰相职务，任职期间杀了少正卯，罪名是：心达而险，行辟而坚，言伪而辩，记丑而博，顺非而泽。“四人帮”搞影射史学，发动“评法批儒”，说少正卯是“革新派人士、法家先驱”。孔子杀少正卯，是镇压革命派和革新派人物。少正卯和孔子之间的斗争，是意识形态领域中革新和保守两条路线的斗争。

② 江青等人借中国历史上的儒法斗争，影射落实干部政策、解放老干部、恢复老干部的工作，是所谓“兴灭国，继绝世，举逸民”。

车掉道、平炉漏钢，时有发生。有些明显的是人为破坏事故，但破不了案。1974年以来，武钢基本上处于半停产状态，生产老是上不去。

武钢上不去，到底为什么？1975年5月10日下午，武钢党委第一书记李振江在全国钢铁工业座谈会全体会议上提出并分析了这个问题。他说："八大钢座谈会"上，我认为只要向前看，武钢的问题是好解决的。实际上掩盖了矛盾，回避了问题。原来总说武钢的领导班子问题不大，团结基本上是好的，实际上是心不齐、气不顺、劲不足。有人说，我们是"唱戏的少、看戏的多，评论员多、实干的少"。为什么会这样？主要是革命的问题；是主观原因，不是客观原因；是领导问题，特别是我这个"班长"没有当好。他还检讨了自己在1974年"批林批孔"运动中错误的表态，引起干部思想混乱，脱离了群众。①

中共湖北省委书记××在会上说：武钢上不去，我的心情很沉重。省委分工我抓武钢，我要负主要责任，应向中央检讨。他又说：武钢上不去，应该从领导上检查，主要是思想路线不端正。武钢×××同志在"批林批孔"运动中的表态有错误，这与我有关，和省委的"六条"有关。②

大家认为，武钢的问题这次非解决不可。鉴于武钢领导班子的问题还没有摆清楚，会议接受中共湖北省委书记和武钢党委第一书记李振江两人的建议，把武钢党委另外几位主要成员也请到北京来参加会议。

李先念指示与会同志："要使主观认识符合武钢客观实际。"③

经过认真检讨、揭露矛盾，从中共湖北省委书记到武钢党委几位书记一致认为，武钢的病根是：领导班子的思想政治路线不端正，在派性面前，软弱无力，不敢斗；党委主要领导的民主作风差，没有搞好"一班人"的团结。

求稳怕乱，就生产抓生产，是武钢党委的老毛病。他们消极地理解毛泽东关于"要安定团结"的方针，对坏人坏事是"豆腐手腕"，不敢发动群众起来斗争，唯恐引起麻烦，搞的是"维持会"。这样，邪气上升，群众泄气，没有积极性。贯彻中共中央9号文件，不敢联系武钢实际，走了过场。武钢的几个重点单位，特别是炼钢厂，派性很严重。就在中共中央9号文件下达前夕，武钢的几个派头头，利用钢厂政治处一位副主任因小孩吵架而打人的事情，大闹派

---

① 据《钢铁工业座谈会情况反映(5)》(会务秘书组编发，1975年5月10日)。

② 据《钢铁工业座谈会情况反映(5)》(会务秘书组编发，1975年5月10日)。

③ 转引自《关于解决武钢问题的情况汇报》(全国全国钢铁工业座谈会，1975年5月18日)。

性。他们公开进驻钢厂电话会议室，煽动职工停产，大反钢厂党委，纠缠钢厂主要领导干部半个多月。在派性煽动下，钢厂里纪律松弛，事故频繁，贪污、盗窃不断发生，各种奇谈怪论泛滥。钢厂党委对派性批判不力，对派头头没有及时处理，采取回避矛盾、放纵自流、听之任之的态度，以致派性时起时伏，闹事不断，影响生产。这个重点钢厂成了“老大难”中的“老大难”。

大家认为，武钢问题难，难在党委领导软。中共湖北省委书记也承担责任说：武钢党委领导顾虑多端，根子在我，怕上面不支持。

武钢党委的另一个主要问题是，党委没有成为全公司团结战斗的指挥部。一个原因是，党委对有些重大问题没有认真讨论、统一思想，使一些同志气不顺、心不齐、劲不足，甚至各吹各的号、各唱各的调，在下面造成不良影响。党委第一把手性情急躁，作风不民主，没有带好“一班人”。另一个重要原因是，“批林批孔”运动的消极影响。党委主要成员在“批林批孔”运动中错表了态，对某些问题的处理不慎重，或者出了问题不承担责任。如炼钢厂领导班子在运动中大换班，厂党委 7 个主要成员换了 6 个；运动中，经党委批准错抓了人，把责任推给下面；“批林批孔”中，指责基层党支部书记是运动的阻力；等等。这些伤了一部分干部的感情，影响了他们的积极性，同时引起思想混乱，脱离了群众。

（三）包钢搞成这样子，原因何在？

包钢从 1954 年开始，按年产钢 150 万吨的规模进行建设，经过 20 年，投资 20 亿元，拥有设备 20 万吨，职工及家属有 20 万人。由于基建长期不收尾、许多设备长期不配套、生产操作技术长期不过关，投产以后，生产一直不正常。再加上“文化大革命”的影响，自 1970 年起，生产水平逐渐下降。钢产量，1970 年为 72 万吨；1971 年降为 60 万吨；1972 年持平，仍为 60 万吨；1973 年跌到 35 万吨；1974 年“批林批孔”运动中，再次直线下跌，跌到 22 万吨。1975 年计划生产 60 万吨，但自 1 月份以来，月月欠产，1 至 4 月，已欠产 10 万吨。进入 5 月，欠产的状况没有扭转。生产下降，导致连年亏损。1974 年亏损 1.1 亿元，1975 年第一季度又亏损 2700 万元。包钢是 1974 年全国工业企业中最大的亏损户。它在全国钢铁工业中，成为一个规模大、产量小，投资高、效益低，亏损大、贡献小的坏典型。①

---

① 据《关于解决包钢问题的情况汇报》（全国钢铁工业座谈会，1975 年 5 月 18 日）。

包钢搞成这样子,原因何在?与会同志经过分析,认为主要是公司党委领导班子的“散”和“软”。

公司原党委书记兼革委会主任×××,在运动中受了冲击,怨气很大,对那些反对过他的人耿耿于怀,派性严重,成了一派在党委内部的代表。公司党委第一书记××、第二书记××,虽然没有卷入两派,但是求稳怕乱,回避矛盾,不敢坚持原则,不敢坚持斗争,顾虑重重,口硬手软。三个书记两条心,形不成领导核心。上面散,队伍也跟着散了。

“八大钢座谈会”后,根据中央指示,整顿了包钢的领导班子,调出了两位同志,增加了×××、×××同志担任党委书记。党委的思想和行动比较一致,原来指挥不灵的局面有了改变,“散”的问题基本解决。当时突出的问题是领导班子“软”:对坏分子的破坏活动打击不狠,对派性批判不力,影响了干部、群众积极性的发挥。①

(四)冶金部的分析和措施

1. 钢铁生产上得慢的原因

冶金部部长陈绍昆于5月15日上午在全体会议上发言。② 首先,他从冶金部的角度,分析了钢铁生产上得慢的原因。

陈绍昆说:钢铁生产为什么上得这样慢?主要是我们部核心小组贯彻党的基本路线不够,贯彻社会主义建设总路线不够,贯彻群众路线不够,特别是我个人工作不得力。这次贯彻毛主席的三项指示、贯彻中共中央9号文件和全国工业书记会议精神,就是一次严格的检验。我们与铁道部相比,差距很大。一是没有大张旗鼓地、深入扎实地进行贯彻传达,掀起声势浩大的群众运动。邓副主席指出:“鞍钢也有革命问题。”我们部核心小组没有认真研究,有力地督促鞍钢来解决这个问题。二是没有认真地同地方党委一起去抓企业的革命问题和领导班子建设问题,而是怕同地方党委看法不一致,怕问题抓不准。有些问题即使看到了,也顾虑重重,下不了决心。三是前一段时间过多地看煤、电、运的紧张,产生畏难情绪。抓内部工作很差,铁道、煤炭上来后,钢铁

---

① 以上均据《关于解决包钢问题的情况汇报》(钢铁工业座谈会,1975年5月18日)。

② 陈绍昆的发言内容,据《钢铁工业座谈会情况反映(11)》(会务秘书组编发,1975年5月16日)。

内部的薄弱环节就暴露出来了。

2. 怎样把钢铁生产促上去

陈绍昆在分析原因后，着重谈了怎样把钢铁生产促上去的意见。

他强调：1975 年生产 2600 万吨钢的计划非完成不可，钢铁工业的落后局面非改变不可。首先要打好政治仗，深入学习和贯彻毛主席的三项重要指示，认真贯彻这次会议的精神。要联系实际，进行大宣传、大检查、大落实，形成一个强大的政治攻势，振奋革命精神，鼓舞革命干劲。同时，还要切实抓好企业的领导班子。部里要会同有关省、自治区党委抓好武钢、包钢、太钢、鞍钢的领导班子。

在生产上，陈绍昆提出：要组织三个战役，狠抓三个薄弱环节。

组织的三个战役是：第一个战役，5 月、6 月，扭转被动局面。要求 5 月钢的日产量达到 7.5 万吨，6 月达到 8 万吨，上半年完成全年计划的 43%以上。

第二个战役，7 月、8 月，战高温，夺高产，要求钢的日产水平稳定在 8 万吨。

第三个战役，9 月以后，组织决战，不拼设备，不吃光库存，全面完成全年计划。一吨不少，哪一家都不能欠账。条件好的要多超产，多作贡献。

狠抓的三个薄弱环节是：第一，原料、燃料。解决原料问题，采取三项主要措施：继续大打矿山之仗，增矿保铁，增铁保钢；大力回收废钢铁；努力降低炼的钢钢铁料消耗。燃料缺口主要在焦炭，现有焦炉要努力增产，新建焦炉要尽快投产；发动群众，降低焦比，节焦增铁。

第二，轧钢开坯。要求首钢、太钢、攀钢、包钢的四套初轧机各处理 100 万吨钢锭，本钢的初轧机尽快建成投产。

第三，设备维修。重点企业的主要设备完好率只有 61%。要开展群众性的设备大检查，提高设备完好率，自力更生，多产配件。

此外，陈绍昆还针对当时的突出问题，提出要搞好企业管理，开展反事故斗争。他说：目前，许多企业生产上不来，直接原因是事故多。这反映了工作薄弱，当然也有坏分子的破坏。各级领导要克服不敢抓管理的错误思想，依靠群众把岗位责任制、交接班制度等必要的规章制度建立健全起来，克服事故多、消耗高、浪费大的严重情况。

十多天来，座谈会开得很热烈，认真分析了钢铁生产上得慢的原因，分别研究了十大钢厂如何上得更快的具体措施，写出了座谈会情况的综合简报和解决鞍、武、包三大钢铁企业问题的情况汇报；认真讨论了冶金部关于迅速把钢铁工业搞上去的报告草稿和为中共中央代拟的“批示”稿草稿，根据大家提的意见作了修改；各大钢铁公司（厂）写出保证书，提出完成1975年生产计划的具体措施和需要解决的外部条件，由钢铁公司（厂）党委、地方党委和冶金部三方主要负责人共同签字，呈送国务院并报中共中央；对钢铁会议期间各大钢厂及有色冶炼企业提出的，为完成计划要求解决的有关石油、电力、煤炭、运输和配件问题，经冶金部汇总提出，分别交铁道部、交通部、煤炭部、石油化工部、水电部、一机部安排解决。

六、冶金部的报告和邓小平的“5·21”讲话

全国钢铁工业座谈会召开期间，从5月12日到17日，邓小平在法国访问。5月18日，他回到北京。5月19日上午，邓小平出席中共中央军委常委会，听取张爱萍等人关于国防科委工作和七机部整顿情况的汇报，作了重要指示。过后，他立即把目光集中到钢铁整顿上。邓小平决定：5月21日召开国务院办公会议，讨论钢铁整顿的文件。

这时，全国钢铁工业座谈会已经进行10天，找出了钢铁生产上得慢的原因，坚定了把钢铁生产搞上去的信心和决心，确定了完成1975年生产计划的措施，各大钢厂写出了保证书、立下了“军令状”，搞出了解决各自问题的文件，基本上达到了预定的要求。有关钢铁整顿的文件，陆续送到邓小平和各位中共中央政治局委员、国务院副总理的案前。这些文件是：

中共中央关于努力完成今年钢铁生产计划的批示（代拟草稿，1975年5月　日）

中共冶金工业部核心小组关于迅速把钢铁工业搞上去的报告（送审稿，1975年5月　日）

钢铁工业座谈会综合简报（1975年5月18日）

附：关于解决鞍钢、武钢、包钢问题的情况汇报（钢铁工业座谈会，1975年5月18日）

关于包钢保证完成今年钢铁生产计划的报告（报送国务院并报中央，1975年5月17日）

关于武钢保证完成今年钢铁生产计划的报告（报送国务院并报

中央,1975年5月19日)

关于鞍钢保证完成今年钢铁生产计划的报告(报送国务院并报中央,1975年5月19日)

(一)冶金部《关于迅速把钢铁工业搞上去的报告》

国务院办公会议讨论的主要文件,是经过全国钢铁工业座谈会讨论修改的中共冶金工业部核心小组《关于迅速把钢铁工业搞上去的报告》(以下简称《报告》)。这不是一般的工作总结和计划的报告,而是一个要使整个冶金系统感到震动、能调动积极性的文件。中共中央、国务院的意图是,要通过批转这个报告,在钢铁系统放手发动群众,掀起一个声势浩大的,抓革命、促生产的群众运动,把钢铁生产搞上去。

1. 形势严峻

这个报告首先分析了钢铁生产面临的严峻形势,指出:"毛主席关于理论问题的重要指示、关于还是安定团结为好的指示和把国民经济搞上去的指示,极大地调动了广大群众的社会主义积极性。在工业战线上,铁路运输、煤炭和其他一些行业上得很快,已经达到和超过了国家水平。钢铁生产也有增长,但上升缓慢,到五月上半月比计划欠产钢二百零二万吨。前一段我们总是强调煤炭、运输跟不上,现在被外部条件掩盖着的内部问题,暴露得越来越明显了。如不抓紧解决,迅速扭转被动局面,今年钢铁计划就有完不成的危险,就会出现新的徘徊。这不但是一个严重的经济问题,也是一个严肃的政治问题。"

《报告》强调了发展钢铁工业的重要性和扭转钢铁工业落后局面的迫切性:

钢铁工业关系全局。我们现在生产的钢,数量和品种都还太少,同八亿人口的需要,同我国的国际地位很不相称。钢铁上不去,影响国民经济各部门的发展。近几年,除地方小钢铁外,国家用于支农的钢材只有二百多万吨,很不适应农业机械化的需要。工业建设需要的钢材、钢管等关键品种,产量严重不足,每年要进口三百多万吨。钢铁上不去,影响国防建设,影响战备。当前美苏两霸的争夺日益激烈,革命和战争的因素都在增长,我们必须准备打仗,如不抓紧时间多搞些钢铁,一旦有事,就会影响大局。钢铁生产上不去,物质基础不强大,还会影响无产阶级专政的巩固。我们要使广大干部和群众,充分认识扭转钢铁工业落后局面的迫切性和重要性。

2. 原因何在

《报告》主要从冶金部自身着眼，深刻地、扼要地检讨了“钢铁生产上得慢”的原因：

钢铁生产上得慢，主要在于我们内部工作没有做好。关键是部核心小组抓路线、抓大事很不得力，冶金基本建设歼灭战打得不好，抓典型、推广先进经验很差。特别是对一些大企业的革命和生产没有切实抓紧。如包、武、鞍、太几个大钢厂，由于领导上的思想政治路线不端正，班子不团结，有的政策不落实，少数人闹资产阶级派性，阶级敌人乘机捣乱，广大群众的社会主义积极性没有充分调动起来，去年欠产很多，今年头四个半月欠产的钢，将近占全国欠产总数的一半。对这些企业的问题，有的我们缺乏深入调查研究，没抓住症结所在，有的我们基本上了解，但有怕字，犹豫等待，未及时下决心会同有关省、区党委加以解决。今年中央九号文件下达后，我们没有像铁道部那样大张旗鼓地传达贯彻，放手发动群众，密切联系实际，解决存在问题，不少单位走了过场，贻误了时机。这些教训，应当深刻记取。

3. 六条措施

《报告》表示了坚决完成1975年生产计划的决心，也分析了完成计划的条件。《报告》写道：“今年是‘四五’计划最后一年，钢铁生产计划必须坚决完成，也是有条件完成的。”“只要路线对头，把群众充分发动起来，就能把生产促上去……那种认为这也不可能，那也办不到的保守思想和畏难情绪，是没有根据的。”

《报告》提出了把钢铁生产搞上去的六条主要措施：

（1）认真学好毛泽东关于理论问题的重要指示。

要求通过对无产阶级专政理论的学习，提高继续革命的自觉性，坚持党性，反对派性，正确处理两类不同性质的矛盾，落实党的政策，促进安定团结。要从巩固无产阶级专政的高度，更好地执行“鞍钢宪法”，开展“工业学大庆”的群众运动。

（2）加强各级党委对钢铁工业的一元化领导。

要把钢铁生产搞上去，没有各级党委强有力的领导，不充分发挥大家的积极性，是不可能的。对全国的重点钢铁企业，要坚持双重领导、地方为主的管理体制。希望各省、自治区、直辖市党委进一步加强对钢铁企业的领导。建议中共鞍山、本溪、包头、马鞍山、渡口市委，把主要精力放在抓大钢厂上。冶金部一定积极努力，发挥“条条”应有的作用。首先要共同努力，下大力量，抓好关系全局的重点企业，特别是十二大钢厂（鞍山、武汉、包头、太原、上海、首钢、本溪、马鞍山、攀枝花、重庆、天津、唐山），以及邯郸和邢台、海南两个铁矿。这14个单位的钢、生铁、铁矿石产量，占全国的70%以上，主要的钢材品种也大都出在这里。它们上去了，全局就活了。对中小钢铁企业也要抓紧，提供必要的条件，发挥现有的能力，完成生产计划，做到两条腿走路。

（3）采取坚决措施，整顿那些问题多的重点钢铁企业的领导班子，使领导权掌握在马克思主义者和广大工人手里。

有矛盾就得解决，该充实的就要充实，该调整的就要调整，不能回避问题、拖延不决。根据中共中央9号文件的指示精神，对少数派性严重、经过批评教育仍不改正的领导干部和头头，要坚决调离。对严重违法乱纪、破坏捣乱的人，要严肃处理。对一些不干工作、小病大养的干部，要批评教育，不改的要适当处理。要按照革命接班人的五项条件，选拔一批有觉悟、有朝气、有实践经验的中青年干部到主要领导岗位上来，同时充分发挥老干部的作用，使企业的领导班子精干有力。大企业，不但要搞好公司的班子，还要抓好厂矿的班子，一直抓到党支部。

（4）放手发动群众，大搞群众运动。

要把钢铁生产的状况，全党、全国人民对钢铁工业的期望和完成1975年生产计划的重要意义，原原本本地告诉群众，发动群众充分讨论，使大家了解全局，增强主人翁的责任感，团结起来，群策群力，定出具体措施，保证完成国家计划。要自力更生、艰苦奋斗，大搞技术革新，挖掘企业潜力。要大力表彰抓革命、促生产的先进单位和先进人物，做好深入细致的思想政治工作，大鼓革命干劲，大树无产阶级的正气。

（5）落实生产建设中的具体措施。

要狠抓矿山、轧钢两个薄弱环节。继续下苦功夫大打矿山之仗，搞好选矿、烧结，以矿保铁，以铁保钢。要求鞍钢、首钢、邯郸和邢台、海南、武钢等单位的矿山，发挥潜力，实现超产；攀枝花、本溪、马鞍山、包头等矿山，确保完成1975年计划；各地中小企业所需要的矿石，除了原来由国家调剂的9个省以外，都要自力更生解决。要通过革新挖潜，提高轧机作业率，多开坯，多轧材，特别要努力增产国家急需的短线品种。除了要把1975年生产的钢锭全部轧成材以外，还要积极处理过去积压的钢锭。

要加强设备维护检修，提高设备完好率，防止拼设备。自力更生多搞备件，凡是自己能干的，决不向外伸手。

基本建设要集中力量打好歼灭战，狠抓收尾配套，优先完成与1975年生产任务有重要关系的竣工投产项目。

要坚持生产与节约并重的方针，发动群众采取有效措施，回收利用废钢铁，节煤、节电、节油、节约钢铁料。重点企业的炼铁焦比要降到600公斤以下，低于600公斤的，要创历史最好水平；非炼铁用焦要比原计划减少40万吨。

（6）加强企业管理，整顿企业秩序。

从上到下，要有强有力的、统一的生产指挥调度，保证各个环节协同动作。所有企业都要按照中共中央9号文件的要求，依靠群众把必要的规章制度建立健全起来，并严格执行，做到优质、高产、低消耗、安全生产，改变事故多的严重情况。要教育群众加强组织纪律性，一切行动听指挥，自觉遵守规章制度。对不合理的规章制度，要有领导、有步骤地加以改革。

干部要深入第一线，参加劳动，调查研究，敢于抓生产管理，及时解决革命和生产中存在的问题。要爱护群众的积极性，关心群众生活。

要加强无产阶级专政，同各种破坏企业革命、生产秩序的行为作斗争。对于杀人抢劫、制造事故、破坏生产的坏分子，对于贪污盗窃、投机倒把分子，要坚决打击，依法惩办。

《报告》提出的这六条措施，吸取了铁路整顿的成功经验，也总结了钢铁生产的规律，是一个针对性强、能够切实解决问题的文件。

冶金部在送呈这个报告的同时，还递交了代拟的中共中央转发这个报告的《批示》。

（二）邓小平的“5·21”讲话

1. 邓小平主持召开国务院办公会议

1975年5月21日，邓小平主持召开国务院办公会议，讨论全国钢铁工业座谈会文件。出席会议的有：国务院副总理李先念、陈锡联、纪登奎、华国锋、吴桂贤、王震、谷牧、孙健，国家计委、国家建委、冶金部、石油化工部、煤炭部、一机部、水电部、铁道部、财政部等部委的负责同志。①

谷牧首先汇报当时的工业形势和这次全国钢铁工业座谈会的情况，邓小平、李先念时有插话。

谷牧说：当前全国工业形势很好，唯独钢铁发展慢。钢铁也有发展，但发展缓慢。钢铁工业上得不理想。

邓小平说：不能说是上。像鞍钢这样的大企业，要稳定、正常地生产，不拼设备，才算过得硬。

谷牧谈到，电力不足，影响铁合金和铝的生产，导致机械工业开工不足。钱正英（水电部部长）说要"陪斗"。

邓小平说：应该"陪斗"。铝可以进口一点。电网有个体制问题。大电网有的跨省，有的超过了过去的大区，该集中的必须集中。大电网集中到中央，委托水电部来管。要写个报告，首先解决这个问题。只有集中了才能合理使用。这本身就是最大的节约。

李先念说：电有三个问题，一是电力确实不够，二是节约问题，三是体制问题。现在分配电，不是按需要，而是在吵架。

谷牧汇报了钢铁生产的情况：1975 年 1 至 4 月，时间过去了 1/3，计划只完成 1/4。主要是几个大钢厂的革命问题解决得慢，思想政治路线不端正，政策不落实，广大群众的积极性没有调动起来，管理混乱，事故很多。鞍、武、包、太四大钢厂已欠产钢 100 万吨，全国一共欠产钢 200 万吨。钢铁工业 3 年踏步不前，看来如果搞不好，可能再出现新的徘徊。我们必须这样尖锐地提出问题。

邓小平说：这样讲还不够。应该说，任凭这样继续下去，对钢铁工业是破坏！不讲质量，不讲设备维修，弄成这个样子，是很大的破坏！

谷牧说：钢铁问题，不单是 1975 年的问题，而且是今后的问题，确实不能再拖了。过去出现了 10 年徘徊，现在如果再出现徘徊，怎么交代？我们搞了 26 年，只搞了 2600 万吨钢，一年只有 100 万吨。现在钢铁一定要上去，而且要大上，要采取有力措施。主要是几个大钢厂的问题。关于调整计划的问题，昨天找几个部的同志商量了几条。第一条是不要只顾一家，不顾其他，要综合

① 会议情况，会上谷牧的汇报和邓小平、李先念的插话，均据《在国务院办公会议上讨论钢铁工业座谈会文件时的讲话》（1975 年 5 月 21 日，记录稿，未经审阅）。

平衡;第二条是不要只顾今年、不顾明年,今年拼上去,明年又降下来;还有一条,生产出来的东西,一定要变成材,不要搞些钢锭,压在那里。

邓小平赞成谷牧的意见:不能光勉强为了(完成)1975年的计划。钢铁企业要看两个月再调整。四届全国人大讨论过,1980年搞3800万到4000万吨钢。钢铁企业同铁路不同,铁路有一个月就能调整过来,钢铁要两个月。

谷牧说,1975年的计划问题,经大家讨论,第一步,全国不动,钢的计划做个别调整。鞍钢、武钢调一点,由上海、天津、唐山补。第二步,看三个月再说,实在不行,全面调整。现在正在鼓干劲,情况看不大准,整个计划调整不一定好。1973年第四季度,日产钢搞到8万吨。今年完成计划还有可能。

谷牧又说:这次会上,两个大钢(指鞍钢、武钢)的问题尚未完全解决。经过这次会议,要使钢铁工业有根本转变。按现在条件,"五五"计划期间搞3800万到4000万吨钢,每年增长250万吨没有问题。

邓小平说:应该指出,每年增加300万吨钢是没有困难的。

李先念指出了问题所在:冶金工业的基本建设太分散,撒胡椒面。这样搞,别说一年300万吨,200万吨也不行。

2. 邓小平的重要讲话

谷牧汇报以后,邓小平就钢铁生产问题发表重要讲话。①

他首先指出:"对钢铁生产,我看到是解决问题的时候了,解决的条件也成熟了。各个行业都要支持。"

他强调不能怕字当头,要敢字当头,敢于负责、敢于斗争。他抓住问题的关键,指出第一要紧的事是"要建立一个强的、敢字当头的、有能力的领导班子"。他说:

> 我看到这次钢铁工业座谈会上一个材料,包钢有人反映,铁道部经验好,冶金部学不了,因为没有中央和省委的支持。这个想法现在还有没有啦?我看还有吧。应该说,这是对我们的批评,包括政治局和国务院。我们应该大力支持他们。没有这一条,许多事情就办不好。现在的问题是,你们敢不敢接受中央的支持,敢不敢按中央这次

① 以下所述讲话内容,据《邓小平年谱(1975—1997)》(上),中央文献出版社2004年版,第47—48页;《在国务院办公会议上讨论钢铁工业座谈会文件时的讲话》(1975年5月21日,记录稿,未经审阅);邓小平1975年5月29日的讲话记录稿中,用方括号补入的5月21日讲话的内容。

批示的要求去办。现在，干部中的一个主要问题，就是怕字当头，不敢摸老虎屁股。我看这是第一位的，资产阶级派性是第二位的。一个部门、一个企业的领导，不能怕这怕那。要找那些敢于坚持党的原则、有不怕个人被打倒的精神、敢于负责、敢于斗争的人进领导班子。要找一些不怕被打倒的人。条件就是中央支持他，省委支持他。允许犯错误，允许改正错误。没有这一条，扭转不过来。只要他按党中央和国务院的指示办事，大胆负责，有些缺点错误也不要紧，工作中哪有不犯错误的？世界上哪有常胜将军？国务院一定要支持冶金部，冶金部也要支持省和企业，部里、省里和企业，都免不了在工作中犯错误。犯了错误改了就好。这是毛主席说过的话。我这个人是维吾尔族姑娘，辫子多，一抓一大把。要敢字当头。毛主席讲矫枉必须过正，解决"老大难"问题不过正就不能矫枉。

邓小平切中要害地指出，领导班子问题还涉及管理问题、体制问题。他说：

鞍钢这样的大企业，有管理问题，也有个体制问题。整个生产过程从上到下是一环扣一环的，要有一个指挥生产的、强有力的机构，有一个独立的系统。市委直接管厂的办法行不行？事实上市委抓不过来，忙于其他，放松了抓生产。市委第一书记，可以兼公司党委第一书记，但是公司必须单独有一个班子，不是管油盐酱醋柴，而是指挥生产的。领导鞍钢这样大的企业，那么复杂，没有懂行的，没有一个强有力的指挥机构，不打乱仗才是怪事哩！

邓小平坚持实事求是、一切从实际出发，就处理国务院与各部委及各省、自治区、直辖市的关系作了具体分析，指出解决钢铁工业的问题应该不同于解决铁路的问题。他说：

钢铁同铁道不同。铁道是和省、市脱钩的；钢铁一定要取得省委同意，同省委合作。如果不取得省委同国务院的一致，不行。

第二，邓小平强调，要坚决同派性作斗争。

他尖锐地指出：

鞍钢、武钢都有派性的问题。包钢、太钢现在可能好了一些。对派性，不能怕字当头，也要采取毛主席说过的原则，寸土必争，寸步不让。要搞就要坚决搞。

要敢字当头，要严格。对坚持闹派性的人该调的调，该批的批，该斗的就斗，不能慢吞吞的，总是等待。我们对七机部说过，不管是谁，不管你是“915”、“916”，不管你是四五十年的老资格，还是年轻的新干部，凡是继续搞派性的，老虎屁股都得摸，不然还得了！起码要有爱国主义嘛！不要说社会主义。这么多年搞出来了什么嘛？还在那里闹，而且还说“有理”。你们这些人，把七机部闹成这个样子，不要说社会主义，连爱国主义都没有。没有坚决态度不行。确定了，就要坚持住。

邓小平还把领导班子和派性这两个问题联系起来，尖锐地指出，首先要解决的主要矛盾是怕字，是领导班子问题。他说：

一个是派性，一个是怕。首先要解决怕字。怕的人，一要支持他不要怕。再怕，不转变，也得调。不能让他站在岗位上怕一辈子。部、省、企业都要研究班子问题，不行的坚决调，不要拖。部和省委研究一致了就调，调了公司再调厂，车间以上都要调整好。

我们要相信大多数同志是好的。少数人闹资产阶级派性，无非是迷了心窍，真正改正了就欢迎嘛！问题是要改正，如果闹派性严重而又不改正的，就坚决调开。调出去又钻出来新的，那就再调开，一年调他三百六十次，行不行？总是要党性占上风，派性要克服，不能拖延不决。

接着，邓小平联系实际，强调不能拖延不决，要限期扭转。他果决地说：

过去我们对铁道部说，只等一个月。结果很快就扭转过来。现在我们对七机部也提出只等一个月，到六月三十日为止。从七月一日起，要搞成一个“七一”派、毛主席派、党性派。过一个月以后，那就不客气了，对什么人也不等，管你是老虎屁股，还是狮子屁股，都要摸，都要斗，坚决地斗。

第三，邓小平指出，要落实政策，特别是对老工人、对有经验的干部，一定要落实政策。

第四，要严格规章制度。冶金部要把规章制度整理一下。

邓小平说：所有钢厂都要大搞群众运动，做到家喻户晓。

他举例作了分析：

家庭的压力不容忽视。郑州路局，有人不上班，老婆要离婚，丈夫很快就上班了。徐州有个派头头，死不转变，老在家里搞“地下活动”。他爱人说，你不能再闹了，再闹就要把你送到乌鲁木齐。我要起来揭发你，然后跟你离婚。这个派头头很快检查交代，马上上班。

邓小平指出：

这样搞，是烧一把猛火，不会伤多少人。不说百分之九十九，有百分之九十五拥护，就不可怕。

最后，邓小平从理论原则上分清是非，强调要把生产搞上去。他指着王震副总理说：

王老讲得对，我也讲过，我们反对“唯生产力论”，但是搞社会主义建设不能不搞生产，不能不搞科学技术。我们强调劳动生产率，强调科学技术，不能算作“唯生产力论”。如果不讲这些，还能谈得上社会主义总路线吗？我们总是要把革命和生产都搞好才行嘛。

邓小平于5月21日在国务院办公会议上的这篇讲话，可以说是几天后接见出席钢铁会议代表时所作讲话的提要，对主要的问题都已经说到了。

七、邓小平的“5·29”讲话和中共中央13号文件

（一）邓小平的“5·29”讲话

1975年5月21日邓小平发表的讲话和国务院办公会议的精神，在冶金部党的核心小组内进行了传达和讨论。冶金部党的核心小组对冶金部的报告和代拟的中共中央批示又作了修改，于5月22日上报中共中央政治局。1975年5月29日，中共中央政治局开会讨论冶金部的报告和中共中央的批示，对这两个文件作了一些改动。当天晚上，邓小平、叶剑英、李先念等中央领导同志①在人民大会堂东大厅接见出席全国钢铁工业座谈会的全体人员。由于会议期间又陆续召来一些地方和企业的负责人，参加座谈会的地方党委主管工业的书记、常委或革委会负责人所在省份，增加到17个。

会议主持人王洪文请邓小平讲话。

邓小平问：我上次讲的（指5月21日在国务院办公会议上的讲话），你们

① 参加接见的中共中央政治局委员还有：王洪文、陈锡联、华国锋、吴德、苏振华、吴桂贤，国务院副总理有：王震、谷牧、孙健。

大家都知道了吧？

谷牧回答：没有向下传达，等待这次接见后正式传达。冶金部党的核心小组内部作了传达和讨论。

于是，邓小平说：我上次讲的再向大家说一说。①

邓小平首先表示，有信心把钢铁生产搞上去。他说："冶金部前几天给毛主席、党中央的报告，中央写了批示，准备转发下去。我看，大家只要按照中央批示的方针、要求去做，把钢铁生产搞上去是完全有希望的。"②

1. 钢铁工业要重点解决四个问题

邓小平指出："当前，钢铁工业重点要解决四个问题。"他对这四个问题，逐个作了分析，并提出了要求和解决问题的办法。

第一，必须建立一个坚强的领导班子。

邓小平一针见血地指出：

> 钢铁生产搞不好，关键是领导班子问题，是领导班子软、懒、散。冶金部的领导班子就是软的，当然还不能说是懒的、散的。软，就要加强一下。各个工厂企业领导班子的情况不完全相同。有的单位领导班子散，与闹派性有关。现在在干部中有一个主要问题，就是怕，不敢摸老虎屁股。一个部门、一个企业的领导，不能怕这怕那。要换一些不怕被打倒的人进领导班子，条件是中央支持他们，省委支持他们。没有这一条，扭转不过来。领导班子就是作战指挥部。搞生产也好，搞科研也好，反派性也好，都是作战。指挥部不强，作战就没有力量。冶金部作战就没有力量嘛。有些公司、钢厂的领导班子作战也没有力量。

邓小平强调了解决领导班子问题的重要性，并提出了解决好领导班子问题的要求。他说：

> 领导班子问题，是关系到党的路线能不能贯彻执行的问题。如果这个问题解决得不好，不要说带领群众前进，就是开步走都困难。

---

① 邓小平在1975年5月29日的讲话，同5月21日的讲话有连续性。全国钢铁工业座谈会向与会者发的邓小平5月29日讲话记录稿，特地把5月21日讲话中说到，而在5月29日讲话中没有重复说的、意思相近的话，放在方括号内补出。

② 此处及在"钢铁工业重点要解决四个问题"标题下引述的邓小平讲话，均据《当前钢铁工业必须解决的几个问题》，《邓小平文选》第2卷，第8—11页。

> 因此,我们首先强调要把领导班子的问题解决好。不光是冶金部,各个公司、厂矿、车间的领导班子,包括职能机构,都要加强。要使领导班子一不软,二不懒,三不散,说了话大家都能听,都能指挥得动,都能领导起来。

第二,必须坚决同派性作斗争。

邓小平总结铁路整顿、煤炭整顿以及太原钢铁公司把生产搞上去的经验说:“他们的经验,就是敢于同派性进行坚决的斗争。”

邓小平指明了对于派性的态度和与派性作斗争的方法。他说:

> 对于派性,领导上要有一个明确的态度,就是要坚决反对。要敢字当头。对坚持闹派性的人,该调的就调,该批的就批,该斗的就斗,不能慢吞吞的,总是等待。对于派性,还要号召群众、发动群众起来共同反对。

邓小平还分析了闹派性的人的情况,指明反对派性的策略是要打击少数。他说:

> 现在还在那里闹派性的是少数人。其中,有的是敌人,他们利用派性来闹事;有的是为了争个人名利而打派仗;有的是打了几年派仗,被派性迷住了心窍。根据铁道部门的经验、徐州和其他地区的经验,在同派性作斗争中,所要打击的也就是那么少数几个人。徐州闹得那么厉害,最后被打击的只有三个人。绝大多数人,包括被派性迷了心窍的人,都可以挽救过来。所以,实际的结果,打击面极小,教育面极大。我们一定要下决心搞好反派性的斗争。

第三,必须认真落实政策。

邓小平总结了解决铁路问题、徐州问题的经验,指出了落实政策的重要性。他问道:清查“五一六”,“搞了那么多人,不给他们落实政策,能把群众的积极性调动起来吗”?

对落实政策,邓小平提出了一些重要的要求。一是,不仅要解决被戴上“帽子”的那些人的问题,而且要解决他们周围受到牵连的人的问题。必须使他们很快把包袱放下来。二是,虽然没有戴上“帽子”,但进行过批斗、伤了感情的;虽然没有清查“五一六”,但干了类似事情的,都要妥善解决。三是,特别要注意对那些老工人、技术骨干、老劳模落实政策,要把这部分人的积极性调动起来。有些该回领导岗位的人要调回来。

第四，必须建立必要的规章制度。

邓小平指出，建立健全规章制度的问题，也是加强组织性、纪律性的问题。他说："执行规章制度宁可要求严一些，不严就建立不起来。过去有些规章制度比较烦琐，应该改革。我们要总结正反两方面的经验，把必要的规章制度恢复或建立起来。"

邓小平说："把钢铁生产搞上去有很多工作要做。我看抓住以上这四条最重要。"

的确，邓小平讲的这四条，是贯彻中共中央 9 号文件以来，卓有成效地进行铁路整顿、煤炭整顿以及解决工交战线的问题，把生产搞上去的实际经验的总结，也是钢铁工业自"八大钢座谈会"以来进行整顿的正反两方面经验的总结，对于把钢铁生产搞上去有极强的针对性，对于工交战线各行各业也是普遍适用的。

2. 以"三项指示为纲"领导整顿

邓小平讲完了关于把钢铁生产搞上去重点要解决的四个问题以后，进一步面对全国各方面的工作和各条战线，第一次提出"三项指示为纲"这一极其重要的指导思想。

在这之前，毛泽东关于学习理论反修防修、安定团结、把国民经济搞上去这三项指示，已经不断被作为动员群众的口号，但没有把它们联系在一起，也没有提到全党工作的"纲"的高度。把这三项重要指示联系在一起作为全党工作的总纲，这是第一次。邓小平说：

> 毛主席最近三条重要指示，一条是关于理论问题的重要指示，要反修防修，再一条是关于安定团结的指示，还有一条把国民经济搞上去。这就是我们今后一个时期各项工作的纲。这三条重要指示，是互相联系的、不能分割的，一条都不能忘记。各地经验证明，百分之九十五以上的群众，包括被派性迷了心窍觉悟过来的人，都拥护毛主席这三条重要指示。

3. 要大搞群众运动

邓小平指出，把钢铁生产搞上去，特别是反对派性，要大搞群众运动。邓小平说：

> 有的人把党的事业闹得乌天黑地，你还等他觉悟，你能等得及吗？只要我们相信百分之九十五以上的群众，我们就敢于同那些闹

资产阶级派性的人作斗争，就不会错。当然，并不是说没有人起来反对。上一次，我讲了话（指 1975 年 3 月 5 日接见全国工业书记会议代表时的讲话——引者注），就有人说是“复辟纲领”。这种人是有的，你不要怕。他搞资产阶级派性活动，你就搞群众运动。

大搞群众运动，是“鞍钢宪法”里非常重要的一条。这次中央批语里讲到的每一条，都要大搞群众运动，才能做得好。这本身也是教育群众的过程。那种坚持闹资产阶级派性的人，中央他怕吗？省委他怕吗？市委以及公司、厂矿的领导，更不在他话下。可是，他最怕群众，怕群众起来。治这种人的办法，就是发动群众同他斗，寸步不让。要有一个声势，不能冷冷清清。这一点很重要。没有声势，时间就慢了，而且不能解决问题。我们要相信群众，拿中央文件跟群众直接见面，使中央精神真正做到家喻户晓，婆姨娃娃都知道，把广大群众同派性作斗争的积极性都调动起来。

邓小平讲话以后，叶剑英、李先念、华国锋等人也讲了话①，他们都赞成邓小平的讲话。

叶剑英说：我从国防的角度向冶金部门提点要求。国防对钢铁的依赖很强，无论飞机、大炮、军舰都要钢铁。苏振华同志讲了，10 年搞××万吨战舰，他也着急。要把时间、形势、战备联系起来考虑，抓紧时间生产，不能多一点也可以、少一点也不在乎，那不行。要加强时间观念，我们的生产计划也是建立在时间的基础上的。

华国锋说：上次国务院开会，小平同志提出炼了钢要成材。现在鞍钢积压钢锭 60 万吨，1975 年全国可能有一二百万吨钢成不了材。钢锭没有办法用，轧成材才能用。要抓紧成材，特别是短线产品要搞上去。

李先念也说：铁要成钢，钢要成材，轧成材才有使用价值嘛。

李先念又说：落实政策也是跟派性作斗争。对落实政策有两种理解：一种是党的政策；另一种是他没有当上官，你让他当个省委书记、常委，才算落实政策，这要批评。小平同志讲的落实政策，是落实党的无产阶级政策，不是他们的政策。你要官，不给，共产党的官怎么能由你个人要去呢？想当官，就是不给官。

---

① 以上引述的第二、三两点内容，以下引述的内容，均据全国钢铁工业座谈会文件：《中央领导同志接见参加钢铁工业座谈会代表的讲话》（1975 年 5 月 29 日晚）。

李先念宣布：今天见了面，这次会就散了，不要等中央批发冶金部的文件了。

（二）中共中央13号文件

全国钢铁工业座谈会结束以后没过几天，1975年6月4日，经毛泽东主席圈阅，中共中央发出了1975年第13号文件。中共中央13号文件包含两部分。第一，主件：《中共中央关于努力完成今年钢铁生产计划的批示》（以下简称《批示》）。它是由冶金部代拟，交全国钢铁工业座谈会讨论、修改，又先后经国务院办公会议（5月21日）和中共中央政治局会议（5月29日）讨论，再作修改，然后报请毛泽东审定的。第二，附件，即中共中央13号文件批转的中共冶金工业部核心小组《关于迅速把钢铁工业搞上去的报告》（1975年5月23日）。①

中共中央13号文件是继中共中央9号文件以后的又一个重要文件。它直接指导的是钢铁生产，对工业交通战线的各行各业也具有普遍的指导意义。

《批示》指出："当前钢铁生产计划完成得不好的情况，值得引起我们的注意。"钢铁生产上不去，钢铁企业内部的问题"恰恰是问题的主要方面"。

《批示》分析了贯彻中共中央9号文件以后全国工交战线的生产形势，同时又客观地分析了钢铁企业的情况。《批示》写道："应当看到，大多数钢铁企业的情况还是好的。北京、上海、天津、唐山、本溪、马鞍山、大连、大冶、抚顺、西安、西宁、邯郸、邢台等地的钢铁厂和矿山，以及一批中小钢铁企业，革命和生产形势一直很好。欠产多的，主要是包钢、武钢、鞍钢、太钢等几个大钢厂。就在这几个大型钢铁企业里头，太钢大张旗鼓地贯彻落实毛主席、党中央的指示，群众发动起来了，在短短一两个月的时间内，就取得了显著的进步，三、四月份都完成了国家计划。太钢的例子，把有些企业被外部条件掩盖着的内部问题，揭示得更加清楚了。"

《批示》针对实际情况，就解决钢铁企业内部问题提出"七个是不是"，要求"那些至今钢铁生产还上不去的企业，有关的领导同志应当认真地检查一下②"。这"七个是不是"即："你们那里思想政治路线是不是端正了，无产阶

---

① 中共中央1975年第13号文件已在1999年第6期《党的文献》上公开发表。下文引用即据公开发表的文件。

② 代拟稿在这里是"好好地想一想"。

级专政理论的学习运动是不是真正开展起来了，群众是不是充分发动起来了，一个强有力的领导核心是不是建立起来了，资产阶级派性是不是克服了，党的政策是不是认真落实了，对阶级敌人的破坏活动是不是有力地打击了？"

《批示》指出："发展钢铁工业，要注意发挥中央和地方两个积极性。地方要加强全局观点，努力完成和超额完成国家计划。国家要在产品分配上照顾地方的需要，给地方以好处。"

《批示》对中央和地方各级领导同志，分别提出了具体要求。

《批示》要求"各省、市、自治区党委必须加强对钢铁工业的领导"。几个大钢铁企业所在的辽宁、湖北、内蒙古、山西、四川等省、自治区、直辖市党委的主要负责同志，"要亲自动手，对问题多的单位进行调查研究，采取有力措施，认真加以解决，不要久拖不决，贻误大局"。《批示》要求："完成计划的企业争取多超产，欠产的企业要千方百计完成计划，并限定各地、各企业把完成计划的具体措施于6月中旬上报中央。"

《批示》要求冶金部"要主动依靠和帮助各地党委，抓好重点企业的革命和生产建设，建立和健全必要的规章制度，搞好生产指挥调度，搞好地质、矿山和科学技术工作"。

对国务院，《批示》也提出了要求："国务院应即充实和加强冶金工业部的领导班子，要他们像石油化工部、煤炭部、铁道部那样，坚决贯彻执行毛主席、党中央的指示，敢于负责，认真做好自己的工作。"

《批示》指出："今年是第四个五年计划的最后一年，各项国民经济计划必须保证完成。"《批示》又进一步强调："上半年快过去了。机不可失，时不再来。计划完成得好的要争取多超产，欠产的要千方百计完成计划。不仅要完成数量计划，而且要提高质量，增加品种，降低消耗，实现安全生产。"

《批示》明确要求："各省、市、自治区党委和各钢铁企业党委，要放手发动群众，制订抓革命促生产的具体措施，并于六月中旬将讨论结果报告中央。"

八、为生产2600万吨钢而奋斗

在中共中央13号文件的号召和指导下，全国动员起来，为在1975年生产2600万吨钢而奋斗，并从实际出发，采取了一系列重要措施。

（一）国务院加强领导，各部门大力支持

为贯彻落实中共中央关于整顿钢铁工业的13号文件，国务院成立了钢铁工业领导小组，由谷牧任组长，副组长除冶金部部长陈绍昆外，还有长期领导过钢铁工业的吕东（1964年9月至1966年5月，任冶金部部长）、袁宝华（国家计委副主任）。① 同时，由国家计委牵头，由与钢铁工业相关的国务院各部委组成保钢小组，加强领导和协调，并对冶金部的领导班子作了调整和充实。

在全国钢铁工业座谈会期间，各大钢厂、各有色金属冶炼企业为完成1975年钢、铁、钢材等生产计划，要求解决石油、电力、煤炭、运输和配件等问题。这些问题由冶金部汇总提出，铁道部、交通部、煤炭部、石油化工部、水电部、一机部等相关各部努力安排，到5月底会议刚一结束，就已经逐项得到落实，为完成产钢2600万吨创造了很好的外部条件。

这是一项十分细致、复杂的工作。为了把钢铁生产搞上去，各部都作出了努力。这里仅举石油供应和交通运输为例。②

关于石油供应。包、武、太、首、马、本、湘、唐八个重点钢厂，还有郑州、张店两个铝厂，提出6月份需要重油13.35万吨，全部予以解决，列入6月份供应计划；鞍钢炼油厂因6、7月份大修，生产用油要求改供重油7万吨，经商定予以满足，6、7月份各供重油3.5万吨；本钢的焦炭不足，要求每天再补供重油300吨，湘钢在5月份要求再补供重油2000吨，经商定同意按数补给。

关于运输问题。综合全国钢铁工业座谈会上各钢厂提出的5、6月份各项抢运要求，落实情况如下：钢锭10.03万吨、钢坯18.7万吨、黏土和焦宝石16.9万吨、焦炭2.4万吨、废钢1.1万吨，以及炼钢用的生铁、钢切头和炸药等，都可全部解决。铁矿石的抢运，基本上可以满足要求。

关于5500吨铜精矿的运输问题，河北铜矿运往铜陵有色金属公司的2500吨、运往富春江冶炼厂的1000吨，已安排落实；辽宁岫峪矿运往大冶的1000吨、运往铜陵有色金属公司的1000吨，因京山线运输十分紧张，暂时不能安排。

武钢供应上海的5000吨大铁砣，由于运输条件限制，确定由武钢爆破为碎块就地使用，不再外运。

---

① 据《当代中国的钢铁工业》，第109页。

② 以下材料，均据全国钢铁工业座谈会文件：《钢铁工业座谈会上，各钢厂急待解决的各项外部条件落实情况》（1975年5月30日）。

水运给上海的6万吨粉矿，因"长航"集中力量抢运炼钢生铁，加之粉矿不太急用，缓后安排。

关于为保证涉县铁厂二号高炉投产，增拨10万吨精矿粉的安排问题，冶金部与河北省共同研究确定：由河北省午及选矿厂分给邯钢的精矿粉中调运4万吨，由河北省符山铁矿增产调2万吨，由湖北省铜录山铜铁矿调运4万吨，共计调给涉县铁厂10万吨。再由铜录山铜铁矿调4万吨还给邯钢。上述精矿粉的调运，由冶金部和铁道部负责安排落实。

对电力供应、煤炭供应、维修配件问题，也都一一如此落实。这充分发挥了社会主义经济集中、统一的优势，为生产2600万吨钢创造了必不可少的外部条件。

（二）冶金部和各大钢铁企业积极贯彻全国钢铁会议精神

在全国钢铁工业座谈会期间，会议精神就以各种方式传到各大钢铁企业，开始讨论、贯彻。冶金部在5月16日就开了电话会议，传达中共中央、国务院领导同志的指示。有些参加座谈会的负责同志在这之前，已经通过电话作了传达。各大钢厂反应强烈，纷纷找差距、揭矛盾、定措施、表决心。如：太钢公司党委在电话会议后连夜印发了电话会议稿，组织干部讨论，总结贯彻中共中央9号文件以来的工作，回答同铁路系统先进单位比差距在哪里、这一段时间工作的经验教训是什么、采取什么措施把生产搞上去等问题。山西省革委会决定增加对太钢职工的生活供应，调给太钢猪肉1万公斤、猪下水1.5万公斤、鸡蛋2.5万公斤、鱼1.5万公斤、小鸡1万只、对虾2500公斤、烟2万条、糕点1.5万公斤。包钢有180人参加了电话会议，会后立即组织了讨论。大家一致认为，这次会议对冶金工业战线是一个有力的鞭策和鼓舞，要横下一条心，打一场前所未有的硬仗，坚决把钢铁生产搞上去，把包钢搞上去。①

在全国钢铁工业座谈会精神的鞭策和鼓舞下，全国的钢铁生产水平有所增长。5月下旬，平均日产钢7.16万多吨、铁7.63万多吨，都已达到全年计划的平均水平。②

5月29日全国钢铁工业座谈会刚开完，冶金部党的核心小组即召开扩大

---

① 据冶金部值班室编：《值班简报》增刊第37期（1975年5月18日）。

② 据中共冶金部核心小组：《关于认真贯彻中央批示和钢铁工业座谈会精神的意见》（1975年6月1日）。

会议,结合实际,研究贯彻全国钢铁工业座谈会精神①,并于6月1日发出《中共冶金部核心小组关于认真贯彻中央批示和钢铁工业座谈会精神的意见》(以下简称《意见》)。

冶金部党的核心小组首先表示:诚恳接受中央的批评,接受机关和企业同志的批评,要吸取教训,振奋精神,坚决扭转冶金工业的被动局面。《意见》对冶金部的工作作了检查:"一致认为,钢铁生产上得慢,问题不在于外部条件,不在于广大干部、群众,关键在于部核心小组思想政治路线不够端正,抓路线、抓大事很不得力,是个软班子,工作没有做好。"《意见》还分析了具体的表现:第一,在抓鞍、武、包、太几个大钢厂的革命和领导班子问题上,软弱无力,有怕字。怕与省委意见不一致,把关系搞坏了;怕问题抓不准,把干部伤害了;怕捅了派性的"马蜂窝",把企业搞乱了。没有全面负责,一等二靠,贻误了时机。第二,在对待内部工作与外部条件的关系上,过多地强调了外部条件,放松了内部工作,有怨气。现在煤、运条件好转了,我们却想快快不了,想上上不去。这说明我们没有摆正内因与外因的关系,思想路线不对头;有"冶金特殊"、以老大自居的思想,等、靠、要,缺乏自力更生、艰苦奋斗的革命精神;着眼于物的因素多,发挥人的主观能动性差。第三,大事没抓住,小事天天议,工作一般化。会议多、文件多,事务主义严重。还存在着思想懒、工作散的问题。

《意见》指出,冶金战线的中心任务就是:以毛主席关于理论问题的重要指示、关于还是安定团结为好的指示和把国民经济搞上去的指示为纲,认真贯彻中央的指示和这次座谈会的精神,在整个冶金战线上来一次大宣传、大动员、大贯彻、大落实,掀起声势浩大的群众运动,打一场政治进攻仗、生产翻身仗,坚决把冶金工业搞上去。

为完成中心任务,《意见》提出:

(1)学习、宣传、贯彻毛泽东的三项重要指示和中共中央批示精神,要紧密联系企业实际,按照中共中央批示中提出的"七个是不是"的问题,"一一对照检查,抓住主要矛盾,认真加以解决"。"要建立坚强的领导班子,对软的、懒的、散的班子,要立即进行思想整顿和组织调整。要坚决向资产阶级派性作斗争,寸步不让,寸土必争。要继续落实党的政策,特别注意落实老工人、技术

① 据冶金部革命委员会副主任赵岚在1975年6月6日第一次保钢小组会上的汇报,《保钢小组简报(2)》。

骨干、劳动模范的政策。在此基础上，要把必要的规章制度建立起来。”

(2)突出重点，坚决把鞍、武、包、太四大钢厂抓上去。《意见》对冶金部和四大钢厂分别提出了具体的要求：部核心小组要抽出2/3的成员，政治部和有关司局要抽出1/3的工作人员，在京院所也要抽出一定数量的领导干部和工作人员，共同组成坚强的工作组，到这些单位和其他重点单位蹲点。鞍钢、武钢要在6月份整顿好领导班子，把群众发动起来，基本改变面貌，使钢的日产量稳定在完成年计划必需的水平上。包钢要在继续加强公司领导班子的同时，加速整顿二级厂矿和车间的领导班子，迅速赶上来。太钢要在前一段时间整顿班子、发动群众的基础上，排除干扰，防止落潮，巩固发展已有成果，摘掉落后帽子。对马钢、攀钢也要派人去了解情况，帮助工作。

(3)加强生产指挥调度，全面完成国家计划。要打好三个战役：第一战役——6月份达到平均日产钢7.5万吨、铁8万吨，开始还“欠账”。第二战役——7、8月份战高温，夺高产，打破“高温季节不能高产”的旧框框，使钢的日产量达到8万吨、铁达到8.5万吨。第三战役——9月份以后组织决战，全面完成计划。

要抓好三个薄弱环节：第一，要狠抓原料、燃料。继续抓紧矿山生产建设，增矿保铁，增铁保钢。第二，抓轧钢，多产材。第三，抓设备维护检修，提高设备完好率，多搞配件。

部机关要加强生产指挥调度。由部负责同志牵头，有关司局负责人参加，组成强有力的生产指挥班子，当好部核心小组的助手。

(4)加强企业管理，严格规章制度。要扎扎实实地把岗位责任制、技术操作规程、质量检验、设备维护检修、安全生产、经济核算等必要的规章制度建立健全起来，坚决扭转有章不循、无章可循的现象，迅速改变质量低、消耗高、浪费大、事故多的严重情况。“四大钢”工作组要把此事作为重要工作，务必做出成效。要求几个先进单位总结经验，拿出成套办法，拟在1975年下半年召开现场会交流经验。

(5)虚心向石化部、煤炭部、铁道部学习，切实改进部机关的工作。首先，组织到石油化工部进一步对口学习。政治工作，着重学习他们抓机关革命化、抓企业领导班子建设、抓典型的经验。计划工作，着重学习他们走群众路线、从实际出发，制订计划的经验。基本建设，着重学习他们运用会战形式、集中力量打歼灭战的经验。组织生产方面，着重学习他们组织群众、土打土闹、革新挖潜的经验。

(6)切实改进部核心小组的领导工作,坚决改变领导软弱无力的状态。部核心小组要带头大兴调查研究之风,亲自“解剖麻雀”,抓好典型。要建立精干、有力的调查研究机构。要有计划地就冶金工业发展中的一些重大方针、政策问题,向中央报告情况,当好参谋。坚决改变点子打不准、典型抓不住、工作一般化的状况。

6 月初,冶金部为贯彻全国钢铁工业座谈会精神,接连召开了三次电话会议,传达中共中央 13 号文件和邓小平讲话及其他中央领导同志指示。同时,冶金部党的核心小组由部长陈绍昆带队,到铁道部、石化部、煤炭部学习经验。由部核心小组成员 2/3 和机关干部 1/2 组成的工作组,前往鞍、武、包、太四大钢铁企业协助工作。在冶金部内,充实、加强生产指挥调度班子,成立了贯彻中共中央批示和全国钢铁工业座谈会精神的办公室,及时了解企业情况和经验。①

6 月 4 日,经毛泽东主席圈阅同意,中共中央发出 1975 年第 13 号文件。6 月 5 日下午,冶金部即召开电话会议向全国冶金系统传达。鞍、武、包、太四大钢厂立即行动起来,大张旗鼓地传达贯彻中共中央 13 号文件。武钢在 6 月 6 日召开 3 万人大会,包钢在 6 月 7 日召开 4 万人大会,鞍钢在 6 月 8 日召开 1 万多人的大会。太钢党委在 6 月 7 日召开各厂矿负责人会议,汇报、交流了传达贯彻的情况。中共鞍山市委负责同志在会上联系实际,检查了前一段时间鞍钢领导工作中思想政治路线不端正的情况,表示要积极贯彻中共中央 13 号文件,决心在中共辽宁省委帮助下彻底解决鞍钢的问题。包钢党委认为,首先要解决怕字当头的问题,同时要下决心把几个关键单位的领导班子整顿好。太钢初步总结了贯彻中共中央 13 号文件的三种做法:一是对问题严重的散班子、烂班子,发动群众重新揭盖子。首先抓第三炼钢厂。太钢党委书记卜虹云在三钢党员大会上,点名批评了该厂原党委书记和革委会一名副主任。二是狠斗派性,重点抓工程公司。召开大会批判了一名坏分子和与此人有牵连的两个派头头,群众开始发动起来。三是好的和比较好的班子,如第一炼钢厂党委,发动群众给厂领导提意见,促进上下团结,巩固发展已有成果。②

---

① 据国家计委生产组:《保钢小组简报(2)》(1975 年 6 月 7 日)。

② 《鞍武包太四大钢立即行动大张旗鼓传达贯彻中央十三号文件》,冶金工业部:《冶金工业简报》第 16 期(1975 年 6 月 9 日)。

（三）成立“保钢小组”，确保钢铁计划目标的实现

6月3日，由国家计委副主任袁宝华主持，召开了国务院有关部委负责人参加的生产调度会。会上，根据国务院领导同志指示和全国钢铁工业座谈会精神，组成了“保钢小组”。成员共10人：国家计委袁宝华、国家建委宋养初、冶金部杨殿奎、煤炭部李建平、水电部张彬、铁道部苏杰、交通部马耀骥、石化部孙晓风、一机部阎济民、物资局刘炳华。①

“保钢小组”的任务是：积极贯彻全国钢铁工业座谈会精神，加强领导，大力协同，发动群众，按质、按量、按品种、按合同，确保1975年钢铁计划任务的完成。具体任务有以下几项：

（1）认真贯彻落实全国钢铁工业座谈会提出的各项措施。检查总结抓革命、促生产的经验。抓紧时机，迅速把钢铁生产促上去。

（2）冶金部要及时向“保钢小组”汇报各地区、各重点企业，特别是鞍、武、包、太四大钢厂，贯彻中央指示以及全国钢铁工业座谈会精神的动态和经验，抓革命、促生产的情况和问题。

（3）国务院有关各部要协同一致，及时研究解决钢铁生产中存在的问题。

（4）对贯彻中央指示和全国钢铁工业座谈会精神的情况和经验，要及时向中共中央和国务院报告。

“保钢小组”的工作方法主要是：

（1）每星期五召开一次“保钢小组”会。会议决定事项，由国务院有关各部分头办理。

（2）国务院各部之间加强协作，互通情况。凡部与部之间直接联系可以解决的问题，主动配合，及时解决。

（3）冶金部要组织强有力的生产指挥调度班子，及时掌握情况，总结经验，反映和解决问题。

（4）国务院有关各部指定一名主管司、局长，与国家计委生产组密切联系，及时研究解决“保钢生产”中的外部和内部的具体问题，并向“保钢小组”报告和请示。

在中共中央13号文件的统一号令之下，各钢铁企业深入传达贯彻，“保钢小组”集中统一领导，冶金部加强生产指挥调度，钢铁生产继续好转。“保

---

① 此处和以下内容，均据国家计委生产组：《保钢小组简报（1）》（1975年6月3日）。

钢小组”于6月20日召开第三次会议，检查6月中旬的钢铁生产，情况如下：钢平均日产7.2万吨，比上旬增加1400吨；生铁平均日产7.7万吨，比上旬增加2000吨。但还没有达到月计划的要求，钢、铁还各自日欠产3000吨。钢欠产主要是鞍钢、武钢两家。武钢日欠2200吨，鞍钢日欠980吨。生铁欠产较多的，是武钢、本钢、太钢、酒钢。四川省各钢铁企业，贯彻中共中央13号文件后效果显著，生产上升很快。攀钢、重庆（特种钢厂）、重钢、成都无缝、长城五个钢厂，从5月下旬起生产普遍增长。长城钢厂变化最大，1975年头五个月，天天欠产，月月完不成计划。从5月下旬起，到6月下旬，天天超额完成计划。①

经过2月的“八大钢座谈会”、5月的全国钢铁工业座谈会、6月贯彻中共中央13号文件，钢铁生产取得很大进展。6月份，全国钢的平均日产量达到7.24万吨，超过了全年计划的平均日产量，开始补还亏欠。钢产量实现时间过半、任务完成过半的重点钢铁企业②有6个：首钢、攀钢、长城、西宁、大冶、抚顺。完成年计划43%的有9个：天津、唐山、大连、上海、齐钢、济南、重庆钢厂、马钢和鞍钢。钢材产量实现时间过半、任务完成过半的重点企业有4个：天津、长城、首钢、抚顺。

“保钢小组”和冶金部对钢铁生产抓得很紧。

从6月18日起，冶金部在天津召开全国下半年钢铁排产会，各省、自治区、直辖市和重点钢铁企业派代表参加。6月27日，“保钢小组”召开第四次会议，集中检查下半年钢铁排产中的问题，严肃指出：在贯彻执行“保钢”任务时，有些代表就不再见中共中央13号文件的精神了。如鞍、武、包、太、攀、首、本、唐、上海8个地区和9个钢厂，在会上讨价还价，不顾前门饭店全国钢铁工业座谈会的保证书，七折八扣，多拿少交，不保国家钢铁计划。初步排产结果是，钢少了31万吨，铁矿石少了95万吨，焦炭少了57万吨，钢材少了175万吨，钢材品种差距更大。“保钢小组”建议采取以下坚决措施：（1）天津排产会议必须坚持按全国钢铁工业座谈会确定的钢铁计划指标执行，不能再变。一定要执行保证书规定的任务。（2）各地区和各企业要努力完成钢铁产品国家

① 以上材料，据国家计委生产组：《保钢小组简报（4）》（1975年6月24日）。

② 此处所说重点钢铁企业，按当时“保钢小组”列表，共25个：鞍钢、上海、武钢、包钢、首钢、太钢、重钢、马钢、本钢、攀钢、天津、唐山、大冶、齐钢（齐齐哈尔）、大连、抚顺、重庆、成都、长城、西宁、西安、贵阳、昆明、济南、湘潭。

计划，不许擅自留用钢铁产品，已经留用的也应当扣还。(3)冶金部应将排产中出现的问题立即上报。①

7月18日，冶金部向全国计划工作务虚会汇报了冶金工业十年规划的几个问题，提出为完成"五五"计划期间生产4000万吨钢、"六五"计划期间生产6000万吨钢的任务，打算首先抓好十大钢铁基地，打三个硬仗(矿石原料、品种质量、降低消耗)，采取三项措施(开展"工业学大庆"运动，抓老大难单位转化，推广先进典型；改革管理体制；发展出口品种，力争"以出养进")。

8月1日，"保钢小组"又一次召开会议，研究当时的钢铁生产和1975年钢材分配问题。7月高温，加之鞍钢1万人患痢疾、上海流行红眼病等因素影响了出勤率，钢铁日产水平普遍下降，但还是保持了历史同期最高水平。鉴于8月正值酷暑，又是雨季，保钢小组会议提出，生产指标不宜安排过高，钢平均日产7300吨比较适宜。

1975年的钢铁整顿做了许多工作，钢铁战线作出了巨大的努力，但由于前几个月亏欠过于严重，1975年全年产钢2393万吨，未能拿下2600万吨，然而比1974年增产了280万吨。应该说，钢铁整顿的成效是明显的。

1975年就要过去了。12月15日至23日，在谷牧主持下，各省、自治区、直辖市负责同志和国务院有关部委负责同志用7个半天时间，座谈钢铁工业问题。谷牧于12月23日会议结束时作小结。他提出：要下决心在今后10年，一定把钢铁这个硬仗打下来。他说：只要路线对头，措施有力，齐心协力来抓，完全有可能经过一两年整顿，大踏步前进，提前一年实现"五五"计划，"六五"计划期间生产6000万吨钢也要提前一年实现。他还透露了一个消息：国务院钢铁工业领导小组还有个生产1亿吨钢的设想，现在先不吹，先把6000万吨钢打下来。②

前途是光明的，道路是曲折的。1976年，钢铁工业由于"批邓、反击右倾翻案风"运动的破坏作用，加之唐山大地震，唐钢毁坏，其他一些钢铁企业也受影响，这一年钢铁生产的情况比1974年还差，仅产钢2045.9万吨，几乎跌到10年徘徊时临界点的上限。钢铁工业的翻身仗，在1978年才真正打胜。1978年，全国产钢3178万吨，比1977年增加804万吨。总量超过英国和法

① 据国家计委生产组：《保钢小组简报(5)》(1975年7月1日)。

② 据《各省、市、自治区负责同志座谈钢铁工业的发言摘记》(打字稿)。

国,居世界第五位。1978 年 12 月 10 日,在北京人民大会堂隆重举行了庆祝大会。在改革开放的新时期,我国钢铁工业大踏步前进。1982 年,钢产量为 3716 万吨,超过联邦德国。到 1989 年,钢产量突破 6000 万吨大关,达到 6159 万吨。1993 年,钢产量达到 8953 万吨,超过美国,居世界第二位,实现了毛泽东在 20 世纪 50 年代提出的钢产量赶超英、美的目标。到 1996 年,中国钢产量突破 1 亿吨大关,为 1. 0124 亿吨,超过日本,居世界第一。1975 年年底谷牧悄悄说出的设想,成为现实。

第五章
围绕“反经验主义”的较量

在1975年的中国，同工业交通战线上的整顿几乎同时展开的，是思想政治战线上的“学习无产阶级专政理论”的运动。在铁路整顿启动之前，学习无产阶级专政理论的运动已经按毛泽东的部署在全国发动起来了。

一、“四人帮”企图把学习理论运动引向“反经验主义”的邪路

这个学习运动，是按照毛泽东在1974年的两次谈话（10月同丹麦首相哈特林和12月同周恩来）的部署进行的。毛泽东关于理论问题谈话的内容，在本书第一章有关理论问题指示的部分已经作过简要述评。这里，我们叙述一下从毛泽东发表关于理论问题的谈话到形成学习无产阶级专政理论运动的过程。

（一）从发表关于理论问题的谈话到形成学习理论运动

1974年12月23日至27日，毛泽东在长沙听取周恩来、王洪文汇报四届全国人大筹备工作情况。12月26日，他同周恩来单独长谈，除商量人事安排之外，另一个重要内容，就是谈理论问题。1975年1月7日，周恩来将这次关于理论问题的谈话要点整理稿送毛泽东审阅，毛泽东作了个别文字修改。1月8日，周恩来将这个《谈话要点》送全体中共中央政治局委员、候补委员传阅。全文如下①：

① 以下全文录自《建国以来毛泽东文稿》第13册，第413—414页。文中的注是原有的。

> 毛主席在听取四届人大筹备工作的汇报后说，这次谈两个问题，一个人事安排，一个理论问题。
>
> 关于理论问题，毛主席说，列宁为什么说对资产阶级专政，要写文章。要告诉（张）春桥、（姚）文元把列宁著作中好几处提到这个问题的找出来，印大字本送我。大家先读，然后写文章。要春桥写这类文章。这个问题不搞清楚，就会变修正主义。要使全国知道。
>
> 毛主席说，我同丹麦首相谈过社会主义制度（注：毛主席在一九七四年十月二十日会见丹麦首相保罗·哈特林时说过，总而言之，中国属于社会主义国家。解放前跟资本主义差不多。现在还实行八级工资制，按劳分配，货币交换，这些跟旧社会没有多少差别。所不同的是所有制变更了）。我国现在实行的是商品制度，工资制度也不平等，有八级工资制，等等。这只能在无产阶级专政下加以限制。
>
> 所以，林彪一类如上台，搞资本主义制度很容易。因此，要多看点马列主义的书。
>
> 列宁说，“小生产是经常地、每日每时地、自发地和大批地产生着资本主义和资产阶级的”。工人阶级一部分，党员一部分，也有这种情况。
>
> 无产阶级中，机关工作人员中，都有发生资产阶级生活作风的。

1975 年 2 月 9 日，农历春节前夕，《人民日报》发表社论《学好无产阶级专政的理论》，传达了毛泽东于 1974 年 10 月和 12 月所作关于理论问题重要指示的主要内容与精神。社论强调了毛泽东关于理论问题指示的重大意义。社论的开头三段写道：

> 伟大领袖毛主席最近作了关于理论问题的指示。
>
> 毛主席指出，列宁为什么说对资产阶级专政，这个问题要搞清楚，“这个问题不搞清楚，就会变修正主义。要使全国知道”。
>
> 毛主席的这个指示，对于进一步理解和贯彻执行党的基本路线，对于普及、深入、持久地开展批林批孔运动，搞好反修防修的斗争，加强全国各族人民的革命团结，具有重大的现实意义和深远的历史意义。

社论指出：“对无产阶级专政的态度，是区分真假马克思主义的试金石。”社论号召“各级党委要遵照毛主席的指示，认真抓好无产阶级专政理论的学习”，“要继续批判孔孟之道，研究儒法斗争和整个阶级斗争的历史，总结历史经验，加深对无产阶级专政的认识。要研究苏联的修正主义是怎样上台的，第一个社会主义国家是怎样变质成为社会帝国主义国家的。要进行社会调查，研究各个领域两个阶级、两条道路和两条路线斗争的现状，搞好各条战线的斗批改，发挥无产阶级先锋队的领导作用，使巩固无产阶级专政的任务落实到每个基层”。

2月10日，经毛泽东圈阅，中共中央发出1975年4号文件：《中共中央批转一九七五年国民经济计划的通知》。这个通知也传达了毛泽东关于要搞清楚为什么对资产阶级专政的问题、要使全国知道那段关于理论问题的指示，并强调：“当前要特别学好毛主席关于无产阶级对资产阶级实行专政这一重大理论问题。”

2月11日，周恩来就中央转发毛泽东关于理论问题的指示及其他有关文件致信王洪文、叶剑英、邓小平、张春桥，建议“先在政治局常委一谈，然后再提交政治局讨论”。2月15日，周恩来在人民大会堂主持中共中央政治局常委会，讨论中央通知和有关文件。除中共中央政治局常委王洪文、叶剑英、邓小平、张春桥出席外，姚文元也参加了。①

2月18日，经毛泽东圈阅，中共中央发出1975年5号文件：《中共中央关于学习毛主席关于理论问题的重要指示的通知》，将毛泽东关于理论问题的重要指示发给“各省、市、自治区党委，各大军区、省军区、野战军党委，中央和国家机关各部委领导小组或党的核心小组，军委各总部、各军兵种党委”。《通知》全文如下：

> 现将毛主席关于理论问题的重要指示发给你们，望你们认真组织广大党员、干部和党外群众学习。
>
> 毛主席的指示极为重要，弄清楚这个问题，对于反修防修，巩固无产阶级专政，防止资本主义复辟，坚定地执行党的基本路线，坚持无产阶级专政下的继续革命，具有极其重要的现实意义和深远的历史意义。
>
> 根据毛主席指示摘编的马克思、恩格斯、列宁论无产阶级专政的语录，不久将在《人民日报》、《红旗》杂志上发表。也请你们认真学

① 《周恩来年谱（1949—1976）》（下卷），第696页。

习，并且要多读一点马列的书和毛主席的书。这个学习可以同批林批孔紧密地结合起来。

各级领导干部要带头学好。在学习中，注意联系我国革命的实际情况和历史经验，并亲自对目前实际状况做一点调查研究。同时，要领导并帮助党员和群众学好。注意总结学习中的先进经验。促进全国的安定团结。

本通知和毛主席指示发至基层党支部，口头传达到群众。

学习的情况和问题，望及时报告中央。

《通知》下发的《毛主席指示》，与上文已经引述的周恩来于1975年1月8日送中共中央政治局成员传阅的相同，是1月7日经毛泽东审阅、修改过的。

2月22日的《人民日报》和3月1日出版的《红旗》杂志，发表了《马克思、恩格斯、列宁论无产阶级专政》语录33条。这是张春桥、姚文元遵照毛泽东的要求摘录的。原先他们按毛泽东的指示，从列宁著作中摘录了20条，印大字本送给毛泽东。后来才加上马克思和恩格斯的论述，扩充为33条。这一过程，从张春桥、姚文元报送20条语录的信中可以看出来。

1975年1月29日，张春桥、姚文元搞出了20条语录，报送毛泽东，同时奉上一信：

主席：

送上我们摘录的列宁关于无产阶级专政的论述，共二十条、五千字，不知是否符合主席的要求。如果这次摘录的不行，我们可以再摘录一次。如果基本可用，是否可以印发政治局同志参考，也请批示。

敬礼！

张春桥

姚文元

一九七五年一月二十九日

毛泽东于1975年2月2日批示：“同意印发。”

看来，列宁关于无产阶级专政的20条论述印发中共中央政治局各同志后，进行过讨论，结果有较大的增补。语录从20条增加为33条，增加了13条。其中，马克思的5条，恩格斯的2条，马克思、恩格斯合著中选出的3条，列宁的3条。

《人民日报》和《红旗》杂志为发表《马克思、恩格斯、列宁论无产阶级专政》(通称33条语录),加了“编者按”。

通过这则“编者按”,公开发表了毛泽东关于理论问题的指示。“编者按”说:“伟大领袖毛主席最近作了关于理论问题的重要指示”,接着就分三段引述了毛泽东关于理论问题谈话的主要内容,只是略去了叙述作出指示过程和布置张春桥、姚文元写文章、摘语录的那些话。

“编者按”对毛泽东关于理论问题指示的意义和学习无产阶级专政理论运动的意义,作了以下论述:“毛主席的指示,对马克思主义关于无产阶级专政的理论作了深刻的阐述,指出了当前学习无产阶级专政理论的极端重要性,应当引起全党同志和全国人民的高度重视。”“全国亿万人民学习和掌握马克思主义关于无产阶级专政的理论,是反修防修的大事,是巩固和加强无产阶级专政的大事。各级党委一定要把关于无产阶级专政理论的学习抓紧抓好,更加自觉地贯彻执行党的基本路线和各项政策,进一步搞好批林批孔运动,把无产阶级专政下的继续革命进行到底。”

就这样,一个学习无产阶级专政理论的运动在全中国发动起来。

(二)“四人帮”把学习理论运动引向“反经验主义”的邪路

对于贯彻毛泽东关于学习无产阶级专政理论的指示,周恩来、邓小平等人同“四人帮”的态度和重点完全不同。周恩来、邓小平等人把毛泽东关于学习理论的指示同安定团结和把国民经济搞上去的指示联系在一起,他们提倡学习和贯彻毛泽东关于学习理论的指示,联系实际的重点是:反对资产阶级派性,实现安定团结;反对无政府主义和资产阶级作风,建立健全规章制度和生产秩序,把生产搞上去;发展社会生产力,发挥社会主义优越性,为限制资产阶级法权创造条件。“四人帮”却利用学习无产阶级专政理论运动,特别是利用毛泽东要张春桥、姚文元写文章的机会,故意把运动的重点放到所谓“反经验主义”上去,从而把运动引向邪路。他们企图以此来攻击周恩来等老一辈无产阶级革命家,破坏安定团结,为他们篡夺党和国家的最高权力服务。

1. 姚文元故意制造谣言

1975年3月1日,《人民日报》转载《红旗》杂志第3期登出的姚文元的文章《论林彪反党集团的社会基础》,论证资产阶级法权的存在“是产生新的资产阶级分子的重要的经济基础”,强调必须批评、限制、破除资产阶级法权。这篇文章耸人听闻地说,有了资产阶级法权思想,“当修正主义思潮出来时”,

“还会上当受骗，甚至糊里糊涂地上了贼船”。姚文元又把“上贼船”同“经验主义”联系到一起，还故意制造谣言说：“一九五九年反对彭德怀反党集团时，毛主席曾经指出，‘现在，主要危险是经验主义’，因此要认真读书。这十几年来，毛主席多次重复了这个意见。”

在这里需要说清楚的是，毛泽东在1959年讲“现在，主要危险是经验主义”这句话，是专对当时的情况而发，“现在”两字说得很分明；十几年来，毛泽东并没有多次重复这个意见。姚文元在文章中故意把毛泽东在1959年所作“主要危险是经验主义”的论断，同1974年说的“要认真读书”的意见混在一起，目的是突出强调他们制造的“这十几年来，毛主席多次重复了这个意见”——“现在，主要危险是经验主义”这一谣言。

毛泽东于1959年讲的这句有特指的话，写在1959年8月15日致参加庐山会议各位同志的信中。这封信的全文如下①：

各位同志：

建议读两本书。一本，《哲学小辞典》（第三版）。一本，《政治经济学教科书》（第三版）。两本都在半年读完。这里讲《哲学小辞典》一书的第三版。第一、二版，错误颇多，第三版，好得多了。照我看来，第三版也还有一些缺点和错误。不要紧，我们读时可加以分析和鉴别。同《政治经济学教科书》一样，基本上是一本好书。为了从理论上批判经验主义，我们必须读哲学。理论上，我们过去批判了教条主义，但是没有批判经验主义。现在，主要危险是经验主义。在这里印出了《哲学小辞典》中的一部分，题为《经验主义，还是马克思列宁主义》，以期引起大家读哲学的兴趣。尔后可以接读全书。至于读哲学史，可以放在稍后一步。我们现在必须作战，从三个方面打败反党的反马克思主义的思潮：思想方面、政治方面、经济方面。思想方面，即理论方面。建议从哲学、经济学两门入手，连类而及其他部门。

毛泽东

一九五九年八月十五日

2. 张春桥鼓吹把反经验主义“当做纲”

当时，“四人帮”中不仅姚文元强调要反对经验主义，张春桥、江青、王洪

---

① 《建国以来毛泽东文稿》第8册，第446页。

文也都在不同场合竭力鼓吹这一点。这当然不是偶然的巧合。

就在姚文元的文章在《人民日报》登出的1975年3月1日这一天，张春桥以解放军总政主任的身份（他在1975年1月被任命为总政治部主任），在全军各大单位政治部主任座谈会上讲话，与姚文元的文章相呼应，提出："对经验主义的危险，恐怕还是要警惕"，"要解决"；他还说，毛泽东在1959年关于反对经验主义的话"现在仍然有效"，要把反对经验主义"当做纲"。他又在3月写的一个文件稿中写道："这些年来，我们学习马列的状况，有所进步，但是，主要危险是经验主义这一点并没有根本改变。"①

3月21日，《人民日报》发表社论《领导干部要带头学好》。这篇社论在引用毛泽东于1959年在庐山会议时写的"现在，主要危险是经验主义"这句话后说："十多年来的事实证明，经验主义是修正主义的助手。犯有经验主义错误的人……很容易跟着修正主义路线走。"

4月1日，张春桥发表《论对资产阶级的全面专政》，在否定"中国属于社会主义国家"这个大前提下，高谈"继续革命"；闭口不谈社会主义民主，却提出必须"在一切领域、在革命发展的一切阶段始终坚持对资产阶级的全面专政"。他把无产阶级专政的历史任务歪曲为只是专政，而且是无产阶级对"一切"实行专政。张春桥还抛出一个颇具煽动性的口号，叫做"打'土围子'"。他把反对"四人帮"那套"左"倾错误的老干部比作民主革命时期躲在"土围子"里的敌人，叫嚷要把他们"全部地打掉"，对他们实行"全面专政"。

3. *江青积极组织发动*

江青也十分起劲地为"反经验主义"进行组织发动。

4月4日，"四人帮"的爪牙迟群向当时抓的典型单位之一北京新华印刷厂，传达江青的电话指示："党现在最大的危险不是教条主义而是经验主义。这个问题进城以后就屡次提出过，在全党没有提起应有的警惕。现在我们应该按照毛主席的教导，对经验主义的危险性，擦亮眼睛，要认识清楚，保持高度警惕。经验主义是修正主义的帮凶，是当前的大敌。共产党员、共青团员如不很好地学习马列主义、毛泽东思想，提高识别经验主义的鉴别力，否则就会变修。"②4

---

① 《王洪文、张春桥、江青、姚文元反党集团罪证（材料之一）》，1976年12月，第30页。

② 据金冲及主编：《周恩来传》（下），第2127页；《周恩来年谱（1949—1976）》（下卷），第701页。

月 5 日，江青又对清华、北大两校大批判组讲了这些话。[①] 江青和王洪文，还分别找中共中央政治局一些成员谈话，宣传“经验主义是当前的大敌”[②]，并分送上海机床厂“反经验主义”的 10 条经验等材料。

在经过一段时间酝酿之后，江青于 4 月中旬的中共中央政治局会议上一再提出“反经验主义”的问题，说中共中央政治局应该讨论，而且要“交锋”。[③]

（三）“反经验主义”的矛头所向是周恩来和一大批老干部

“四人帮”手里掌握着舆论工具。在他们指挥下，三四月间，北京、上海两地的主要报纸接连发表宣扬经验主义是当时主要危险的报道和文章。他们大搞影射史学，把矛头指向周恩来和其他富有经验的中央领导同志。上海《解放日报》在 4 月 7 日发表的《历史的经验值得注意》，就是明显的一例。文中露骨地说：“恰恰是这些同志，自觉地或不自觉地成了王明教条主义的合作者。”这就明白无误地告诉读者，“四人帮”指责为当时主要危险的经验主义的代表人物，就是历史上犯过所谓“经验主义”错误，而“自觉地或不自觉地成了王明教条主义的合作者”的人。

了解中国共产党历史的读者都知道，这是明目张胆地攻击周恩来。

在 20 世纪 40 年代初进行延安整风的时候，主要是反对以王明为代表的教条主义及其宗派集团，同时也反对经验主义。当时有所谓“教条派”和“经验派”之说。周恩来曾被认为是“犯经验主义错误的代表”，是所谓“经验派”。

在抗日战争初期武汉中共中央长江局工作时，周恩来确曾同王明共事。

1937 年 11 月 29 日，王明从苏联莫斯科回到延安。从 12 月 9 日到 14 日，中共中央政治局召开会议（史称“十二月会议”）。在组织方面，会议决定增补王明、陈云、康生为中共中央书记处书记；由周恩来、王明、博古、叶剑英组成中共代表团，负责与国民党谈判；由王明、周恩来、博古、项英、董必武组成中共中央长江局，领导南部中国党的工作。王明、周恩来、博古等人于 12 月 18 日到达武汉。12 月 21 日晚，王明、周恩来、博古即同蒋介石会谈。12 月 23 日，中

① 据《周恩来传》（下），第 2127 页。

② 转引自力平：《“文化大革命”中的周恩来》，见同名该书，中共中央党校出版社 1991 年版，第 41 页。

③ 据邓小平在周恩来 1975 年 5 月 21 日给中共中央政治局委员们的信中所加的注，见《周恩来传》（下），第 2128 页。

共代表团和长江局召开联席会议，为工作集中和便利起见，决定代表团和长江局合为一个组织，对外称中共中央代表团，对内为中共中央长江局。中共中央代表团和长江局由项英、博古、周恩来、叶剑英、王明、董必武、林伯渠组成，以王明为书记，周恩来为副书记。长江局的工作由王明主持，周恩来主要负责统一战线方面的工作。

在武汉长江局期间，周恩来除了同国民党进行谈判外，还广泛开展统一战线工作，取得重大的成功；并经中共中央同意，于1938年春出任国民政府军事委员会政治部副部长（这是整个抗日战争期间，共产党人在国民党军政部门担任的唯一要职），极大地推动了抗日的宣传和政治动员工作；同时，他还卓有成效地领导了南方中共党组织的恢复和发展，特别是红军游击队的改编和新四军的组建及东进抗日。周恩来在长江局期间，贯彻了中共中央关于建立抗日民族统一战线的策略，是有巨大功绩的。毋庸讳言，周恩来也不是完全正确①，但周恩来与犯右倾投降主义错误的王明显然有根本上的不同。②

对于历史上的这些情况，对于周恩来严于律己、光明磊落、诚恳检讨历史上犯过的错误的态度，江青一伙是完全清楚的。他们在这时提出所谓"反经验主义"问题，并要把它作为学习无产阶级专政理论的"纲"，完全暴露了他们企图利用毛泽东提倡学习理论之机，把矛头指向周恩来及一大批老干部，以便

---

① 关于周恩来在中共中央长江局期间的失误，《周恩来传》（中共中央文献研究室编，金冲及主编）有如下一段评述："在武汉时期长江局的工作中，周恩来也有失误。这一点，他自己多次说过。一九四五年四月他在中共第七次代表大会发言时说：'那个时候在武汉，我们自己也有错误。就是说，当时在武汉做领导工作的同志，我也在内，着重在相信国民党的力量可以打胜仗，而轻视发展我们自己的力量；在战争上强调运动战，轻视游击战。'（《周恩来选集》上卷，人民出版社1980年版，第197页）在这段时间内，长江局曾以王明、周恩来、博古等人的名义多次致电中共中央，并发表过《我们对于保卫武汉与第三期抗战问题底意见》，其中有些意见是错误的。尽管这些文电主要是王明的思想，但周恩来是长江局副书记，并且署了名，也有责任。"（《周恩来传》（上），第520页）

② 《周恩来传》对此也有一段评述：周恩来和王明自然是不同的。只要客观地考察周恩来在武汉时期的全部活动，不难看到：他在同国民党的谈判中，始终坚持独立自主的原则，在涉及人民根本利益的问题上从来没有作过无原则的妥协和屈从；他一直坚持抗日和民主是不可分离的，竭尽全力地推进国民党统治区的人民运动，保护人民的民主权利；他积极宣传持久抗战的主张，要求他和叶剑英指挥的河南竹沟那部分新四军要放手发展武装力量，开赴敌后，独立自主地发展抗日游击战争。从总体上看，他在这个时期的工作是正确的。但在有些问题上，他一度受到过王明的影响也是事实。以后，周恩来在一生中不知多少次地谈到他的这些失误，把它们引为终身不忘的教训（《周恩来传》（上），第521—522页）。

取而代之的险恶用心。

果真如此！“四人帮”在党内外造成“反经验主义”的声势后，就图谋把“反经验主义”的舆论变为一个重要的实际行动了。

他们要利用毛泽东，骗取毛泽东的支持。

他们这回采取的办法是：姚文元指使他主管的新华社于4月20日写出一份《关于报道学习无产阶级专政理论问题的请示报告》，由姚文元送毛泽东审阅。这个请示报告中说：在今后一段时间里，我们要大力报道各级干部认真读书，刻苦钻研，决心弄通无产阶级专政的理论，反对学习中不求甚解的作风，特别要宣传各级干部通过学习，认识和批判经验主义的危害，自觉克服经验主义。①

“四人帮”自以为得计，认为可以由此刮起一股反对经验主义的风来。没有想到，他们搬起石头砸了自己的脚，毛泽东没有受骗上当，给了他们好一顿批评。

二、邓小平的巧妙对策和毛泽东的鲜明态度

（一）邓小平识破“四人帮”“反经验主义”的居心

对“四人帮”搞“反经验主义”的居心，邓小平洞若观火。

“四人帮”在三四月间一个腔调地大反“经验主义”之时，正是周恩来病重开刀之际。3月26日，周恩来做了住院后的第三次大手术，切除了新发现的大肠内的肿瘤。肿瘤的位置，正好就是40年前长征途中在沙窝会议（1935年8月4日至6日）后得肝脓疡病穿肠成便的地方。这次手术进行了8个小时之久。在此前后，邓小平同周恩来多次单独谈话。他们还几次同王海容、唐闻生长谈。② 那时，毛泽东在外地接待外宾，都是王海容、唐闻生两人当翻译。她们常有机会见到毛泽东，向毛泽东反映情况。

当4月上旬江青、王洪文找中共中央政治局一些成员谈“经验主义是当前的大敌”时，邓小平一针见血地指明：这是在政治局内一个一个动员反（周）总理。③

---

① 据毛泽东：《对新华社关于报道学习无产阶级专政理论问题请示报告的批语》注释[1]，《建国以来毛泽东文稿》第13册，第426—427页。

② 《周恩来传》引周恩来卫士记录的《首长活动日记》（1974—1976年），见该书第2128页。

③ 据力平：《“文化大革命”中的周恩来》，中共中央党校出版社1991年版，第41页。

（二）邓小平向毛泽东请教

邓小平要用适当方式，向毛泽东反映这一重大的政治动向。

机会很快来了，这就是毛泽东和金日成的会见。根据日程安排，毛泽东主席要会见朝鲜领袖金日成主席。邓小平副总理陪同会见。

1975 年 4 月 18 日，朝鲜劳动党中央委员会总书记、朝鲜民主主义人民共和国主席金日成率领党政代表团应邀前来我国访问。

4 月中旬，毛泽东从杭州回到北京，以便在中国首都同金日成会面。毛泽东是在 1974 年 7 月中旬到外地的，离开北京已经 9 个月了。

4 月 18 日下午 4 时，金日成主席乘坐的专列到达北京。中共中央副主席、国务院副总理邓小平代表毛泽东主席、中共中央和中国政府，到车站迎接金日成主席等朝鲜贵宾。

当天下午，毛泽东就会见了金日成和他率领的朝鲜党政代表团。邓小平是陪同会见的唯一中国领导人。

对中朝两位最高领导人礼节性会见以后的谈话，新华社 1975 年 4 月 18 日的电讯作了如下简要报道：

> 毛泽东主席和金日成主席进行了非常亲切友好的谈话。谈话时，朝鲜党政代表团团员吴振宇在座。
>
> 中共中央副主席、国务院副总理邓小平，外交部副部长王海容、副司长唐闻生参加了会见和谈话。

至于谈话的详细内容，按惯例没有公开。

毛泽东同金日成的谈话，内容相当广泛。谈话快结束的时候，有一段涉及邓小平，同本书叙述的历史不无关系。这里把有关的内容引述于下。

毛泽东告诉金日成：我们的 premier（总理）有病，一年里开过三次刀。一个是膀胱，开过两次。然后是大肠外面长了一个东西，又开了刀。

金日成回答说：邓小平副主席讲过这个事。

邓小平立即说明：专门请他们的玄峻极大使回去报告了这件事。

毛泽东深有感慨地说：董必武同志去世了。总理生病，我也生病，康生同志也害病，刘伯承同志也害病。你们好一些。

毛泽东谈到自己的健康状况说：我今年八十二了，快不行了，靠你们了。

金日成说：谢谢。祝你保持健康，保持好的身体！

毛泽东说：我能想，能吃饭，能睡觉，这三个好。

金日成说:这也是很重要的,因为你的存在对中国人民、朝鲜人民、亚洲人民、世界人民、第三世界人民有很大的鼓舞,所以你长寿对我们是很宝贵的事。

毛泽东说:不行了。

金日成问:为什么不行?

毛泽东答道:上帝请我喝烧酒(笑)。

金日成说:还早!

毛泽东说:还早啊?你叫我不去啊(笑)?

金日成说:我们不希望你去。

毛泽东又关切地询问金日成:你们那里有没有找到石油?然后,谈话直接涉及邓小平。

毛泽东说:我不谈政治,由他(指邓小平)来跟你谈了。此人叫邓小平。

金日成回答道:我们很早就认识了,他做过很多工作,是老朋友、老同志了。

毛泽东说:他会打仗。

金日成接着说:不但会打仗,而且会做政治工作,进行思想斗争。

毛泽东补充道:还会反修正主义。

金日成说:是啊,我们很清楚他。我和邓小平副主席10年没见了。

毛泽东解释说:“红卫兵”整他,现在无事了。那个时候打倒了好几年,现在又起来了。

金日成说:很好,我们欢迎!

毛泽东说:我们要他!

金日成再一次说:我们也欢迎他!

从这一段谈话,可见毛泽东对邓小平是怎样地信任和器重。

在会见结束、送走金日成以后,邓小平就张春桥于3月1日在全军各大单位政治部主任座谈会上片面强调“经验主义是当前主要危险”的讲话,当面向毛泽东请教,同时,还反映了江青在中共中央政治局会议上正式提出要讨论这个问题、要交锋等情况。邓小平明确表示,不同意“经验主义是当前主要危险”的说法。毛泽东赞同邓小平的意见。①

---

① 据周恩来于1975年5月21日给中共中央政治局委员信中的话和邓小平加的注,《周恩来传》(下),第2128页。

（三）毛泽东的批语

"四人帮"无从得知毛泽东、邓小平之间这次重要谈话的内容，继续打着他们的如意算盘。

姚文元把他指使新华社于 4 月 20 日写的那份强调"认识和批判经验主义，自觉克服经验主义"的请示报告，送到了毛泽东的案头。

通过 4 月 18 日邓小平的当面请教，毛泽东已经知道了"四人帮"借学习无产阶级专政理论搞"反经验主义"的经过和企图，对他们非常不满。4 月 23 日，毛泽东在姚文元送审的这份请示报告上，写下这样一段批语①：

> 提法似应提反对修正主义，包括反对经验主义和教条主义，二者都是修正马列主义的，不要只提一项，放过另一项。各地情况不同，都是由于马列水平不高而来的。不论何者都应教育，应以多年时间逐渐提高马列（水平）为好。
>
> 我党真懂马列的不多，有些人自以为懂了，其实不大懂，自以为是，动不动就训人，这也是不懂马列的一种表现。
>
> 此问题请提政治局一议。
>
> 为盼。

"四人帮"大反"经验主义"，没想到在毛泽东那里碰了一鼻子的灰。

三、4 月 27 日中共中央政治局会议的初步交锋和江青、王洪文在会后的花招

在毛泽东的批评面前，"四人帮"露出了他们藏在麒麟皮下的马脚。

他们竭力把毛泽东的批示封锁起来。新华社干部听说毛泽东有批示，要求传达。姚文元不准，又说不出一点理由，遂同王洪文一起串演了一出"双簧戏"。他要新华社就是否传达毛泽东批示的问题，向中共中央副主席王洪文写报告"请示"。王洪文批示"暂不传达"。报告转到姚文元手里，姚文元立即写下"同意暂不传达"。这样一来，就算名正言顺地把毛泽东的批示封锁了。更为恶劣

① 中共中央办公厅曾将新华社 4 月 20 日的报告和毛泽东 4 月 23 日的批语，作为 1975 年第 126 号文件印发。《人民日报》于 1976 年 11 月 19 日发表的《"四人帮"篡党夺权的一个黑纲领——批判王张江姚反党集团的反经验主义为"纲"》一文中，用黑体字引用了这个批语的主要内容。这个批语收入《建国以来毛泽东文稿》第 13 册。

的是,有人提到毛泽东的批示,"四人帮"就兴师问罪,诬蔑为"传播政治谣言"。

可是,纸是包不住火的。在中共中央政治局内部,王洪文、姚文元无法一手遮天。毛泽东不仅在新华社的请示报告上对"反经验主义"问题作了批评,而且明确要求:"此问题请提政治局一议",使"四人帮"无法逃遁。

4 月 27 日,中共中央政治局开会,议论、领会毛泽东 4 月 23 日批示精神,研究怎样贯彻落实。

到会的中共中央政治局委员都发了言。

叶剑英、邓小平等人在发言中严词批评江青、张春桥等人大反"经验主义"的错误,并对江青在 1973 年 12 月中共中央政治局扩大会议上提出所谓"第十一次路线斗争"、在"批林批孔"运动中以个人名义送材料和进行其他宗派活动的问题提出尖锐质问。

江青不得不在会上作了检讨①,但是会后,"四人帮"就赖账了。王洪文、江青分别向毛泽东"告状",并要求见毛泽东。

王洪文给毛泽东写信,汇报 4 月 27 日中共中央政治局会议的情况。信中诬告周恩来、叶剑英、邓小平总是把形势说得漆黑一团,支持、纵容社会上最凶的谣言;说叶剑英、邓小平想把江青一棒子打下去,所涉及的问题都同"文化大革命"和"批林批孔"联系在一起;王洪文还说:"这场争论,实际上是总理想说而不好说的话,由叶、邓说出来,目的是翻前年十二月会议的案。"②王洪文要求面见毛泽东。

江青打电话给毛泽东处,要秘书转告毛泽东:4 月 27 日会上几个人跳出来围攻他们,这是庐山会议的再现。她要求见毛泽东面谈。

毛泽东没有答应他们的要求。他说:"不见,要见请大家一起来。"

四、毛泽东主持 5 月 3 日中共中央政治局会议,批评"四人帮"

(一)毛泽东与中共中央政治局委员亲切会见

毛泽东看到了同"四人帮"斗争的严重性,果真"请大家一起来"见面。

---

① 据《周恩来年谱(1949—1976)》(下卷),第 703 页。

② 据《周恩来年谱(1949—1976)》(下卷),第 703 页;并据一份有关"四人帮"问题的材料。

5月3日深夜，毛泽东亲自召集中共中央政治局会议，在京的中共中央政治局委员、候补委员出席。开会地点就在毛泽东于中南海的住所。这也是毛泽东最后一次召集和出席中共中央政治局会议。①

与会者一一同毛泽东握手。毛泽东同他们相互寒暄、问候，谈吐间保持着他特有的幽默和机智。

毛泽东问抱病赴会的周恩来：怎么样？还好吗？

周恩来答道：开了三刀，消化还可以，前天向主席问候了。

毛泽东在同叶剑英握手时说：老帅呀。

他在同邓小平握手时说：小平呀。

他在同吴德握手时说：吴德有德呀。

前些日子，陈永贵给毛泽东写过一封信。毛泽东在同陈永贵握手时说：你的信好啊。三分之一（时间）在大寨，三分之一（时间）在全国，三分之一（时间）在中央。不要住在钓鱼台，那里没有鱼钓。你和吴桂贤都搬出来，不要住在钓鱼台。

毛泽东在同苏振华握手时说：管海军靠你呀。海军要搞好，使敌人怕。我们海军只有这样大。他一边说着，一边伸出一个小指头比画着。

早在1953年2月，毛泽东首次视察海军舰艇部队时，就接连五次题词，内容都是："为了反对帝国主义的侵略，我们一定要建立强大的海军。"接着，他在同年12月4日的中共中央政治局扩大会议上又指示："我们必须在一个较长时期内，根据工业发展的情况和财政的情况，有计划逐步地建设一支强大的海军。"②显然，他强烈地希望加快海军的建设，改变我国海军弱小的现状。

苏振华原是中共中央军委常委兼副秘书长、海军政委，"文化大革命"中受错误批判，被解除职务。1972年3月5日，毛泽东在苏振华于1971年12月13日给他的信上，写了"此人似可解放了。如果海军不能用他，似可改回陆军（或在地方）让他做一些工作"的批语。③ 苏振华乃得以复出。1972年5月22日，中共中央军委任命他为海军第一副司令员。1973年3月1日，中共中央军委又任命他担任海军第一政委。同年8月，在中共十大上，苏振华当选为中央委员；在中共十届一中全会上，当选为中央政治局候补委员。此刻，他回答

---

① 这次中共中央政治局会议的时间、地点，据《邓小平年谱（1975—1997）》（上），第40页。

② 《当代中国的海军》，中国社会科学出版社1987年版，第39—40页。

③ 《建国以来毛泽东文稿》第13册，第290页。

毛泽东说：现在（海军）大了一点，现在这么大。苏振华一面说，一面伸出无名指。

苏振华这么说并非吹牛。经过20多年，新中国已经建成了相当规模的造船工业基地。就在“文化大革命”期间加快进行的“三线”建设中，沿长江中游万县一线，一个以建造海军舰船为主的基地已经建成。当时，我国已经能够年产5万吨左右军用船只。1971年，我国研制的第一艘导弹驱逐舰交付海军部队使用。1974年“八一”建军节时，我国制造的第一艘核潜艇“长征”一号被正式编入海军战斗序列。当时我国海军虽然还不强大，但已经大为改观了。

毛泽东在同谢静宜握手时说：你当了大官了，要谨慎呀。

谢静宜答：我不想当大官，但是现在官做得越来越大。

毛泽东诙谐地说：试试看吧，不行就（作手势）……搞不好就卷铺盖卷。

（二）毛泽东对“四人帮”“反经验主义”的批评

会议开始，毛泽东开门见山，提出“反经验主义”的问题。他老人家首先作了自我批评。

毛泽东说：

> 好久不见了，有一个问题，我与你们商量，一些人思想不一致。我自己也犯了错误，春桥那篇文章，我没有看出来，只听了一遍，我是没有看，我也不能看书，讲了经验主义的问题我放过了。新华社的文件，文元给我看了。还有上海机床厂的十条经验，都说了经验主义，一个马克思主义都没有，也没有说教条主义。

毛泽东强调“现在要安定团结”，指出：

> 要安定，要团结。无论什么问题，无论经验主义也好，教条主义也好，都是修正马列主义，都要用教育的方法。

毛泽东批评江青等人说：

> 现在我们的一部分同志犯了错误要批评。三箭齐发，批林，批孔，批走后门。批林批孔都要这些人来干，没有这些人批林批孔就不行。走后门这样的人有成百万，包括你们在内（指在座的王海容、唐闻生），我也是一个，我送了几个女孩子到北大上学。我没办法，我说你们去上学。她们当了五年工人，现在送她们上大学了，我送去的，也是走后门。我也有资产阶级法权。我送去，小谢（静宜）不得

不收。这些人不是坏人。

毛泽东又说：

你们只恨经验主义，不恨教条主义，“二十八个半”统治了四年之久，打着共产国际的旗帜，吓唬中国党，凡不赞成的就要打，俘虏了一批经验主义。

毛泽东在指出“不要看低教条主义”后说：

有经验主义的人多，无非是不认识几个字，马列也不能看，他们只好凭经验办事。历来对经验主义是没有办法，慢慢来，还要十年、八年，二十年、三十年可以好一些。太急了不好，不要急，一些观念连不起来。

我说的是安定团结，教条主义，经验主义，修正主义，又要批评资产阶级法权，不能过急，你们谁要过急就要摔下来。

毛泽东再次强调了“三要三不要”的原则。他说：

这一次还是三条，要马列不要修正，要团结不要分裂，要光明正大，不要搞阴谋诡计，就是不要搞宗派主义。

他反复重申“三要三不要”的原则，并指出：“有的同志不信三条，也不听我的，这三条都忘记了。”他交代：“（中共）九大、十大都讲这三条，这三条要大家再议一下。”“其他的事你们去议，治病救人，不处分任何人。”

毛泽东继1974年12月在长沙告诫王洪文“不要搞‘四人帮’”之后，又一次而且是当着全体中共中央政治局委员的面，告诫王洪文、张春桥、江青、姚文元：

不要搞四人帮，你们不要搞了，为什么照样搞呀？为什么不和二百多个中央委员搞团结？搞少数人不好，历来不好。

毛泽东对“四人帮”的批评是严肃而尖锐的。同时，他又认为问题并不那么严重。他说：

我看问题不大，不要小题大做，但有问题要讲明白。上半年解决不了，下半年解决；今年解决不了，明年解决；明年解决不了，后年解决。

针对江青关于4月27日的中共中央政治局会议是1971年庐山会议再现的说法，毛泽东明确指出“这次和庐山会议不同”。

毛泽东还批评江青等人说：

我看批判经验主义的人，自己就是经验主义，马列主义不多，有一些，不多……不作自我批评不好，要人家作，自己不作。中国与俄国的经验批判主义不同，列宁说：那些人是大知识分子，完全是巴克莱学说。巴克莱是英国的一个大主教，你们去把列宁的书看一看。

毛泽东说到这里，江青搭上话去，说：主席是不是说看《唯物主义与经验批判主义》？

江青这一搭话，又引出毛泽东对她的一番批评。毛泽东说：

江青同志党的一大半（斗争）没有参加，陈独秀、瞿秋白、李立三、罗章龙、王明、张国焘，都没有参加斗争，没有参加长征，所以也难怪。我看江青就是一个小小的经验主义者，教条主义谈不上，她不像王明那样写了一篇文章《更加布尔什维克化》，也不会像张闻天那样写《机会主义的动摇》。不要随便，要有纪律，要谨慎，不要个人自作主张，要跟政治局讨论。印成文件发下去，要以中央的名义，不要用个人的名义，比如也不要以我的名义。

说到这里，毛泽东联系到自己的做法说：

我是从来不送什么材料的。这一回跑了十个月，没有讲过什么话，没有发表什么意见，因为中央没有委托我。我在外面养病，我一面养病，一面听文件，每天都有飞机送。

他不无感慨地说：

现在上帝还没要我去，我还能想，还能听，还能讲，讲不行还能写。我能吃饭，能睡觉。

毛泽东谆谆告诫说：

要守纪律，军队要谨慎，中央委员更要谨慎。

说到这次会，毛泽东跟大家说明：

王洪文要见我，江青又打来电话要见我。我说不见，要见请大家一起来，完了。

毛泽东特别着重强调了三句话。他说：

我没有更多的话，就是三句，九次、十次代表大会都是三句，要马列不要修正，要团结不要分裂，要光明正大不要阴谋诡计。

（三）毛泽东谈古论今赞叶帅

说到这里，毛泽东又联系到自己过去的经历说：

不要搞什么帮，什么广东帮、湖南帮，粤汉铁路长沙修理厂不收湖南人，只收广东人，广东帮。罢工的时候，还没有修这条铁路。（一九）二〇年、二一年、二二年，这三年我是在湖南搞工人运动，粤汉（铁路）、安源煤矿，湖南一些工厂，株洲、萍乡、株萍路、水口山锡矿……

毛泽东沉浸在回忆中。他的思维，无拘无束，任意驰骋。他的语言，随着自己活跃的意识，如汩汩山泉，随势曲折，奔流出来。他说道：

水口山锡矿，名曰锡矿，其实没有锡。

无锡锡山山无锡，

平湖湖水水平湖。

常德德山山有德，

长沙沙水水无沙。

我说才饮长沙水，就是白沙井的水。武昌鱼不是今天的武昌，是古代的武昌，在现在的武昌到大冶之间，叫什么县我忘了，那里出鳊鱼。孙权要搬家，老百姓说，宁饮扬州水，不食武昌鱼。所以我说，才饮长沙水，又食武昌鱼。

由此，他老人家又谈论到孙权：

孙权后来搬到南京，把武昌的木料下运南京。孙权是个能干人。天下英雄谁敌手？曹刘，当今惜无孙仲谋……

毛泽东从孙权，想到宋代词人辛弃疾的《南乡子·何处望神州》中咏孙权的名句。他的思维突然一转折，从对往昔的回顾直落到眼前。只听毛泽东说道：

他（指叶剑英）看不起吴法宪。刘是刘震，曹是曹里怀，就是说吴法宪不行。

毛泽东借古喻今，赞扬叶剑英早就看不起林彪集团中的空军司令员吴法宪。毛泽东把空军副司令员曹里怀、刘震比作三国时代的曹操、刘备，自然也是对他们的肯定。

毛泽东要叶帅把刚刚说到的辛弃疾的词《南乡子·何处望神州》，背诵给大家听听。

叶剑英立即朗声吟来：

何处望神州？

满眼风光北固楼，
千古兴亡多少事，
悠悠，
不尽长江滚滚流。
年少万兜鍪，
坐断东南战未休。
天下英雄谁敌手？
曹刘，
生子当如孙仲谋。

毛泽东听罢，高兴地说：

此人有些文化。“天下英雄谁敌手？曹刘，生子当如孙仲谋”，看不起吴法宪。黄（永胜）吴（法宪）李（作鹏）邱（会作）不是曹刘，刘是刘震，曹是曹里怀，就是吴法宪不行。

1973 年，毛泽东严厉地批评过叶剑英。这次，毛泽东在中共中央政治局全体委员面前，把叶剑英着着实实夸了一番。叶帅不仅有文化，而且在同林彪一伙的斗争中，他也是早已识破他们、同他们斗争的一个！毛泽东在谈笑间，把以前那片阴云轻轻吹散了。

看似海阔天空、谈古论今，实则有深意在。这就是毛泽东的一种谈话风格。

夜已深了。会议的紧张气氛，在毛泽东转入谈古论今以后，也缓和了下来。

周恩来说：今天就到这里结束吧，主席休息一下。

于是，到会人员一一同毛泽东握别。

毛泽东与周恩来握手时又说：还是三句话。

王洪文在同毛泽东握手时表示：按主席的指示办。毛泽东又一次告诫他：你不要……一边说着，一边作了个翻过来翻过去的手势。

毛泽东同邓小平握别时提到“邓、毛、谢、古”事件，指着邓小平说：其他的人都牺牲了。我只见过你一面。你就是“毛派”的代表。

五、周恩来同“四人帮”的斗争

5 月 3 日中共中央政治局会议后，重病中的周恩来依然为贯彻、落实毛泽东5月3日的讲话和4月23日的批示而紧张工作，他为此还不动声色地同“四人帮”展开斗争。

（一）周恩来主持中共中央政治局常委会，起草“意见稿”

周恩来提议先开中共中央政治局常委会。5月4日晚，中共中央政治局常委会由周恩来主持，在人民大会堂召开。出席会议的有王洪文、叶剑英、邓小平、张春桥。会议首先核对了毛泽东的讲话内容，弄清了当时没有听清楚的问题。会议着重讨论怎样贯彻毛泽东于5月3日在他亲自召集的中共中央政治局会议上的讲话，以及4月23日在新华社请示报告上的批示。

关于毛泽东4月23日对新华社的批示要不要专门发文件下达的问题，王洪文传达了毛泽东的指示：《红旗》第5期发表了文章，批示可不下达。①《红旗》杂志1975年第5期上刊登的文章题为《精通的目的全在于应用》（署名田春）。文中指出："我们在反对修正主义的时候，包括着克服经验主义和教条主义这两种错误倾向"，讲了毛泽东批示的主要精神。但周恩来等人认为，单由《红旗》杂志发表田春的文章，并由《人民日报》、《解放军报》转载还是不够的，故决定由中央发一文件，从正面阐述无产阶级专政理论及在中国如何限制资产阶级法权、逐步缩小“三大差别”等政策问题，以利于学习和实践。

根据5月4日中共中央政治局常委会的决定，周恩来立即亲自起草这个文件——《关于学习毛主席理论问题指示和中央政治局工作等问题的意见稿》（以下简称《意见稿》），主要内容是②：

——结合毛泽东关于理论问题的指示内容，谈了对“文化大革命”、“批林批孔”、“反修防修”等问题的认识和理解，认为在学习过程中需“在一定时期有针对性地加以宣传”，“把主席指示的反修防修的目的说清楚”。对犯一般经验主义的人，“要慢慢来教育改造”。《意见稿》又指出：在过去一个多月里，有些报告、报刊社论、文章、新闻报道、内部清样中，只“强调反修正主义的一项经验主义，放过另一项教条主义，有些地方甚至连反修正主义的主题都不提了，这不能不是一个错误。报纸全国转载，清样有时转至各地，军队报告发至下层，这不能不引起一部分地区、部队和一部分机关、学校，弄得争论不休，或

---

① 据周恩来就如何传达毛泽东于1975年4月23日的指示等问题，给中共中央政治局委员的信（1975年5月21日）。

② 以下所述这份《意见稿》的内容，录自《周恩来年谱（1949—1976）》（下卷），第705页。

者年老干部又不敢负责工作。因为有文章上说，资格老、能打仗的人就有背上经验主义包袱的”。“在上述情况下，单由《红旗》五期发表田春一篇文章，由《人民日报》、《解放军报》转载，恐还不够”，为此，同意“由中央发一个从理论到政策的文件”。

——对于毛泽东指出的江青等人的“这次错误”，即反经验主义的错误，《意见稿》表示“拥护主席意见”，“有错误的，要有自我批评”；同时，“同意小平同志意见”，“愿自我批评的就说，说多少都可以，不说也可以，不要强人所难”。

——关于中共中央政治局的工作和手续问题，《意见稿》强调：中共中央政治局的工作“必须遵守九大、十大方针路线，‘三要三不要’，以安定团结为好”。“凡要议大事，先在政治局常委谈一谈。各单位拟好文件的，除外交、国防事急需立即传阅送批外，其他总要在两三天前先行送阅待议。政治局同志有意见（除小事急事外）需提政治局讨论的，请先向主持人在两三天前提出。个人除自己管辖的单位外，其他需下达的事，必须经过政治局常委会或主管部门同意后以机关名义下达。个人交换意见，不能以个人或机关名义下达下送文件。个人通信，不能以指示口气来信和通电。”对经济建设，《意见稿》指出“不能再耽误了”。

（二）周恩来揭露张春桥

5 月 7 日晚，周恩来再次在人民大会堂，主持有王洪文、叶剑英、邓小平、张春桥参加的中共中央政治局常委会议，继续研究中共中央政治局讨论贯彻毛泽东 5 月 3 日讲话事。由于邓小平将于 5 月 12 日至 17 日出访法兰西共和国，会上商定：等邓小平访法回来之后，再召开中共中央政治局全体会议。会议确定，由王洪文向中共中央政治局通知这一议定。① 王洪文即在 5 月 13 日主持召开中共中央政治局会议，通知讨论贯彻毛泽东 5 月 3 日讲话的中共中央政治局全体会议，待邓小平访法回国后再择日举行。会前，周恩来要王洪文把这次姚文元、张春桥等人提出反经验主义的经过在会上作说明。

这次反经验主义的错误，张春桥是主要当事人之一。5 月 7 日，中共中央

① 会议时间和内容，据周恩来就如何传达毛泽东 1975 年 4 月 23 日批示等问题给中共中央政治局委员的信（1975 年 5 月 21 日）。

政治局常委会讨论写一文件时，他提出此事请中共中央政治局同志讨论后报毛泽东。邓小平于5月18日访法归来，即将召开正式讨论贯彻毛泽东讲话的中共中央政治局会议。这时，弄清楚事实经过，是开好这次中共中央政治局会议的前提。于是，周恩来在1975年5月21日写了一封信，信的抬头是："洪文同志阅后请转政治局同志和参加会议同志审阅。"信的第一段，简要叙述了"五月三日政治局同志面听主席指示后，我提议政治局常委五人先谈一谈，弄清当时没听清楚的问题和如何传达主席四月二十三日指示的问题"，及5月4日、7日两晚会议的情况。信的第二段，谈要弄清楚的问题，也就是反经验主义错误的主要事实。周恩来写道：

关于弄清当时没听清楚的问题，主要是文章中提到主席在一九五九年批判彭德怀反党集团时，提到"现在，主要危险是经验主义"，是在文元同志文章中，不在春桥同志文章中，三月份解放军报、人民日报两篇社论，也是根据文元同志文章引用的。小平同志也说，他向主席请教的是指的春桥同志在总政三月一日召开各大单位主任座谈会上的讲话，这在各大军区政治部向总政反映讨论情况三四月份电报中看出。当时，春桥同志说，在批林整风时，他就认为从一九五九年后批经验主义不够，所以与我商量又将主席批印的《经验主义还是马克思列宁主义》的《哲学小辞典》选辑重印一批发出。我们认为当时问题已弄清楚，就不要忙于向主席反映。现在政治局既开正式会议讨论主席批示和指示，我已请洪文同志向会议上说明，现在补报如上。

如大家同意，亦请将此报告转呈主席一阅。

周恩来此信说得分明，这次大搞"反经验主义"，源出于姚文元的文章、张春桥的讲话。

5月22日，王洪文在周恩来的信上批道：请剑英、小平、春桥、江青、文元、先念、锡联、登奎、国锋、吴德、振华、志福、桂贤、海容、静宜、闻生同志阅。要求传阅完毕后"送总理阅，是否呈主席请总理定"。传阅的16人名单中，后面3人并非中共中央政治局成员，而是会议的参加者。

邓小平阅读周恩来此信时，在"小平同志也说，他向主席请教的是指的春桥同志在总政三月一日召开各大单位主任座谈会上的讲话"一句处，加了一个注："当时还提到江青同志在政治局会议正式提出了这个问题"。这说明

“反经验主义”的积极分子中，江青也是一个。

张春桥当天写下批语：“总理的信，有些话不确切。但我不反对报主席。”他企图抵赖又难以抵赖，想以“不确切”来逃避、推脱。

江青在5月24日的批语中推说：“许多情况不了解”，但她也表示“同意报主席”。

姚文元无法推诿，写了两句无关痛痒的话：“常委会讨论情况我不了解。如还讨论了别的问题，建议也说明一下。”

重病中的周恩来，处事依然是那样周到、缜密。他并没有立即把报告呈送毛泽东。他不顾病痛，于5月27日凌晨给张春桥写了一封长信，驳复张春桥批语中所谓“总理的信，有些话不确切”的说法。信的全文如下：

春桥同志：

我在五月二十五日晨收到洪文同志退回我的报告，要我决定是否呈主席。

在你的注语中，说我信中有些话不确切。我因头上皮下神经疱疹未好，脚上皮下毛血管麻痛未止，故晚了两天才将当时认为较确切的语言写出，请你审阅。

当时，你说，由于批判彭德怀反党集团时，主席建议印读两本书，都在半年读完。政治经济学教科书有些组织和同志还读得多些和较好些，而哲学小辞典三版选辑，却很少有人读，几乎没有什么反映，所以主席在批印的指示时就说：我们过去批判了教条主义，但是没有批判经验主义。现在，主要危险是经验主义。而后，刘（少奇）、林（彪）反党集团实施阴谋诡计，经验主义者就常常上当，所以你在批林整风时就提出将主席批印《经验主义还是马克思列宁主义》再印一批发出。这次，主席指示要把列宁为什么说对资产阶级专政这个问题要搞清楚，才会防止变修正主义，如果不把资产阶级法权加以阐明和限制，林彪一类如上台，搞资本主义制度就很容易。因此，要多看点马列的书，还要你写文章。因此，你联系到十多年的思想，经验主义者由于不多读书，难于总结经验，易于上反党集团的当，甚至陷进去，故你在三月一日总政召开的各大单位主任座谈会上片面地强调经验主义的危险，这在三四月中各政治部向总政来电反映讨论情况，也可看出。

我这段回忆的文字，不知是否较为确切。如果仍不确切，请你以同志的坦率勾掉重改或者批回重写，我决不会介意，因为我们是遵守主席实事求是和三要三不要的教导的。

如你的低温已退，我很想在今天下午或晚上到你处一谈。盼复！

周恩来

一九七五年五月二十七日五点半

周恩来抱病写下的无可辩驳的事实，使张春桥再也没有办法推脱。张春桥只得在这封信上写道："不再改了。"

周恩来接到张春桥这个退件后，立即把5月21日信的原件报送毛泽东批阅。

六、邓小平主持中共中央政治局会议，批评"四人帮"

此时，周恩来的病势日渐重笃。毛泽东乃与周恩来商量，确定由邓小平主持中共中央政治局会议。①

5月27日，邓小平在人民大会堂东大厅主持召开中共中央政治局会议，讨论5月3日毛泽东的讲话，对"四人帮"展开批评。

邓小平在会上作了长篇发言。

邓小平首先谈了毛泽东讲话的意义。他说：3号主席这篇话很长，内容对于我们党非常重要，主要是对政治局讲的。政治局是党的核心。主席提到很多原则，首先是告诫政治局同志，要"安定、团结"，要"三要三不要"。只有这样，才能作出榜样，领导全党。主席再三讲"三要三不要"，联系批评宗派主义、"四人帮"。这是很重要的原则问题。是告诫、帮助我们。主席问政治局讨论的结果。讨论，无非是赞成不赞成，理解得深一点还是浅一点。需要好好讨论。

邓小平不指名地批驳了江青、王洪文等人对4月27日中共中央政治局会议的非难。他说：主席4月23日批示，27日政治局讨论。到会同志都讲了话。有同志说，那次会上的话讲过了头；有同志说，是"突然袭击"，"围攻"。

---

① 据《周恩来年谱（1949—1976）》（下卷），第709页。

其实，27 日的会，百分之四十也没有讲到。有没有百分之二十也难讲。谈不上“突然袭击”，谈不上“过头”。无非是讲了历史上的路线斗争，有的来自经验主义，有的来自教条主义。我没有主席讲得那么清楚。历来都提反对修正主义，说现在主要危险是经验主义，是否改变九大、十大的提法？这样提出问题，没有什么过。对照主席的话，看得太浅。

邓小平根据毛泽东对江青等人这几年错误的批评，尖锐地指出：主席提三个问题，钻出三件事。倒是问一问，这是为什么？话要讲清楚。不讲明白，没有好处。

邓小平说：批评周（恩来）、叶（剑英），当时钻出一个“第十一次路线斗争”。这不是主席的，后来是主席纠正了。批林批孔，又钻出个走后门。提到对马列背叛的高度，当众点很多人的名。学理论，是防修、反修，又钻出一个主要危险是经验主义。来势相当猛。别的事不那么雷厉风行，这件事雷厉风行。如果搞下去，这个反经验主义，面对几千万，比走后门大十倍。

邓小平说：这次，主席要我们政治局讨论“三要三不要”。邓小平联系党的历史，深刻地讲了对毛泽东“三要三不要”指示的理解。他说，主席的三条是总括历史经验。搞小圈子，历来不好。这方面要讲安定、团结，首先要搞马列主义，不搞修正主义。搞团结，更要注意，首先是政治局要注意团结。主席的建党学说，既弄通思想又团结同志，这是列宁也没有的。学理论，安定团结，把经济搞上去，贯彻三项指示，不搞掉派性不行。“四人帮”，值得警惕。在不在“四人帮”，都要警惕。政治局有责任把主席的优良传统贯彻下去。我们要带头做到这一点。

李先念发言说：4 月 27 日会议，我认为没有过分，没有越轨。他还谈到毛泽东几次批评“四人帮”，并引用毛泽东的话：“我叫他们不要搞，他们还要搞”。

陈锡联强调要贯彻毛泽东的“三要三不要”原则。他说：不要搞宗派，有问题，要讲清楚。不能少数人，要多数人。

6 月 3 日，邓小平在人民大会堂东大厅主持中共中央政治局会议，继续讨论毛泽东 4 月 23 日批示和 5 月 3 日指示。

叶剑英作长篇发言，谈自己的体会。

叶剑英说：5 号文件（即 2 月 18 日《中共中央关于学习毛主席关于理论问题的重要指示的通知》）下发以后，形势很好。可是，3 月 1 日出现反经验主义，全国报纸跟着来了，用反经验主义代替反修正主义。不要只提一个，放过另一个。弄通马列可是难，一定要学习。不学好，没有武器。今后中央要带头学。

叶剑英指出：要团结，不要分裂。团结的方法：一手是批评，一手是团结。过去一个时期不正常。如果保持下去，就有害团结。历来小组织存在，导致分裂。

叶剑英强调，一定要严守纪律，坚持请示报告制度。他批评江青等人几乎所有重大问题都不请示报告：提出“第十一次路线斗争”，事先未请示；批“走后门”，也是事先未请示；批经验主义，又是主席纠正。总是事先不请示，事后来纠正。叶剑英问道：为什么不请示？使主席有感觉？他指出：不要干扰主席。你们这样做，是对主席最大的干扰。

中共中央政治局多数同志的气很大，在这两次会上都批评了江青、王洪文等人。江青等人虽然不承认有“四人帮”，但王洪文不得不在会上就抓大事、学习、只听一方意见等作了一点自我批评。江青也承认，4 月 27 日会上自我批评不够，又有新的、不恰当的地方。还要加深认识。还得消化一下，看一点东西，再作进一步检讨。

邓小平最后说：提议结束，讲多少算多少。给主席作报告。

七、围绕“反经验主义”较量的结局

对中共中央政治局在 5 月 27 日、6 月 3 日两次开会批评“四人帮”的情况，住在医院中的周恩来十分关注。5 月 28 日，他即同邓小平长谈，了解 5 月 27 日的会议情况。在此前后，他还同李先念、纪登奎、陈锡联、王洪文、苏振华等人就此进行了谈话。6 月 3 日会后，周恩来同王海容、唐闻生多次谈话。6 月 7 日晚，周恩来又同邓小平以及王海容、唐闻生长谈。周恩来和邓小平，要王海容、唐闻生将江青、王洪文等人在会上的发言情况报告毛泽东。当时，王海容、唐闻生两人比较容易见到毛泽东。周恩来、邓小平通过她们，向毛泽东及时报告了中共中央政治局会议的情况。

6 月 7 日下午，邓小平在陪同毛泽东会见菲律宾总统马科斯后，就三次中共中央政治局会议讨论毛泽东指示、批评“四人帮”的情况当面作了汇报。王海容、唐闻生两人在座，留下了这次谈话的记录。

邓小平说：会议的情况，主席都知道了。

毛泽东点头说：我看有成绩。把问题摆开了。

邓小平说：最后他们否认有"四人帮"。

毛泽东说：过去有功劳，反刘少奇，反林彪。现在不行了，反总理，反邓小平，反叶帅，反陈锡联。要告诉庄则栋，有事要找陈锡联[①]，不要跑王洪文、江青，不然陈锡联不好办事。你跟庄则栋讲一下，告诉他，不找陈锡联不好。跑江青、王洪文，司令（指陈锡联）不好办。

毛泽东又说：风向快要转了，在政治局。

邓小平汇报说：政治局的同志气很大，我说不要把话都说完，散了。

毛泽东说：这个办法好，留有余地。大家清楚就行了。我准备找王洪文谈，叫他找你，听你的话。他威望不高。

邓小平说：他（指王洪文）最后的发言，政治局许多同志感到不真实。

毛泽东说：江青也不喜欢他，专门在我这里告他的状。他应该好好工作。

毛泽东鼓励邓小平：没有大问题。你要把工作干起来。

邓小平表示：这方面我还有决心就是了。

毛泽东说：那好。

邓小平说：反对的人总有，一定会有。

毛泽东笑了，引古人的话说：木秀于林，风必摧之。[②]

邓小平心领神会，回答说：开始工作时，主席给我这个工作岗位，我说主席是把我放在刀尖上了。

毛泽东说：这是叶帅提议的，我赞成的。

邓小平知道毛泽东没有完全明白自己说的"放在刀尖上"这个岗位所指，但邓小平知道毛泽东所指的是什么，忙说：总参谋长。

毛泽东说：就是这样。

从这次谈话可见，毛泽东对邓小平主持中共中央政治局会议批评江青等人，既把问题摆开而又不把话说完，留有余地，是满意的。他交代邓小平"你要把工作干起来"，还引用古书，鼓励他不要怕有人反对。这说明毛泽东完全

---

① 当时体育工作由陈锡联副总理主管，故毛泽东要国家体委主任庄则栋找陈锡联。

② 语出自北魏李康（萧远）的《运命论》。该文有云："夫忠直之迕于主，独立之负于俗，理势然也。故木秀于林，风必摧之；堆出于岸，流必湍之；行高于人，众必非（一作毁）之。"该文被南朝梁（502—557）武帝之子萧统（501—531，世称昭明太子）编入《文选》第53卷。

信任邓小平，把安邦治国的重任放到了邓小平的肩上。

6月3日会后，江青就“四人帮”及其宗派活动等问题进行检讨。她还按毛泽东的指示，到邓小平家中谈话。邓小平后来说，谈得不好，她吹她的一套，水平不高。① 6月28日，江青致信毛泽东和在北京的中共中央政治局委员。信中说：“我在四月二十七日政治局会议上的自我批评是不够的。经几次政治局会议上同志们的批评、帮助，思想触动很大，但是思想上一时转不过来。经过思想斗争，我认为会议基本上开的好，政治局比过去团结了。当我认识四人帮是客观存在，我才认识到有发展成分裂党中央的宗派主义的可能，我才认识到为什么主席从去年讲到今年，达三四次之多？原来是一个重大原则问题，主席在原则问题上是从不让步的。”②周恩来于6月30日，把江青的检讨信批给在京的中共中央政治局委员，表示欢迎这一检讨，并指出：“今后政治局同志凡遇大事都经过组织讨论，事先请示主席，遵照主席指示执行，认真深入学习，联系中国实际，在实践中多听同志好意见，坚决改正常犯的错误，政治局的团结就会搞得更好。”周恩来建议，将这封检讨信送毛泽东批阅。邓小平、叶剑英都表示“同意总理的建议”。③

按毛泽东的意见，王洪文不再主持中共中央日常工作，从6月下旬起离开北京，先同纪登奎一起到浙江，解决当地派性问题，落实整顿措施，后到上海工作一段时间。

同时，毛泽东采纳叶剑英的建议，在王洪文离开中央期间，中共中央的日常工作由邓小平主持。原来，王洪文在临走前曾告诉叶剑英，他向毛泽东提议，在他离开北京期间，中央工作由叶剑英或邓小平主持。叶剑英于7月1日凌晨2时专门写信给毛泽东，推荐邓小平担此重任。叶信正文如下：

> 洪文同志去杭沪工作一短期，临行报告主席，提议在他未回京前，政治局会议由剑英或小平主持。
>
> 我因年老多病，精力不胜，提议请小平同志主持，以利党的工作。请主席批准。④

毛泽东即圈阅此信，同意叶剑英的提议。叶剑英于7月2日写便笺，交代

---

① 据《邓小平年谱（1975—1997）》（上），第53页。

② 《大型电视文献纪录片〈邓小平〉》，中央文献出版社1997年版，第110页。

③ 《周恩来年谱（1949—1976）》（下卷），第713页。

④ 《叶剑英年谱（1897—1986）》（下），第1099页。

中共中央办公厅负责人“告小平”，并送在京中共中央政治局成员阅。①

围绕“反经验主义”问题进行的这一场较量，在毛泽东的支持下，以党内健康力量的胜利而告结束。邓小平进一步受到重用。他一身二任，同时主持中共中央和国务院的工作。“四人帮”搬起石头砸了自己的脚。江青作检讨，王洪文实际上被削职。“四人帮”遭遇到了“文化大革命”以来从未有过的挫折。

善于捕捉机遇的邓小平，立即抓住这一有利时机，领导1975年的整顿全面展开和向纵深发展。在6、7、8这三个月，他同时部署、展开了九件大事：组建国务院政治研究室；召开计划工作务虚会，制定《工业二十条》；召开中共中央军委扩大会议，进行军队整顿；解决浙江问题，推动地方整顿；进行文艺调整；组织中国科学院的整顿；进行教育整顿；开始进行农业整顿；部署党的整顿和为全面整顿做准备。这给深受“文化大革命”灾难的中国，带来了巨大的变化，使中国出现了历史的转机。

1975年整顿中的这些大事，在全国各条战线、各个领域几乎是同时、全面展开的。本书在下面将对这些重大事件分别进行叙述。

---

① 《叶剑英年谱（1897—1986）》（下），第1099页。

第六章
国务院政治研究室与整顿

正当1975年的整顿在面上铺开和向纵深发展的时候，邓小平抓住有利时机，及时地在6月中旬正式组建了一个重要机构——国务院政治研究室（以下简称“国务院政研室”）。在1975年整顿中，国务院政研室作为邓小平的写作班子和参谋班子，发挥了独特的作用，因而为江青一伙所深恶痛绝。在后来的所谓“批邓、反击右倾翻案风”中，国务院政研室被诬蔑为“谣言公司”、“黑风口”、“继旧中宣部后又一个阎王殿”。所以，了解国务院政研室的活动和斗争，对于研究1975年的整顿、研究“文化大革命”的历史、研究邓小平的生平和邓小平理论的形成，都是不可缺少的。

一、国务院政研室的酝酿和组建

（一）组建国务院政研室的最初酝酿

早在1975年1月上旬，邓小平就开始酝酿组建国务院政研室这个机构了。

读者想必记得，按照毛泽东于1974年12月在长沙作出的关于中央领导人事安排的决策，1975年1月，邓小平在军队、党和政府中正式就任三个重要职务：1975年1月5日，中共中央发出1号文件，任命邓小平为中共中央军委副主席兼总参谋长；在1月8日至10日举行的中共十届二中全会上，邓小平当选为中共中央副主席、中央政治局常委；在1月13日至17日举行的四届全国人大一次会议上，邓小平被任命为国务院副总理，随后即代替病重住院的周恩来主持国务院日常工作。这时，邓小平就酝酿要组建一个写作—参谋班子，帮助中共中央、国务院调查研究，起草文件，进行宣传教育工作。

1. 邓小平与胡乔木的1月谈话

在中共中央1975年1号文件发出的第二天，1月6日，邓小平就找胡乔木谈话。

胡乔木素称中共"党内第一支笔"，从1941年2月起就担任毛泽东和中共中央政治局秘书。解放战争期间，他跟随毛泽东转战陕北。1948年春，胡乔木随中共中央到河北省平山县西柏坡后，即主持新华社的工作。新中国成立后，他任新闻总署署长、中共中央宣传部副部长等职，是思想理论战线的主要领导干部之一。中共八大上，胡乔木当选为中央委员，任中共中央书记处候补书记。在"文化大革命"中，胡乔木受到冲击。后来——按他自己的说法——被"冷藏"了起来。由于20世纪30年代前期，胡乔木在上海曾在周扬领导下从事左翼文化运动，当过文总党团书记，江青等人以涉嫌所谓"30年代内奸假党问题"为由，从1967年12月起就把胡乔木列入"周扬一案"，再加上所谓"北平团市委期间包庇托派问题"和"盐城地下工作期间有没有自首问题"等莫须有的罪名，长期审查。1968年5月6日的专案审查报告，诬称胡乔木在历史上"很可能被突击当了特务"；江青在同年9月18日的一次讲话中，诬陷胡乔木曾经"被捕叛变"。经反复内查外调，证明胡乔木在历史上没有任何问题，但江青一伙仍然以历史问题没有搞清楚为借口，拖延不予解放。直到1974年国庆节，在毛泽东要求解放干部、落实政策的形势下，才让胡乔木出席了国庆招待会。其时，虽然负责专案审查的中央专案组第一办公室（简称"中专一办"）和中共中央组织部业务组已于1974年6月4日写出证明胡乔木政治历史清楚、排除其被捕自首嫌疑的审查报告，但中央对胡乔木还没有作出组织结论。

邓小平不管这些，把胡乔木约请到自己那里，跟他说：正在考虑，要你和吴冷西、胡绳、李鑫等同志当国务院的顾问，像过去"钓鱼台的班子"那样写一批反修反帝的文章。邓小平提出了一些研究和写作的题目，如：三个世界的划分、苏联的社会性质、战争与和平问题、资本主义世界经济危机问题等。他还提到：主席前不久关于无产阶级专政理论的谈话、资产阶级法权问题，也应认真研究。邓小平说：这些问题都是国内外广大群众迫切需要系统解答的。从"九评"以后，就很少有那样系统地解答问题的文章了。现在的一般文章，只有结论，没有论证，总之一句话，不能说服人。邓小平还交代胡乔木：要多找一些人，多带一些徒弟，组织一个写作班子。邓小平说明，今天谈的这些，只是同你交换意见，党中央和国务院都还没有讨论。

从这次谈话可以看出，邓小平在危难之时受命担负党、政、军领导重任之际，在着手部署整顿的同时，已经考虑到加强思想理论工作的问题了，已经准备为把思想文化阵地从"四人帮"手里夺回来而组织力量了。

2. 邓小平的构想

邓小平这次同胡乔木的谈话，清楚地表明他要组建一个写作班子的主要构想。邓小平明确了以下三点：

第一，任务：写反修反帝的文章。邓小平提出了当时理论研究和宣传工作的选题，要求进行研究，并著文回答。这些题目，都是国际共产主义运动中各国无产阶级革命队伍和我国广大干部、群众普遍关心并迫切需要解答的重大问题。

第二，组织：类似"钓鱼台的班子"那样的写作班子。

"钓鱼台的班子"是指1963年2月中共中央政治局常委会正式决定成立的中央反修文件起草小组。这个小组直属中共中央政治局常委。在这个小组正式成立之前，已经由中共中央宣传部、中共中央对外联络部和外交部等单位的负责同志组成了一个写作班子，成员有吴冷西、许立群、姚溱、乔冠华、王力、范若愚、胡绳、熊复，1962年11月起开始工作。同年12月起，写作班子集中在钓鱼台。在中苏公开论战中，这个写作班子写了7篇文章，从1962年12月15日至1963年3月8日，在《人民日报》和《红旗》杂志上发表。① 1963年2月，中共中央政治局常委决定正式成立反修文件起草小组，组长康生，副组长吴冷西。成员包括廖承志、伍修权、刘宁一、章汉夫、孔原和原来的写作班子成员。②

① 这7篇文章是：(1)《全世界无产者联合起来，反对我们的共同敌人》，《人民日报》社论，1962年12月15日；(2)《陶里亚蒂同志同我们的分歧》，《人民日报》社论，1962年12月31日；(3)《列宁主义和现代修正主义》，《红旗》杂志社论，《红旗》杂志1963年第1期；(4)《在〈莫斯科宣言〉和〈莫斯科声明〉的基础上团结起来》，《人民日报》社论，1963年1月27日；(5)《分歧从何而来？——答多列士等同志》，《人民日报》社论，1963年2月27日；(6)《再论陶里亚蒂同志同我们的分歧——关于列宁主义在当代的若干重大问题》，《红旗》杂志编辑部文章，《红旗》杂志1963年第3、4期；(7)《评美国共产党声明》，《人民日报》社论，1963年3月8日。

② 原来的写作班子中有两个"秀才"未参加。一个是胡乔木。那时，他患严重的神经衰弱症。毛泽东要他"长期休养，不计时日，以愈为度"，还建议："你似以迁地疗养为宜，随气候转移，从事游山玩水，专看闲书，不看正书，也不管时事，如此可能好得快些。"（毛泽东于1961年8月25日复胡乔木信，见《毛泽东书信选集》，第585页）这样，从1961年夏天起，胡乔木就完全离职休养，因此没有参加这个起草小组的工作。还有一个是陈伯达，他是非正式的"机动"成员，有时参加，有时不参加。当时，他主要承担国内方面文件的起草工作。

9篇评论苏共中央公开信的反修文章（统称“九评”）的写作任务，就是这个写作班子承担的。“九评”起草过程中，写成的文稿都先由邓小平主持会议讨论、修改，然后送中共中央政治局常委审定。这个文件起草小组，一直集中工作到1966年5月“文化大革命”爆发之前。

邓小平亲自挑选了能够在思想理论战线上同“四人帮”作战的领导力量。除了胡乔木以外，吴冷西一直是“钓鱼台写作班子”的主角、“九评”的主要执笔者之一，曾长期担任新华社社长、总编辑，是出名的写社论的能手，在“文化大革命”期间被打倒之前是《人民日报》总编辑、中宣部副部长。历史学家胡绳，也是“钓鱼台写作班子”的成员，“文化大革命”前长期担任中共中央政治研究室副主任、《红旗》杂志副总编辑。后来又增加了也是写作班子成员、当过新华社负责人的熊复，国家科委原副主任于光远，《红旗》杂志原副总编辑邓力群。除李鑫（康生的秘书、中共中央办公厅副主任）之外，这些领导干部在“文化大革命”中都受到冲击，大多从干校回来不久。邓小平要求胡乔木同他们一起，多带一些徒弟，组织一个写作班子。这样一支队伍，是同“四人帮”在思想战线和政治战线上展开斗争不可缺少的。

第三，文风。邓小平对“四人帮”的“帮八股”、“新八股”深恶痛绝。他要求马克思主义理论队伍写出来的文章能够系统解答当时的重大问题，要有论证，能说服人。

邓小平同胡乔木的这次谈话，对于后来正式成立的国务院政研室来讲，是一次重要的酝酿。不过，一切尚在设想和商量的过程中。名义、机构都还没有确定下来（当初设想称“顾问”），任务也只是从成立像20世纪60年代前期写“九评”那样的写作班子写文章这一方面着眼。事实上，国务院政研室成立后在1975年整顿中所承担的任务、所起的作用，比“钓鱼台写作班子”要宽得多、大得多。当时，邓小平还没有把此事提交中共中央、国务院讨论。他只同李先念商量过。李先念很支持。哪些人当负责人，名单也是邓小平与李先念商量提出的。

（二）组建国务院政研室的条件成熟

1975年6月上旬，邓小平抓住机遇，把组建、成立国务院政研室正式提上了日程。这是因为：一方面，整顿发展到那时，邓小平迫切需要有一个政研室这样的参谋班子和写作班子。另一方面，几个月来形势的发展，使邓小平已经进一步取得了政治上的主动，成立以胡乔木为主要负责人的这样一个机构的条件已经完全具备。

首先是整顿取得了显著成效。邓小平主持国务院工作以后，雷厉风行地领导了铁路的整顿，并把铁路整顿的经验在钢铁、煤炭和整个工业交通战线迅速推开。经过短短三四个月的整顿，国民经济面貌已经有了显著改观。与此同时，落实干部政策的工作取得进展，大多数被关押受审查者已经释放。对地方的整顿也已被提上日程，6 月开始处理浙江“双突”（突击入党，突击提干）问题。总之，中国国内形势出现了由乱而治的转机。

第二，在进行整顿并取得显著成效的同时，围绕着所谓“反经验主义”问题，周恩来、邓小平、叶剑英等人同“四人帮”进行了一次较量。在毛泽东的支持下，他们挫败了“四人帮”以“反经验主义”打击周恩来、邓小平等老一辈无产阶级革命家的图谋，在这一次较量中取得了巨大的胜利。邓小平主持中共中央政治局会议，集中批评了“四人帮”。江青、王洪文被迫检讨。会后，王洪文随纪登奎到杭州处理浙江问题，中共中央日常工作由邓小平主持。这就为把整顿向面上铺开、向深处发展，创造了极为有利的条件。可是，毛泽东虽然对“四人帮”进行了严肃、尖锐的批评，但并没有完全失去对他们的信任。这又使得同“四人帮”的斗争十分复杂和艰巨。

按照邓小平的部署，6 月以后，整顿要进一步向面上铺开和引向深入。这就势必要进入“四人帮”长期霸占的文艺、教育、科技、出版、理论等领域，斗争必将更加尖锐。而当时北京、上海的主要报刊都被控制在“四人帮”的手里，“四人帮”还培植了一批写作班子做他们的“吹鼓手”和“棍子”。而周恩来、邓小平等人的正确主张在报刊上得不到反映，几乎没有什么舆论宣传。无论是整顿进一步开展本身，还是同“四人帮”的斗争，紧密联系着的这两个方面，都迫切需要舆论宣传和思想理论工作的支持。所以，到 1975 年 6 月，组建一个强有力的、能战斗的写作班子，组建一个能够领导意识形态领域斗争的机构，简而言之，邓小平手里掌握一个能够为自己的主张做宣传、能够同“四人帮”唱对台戏的班子，是把整顿继续推向前进的迫切需要。

第三，就在这时，胡乔木被毛泽东再度起用，成为组建国务院政研室的一个契机。

在“文化大革命”中，毛泽东曾于 1967 年 4 月 27 日晚上路过位于北京南长街 123 号的胡乔木住宅，令停车想去看望，后来又曾专门作过安排，都因故未能遂愿。① 但对胡乔木说来已经受惠不浅,从此避免了再受揪斗之苦。不过,从 1967 年 12 月起,胡乔木还是被列入"周扬一案"受到长期审查。1971 年 4 月 29 日,胡乔木上书毛泽东,希望中央派人同他谈一次,尽快弄清他的所谓"历史问题",以便继续为党工作。毛泽东当天就批示中组部过问此事。这年夏天,毛泽东到南方视察。8 月 28 日晚上,他在长沙同广州军区负责同志刘兴元、丁盛、韦国清谈话,话题涉及胡乔木在延安编"党书"。毛泽东回忆了编辑《六大以来》、《两条路线》的经过,对胡乔木的欣赏之情,溢于言表。毛泽东说:(胡乔木)这个人有点知识,他搜集了那么多的文件,编了两大本,印出来让大家讨论,才把问题弄得比较清楚了。② 但康生、江青等人一直以要搞清胡乔木的历史问题为借口,对胡乔木长期审查,纠缠不休。

1974 年国庆节,胡乔木被通知出席国庆招待会。其时,中央把整理、出版《毛泽东选集》第五卷的工作摆到重要日程上来,而这项工作的负责人之一康生已病入膏肓。毛泽东深知整理他的选集,胡乔木是最佳人选。《毛泽东选集》第一至四卷的整理、编辑工作,就是倚重胡乔木而完成的。胡乔木的所谓"历史问题",自 1967 年以后,经过几年反复调查,证明纯属子虚乌有。既然胡乔木没有什么问题,毛泽东遂亲自指示,让胡乔木参加"毛选"第五卷的整理、编辑工作。

1975 年 4 月 4 日,李鑫(康生的秘书,原已参加"毛选"第五卷编辑工作)便把包括《论十大关系》、《同音乐工作者的谈话》等第一批需要整理、编辑的毛泽东文稿交给胡乔木。这样,乘整理、编辑"毛选"之急需,成立国务院政研室这样一个机构,由胡乔木等人做负责人,条件已经成熟,"四人帮"已经没有任何理由阻拦了。

(三)国务院政研室的正式成立

1. 邓小平再次约见胡乔木

1975 年 6 月 8 日,邓小平再次约见胡乔木,商谈成立国务院政研室的有关事宜。邓小平说:上次谈的事要着手办,不过不要叫顾问了。打算成立一个

---

① 胡宅有两个门,平常进出的是胡同内的北门,毛泽东警卫人员敲的是南长街上的东门。此门长期封闭,离内宅较远,故未敲开。1967 年 5 月 1 日晚上,毛泽东又专门安排在去天安门广场路过时往访,因堵车误时而未如愿。

② 胡乔木、邓力群编:《毛泽东言论》(1971 年本),第 79 页。

政治研究室，由你们几个人负责。按照邓小平的设想，国务院政研室和“毛选”整理小组是两个机构、一套班子。关于国务院政研室的成员，就是1月谈话时提到的吴冷西、胡绳、熊复和原来在整理“毛选”的李鑫等人。在商量时，邓小平同意胡乔木的提议，增加于光远，但是坚决不同意找“革命造反派”。关于国务院政研室的任务，邓小平提出，除了写文章，承担编辑“毛选”第五卷的具体工作外，还要“分管学部”，就是分管中国科学院哲学社会科学学部（中国社会科学院的前身）。显然，邓小平是要通过国务院政研室掌握对我国最大的、有组织的这一支哲学社会科学队伍的领导权，将宣传理论队伍组织起来。

2. 邓小平的提议与国务院政研室的成立

在6月8日同胡乔木谈话以后，邓小平即于6月15日给当时主持中共中央日常工作的王洪文写信，向中共中央政治局正式提议：“国务院设政治研究室，先由胡乔木、吴冷西、胡绳、熊复、于光远、李鑫等组成，以后再吸收一些人，特别是年轻一点的，培养做理论工作。”同日，邓小平和康生联名致信中共中央政治局各同志，送上关于“毛选”第五卷编辑工作的建议，说明经请示毛泽东同意，“毛选”第五卷的整理、编辑工作应继续进行；毛泽东已批准成立由康生、邓小平、胡乔木组成的三人小组（“毛选”工作小组），负责“毛选”第五卷的编辑工作。具体工作也由国务院政研室承担。可以考虑吴冷西、胡绳、熊复参加“毛选”第五卷整理小组。邓小平、康生在信中指出：“这是全党的一件大事，应当抓紧搞。目前（“毛选”第）五卷工作的重点，是继续做好毛主席讲话记录稿的整理工作。原来陈伯达整理的《论十大关系》、《谈对立统一》等六篇稿子，需要重新整理。”“其他整理稿，再对照毛主席讲话记录原稿阅读，如有必要时，也可作一些文字上的调整。还要阅读毛主席这一时期的其他著作、讲话等，有的还可考虑编进去，如毛主席一九五七年在莫斯科会议上的讲话。”“毛选五卷整理工作大体告一段落后，即着手毛选六卷的编目工作。”

这两项提议经中共中央政治局审议通过，报毛泽东圈阅同意后，国务院政研室遂正式成立。

6月29日，邓小平同胡乔木谈话，明确提出：“政研室一定要把哲学社会科学部管起来。”他还提出“学部要办个刊物”。邓小平同意胡乔木的提议，学部的业务工作在国务院政研室内分工由胡绳负责管，政治工作由国务院政工组管，行政事务由国务院办公室管。① 随后，邓小平即指示中共中央组织部提出学部负责人人选，并要一位国务院副总理召集国务院办公室、政工组和教育部，就此事发一正式通知。②

7月5日，国务院办公室发出通知，国务院政研室负责人除邓小平在报告中提到的六人外，又增加了邓力群："经毛主席、党中央批准，国务院已设立政治研究室。由胡乔木、吴冷西、胡绳、熊复、于光远、李鑫、邓力群等同志组成。"当时，国务院政研室的七位领导成员都称负责人。主要负责人胡乔木，也没有别的职衔或名义。这样，可以免生许多枝节，立即上马办事。

3. 整顿全局上的重要一着

应该看到，成立国务院政研室不是一个孤立的行动，这是邓小平在1975年整顿的全局上投下的一枚重要棋子。当时，整顿已经在好几个方面进一步展开。在经济战线上，已经重点解决了铁路问题、钢铁问题，进入通盘研究、全面解决各行各业经济工作问题的阶段。经邓小平提议，从6月16日起，国务院召开计划工作务虚会，揭露"文化大革命"中经济工作的问题，研究此后经济工作的路线、方针、政策，为编制第五个五年计划和十年长远规划作准备。军队的整顿从6月起正式展开，6月24日至7月15日，叶剑英主持召开中共中央军委扩大会议。邓小平到会发表讲话，提出贯彻落实毛泽东关于"军队要整顿"的指示，重点解决"肿、散、骄、奢、惰"的问题。会议通过了《关于压缩军队定额、调整编制体制和安排超编干部的报告》。地方的整顿也由点向面推开。中央于6月2日和7月17日，先后批转了江苏处理徐海地区的经验和浙江处理"双突"问题的请示报告，推动了各地的整顿。在科学技术方面，国防科技整顿率先进行，已经取得显著成效；对中国科学院的整顿，国务院也于六七月间提出了报告，并于7月中旬派胡耀邦等人到中国科学院主持工作。这样的背景下组建成立的国务院政研室，在邓小平的直接领导下，势所必然地，不仅在其自身担负的经常工作中有力地推动整顿的进展，而且作为中共中央、国务院的参谋班子和写作班子，对1975年整顿发挥了重要作用。

---

① 《胡乔木传》编写组编：《邓小平的二十四次谈话》，人民出版社2004年版，第22页。

② 《邓小平年谱（1975—1997）》（上），第61页。

二、国务院政研室的组织和邓小平的领导方式

（一）国务院政研室的组织与负责人的分工

国务院政研室的人员和办公地点，按任务分为两部分。

一部分，以编辑“毛选”五卷为主要任务，办公地点在中南海西四院。胡乔木和吴冷西、胡绳、熊复、李鑫在那里办公。

另一部分，管国务院政研室的经常工作，承担邓小平交办的调查研究等任务，由于光远、邓力群负责。这部分人在中南海武成殿办公。

国务院政研室共分三个研究组。理论组：王子野（组长）、陈道（副组长）、郑惠、苏沛、滕文生、朱佳木；国内组：丁树奇（组长）、林涧青（副组长）、徐道河、孙小礼、赵乾德；国际组：王飞（组长）、何汉、周锡荣、李波人、冯兰瑞。

国务院政研室内部还设有办公室（主任李敬之）和图书馆（负责人高兴国）。包括三位司机在内，一共只有30来人。

（二）“读文件”及其他

“读文件”，是邓小平领导国务院政研室的主要方式之一。编辑“毛选”第五卷这件事，在当时是不公开的。在编辑工作班子内部，胡乔木等人把毛泽东的文稿整理成功一篇，就交给邓小平一篇；邓小平就召集国务院政研室七位负责人集体阅读，讨论修改。改好之后，报送毛泽东本人审阅、定稿。有些篇目在送毛泽东之前，还经中共中央政治局通读、讨论。“读文件”，就是邓小平带领国务院政研室负责人集体讨论毛泽东著作选篇用的名义。“读文件”的地点，不在中南海，而是在故宫斜对面的“三座门”——中共中央军委办公处。通常读过“文件”后，邓小平和大家一起看一场电影，作为休息。

“读文件”时，除了对文稿本身的整理、修改进行讨论以外，邓小平还常从对毛泽东文稿的论述，联系当时的现实问题发表一些意见。毛泽东最近有什么指示，应该怎样理解、怎样贯彻落实，邓小平也利用这个机会向大家传达、布置，组织大家讨论。讨论文稿之余，还交流各人了解的情况、工作的进展和问题，商讨国务院政研室的经常工作。所以，“读文件”实际上是邓小平和国务院政研室七位负责人的碰头会。

这种碰头会差不多两星期一次。从1975年7月9日第一次阅读并讨论

《论十大关系》起,至当年10月,共进行了7次。顺次为:7月9日,7月26日,8月8日,8月21日,9月3日,9月10日,10月3日。

此外,就是个别交谈。"毛选"编辑工作和国务院政研室工作中有事,胡乔木即去向邓小平汇报;邓小平有事,就向胡乔木布置。大多是邓小平同胡乔木一个人交谈,有时也有别的负责人参加。邓小平同胡乔木主要谈"毛选"第五卷编辑工作问题的有4次,日期是:1975年6月8日、7月18日、7月23日、11月4日。谈国务院政研室工作问题及其他问题的有13次,时间是:1975年6月29日、7月23日、8月26日(吴冷西亦参加)、9月13日(吴冷西亦参加)、9月19日、9月25日、9月26日、10月10日、10月14日、10月24日、11月10日、11月15日,1976年1月17日(国务院政研室几位负责人亦参加)。

还有一种方式,就是书信、文件的往来。胡乔木等人把整理好的毛泽东文稿、拟好的文件报给邓小平,把调查研究中发现的重要情况和重大问题反映给邓小平,把重要的来信和报刊文章转给邓小平;邓小平批下来,或转报给毛泽东以后把毛泽东的批示传下来;等等。

(三)从7月9日"读文件",看邓小平对国务院政研室的领导方式

在这里举一个例子,以便读者具体了解邓小平是怎样领导国务院政研室开展工作的。

1975年7月9日,邓小平召集国务院政研室负责人开会,议程有以下几项。

1. 关于《论十大关系》的整理

会议第一项议程是"读文件",阅读、讨论拟编入"毛选"第五卷的《论十大关系》。

《论十大关系》是毛泽东于1956年4月25日在中共中央政治局扩大会议上讲话的整理稿。这篇讲话,以苏联的经验为鉴戒,总结了中国的经验,提出了调动一切积极因素、为社会主义事业服务的基本方针,对适合中国情况的、建设社会主义的道路进行了初步探索。中共中央政治局扩大会议讨论了这个讲话。4月28日,毛泽东就讨论情况作总结发言,其中提出,艺术问题上百花齐放、学术问题上百家争鸣,应该成为我们的方针。5月2日,毛泽东又在最高国务会议上作了讲话,其内容与4月25日的讲话大致相同。这篇讲话曾经有过一个整理稿,在党内高中级干部中进行过传达。1965年冬,刘少奇建议

将这个整理稿作为党内文件，印发给县、团以上各级党委学习。毛泽东看了这个整理稿后，于同年12月18日写了以下批语："送交小平、彭真同志照少奇同志意见办理。""此件看了，不大满意，发下去征求意见，以为将来修改之助。此意请写入中央批语中。"这个整理稿对原讲话记录稿中的有些重要内容（主要涉及苏联问题），没有整理进去。①

事隔10年以后，整理《论十大关系》文稿又被提上了工作日程。前面已经说到，在还没有正式决定胡乔木为"毛选"工作小组负责人之前，李鑫就已把经他们整理过的《论十大关系》文稿交给胡乔木了。胡乔木按毛泽东批准的将两次讲话记录稿综合整理的意见，重新作了整理，补上了以前整理稿中没有整理进去的重要内容，并作了必要的文字加工。这就是提供给7月9日邓小平主持的这次国务院政研室负责人会议讨论的稿子。

根据7月9日的讨论，胡乔木又作了必要的加工，于7月12日写就《关于〈论十大关系〉整理稿的几点简要说明》，与《论十大关系》整理稿一起送交邓小平。胡乔木在《简要说明》中写道："这个整理稿是根据主席一九五六年四月在中央政治局扩大会议的讲话和一九五六年五月在最高国务会议的讲话两个记录稿综合整理的。"《简要说明》还列举了整理稿中一些内容和文字上的修改之处。

第二天，7月13日，邓小平就将胡乔木重新整理的《论十大关系》送毛泽东审阅。邓小平在送审报告中说："我们在读改时，一致觉得这篇东西太重要了，对当前和以后，都有很大的针对性和理论指导意义，对国际（特别是第三世界）的作用也大，所以，我们有这样的想法：希望早日定稿，定稿后即予公开发表，并作为全国学理论的重要文献。此点请考虑。"②可见，邓小平要把毛泽东文稿的整理同当时贯彻毛泽东的三项指示、搞好各方面的整顿联系起来。他力图用毛泽东的著作来指导当时的工作。

7月13日当天，毛泽东审阅后先写批语谓："同意。可以印发政治局同志阅。"后又批："暂时不要公开，可以印发全党讨论，不登报，将来出选集再公开。"③

---

① 以上经过，录自《建国以来毛泽东文稿》第6册《论十大关系》一文注释[1]，第105—106页。

② 《建国以来毛泽东文稿》第13册，第444页。

③ 《建国以来毛泽东文稿》第13册，第444页。

7月18日，胡乔木到邓小平处。邓小平即告诉他，《论十大关系》整理稿，毛泽东已经看过两次，作了批示，并告知批示的内容。胡乔木向邓小平讲了有关编辑“毛选”的一些设想。

7月22日晚，邓小平在人民大会堂主持中共中央政治局会议，读《论十大关系》。江青等人认为稿子整理得还不大够，提出一些枝节问题。邓小平即回答道：主席已看过两次，有什么问题，待最后付印时再请示。这篇重要讲话后来被编入1977年4月出版的《毛泽东选集》第五卷；在此之前，经中共中央批准，1976年12月26日，即毛泽东逝世当年他的诞辰纪念日，在《人民日报》上首次公开发表。

2. 传达文艺调整指示，落实调研任务

7月初邓小平受命主持中共中央日常工作后，毛泽东同他进行了一次谈话。邓小平汇报了全国生产形势，又谈了解放干部问题、文艺政策问题。[①] 7月9日会议的第二项主要内容，是邓小平传达毛泽东7月初关于文艺问题的谈话，布置调研任务。

邓小平说，7月初，毛泽东同他谈话，谈到当时的文艺工作。毛泽东批评说：

> 样板戏太少，而且稍微有点差错就挨批。百花齐放都没有了。别人不能提意见，不好。

邓小平说：“现在文艺并不活跃。”毛泽东又说：

> 怕写文章，怕写戏。没有小说，没有诗歌。[②]

传达后，邓小平对毛泽东的指示加以发挥：

> 除百花齐放外，还有一个百家争鸣的问题。要防止僵化。现在的文章千篇一律，是新八股。双百方针没有贯彻执行，文学、艺术不是更活泼、更繁荣。[③]

邓小平要求国务院政研室给他作些调查研究，收集一些文化、科学、教育、出版方面不执行“双百”方针的材料。他说，中共中央政治局将要讨论这个问题，自己对这些方面的情况不熟悉。

邓小平还讲到自然科学研究中的问题：

---

① 《毛泽东传(1949—1976)》(下)，第1739页。

② 《毛泽东传(1949—1976)》(下)，第1742页。

③ 此处和下面邓小平的话，均据《邓小平的二十四次谈话》，第26页。

> 在自然科学研究中，现在对基础理论不重视，只搞应用科学，这样要赶超世界先进水平不行。

7月9日会后的第二天(7月10日)，胡乔木召集国务院政研室负责人开会，讨论落实邓小平布置的调研任务，就收集文化、科学、教育、出版方面不执行"双百"方针的材料，议论了题目和分工。胡乔木就教育方面出了四个题目：第一，教育质量；第二，学习时间；第三，基础课；第四，毕业生水平。工作方式从当时"四人帮"横行的环境出发，主要通过个别联系，从自己熟悉的人那里了解有关方面的情况，征求意见。会上确定，邓小平交办的调研任务，主要由于光远、邓力群两人贯彻执行。

7月11日，于光远、邓力群两人即向刚调来国务院政研室的王子野等五位同志传达7月10日会议的一些内容，布置了调研任务。邓力群提出一个具体问题，要求查阅报刊，整理一份有关("四人帮")宣传"三突出"原则的材料。在执行布置的任务、查阅报刊过程中，意外地发现了"四人帮"在文艺方针的宣传中砍掉"百花齐放"的大量材料。恰好毛泽东这时又对国务院政研室协助上送的电影《创业》作者的信作了重要批示，这样，文艺调整就迅速地行动起来了。

三、国务院政研室在1975年整顿中的作用

国务院政研室于1975年6月中旬组建，在7月上旬正式开展工作，到1975年11月下旬"打招呼会"后在"批邓、反击右倾翻案风"中被重点批判，只活动了四个来月。但是，在邓小平指导下，它为1975年整顿做了大量工作，产生了巨大的影响。概括说来，除编辑"毛选"第五卷以外，主要做了以下四项工作：

第一，对思想文化工作进行了一些调查研究，收集、整理和上报了一些材料，向中共中央和毛泽东主席转呈了一些信件，推动了思想文化领域主要是文艺领域的整顿。

第二，参加起草和修改了国务院的一些文件。其中影响最大的，是协助修改《工业二十条》(即《加快工业发展的若干问题》)和《科学院工作汇报提纲》(起先，名为《关于科技工作的几个问题(汇报提纲)》)。

第三，撰写了理论文章《论全党全国各项工作的总纲》。

第四,代管中国科学院哲学社会科学部,协助筹办综合性理论刊物《思想战线》。

上述前三个方面的工作,涉及一些重要领域的整顿以至于全党的整顿,在后面各章中将专门叙述。为避免重复,这里对国务院政研室在这三方面的作用,只作一个提纲式的述评。对第四个方面,实际上是对中国科学院哲学社会科学部的整顿,作较详细的叙述。

(一)调查研究,推动文艺调整

就在国务院政研室成立之际,1975 年 7 月初,发生了两件事情。一是邓小平从 7 月 2 日起主持中共中央政治局日常工作;二是毛泽东在同邓小平谈话时,对当时的文艺工作提出批评,还批示对"周扬一案"宜从宽处理。这样,国务院政研室成立后的第一件重要工作就同文艺调整的任务联系在一起。

前面已经说到,1975 年 7 月 9 日,邓小平召集国务院政研室负责人开会。这是国务院政研室成立后正式召开的第一次负责人会议。邓小平传达了几天前毛泽东同他谈话时对文艺工作的意见。毛泽东对当时主管文艺工作的江青等人的不满、对恢复"百花齐放"的期待,溢于言表。

1. 突破性的收获

为落实邓小平布置的任务,胡乔木在 7 月 10 日召开政研室负责人会议。会后即开展工作,首先在文艺方面取得了出人意料的、突破性的收获。

第一,理论组组长王子野带领小组成员郑惠等人按照邓力群 7 月 11 日的布置,调查江青等人鼓吹"三突出"原则、影响"百花齐放"方针贯彻的情况。他们查阅了 1969 年以后北京、上海的几种主要报刊,不仅整理出了鼓吹"三突出"、妨碍"百花齐放"的材料,而且整理出了一份"四人帮"自 1969 年 11 月以后,在报刊文章中有意不提"百花齐放"、明目张胆地把"百花齐放"从文艺工作方针中砍掉的材料,找到了"四人帮"割裂毛泽东思想的证据,为邓小平同"四人帮"斗争提供了重要材料。

第二,胡乔木通过贺龙的女儿贺捷生,鼓励电影《创业》的作者张天民上书毛泽东,反映电影《创业》受压制的情况。胡乔木又及时地把张天民的信通过邓小平转送毛泽东。7 月 25 日,毛泽东写下关于电影《创业》的批示:"此片无大错,建议通过发行。不要求全责备。而且罪名有十条之多,太过分了,不利调整党的文艺政策。"毛泽东还注明:"此信增发文化部及来信人所在单位”。① 这个批示在文艺界迅速传播开来,引起连锁反应,大大推动了文艺政策的调整。

第三,在邓力群的帮助下,电影《海霞》的编导反映受到“层层围攻”的申诉信经胡乔木交邓小平转送毛泽东。毛泽东于7月29日批示“印发政治局各同志”。② 7月30日,邓小平、李先念等人审看此片。当晚,中共中央政治局讨论决定,《海霞》按作者修改过的上映,又一次打击了江青一伙在文艺领域实行的文化专制主义。这与毛泽东关于电影《创业》的批示一起,在文艺界激起了强烈的反响。

第四,文艺界在学习毛泽东关于电影《创业》的批示过程中,对江青等人在文化部的亲信扼杀《创业》、压制群众、排斥异己等倒行逆施提出了尖锐的批评。邓力群发现,音乐学院一位青年教师根据会上发言写出的“大字报”可以被看作是典型代表,即交胡乔木送邓小平并转呈毛泽东。毛泽东看后批示:“此件有用,暂存你处。”③

2. 影响较大的三件事

由于毛泽东提出要调整文艺政策,又连续对文艺工作者的上书作出批示,文艺界受到鼓舞,直接上书毛泽东者不乏其人。在国务院政研室负责人过问下产生较大影响的,还有以下三件事:

第一,在胡乔木、于光远的支持下,冼星海的夫人钱韵玲1975年于9月27日写信给毛泽东,建议在冼星海逝世30周年之际,举办人民音乐家冼星海和聂耳的纪念音乐会。毛泽东表示赞成,并于10月3日批示:“印发在京中央各同志。”④10月25日,纪念音乐会隆重举行,成为继关于电影《创业》的批示后,1975年文艺调整中的又一个高潮。

第二,胡乔木于10月23日转呈了姚雪垠给毛泽东的信(写于10月19日),汇报长篇历史小说《李自成》的写作情况及存在的困难。毛泽东在11月2日写下批示:“印发政治局各同志,我同意他写《李自成》小说二卷、三卷至五卷。”⑤由于毛泽东亲自关怀,姚雪垠即从武汉被调至北京。粉碎“四人帮”

① 《建国以来毛泽东文稿》第13册,第450页。
② 《建国以来毛泽东文稿》第13册,第450页。
③ 《建国以来毛泽东文稿》第13册,第451页。
④ 《建国以来毛泽东文稿》第13册,第451页。
⑤ 《建国以来毛泽东文稿》第13册,第452页。

后,《李自成》第二卷初版和第一卷修订版于 1977 年二三月出版,中国青年出版社也由此复业。

第三,1975 年 10 月 28 日,周海婴写信给毛泽东,反映鲁迅书信的处置和出版、鲁迅著作的注释等方面一些急待解决的问题,请求帮助,希望早日出版一部收入现存鲁迅全部书信的、新的《鲁迅书信集》,并出版一部比较完善的、新的注释本《鲁迅全集》。毛泽东在 11 月 1 日批示:"我赞成周海婴同志的意见。请将周信印发政治局,并讨论一次,作出决定,立即实行。"①人们当时不知道,周海婴此举得到了胡乔木的支持。写信前,周海婴曾向胡乔木请教,得到胡乔木的指点和支持;信写成后,周海婴又到胡乔木家中,请胡乔木修改、润色。这封信最后也是由胡乔木经邓小平呈送毛泽东的。毛泽东对周海婴来信的批示,使张春桥、姚文元等人百般阻挠公开出版鲁迅全部书信的倒行逆施无法再继续下去,也改变了《鲁迅全集》的整理和注释工作"一直无人过问"的状况(关于文艺调整的情况,将在本书第十章中详细叙述)。

(二)修改《工业二十条》和中国科学院《汇报提纲》

《关于加快工业发展的若干问题》(简称《工业二十条》)和《科学院工作汇报提纲》(简称《汇报提纲》),是 1975 年整顿进入通盘解决各条战线问题阶段的产物,体现了邓小平全面整顿的指导思想和策略。邓小平指导制定这两个文件,是要从两个方面入手推动各方面的整顿:一是在经济领域,以《工业二十条》指导经济各部门、各行业的整顿;二是在科技文教领域,以《汇报提纲》来指导和推动科技以及文化、教育各部门的整顿。进入 8 月以后,协助修改这两个重要文件,成为国务院政研室的主要任务。

1. 修改《工业二十条》

制定一个关于加快工业发展的条例,是国务院召开的计划工作务虚会于 7 月提出的,要求国家计委在国务院领导下起草。起草工作先由主管工业和计划工作的副总理余秋里主持,后来又由常务副总理纪登奎抓。《关于加快工业发展的若干问题》初稿于 8 月初写成,共 14 条。8 月 8 日,邓小平要求国务院政研室参加对工业条例的修改。

8 月 18 日,国务院开会讨论工业条例,胡乔木、邓力群、于光远出席。邓

① 《建国以来毛泽东文稿》第 13 册,第 451 页。

小平在会上发表重要谈话，对加快工业发展提出"确立以农业为基础、为农业服务"、"引进新技术、新设备，扩大进出口"、"加强企业的科学研究工作"、"整顿企业管理"、"抓好产品质量"、"恢复和健全规章制度"、"坚持按劳分配"7条重要意见。

会后，这个条例的修改即在胡乔木主持下进行，邓力群、于光远同国家计委的房维中等同志参加。条例全文从原稿的14条增加到18条。9月，条例交20个企业负责人座谈会讨论；10月，又被拿到出席全国农村工作座谈会的12个省、市委书记中去征求意见。10月25日，条例完稿，全文共20条，简称为《工业二十条》。这个条例是在当时历史条件下，对1961年邓小平主持制定的《国营工业企业工作条例（草案）》（即《工业七十条》）的继续和发展。它提出了整顿企业、加快工业发展的方针、政策和措施，贯穿着改革开放的精神，是解决"文化大革命"在经济上造成的混乱和灾难的纲领性文件。

2. 修改中国科学院《汇报提纲》

中国科学院《汇报提纲》，先是由胡耀邦主持起草的。邓小平对这个文件稿不大满意，于1975年8月26日找胡乔木商讨修改意见，要胡乔木同胡耀邦等人商议，由胡乔木亲自动手修改。胡乔木要吴冷西、胡绳一起参加。胡乔木亲自动手，于9月2日改好，题为《科学院工作汇报提纲》。邓小平看后比较满意，说这个文件很重要，不单管科学，而且可以适用于文化、教育各部门。即印发有关负责同志征求意见，准备讨论。

9月26日下午，邓小平主持国务院会议，听取胡耀邦等人的汇报，讨论《汇报提纲》。邓小平在会上讲了很多重要意见。他强调科研必须走在国民经济的前头。他指出科学技术叫生产力，科技人员就是劳动者；要爱惜人才，发挥他们的作用；要敢讲"专"，对专心搞科研的人，应该爱护和赞扬；等等。他要求把《汇报提纲》修改好以后送毛泽东并印发给中共中央政治局委员，批准后用这个文件发动科技战线的群众。但因为种种原因，《汇报提纲》没有得到毛泽东的批准。

（三）撰写理论文章《论总纲》

1975年八九月间，国务院政研室本来把注意力放在写评论《水浒》的文章上。9月10日，邓小平同国务院政研室七位负责人谈话，强调要全面地宣传毛泽东思想，批评当时的宣传（即"四人帮"控制的宣传）有很大的片面性，要求国务院政研室抓紧写文章。这次谈话触发了胡乔木想要写一篇全面论述和宣传毛泽东的“三项指示”的文章。他感到为了给“全面整顿”作思想、理论准备,也很需要写这样一篇文章。他把这个写作任务交给邓力群,并报告了邓小平,得到赞同。

邓力群找人一起把1975年以来中央的一系列文件、邓小平和国务院其他领导同志的讲话收集起来,加以研究,还请有关单位的同志就贯彻执行“三项指示”的情况和文章的写法开了两次座谈会。对写出的两份稿子,邓力群都不满意,决定重写。即由邓力群口授,助手记录整理成文,再由邓力群改定。10月7日,文章完稿,题目由邓力群定为:《论全党全国各项工作的总纲》(简称《论总纲》)。

《论总纲》相当集中地阐发了邓小平以毛泽东的“三项指示”为纲进行全面整顿的思想。它以实现四个现代化为出发点和归宿,全面论述了毛泽东“三项指示”的内涵和相互关系,阐述了进行全面整顿、促进安定团结、把国民经济搞上去等方面的问题,同时又尖锐地揭露了“四人帮”的本质和反革命策略,既有深刻的说服力和强烈的号召力,又有尖锐的批判性和战斗性。

《论总纲》比较全面地阐述了从经济基础到上层建筑进行整顿的方针政策,探索了当时的中国怎样摆脱动乱局面、为实现四个现代化而奋斗的路径,称得上是邓小平进行全面整顿的政治纲领。

在1975年整顿中,国务院政研室参与修改或负责撰写的《工业二十条》、《汇报提纲》、《论总纲》三个著名文件,在“文化大革命”的历史上,在党史和国史上,都具有重大的意义、深远的影响。(关于这三件事的详细情况,将在本书第七、十一、十二、十五章中分别叙述)。

(四)代管中国科学院哲学社会科学学部,恢复业务工作,筹办《思想战线》

代管学部,是邓小平亲自交给国务院政研室的任务。

“学部”,是中国科学院哲学社会科学学部的简称,是我国最大的社会科学研究机构。当时下设13个研究所、2个研究室,有工作人员2000多人,其中干部和研究人员1800多人。它原由教育部代管。“文化大革命”中,教育领域是“重灾区”。教育部整顿教育的任务已经十分繁重,再要代管学部,力不从心。所以,在国务院政研室组建之初,邓小平就提出国务院政研室成立后要“代管学部”。他把这项任务交给国务院政研室,可谓知人善任。

6月29日，邓小平再一次向胡乔木明确交代：国务院政研室一定要把哲学社会科学部管起来。他同胡乔木一起商量，确定了学部的组织领导关系。学部的业务工作由国务院政研室管，分工由胡绳负责；政治工作由国务院政工组管；行政工作由国务院办公室管。邓小平还提出，“学部要办个刊物”，由国务院政研室指导。这是一个重要的决定。当时的主要报刊，如北京的《红旗》杂志、《人民日报》、《光明日报》，上海的《文汇报》、《解放日报》、《学习与批判》杂志，都被“四人帮”控制。在一时难以夺回来的情况下，邓小平等人要从思想理论上宣传“三项指示为纲”，指导和支持整顿，只有重起炉灶，创建自己的舆论阵地。

邓小平对学部的工作抓得很紧。6月29日同胡乔木商谈后，他立即要中共中央组织部提出学部领导机构人选，同时委托一位国务院副总理召集国务院政工组、办公室和教育部等相关单位开会，把重新确定的对于学部的管理分工事项正式通知执行。

7月16日，中共中央组织部和国务院政工组发表学部领导机构名单，由郭沫若任主任，调林修德、刘仰峤、宋一平三人组成临时领导小组，主持学部工作。

这个通知，对于学部的组织、人事等各项事宜，带有正式确认的性质。实际上，在这个正式通知发出之前，学部的工作已经是这样做了。

1. 学部的工作方针和整顿措施

7月17日，胡乔木即召集三人小组开会，对学部当时的状况作了分析，对整顿学部的方针、当时的任务提出指导性意见。要点是：

（1）学部各个研究所的“文化大革命”已经基本结束，已初步实现安定团结。

（2）工宣队、军宣队已基本完成任务，现在就可以撤走。

（3）学部下乡、下厂的科研人员和工作人员在7月底全都回来。

（4）要逐步恢复科研工作。学部有一定的科研力量，专业力量较强。“文化大革命”以来，科研工作已经停了八九年，要逐步恢复。

（5）科研不能再走老路，但对老路要有分析。

（6）学部原来出版的20多种刊物，要恢复，可首先考虑恢复和办好综合性刊物。

胡乔木的这些意见，同“文化大革命”中的一套完全是反其道而行之，在当时听来,颇有石破天惊之感,具有拨乱反正的意义。

胡乔木最后对临时领导小组三人的分工提了意见,要他们立即开始工作。

7 月 21 日,林修德、刘仰峤、宋一平三人就到学部任职。没过几天,在 7 月下旬,学部就把工宣队、军宣队送走,把下乡、下厂的研究人员和工作人员全都撤了回来。学部各个研究所的业务工作逐步恢复。

三人临时领导小组贯彻了邓小平关于整顿的精神和胡乔木关于学部工作方针的指示,在各种会议上、在实际工作中,反对空头政治,反对片面性。他们强调,政治是灵魂,政治不能脱离业务,要渗透到业务中去。研究人员要掌握资料,掌握外文,下工夫读书。对学部在“文化大革命”前 17 年的工作全盘否定不妥,要一分为二,不要再讲“和 17 年对着干”。新路、老路要看实质,开门办所要从实质上理解,与工农兵一起写书、编词典也是个极端。他们还在两个研究所进行试点,着手组织整顿,酝酿让知名学者参加研究所的领导工作。

在学部工作初步恢复正常后,国务院政研室主要通过让学部领导参加重要活动和国务院政研室负责人直接指导的方式,推动学部的整顿,发挥学部的作用。

1975 年 6 月中旬,国务院召开计划工作务虚会。7 月起,计划工作务虚会分 10 个小组进行专题研究。国务院政研室通知学部领导参加文教规划小组的会议。这个小组按照实现四个现代化的任务,研究了文化教育长远规划的方针、政策、综合平衡、奋斗目标和重大措施等问题,提出要从指导思想等方面,克服当时不少单位不敢提智育、文化,在科学研究和教学工作中忽视基础科学,以及只顾当前、不顾长远等倾向。文教规划小组的会议于 8 月 15 日开完。学部即召开了各所、室负责人参加的务虚座谈会,传达了文教规划会议的精神。

8 月 22 日,国务院政研室负责人之一胡绳(国务院政研室内分工,由他负责联系学部)到学部讲话。他传达了邓小平的“三项指示为纲”的指示精神,指出要以“三项指示”为总纲来看形势、看任务。胡绳强调要安定团结,完成斗、批、改的任务。他明确指出,“改”,就是要从事业务工作,恢复科研。科研要面向现实,联系实际。可以不提开门办所的口号,因为对这个口号,不同观点会有不同解释,会造成混乱。经过 8 月的务虚会,学部的工作方针从上到下进一步明确。

经过这一段时间的工作之后,国务院于 8 月 30 日发出了由胡乔木亲自拟稿的《国务院关于哲学社会科学部若干事项的通知》（国发[1975]142号），对学部的组织、领导、人事、业务工作正式作出规定和安排。《通知》是发给中央各部委、各直属机构的。正文如下：

经中央政治局批准，现将哲学社会科学部若干事项通知如下：

（一）中国科学院哲学社会科学部直接受国务院指导，其地位同于中国科学院，相当于部委一级的单位。国务院指定国务院政治研究室指导学部的业务工作，并由国务院政工小组管理它的政治工作。教育部不再担负对学部的代管。

（二）哲学社会科学部主任仍由郭沫若同志担任。

（三）国务院根据中共中央组织部推荐，决定派林修德、刘仰峤、宋一平三同志组成哲学社会科学部的临时领导小组，以林修德同志为组长。以后在适当时候成立党的核心小组，并确定副主任人选。

（四）原由党中央和国务院派到哲学社会科学部工作的军宣队、工宣队，已经完成党中央和国务院交给他们的任务。他们把工作移交给新的临时领导班子后即行撤出。

（五）哲学社会科学部所属各研究所和其他工作单位，应即在临时领导小组的领导下，在批判修正主义、批林批孔、学习无产阶级专政理论的基础上，坚持毛主席的无产阶级革命路线，根据抓革命、促工作的方针，进行正常的业务工作。

9月26日，邓小平主持国务院会议听取中国科学院的汇报，学部接到通知派负责同志列席了会议。会后，列席者立即向学部领导小组、办公室、政工组负责同志传达邓小平的讲话，决定要积极贯彻，落到实处。邓小平讲要给科研人员解决房子、孩子入托、夫妻两地分居等困难，学部有关部门立即开始采取措施逐步改善；邓小平讲应该关心、支持专家学者，学部召开了专家座谈会听取意见；邓小平讲刊物太少，学部就积极行动起来，准备恢复刊物。这些举措，使学部广大知识分子重新恢复了对科研工作的热情。

按照安定团结、落实政策的方针，国务院政研室开列了科技教育界、文化艺术界、新闻出版界人士出席1975年国庆招待会的名单。学部有21人出席，包括专家学者18人、领导干部3人。此举引起强烈反响，认为国庆招待会体现了安定团结的方针，体现了落实知识分子政策的精神。学部政工组将出席招待会的学者吕叔湘、任继愈、俞平伯、顾颉刚、冯至、何其芳、丁声树、吴世昌、贺麟、韩幽桐、傅懋勣、严中平等人的反映整理成为简报。胡乔木看后感到很有代表性，即报邓小平并建议转呈毛泽东。毛泽东于 10 月 16 日写下批语："打破'金要足赤'、'人要完人'的形而上学错误思想。可惜未请周扬、梁漱溟。"这一批语，进一步促进了知识分子政策和干部政策的落实。

2. 筹办《思想战线》

对于创办刊物，邓小平十分重视。在中共中央、毛泽东批准成立国务院政研室后，邓小平即于 6 月 29 日找胡乔木谈国务院政研室的任务。他提出：国务院政研室一定要把哲学社会科学部管起来；又指示：学部要办个刊物。胡乔木积极贯彻邓小平关于办刊物的指示。9 月 5 日，学部临时领导小组就写了《出版哲学社会科学综合性杂志的请示报告》（哲发[75]字第 47 号），上报"国务院政治研究室并报国务院"，还附了第 1 期至第 3 期的选题计划。

1975 年 9 月 16 日，毛泽东在科普杂志《化石》编辑张锋给他的信上加了"一封诉苦的信"的标题，批示"印发在京各中央同志"。① 9 月 19 日，邓小平即对胡乔木说：《化石》这样的刊物，主席还这样的关心，学部办的综合性理论刊物还会不关心？他催促胡乔木赶快把刊物办起来。

9 月 22 日，学部临时领导小组对 9 月 5 日的报告作了修改，再次向国务院政研室报送了《关于创办〈思想战线〉杂志的请示报告》，并请转呈国务院。胡乔木接到这个报告后，即向邓小平汇报。邓小平指示抓紧筹备，并说：别人写文章，你们也可以写，但不要影射，要讲道理。他还要求《思想战线》的重要文章要交国务院政研室审定，有些文章还要交中共中央和国务院审查。

胡乔木立即把创办《思想战线》的《请示报告》修改、重写了一遍。

《请示报告》首先说明了创办《思想战线》的缘由和刊物的名称、性质：

> 遵照中央政治局的指示，哲学社会科学部已经逐步恢复业务工作。学部所属各研究所过去出版过的各个杂志，只有《历史研究》、《考古》、《考古学报》仍在出版，其余都已停刊多年。现在除准备按照需要和可能逐步出版各种分科的杂志外，打算先出版一个综合性的杂志。
>
> 刊名定为《思想战线》。它是一个理论性、批判性、讨论性的哲学社会科学综合性月刊。

① 《建国以来毛泽东文稿》第 13 册，第 468 页。

关于办刊方针，除了“以马克思列宁主义、毛泽东思想为指导，坚持党的基本路线，为无产阶级政治服务，为工农兵服务，为巩固无产阶级专政服务，批判修正主义，批判资产阶级，批判一切剥削阶级意识形态，在意识形态领域对资产阶级实行全面专政”这样的包含着当时流行政治口号在内的总的提法之外，《请示报告》从四个方面作了规定。这四条具体的方针，显然含有在思想理论战线上拨乱反正的内容。这些具体方针是：

认真贯彻“百花齐放、百家争鸣”的方针，贯彻“古为今用”、“洋为中用”、“厚今薄古”的原则。在马克思主义世界观的指导下，开展不同意见的争鸣，勇于坚持真理，勇于批评和自我批评。对于毒草，对于违反毛主席指出的六条政治标准的反动言论，对于其他各种反马克思主义、非马克思主义的错误思想必须坚决斗争，严肃批判，决不能让它们自由泛滥。

要面向全国，面向广大群众，注意同工农兵结合，实行开门办刊物。作者的范围要打破小圈子习气，贯彻实行“五湖四海”、“老中青”三结合的原则。要发挥工农兵理论队伍的作用，也要调动专业理论工作者的积极性，并且提倡专业理论工作者和工农兵理论队伍的各种不同形式的结合；要注意培养年轻的新生力量，也要发表政治上要求进步的老专家的有益的研究成果，以利于工农兵理论队伍的茁壮成长，以利于团结、教育、改造广大知识分子，为建立一支宏大的马克思主义理论队伍积极努力。

坚持理论联系实际的原则，提倡从理论和实际的结合、观点和材料的统一上说明问题。坚持一分为二的观点，努力避免片面性和绝对化。

提倡革命的文风。文章力求革命性和科学性相结合，力求准确、鲜明、生动，力求有严格的论证和充分的说服力，并且深入浅出。

关于刊物的内容，《请示报告》提出五个方面的要求：

1. 从各个政治领域和学术领域宣传马克思列宁主义、毛泽东思想，批判修正主义，批判资产阶级。要着重宣传贯彻毛主席关于学习无产阶级专政理论的指示，并且把这个指示同毛主席关于安定团结、把国民经济搞上去的指示结合起来进行宣传。要宣传毛主席关于《水浒》批示的精神。

2. 用马列主义、毛泽东思想做指导，研究哲学社会科学各门学科中的重大理论问题，研究中国近代现代革命史和广大劳动人民在三大革命运动中的丰富经验，探讨从实践中提出的带规律性的问题。

3. 用马列主义、毛泽东思想研究当代世界政治、经济、文化等方面的问题，批判西方资产阶级在这些方面的主要反动观点，批判以苏修社会帝国主义为代表的现代修正主义反动思潮。

4. 从现实斗争需要出发，研究我国和世界各国政治史、经济史、思想史、学术史上的问题。

5. 积极开展哲学社会科学各门学科中有现实意义和理论意义的问题的讨论。

《请示报告》说明，刊物上的“文章以论文为主，也刊登调查报告、四史（指村史、家史、社史、厂史——引者注）、回忆录、短评、读书札记、书评、通信、资料、学术动态等，并可刊登某些适合需要的有价值的译文”。

《请示报告》提出，杂志社为学部直属单位。拟由林修德兼主编，梅关桦任副主编。刊物定为月刊，16 开本，每期约 80 页、10 万字。拟于 1975 年内出版试刊，1976 年 1 月正式出版，由邮局向国内外公开发行。

胡乔木于 10 月 4 日把重新写过的《关于创办〈思想战线〉杂志的请示报告》报送邓小平。他给邓小平写了一个便笺：

小平同志：

送上关于创办思想战线杂志的请示报告，请审阅批示。

敬礼

胡乔木

一九七五年十月四日

邓小平看过后，当即在便笺上批了一句话：“拟同意。请主席批示”，并签上名字和日期：“邓小平　10 月 5 日”。

10 月 5 日当天，毛泽东就看了这个报告，在邓小平写的那句话的“主席”两字上，画了一个圈，表示同意。

10 月 6 日，毛泽东已圈阅的《请示报告》被退到邓小平处，邓小平当即在上面写上批语：“请政治局同志传阅后退——”，“退”字后面一条直线指到“胡乔木”的签字上。

10 月 9 日，这个经过邓小平上报、毛泽东圈阅、邓小平批示、13 位在京中共中央政治局委员①圈阅过的文件，被退到胡乔木、胡绳的手里，前后不到一个星期。

《请示报告》上报以后，胡乔木在10月6日就与学部临时领导小组三位同志谈话，专门讲怎样办好《思想战线》的问题。他要求把《思想战线》办成政治性、战斗性、现实性、理论性的刊物，办成能代表党的路线、面向全国、面向广大群众的刊物。文章的选题与质量，都应与党在各条战线上的方针、任务相适应。编辑部要与党、与各个实际工作部门保持密切的联系，把它们工作中的问题，转换为自己的选题、文章。要把实际工作中、实践中提出的问题，用马列主义、毛泽东思想的观点来阐明，来解决，而不是无的放矢、废话空论。写文章要正面立论，不要"放暗箭"。刊物的作者应当是全国范围的，要搞五湖四海，打破那种小圈子习气。群众并不要求那些一窝蜂的文章，这样的文章与其写，还不如不写。胡乔木的谈话尖锐地批评了"四人帮"控制的报刊宣传，提出了同"四人帮"对立的办刊方针和方法。

当天下午，胡乔木又同负责办《思想战线》的同志具体谈了刊物的选题。在教育方面，他提出，要从理论上阐明列宁反对自发性的观点，阐明毛泽东的实践论的观点；封建主义的师道尊严要破除，社会主义的师生关系要建立。关于科学技术，胡乔木出了科学和政治、科学是生产力、马克思主义哲学和自然科学的关系、理论科学和应用科学的关系、党的知识分子政策等题目。经济工作方面，胡乔木提出要区别关于"唯生产力论"、利润挂帅、技术至上的正确理解和歪曲理解，要用马克思主义的劳动价值论来解释怎样提高劳动生产率、把生产搞上去等等。

学部在10月上、中旬召开各所室负责人座谈会，讨论胡乔木的谈话。与会同志认为，胡乔木10月6日的谈话，不仅对办好刊物具有重要的指导意义，而且对当时的现实斗争也具有重要的指导意义。学部的整顿应从创办《思想战线》这件头等大事抓起。这是整顿学部的突破口。在思想战线上树立什么旗帜，对当时思想战线上斗争的焦点问题采取什么态度、怎样解决，只有把这些问题认识清楚，正确解决，学部的整顿才能顺利进行，取得积极的效果。

在10月的座谈会后，《思想战线》的筹办工作加快了步伐。编辑部调集

---

① 圈阅者为：叶剑英、张春桥、江青、华国锋、纪登奎、吴德、汪东兴、陈永贵、陈锡联、李先念、姚文元、吴桂贤、苏振华。

了六十多人，提出了1976年第一季度三期刊物的选题计划，并落实了大部分选题的作者。试刊和第1期的稿子大多印出了清样。从《思想战线》第1期，可以看出这个刊物的概貌。①

正当这个崭新的刊物即将“降生”的时候，所谓“批邓、反击右倾翻案风”运动开始了。

邓小平在受到批评、攻击的情况下，还指示胡乔木要帮助学部把刊物办好，但终于无法抵挡这股逆流。1976年1月17日，国务院政研室负责人不得不写报告给国务院，请求解除委托国务院政研室“指导学部的业务工作”的责任，并建议暂缓出版《思想战线》。《思想战线》终于未能“出世”，学部的整顿被迫中断，而学部临时领导小组的三位负责同志，也就成了批判的重点。不

---

① 《思想战线》第1期的全部目录如下：

发刊词
洪广思：加强安定团结，发展大好形势
郭化若：《孙子》今译前言
萧　华：毛主席的革命路线是指引长征胜利的灯塔
吴明瑜：科学技术现代化和巩固无产阶级专政
法学所：评苏修国家机器的法西斯化
高级法院：中华人民共和国宪法是巩固无产阶级专政的强大武器
农林部：我国农村中的又一次伟大革命运动
张根生：坚持党的基本路线教育，深入开展学大寨运动
一机部：农业机械化是巩固无产阶级专政的重要条件
安平生：为一九八〇年基本实现农业机械化而奋斗
经济所：要真正把农业作为国民经济的基础
周阿庆：一位老工人的建议——周阿庆同志关于建立健全规章制度的来信
本刊经济组：企业要有革命的法规
大庆油田生产办公室：大庆油田的勘探和开发是毛主席哲学思想的胜利
大庆油田1205钻井队党支部：学理论，抓路线，大干社会主义
世界史研究所：慕尼黑的历史教训
秦武平：老沙皇的辩护书，新沙皇的自供状——评齐赫文斯基主编的《中国近代史》
周建人：学习鲁迅，永葆革命青春
钱韵玲：忆星海
卢之超：评《李卓吾批评水浒传》
北京市总工会工人理论小组：修正主义者必然走向公开投降
工农兵评《水浒》
难得的反面教材（北京军区洪诚）
人民心目中的晁盖（山东梁山县司里山大队）
为什么如此丑化李逵（北京工具厂理论组）
梁山泊和“理想国”（北京汽车制造厂理论小组）

过，国务院政研室代管学部和筹办刊物的工作并没有白做。它在一定程度上为粉碎“四人帮”后中国社会科学院的创建及其在思想解放和拨乱反正中发挥积极作用，奠定了思想基础和组织基础。

综上所述，1975 年整顿中，国务院政研室在邓小平直接领导下做了大量卓有成效的工作，一方面有力地推动了整顿在文艺、社会科学、科学技术以至于工业交通等部门的展开和深入，另一方面揭露和打击了“四人帮”的反革命阴谋和极左理论，出色地担当了以邓小平为代表的中共中央、国务院的助手和参谋，表现了中国共产党一代马克思主义理论家的历史主动性和创造精神。正因如此，江青一伙对国务院政研室深恶痛绝，把它视为眼中钉，必欲去之而后快。在 1975 年冬开始的所谓“批邓、反击右倾翻案风”运动中，“四人帮”以为消灭异己的时机到了，他们把国务院政研室作为打击的目标、“围剿”的重点。江青公开诬蔑国务院政研室“是一个相当大的谣言店”。姚文元控制的《人民日报》在一份《情况汇编清样》上，诬指“国务院的政治研究室是继旧中宣部后又一个阎王殿”。他们通过报刊，反复攻击国务院政研室的负责同志是“邓记班子中的‘理论家’”、“邓小平的谋臣”，还在文化部、国家出版局等单位追查所谓“邓小平通过政研室搞策反活动”等问题，打击、迫害与国务院政研室有过联系的干部。他们以百倍的疯狂，集中力量打击尚未定稿的《论总纲》和正在讨论、修改中的《汇报提纲》和《工业二十条》，把它们打成所谓邓小平授意炮制的“三株大毒草”。然而历史最无情，恰恰是经过对这“三株大毒草”的批判，人们进一步理解并认定邓小平所主张的路线、方针、政策的正确，而“四人帮”却更加遭到人们的反对和唾弃。

第七章
计划工作务虚会与《工业二十条》

一、计划工作务虚会的召开

从1975年3月发布中共中央9号文件、铁路整顿取得突破性进展以后，只三个月时间，邓小平领导的整顿，就在工交战线取得了令人惊叹的实效。国民经济从1975年3月起逐月好转。交通运输基本上达到“四通八达，畅通无阻，安全正点，当好先行”的要求。煤炭工业在上半年完成全年计划的52%。钢铁生产也完成日产计划，并开始补欠。石油工业、森林采伐和海上运输一直呈上升态势。到6月底，原油、木材等生产部门实现了时间过半、任务完成过半。接近完成或超额完成计划的，还有电力、化工、机械、建材、轻工等行业。原油、原煤、发电量、化肥、水泥、内燃机、纸及纸板、铁路运输量等，在五六月都连续创造了月产量历史最高水平。1975年上半年，全国工业总产值完成全年计划的47.4%，财政收入做到收支平衡、略有积余。这是“文化大革命”以来没有过的好形势。但是，邓小平并不以此为满足。他赋予整顿双重任务，首先是拨乱反正，进而要改革发展。不仅要恢复生产秩序，完成1975年年度计划和“四五”计划，而且要制定出保证国民经济持续、快速发展的“章程”，设计出实现两步设想、建设“四化”强国的蓝图。具体说来，一是要对发展国民经济从指导思想到具体要求，制定一个共同遵循的“章程”；二是要对实现两步设想具有关键作用的此后10年，作出国民经济和社会发展的长远规划。因此，在1975年6月，邓小平就提议国务院召开计划工作务虚会，集中研究怎样加快速度把国民经济搞上去，并研究解决制定“章程”和“规划”这两个重要问题。邓小平说：前一阶段解决铁路问题、钢铁问题，都是一个一个地解决，光这样不行,要通盘地研究。

计划工作务虚会从6月16日开始,由主管财政、贸易工作的国务院常务副总理李先念,主管建设和工业工作的国务院副总理谷牧主持,主管工业生产的国务院副总理孙健基本上参加了会议的全过程,国务院副总理华国锋(常务副总理,主管政法和科学工作)、陈锡联(主管国防工业和体育工作)、纪登奎(常务副总理,主管劳动工资和干部调配工作)、吴桂贤(主管卫生和轻工业工作)、王震(主管交通和供销工作)参加了一部分或大部分会议。出席会议的有:国家计委、国家建委、石化部、煤炭部、冶金部、一机部、水电部、轻工部、铁道部、交通部、邮电部、国防工办、二机部、四机部、五机部、财政部、商业部、外贸部、外经部、供销总社、政研室等部门的负责人。

在6月16日的会上,谷牧首先讲了会议的目的和任务。他说:

> 根据先念同志指示,要我们开几天务虚会,谈谈计划方面的工作。要把国民经济搞上去,速度快一些,关键是今后十年这一仗要打好。只是一个问题一个问题解决不行。要研究工作中的路线和方针、政策,把纲抓起来。国民经济大综合要从(国家)计委的工作谈起,(国家)计委是党中央和国务院经济工作的总参谋部。现在,上的速度太慢,上上下下都不满意。怎么样把主席思想更好地贯彻到经济工作中去,把速度搞快,是一个大问题。为了能广泛交换意见,决定采取务虚的办法,请大家畅所欲言,各抒己见。

会议分两个阶段。第一阶段从6月16日开到6月底,每天一次,两个星期开了12次会。各部门负责人张劲夫(财政部部长)、姚依林(商业部部长)、康世恩(石油化工部部长)、周子健(第一机械工业部副部长)、杨殿奎(冶金部副部长)、徐今强(煤炭部部长)、曹鲁(轻工业部副部长)、郭鲁(铁道部副部长)、钱正英(水电部部长)、郑汉涛(国防工办副主任)、钟夫翔(邮电部部长)、林乎加(国家计委副主任)先后在会上发言,比较集中地议论了“文化大革命”中经济工作的问题,今后经济工作的指导思想、方针、政策。他们的发言内容,出了10期《情况反映》(郑汉涛、钟夫翔的发言未登)。会议认为,当时经济生活中的主要问题是散和乱,必须狠抓整顿,强调集中。

7月2日,谷牧副总理宣布,务虚会告一段落,根据会议提出的问题,分8个小组进行专题研究,计划工作务虚会进入第二阶段。这8个小组是:(1)理论小组,召集人于光远、邓力群。(2)体制小组,召集人张劲夫、吕东、李开信。

(3)钢铁小组,召集人李人俊、姚依林、杨殿奎。(4)工业和企业管理小组,召集人康世恩。(5)基本建设小组,召集人韩光、宋养初、金熙英。(6)机械工业规划小组,召集人孙健。(7)改进计划工作小组,召集人由国家计委负责。(8)轻工、农林、商业小组,召集人曹鲁、任泉生。7月17日,遵照李先念的指示,增加了文教、科学规划小组。这个小组后来又分成文教和科学技术两个小组,召集人分别是周荣鑫和胡耀邦。这样,一共有10个小组。

这10个小组都按各自的具体情况组织了讨论。如:体制小组从7月5日至12日,先召集各有关部门开了3次会;7月8日开始,邀请上海、天津、河北、辽宁、江苏、甘肃6省市计委负责同志开了4天座谈会,听取他们对经济管理体制的意见。基本建设小组的3位召集人,从7月2日至8月6日,分别与50个部门的同志座谈1975年基本建设的情况和下半年调整意见。机械工业规划小组从6月25日至8月1日开了11次会,对机械工业的基本情况、有关方针和政策、统一规划与分工协作问题,进行了初步研究。轻工、农林、商业小组从7月4日至19日开了7次会,围绕加快轻工业的发展速度、搞好国内市场供应、扩大出口、增加财政收入的问题,研究了从各方挖潜的方针、政策和措施。经过讨论,各小组对怎样进行有关方面的整顿提出了意见,对怎样搞好有关方面的规划提出了设想。在各小组讨论有了比较系统的意见后,国务院从7月底到8月初连续开了6次会,听取6个小组的汇报并进行了讨论。汇报会的具体进程如下:

7月29日,钢铁小组杨殿奎就冶金工业十年规划的几个问题作了汇报。

7月30日,体制小组张劲夫就改革计划、企业、物资、财政金融、劳动工资等管理体制的问题作了汇报。

7月31日,轻工、农林、商业小组曹鲁就加快轻工业发展、搞好市场供应、扩大出口、增加财政收入等问题作了汇报。

8月1日,基本建设小组韩光就调整1975年基本建设计划问题作了汇报。

8月2日,工业和企业管理小组康世恩就工业和企业管理的几个问题作了汇报。

8月4日,机械工业规划小组周子健就机械工业的方针与政策、统一规划和分工协作等问题作了汇报。

计划工作务虚会第二阶段的会议,对加快发展国民经济问题的研究更加深入、具体，对计划管理体制、企业管理体制、物资管理体制、财政金融体制、劳动工资管理体制等有关国民经济全局的整顿和改革提出了具体意见，对如何发展钢铁工业、调整机械工业、缩短基本建设战线、发展农林牧业、安排好国内市场和促进对外贸易以及发展科学技术等，提出了设想，为制定"发展国民经济十年规划（1976—1985年）"作了准备。

计划工作务虚会上，按照邓小平的指导思想，决定搞一个文件，总结铁路整顿、钢铁整顿的经验，概括这次务虚会讨论的成果，对加快发展工业过程中存在的重要问题提出切实的解决办法，作出一些必要的规定。这个文件通称工业条例，于7月底起由国家计委负责起草（房维中执笔），后几经修改，成为《工业二十条》，它的全名是《关于加快工业发展的若干问题》。

《工业二十条》和计划工作务虚会期间形成的阐述经济体制改革问题的《体制问题汇报提纲（草稿）》、各部门关于"五五"计划和10年长远规划的设想，是指导工业整顿和整个国民经济整顿的重要文件。

二、关于经济体制改革的意见

《体制问题汇报提纲（草稿）》（以下简称《提纲》），是计划工作务虚会期间体制小组进行多次讨论，并先后召集有关部门开会，邀请上海、天津、河北、辽宁、江苏、甘肃6省市座谈以后形成的。其指导思想是毛泽东的《论十大关系》和邓小平关于整顿的一系列指示。《提纲》于1975年7月17日印出，并于7月30日由体制小组主要召集人张劲夫向国务院会议作了汇报。《提纲》共分6个部分：第一，体制改革的基本情况。第二，关于计划管理体制问题。第三，关于企业管理体制问题。第四，关于物资管理体制问题。第五，关于财政金融管理体制问题。第六，关于劳动工资管理体制问题。《提纲》是我国进行经济体制改革的、第一个相当全面和系统的文件。

《提纲》开宗明义，肯定了体制改革的方向和成绩："这几年，企业下放，体制改革，方向是正确的，成绩是显著的。突出表现在各地党委加强了对经济工作的领导，办了很多过去长期办不到的事情……促进了国民经济的发展。"《提纲》指出："当前的问题是，计划、物资、财政管理都有些'散'和'乱'……这是前进中的问题。但是，如果不抓紧解决，就会影响国民经济多快好省地发展。"《提纲》提出："对体制改革中出现的问题，应当采取积极的态度。要坚持前进，不能徘徊，更不能后退。”基本的思路是：“在管理权限下放的同时，强调统一计划，强调全局观点，加强纪律性，反对本位主义和分散主义。同时，对于一些实际问题，也必须认真对待，采取措施，有步骤地、切切实实地加以解决。”《提纲》分析了经济管理各项体制的关系：“经济管理各项体制，是互相联系、互相影响的。计划管理体制是牵头的，企业管理体制是基础。物资、财政、劳动管理等体制虽然决定于计划和企业体制，但是，由于人、财、物是进行生产建设不可缺少的条件，常常成为体制改革的争论中心。尤其是物资管理体制，问题较多，争论最大。”《提纲》指出：“要解决目前存在的问题，对于经济管理的各项体制，必须通盘考虑，全面研究，提出解决方案。”

关于计划管理体制改革。《提纲》指出：在计划管理体制上，突出存在 3 个问题：一是全国没有一个真正的统一计划，不是一本账，而是几本账；不是“一盘棋”，而是“几十盘棋”。集体所有制的经济活动，基本上没有被纳入国家计划。二是在综合平衡工作上，“条条”与“块块”的关系不够明确，结合得不好，没有把在国家统一计划下，实行“条块结合，块块为主”的原则落实。三是计划缺乏严肃性，定了不算数，上面留缺口，下面层层加码，“计划外”冲击“计划内”，有些地方和部门没有做到按计划办事。《提纲》列举了毛泽东关于经济体制问题的一系列指示，并综合大家的意见，提出 5 条贯彻落实的意见：

第一，实行统一计划，上下一本账。这是发挥各方面积极性的前提。离开了统一的计划，积极性就会变成盲目性。《提纲》规定：今后各部门、各地区的一切主要经济活动，不论中央单位和地方单位、全民所有制和集体所有制，都要被纳入国家计划。国民经济的方针、政策，工农业的主要生产指标，基本建设投资和重大建设项目，重要物资的分配，国家财政预算和货币的发行，新增职工人数和工资总额，主要工农业产品的价格等，必须集中到中央，各部门、各地区不能各行其是。

第二，在国家统一计划下，充分发挥中央和地方两个积极性。计划的拟订，实行“自下而上，上下结合，块块为主，条块结合”的办法。首先，由国家计委下达建议指标和原则要求。各省、自治区、直辖市根据国家提出的任务，充分发动群众，听取基层意见，拟订本地区的国民经济计划。各协作区和中央各部门，分别进行综合平衡。在此基础上，国家计委进行全国的综合平衡，拟订全国的计划草案，报中共中央和国务院审定。

第三，成立六大协作区势在必行，要下决心尽快搞起来。这是在管理体制改革上的一个重大举措。对协作区的性质、任务、组织，《提纲》提出：协作区应当是区域性的经济管理机构，是国务院的派出机构。各协作区成立党的领导小组，由协作区内各省、自治区、直辖市党委负责同志组成；组长由中央指定；副组长负责主持经常工作，同时兼任国家计委副主任。协作区下建立办公机构和一些必要的经济管理机构，业务工作受国家计委指导。

第四，搞好综合平衡，正确处理国民经济中的几个主要比例关系。为保证国民经济有计划、按比例发展，对今后 10 年的国民经济主要比例关系，包括农、轻、重的比例关系，积累和消费的比例关系，经济建设和军政费用、文教事业的比例关系，简单再生产和扩大再生产的比例关系，以及重点和“枝叶”的比例关系等，要提出方案，经中央批准，确定下来。

第五，强调计划的严肃性。计划一经中共中央、国务院审定下达，便具有法律效力，各地区、各部门必须严肃对待，认真执行。

关于企业管理体制改革。1969 年以后，中央各部门下放给地方的企业、事业和建设单位总数共 2400 多个（不包括军工企业）。当时的问题是许多企业处在不上不下的半下放状态。已经确定下放而暂由中央各部代管的企业有 1300 个左右。少数关系国民经济命脉而又属跨省市的企业，如几个大油田等，需要重新进行调整，实行双重领导，以中央部门为主。《提纲》指出，企业下放的方向必须继续坚持，不能动摇。在企业管理体制上，《提纲》也提出 5 条意见：

第一，进一步搞好企业下放。除跨省市的铁路、邮电、电网、长江航运、民航、输油管和远洋航运部门，重要的科研、设计单位，专业施工队伍，以及大油田等少数关键企业、关键项目，由中央各部领导为主，其余的企业、事业和建设单位都应当下放给地方，以地方领导为主。企业的隶属关系明确以后，要尽快地做好交接工作，缩短过渡时间，逐步取消代管、直供企业等形式。“三面向”（材料来源、生产组织和产品分配都面向全国）的企业，一样下放，不由部管。

第二，企业的领导关系确定以后，凡属下放的企业，有关企业的生产和建设计划、物资供应、劳动工资和财务收支等，都应下放，按隶属关系明确责任制。

第三，中央下放的企业和地方原有的大中型企业，原则上应由省、自治区、直辖市及省辖市、地区领导和管理，不能层层下放。

第四，企业下放后，中央各经济部门对整个行业的责任、管理范围和方法，建议由工业管理小组拟出办法提请国务院审定。

第五,以国家计委为主,组织一个精干的机构,专门负责下放企业的交接工作,研究解决下放中出现的问题。

关于物资管理体制改革。究竟怎样改革,计划工作务虚会上有不同意见,未能统一。根据多数同志的意见,《提纲》对物资管理体制的改革提出5条原则性意见:

第一,物资管理体制原则上应坚持"在国家统一计划下,实行地区平衡,差额调拨,品种调剂,保证上缴"的办法。

第二,改进物资管理的分工范围。在国家计划的统一平衡下,通用物资的分配和供应由物资部门负责,专用物资的分配和供应由各专业部门负责。

第三,充实和加强物资管理机构,进一步做好物资计划管理和计划供应工作。成立国务院直属的物资管理总局。建立健全物资业务经营机构和供应网点,增设必要的供应站、门市部。

第四,机电设备和基本建设项目的成套工作,要逐步走向以地区成套为主。确定以国家建委为主,一机部、国家计委物资局参加,成立专门小组,研究并提出方案。

第五,对第二、三类机电产品的供应,不少地区反映困难,如甘肃省的缺口达70%。确定以一机部为主,吸收有关部门参加,成立小组,专门研究并提出解决方案。

关于财政金融体制改革。当时的财政金融体制是实行"收入按固定比例留成,超收另定分成比例,支出按指标包干"的办法。按照这个办法,不论地方是否完成收入任务,支出都由中央按确定的指标保证供应。这种收入同支出不挂钩的做法,不利于调动地方增产增收与平衡预算的积极性,也不利于加强预算管理和财务管理。同时,导致中央直接组织的收入很少,支出却很多。以1975年为例,中央财政收入只有100.5亿元,中央财政支出却有470多亿元。对财政金融体制如何改革,这次计划工作务虚会没有来得及讨论,财政部提出了初步意见。总的原则是实行"统一领导,分级管理",走大路、不走小路,走明路、不走暗路。具体做法有5条:

第一,把现行收支不挂钩的财政管理体制,改为收支挂钩、总额分成的体制。即每年根据中央核定的收支指标确定地方的分成比例,多收多支,少收少支,自求平衡。原有固定比例留成不变,并考虑再给地方一些机动财力。

第二,对于一些收入高、积累多、又是跨省的大型企业,如大油田等,其收入划归中央财政。

第三,对于大中型企业的折旧基金,中央集中 20%—30%,用于地区之间、行业之间的调剂,加速老企业的技术改造步伐。

第四,加强预算管理,除国家规定的预算外收入外,不准任意将预算内收入转为预算外收入。预算外企业经过整顿,原则上都被纳入国家预算。不准“打埋伏”,不准另立“小钱柜”,只搞明账,不准另搞暗账。对机动财力的使用,要规定范围,并要严格按照预决算制度办事。

第五,对人民银行的业务工作实行双重领导,以“条条”为主。统一管理信贷资金,统一管理货币发行。

关于劳动工资体制改革。对此,计划工作务虚会上没有来得及讨论。国家计委劳动局反映了当时存在的主要问题:一是劳动计划管理体制同企业管理体制不相适应;二是国家劳动计划只管全民所有制单位,不管集体所有制单位,计划外用工数量很大;三是学校学生的招生和分配计划由教育部门管,职工人数计划由劳动部门管,互相不衔接。《提纲》提出 4 条解决这个问题的初步意见:

第一,劳动管理体制服从计划、企业管理体制。计划和企业由哪一级管理,劳动计划也由哪一级管理。

第二,不论全民所有制单位还是集体所有制单位,劳动工资一律被纳入国家计划,由劳动部门管起来。任何单位不得在计划外招收职工。

第三,由国家分配的那部分大中专、技校学生,其招收和分配计划,由教育部门和劳动部门共同商定。

第四,建议成立国务院直属的劳动工资总局,委托国家计委代管,加强劳动工资的管理工作。

三、关于发展国民经济十年规划的设想

讨论、提出 1976—1985 年发展国民经济十年规划(包括“五五”、“六五”两个五年计划)的设想,是计划工作务虚会的一项主要议程。10 个专题小组的讨论、6 个小组向国务院会议的汇报,主题就是十年规划的设想。在这次计划工作务虚会前,拟订十年规划早在 1974 年就已经被提上工作日程;而正式

讨论、拟订《发展国民经济十年规划纲要(草案)》,则是在这次计划工作务虚会后的1975年11月至1976年1月的全国计划会议上;最终讨论、通过经过重新修订的《1976—1985年发展国民经济十年规划纲要(草案)》,已经是1978年2月的五届全国人大一次会议了。1975年6—8月召开的这次计划工作务虚会,可以说是制定十年发展规划的一个中间环节。

(一)拟订发展国民经济十年长远规划的过程

早在1974年1月中旬,国家计委就向国务院递交了《关于国家计委内部分工和拟订长远计划的报告》([74]计字17号)。这个报告简明扼要地阐述了拟订发展国民经济十年长远规划的指导思想。《报告》说:

> 根据主席最近的指示精神,大家认为,计委要议经,更要议政。要首先抓大事,抓路线,抓思想,抓方针政策,抓战略性的问题。关于长远规划,主席曾指示:从第三个五年计划开始,我国的国民经济发展,可以按两步来考虑:第一步,建立一个独立的比较完整的工业体系和国民经济体系;第二步,全面实现农业、工业、国防和科学技术的现代化,使我国经济走在世界前列。主席指示我们,要用几个五年计划的时间赶上和超过世界水平,并且指出:这种预见,必将在本世纪内实现。为了实现主席这一伟大战略思想,我们设想拟订一九七六年至一九八五年十年远景规划,重点是一九七六年至一九八〇年的第五个五年计划。有了这样一个长远规划,就能够更有力地动员群众,能够有计划地安排周期长的建设项目和大型设备的成套生产,有利于瞻前顾后,统筹安排。没有长远规划,年度计划中有些事情不好办。

关于拟订规划的方法,《报告》提出:"在拟订计划的过程中,要认真调查研究,总结经验,充分发动和依靠群众,采取条块结合、块块为主的方法,以大区为单位组织平衡,以利于逐步建立各大区各有特点、不同水平、比较完整的工业体系和经济体系。"

《报告》还提出,长远规划的拟订工作,在国家计委党的核心小组的集体领导下,由国家计委主任余秋里主持。

同年8月7日,国家计委发出《关于拟订十年规划的通知》。《通知》说,中央[1974]13号文件已经批准,1974年即着手拟订1976年至1985年发展国民经济的十年规划。《通知》指出，十年规划的指导思想是毛泽东关于从第三个五年计划开始，在几十年内，分两步走、建设四个现代化社会主义强国的指示。遵照毛泽东的指示，《通知》提出了关于我国国民经济十年发展具体目标和步骤的初步设想："在一九八〇年以前，建成我国独立的比较完整的工业体系和国民经济体系，有步骤地建设经济协作区，基本上实现农业机械化；到一九八五年，基本建成六个大区不同水平、各有特点、工农业协调发展的经济体系，并为在本世纪内全面实现农业、工业、国防、科学技术的现代化打下巩固的基础。随着生产的发展，逐步提高人民的物质和文化生活水平。"《通知》要求"坚持按农、轻、重的次序安排国民经济计划"，拟订规划"要有高度的科学态度，使计划有客观根据，建立在可靠的基础上。计划指标要留有充分的余地"。拟订十年规划"采取条块结合，块块为主，由下而上，上下结合的方法"，先由各省、自治区、直辖市和各部门提出本地区、本部门的规划，然后由国家计委会同各地方和各部门，以大区为单位组织平衡，在此基础上进行全国平衡，提出全国的十年规划草案。

1975 年 1 月，周恩来在四届全国人大一次会议上作《政府工作报告》，按照毛泽东的设想，提出分两步走发展国民经济、实现四个现代化的宏伟蓝图。关于今后十年发展国民经济所必须遵循的路线、方针、政策，以及奋斗目标和拟订长远规划的方法，周恩来在《政府工作报告》中都作了明确的说明。2 月中旬，国务院总理办公会议确定，责成国家计委着手进行草拟发展国民经济十年规划的工作，要求在第二季度拿出初稿。为拟订好十年规划，国家计委于 1975 年 3 月初向各省、自治区、直辖市和国务院各部委发出《关于拟订十年规划的补充通知》，指出："拟订规划要有全局观点，发扬自力更生、艰苦奋斗的革命精神，从实际情况出发，根据各地的资源和特点，确定发展重点"；"今后十年，发展生产主要靠挖潜，靠技术革新；基本建设要集中力量打歼灭战，把在建项目迅速建成投产，发挥能力。新上项目一定要慎重，要严加控制"；"这次搞规划，要把企业的技术革新、技术改造计划和基本建设计划结合起来考虑，生产和基本建设要统筹规划，全面安排"；"长远规划和年度计划要结合起来搞"；"拟订规划要逐级搞好综合平衡"，"部门的规划，一定要考虑地区的合理布局和协作关系"；等等。3 月 16 日至 4 月 26 日，国家计委在京西宾馆召开长远规划座谈会，国务院工交财贸各部的负责同志参加。会议学习了毛泽东的指示，讨论并研究了十年规划的指导思想、方针政策和主要指标，并交流了发动群众拟订经济计划的经验。5月中旬至7月中旬，国家计委和国务院各部委组织调查组分赴六大区调查研究，并和地方同志座谈、交换了对发展国民经济十年规划的设想和意见。

（二）从机械工业规划小组看计划工作务虚会对十年规划的设想

6月16日开始举行的计划工作务虚会，就是在上述工作的基础上召开的。国务院各部委分成10个小组进行专题研究，讨论的中心议题就是十年规划（包括“五五”计划和1976年年度计划在内）。前面已经提到，7月底到8月初，国务院连续开会6次，听取钢铁小组，轻工、农林、商业小组，基本建设小组，工业和企业管理小组，机械工业规划小组的汇报并进行讨论，主要的议题也是这些部门的十年规划问题。不可能、也没有必要在这里对这些部门十年规划的设想一一介绍，仅以机械工业规划小组的讨论情况和研究结果为例作一介绍，以期收窥一斑而知全豹之效。

1. 机械工业规划的初步设想

在国务院计划工作务虚会期间，机械工业规划小组从6月25日至8月1日开了11次会，对机械工业的基本情况，有关方针、政策问题，统一规划和分工协作问题等，进行了初步研究。8月4日，机械工业规划小组向国务院提出了机械工业规划的初步设想。主要内容简述如下：

机械工业的基本情况。我国机械工业在20多年间有了较大的发展，布局有所改善，行业比较齐全，有了一定的基础；但总的看来，还比较薄弱。

我国机械工业有4个系统——一机部、非机械工业各部门、国防工业和国防科委各部门、解放军总后勤部（包括铁道兵）——27个部门。截至1974年年底的统计，有工厂1.3147万个、职工710.2万人，总产值486.2亿元，劳动生产率6840元/人，拥有机床115.7万台①，拥有锻压设备17.2万台②，固定资产（原值）558.2亿元，基建投资累计519.2亿元，上缴利润累计865.4亿

---

① 这个数字同国家统计局统计的机床数189.9万台相比，约差74万台。据分析，这个差额是由于以下几个方面拥有的机床数，机械工业规划小组的汇报材料中没有统计在内：城市街道工厂约27万台，县办工厂约22万台，社办工厂约10万台，非工业企业约14.4万台，以上合计73.4万台；此外，有的部门还有部分维修网点的机床没有被包括在内。

② 这个数字同国家统计局统计的锻压设备数38.7万台相比，约差21万台。经分析，情况与机床数类似，有相当一部分集体所有制工厂和县、社工业的锻压设备没有被统计在内。

元,年消耗钢材 632 万吨。

机械工业在发展中存在的主要问题是:

第一,缺乏统一规划,发生不必要的重复基建和生产,分工协作未搞好。

第二,生产能力长的太长、短的太短,成套能力差。主要是大型的、关键的和技术要求高的产品生产能力不足,大型成套设备和重点项目的设备成套水平低。这几年大打矿山之仗,矿山设备的总产量是上去了,但大型、关键矿山设备的品种、数量不能满足需要。如装备一个年产 500 万吨的中型露天矿,需要的 8 种大型、关键产品中,一种尚未定型(牙轮钻),两种生产能力小,不能满足需要(大型工矿电机车、矿山重型汽车),4 种还是缺门(矿用装载机、大马力推土机、重型压路机和装药车),只有 4 立方米挖掘机一种能够批量生产。

第三,工厂装备落后,普通、简易、低效的机床过多,高、大、精、稀的机床太少。拥有的高、大、精、稀机床只占机床总数的 0.18%。在高、大、精、稀机床中,也是一般重型的多,超重型的少;低效的龙门刨、落地镗多,高效的龙门铣、铣镗床少。锻压设备的拥有量也不足。关键锻压设备仅占锻压设备总数的 0.7%,5 吨以上的模锻锤和千吨以上的水压机配套水平低,影响能力的发挥。

第四,技术水平不高,多数产品还是 20 世纪 50 年代的水平。设备的自动化水平和综合技术、经济指标都比较低,同国外同类型产品相比,用人多,消耗大,效率低,有的设备质量不稳定,使用寿命短。科学技术基础差,缺乏大型设备的试验条件,没有必要的技术储备。

1976—1985 年的方针和任务。1976—1985 年,是实现“两步走设想”的关键 10 年。国家确定“五五”计划期间建设的一批大型骨干工程,要求机械工业提供大型、高效的成套设备,任务是十分艰巨的。机械工业规划小组认为,中国机械工业的发展,要以毛泽东的“三项重要指示”为纲,坚持党的基本路线,深入开展“工业学大庆”的群众运动;要按照统一规划、加强领导、军民结合、专业协作、各有特点、大区成套的方针,走挖掘潜力、技术革新、技术改造和填平补齐的路子;要认真总结经验,加快机械工业的发展;要在国家统一计划下,充分发挥中央和地方两个积极性,集中力量,主攻大型、关键产品和成套设备,努力赶超世界先进水平,为在 20 世纪内全面实现四个现代化打下基础。

对第五个五年计划期间的主要任务,一机部系统、非机械工业系统、国防工业和国防科委系统、总后勤部系统都提出了初步设想。这里将一机部系统规划设想的14项任务扼要叙述如下①，从机械工业这一侧面不难透视整个十年规划的宏伟和艰巨。

（1）发展农业机械，加快农业机械化的步伐。1978年以前，重点抓紧洛阳、天津、上海、山东、长春、江西等基础好、批量大的7个万台以上的拖拉机厂和青海、鞍山两个大马力履带拖拉机厂的建设。这些厂1980年的产量应达到9万台，占全国产量的三分之二。这样，1980年达到生产拖拉机14万台、手扶拖拉机25万台，农业用的拖拉机拥有量达到80万台，手扶拖拉机拥有量达到150万台，全国机耕面积达到9亿亩左右，灌溉面积达到8亿到8.5亿亩。

（2）继续大打矿山之仗，提高矿山装备水平。矿山机械重点发展采、装、运设备。"五五"期间需要的矿山设备，约有三分之二是由一般中小型机械厂生产的。这些厂要挖掘潜力，填平补齐，分工协作，提高产量。另有三分之一是大型设备，主要集中在几个重型机械厂生产。"五五"期间要扩建太原重机厂的挖掘机车间，对辽宁承担露天煤矿设备生产的工厂进行技术改造，同时抓紧建成陕西、合肥、济南等地的中型重机厂。

（3）积极发展大型轧机和连续轧机。为加快钢铁工业的发展，"五五"期间要重点搞好40套大型、连续和自动化水平比较高的轧机。这些轧机以及重型锻压设备、大型矿山设备、大型水泥设备以及电站锻件，80%以上是由第一重机厂、第二重机厂、太原重机厂、上海重机厂、沈阳重机厂、洛阳矿山机器厂、北京第二通用机器厂、天津重机厂8个骨干厂生产的。因此，要对这8个重机厂进行扩建和技术改造。过去这8个厂花了20亿元，计划再投资7.5亿元。这样，8个厂的机器产品产量可由21万吨提高到34万吨。

（4）发展高效率、大容量的发电设备。重点抓好哈尔滨、上海、北京、四川4个发电设备厂的扩建和技术改造。这4个厂已有生产能力410万千瓦，占全国500万千瓦的82%。这4个厂已投资13亿元，"五五"期间将再投资4亿元，生产能力可提高到800万千瓦。高压输变电成套设备，"五五"期间发展50万伏和75万伏的。重点技术改造西安的一家生产高压输变电设备的工厂。

（5）尽快使大型合成氨及三大合成设备立足于国内生产。主攻年产15

---

① 以下叙述的14项任务，据机械工业规划小组：《机械工业规划工作简报（综合）》（1975年8月2日）。

万吨、30 万吨合成氨的大型成套设备和尿素设备。30 万吨合成氨设备从国外进口 13 套，国内计划生产 5 套。第一套由上海试制，争取在 1975 年年底完成，1976 年上半年调整试车。三大合成设备，"五五"期间安排 10 套乙烯为代表的成套设备，共 36 种、119 套装置，拟由辽宁、北京、天津、上海、湖北、广东、江苏、甘肃等省市分工协作，以一地为主，多方配合，组织制造。

（6）加快制造石油开采设备，适应石油工业的大发展。抓好 1800 米、3200 米、5000 米三种钻机的定型工作，主攻 7000 米钻机、850 以上大气压的酸化压裂设备、大型采油机、海上钻采设备和相应的配套设备。计划到 1980 年，生产 100 台钻机。炼油设备于"五五"期间，生产 250 万吨的 13 套、500 万吨的 2 套。长距离输气管道设备，共有 198 种新产品，要抓紧研制和攻关。"五五"期间，要着重把四川的采气、集输、净化设备的制造能力搞上去，对重庆、什邡、自贡等 10 个机械厂、仪表厂进行技术改造。

（7）千方百计把透平机械攻下来，发展品种，成批生产。"五五"期间，首先要突破 40 多个主要品种的技术关。1980 年，透平机产量要达到 170 台，工业汽轮机和燃气轮机各达到 40 万千瓦左右。"五五"期间，重点扩建南京汽轮发电机厂、沈阳鼓风机厂和杭州汽轮机厂，并抓紧四川东方汽轮机厂和陕西鼓风机厂的基建收尾。决定从美国和联邦德国引进高压压缩机的制造技术，进口加工铣叶轮、叶片、缸体的高效数控机床等。

（8）增加汽车产量，重点发展军用越野车和重型汽车。当时，我国的汽车产量太低，位居世界第 23 名，低于南斯拉夫和巴西。重型汽车 77%是进口的，产需矛盾十分突出。为适应战备和矿山建设需要，"五五"期间要重点发展越野车和重型汽车。发展军用越野车，达到品种、数量立足于国内，要重点抓好第二汽车厂、大足汽车厂和陕西汽车厂的建成投产。生产八轮驱动导弹运输越野车的济南汽车厂，要结合该厂技术改造，形成年产 300 辆的生产能力。以上共需投资 7 亿元。当时的重型汽车生产能力为年产 4500 辆，"五五"期间需投资 4 亿元，到 1980 年，使生产能力达到 1. 7 万辆，生产 1. 4 万辆。到 1980 年，使全国汽车保有量达到 210 万辆。

（9）发展工程机械，把品种、数量搞上去。"五五"期间，重点发展野战工程机械以及农田基本建设、水利施工、建筑筑路等占用劳动力多的土石方机械和超重机械。

（10）发展重型、高效、精密机床和锻压设备。"五五"期间，重点发展制造国防军工产品、大型运输机、大型电站设备、重型机械和大型船舶等需要的品种。加速建成武汉重型机床厂超重型车间，扩大昆明机床厂、北京第一机床厂和青海重型机床厂的生产能力，对天津重型机床厂、济南第二机床厂、西安锻压机床厂等进行技术改造。1980 年，重型锻压设备的产量由 1975 年的 500 台增加到 850 台，由 174 种发展到 300 种左右。

(11)发展大马力柴油机，要批量大、系列化。重点抓好上海、贵州、天津、杭州、潍坊、无锡、重庆红岩 7 个厂的技术改造和扩建。1980 年的产量达到 800 万马力左右，以适应主机配套的需要。

(12)加快发展关键配套设备"四机两泵"。大制氧机、大风机、大压缩机、大中型电机和高压泵、特殊泵，这"四机两泵"是冶金、矿山、石油、化工、电站、国防工业等部门需要的主要配套设备。"五五"期间，各部门要求的大型、高温、高压、高速品种越来越多。这些品种技术难度大，我们尚未掌握，要努力攻下来。

(13)加强战备，为国防军工(包括核潜艇、飞机制造、原子能、导弹地面设备等)提供更多的装备和配套设备。

(14)大力发展工业自动化仪表、测试仪器和电影机械、照相机。

一机部系统在"五五"期间需要投资约 71 亿元。

搞好机械工业的建议。机械工业规划小组提出 8 点建议：

(1)统一规划，分工合作。要抓住当时国家急需的大型、关键产品，组织成套生产，尽最大努力，满足国民经济发展和国防建设的需要。要统一规划，把机械工业组织起来，搞好分工协作，避免重复建设。要加强领导，各省、自治区、直辖市在党委一元化领导下，建立一个强有力的机构，由工业书记挂帅，对机械工业进行统筹安排。

(2)从战备出发，贯彻执行"军民结合、平战结合"的方针。

(3)机械工业部门与非机械工业部门要分工协作。

(4)加强科学技术工作，努力赶超世界先进水平。要有计划、有重点地引进国外新技术，贯彻"洋为中用"的原则，坚持"一用、二批、三改、四创"，通过积极仿制，努力发展我国自己的品种系列。

(5)搞好设备维修，有计划、按比例地发展备品配件的生产。

(6)大搞技术革新与技术改造，挖掘企业潜力。

(7)努力提高地区成套水平，搞好成套设备预安排。

(8)改革管理体制，产、供、销要结合。

2. 国务院领导同志对机械工业发展规划的指示

8月4日，机械工业规划小组向国务院汇报了机械工业规划初步设想和有关问题，国务院领导同志作了重要指示。

对于机械工业由于缺乏统一规划发生不必要的重复建设和生产分工不合理的情况，国务院领导同志指出，要有“秦始皇”，要搞好统一规划；经过调查研究，把它管起来，不然就会“你打你的，我打我的”。我国是8亿人口的大国，发展不平衡，既要统一规划，把机械工业组织起来，又要发挥中央和地方两个积极性。要统一规划，加强领导，搞好分工协作，走挖掘生产潜力、技术革新、技术改造、填平补齐的路子，做到少花钱，多办事，少建厂，多协作，避免重复，发展专业化生产。这样可以批量大，质量好，充分发挥生产能力。

国务院领导同志强调指出，要准备打仗，要搞好布局，处理好沿海与内地的关系，充分利用沿海地区，重点建设项目要放在“三线”或二、三线之间。

关于正确处理制造和维修、主机和配件的关系问题，国务院领导同志批评了那种专业维修厂不愿意搞维修而愿意搞主机制造的现象，指出：现代化工业，要求是严格的，一个线头、一个开关，坏了也不行。对元件质量，要十分严格，九分九也不行。要提高材料利用率。科研、技术工作要有专人抓，技术上要有人负责，要建立技术责任制和严格的规章制度。

国务院领导同志指出，有两个问题，这次没有回答：一是经过统一规划，可以减少多少投资、哪些项目可以不建了；二是经过统一规划，可以减少哪些重复。还有，机械工业的能力长在哪里、短在哪里，要继续搞清楚。在机械工业重点产品的规划中，还缺乏有力的“保钢”措施，需要专门讨论。

最后，国务院领导同志指示：机械工业很复杂，任务很重，统一规划的工作刚开始，还差得很远。现在方针定下来了，要统一思想，抓紧时间，继续努力工作。要总结25年来的经验，成绩在哪里？问题在哪里？怎么解决？要认真总结自己的经验，也要研究国外的经验。目的是上得更快些，发展得更快些。

3. 继续搞好机械工业发展规划的工作

向国务院汇报后的第二天，8月5日，机械工业规划小组就开会研究机械工业规划工作下一步的部署。8月7日上午，在国家计委召开了机械工业规划小组扩大会议。机械工业规划小组向国务院有关部委、中国科学院和总后勤部、国防科委、铁道兵等部门的负责同志，传达国务院领导同志在8月4日听取汇报时的指示精神，部署下一步的工作。

经过8月4日的汇报会，机械工业此后10年的发展方针已经确定，这就是：统一规划，加强领导，军民结合，专业协作，各有特点，大区成套，走挖掘潜力、技术革新、技术改造、填平补齐的路子。8月7日的机械工业规划小组扩大会议认为，必须坚决执行这个方针，把机械工业的统一规划工作搞好。会议决定，用一个星期时间讨论国务院领导同志的指示精神，回答提出的问题，写出书面意见。会议认为，搞好机械工业的统一规划，需要进行细致的综合平衡工作，只靠短期突击不行，要长期搞下去，把问题一个一个弄清楚。首先，抓住主要问题抓紧解决。思想上要重视，组织上要落实。为此，决定先成立造船工业规划小组、电子工业规划小组、军民结合规划小组、一机系统与非机械工业系统分工协作规划小组、大型铸锻件规划小组5个专业小组。① 会议要求这5个小组，都要在摸清情况的基础上，提出今后的分工协作方案和“五五”期间的发展规划方案。会议提出，要抓好试点，解剖一下如何把各方面机械工业的力量组织起来，搞好分工协作，避免重复。会议决定由华北协作区筹备组的吕东负责，重点抓天津市，先行进行机械工业统一规划的试点。

8月8日，机械工业规划小组办公室即邀请各专业规划小组牵头单位和华北协作区筹备组负责同志开会，研究各专业规划小组的任务和开展工作的要求。会上明确了各专业规划小组是机械工业规划小组下的专业小组，其主要任务是3项：摸清基本情况；提出组织起来、分工协作的意见；结合各部门的规划，进行综合平衡，提出可以减少哪些不必要的重复建设、节省多少投资，以及第五个五年计划期间的发展规划方案。过了5天，8月13日上午，机械工业规划小组办公室再次邀请各专业规划小组和华北协作区筹备组负责同志开会，交流各组工作进展情况。造船工业、电子工业、军民结合3个小组已经先

---

① 这5个规划小组的组成如下：（1）造船工业规划小组，由国家计委、国防工办、六机部、交通部、农林部、海军、总后勤部、一机部等单位参加，由六机部牵头。（2）电子工业规划小组，由国家计委、国防工办、四机部、邮电部、通信兵部、国家广播事业局、铁道部、交通部、卫生部、轻工业部、一机部等单位参加，由四机部牵头。（3）军民结合规划小组，由国家计委、国防工办、三机部、五机部、七机部、轻工业部、一机部等单位参加，由五机部牵头。（4）一机系统与非机械工业系统分工协作规划小组，由国家计委、国家建委、一机部、冶金部、煤炭部、石油化工部、水电部、铁道部、交通部、邮电部、农林部、轻工业部、国家体委、卫生部、公安部、教育部、文化部、商业部、全国供销合作总社、中国科学院、国家广播事业局、国家地震局、国家气象局、国家海洋局等单位参加，由一机部牵头。（5）大型铸锻件规划小组，由国家计委、国防工办、一机部、铁道部、冶金部、三机部、五机部、六机部、石油化工部、煤炭部等单位参加，由一机部牵头。

后召开第一次会议，确定了组长、副组长人选，建立了办事机构，并确定了工作进度。另外两个小组（一机系统与非机械工业系统分工协作规划小组和大型铸锻件规划小组），在这几天分别走访了23个和8个部门，了解情况，征求意见。8月13日下午，这两个组也召开了第一次会议。工作进度大体分为两步：第一步，8月20日前，提出分工协作意见；第二步，8月底前，进行综合平衡，拿出分工协作、控制长线、拉长短线、避免重复、少建厂的规划方案。

（三）计划工作务虚会后起草十年发展规划的情况

以上简要介绍了计划工作务虚会期间及其后制定机械工业发展规划的情况。计划工作务虚会上，其他6个工交、财贸、农林方面的专业小组，研究、讨论、拟订十年发展规划的情况，大致也是如此。

整个国家的发展国民经济规划制定工作，在计划工作务虚会期间及其后，也在紧锣密鼓地进行。

1975年7月底至8月初，国务院听取了计划工作务虚会6个专业规划小组关于“五五”计划和十年规划设想的汇报。国家计委在此基础上，综合研究各地区、各部门的意见，一方面进一步研究“五五”计划方案，另一方面开始草拟《发展国民经济十年规划主要指标初步设想》和《关于十年规划几个问题的汇报提纲》。

9月1日，国务院召开会议，由李先念副总理主持、工交财贸各部部长参加，讨论了国家计委起草的《关于十年规划几个问题的汇报提纲》。

9月上、中旬，根据国务院会议讨论的意见，国家计委把《汇报提纲》改写为《关于十年规划几个问题的汇报和请示》。9月23日，李先念委托谷牧副总理主持，王震、孙健副总理并工交财贸各部部长参加，讨论了《关于十年规划几个问题的汇报和请示》。会后，根据讨论意见进行了修改，改写成《关于十年规划几个问题的汇报要点》。

10月5日，邓小平主持国务院会议，讨论《关于十年规划几个问题的汇报要点》，华国锋、张春桥、李先念、纪登奎、陈永贵、吴桂贤、王震、谷牧、孙健、吴德参加。根据国务院会议讨论的意见，自10月6日至24日，在李先念主持下，对《关于十年规划几个问题的汇报要点》进行了修改。10月25日晚，中共中央政治局会议讨论了《关于十年规划几个问题的汇报要点》。这时，在中共中央政治局的小范围内，已经按毛远新传达的毛泽东的意见，对邓小平进行所谓"批评"、"帮助",但这次中共中央政治局会议仍然是由邓小平主持的。中共中央政治局决定,对《关于十年规划几个问题的汇报要点》进行修改后,报送毛泽东。10月26日,根据中共中央政治局讨论的意见,对《关于十年规划几个问题的汇报要点》进行了修改,改名为《发展国民经济十年规划要点(供讨论稿)》。10月27日,由李先念、华国锋送邓小平转毛泽东。

10月31日,国务院通知,经汪东兴请示毛泽东,《发展国民经济十年规划要点(供讨论稿)》毛泽东看了一半,同意先印发给全国计划会议讨论,经全国计划会议讨论修改后,再报毛泽东批准。11月1日,全国计划会议正式开始。11月上、中旬,全国计划会议充分讨论了《发展国民经济十年规划要点(供讨论稿)》。各省、自治区、直辖市和各部门,都提出了修改意见。会议秘书组整理汇编了代表们对《十年规划要点》提出的修改意见。根据全国计划会议上提出的意见,对《十年规划要点》又作了修改。11月25、26、28日,李先念主持,华国锋、陈锡联、纪登奎参加,讨论研究了《十年规划要点》的修改稿。然后作了进一步修改,并改名为《1976—1985年发展国民经济十年规划纲要(草案)》(以下简称"《十年规划纲要(草案)》"),印件上写明"一九七五年十二月十日修改稿"。

《十年规划纲要(草案)》的12月10日修改稿共15节,标题如下:

一、社会主义建设的伟大成就;

二、以党的基本路线为纲,把国民经济搞上去;

三、十年规划的奋斗目标;

四、以粮为纲,全面发展,建立比较稳固的农业基础;

五、以钢为纲,建立比较强大的基础工业;

六、加快发展轻工业和石油化工;

七、大力加强国防工业和国防科研,准备打仗;

八、充实和加强三线战略后方基地,进一步发挥一、二线的作用;

九、坚持挖潜、革新、改造的方针;

十、基本建设要集中力量打歼灭战;

十一、努力增加积累,保证重点建设;

十二、积极发展科学技术,繁荣文化教育事业;

十三、进一步扩大对外贸易,认真做好援外工作;

十四、逐步提高人民生活水平;

十五、加强党的领导，做好经济工作。

关于发展国民经济十年规划的奋斗目标，《十年规划纲要（草案）》提出：

在一九八〇年以前，建成我国独立的比较完整的工业体系和国民经济体系。到一九八五年，进一步完善全国的经济体系，基本完成国民经济的技术改造，实现笨重体力劳动机械化。基本建成六个大区不同水平，各有特点，各自为战，大力协同，农、轻、重协调发展的经济体系。

《十年规划纲要（草案）》同时提出了1976—1980年第五个五年计划的主要要求：

——建立起比较稳固的农业基础。基本上实现农业机械化，全国粮、棉平均亩产上《纲要》；粮食产量比1975年增长16%—25%，棉花产量增长18%—24%。

——建立起比较丰富多彩、适应国内市场和外贸需要的轻工业。

——建立起比较发达的重工业。绝大多数产品在质量、数量、品种等方面基本适应国内需要。有比较强大的国防工业。有较多的战略物资储备。钢产量比1975年增长58%，煤炭产量增长26%—30%，石油产量增长95%，发电量增长60%。

——建立起基本适应经济发展和战略需要的交通运输网与邮电通信网。

——有一个活跃城乡物资交流的商业网。

——有比较先进、发达的科学技术和文教卫生事业。

“五五”计划要求工农业总产值平均每年增长7.5%—8.1%，农业总产值平均每年增长4.1%—5.3%，工业总产值平均每年增长8.8%—9.2%。

《十年规划纲要（草案）》还提出了1981—1985年第六个五年计划的主要要求：

农业方面，主要作业的机械化程度达到85%以上，初步实现南水北调，基本做到旱涝保收、高产稳产，农、林、牧、副、渔都达到较高水平，公社和大队两级经济所占比重，全国平均达到40%以上。

工业方面，主要行业基本实现自动化、半自动化、机械化、半机械化，石油化工、电子等新兴工业部门发展成为较强大的工业部门，能为经济建设、国防建设提供比较先进的成套技术装备，为人民生活提供比较丰富的产品。

交通运输方面，建成全国铁路网的骨架，牵引动力基本实现内燃化和电气化，建成一支现代化的远洋、江海干线的运输船队，内河运输的木帆船实现机动化。

西南、西北、中南、华东、华北、东北6个大区，做到主要农副产品、钢铁、燃料、一般机械产品、主要轻工业产品和团以下武器装备全部或大部自给。

《十年规划纲要（草案）》的12月10日修改稿，被印发给全国计划会议讨论，根据代表们的意见又作了修改。12月17日下午，李先念主持，华国锋、陈锡联、王震、孙健参加，讨论并研究了这个修改稿，对个别章节作了修改。12月20日，国务院把《十年规划纲要（草案）》分送中共中央政治局各同志。12月25日、27日晚，中共中央政治局讨论了《十年规划纲要（草案）》，邓小平出席了这两次中共中央政治局会议。会议决定，按会上提出的修改意见修改后，把这个规划纲要草案报送毛泽东。根据中共中央政治局会议讨论的意见进行了修改的《十年规划纲要（草案）》，于12月30日用国务院名义印发，分送中共中央政治局各成员并报送毛泽东。这时，"批邓、反击右倾翻案风"运动已经发动起来。周恩来总理于1976年1月8日逝世，全国上下处在大悲痛、大震动之中。鉴于全国计划会议的全部议程已经进行完毕，主持会议的李先念、纪登奎、陈锡联、华国锋在周恩来追悼大会后于1月17日联名向中央写报告，提出："关于十年国民经济规划纲要（草案），包括第五个五年计划，拟由各省、市、区先带回去，做些准备工作。待毛主席、党中央批准后，再正式下达执行。"①

四、《工业二十条》的制定

《工业二十条》是《关于加快工业发展的若干问题》的简称。它和《科学院工作汇报提纲》（简称"《汇报提纲》"），是1975年整顿进入通盘解决各条战

① 十年规划问题在粉碎"四人帮"以后、华国锋主持中共中央和国务院工作期间，被重新提上日程。经重新修订的《1976—1985年发展国民经济十年规划纲要（草案）》，在1978年2月的五届全国人大一次会议上通过。这个纲要草案在当时起到了强调经济建设的积极作用。在执行"五五"计划的过程中，1976—1978年，国民经济出现了转机，较为迅速地得到了恢复和发展。但在经济工作中求成过急的指导思想下，规划纲要提出的生产指标和建设规模总体偏高、偏大，脱离实际。在中共十一届三中全会后，经济工作的重点转入拨乱反正，贯彻以调整为中心的新的"八字方针"（调整、改革、整顿、提高），国民经济的比例关系趋于好转。原定的"五五"计划各项指标，在中途作了适合实际情况的调整。

线问题阶段的产物。连“四人帮”也不能不佩服邓小平的英明决策和高超的领导艺术，他们在后来的一篇批判文章中说，这两个文件就像围棋棋盘上的两只眼，抓住了这两点，全局就都活起来了。①

（一）《工业二十条》的起草和邓小平在国务院会议上的讲话

制定一个加快工业发展的条例，是国务院召开的全国计划工作务虚会于1975年7月提出的，要求国家计委在国务院领导下起草。起草工作先由主管工业和计划工作的国务院副总理余秋里主持，后来又由常务副总理纪登奎负责。《关于加快工业发展的若干问题》初稿于8月初写成，共14条。

8月8日，邓小平要求国务院政研室参加对工业条例的修改。在这之前，胡乔木等人已经按照邓小平的指示，对企业领导体制和企业管理等问题进行了一些调查研究。于光远、邓力群参加了全国计划工作务虚会，并且是10个专题小组之一的理论组的召集人。

8月18日，国务院开会讨论国家计委起草的工业条例——《关于加快工业发展的若干问题》。国务院政研室负责人胡乔木、于光远、邓力群列席了这次会议。

邓小平在会上发表重要讲话。②

邓小平首先指出，加快工业发展需要有这样一个条例，要参考1961年的《工业七十条》③进行修改。他说：

> （国家）计委起草的文件提出了相当多的问题。需要有这样一个文件。毛泽东同志历来主张要有章程。有章程才能体现党的方

---

① 康立、延风：《〈汇报提纲〉出笼的前前后后》，《学习与批判》1976年第4期。

② 这篇讲话以《关于发展工业的几点意见》为题收入《邓小平文选》第2卷。以下引用的这次讲话，均引自该书。

③ 《工业七十条》，即1961年9月由中共中央制定的《国营工业企业工作条例（草案）》，全文共70条。1958年“大跃进”以后，由于许多企业没有实行严格的责任制，不讲究经济核算，工资、奖励制度上存在平均主义，以及党委包揽企业的日常行政事务等，相当普遍地出现了生产秩序混乱，瞎指挥、乱操作，设备损坏严重，经济效果很差等问题。针对这些情况，《工业七十条》明确规定了国营工业企业的性质和基本任务，重新肯定了党委领导下的厂长负责制，要求建立健全必要的责任制和各种规章制度，强调计划管理、按劳分配、企业经济效果和职工物质利益等项原则。这个条例草案的讨论和试行，对于总结国营工业企业管理工作的经验，贯彻执行当时提出的调整、巩固、充实、提高的方针，促进我国工业的恢复和发展，起到了积极的作用（录自《邓小平文选》第2卷，第419—420页）。

针、政策。过去的工业七十条,基本上是好的,是修改的问题,不是要废除。

邓小平对加快工业发展的有关问题,谈了七点重要意见:

1. 确立以农业为基础、为农业服务的思想。

邓小平指出:“工业支援农业,促进农业现代化,是工业的重大任务。工业区、工业城市要带动附近农村,帮助农村发展小型工业,搞好农业生产,并且把这一点纳入自己的计划。”在这篇讲话中,邓小平发表了许多重要的思想观点。他说:“农业现代化不单单是机械化,还包括应用和发展科学技术等。”“工业支援农业,农业反过来又支援工业,这是个加强工农联盟的问题。”“工业越发展,越要把农业放在第一位。”

2. 引进新技术、新设备,扩大进出口。

在这里,邓小平明确提出并具体阐述了“一个大政策”——对外开放的政策。他提出:“要争取多出口一点东西,换点高、精、尖的技术和设备回来,加速工业技术改造,提高劳动生产率。”邓小平指出:“要进口,就要多出口点东西。这里有一个出口政策问题。出口什么?”他说,除了工艺美术品等传统出口产品,“要千方百计增加出口”。具体说来,“要大力开采石油,尽可能出口一些”,“化工产品要考虑出口”,“煤炭也要考虑出口,还可以考虑同外国签订长期合同,引进他们的技术装备开采煤矿,用煤炭偿付”。如果说,1972 年整顿时,毛泽东、周恩来批准国家计委的报告,实施“四三方案”(即从国外进口 43 亿美元的成套设备和单机),扩大了对外经济交流,打破了闭关锁国的状态,那么,邓小平主持 1975 年整顿时,更进一步打开了国门,加快了对外开放、搞活经济的步伐。

3. 加强企业的科学研究工作。

邓小平指出:“这是多快好省地发展工业的一个重要途径。随着工业的发展,企业的科技人员数量应当越来越多,在全部职工中所占的比例应当越来越大。”他要求:“大厂要有自己独立的科研机构;小厂的科研可以由市里综合办,也可以由几个厂联合在一起搞。”

他针对当时存在的主要问题,特别提请大家注意:“现在有一些知识分子用非所学,原来学的技能没有发挥出来,要改进这方面的工作。”

4. 整顿企业管理。

邓小平强调:“企业管理是一件大事,一定要认真抓好。”他指出,看来企业里面“带普遍性的问题是企业管理秩序不好，设备完好率差。特别是重工业，问题更突出”。针对这种现状，他对企业管理的整顿提出具体要求：“要考虑今年十一、十二两个月集中整顿一下企业管理秩序，加强设备维修，为明年的生产打好基础。设备失修严重的企业，重点应放在维修上面。”他还指出：“企业里浪费惊人，也是普遍现象，要好好整顿，争取利润多上缴一点。”

5. 抓好产品质量。

邓小平强调：“质量第一是个重大政策”，“提高产品质量是最大的节约”。他把质量问题同对外开放、扩大出口联系起来。他说：“质量好了，才能打开出口渠道或者扩大出口。要想在国际市场上有竞争能力，必须在产品质量上狠下功夫。”

6. 恢复和健全规章制度。

邓小平强调：“关键是建立责任制”，执行规章制度要“严”。他说：“现在许多地方都存在无人负责的现象。积重难返，非突出地抓一下不可。”“执行规章制度要严一点。要有一点精神，不要怕挨批判，不要怕犯错误。你不严，规章制度就恢复不起来，企业的混乱情况就无法改变。”

7. 坚持按劳分配原则。

邓小平指出：“这在社会主义建设中始终是一个很大的问题，大家都要动脑筋想一想。所谓物质鼓励，过去并不多。”他说：“如果不管贡献大小、技术高低、能力强弱、劳动轻重，工资都是四五十块钱，表面上看来似乎大家是平等的，但实际上是不符合按劳分配原则的，这怎么能调动人们的积极性？”

（二）胡乔木主持对《工业二十条》的修改

国务院会议讨论后，按照邓小平的意见，这个条例的修改即在胡乔木主持下进行，于光远、邓力群同国家计委的房维中等同志参加。

胡乔木在主持修改过程中，对毛泽东的一贯思想、邓小平的一系列指示精神和8月18日邓小平在国务院会议上的讲话精神，作了不少精彩的阐述和发挥，讲了不少具体的修改意见。

胡乔木强调，这个工业条例要把毛泽东的有关论述，作为加快工业发展的思想理论基础，要把工业条例搞成带思想性、理论性的文件。整个文件要以现代化为红线，拿25年实现现代化的红线贯穿起来。文件一开始要大讲加快工业发展速度的迫切性。要迫切陈词，说明同外国比，我们已经落后了几十年，一定要争时间、抢速度，浪费时间就是犯罪；要说明加快发展既是经济任务，也是政治任务；要把现存问题的严重性摆出来，使人不能容忍，感到非整顿不可。

胡乔木针对"文化大革命"中被搞乱了的一些突出问题指出：要把加快资金积累同加快发展速度联系起来，放在文件前面讲，说明这不是"利润挂帅"；学习外国才能加快速度，这个道理也要放在文件开头讲；"整顿企业"一条，要增加内容，要批判无政府状态，说明搞无政府主义就是搞资本主义；在体制方面，强调反对党委书记一长制，强调建立企业中独立的生产指挥系统；要理直气壮地说明一定要实行按劳分配，开展劳动竞赛；"工业学大庆"要有几条具体标准，说明怎样才是"大庆式"企业；等等。

在胡乔木主持下，对工业条例进行了很大幅度的修改。工业条例全文从原稿的 14 条增加到 18 条。增加的主要内容是：以农业为基础，为农业服务；采用先进技术，引进高、精、尖的新技术、新设备，加速工业技术改造步伐，提高劳动生产率；增加工矿产品的出口；坚持质量第一；坚持按劳分配。对原来已有的整顿企业管理、加强责任制、严格管理制度等条都作了充实。例如，"整顿企业管理"这一条，就建立强有力的生产管理指挥系统加写了一段话："在党委统一领导下，建立和健全强有力的能够独立工作的生产管理指挥系统和精干的职能机构，同群众管理结合，搞好计划管理、技术管理、劳动管理、物资管理、财务管理。党委的集体领导，不应当妨碍负责生产的领导干部行使职权，相反，一定要反对无人负责，反对无政府状态。"

（三）20 个企业座谈会对《工业二十条》的讨论

工业条例第二稿《关于加快工业发展的若干问题（讨论稿）》（以下简称"《讨论稿》"），在胡乔木主持下于 9 月 2 日写成后，即向出席 20 个企业座谈会的北京、上海、武汉、杭州、洛阳、兰州、长沙等地的企业负责人征求意见。从 9 月 5 日开始，进行座谈、讨论。

讨论中，大家讲到，工业的发展速度不快，真急人。迫切希望中央发一个文件，总结我们自己的经验，针对当时的问题，作出一些规定，统一思想，统一行动，把工业生产搞上去。对《讨论稿》，大家认为基本内容是可以的，这 18 条都很必要，许多规定是符合实际情况的；同时，也提出了增补、修改的意见。主要的意见是：

1. 要把整顿企业党的组织问题突出地写出来。

洛阳拖拉机厂、洛阳轴承厂、杭州丝绸厂、湖南七七〇厂等单位的负责同志提出，党的领导要单写一条。如果企业里党的领导班子有问题，党的方针、政策，中央的指示就贯彻不下去，革命和生产就搞不好。不解决这个问题，有多少条规定也没有用。浙江一些单位搞"突击入党"、"突击提干"，河南、湖南的一些单位也在"造反派"的一派中搞"纳新提干"，他们的说法是"九次冲杀，十次受压，路线觉悟最高"。这些人可以"三个优先"：优先"平反"，优先入党，优先提干。湖南七七〇厂的有些人，在"平反"会上戴着两朵大红花，一个是"平反"，另一个是入党。纳新，提干，派民兵，选拔工宣队成员、理论骨干，完全以"派"为标准。这样，就把派性带进了党内，带进了各种组织，带进了领导核心。或者把党委分成两半，形不成决议，办不成事；或者被坏人篡夺了领导权。有的领导班子怕字当头，不敢斗争，软弱无力，甚至"拱手让权"。整顿工业，解决存在的乱和散的问题，首先要整顿党的领导，搞好党的思想建设和组织建设。要从党委一直整顿到党支部，从厂、分厂一直整顿到车间、工段、班组。不这样，不能解决问题。

2. 要写一条——"全心全意依靠工人阶级"。

不少同志提出，有些企业不是依靠工人阶级，而是依靠"派"。不少老工人、先进模范人物，还戴着"站错队"、"为刘少奇路线卖命"等帽子，精神枷锁没有被解除，心情不舒畅，积极性受到压抑。文件应当充分揭露派性的反动性、危害性；强调必须同派性作坚决的斗争，哪里冒出来就在哪里斗，把它搞臭。要讲落实政策，做细致的思想工作，团结"两个百分之九十五"，加强整个工人阶级的团结。①

3. 要讲清楚工业管理和企业管理方面需要抓紧解决的几个突出问题。

在座谈中，大家都谈到，要加快工业发展速度，除了把企业的党组织整顿好、把路线搞端正以外，在工业管理和企业管理方面，有几个突出的问题，需要抓紧解决，并在文件中把这些问题讲清楚。主要有5个问题：

(1)体制问题。武钢、武汉锅炉厂、兰州化学公司、北京第一机床厂的同志说，企业多头领导，"婆婆"太多。党的关系在市，行政关系在省。部、省、市都向企业布置生产任务，原材料却不给足。有些事情互相"踢皮球"，谁都不

---

① 以上座谈会上的意见，据《二十个企业座谈会简报》第一期(1975年9月9日)。

管。部里和地方的意见有时不一致，企业夹在中间，两头都不能得罪，很难办。这个问题怎么解决？会上，大家想了一些办法，出了一些主意。有的人认为，双重领导的企业，要明确划分部和地方各自的职责。有的人主张，不要双重领导，企业或者归部，或者归地方。不少同志认为，关系全国的关键企业应当归部管。这类企业所需的许多原材料，省里解决不了，要靠国家调拨。中央部门掌握一些关键的大企业，才能更好地完成一些重大战略任务。

（2）企业的生产指挥系统问题。武钢、湖南七七〇厂、杭州丝绸厂等不少单位的同志说，企业事无巨细都要党委解决，党委书记成天忙忙乱乱，纠缠于事务，影响抓大事，而生产行政系统没有发挥应有的作用。大家认为，《讨论稿》指出要建立强有力的、能独立工作的生产管理指挥系统，这很有必要，但是没有讲明到底实行什么样的制度，是党委领导下的革委会负责制？还是党委领导下的厂长负责制？有的地方提党委集体领导分工负责制，那么行政系统还要不要？革委会现在有的企业有，有的企业只有形式。宪法规定，革委会是政权机关，企业不是政府。而生产指挥要求及时、果断，委员会的组织形式与此不相适应。有的同志提出，党委领导下的厂长负责制是毛泽东提出来的，行之有效，还是应该实行这种制度。

（3）计划问题。这几年的计划，要到当年的三四月份才定下来，造成上半年松、下半年紧，不能均衡生产，给管理工作带来不少困难。大家认为，年度计划要及早下达。要求在上一年的八九月份就定下来。对一些准备工作量大、生产周期长的产品，要提前几年做好安排。

（4）物资供应问题。大家反映，原材料不足，供应渠道不畅通，使企业伤透了脑筋。为了搞到原材料，企业到处“磕头”，合法途径走不通，就走非法的途径，明知不对也只好去干。原材料问题不解决，企业的领导同志就难于集中精力把企业本身的工作做好。文件应当规定，要固定协作关系，固定原材料供应点。对于那些随意中断协作关系、不按合同供货的企业，要有制裁的办法。

（5）减轻负担问题。大家一致反映，企业管的事情太多、太杂，负担很重。从幼儿园到子弟小学、子弟中学，企业都要办。有的企业还要办商店，办服务行业。几乎各种机构，都用这样或那样的名目向企业要人、要物、要钱。大家反映了各方面向企业要人、要物、要钱，企业不胜负担的情况，并指出上述情况分散企业领导同志的精力，加大产品成本，大大增加了非生产人员。企业非生产人员占职工的比例，一般都在30%左右。①

座谈会上讲到的管理方面存在的上述5个问题，是高度集中的计划经济体制在管理上的反映，在"文化大革命"内乱的情况下，有些问题表现得更其突出。

座谈、讨论中涉及一些重要问题的是非界限划分时，意见有很大分歧。北京第一机床厂和首钢炼钢厂的同志主张，文件要把一些重要问题的是非界限划清楚。例如，什么是单纯技术观点、单纯生产观点？提钻研技术、业务，提搞生产，就不对吗？什么是"管、卡、压"？对歪风邪气就不能管、不能卡、不能压吗？什么叫物质刺激？反对物质刺激，就一定要不分劳动好坏，到年头一律长工资吗？还有，什么叫"洋奴哲学"、"爬行主义"？对外国的先进技术为什么不能学习？有些领导同志，之所以怕字当头、不敢干，重要原因就是分不清是非。中央文件里要是把这类问题明确地讲清楚，纠正形而上学、片面性，企业里的干部就敢干了。但也有与会者对上述意见持不同看法。上海重型机器厂的负责人说：《讨论稿》中"革命和生产两不误"的提法，把革命和生产并列起来，不妥当。对"唯生产力论"要继续批判，当然，也要把生产搞上去。上海沪东造船厂的负责人竟提出：资产阶级派性不一定要写到文件中，下面提就可以了。他的理由是：不然，闹派性的人觉得不光是我一个人闹，反而助长了他的声势。② 座谈会上的这种分歧，反映了在什么是社会主义、怎样建设社会主义这个根本问题上观点的对立。

《讨论稿》于10月初又被拿到在北京召开的有12个省、直辖市党委书记出席的农村工作座谈会（9月23日至10月5日）上去征求意见，同样得到普遍赞同。大家认为这是一个十分适时的文件，符合实际情况，都希望尽快成为正式文件下发。与会同志说，有了这样一个"章程"，进行整顿就有所遵循，加快发展工业就有指望了。

（四）《工业二十条》的修改稿

1.《工业二十条》的第一个修改稿

胡乔木、邓力群、于光远、房维中等人在听取20个企业座谈会所提意见的基础上，对工业条例又作了一次较大幅度的调整和修改，于10月25日完成，

---

① 本段所讲的管理方面的5个问题和解决办法，据《二十个企业座谈会简报》第二期（1975年9月10日）。

② 本段座谈会上的意见，据《二十个企业座谈会简报》第一期（1975年9月9日）。

称为《关于加快工业发展的若干问题(修改稿)》。这个修改稿与原来的《讨论稿》相比有不小的改动,全文从18条增加到20条。从此,这个条例被统称为《工业二十条》。

"四人帮"别有用心,于1976年8月在所谓"批邓、反击右倾翻案风"运动中拿出来作为"大毒草"批判的工业条例,是1975年9月2日的《讨论稿》,而且是这个《讨论稿》的一个错漏颇多的本子。1975年10月25日完成的《工业二十条(修改稿)》以及后来的第二个修改稿,都没有和公众见面。这里先将《工业二十条例》第一个修改稿所列的20条,同《讨论稿》列的18条作一对照,以便了解1975年整顿中这个重要文件的概貌。

1975年10月25日 《工业二十条(修改稿)》条目	1975年9月2日 工业条例《讨论稿》相应条目
一、全面地贯彻执行毛主席的办工业路线	一、工作总纲
二、深入进行党的基本路线教育	
三、加强党的领导	二、党的领导
四、依靠工人阶级	三、依靠工人阶级
五、整顿企业管理	四、整顿企业管理
六、工业学大庆	
七、统一计划	六、统一计划
八、发挥两个积极性	五、两个积极性
九、以农业为基础	七、以农业为基础
十、以钢为纲	八、大打矿山之仗
十一、立足于挖潜、革新、改造	九、挖潜、革新、改造
十二、把质量、品种、规格放在第一位	
十三、增加积累,厉行节约	
十四、基本建设要打歼灭战	十、基本建设要打歼灭战
十五、加强社会主义协作	
十六、尽量采用先进技术	十一、采用先进技术
十二、增加工矿产品出口	
十七、又红又专	十五、又红又专
十八、各尽所能,按劳分配	十三、各尽所能,按劳分配
十九、关心职工生活	十四、关心职工生活
二十、工作方法	十七、工作方法和工作作风
十八、思想方法	

2.《工业二十条》的第二个修改稿

10月25日的《工业二十条(修改稿)》,拟定交给正在北京召开的全国计划会议讨论(这次会议从10月26日开始)。为此,10月29日,先在国务院会议上讨论了一次。张春桥提出,这个修改稿有2万字,篇幅太大,且没有引用毛泽东在“文化大革命”中的语录。于是,胡乔木等人在会后又作了一次修改。胡乔木被誉为“党内第一支笔”。他是起草文件的高手,善于贯彻和坚持领导同志提出的主导意见,又尽量吸纳、消化各种不同看法,同时又有他自己的独立见解。还有一点十分难得的是,他出手很快,能够应急。这次修改同样表现了这些特点。不过三四天,经过较大幅度修改的第二个修改稿在11月3日就印了出来。这是这个工业条例的第四稿。这一稿仍为20条,但篇幅压缩了一半,改动主要在一头一尾:

——把第一个修改稿开头一大段相当于“序言”的话,单列为第1条:“加快工业发展是全党全国人民的迫切任务”,篇幅压缩了一半。

——删去第一个修改稿第1条“全面贯彻执行毛主席的办工业路线”。对于这一条,胡乔木原来采取的是同《科学院工作汇报提纲》一样的办法,即把毛泽东有关我国办工业路线的一系列重要指示分为18段摘录编排。此时,胡乔木已经听说毛泽东在10月中旬看了《科学院工作汇报提纲》编排的一系列语录不高兴。工业条例第二个修改稿删去这一条不用,大约与此有关。

——删去第一个修改稿第20条“全党动员,为加快工业发展速度而奋斗”,恢复《讨论稿》最后两条“工作方法和思想方法”(第17条)和“工作作风”(第18条)的内容为第20条“工作方法”。

(五)《工业二十条》的主要内容

《工业二十条》可以说是在当时历史条件下,对1961年邓小平主持制定的《国营工业企业工作条例(草案)》(即《工业七十条》)的继承和发展。它集中了邓小平1975年春主持中央工作、领导整顿以来一系列讲话的精神,特别是8月18日讨论加快工业发展问题时讲话的要点,概括了全国计划工作务虚会的讨论成果和工交战线初步整顿的经验,提出了整顿企业、加快工业发展的方针、政策和措施,是当时解决“文化大革命”在经济上造成的混乱和灾难的纲领性文件。当然,同任何历史性文件一样,它也带有那一时代的烙印,特别是使用的语言离不开那时的习惯用语，这是不能苛求的。但就文件内容的实质而言，它十分鲜明地提出了同“四人帮”根本不同的发展工业生产以至于发展整个社会主义经济的路线、方针、政策，在社会主义经济建设史上是具有历史价值的重要文献。在这里，我们不可能对这个文件逐条作全面、详细的介绍，只能就其主要内容从几个方面作扼要的评述。

第一，《工业二十条》简明、有力地论证了加快工业发展是全党、全国人民的迫切任务。

按照邓小平关于讲大局，用实现四个现代化的宏伟目标来号召、团结、动员全党、全国人民的思想，文件高屋建瓴，从分“两步走”实现四个现代化入笔，迫切陈词，具有极强的号召力和说服力。文件开头写道：

> 党的十届二中全会和四届（全国）人大，遵照毛主席的指示，提出了我国今后二十五年国民经济发展的宏伟任务。第一步，在一九八〇年以前，建成一个独立的比较完整的工业体系和国民经济体系；第二步，在本世纪内，全面实现农业、工业、国防和科学技术的现代化，使我国国民经济走在世界的前列。
>
> 我们要在今后二十五年内实现工业现代化，使工业水平接近和赶上世界上最发达的资本主义国家，更好地备战、备荒、为人民，必须进行十分紧张的努力，以比现在快得多的速度奋勇前进。

文件阐明：

——“加快工业发展，是加强我国无产阶级专政的需要……加快工业发展，从而带动农业和整个国民经济的新跃进，就能够加强无产阶级专政的物质基础，加强社会主义战胜资本主义和反修防修的物质力量。”

——“加快工业发展，是加强国防力量、保卫社会主义祖国的需要。”

文件指出，加快工业发展的途径是：“贯彻执行毛主席关于学习无产阶级专政理论反修防修、安定团结、把国民经济搞上去的重要指示，继续深入进行工业战线的斗、批、改，搞好整顿工作，把巩固无产阶级专政的任务落实到基层，充分调动广大工人、技术人员、干部的社会主义积极性，搞好各项生产建设。”

第二，《工业二十条》突出了与派性作斗争这个整顿的重点。

文件从贯彻党的基本路线、坚持社会主义方向的高度，把派性看作两个阶级、两条道路、两条路线斗争的激烈表现之一，强调要抓好与派性作斗争这个整顿的重点。

文件指出:“极少数顽固坚持资产阶级派性的干部和头头,还在拉山头,搞宗派,分裂工人阶级队伍和党的队伍,破坏安定团结,破坏无产阶级专政和社会主义建设。”(第2条)“要增强工人阶级的革命团结,增强无产阶级党性,克服资产阶级派性。无产阶级文化大革命已经九年了,有的地方、有的单位,还有少数人不是全心全意依靠工人阶级,而是依靠这一派那一派,在工人中搞什么‘划线站队’,分裂阶级队伍,反对安定团结。这是完全错误的,必须坚决纠正。”文件还严肃地规定:“对极少数顽固坚持资产阶级派性、破坏革命和生产的干部和头头,要严肃处理。共产党员决不允许参加任何资产阶级派别活动,屡教不改的,要给予党纪处分。”(第4条)对于流行一时的、鼓励派性活动的口号,文件毫不含糊地说:“对于‘造反’、‘反潮流’和‘四大’,要作阶级分析,看它是否符合党的基本路线和无产阶级的利益。”(第2条)同时,文件也指明政策:“对于资产阶级派性活动,除了个别作恶多端的坏头头要坚决打击以外,也要用群众性自我教育的方法来解决。”(第2条)

第三,《工业二十条》对整顿的另一个重点——整顿企业管理作出了比较系统的规定。

关于企业管理的整顿,文件不仅有原则性的要求,而且有具体的规定,具有可操作性。

文件指出:“民主和集中的统一,是社会主义企业管理的一条根本原则。”(第5条)所有企业都要“反对生产管理中的无政府状态,把集中领导和群众运动正确地结合起来,搞好企业管理,严格执行必要的合理的规章制度”。对于企业管理整顿的要点,文件第5条讲了7个方面:

1. 企业党委要把思想政治工作放在首位。文件提出要健全各种行之有效的政治工作制度。企业的各项政治运动,都要在坚持生产的情况下进行,不能停产闹革命。“不能停产闹革命”这一条,是恢复正常生产秩序最具关键性的一条。

2. 企业党委必须坚持集体领导和个人分工负责相结合的原则。

3. 在党委统一领导下,建立健全强有力的、能够独立工作的生产管理指挥系统和精干的职能机构,同群众管理相结合,搞好计划管理、技术管理、劳动管理、物资管理、财务管理。

4. 所有企业,都要按照计划的要求,坚决、全面地完成下列主要经济技术指标:(1)产量指标;(2)品种指标;(3)质量指标;(4)原料、材料、燃料和动力消耗指标;(5)劳动生产率指标;(6)成本指标;(7)利润指标;等等。

5. 所有企业,都要从实际出发,建立健全下列主要的生产管理制度:(1)岗位责任制;(2)考勤制度;(3)技术操作规程;(4)质量检验制;(5)设备管理和维修制;(6)安全生产制;(7)经济核算制;等等。文件指明:"不合理的规章制度一定要改革,合理的规章制度一定要及时建立和严格执行。对违反制度的人,要进行批评教育,情节严重和屡教不改的,要给予纪律处分。"

6. 企业的各项工作都要走群众路线,大搞群众运动,实行政治民主、生产民主、财务民主。

7. 企业的各级干部必须深入实际、密切联系群众。文件要求领导干部和科室人员实行"三个面向"、"五到现场":面向群众,面向基层,面向生产;生产指挥到现场,政治工作到现场,材料供应到现场,设计科研到现场,生活服务到现场。

第四,《工业二十条》把采用先进技术、赶超世界先进水平放到重要的位置。

文件明确指出:"要加快实现工业现代化,必须把采用先进技术、赶超世界先进水平,放到重要的位置上来。每个部门、每个行业,都要了解本部门、本行业最先进的技术,定出计划和措施,尽快地掌握和应用。"文件还明确地指出:"要认真学习外国的好东西,有计划有重点地引进我们所急需的先进技术和设备,洋为中用。所有工业部门和科学研究单位,都要抓紧时机,尽快地把我们急需的国外新技术学到手,把学习和创新很好地结合起来。""为了得到引进国外先进技术所必需的外汇,要采取措施,积极增产能够出口的、换汇率高的工矿产品,建立专门用于出口的煤炭、石油等产品的生产基地。"文件虽然没有用对外开放这个词,但从对引进和出口这两方面的要求与措施来看,要加快我国工业发展、必须实行对外开放政策这一指导思想已经十分明确,步子也已经迈得相当大了。

与此相应,文件对科技人员、对学习科学技术,也提到了"文化大革命"以来没有过的高度。文件提出:"要把我国建设成为现代化的社会主义强国,必须有大批政治觉悟高而又精通技术、精通业务的人材";所有干部,不仅要学习马列主义、毛泽东思想,而且要"学习技术和业务,使自己成为内行,带领职工走又红又专的道路”；广大工人“要积极学政治、学技术，提高阶级觉悟，掌握生产技术”，要给他们办好业余文化学校和技术学校；科学技术人员“要坚持同工农相结合，努力改造世界观，同时要努力钻研科学技术，精通业务”。文件规定：“科技人员不适当地调离本行的，要调整”，“各级党委要表扬那些又红又专的先进人物”等(第 17 条)。

第五，《工业二十条》在要求更好地发挥中央和地方两个积极性的前提下，强调了集中统一。

文件作了一系列明确规定，如：“跨省市的铁路、邮电、民航、长江航运、远洋航运和电网、输油管，少数关系国民经济全局的重点企业、关键建设项目和专业施工队伍，实行双重领导、以中央有关部门为主管理”，“企业下放，实行分级管理，决不能削弱中央的集中统一。国民经济的方针、政策，工农业的主要生产指标，基本建设投资和重大建设项目，重要物资的分配，重要商品的收购和调拨，国家财政预算，新增职工人数和工资总额，重要工农业产品的定价，必须集中到中央。在这些问题上，任何部门、任何地方都不允许各行其是”，“无论地方和中央部门，都要强调全局观念。离开中央统一领导和国家统一计划的积极性，无论是中央部门的，或者是地方的，都是盲目的积极性，都必须坚决克服”(以上见第 8 条)，“计划必须有严肃性。经中央批准下达的国家计划，各地区、各部门、各企业必须坚决执行。生产任务不允许层层加码，物资供应不允许层层克扣。调整计划，必须报经批准”(第 7 条)。

总之，11 月 3 日的《工业二十条(修改稿)》，是在邓小平 8 月 18 日讨论这个文件初稿时的讲话精神直接指导下写出来的。它相当充分地体现了邓小平当时整顿企业、改革开放、加快发展的指导思想，概括了 1975 年 3 月以后各方面整顿的积极成果，吸取了新中国成立以后我国社会主义建设的经验教训，反映了现代化工业生产必须遵循的普遍规律，确实是一个能够指导所有企业进行整顿，收到拨乱反正、加快发展功效的好文件。

11 月 3 日完成的《工业二十条(修改稿)》，本拟交 11 月 1 日起在北京正式开始的全国计划会议讨论后下发。不料，当时形势突然发生变化，进行所谓“批邓、反击右倾翻案风”了。一时间，“四人帮”又在中国政治舞台上呼风唤雨。他们的谬论同《工业二十条(修改稿)》是根本对立的。这个文件也就被压了下来，既未交付讨论，更没有下发。但是，这个还不够成熟的修改稿已经传播开去①，得到广大干部、科技人员、工人群众的拥护；《工业二十条》的主要精神已经在1975年整顿中得到一定的贯彻执行，对经济战线的整顿和工业的发展产生了一定的积极影响。而粉碎"四人帮"后，中共中央为指导工交战线的拨乱反正，于1978年4月20日作出的《关于加快工业发展若干问题的决定（草案）》（即《工业三十条》），则是同1975年的这个《工业二十条》一脉相承的。

① 国务院的一位副总理在1976年1月23日的全国计划会议上讲话时，谈到关于《工业二十条（修改稿）》的传播情况。他说：关于工业管理和企业管理的问题，国家计委去年曾经起草了一个《关于加快工业发展的若干问题》（即二十条），征求过少数企业和少数同志的意见，他们提出了许多好的修改意见。当时就说明，这个稿子回去不要传。有的同志传下去了，有的现在还在传。现在再说一次，原来的稿子不要再传了。

第八章
军队整顿

军队整顿,是1975年整顿中一个极其重要的方面。这个任务,早在1971年“9·13”事件后,毛泽东就已提出,主持中共中央军委工作的叶剑英也已着手进行;但由于江青一伙的干扰等原因而被延误,直到邓小平就任总参谋长、参加中共中央军委领导工作以后,才于1975年年初被重新提出,进行部署并全面付诸实施。

一、军队整顿,酝酿已久

(一)“9·13”事件后,毛泽东提出要好好整顿军队

1971年9月13日,林彪叛国外逃,座机“三叉戟”坠落于蒙古温都尔汗,机毁人亡。9月24日,中共中央命令林彪党羽,中共中央军委办事组负责人黄永胜、吴法宪、李作鹏、邱会作4人停职反省,同时决定由中共中央军委副主席叶剑英主持军委日常工作。接着,中共中央于10月3日发出通知,决定撤销由林彪集团把持的军委办事组,组成由叶剑英主持的军委办公会议,负责处理军委日常工作。军委办公会议成员为:叶剑英、李先念、李德生、谢富治、张春桥、纪登奎、汪东兴、陈士榘、张才千、刘贤权。

10月4日,叶剑英给毛泽东写信,汇报中共中央军委各直属单位、各军兵种和各军事院校传达中共中央关于林彪叛党叛国事件通知(中共中央1971年57号文件)的情况,报告军委下一步工作的打算。叶剑英向毛泽东表示:“这次主席令我主持军委日常工作,我十分感戴主席的信任,但又十分害怕工作做不好,误了大事。”他诚恳地说:“我这个人脑子空,水平低,能力弱,有时也产

生‘臣之壮也犹不如人，今老矣，无能为也已’的自卑感，这不对。当努力克服，努力学习，努力工作。”同时，他希望经常“能够得到主席指示”，“能够得到总理和各同志的指示”，“工作上的错误可能比较少些”。最后，他请求毛泽东“有时间请赐一见，得到指示，以利工作”。①

10月4日当天，毛泽东收阅叶帅来信，当即召见叶剑英和中共中央军委办公会议成员。

毛泽东就中共中央军委的工作作了重要指示，提出整顿军队的任务。毛泽东说：

> 林彪搞了十几年，军队的问题不少。“四好”运动搞了很多形式的东西，军事训练也有形式主义，部队的作风也搞坏了。要好好整顿我们的军队，肃清林彪的影响。军队要严格训练，严格要求，才能打仗。②

毛泽东在召见中共中央军委办公会议成员后不久，又作出批示：“要开好一次军委扩大会。”1972年年初，他又批示：“军委扩大会议三月份召开，问题不要多，解决一两个问题。”③

毛泽东关于整顿军队的指示，指出了林彪主持中共中央军委日常工作以后军队存在的主要问题，明确了军队建设的方向、任务和途径。

林彪在1959年庐山会议以后上台，在军队中推行他的“左”的一套，许多严重问题就产生、积聚起来，只是由于存在着两个重要因素，没有显现、揭露出来。

一个因素是军队在政治、社会生活中的巨大积极作用。且不说创建和保卫中华人民共和国的历史功绩，就是在“文化大革命”中，一方面，“在国家动乱的情况下，人民解放军仍然英勇地保卫着祖国的安全”，在中共中央、中央军委领导下，完成了援越抗美、援老抗美的任务，取得了珍宝岛自卫反击作战的胜利，在南、北两个方向上顶住了美苏两霸的压力，捍卫了国家安全和领土完整；另一方面，中共中央、毛泽东“派人民解放军实行‘三支两军’（支左、支工、支农，军管、军训）”，军队有280万人参加，4.9万人担任县以上革委会委

---

① 转引自范硕等：《叶剑英传》，当代中国出版社1995年版，第606页。

② 引自范硕等：《叶剑英传》，第606页；军事科学院军事历史研究部：《中国人民解放军的七十年》，军事科学出版社1997年版，第377—378页。

③ 转引自《“文化大革命”中的人民解放军》，中共党史资料出版社1989年版，第143页。

员，各省、自治区、直辖市党委负责人中，70%是军队干部，在当时混乱的情况下，“对稳定局势起了积极的作用”，当然也不可避免地“带来了一些消极的后果”。[①] “全国人民学习解放军”，军队具有极高的声望。另一个因素是被当时整个“左”的政治环境所掩盖。

“9·13”事件使林彪集团覆灭，林彪对军队造成的严重破坏和恶劣影响就充分暴露出来了，主要表现在[②]：

第一，编制混乱，人员猛增，臃肿不堪。由于准备“早打、大打、打核战争”和执行“三支两军”任务，1971 年的全军总人数比 1959 年增加 360 万，比“文化大革命”前增加 20%。机关人员和非作战人员大量超员。

第二，搞坏了军队的作风。部分单位和人员组织纪律松散，思想、作风出现骄傲、奢侈、懒惰。一些人以功臣自居，不谦虚谨慎；有的人大权在握，不尊重地方，造成军政、军民关系紧张；有的人把派性带入部队，“垒山头”，搞宗派，不执行上级指示，不服从命令；有的人违反政策，要待遇，图享受；还有的人意志衰退，小病大养，官僚习气严重等。

第三，军队的教育训练被严重削弱。林彪大搞形式主义，并鼓吹“政治可以冲击一切”，部队用大量时间进行政治学习，院校教学和部队训练的制度被废止。陆军有的野战师，连续 8 年搞生产、不搞训练。空军的飞行事故增多，大多数歼击机飞行团不能执行复杂条件下的作战任务。125 所部队院校被砍掉 82 所，保留下来的 43 所也不能正常教学。干部的指挥、管理素质显著下降。

第四，国防科研和生产的体制、规划被搞乱，武器装备研制缓慢，军工生产的规章制度被破坏，多数军工产品质量低下。

毛泽东看到了林彪对军队的破坏和恶劣影响，提出“要好好整顿我们的军队，肃清林彪的影响”等要求，指示“要开好一次军委扩大会”，商决一切。毛泽东关于军队整顿的指示，对军队建设具有重大意义。

（二）军队的初步整顿和中共中央军委扩大会议的筹备

叶剑英主持中共中央军委工作后，认真贯彻落实毛泽东关于整顿军队的指示，积极筹备召开军委扩大会议。

---

① 本段以上引号里的话，分别引自《关于建国以来党的若干历史问题的决议》第 23、21 节。

② 以下军队存在问题的四点主要表现，引自曾庆洋、邓礼峰、陈奇勇：《一九七五年的军队整顿》，《当代中国史研究》2003 年第 4 期。

1. 军队的初步整顿

自 1971 年 10 月开始，在 1972、1973 两年多时间里，叶剑英领导了对军队的初步整顿，取得了一定的成效。

第一，开展“批林整风”，纠正军队思想政治工作中出现的“左”倾偏差。①

叶剑英按照中共中央的统一部署，领导军队系统，首先集中力量抓好关于林彪事件的传达，从上到下揭批林彪集团的阴谋和罪行，重点清查参与林彪集团阴谋活动的人和事。本着“惩前毖后，治病救人”的方针，严肃而又慎重地处理了一批与林彪有牵连、犯有严重错误的人，纯洁了各级组织，统一了全军指战员的思想。对受林彪一伙打击、迫害的一批领导干部，中共中央军委本着有错必纠的原则，平反冤假错案，恢复了他们的名誉和职务。针对当时军队部分同志存在的骄傲自满情绪，总政治部根据毛泽东的指示，于 1972 年 1 月 1 日发出《认真贯彻执行毛主席关于解放军学全国人民的指示的通知》，全军开展了学习全国人民的活动。各部队一方面采取“走出去”、“请进来”的方法，虚心向人民群众学习；另一方面，认真检查部队在执行政策、纪律中存在的问题，有针对性地采取了一些改善军政、军民团结的措施，改善了军民关系和军政关系。② 经过一段时间的“批林整风”，部队的思想政治建设得到一定的加强。

第二，整顿各级领导班子，加强军队的稳定、统一。

“9・13”事件以后，毛泽东亲自抓落实干部政策的工作，苏振华、杨成武、廖汉生、杨勇、谭政、叶飞、郭化若等一批被打倒的老干部，获得解放，重新走上了领导岗位。③ 1973 年，中共中央军委在对部队情况全面调查摸底的基础上，

---

① 本段及以下关于军队初步整顿的叙述，主要依据以下两书有关章节：其一，《中国人民解放军的七十年》的第八章《在“文化大革命”中艰难前进》，第 378—379 页；其二，韩怀智、谭旌樵（前任）主编：《当代中国军队的军事工作》第一编第三章《“文化大革命”时期的军事工作》，中国社会科学出版社 1989 年版，第 62—63 页。

② 周克玉主编：《当代中国军队的政治工作》（上），当代中国出版社 1994 年版，第 72—73 页。

③ 苏振华，原任中共中央军委常委兼副秘书长、中国人民解放军海军政委，“文化大革命”中受到错误批判，被解除职务。1972 年 3 月 5 日，毛泽东对苏振华的来信（1971 年 12 月 13 日）写了批语：“此人似可解放了。如果海军不能用他，似可改回陆军（或在地方）让他做一些工作。可否，请中央酌定。”1973 年 1 月，苏振华复出；3 月，中共中央军委任命他为海军第一政委。同年 8 月，苏振华在中共十大上当选为中央委员，在中共十届一中全会上当选为中央政治局候补委员。杨成武，原任中共中央军委常委兼副秘书长、全军“文革”小组副组长、中国人民解放军代总参谋长。1968 年 3 月，林彪与江青勾结，制造“杨（成武）、余（立金）、傅（崇碧）事件”，撤销了他们的职务。1972 年 3 月 25 日，毛泽东对杨成武家属的来信写了批语：“请汪（东兴）印发政治局

对各总部、各军兵种、各大军区等大单位的领导班子进行了整顿和调整。同年年底，毛泽东主持召开中共中央政治局会议，决定全国八大军区司令员互相对调。1973年12月22日，中共中央军委发布八大军区司令员对调的命令。各位司令员在中共中央军委限令的10天内到职。这次调整，对加强军队的稳定和集中统一具有重要作用。与此同时，毛泽东接受叶剑英的建议，提议并经中共中央决定，邓小平任军委委员，参加军委领导工作。

第三，加强部队的军事训练和基层干部的轮训。

叶剑英强调，要把军事训练作为经常性的中心工作来抓。在叶剑英的积极倡导下，中共中央军委于1972年4月19日发出《关于办好教导队，加速轮训部队基层干部的指示》，要求打过仗、有经验的军、师、团领导干部，亲自任教，当队长、排长、班长，进行传帮带。到1973年年底，全军轮训干部数十万人，占应训干部的75%以上，基层干部的军事水平和组织指挥能力有较大提高，初步扭转了干部缺乏训练的状况。1972年7月20日至8月30日，全军反坦克武器展览、表演汇报领导小组在北京地区举办反坦克武器展览、表演汇报，推动了全军打坦克的研究和训练。① 1973年10月，北京军区在张家口地

同志研究。此案处理可能有错，当时听了林彪一面之词。”1974年7月，经毛泽东批准，为杨成武、余立金、傅崇碧平反并恢复名誉，重新安排了他们的工作，杨成武后来担任副总参谋长。廖汉生，国防部原副部长，自1967年1月8日被隔离审查。毛泽东于1972年7月7日，对摘登在中共中央办公厅信访处7月7日编印的《来信摘要》第465号上的廖汉生家属来信写了批语：“送总理阅处。我看廖汉生和杨勇一样是无罪的，都是未经中央讨论的，被林彪指使个别人整下去的。此件你阅后请交(叶)剑英、(李)德生一阅。”1973年12月，廖汉生出任中国人民解放军军事科学院政委。杨勇，原任中国人民解放军副总参谋长；“文化大革命”期间，遭林彪、江青集团诬陷迫害；1972年5月，出任沈阳军区副司令员。谭政，原任中共中央书记处书记、中央军委常委、中国人民解放军总政治部主任、国防部副部长。1960年10月，他在中共中央军委扩大会议上受到林彪陷害，被撤职降级；“文化大革命”中，进一步受到迫害。毛泽东于1973年5月在谭政的来信(1975年4月28日)上写了批语。1975年，谭政出任中共中央军委顾问。叶飞，原任中共中央华东局书记、福建省委第一书记、中国人民解放军福州军区司令员兼第一政委，“文化大革命”中受到错误批判后被打倒。1973年6月25日，毛泽东在叶飞的来信(1973年6月18日)上写了“此人似可解放，分配工作”的批语。1973年8月，在中共十大上，叶飞当选为候补中央委员；1975年，任交通部部长、党组书记。郭化若，原任南京军区第一副司令员，“文化大革命”中受到错误批判。1973年8月4日，毛泽东对郭化若的来信(1973年7月20日)写了批语：“总理、剑英同志：请考虑可否给郭化若分配工作。并希将孙子序言改版，写一篇批判吸收性的序言。此信并请告郭。”郭化若于1973年出任中国人民解放军军事科学院副院长。“孙子”，指《孙子兵法》。以上注文内容，均据《建国以来毛泽东文稿》第13册。

① 张爱萍主编：《中国人民解放军》(下)，当代中国出版社1994年版，第394页。

区组织打敌集群坦克研究性实兵演习。叶剑英观看了演习，接见了演习部队，发出"把打坦克之风吹遍全军"的号召。[①] 各部队很快开展了以"打坦克"为主的"三打"（打坦克，打飞机，打空降）、"三防"（防原子，防化学，防生物武器）训练，掀起了练兵热潮。

在"文化大革命"中遭到破坏的军队院校体系逐步得到恢复。1973 年 12 月 8 日，中共中央、中央军委批准全军恢复和增建 41 所院校。各有关单位因地制宜，积极筹办，很快把院校恢复和建立了起来。[②]

继续开展战备野营拉练，提高了官兵在野战条件下"走、打、吃、住、藏"的能力。部队在训练中，还积极开展拥政爱民活动，增进了军政、军民团结，密切了军政、军民关系。

到 1973 年上半年，陆军野战部队全训师达 34%，空军、海军部队 100%实行了全训。全军部队的军事素质、军事训练水平都得到明显恢复。

与此同时，叶剑英同中共中央军委办公会议成员一起，对三总部（即总参谋部、总政治部、总后勤部）、军事院校、各军兵种、11 个大军区和北京卫戍区以及国防工办、6 个国防机械工业部、全国人防小组等单位进行了调查。叶剑英一个单位一个单位地听汇报，问情况，提问题，并就一些带普遍意义的问题同大家一起进行讨论，商量解决办法。叶剑英和中共中央军委办公会议成员一起，重点研究了领导班子建设、军事训练、战备工作、军工生产、军事学术和战备方针、部队作战部署等方面的重大问题。叶剑英强调，军队各级领导权一定要掌握在可靠的人手中，必须坚持"党指挥枪"的原则，大力整顿军队、加强战备、恢复人民解放军的优良传统。叶剑英要求深入地、集中地研究连队状况；同时又要求关注世界局势，深入研究第二次世界大战以后世界形势的发展和苏美两国的战略动向。

2. 中共中央军委扩大会议的筹备

在对军队进行初步整顿的同时，从 1971 年年底开始，叶剑英即同中共中央军委办公会议成员一起，着手筹备召开军委扩大会议。会议的重点是，围绕贯彻毛泽东关于"军队要整顿"的指示，整顿与解决军队建设中存在的突出问题。

---

① 《中国人民解放军的七十年》，第 757 页。

② 《当代中国军队的军事工作》第一编第三章《"文化大革命"时期的军事工作》，第 63 页。

叶剑英看到，自1959年庐山会议以后，至1971年“9·13”事件，林彪主持中共中央军委工作长达12年。林彪有他的一套，对军队建设的干扰、破坏很大，要肃清其流毒和影响自非易事。围绕如何肃清林彪的流毒影响及加强军队建设，叶剑英指示中共中央军委办公厅、三总部和军事科学院要分别组织专门小组，研究与自己有关的问题，为会议的召开准备文件和材料。他还广泛征求各军兵种、各大军区的意见，还特别征求了徐向前、聂荣臻的意见和军内一些老同志的意见，主持起草了中共中央军委扩大会议的主报告和会议决议两个主要文件。这两个文件的初稿于1972年2月底形成。

这两个文件，对林彪主持中共中央军委工作时推行的错误的一套东西，进行了系统批判，对整顿军队的内容和措施提出了意见。文件指出，整顿军队主要是：(1)整顿思想作风，肃清林彪推行的形式主义、实用主义、教条主义、军阀主义的流毒，恢复和发扬人民解放军政治工作的优良传统，坚持党对军队的绝对领导，坚持民主集中制的原则；(2)整顿各级组织，理顺编制、体制，改革部队装备；(3)整顿军事训练，肃清林彪制造军政对立，在军事训练中推行取消主义、形式主义的流毒，对部队进行严格训练、严格要求，提高部队的军事素质；(4)整顿和健全规章制度，加强部队管理；(5)整顿军队院校，恢复必要的指挥院校和技术院校。①

3. 中共中央军委扩大会议的推延

按毛泽东在1972年年初的批示，这次中共中央军委扩大会议原定在1972年3月召开。但毛泽东在听取了会议准备情况的报告后，从当时的全局考虑，提出现在不忙开，现在要搞上层建筑。于是，会议推迟。

毛泽东所说现在要搞上层建筑，主要是在全国深入开展“批林整风”运动。1972年1月至7月，中共中央先后发出《粉碎林陈反党集团反革命政变斗争》材料之二、之三及关于陈伯达的《审查报告》及其罪证，在全国深入开展“批林整风”运动，对林彪集团余党进行揭批和清查，调整并改组了湖北、江西、浙江、四川、河南、贵州、福建、新疆等地的地方和军队领导班子。“批林整风”运动进行过程中，周恩来纠“左”的努力受到江青一伙的阻挠和破坏，发生了“批林”是批极左还是批极右的对立，而毛泽东在1972年12月的谈话中要

① 这两个文件初稿提出的关于整顿军队的内容和措施，引自范硕等：《叶剑英传》，第608页。

求“极左思潮少批一点吧”，并指出林彪“是极右”。这就影响到肃清林彪集团的极左错误。接着，在1973年8月20日至31日召开中共十大。同年12月，毛泽东接受叶剑英的建议，提议邓小平为中共中央政治局委员、中央军委委员，参加中共中央和中央军委的领导工作。与此同时，中共中央军委发布了八大军区司令员对调的命令。1974年1月，南越军队入侵我西沙群岛，叶剑英、邓小平等人一起指挥西沙自卫反击作战并取得了重大胜利。由于发生了这些重要事件，中共中央军委扩大会议就迁延了下来。

1974年年初，中共十大后在中共中央政治局内结成小集团的“四人帮”，利用毛泽东的错误判断，发动“批林批孔”运动。江青、王洪文、张春桥插手军队，又是“点火放炮”，又是“放火烧荒”，制造动乱。一批军队高级领导干部受到揭发、批判，至1974年8月的军队高干会达到顶点。毛泽东及时地发出了关于安定团结的指示，才挫败了“四人帮”企图整垮一批军队干部的阴谋，使军队工作重新步入正常的轨道。只是到这时，才有了把召开中共中央军委扩大会议和进行军队整顿重新提上议事日程的条件。

二、1975年军队整顿的任务和中共中央军委扩大会议的中心议题

（一）邓小平提出军队整顿的任务

1975年1月5日，中共中央发出1号文件，任命邓小平为中央军委副主席兼中国人民解放军总参谋长。在1月8日至10日在北京召开的中共十届二中全会上，邓小平当选为中共中央副主席、中央政治局常委。1月17日，四届全国人大一次会议任命邓小平为国务院副总理。2月初，确定在周恩来总理治病疗养期间，由邓小平“代总理主持会议和呈批主要文件”。叶剑英被任命为中华人民共和国国防部部长。

邓小平担负军队领导责任以后，即于1月12、18、19日三次分别召集三总部、各大军区和空军、海军负责干部进行座谈，讨论压缩军队定额和解放老干部、落实干部政策等问题。在1月19日的各大军区负责人座谈会上，邓小平根据毛泽东关于“军队要整顿”的指示提出，军委只准备两项工作：第一是召开军委扩大会议，其中一个大题目就是军队要整顿。第二是战备，要准备打

仗,解决战备方针、装备等问题。他又指出:搞派性的军队非调走不行。所有闹派性的人一律调走,一个兵都不留,一个干部都不留。凡有军籍的人,团长也好,政委也好,包括省军区司令员,陷到派性里去的,不管有多少,统统调出来。毛主席已经有指示了,凡是有两派的地方、派性没有解决的地方,民兵一律不建立,也不要组织这个指挥部、那个指挥部,枪也不要发。军队也有安定团结问题。不管几项工作任务,今年每个党委第一条是要安定,要团结。①

1月25日,邓小平在总参谋部机关团以上干部会议上和大家见面,发表题为《军队要整顿》的重要讲话,传达毛泽东关于"军队要整顿"的指示,分析军队的状况,批判林彪主管军队后造成的混乱,提出军队整顿的任务。

邓小平指出,林彪主管军队以后出现两个突出问题:"好多优良传统丢掉了,军队臃肿不堪。"邓小平从中国人民解放军的优良传统讲起,把军队存在的问题尖锐地端到大家的面前。他说:

> 我们这个军队有好传统。从井冈山起,毛泽东同志就为我们建立了非常好的制度,树立了非常好的作风。我们这个军队是党指挥枪,不是枪指挥党。经过长期反对军阀主义的斗争,军队内部很团结,联系群众也很好。可是从一九五九年林彪主管军队工作起,特别是在他主管的后期,军队被搞得相当乱。现在,好多优良传统丢掉了,军队臃肿不堪。军队的人数增加很多,军费开支占国家预算的比重增大,把很多钱花费在人员的穿衣吃饭上面。更主要的是,军队膨胀起来,不精干,打起仗来就不行。我想军队绝大多数同志是不满意这种现状的。所以,毛泽东同志提出军队要整顿。军队的总人数要减少,编外干部太多要处理;优良传统要恢复。这就有大量的工作要做。总参谋部、总政治部、总后勤部的责任更大,三个总部本身要整顿。②

在这里,邓小平提出了军队整顿的两项最主要的任务:一是消肿。这是邓小平精兵强军的军队现代化建设思想的精髓。二是恢复优良传统和作风,坚持党指挥枪。这是人民军队建设的根基和灵魂。

邓小平还指出:"我们要遵照毛泽东同志关于安定团结的指示,整顿军

---

① 《邓小平年谱(1975—1997)》(上),第8—9页。

② 《邓小平文选》第2卷,第1页。

队。"①从实现安定团结的要求出发,邓小平针对当时军队存在的问题和出现的新问题,提出了军队整顿的3项具体任务。

"一个是要提高党性,消除派性"。邓小平指出,"这些年来,我们军队出现了一个新的大问题,就是闹派性,有的单位派性还很严重。这个问题主要在干部。我们军队的干部绝大多数是好的,但是确有少数人热衷于搞派性。他们在军队内部搞,到地方去也搞。"邓小平严肃地指出:"要安定团结,就必须消除派性,增强党性。""不消除派性,安定团结不起来,军队战斗力也一定会削弱。每个干部要把党性放在第一位。原来喜欢搞派性,要觉悟,要改正,改正了就好。"由此,邓小平还提出了一条重要的组织原则:"今后军队干部的使用、提升,一条重要的原则,就是不能重用派性严重的人,不能重用坚持派性不肯改正的人。"

"一个是要加强纪律性"。邓小平说,"再一个问题是军队的纪律很差。为什么毛泽东同志提出要唱《三大纪律八项注意》歌,而且专门唱那一条,叫做'一切行动听指挥'呢?就是强调纪律嘛。军队要像军队的样子。现在提出加强纪律性,首先要从我们北京的机关、部队做起。"

还有一个是"落实政策"。邓小平指出:"现在有好多政策没有落实。各个单位要认真研究,把政策落实好,这样才有利于调动积极性,有利于安定团结"。

邓小平最后说:

> 今天就是同大家见个面。军队究竟怎么搞法,这个问题以后还要议。但是我想,刚才说的军队要整顿,要安定团结,要落实政策,这些原则是不会错的。为了做到这些,我们要增强党性,消除派性,加强纪律性,提高工作效率。希望我们总参谋部所有干部,本着这样的精神团结起来,把工作做好。②

邓小平于1月25日在总参谋部机关团以上干部会上的这篇讲话,是1975年军队整顿的动员令和号召书,也是邓小平领导1975年整顿的开端。

(二)叶剑英明确中共中央军委扩大会议的主题

邓小平在总参作《军队要整顿》讲话的第二天,1月26日,叶剑英致信毛

---

① 此处及以下引文,均引自《邓小平文选》第2卷,第1—2页。

② 《邓小平文选》第2卷,第3页。

泽东，建议成立中共中央军委常委会。叶剑英在信中写道，1971 年成立的军委办公会议成员情况发生了变化，为了加强对军队和战备工作的具体领导，建议把西沙作战后成立的军委 6 人小组扩大组成军委常委会，作为处理军委日常工作的办事机构。信中建议增补刘伯承、徐向前、聂荣臻、粟裕等同志为中共中央军委常务委员。

毛泽东同意叶剑英的建议。1975 年 2 月 5 日，中共中央发出文件，通知全党，取消军委办公会议，恢复军委常委会。叶剑英、王洪文、邓小平、张春桥、刘伯承、陈锡联、汪东兴、苏振华、徐向前、聂荣臻、粟裕 11 人为常务委员，军委常委会由叶剑英主持。① 这次中共中央军委领导成员的变动，使得人民解放军一批卓越的将帅重新走上最高军事领导岗位，邓小平、叶剑英承担起了中共中央军委日常工作的领导责任，对于军队和全国局势的稳定具有重要作用。

2 月 8 日，邓小平听取副总参谋长杨成武、张才千、向仲华汇报军队工作，指出：总参工作，第一抓压缩定额问题，第二抓装备问题，第三抓作战问题。总的精神还是军队定额一定要减，节省下来的钱用在装备上。办法是首先搞出个编制来。邓小平对大军区和省军区的编制、海军和空军的体制、后勤机构的精简和压缩编制的步骤等作了具体指示，要求整编任务从 1975 年算起，在 1977 年完成。他还要求总参要很好地抓一下装备问题，要在最近几年把装备搞上去。②

在 2 月 9 日的中共中央军委常委会第一次会议上，叶剑英即把酝酿已久的召开军委扩大会议的筹备工作提上议事日程。

对中共中央军委扩大会议所要解决的中心问题，叶剑英提出，军委扩大会议要解决的问题很多，但一次会议解决不了。中心是解决人的问题，也就是编制问题、压缩军队定额问题、干部问题，目的是要进一步把军队整顿好。

王洪文当即表示异议，提出中共中央军委扩大会议的第一项议题应是思想政治工作。张春桥则大谈商品、货币关系等理论问题。

邓小平在 1 月中旬的军队干部座谈会上、在 1 月 25 日总参机关的报告中、在 2 月 8 日同杨成武等人的谈话中，都提出了压缩编制的问题，把它作为军队整顿的主要内容，这时当然支持叶剑英的主张。邓小平强调，军委扩大会

① 据《中国人民解放军的七十年》，第 379 页；范硕等：《叶剑英传》，第 626 页。

② 据《邓小平年谱（1975—1997）》（上），第 17—18 页。

议应集中解决军队的编制问题，以此达到整顿军队、加强战备、实现安定团结的目的。他在讲话中指出：总参的工作次序，第一是确定编制。今年的军委扩大会议就是要集中解决这个问题。这个问题本身就是整顿军队。在所确定的编制中，部队搞大、中、小师，大、中、小团。各类军区，海、空军，各兵种和各类师、团的编制，都要先定下来。铁道兵不要减，要保留技术骨干。军委的炮兵、装甲兵事情不多，现在留个“庙”可以，以便安排干部，但要缩小编制。通信兵归总参作为一个部。总的原则是保留技术骨干。干部的编制开始可以宽一点，每师可以设4个副师长，每团3个副团长。这个不定下来，干部也不好配备。战士的装备要研究，要减轻战士的负担。①

叶剑英和邓小平关于中共中央军委扩大会议中心议题的意见，得到军委常委会的肯定。这次会后，中共中央军委扩大会议的筹备工作即在原有基础上加紧进行。

（三）中共中央军委常委会多次开会进行筹备

3月3日，中共中央军委举行第四次常委会议。编制问题是这次会议的重要议题。邓小平强调，一定要搞个编制表。有了编制，定额才能压下来。编制就是制度，有理无理，第一条就是看你合不合编制。先要搞编制，在明确编制的基础上才能精简。他又指出，小师的炮兵团要保留，可以编小一点。将来坦克多了，每个师要考虑编个坦克团。不然平时结合不起来，打起仗来临时配属不熟练。②

此后，中共中央军委常委会又多次召开会议，讨论编制、装备和排除派性、调整领导班子等问题。③

3月24日，中共中央军委常委会举行第7次会议，讨论装甲兵、工程兵、防化兵等兵种领导机关的编制问题。邓小平发言指出，将来野战军恐怕都要编个坦克团，再就是编坦克师，这样有利于作战机动。机构不要设多了，机构越多越麻烦，不要搞复杂了。将来打起仗来，军委的指挥方式，只能是战略的指导。

3月31日，中共中央军委常委会举行第8次会议，讨论陆军步兵部队编

---

① 据《邓小平年谱（1975—1997）》（上），第18页。

② 据《邓小平年谱（1975—1997）》（上），第24页。

③ 以下叙述，据《邓小平年谱（1975—1997）》（上），第29、31—34、39页。

制问题,听取张才千关于陆军军、师编制方案的汇报,并逐级研究了从连到军的编制。

3月22日,4月2、3、9、10日,中共中央军委连续召开军工座谈会,听取国防工业有关部门的汇报。叶剑英主持会议,邓小平发表了很多重要意见。①

4月2日,邓小平听说一些“老大难”单位的派性问题还没有解决时指出:问题的关键是看我们怎么抓。有的干部要调动,有的干部就是要撤掉。国防工办要抓几个点,三机部、五机部也要抓点,通过抓点推动全面工作。要派得力的干部下去。派那些“和稀泥”、讲话不明朗、前怕狼后怕虎的人去,解决不了问题。不管什么派都是错误的,一切派都要坚决排除。搞派性是与无产阶级专政对立的,必须排除派性。在听到军事装备维修存在问题时,邓小平强调,这个问题的解决不能再拖了,今天这样决定下来:第一,要重维修,宁可少生产一点,也要把维修问题解决好;第二,要搞一个维修保养的计划,海军、空军、装甲兵都要列个单子,统一考虑,统一解决;第三,要按一定的比例生产零配件,没有零件配套,就不能算完成生产计划。

4月3日,邓小平在听取军事装备储备问题的汇报时指出:飞机的生产,要根据生产能力和原材料的水平,在军用飞机达到一定数量后,就要转入生产民用飞机。舰艇、坦克的生产也有这个问题,当生产到一定数量后,就要转入生产民用品和工农业机械产品。军事工业的科研也必须搞规划。搞个规划,然后再委托有关部门去研制。飞机、舰艇的研制、生产也是一样。

4月9日,在听到有几个军工厂还不稳定,希望调整这几个厂的领导班子时,邓小平指出:不能再等了。整个国家的利益、党的利益、人民的利益,不能就等那么少数几个人。决不能手软,手软了不行。首先是各部部长不要当“软班子”班长。他强调指出:陆军、海军、空军都搞大了,而经费一年只有那么多。大家要考虑国家的经济能力。我们军队的战斗力应该是实实在在的,不能是虚假的,不能自己欺骗自己。

4月10日,在听到战术导弹的研制没有相应的机构来抓时,邓小平明确指出:我看归国防科委抓比较适当,便于统一计划,他们搞并不要增加多少人。这个问题,军委要早点定下来。

---

① 叶剑英主持会议,据《叶剑英年谱(1897—1986)》(下),中央文献出版社2007年版,第1093页。邓小平的讲话内容,据《邓小平年谱(1975—1997)》(上),第29、31—34、39页。

4 月 14 日,中共中央军委常委会举行第 9 次会议。邓小平就国防工业的发展问题指出:第一,要使现有工厂都能生产。可以用中央 9 号文件解决铁路问题的办法,因为它见效嘛。第二,装备体制必须高度集中统一。没有经过总参、军委审批,不能随便投入生产。第三,制造和修理的关系必须通盘解决。按常规的办法,产品和零配件要有适当的比例。总之,要把现有失修的装备修理好,不然损失太大。第四,要使现有的武器能打仗。现在的问题是缺乏弹药。我们的武器比抗美援朝时好多了,但是要解决枪弹、炮弹问题,才能打仗。

4 月 28 日,中共中央军委常委会举行第 10 次会议,再次讨论军队编制问题。邓小平提出:5 月底前各单位编制定了以后,要统一研究一下,给主席、政治局写一个报告,主要讲整顿编制、压缩定额的方针、原则,保留技术兵、技术装备,提高战斗力,干部编内编外的方针和处理的原则,以及设顾问制度等问题,待主席批准后,6 月份召开军委扩大会议贯彻落实。

三、中共中央军委扩大会议的召开和军队整顿的部署

经中共中央、毛泽东批准,中共中央军委扩大会议于 1975 年 6 月 24 日至 7 月 15 日在北京举行。各总部、各军兵种、各大军区、国防科委、国防工办、军事科学院、军委直属院校的负责人共 70 多人出席会议。会议在叶剑英、邓小平主持下,集中讨论了军队整顿和编制体制调整等问题,通过了《关于压缩军队定额、调整编制体制和安排超编干部的报告》。邓小平、叶剑英分别就军队的整顿作了重要讲话,全面系统地阐述了军队整顿的必要性、目标、任务及其伟大意义,并就整顿的具体工作作了统一部署。徐向前、聂荣臻也作了讲话。

(一)邓小平分析军队状况,论述军队整顿任务

7 月 14 日,邓小平在中共中央军委扩大会议上讲话,分析军队的状况,论述军队整顿的任务。

这是继 1 月 25 日在总参机关讲话后,关于军队整顿问题更为系统、更为深刻的一篇讲话,是领导 1975 年军队整顿的纲领性文献。

邓小平着重讲了 5 个问题。

1. 军队的状况

在肯定“我们军队的传统是好的，是英勇善战的”前提下，邓小平系统、深刻地分析了由于林彪一伙的破坏，军队建设中存在的不少问题。他用五个字来概括：肿、散、骄、奢、惰。他说：“当然，全军总的面貌不是这样。但是从部分单位来说，从部分同志来说，是存在这五个字的。”“尽管是部分的，但是不可忽略。”

邓小平对这五个字逐个作了分析：

一是有点肿。关于这方面的情况，邓小平在1月25日的讲话中已经作了分析，这里就没有重复。他明确地指出：“这次会议研究精简整编，就是解决肿的问题。”

二是有点散。“主要表现在有派性和组织纪律性差这两个方面。”

关于派性，邓小平说：“这是军队在支左当中出现的新问题。军队支左，许多人也卷到派性里面去了……军队的权力大得很，变成了派的后台，以后把派性带回到军队，在军队内部不少单位也分成了两派。”他严肃地指出：“派性在军队里存在是很危险的，说严重一点，这种现象是不能容忍、也不应该容忍的。”他还强调：“讲落实政策，讲了多少年，好多政策不能落实，闹派性是一个重要的原因。”

关于组织纪律性，邓小平指出：“组织纪律性差同派性有关。他们考虑的不是革命整体的利益，而是他们那一派的利益”。他还指出：“现在不只是组织纪律差，政治纪律也差。”由此，邓小平提出要解决领导班子问题。他尖锐地指出：“领导班子软懒散的问题，地方有，军队也有。军队有相当多的散班子，也有相当多的懒班子，恐怕软班子占得更多。”

三是有点骄。邓小平指出，骄的问题，“在文化大革命中又出现了新的情况。军队支左，权力大得很。大权在握，加上其他一些原因，在军队一部分人中增长了骄气。有的甚至不只是骄气，而是骄横”。邓小平还从公共汽车上个别解放军战士不给抱娃娃的妇女让座、老人说“雷锋叔叔不在了”这个事情上看出问题，指出军政团结、军民团结、群众路线、艰苦奋斗这些优良传统丢掉了，三大纪律八项注意至少有某种程度的丧失。

四是有点奢。邓小平举出不少奢侈的表现，如：闹享受，闹待遇，住房子越多越好；公私不分；请客送礼；修建楼堂馆所；从地方上随便拿东西或者低价购买；办农场、企业赚了钱随便开支，有的还互相争批条子的权力；等等。邓小平指出:“这种情况要整顿。”他还指出,占用地方的房屋、土地太多,“也有是霸占的”,“地方意见很大,该还的应该还嘛”。

五是有点惰。邓小平指出:“惰性,不只是在一些人身上存在,甚至有些机关也不同程度地存在。”他分析了惰性的主要表现。一是思想懒惰:“有些高级干部革命意志衰退,追求个人利益,不注意保持晚节。有的人小病大养,无病呻吟,官僚主义,工作不努力,不踏实,不深入基层,不亲自动手,不动脑筋,靠秘书办事,讲五分钟话都要人家写成稿子照着念,有时还念错了。”另一种是怕字当头:“有的怕字当头,不敢办事,不敢讲话,怕讲错了挨批。”

2. 军队整顿的任务

邓小平说:“军队整顿整什么?就是整上面讲的那五个字。”在这五个字中,应该说解决肿的问题是重点。邓小平指出:“这次会议我们搞编制,就是整肿字。”他还特别强调:“这一次编制要严格搞,要切实遵守编制。可以说编制就是法律。”同时,邓小平又分析了其他四个字同肿字的相互关系,提出“要联系起来解决”的思想,非常精辟。邓小平说,这次会议“不只是整肿,同时还要注意散、骄、奢、惰,要联系起来解决。解决肿的问题,搞好军队的编制整顿、体制整顿,可以适当解决军队的其他问题。比如,这次整编,要配备、健全各级领导班子,就要同时注意克服散字、惰字,解决软班子、懒班子、散班子的问题”。邓小平还指出:“加强各级领导班子,选人要选得对,要好好了解。”“军队整顿当中,还要加强干部学习,增强党性,反对派性,加强纪律性,发扬艰苦奋斗的传统作风。”

3. 中共中央军委的工作

邓小平说:“军委工作实际上就是两件事:第一件是‘军队要整顿’,第二件是‘要准备打仗’。这两件事都是毛泽东同志讲的,我们军队工作的纲就是这个。”他指出:“我们抓了编制,接着就抓装备,装备也要抓好。”“抓编制,抓装备,还要抓战略,要按次序来抓。”关于装备,邓小平提出要有规划,要抓科研。他说:“国家正在考虑下一个五年计划、十年规划,军队装备也要有规划。”他强调:“科研要走在前面。不单是尖端武器、常规武器有科研问题,就是减轻战士身上带的东西的重量,同样有科研问题。现在一个战士要背几十公斤,怎么打仗呀?到时候,非战斗减员不知有多少呢!这不是小事,也是装备问题,也要研究、定型。”他要求“总后勤部要订出规划,要有一些人专门管这个事情”。在谈到抓战略时，邓小平特别强调了训练的重要性。他清醒地指出：“现在是合成军队作战，不是过去的小米加步枪了”，“战略要研究的问题，不仅是作战问题，还包括训练。要把训练放在战略问题的一个重要位置上”。这是邓小平根据新形势、新情况提出的，在和平时期建设现代化、正规化军队的又一重要思想。他还提出要继承政治机关管干部的传统，首长要经过政治机关去考核、审查干部；要特别注意加强连队的政治工作。

4. 整编中的干部问题

邓小平指出，整编中的干部问题有两个。一个是在军队内部的处理问题，就是谁留谁去，谁在职谁不在职；支“左”回来的干部、“文化大革命”初期靠边站的干部，有个分配工作的问题；还有一个干部调整、交流问题。另一个是在地方的安置问题，几十万干部转到地方，地方要承担起来，把他们安置好。

邓小平提出：“在步骤上，我建议首先自上而下地调整好各级领导班子。”他把在1975年整顿中解决地方问题的经验运用到军队，指出：“领导班子要有威信，敢字当头，能很好地执行党的方针政策，能很好地工作。”“配备领导班子的时候，首先要把一、二把手选准，要选党性好、作风好、团结好的。”他还特别强调，要发扬艰苦奋斗的作风：“现在强调一下艰苦奋斗的作风特别重要，有了这一点，好多事情都会变化，都会好起来。所以现在选干部，特别是选高级干部，要选艰苦奋斗或者比较艰苦奋斗的。”

邓小平肯定了“设顾问是一个新事物，是我们军队现在状况下提出的一个好办法”，要求“所有的同志，特别是当顾问的同志，都要以大局为重，服从组织的安排”。

5. 高级干部的责任

邓小平语重心长地说：“搞好军队的责任首先在我们到会的同志，扩大一点，到军以上的主要成员。我们这些人把军队带好了，我们党的一套优良传统就能保持好，军队就会非常团结、非常有战斗力。”他指出：“现在军队一些不好的现象能不能克服，几十年的优良传统能不能继承和发扬，主要靠老同志传帮带。只要大家带头努力，做到毛泽东同志说的八个字，团结、紧张、严肃、活泼，军队的问题是不难解决的，党的路线、方针、政策是可以贯彻好的。”邓小平以毛泽东的两句名言“发扬革命传统，争取更大光荣”结束了这篇讲话，对军队高级干部寄予了极大的信任和期望。

（二）叶剑英论述国际形势、精简整编和学习理论问题

7月15日，叶剑英在中共中央军委扩大会议上作总结讲话。他首先分析了国际形势；然后着重讲了关于压缩军队定额、调整编制体制和安排超编干部问题；最后联系军队实际，讲了学习无产阶级专政理论的问题。

1. 关于国际形势

叶剑英分析了美苏争霸的国际形势，重申了毛泽东关于三个世界划分的战略思想，指出一方面是战争不可避免，另一方面是战争可能推迟。中国有必要，也有可能争取更多一点时间，做好国民经济和国防建设等项工作，在国民经济发展的基础上相应发展国防力量，整顿军队，加强战备，准备应对霸权主义可能强加给我们的战争。这个分析在一定程度上改变了"立足于早打、大打、打核战争"的观念，使人民解放军得以摆脱长期处于临战状态的束缚，集中力量考虑较长时期的自身建设。①

2. 关于精简整编和安排超编干部问题

叶剑英在肯定中国人民解放军不愧是一支无产阶级革命军队之后，尖锐地指出，主要是由于林彪路线的流毒和影响还没有被肃清，部队建设上存在着不少问题："党的领导受到削弱，许多党委没有形成坚强的领导核心，怕字当头，不敢负责，有些领导班子存在着软、懒、散的严重现象；政治思想工作软弱无力，管理教育不严，组织纪律差，事故多，有些人受资产阶级思想作风严重影响和腐蚀；有些单位资产阶级派性严重，闹不团结，政策不落实，有些干部的积极性没有调动起来；作战思想不够统一，战备工作、军事训练和民兵工作都存在一些问题。部队臃肿庞大、干部超编、装备落后的情况比较突出。"叶剑英提出，必须"从各方面采取有力措施，抓住重点，有计划有步骤地解决军队建设上存在的问题。当前首先解决压缩军队定额、调整编制体制和安排超编干部这两个问题，然后再解决其他问题，使毛主席关于整顿军队的指示真正落实"。

关于精简整编的意义，叶剑英作了精辟的论述。他说："通过精简整编，可以把部队搞得比较精干，进一步提高部队质量，提高作战能力。小打，现有部队就可以；中打，稍加充实也能对付；大打，能保证部队迅速扩编"，"我们的

---

① 据《中国人民解放军的七十年》，第380页；范硕等：《叶剑英传》，第627页；张爱萍主编：《中国人民解放军》（上），第238页。

方针是实行人民战争”,“我们是社会主义的大国,兵源雄厚,平时少养兵,战时多出兵,既有必要,又有可能。压缩定额,可以给国家的工农业建设增加力量,有利于把经济建设搞上去”。①

关于精简整编的原则,叶剑英指出,主要是精简机关,裁减重叠机构,减少保障部队和普通兵员,保留政治工作骨干和技术骨干,有重点地加强特种兵部队。通过精简整编,把部队搞得比较精干,进一步提高部队质量,提高战斗力。关于安排超编干部问题,叶剑英指出,总的精神是,既要精干现有的领导班子,又使超编干部各得其所;既有利于部队平时建设,又适应战时部队发展的需要;既能发挥老干部的作用,又有利于中青年干部的成长。他强调,要教育干部树立共产主义远大理想,保持艰苦奋斗、与人民群众同甘共苦的光荣传统,做到能上能下、能官能民、能东能西、能城能乡。安排超编干部的办法,一是转业到地方工作,二是在领导班子中设置顾问。②

3. 关于联系实际,学习理论

叶剑英指出:“理论联系实际是马列主义的一条根本原则,是我们党的传统作风。”在学习理论时,“还必须紧密联系部队的实际,加强调查研究,有效地解决军队内部现在存在的问题,把军队的建设和工作搞好”。他提出,学习理论联系军内实际,要注重解决以下四个问题。

第一,要彻底批判和消除派性,增强党性。叶剑英严肃指出:“现在搞资产阶级派性,就是搞资本主义,搞修正主义。”“资产阶级派性不消除,就不能贯彻落实安定团结的方针,也不能把军队工作搞好。军队需要高度集中统一,决不允许有资产阶级派性存在。”

第二,要坚持安定团结的方针,认真落实党的政策。

第三,要抵制资产阶级思想作风的影响和腐蚀,自觉改造世界观。

第四,要坚决执行三大纪律八项注意。

(三)叶剑英打招呼:警惕江青一伙插手军队

在这次中共中央军委扩大会议期间,叶剑英还通过各种途径、用各种方式向军队高级领导干部打招呼,提醒他们警惕江青一伙野心家插手军队,在尖锐

---

① 《叶剑英军事文选》,解放军出版社 1997 年版,第 649 页。

② 本段叶剑英讲话内容的概述,引自范硕等:《叶剑英传》,第 627—628 页。

复杂的斗争中服从中共中央军委的集中统一领导。

叶剑英采取个别谈话的方式，亲自给各大军区、各军兵种的领导同志打招呼，提醒军队高级干部注意江青一伙的阴谋活动，防止和抵制他们插手军队。他要求高级干部要听从中共中央、中央军委和毛泽东的指挥，要注意形势，掌握动向，站稳立场，看清方向。平时要注重策略，行事谨慎，少说话，不授人以柄。① 出席这次中共中央军委扩大会议的副总参谋长杨成武回忆说：叶剑英"一个军区一个军区、一个兵种一个兵种地分别找司令员、政委谈话，传达毛泽东同志的指示。他跟同志们说：毛主席说现在有个'上海帮'，你们要注意警惕，稳定部队，把部队掌握好"。②

除个别谈话外，叶剑英还出席一些小组会。他不止一次地在小组会上打招呼：有个别中央领导人，不通过组织，自己发指示、搞运动，这是不正常的。叶剑英说：中央军委是毛主席领导的。今后，不论是谁，凡不经过军委直接向部队发指示、送材料的，你们都有权抵制，都可以不执行。我们一定要听毛主席的话。③ 会后，他又留下各大军区的负责人，同他们个别谈话。叶剑英通过会上会下、大会小会，做了大量工作，统一了高级干部的思想。

不仅如此，叶剑英在7月15日中共中央军委扩大会议上作总结讲话前，预先在讲稿中夹了一张字条，内容是："中央军事委员会主席是毛主席，人民解放军是毛主席领导的。任何人不通过中央军委发指示，你们有权不执行。"④讲话时，叶剑英离开讲稿，说了以下一段话：

> 你们要注意，现在有的人到处送书、送材料、写信，把部队思想搞乱了。以后没有军委的同意，任何人不得这么做！不容许任何野心家插手军队，搞阴谋活动。⑤

参加中共中央军委扩大会议的同志一听就知道，叶剑英所说的"有的人"就是江青。正是她，在1974年年初到处给部队送书、送材料、写信，把部队的思想搞乱。叶剑英的揭露和提醒，提高了到会人员的警惕性，对防止"四人

---

① 引自范硕等：《叶剑英传》，第629页。

② 杨成武：《丹心向党　功炳千秋》，载《光明日报》1986年11月5日。

③ 引自范硕等：《叶剑英传》，第629页。

④ 中国人民解放军军事科学院编：《叶剑英年谱（1897—1986）》（下），中央文献出版社2007年版，第1101—1102页。

⑤ 转引自范硕等：《叶剑英传》，第628页。

帮”插手军队、保证中央对军队的集中统一领导，发挥了积极作用。

（四）讨论通过关于精简整编的报告

中共中央军委扩大会议，集中讨论了压缩军队定额、调整编制体制和安排超编干部问题。根据中国是社会主义大国的性质和人民战争的战略设想，会议认为，中国兵源雄厚，平时少养兵、战时多出兵，有必要也有可能。压缩定额，可以给国家经济建设增加力量；节省下来的军费，可以用于加强军工生产，改善部队的装备。平时把民兵建设搞好，储备好干部，储备好兵员，储备好装备，作好战时动员扩编计划，把野战军、地方部队和民兵都协调组织起来，一旦战争爆发，可以就地出干部，就地出兵员，就地出装备，迅速把部队扩编起来。精简整编同准备打仗是可以统一起来的。

会议通过了《关于压缩军队定额、调整编制体制和安排超编干部的报告》。这个报告，确定在 3 年内将军队总员额减少 160 万人，安置超编干部约 60 万人。

7 月 19 日，经毛泽东批准，中共中央批转了军委报送的这个报告，以及邓小平、叶剑英在这次军委扩大会议上的讲话。7 月 25 日，中共中央通知将邓小平、叶剑英的讲话转发全党学习。这样，他们两位的讲话，不仅指导了军队整顿的实施和展开，而且对全国各方面的整顿也具有重要的指导作用。

（五）1975 年中共中央军委扩大会议的作用和意义

1975 年 6 月至 7 月召开的这次中共中央军委扩大会议，对于军队以至于全国各方面的整顿、稳定和建设，发挥了极其重要的作用，在中国人民解放军的建设史上有着广泛而深远的影响。对这次会议的作用和意义，军队的两部权威著作作出了全面、恰当的评价。

其一，由张爱萍担任主编、张震等人担任副主编的《中国人民解放军》一书，对这次会议评价道：

> 这次军委扩大会议对于肃清林彪反革命集团的恶劣影响，进一步稳定军队，起了极其重要的作用。会议决定整顿军队，恢复和发扬人民解放军的优良传统和作风，提高军队的战斗力，使遭受重大挫折的人民解放军重新建立起实现现代化、正规化的希望和信心。会议确定的一些方针、原则对人民解放军的长远建设具有重要指导意义，

对江青反革命集团的反党乱军阴谋也是一次沉重的打击。会议期间,叶剑英有针对性地指出:“不容许任何野心家插手军队,搞阴谋活动”,并传达了毛泽东对“上海帮”(即江青反革命集团)的多次批评,提高了到会人员的警惕性,为一年后彻底粉碎江青反革命集团作了思想准备。①

其二,军事科学院军事历史研究部所著《中国人民解放军的七十年》一书评价说:

这次军委扩大会议,在军队建设发展史上有着广泛而深远的影响。会上提出的集中精力考虑军队长远建设,在国民经济发展的基础上发展国防力量,把军事训练放在突出的战略地位,必须消除派性,增强党性,坚决克服“肿、散、骄、奢、惰”等一些加强军队建设的思想、方针、原则,为军队的长远建设提供了有力的指导。这次会议连同会后进行的军队整顿,对后来中国政治产生了重大影响。它以其所具有的伟大而深远的意义而载入史册。②

四、军队整顿的实施

根据中共中央军委扩大会议精神和决定事项,邓小平、叶剑英即实施对军队的整顿。整顿的主要工作和措施,主要是四个方面:第一,精简整编,安置超编干部;第二,调整配备全军各级领导班子;第三,全面加强军事训练;第四,整顿部队作风,恢复优良传统;第五,整顿国防工业生产,改进武器装备。

(一)精简整编,安置超编干部

1975 年 8 月 7 日,中共中央军委转发解放军总政治部《关于安排超编干部的方案》。《方案》分析了干部超编的情况,根据 1974 年年底的统计,人民解放军干部共有 152.6 万人,超编 46.7 万人,压缩定额、调整编制体制后,还要多出 10 余万人,预计超编干部可能达到 60 万人。同时,各级领导班子人员普遍很多,大军区平均 36 人,最多的 44 人;省军区平均 38 人,最多的 58 人;

① 《中国人民解放军》(下),第 239 页。

② 《中国人民解放军的七十年》,第 380 页。

陆军军、师、团也达到 20 至 40 人。平均年龄偏大,陆军师的师长、政委平均 49 岁,团长、政委平均 45 岁。《方案》分析了形成这种状况的原因,提出了安排超编干部的意见,对各级各类干部的安排原则、方法以及工作和生活待遇等问题作出规定。对大部分师以上干部和部分团以下干部,采取增编副职、设顾问、做研究工作、离职休养和送学校培养等办法进行安排。其余干部则退出现役,采取转业、复员、退休的办法,由地方安置。

9 月 7 日,中共中央军委批转总参谋部《压缩军队定额、调整编制体制的方案》。这个《方案》确定的精简整编原则是:大力精简机关,裁并重叠机构,减少保障部队,压缩普通兵员,淘汰陈旧装备;有些部队实行简编,保留技术骨干和技术装备;保持一定数量的齐装满员部队,有重点地加强特种兵部队的建设。《方案》规定全军总人数精简 26.2%。具体规定为:

陆军:步兵部队,精简 27.3%。其中,工程兵、铁道兵精简最多,两者精简数占陆军各兵种部队精简总人数的 92.1%;有些部队实行简编,保留技术骨干,减少普通兵员。将各县、市中队移交地方公安部门,改为人民警察。

海军:精简 17%。调整基地、舰艇、高炮和航空兵部队的编制体制;将部分工程建筑部队改为基建工程兵性质的部队,不计入军队定额。

空军:精简 16.4%,主要精简机关;调整军区空军和航空兵部队编制体制;空降兵部队实行简编;撤销一部分高射炮兵部队;工程建筑部队改为基建工程兵性质的部队,不计入军队定额。

各大军区及其直属单位精简 38%。

各总部及其直属单位精简 16.6%。裁并重叠机构,撤销、合并保障单位,将部分修理、服务性单位改为编外单位,实行企业化管理。①

按《方案》精简整编后,全军机关、保障部队的比例将减小,战斗部队、院校和科研单位的比例将增大;陆军所占比例将减小,海军、空军的比例将增大。人民解放军基本上可以做到:小打,使用现有部队就可以,中打,稍加充实扩编就能应对;大打,由于保留了技术骨干和领导骨干,做好了民兵工作和扩编计划,能够迅速扩编,保证战争需要。②

精简整编的部分工作从 1975 年年初起就已开始。1 月底,撤销了甘肃省

① 据《当代中国军队的军事工作》(下),第 14 页。

② 据《中华人民共和国实录》第三卷(下),吉林人民出版社 1994 年版,第 1261 页。

农建1师、2师和林建师。3月21日，中共中央军委召开陆军编制会议，确定新编制按现有装备情况制定，其中步兵师可编大、小两种，减少骡马，增编汽车。3月25日，中共中央、中央军委同意撤销新疆军区生产建设兵团，将农垦师划归自治区建制，现役干部大部分放在新疆军区分配。3月29日，总政治部宣传部分编为宣传部、文化部，群工部分编为群工部、联络部。4月14日，中共中央军委转发三总部《关于院校编制若干问题的报告》，进行院校编制体制整顿。与20世纪60年代相比，全军院校将增加教员比重，减少工勤人员。①

中共中央军委扩大会议后，按照中共中央军委9月7日批转的《方案》，从第四季度开始实施精简整编。军区机关按新编制进行了较大的整编，步兵部队撤销了地方独立师和步兵师，保留的步兵师分别整编为满员师和简编师，铁道兵地铁部队、部分工程建筑部队和县、市中队移交给了地方有关部门，空军撤销了部分军部、高射炮兵师等。军队整编工作虽然因受江青集团的干扰、破坏，没有完成就停了下来，但还是取得了不小的成绩。1975年，基本完成了年度计划。至1976年年底，全军总人数比1975年减少了13.6%。

（二）调整配备全军高级领导班子

中共中央军委扩大会议以后，叶剑英抓紧进行了军队高层领导干部的调配工作。中共中央军委请示中共中央、毛泽东得到批准，组成了以叶剑英、聂荣臻、粟裕、陈锡联及杨成武、梁必业6人为成员的中共中央军委领导小组。叶剑英直接了解情况，特别注重考察军队高层领导干部在同林彪集团斗争中的表现和对“四人帮”的态度。政治上不强的人，坚决不予重用。对那些犯了错误而又能改正的人，本着党的干部政策，也予安排适当的工作。② 领导小组与各总部（不含总参）、各大军区、各军兵种、国防科委、军事科学院、军政大学等24个大单位的主要领导人协商，提出了各大单位领导班子调整配备的初步方案。其内容包括留任的、当顾问的、交流调出的、挂职休养的、离职的以及担任党委委员的人选名单。这个方案，报中共中央军委常委会讨论作出最后调整决定，又经中共中央政治局讨论。

---

① 本段内容采用曾庆洋、邓礼峰、陈奇勇：《一九七五年的军队整顿》，《当代中国史研究》2003年第4期。

② 据范硕等：《叶剑英传》，第630页。

8月16日，邓小平上报毛泽东："送上军委关于各大单位干部配备的报告和名单，请审阅批示。这个报告和名单是经过政治局讨论了的。附上各单位干部简历，不一定看，可供查阅之用。这次调整基本上是好的，确定后还要做一些同志的工作。我认为总后，特别是空军问题没解决好，干部交流也还不够，这些问题以后再研究，也还来得及。北京军区干部配备，须等纪登奎同志回后商定，暂缺。"

在毛泽东批示后，8月25日，邓小平批示："退梁必业同志办理。"①

在邓小平、叶剑英等人领导下，经过中共中央军委扩大会议前后上下结合，充分酝酿，反复协商，形成的这个军队高层领导班子的调整配备方案，在当时条件下是比较好的，把一些追随"四人帮"搞派性的人调整下去，把一些相对年轻的干部选进领导班子，增强了班子的活力，组织也更加纯洁。②

8月30日，中共中央军委通知，经中共中央和毛泽东主席批准的各总部、各军兵种、各大军区主官如下：总政治部主任张春桥；总后勤部部长张宗逊；空军司令员马宁，政委傅传作，第二政委余立金；海军司令员萧劲光，第一政委苏振华，第二政委王宏坤；炮兵司令员张达志，政委张池明；第二炮兵司令员向守志，政委陈鹤桥；装甲兵司令员黄新廷，政委莫文骅；工程兵司令员谭善和，政委王六生；铁道兵司令员吴克华，政委吕正操；国防科委主任张爱萍，政委陶鲁笳；军事科学院院长宋时轮，第一政委粟裕，第二政委萧华；军政大学校长萧克，政委唐亮；南京军区司令员丁盛，第一政委张春桥（兼），第二政委彭冲（兼），政委廖汉生；沈阳军区司令员李德生，政委曾绍山、毛远新（兼）；广州军区司令员许世友，第一政委韦国清（兼），政委赵紫阳（兼）、张平化（兼）、孔石泉；武汉军区司令员杨得志，政委王平、刘建勋（兼）、赵辛初（兼）；成都军区司令员秦基伟，第一政委刘兴元（兼），第二政委李大章（兼），政委严政；昆明军区司令员王必成，第一政委周兴（兼），政委刘志坚；济南军区司令员曾思玉，第一政委白如冰（兼），政委肖望东；福州军区司令员皮定均，政委李志民、廖志高（兼）、江渭清（兼）；兰州军区司令员韩先楚，政委冼恒汉（兼）、李瑞山（兼）；新疆军区司令员杨勇，第一政委赛福鼎（兼），政委郭林祥、司马义·艾

① 以上方案的报批情况，据《邓小平年谱（1975—1997）》（上），第82—83页。梁必业，时任总政治部副主任。

② 据《中国人民解放军的七十年》，第380页；曾庆洋、邓礼峰、陈奇勇：《一九七五年的军队整顿》，《当代中国史研究》2003年第4期。

买提(兼)。[①]

同日,中共中央军委通知,经中共中央、毛泽东批准,罗瑞卿、谭政、陈士榘、陈再道、王建安为中共中央军委顾问。

本月稍后,中共中央军委任命徐立清为总政治部副主任。

9月25日,中共中央军委举行第22次常委会议,讨论北京军区和空军领导班子的配备问题。[②] 10月1日,中共中央军委发出通知,任命张廷发任空军政委;陈锡联为北京军区司令员,纪登奎为北京军区第一政委,秦基伟为北京军区第二政委;赵紫阳兼任成都军区第一政委,刘兴元为成都军区政委。10月5日,任命陈先瑞为成都军区政委。[③] 10月初,邓小平在住处接见张廷发,听取汇报并指示:你当前的任务,就是要保证党对空军的领导权不被野心家夺去,保证每个空军部队的领导权不被野心家抓走。[④]

总参谋部主官不在此次任命之列。他们是:总参谋长邓小平,副总参谋长杨成武、张才千、向仲华、彭绍辉、李达、王尚荣、胡炜、何正文、伍修权。

在第一批大单位领导班子调整配备任务完成以后,中共中央军委即开始调整配备军级领导班子。主要是选配好作战部队的军和省军区的军政第一把手,以及三总部机关的二级部(局)的领导干部。到1975年年底,基本上调配完成。

经过这次调整配备领导班子,全军各大单位政治上加强,组织上精干纯洁,干部年龄相对年轻。原来的班子一般在20人左右,多的达三四十人,调整后都在十二三人。各大单位党委常委原来大多在15人左右,调整后为9人左右。领导班子平均年龄由原来的61岁下降为59岁(军级单位主要负责人的年龄低于平均年龄)。全军高级领导班子的调整,对防止"四人帮"进一步反军乱军、篡党夺权,保持军队和全国的稳定起了重要作用,为以后顺利粉碎"四人帮"准备了重要条件。[⑤]

---

① 引自《中国人民解放军的七十年》,第765页。

② 据《邓小平年谱(1975—1997)》(上),第104页。

③ 以上均引自《中国人民解放军的七十年》,第765—766页。

④ 据《邓小平年谱(1975—1997)》(上),第111页。

⑤ 本段数据与评价,均采用曾庆洋、邓礼峰、陈奇勇:《一九七五年的军队整顿》,《当代中国史研究》2003年第4期。

（三）全面加强军事训练

根据中共中央军委扩大会议精神，军队的军事训练全面恢复，并确定1975年训练的重点是干部训练和诸兵种联合演练，争取在两三年内解决营、团、师、军的组织指挥问题。各军兵种在专业技术训练的基础上，加强了战斗技术、战术合练和使用新式武器装备的训练。10月，三总部成立了以副总参谋长李达为召集人的总部训练小组。到1975年11月底，全军已集训师以上干部2000余人，营、团干部和参谋人员近万人，野战部队基层干部轮训率达到85%。1975年全年，各大军区和各军兵种共组织了17次军事演习。11月，武汉军区在河南临汝地区组织了加强的陆军运动战检验性演习，全军有300多名军、师职干部实地进行了观摩学习。通过军事训练特别是联合演练，全军指战员极大地提高了对防御战、歼灭战、运动战、近战、夜战等作战思想、作战原则和战法的理解，提高了军事思想水平和组织指挥能力。

三总部还对刚刚恢复不久和新增办的部队院校存在的办学尚未走上正轨问题，进行了深入的调查研究，提出了《关于调整院校体制，加强干部培训的建议》、《关于加强院校建设若干问题的建议》以及恢复军事、政治、后勤学院的建议。这些建议都得到了中共中央军委的批准，但未及全面实施，就因开展"批邓、反击右倾翻案风"运动而被搁置。

（四）整顿部队作风，恢复优良传统

根据邓小平的要求，整顿部队作风，首先是消除派性，提高党性，增强纪律性。这是肃清林彪极左影响和流毒的重大措施。从中共中央军委、各总部到各级党委及政治机关，对派性严重、纪律性差的单位和个人进行了重点整顿，采取了组织措施。对那些派性思想严重并在班子中搞不团结的人，严重违反政治纪律、组织纪律的人，作了适当调整、交流，或安排离、退休，甚至撤销职务；对那些派性严重的部队（分队），执行调离原驻地的政策，实行调防或换防，割断军队派性与地方派性的联系，分隔和孤立派性的力量，以便治理；对那些陷入派性太深、经教育不肯改正的人，则执行严格的组织纪律。经过一段时间整顿，有效地遏制了军队内部的各种派别活动，军队的派性问题得到初步解决，进一步巩固了党对军队的绝对领导。

为加强部队的纪律性，推进部队的正规化建设，在中共中央军委扩大会议之前，就已采取了一些措施。1975年3月30日，总参谋部、总政治部联合发

出了《关于严整军容风纪的通知》。4月上旬，北京卫戍区召开驻京部队、机关和院校整顿军容风纪会议。总参谋部还抓紧修订《中国人民解放军纪律条令》和《中国人民解放军内务条令》。中共中央军委扩大会议后，11月25日，经中共中央军委批准，将这两部条令在全军颁发试行。总参谋部和总政治部联合发出通知，要求全军认真学习贯彻新的《纪律条令》和《内务条令》。通知指出，这两部新条令，是部队进行管理教育、建立良好的内外关系和内务制度、养成优良作风，以及维护和巩固纪律、实施奖惩的依据。全军各部队对干部普遍进行了学习贯彻新条令的集训，在部队开展了形式多样的学习贯彻新条令的活动，推进了军队的正规化建设，加强了军队的纪律性。

反骄破满，密切军政、军民关系，也是整顿的一项重要内容。对"文化大革命"中军政、军民之间的矛盾和问题，毛泽东指出："地方的问题在军队，军队的问题在工作。"①邓小平在中共中央军委扩大会议上的讲话中强调，对军政关系、军民关系相当紧张的问题，对军队内部关系相当紧张的问题，要十分重视，"如果认为这些都无关重要，没有警觉，那是很危险的"。中共中央军委扩大会议以后，全军上下，普遍开展了反骄破满教育和作风纪律整顿。对违反群众纪律的人，分别情况进行了妥善处理。如"支左"中，部队有一部分人和单位占用了地方大量房屋、土地及其他财物，按中共中央军委的要求，采取切实措施进行清退；暂时不能清退的，向地方作出解释和交代，取得谅解。有些地方的驻军还就一些"三支两军"中遗留下来的、与军地双方有关联的问题，进行协商，妥善解决。一部分违反群众纪律的人员和单位，受到批评和处理。针对邓小平在中共中央军委扩大会议上讲话中提出的、群众反映"雷锋叔叔不在了"的问题，全军进行了重温人民军队性质、宗旨、任务和"三大纪律八项注意"的教育，广泛开展宣传为人民服务的英雄模范人物的活动。经过多方面的工作，军队的优良传统与作风得到恢复和发扬，军政关系、军民关系在1975年有了明显改善，军队内部的团结得到增强。

在军队整顿的过程中，按照邓小平的要求，继续落实政策，平反了一批冤假错案。1975年1月12日，邓小平在全军各大单位负责人座谈会上明确指出，毛泽东提出全党、全军要安定团结，"安定包括落实政策。过去(第)九、十次路线斗争犯错误的人，没有大的问题的，赶快作结论，该解放的解放。这样

---

① 《建国以来毛泽东文稿》第13册，第39页。

遗留下来的问题就是少数人，继续审查。不要搞一个问题在那里搞几年，要落实政策”。① 1月25日，邓小平在总参机关团以上干部大会上又强调：“各个单位要认真研究，把政策落实好，这样才有利于调动积极性，有利于安定团结。”②3月11日，他在中共中央军委常委会上批评说：“一些老干部为什么还老关着？要先放出来，让他们回家或到医院治病……不属于林彪问题的，总政要清查一下，一块解决。”根据邓小平的意见，1975年6月19日，中共中央军委转发了总政治部《关于学习、贯彻中办[1975年]6号文件座谈会的情况报告》，要求全军传达贯彻中共中央关于处理专案对象工作会议的精神，尽快落实好党的政策，平反错案，解放干部。此后，对涉及军队高级干部的案件进行了迅速、彻底的清查。经清查，仅在所谓“第九次路线斗争”中被列入军队专案和重点审查的干部就有2万多人。在审查过程中形成了大量材料，最多的重达680公斤。材料有真有假，大多数是假的。9月27日，中共中央军委批转总政治部《关于受审查人员材料的归档和处理问题的通知》，要求全军各单位加快落实政策的步伐。到1975年年底，全军复查工作基本结束，清掉了大批假材料，推倒了相当一部分诬蔑不实之词，军队一大批受冤屈的干部被解除了政治上、精神上的枷锁。③

（五）整顿国防科研和国防工业生产，加强武器装备管理

邓小平非常重视军队的装备，关注国防科研和国防工业生产的整顿。他在3月20日的中共中央军委常委会上提出，国防科学技术方面“可以由（国防）科委统一起来”。在邓小平领导下，1975年国防科技的整顿取得了“三星高照”的突出成就（本书第三章已专门叙述，此处不再重复）。为加强装备工作，3月27日，中共中央军委决定，将总后勤部装备部所属的装备计划工作划归总参谋部，成立总参谋部装备部；总后勤部恢复军械部。④

在中共中央军委扩大会议上，邓小平把“抓装备”列为中共中央军委的重

---

① 转引自曾庆洋、邓礼峰、陈奇勇：《一九七五年的军队整顿》，《当代中国史研究》2003年第4期。以下引用的邓小平的话也据此件。

② 《邓小平文选》第2卷，第2页。

③ 以上叙述引自曾庆洋、邓礼峰、陈奇勇：《一九七五年的军队整顿》，《当代中国史研究》2003年第4期。

④ 胥光义主编：《当代中国军队的后勤工作》，中国社会科学出版社1990年版，第638页。

要工作，提出“装备也要抓好”，“军队装备也要有规划。科研要走在前面”。“装备问题，也要研究、定型。总后勤部要订出规划，要有一些人专门管这个事情。”①叶剑英提出，武器装备建设有四项主要任务：一是要把性能落后的旧杂武器淘汰一批；二是部队缺编的装备不少，要补齐，按战时编制储备；三是装备不配套的，不能用于打仗，要解决配套问题；四是部队装备严重失修的，要解决。②

自 1975 年 3 月贯彻中共中央 9 号文件以后，国防科技开始进行大力整顿。国防工业生产方面，国防工办也已经把各主要军工企业的派头头召集到北京开会学习，用这种“调虎离山”的办法，恢复派性严重的国防工业企业的生产秩序，军工生产的形势开始好转。4 月，邓小平主持召开了国防工业重点企业汇报会。他强调要缩短战线，精简型号，加强集中统一管理，狠抓科研。同月，叶剑英主持召开了国防工业和部队装备问题汇报会（军工座谈会）。会议强调，要整顿武器装备研制、生产方面的混乱状况。5 月，毛泽东在《关于国防工业和部队装备问题汇报会的情况》上批示：“要在三年左右时间内把失修装备突击修好。”③同月，中共中央批准常规武器十年发展规划。6 月 18 日，中共中央军委成立了以陈锡联为组长的常规武器发展领导小组，负责统一领导部队装备体制和武器装备发展方向、科研、生产、定型等工作。

当时问题特别突出的是海军装备失修情况严重，海军舰船的在航率下降到 40%左右，为人民海军历史上第二次舰艇严重失修状况。毛泽东在 5 月作出要突击修好失修装备的批示后，中共中央军委和国务院立即发出相应指示。海军召开了装备修理厂生产会议，部署抢修，并重点研究解决舰艇失修最严重的南海地区的问题。会后，由海军、六机部派出调研人员，分别赴南海舰队和湖北、江西、广东等地，调查舰船技术状况和有关厂、所的修船能力，落实抢修安排。

中共中央军委扩大会议后，中央军委自 7 月 20 日至 8 月 4 日在北京召开了国防工业重点企业会议，有 400 多个厂、所的领导干部参加。这次会议进一步研究了军工企业的整顿问题。邓小平在 8 月 3 日到会讲话，对国防工业企

① 《邓小平文选》第 2 卷，第 20—21 页。

② 引自曾庆洋、邓礼峰、陈奇勇：《一九七五年的军队整顿》，《当代中国史研究》2003 年第 4 期。

③ 《中华人民共和国实录》第三卷（下），第 1220 页。

业的整顿提出三项要求：一定要建立敢字当头的领导班子，一定要坚持质量第一，一定要关心群众生活。叶剑英再次强调，要警惕大大小小的野心家。李先念提出要建立和健全总工程师、总会计师的责任制，保证企业的正常生产秩序。在这次会议推动下，军工生产通过整顿，开始好转。

1975 年 12 月 4 日至 22 日，总参谋部、总后勤部召开了全军装备会议，着重研究了全军装备管理问题。1976 年 5 月 13 日，中共中央军委批转了会议通过的《关于加强部队装备管理的意见》。

此外，战场建设也得到加强。20 世纪 70 年代中期，设防阵地建设已初具规模。1974 年，总参、总后同工程兵、炮兵、通信兵联合进行了调查研究。1975 年，总参和工程兵联合召开了工程配套研究会，提出了阵地工程的配套标准。此后，各单位抓紧了配套项目的建设，使主要作战方向的阵地工程更加完善。在这期间，战略、战役指挥工程的建设也有很大进展。

同时，民兵的武器装备管理得到了加强。在中共中央军委扩大会议上，明确了民兵由省军区、军分区、人民武装部领导，所有的民兵指挥部、民兵小分队要一律撤销。10 月 12 日至 20 日，总参、总后召开全国民兵装备工作会议。会议交流了民兵武器装备、维修和管理的经验，讨论了加强民兵武器管理的办法。11 月 21 日，国务院、中共中央军委批转国家计委、财政部、国防工办、总参谋部、总后勤部《关于加强民兵武器装备管理的报告》。《报告》说，近几年来，民兵武器装备（其中包括迫击炮、高炮）的数量大幅度增加，质量也有提高。全国民兵现有的各种武器装备相当于解放战争末期全军装备数量的 3 倍半。《报告》指出，当时存在的主要问题是：管理体制不健全；维修力量薄弱；仓库很少，又无专人管理。《报告》针对这三个存在的主要问题，提出了解决办法。《报告》要求：加强民兵武器装备工作，“对民兵武器装备要认真地进行一次整顿，配备、储存以适应战备要求，数量质量要心中有数，要建立健全必要的规章制度，搞好维修保养，使民兵武器装备经常处于良好状态”。《报告》对省军区、军分区设修械所、增建仓库等问题作了明确要求。

五、军队整顿的历史评价

在邓小平、叶剑英主持下进行的 1975 年军队整顿，是中国人民解放军历史上光辉的一页。军队的整顿虽然因为“四人帮”的干扰、破坏而受到影响，特别是因为“批邓、反击右倾翻案风”运动而被迫中断，预定的任务没有全部完成；但是，已经进行的军队整顿对肃清林彪极左错误的影响，增强军队的党性和纪律性，恢复优良传统和作风，加强军事训练，促进军政、军民团结，发挥了巨大作用，对全国各地、各部门的整顿也产生了积极的影响，并且从思想理论、体制编制、军事训练、国防尖端科技发展、武器装备改进提高等方面，为新时期的军队现代化、正规化建设指明了方向，奠定了基础。特别重要的是，通过 1975 年的军队整顿，调整配备了军队各大单位和军级领导班子，使枪杆子牢牢地掌握在忠于党、忠于人民的马克思主义者手里，在决定民族、国家和党的前途命运的关键时刻，使江青集团无法插手军队，最终只能束手就擒。1975 年的军队整顿，为 1976 年 10 月粉碎“四人帮”的伟大胜利做好了物质准备和精神准备，这就是历史作出的结论。

第九章
地方整顿

地方整顿最初是由铁路整顿带动起来的。1975 年 3 月以铁路为突破口开始进行整顿时,邓小平就注意到,严重影响安定团结的派性问题,不单纯是铁路系统的问题。铁路的问题与地方的问题搅在一起,非切断它们之间的联系不可。所以,整顿一开始,邓小平就指出:“铁路系统里闹派性的人同地方上闹派性的人是有联系的,反对派性,要把他们之间的联系切断。”①在对徐州铁路局进行重点整顿的同时,中共江苏省委对位于陇海路东段沿线的徐海地区②也进行了整顿,很快就顺利地解决了问题。

一、徐海地区的整顿

邓小平指出:“徐州就是老大难。在铁路,在地方,都是典型的。”③中共中央运用徐州铁路整顿的经验,指导了全国的铁路整顿和工交系统的整顿;同时,也运用徐海地区整顿的经验,来指导地方的整顿。6 月初,中共中央及时向全国转发了解决徐海地区问题的经验。6 月中旬起,中共中央又重点抓了浙江的整顿,解决浙江省以“双突”(突击入党、突击提干)为主要表现的严重问题。7 月中旬,中共中央批转了浙江省委解决“双突”问题的报告,促进了浙

---

① 《邓小平文选》第 2 卷,第 6 页。

② 徐海地区是一个地域概念,包括当时行政区划上的徐州市、徐州专区和新海连市(包括新浦、海州、连云港)。

③ 《邓小平在万里向国务院汇报徐州铁路局情况时的插话》(1975 年 3 月 25 日),《党的文献》1999 年第 6 期。

江问题的及时解决，并推动和指导了全国各省、自治区、直辖市的整顿。

（一）派性对徐海地区的严重危害

“文化大革命”在徐海地区的恶果，突出表现在派性的恶性发展和严重危害。在相当长的时期里，当地的党组织和革命队伍处于分裂状态。许多领导干部陷进了派性的泥坑。在相当多的单位中，不是用党性掌权，而是用派性掌权。那些用派性掌权的干部，又借各种运动之机整另一派的干部和群众。随着形势的变化，几年下来，造成所谓“翻烧饼”的局面：这一派上了台就整那一派，那一派掌了权又整这一派，几经反复，裂痕很深。由于派性干扰，党的路线、方针、政策就不能得到正确贯彻执行。1974 年开展“批林批孔”运动，原来掩盖着的矛盾爆发出来，但一些掌权的领导干部的思想政治路线仍然不端正，抵制批判省里个别领导同志在与林彪集团斗争中所犯的严重错误，不落实党的政策，捂盖子，压群众，激化了矛盾。有的人甚至爬山头，通山头，靠山头。顾炳华一类坏人就趁机兴风作浪，浑水摸鱼，利用领导上的错误，打着“揭盖子”的旗号，欺骗、拉拢少数群众，发动疯狂进攻，妄图趁机推翻各级党组织的领导，实现其篡权的野心。派性严重影响当地的社会安定和国民经济建设。到 1975 年 2 月，徐州铁路分局连续 21 个月没有完成运输计划，徐州全市 70% 的企业停产。徐州矿务局在 2 月份平均日产只有 1 万吨。徐州煤矿两派干部、群众 800 人集中到南京办学习班，仍迟迟不能解决问题。徐州矿务局成为全国煤炭行业问题最严重的四个“老大难”单位之一。

（二）邓小平的意见和中共江苏省委的做法

1. 邓小平对解决徐海地区问题的指导意见

邓小平看到，在 1975 年整顿的全局中，徐州具有典型意义。他在 3 月 25 日听取万里汇报徐州铁路局整顿情况的国务院会议上，明确地指出了这一点。他胸有全局，注重运用徐州这个典型，来指导和推动全国各行业、各地方的整顿。

在这次国务院会议上，邓小平对徐海地区的整顿，提出了尽快有效地解决问题的三条具体办法：

其一，落实政策，为受害者平反，要一批一批地搞。

当万里讲到中共徐州市委的检讨很深刻，他们说，向被弄错的受害者认罪，顾炳华一伙还说不行，而应该平反的大概有七八千人时，邓小平说："要真正搞起来也快。要一批一批地搞，不要一个一个地搞。"

当万里讲到中共徐州市委搞了"平反证"，老工人不要时，邓小平说："要在群众中宣布。主要是牵扯到孩子，左邻右舍，部上部下，亲戚朋友。"

当万里讲到中共徐州市委说3月底平反问题可以全部解决时，邓小平指出："要借这个东风一块解决，七八千人，八百人一批，分十批。搞群众运动的方法很快，念八百人的名字嘛，弄错了立即平反嘛。"

其二，对坚持派性的坏头头的批判，要抓住其实质。

当万里讲到中共徐州市委准备平反一段时间以后，来个对敌斗争，对顾炳华大揭发、大批判，铁路系统对罗修德开展大批判时，邓小平指出："实际上顾炳华有他的纲领，反（中共）十大报告，资产阶级派性被敌人利用了。"

其三，解决问题要直接依靠群众。

当万里讲到徐州煤矿800人在南京办学习班时，邓小平提出一个问题："办学习班，直接依靠群众来解决问题，看看哪一种方法比较好一些。"他指出："要发动群众，相信百分之九十五的群众是拥护社会主义的，要放手发动群众，釜底抽薪，把群众的问题解决了就好办了，就能把坏头头弄出来，不然不行。"邓小平还指出："党的方针政策，和群众见面，解决问题比较快，也比较透。多数人对派性厌倦了，有百分之九十五的群众拥护主席安定团结的指示。只要这一条肯定的话，就充分发动群众，问题就好解决了。"他又说："这个单位，那个单位，相信只要群众起来了，问题就好解决了。相信采取这个办法是快的。主席讲过，有些人不怕领导批评，就怕群众。党委会有时不行，群众起来了就行了。现在看起来，问题可以解决了……肯定有反对的，有怀疑的，有怕犯错误的，昆明有人说：'9号文件为复辟的文件'，这相当明显了。"①

2. 中共江苏省委的做法

中共江苏省委按照中共中央9号文件精神，根据邓小平等人的指示，对徐海地区大力进行整顿。徐海地区的整顿同徐州铁路整顿可以说是同步进行的。在3月10日徐州铁路分局召开万人大会之后，3月11日，就召开了徐州党员干部大会。中共江苏省委分管工业的常委传达了中共中央9号文件和邓

① 以上引自《邓小平在万里向国务院汇报徐州铁路局情况时的插话》（1975年3月25日），《党的文献》1999年第6期。

小平等人的讲话，万里宣讲了毛泽东关于学习理论反修防修、安定团结、把国民经济搞上去这三条重要指示，号召“三月份转变局面，搞好安定团结”。[1]

为解决徐海地区的问题，江苏着重抓了三条[2]：

其一，放手发动群众，直接依靠群众解决问题。

要安定、要团结，是大势所趋、人心所向。一些领导干部长期闹派性，已经引起了广大群众的不满。顾炳华一类坏人，由于他们自己的所作所为，也已经在群众中彻底暴露了，再不处理他们，就要严重脱离群众。中共中央 9 号文件，完全反映了广大干部、群众的迫切要求。在徐海地区多次召开了几千人、几万人、十万人参加的大会，大张旗鼓地、反复地传达中共中央 9 号文件，宣讲中央领导同志的指示精神，基本做到家喻户晓、人人明白。紧接着，开展了“一学三批五大讲”的群众自我教育运动，采取典型示范、领导带头等方法，学习无产阶级专政理论，联系徐海地区实际，批判派性，“拆墙”、“填沟”、“解疙瘩”。同时，让中共中央、毛泽东的指示精神直接和群众见面，摆脱了过去那些搞派性的领导层的干扰，立即得到广大干部、群众的热烈拥护，从党内到党外，从干部到群众，从职工到家属，纷纷议论国家大事，一时大讲大局、大讲党性、大讲团结、大讲纪律成风。他们说：“到解决问题的时候了”，“千有理，万有理，不顾大局就没有理”。群众发动起来了，一个大学习、大宣传、大批判、大检查、大落实的群众运动发动起来了，闹派性的人孤立了。那些闹派性特别严重的领导干部和派头头的活动失去了市场，争输赢的也不争了，说“派话”很少有人听了，搞派性活动的遭到群众的揭发和批判。原来有些领导干部不愿落实政策，个别派头头阻挠落实政策，也多数收敛或改变了态度。贯彻中共中央 9 号文件以后，不到一个月，清查“五一六”的政治平反工作就基本结束。全地区出现了安定团结的新局面。

其二，端正领导班子的思想政治路线，增强党性，克服派性。

徐海地区“老大难”，主要难在领导班子的思想路线不端正。带头闹派性的，就是一些领导干部和极少数迷了心窍的派头头。有些派头头之所以能闹起来，往往又是受到了某些领导干部的支持或影响。中共江苏省委紧紧抓住解决领导班子这个关键，强调各级领导要认真学好毛泽东的三项重要指示，以

---

① 据当时中共徐州市委办事组印发的材料。

② 以下三条内容引自《中共江苏省委关于徐海地区贯彻执行中央九号文件的情况向中共中央、国务院的报告（1975 年 5 月 21 日）》，《党的文献》1999 年第 6 期。

“三要三不要”的基本原则为武器，积极开展正确路线对错误路线、正确思想对错误思想的斗争，着重弄清楚落实无产阶级专政的任务和批判、克服派性的关系，着重弄清楚什么是党的团结胜利路线，什么是分裂路线，什么是大局，什么是小局，什么是党性，什么是派性。对派性特别严重的领导干部，敢批、敢斗、敢捅“马蜂窝”，毫不含糊地指出他们的错误，既做细致的思想政治工作，又限期改正。到期不改，就采取组织措施，决不允许妨碍大局。领导上态度鲜明，决心大，方法对头，促进了绝大多数同志认真反复思考，提高了觉悟。不少同志认识到过去闹派性给党的事业造成严重危害，沉痛检查了错误。有的同志主动到群众中作自我批评，主动找对立面互相交心。那种派性严重、像喝醉酒的人也清醒过来了。领导班子成员在批判派性、落实政策、打击坏人等等方面有了共同语言，基本上做到了步调一致地到群众中去做团结工作。对于那些问题解决得不透，或者虽已基本解决，但不甚巩固的干部，于 4 月底把他们调到省委党校继续学习。经过学习，对极少数实在不行的人再进行必要的组织处理。

其三，严格区分和正确处理两类不同性质的矛盾。

徐海地区的问题，其性质大量的是人民内部矛盾。徐海地区在“文化大革命”中的严重教训是混淆两类不同性质的矛盾，对人民内部的问题，采取高压办法，残酷斗争，无情打击。其结果是越压越不服，矛盾越来越深，而坏人逍遥法外，借机破坏捣乱。这次解决徐海地区的问题，吸取了历史的教训，坚持严格区分两类不同性质的矛盾，扩大教育面，缩小打击面。对少数派性严重的领导干部和派头头，实行惩前毖后、治病救人的方针，从团结的愿望出发，经过批评和斗争，满腔热情地把他们从派性中拉出来。对群众坚持正面教育，提倡各自多作自我批评，不纠缠历史旧账，不准以多数压少数，防止以批派性为名，行攻击对方之实。这样做，团结、教育了大多数。不少领导干部和派头头反映，这次解决徐海地区的问题，没有打棍子，没有动刀动枪，而是用马列主义、毛泽东思想解决问题，出乎他们的意外，虽然自己的错误受到批判，但心情舒畅。多数领导班子成员都在党内作了不同程度的检查，原来两派的头头都作了比较好的自我批评。对顾炳华等几个坏人，坚决给予打击，把他们抓了起来，并充分利用他们作为反面教员，在群众中进行了批判。因为这次抓得准，打得狠，大快人心，教育了群众，促进了团结。

（三）徐海地区整顿的成效和中共江苏省委的体会

1. 徐海地区整顿的成效

经过将近三个月的整顿，徐海地区各方面都取得了显著的成效。中共江苏省委在给中共中央、国务院的报告中作了如下扼要的概括——

> 在党中央直接关怀、指导支持下，徐海地区从三月十一日开始贯彻中央九号文件，一个多月来，革命和生产形势发生了很大的变化。“乱哄哄”的局面安定下来了。各方面的团结增强了。广大干部群众的革命精神振奋起来了。革命促进了生产。徐州市原来停产百分之七十的企业，现已恢复正常生产。全市完成工业产值四月份比去年同期提高百分之三点二，五月上半月比去年同期提高百分之三十六。徐州铁路分局二十一个月没有完成国家计划，四月份提前三天完成了国家计划。徐州矿务局二月份平均日产只有一万吨，四月份平均日产已达到二万二千吨，比去年同期增长百分之四十，五月上半月又有增长。形势越来越好。①

2. 中共江苏省委的体会

中共江苏省委通过在徐海地区贯彻中共中央 9 号文件的实践，得到的最主要体会是：“所谓老大难问题，真正解决起来也并不是难的不得了。”②

当然，说“老大难”问题真正解决起来并不难是有条件的。中共江苏省委总结解决徐海地区问题的经验，主要是：第一，端正思想路线和政治路线。要做到四点：坚持党的基本路线，全心全意按照中共中央、毛泽东的指示办事；坚定不移地相信和依靠马列主义、毛泽东思想，坚定不移地相信和依靠群众，放手发动群众；正确估量形势，下定决心，挺直腰杆，同各种各样的思潮和势力作坚决的斗争；具体分析情况，正确区别和处理两类不同性质的矛盾。第二，随时总结经验，以点带面，在克服一种倾向的时候，注重防止另一种倾向，就能较快、较好地解决问题。

---

① 引自《中共江苏省委关于徐海地区贯彻执行中央九号文件的情况向中共中央、国务院的报告（1975 年 5 月 21 日）》，《党的文献》1999 年第 6 期。

② 引自《中共江苏省委关于徐海地区贯彻执行中央九号文件的情况向中共中央、国务院的报告（1975 年 5 月 21 日）》，《党的文献》1999 年第 6 期。

（四）邓小平和中共中央对徐海地区经验的重视

徐海地区问题之所以能够得到较快、较好的解决，是贯彻落实中共中央9号文件和邓小平关于整顿的指示的结果。徐海地区整顿的经验和体会，也受到中共中央和邓小平的重视，用来指导并推动各地和各行业的整顿。

中共江苏省委的报告是5月21日上报中央的。5月29日，邓小平在全国钢铁工业座谈会上讲话时，就多次谈到徐州经验，用来启发和指导钢铁整顿。①

在讲到"必须坚决同派性作斗争"这个问题时，邓小平列举了煤炭工业、太原钢铁公司敢于同派性进行坚决斗争，解决了问题，把生产搞了上去以后，说："铁道部门在这方面做得就更突出了。徐州的经验比较典型。这些经验都值得大家很好学习。"他从徐州的经验出发，对闹派性的少数人进行分析，具体地说明缩小打击面、扩大教育面的方针。邓小平说："现在还在那里闹派性的是少数人。其中，有的是敌人，他们利用派性来闹事；有的是为争个人名利而打派仗；有的是打了几年派仗，被派性迷了心窍。根据铁道部门的经验，徐州和其他地区的经验，在同派性作斗争中，所要打击的也就这么少数几个人。徐州闹得那么厉害，最后被打击的只有三个人。大多数人，包括被派性迷了心窍的人，都可以挽救过来。所以，实际搞的结果，打击面极小，教育面极大。"

在讲到"必须认真落实政策"时，邓小平又运用徐州经验来说明问题。他说："从解决铁路问题、徐州问题的经验来看，落实政策是一个很重要的问题。清查'五一六'，徐州市搞了六千多人，这是很吓人的数字。搞了那么多人，不给他们落实政策，能把群众的积极性调动起来吗？"他又说："我们讲落实政策，不仅要解决戴上帽子的那些人的问题，而且要解决他们周围受到牵连的人的问题。徐州市搞了六千多人，如果按五口之家来算，再加上他们的亲戚朋友等社会关系，涉及的面就有好几万人。必须使他们很快把包袱放下来。"

邓小平对中共江苏省委解决徐海地区问题的那条体会特别赞赏，在几次谈话中都加以引用："老大难"，真正解决起来并不难。这句话，朴素而又充满自信，成为1975年整顿中克服怕字、提倡敢字的流行语言。

---

① 这次讲话以《当前钢铁工业必须解决的几个问题》为题被收入《邓小平文选》第2卷，以下引文见该书第9—10页。

除了邓小平等中央领导同志不断宣传推广徐海地区经验之外，中共中央还及时地在6月2日向全国转发了江苏省委的报告。《中共中央关于转发江苏省委报告的通知》指出："中央认为，这个报告很好，可供各地解决本地区问题时参考。"①

二、浙江整顿

（一）"批林批孔"和"双突"搞乱了浙江

1. 开展"批林整风"运动，浙江形势好转

"9·13"事件中林彪集团的覆灭，为解决"文化大革命"以来的浙江问题提供了条件。1972年3月下旬，中共中央通知浙江省委和驻浙江部队负责人南萍、熊应堂、铁瑛、王子达、白宗善、马龙、张孝烈、万振西、夏琦、侯建新等人先后到北京开会。准备调到浙江工作的谭启龙（时任中共福建省委书记）最后也参加了会议。会议开始后，主持中央日常工作的周恩来，即向与会者指出，这次请你们来，要主动把浙江和省委常委、你们个人的问题说清楚。会议期间，毛泽东提出"首先解决敌我问题"。据此，周恩来要求先分清敌我，陈励耘是敌我问题，南萍、熊应堂是严重方向路线错误。② 4月25日，中共中央批发了《浙江来京开会同志关于继续深入开展反对林陈反党集团斗争的请示报告》（[1972]16号文件）。中共中央的批示明确指出："参与林陈反党集团反革命活动的，只是陈励耘等一小撮。这次犯了严重方向路线错误的，也只有南萍、熊应堂。""要严格区分两类不同性质的矛盾，对犯错误的同志要坚持'惩前毖后，治病救人'的方针"。4月27日，中共中央决定调谭启龙担任浙江省委第一书记、浙江省军区第一政委。铁瑛（舟嵊要塞区政委，在浙江"支左"）继续担任中共浙江省委书记，协助谭启龙一起主持中共浙江省委工作。

谭启龙是"红小鬼"出身的老干部。他是江西永新人，14岁入团，19岁转党，曾任湘鄂赣苏区少先队总队长。红军主力长征后，他留在南方坚持游击战争。在抗日战争期间，谭启龙就同浙江结下了不解之缘。他是浙东区党委书记兼新四军浙东游击纵队政委。中华人民共和国成立后，谭启龙先后任中共

---

① 见《党的文献》1999年第6期。

② 本段毛泽东、周恩来的指示，转引自《当代浙江简史》，当代中国出版社2000年版，第260页。

浙江省委副书记，浙江省人民政府副主席、主席，中共浙江省委第一书记。他到1954年才离开浙江，调往山东。“文化大革命”中，谭启龙受到冲击；1970年复出，任中共福建省委书记、省“革委会”副主任。“9·13”事件以后，中央把整治浙江的重任交付给谭启龙，确实非常合适。

中共浙江省委在谭启龙、铁瑛主持下，通过深入开展“批林整风”运动，清算了陈励耘以及南萍、熊应堂在浙江推行的极左路线，集中解决了几个重大问题。1972年11月3日，经中共中央批准，加强了中共浙江省委的领导力量。①对省委、省“革委会”的工作机构进行了调整和充实，逐步恢复了正常。调整、充实了各级领导班子，清除了一批“造反”起家的领导成员。

在“批林整风”中，开始清除极左路线和极左思潮在经济领域的破坏、干扰，着手整顿国民经济，再次强调农业是国民经济的基础，加强农业和轻工业建设，全省工农业生产得到恢复和发展。到1973年下半年，经济形势明显好转。1973年，浙江全省工农业总产值达到140.6亿元，比1972年增长6%。其中，工业总产值达到82.99亿元，比1972年增长11.5%，工业生产达到历史最高水平。全省财政收入为20.1796亿元，完成上缴任务的108%。经过“批林整风”，浙江全省经济明显出现了一个较好的发展势头。②

2.“批林批孔”和“双突”再次造成浙江混乱

正当浙江形势出现转机，国民经济明显好转之际，江青一伙利用“批林批孔”运动，又直接插手浙江，把浙江搞乱，断送了已经出现的大好趋势。

在中共中央还没有批转《林彪与孔孟之道》材料之前，江青就以个人名义写信给驻浙江某部防化连，并派迟群、谢静宜专程赶到浙江送信、送材料。江青明目张胆地说这是“点火放炮”，点名批判谭启龙是“浙江最大的‘走资派’”。1974年2月4日，《人民日报》在显著位置刊载新华社长篇电讯《解放军某部防化连批林批孔取得初步经验》，提出要联系实际“批判那种否定无产阶级文化大革命成果，反对社会主义新生事物，开历史倒车的右倾思潮”。通讯点明这个连队驻在浙江，所说“联系实际”如何如何批判，就是把中共浙江省委放到了被批判的地位。

---

① 1972年11月3日，中共中央批准增补陈伟达为浙江省委副书记，陈冰、刘昂、夏琦为中共浙江省委常委。1973年5月8日，中共中央决定谭启龙任浙江省委第一书记、省“革委会”主任、省军区第一政委，免去南萍的一切职务。

② 1973年浙江经济情况的数字，据《当代浙江简史》，第268页。

在中共十大以后，浙江“造反派”头头张永生、翁森鹤、贺贤春①就已秉承王洪文“关于反潮流”的讲话，带头在浙江“反潮流”，制造动乱。他们指责中共浙江省委在“批林整风”中批极左是纠缠历史旧账，搞“两否一倒”（否定“文化大革命”、否定新生事物，开历史倒车）。1973年11月，他们在王洪文的支持下，组织了300多人的“浙江省暨杭州市赴京控告团”，冲进中共浙江省委学习班驻地，围攻省委领导，要求就地揭发批判中共浙江省委。当天下午，又把“控告团”全部拉上屏风山，占据了山上的疗养院，作为活动基地，后称“山上派”。他们指使人四处散发《谭（启龙）、铁（瑛）书记关于否定文化大革命的一些错误言论》的传单，并连续开会批判中共浙江省委领导的所谓“错误”，还组织一帮人大闹中共浙江省委常委会，要挟省委把“坚强的反潮流战士”杨金林②“请出来”。张永生、翁森鹤、贺贤春还到杭州钢铁厂等单位鼓动“反潮流”。他们到处煽风点火，制造分裂，挑起武斗，致使一些地区和单位生产停顿，秩序混乱。1974年1月初，竟发生了张永生等人两次扣留中共浙江省委书记铁瑛的严重事件。③

就在这时，江青“点火放炮”，派亲信给驻浙某部防化连送信、送材料。《人民日报》又紧接着发表防化连联系实际“批林批孔”的经验，先给浙江的“批林批孔”运动定下基调。对中共浙江省委，这是一次突然袭击，使它处于被动地位。张永生、翁森鹤、贺贤春等人则立即闻风响应，先后组织几十万人

---

① 张永生原是浙江美术学院学生，“造反”起家，在1969年5月混入中国共产党，先后窃取浙江省“革委会”副主任、中共浙江省委委员等职。1975年10月，张永生调离浙江，下放河北遵化农村劳动，在王洪文等人庇护下装病在天津住院。粉碎“四人帮”后，张永生被定为现行反革命犯，判处无期徒刑。翁森鹤原是杭州丝绸印染联合厂（简称“杭丝联”）工人，“造反”起家，于1966年煽动2000多名工人赴京“告状”，在京组织成立“红色造反兵团”。他为浙江两大派组织之一的“红暴派”头头，先后窃取“杭丝联”“革委会”副主任、中共杭州市委委员、浙江省总工会副主任、浙江省“革委会”常委、中共浙江省委候补委员等职。粉碎“四人帮”后，翁森鹤被定为现行反革命犯，判处无期徒刑。贺贤春原系杭州通用机械厂技术员，为浙江两大派组织之一的“省联总”头头，曾当上省“革委会”常委、杭州市“革委会”副主任、中共浙江省委候补委员，在“文化大革命”中犯有反革命、打砸抢等罪，粉碎“四人帮”后畏罪自杀。（据《当代浙江简史》，第249、241、269页）

② 杨金林系浙江绍兴漓渚铁矿工人，“造反”起家，当上地、县和矿“革委会”副主任。因曾逼死两人、生活腐化和打、砸、抢等罪行，1972年1月6日，经报中央同意，中共浙江省委将杨金林予以隔离审查。1974年3月11日，杨金林被解除隔离审查后，当即又被“加封”八项职务。粉碎“四人帮”后，杨金林被判刑入狱。（据《当代浙江简史》，第271页）

③ 据《当代浙江简史》，第271页。

到防化连参观、“取经”，有很多单位约请防化连介绍经验。加之，从 3 月 27 日起，在王洪文提议并直接指挥下，召开了浙江“三全会”（中共浙江省委、浙江省“革委会”、浙江省军区党委全体委员联席会议），集中批判所谓“两否一倒”和铁瑛、陈伟达、夏琦等领导人。会议内容迅速扩散，很快在浙江全省形成批判省委和各级领导“复辟倒退”、从上到下层层揪所谓“复辟势力代表人物”的态势。①

1974 年 3 月 8 日，中共浙江省委成立“批林批孔”运动领导小组，张永生、翁森鹤均为副组长，翁森鹤并兼任办公室主任。中共浙江省委第一书记谭启龙虽为组长，但实际上被架空。浙江“批林批孔”运动的领导权被张永生、翁森鹤等人篡夺。全省各市、地、县和各部门也纷纷建立了以“造反派”为主体、凌驾在党委之上的“批林批孔”运动领导小组。张永生、翁森鹤、贺贤春在王洪文支持下，还固定列席中共浙江省委常委会，称为“列席常委”。上行下效，浙江各地、市、县级党委以至于基层党委，都有“造反派”头头做固定的“列席常委”。王洪文一方面支持“造反派”夺权、捣乱，另一方面对中共浙江省委指责、施压。中共浙江省委处境艰难，再次失去了对局势的控制力。

在“批林批孔”运动中，浙江各地相继建立“民兵指挥部”一类武斗组织，抢枪、闹事、武斗等事件不断发生。各种跨行业、跨地区的“造反派”组织也再次出现，有所谓“山上派”（“浙江省暨杭州市赴京控告团”，占据屏风山疗养院），有与之相对立的“山下派”（“批林批孔汇报团”、“反潮流赴京汇报团”等组织），还有处在这两大派之间的所谓“山腰派”。他们在“批林批孔”运动中自封中心，各搞一套，加剧了对立和混乱。

在“批林整风”运动中恢复和调整设立的组织机构也被冲掉。省级机关的“造反派”冲掉了省委办公室、组织部、宣传部和政治、工交、财贸等机构，重新恢复了原省“革委会”下属的政工组、办事组、人保组、生产指挥组等四大组。

同时，张永生、翁森鹤、贺贤春等人在王洪文支持下大搞“双突”：突击入党，突击提干。“双突”的实质是“造反派”篡党夺权，对浙江省的社会和生产造成恶劣影响与严重破坏。

---

① 本段及以下两段均据《当代浙江简史》，第 272—274 页。这次“三全会”开到 8 月 6 日，历时 133 天。

张永生、翁森鹤、贺贤春先在他们“造反”起家的地盘——浙江美术学院、杭州丝绸印染联合厂、杭州民兵指挥部搞“双突”试点，提出“反潮流”的新干部要在各级领导班子中占大多数。“杭丝联”在“双突”中把所谓“路线斗争觉悟高”（实际上是“派性强”）作为入党的主要条件，对所在党支部通不过的那些“造反派”，采取“上督落”、“飞过海”①等非法手段，强行拉进共产党内。他们用省“批林批孔”运动领导小组的名义，组织 3000 多个单位、10 万余人，到“双突典型”“杭丝联”参观，向全省推广“双突”的经验。近三个月时间里，全省“双突”人员就达 1 万余人。1974 年 7 月 4 日，中共中央组织部根据中央领导人指示，发出关于领导干部增补暂缓办理的通知。浙江“双突”正处高潮。张永生、翁森鹤、贺贤春等人叫嚷在要权的问题上决不避嫌。由于中共浙江省委和杭州市委的迁就及个别负责人的支持，全省“双突”继续进行。

对于“批林批孔”以来浙江两派严重对立，冲突、武斗不断以及“双突”等问题，中央十分关注。1974 年 11 月 10 日，中央通知谭启龙、铁瑛、赖可可、莫显耀等 13 人（后增至 16 人）到北京办学习班，解决浙江问题。自举办学习班起，浙江两派又制造了一系列闹事、武斗事件，企图对中央解决浙江问题施加影响。中央严厉批评了浙江两派的一系列错误做法。11 月 24 日，谭启龙、铁瑛、赖可可从北京打电话告知浙江省委，坚决执行中组部关于暂缓增补领导干部的指示。浙江省委即发出通知，要求对突击提拔的干部、突击发展的党员暂缓办理。11 月 27 日，浙江省委又就制止“双突”、停止武斗、放人以及收缴、封存武器等问题发出通知，但未能完全制止。② 1974 年 12 月 15 日，学习班整理出供传达用的《中央负责同志关于解决浙江问题的指示要点》，对过去浙江在“批林整风”和“批林批孔”运动中出现的问题，作出了论断，要求不再纠缠历史旧账。针对浙江当时存在的问题，《指示要点》提出抓好以下几项工作：坚决制止武斗，释放被抓的持不同观点的群众；在两派严重对立的地方和单位，民兵组织应暂停活动，武器就地封存，拉起来的队伍立即解散，抢去的武器、弹药全部上缴，违抗的要依法惩办；要牢牢掌握斗争大方向，把“批林批孔”运动普遍、深入、持久地进行下去；要认真搞好组织建设，积极解决各级领导班子老、中、青三结合的问题，积极慎重地发展新党员，慎重处理好“双突”问题；要

① “上督落”是上面督促落实的缩略语，即上面指名、强制党支部将某人吸收入党。“飞过海”即本人所在单位的党支部通不过，就拿到别的党支部或组织临时党支部吸收入党。

② 据《当代浙江简史》，第 273 页。

认真整顿民兵组织；加强团结，反对分裂，浙江两派要各自总结经验教训，有计划、有领导地逐步解决前几年遗留下来的问题；要正确对待犯错误的干部；要加强党的一元化领导，任何部门、组织或个人，都不能向党闹独立性，不能背着党委另搞一套，"批林批孔"运动领导小组应该撤销；抓革命，促生产，促工作，促战备。但冰冻三尺非一日之寒，浙江问题积重难返，不能指望靠一个指示解决问题。

3."批林批孔"运动对浙江经济的破坏

"批林批孔"运动和"双突"搞乱了浙江，使浙江省的国民经济遭受巨大损失。《当代浙江简史》对此作了以下记述：

> 凡是搞了"双突"的单位，生产都大幅度下降。杭丝联是搞"双突"的典型单位。实行干部大换班后，工人不服，工厂停工八个月，损失一千二百万元。杭州市由于有组织地推广了"双突"经验，不少大中型企业都受到了严重危害，1974年，全市工业产值下降25%。宁波港推广"双突"经验，干部、工人怠工抗议，运输停顿，货物积压，致使铁道部通知全国铁路系统停发宁波站的海运货物。加上一些地方武斗不止，工业生产直线下降。1974年全省工农业总产值131.35亿元，比上年下降6.6%。全年工业只完成国家计划的78.4%，列入国家计划的80种工业产品，完成计划的只有8种，煤炭、钢铁、铁矿石、化肥、棉纱、白厂丝、麻袋等都减产，是"文化大革命"以来工业下降幅度最大的一年。外贸出口率下降15.8%。农业生产上半年虽比上年略有增加，但下半年就受到影响，晚稻减产，夏粮征购入库只有139万吨，比上年减少44万多吨。财政收入和人民生活全面紧张，整个国民经济处于危急之中。①

（二）1975年浙江的整顿

1.浙江省整顿受挫

浙江省的整顿开局较早。1974年11月，浙江省委主要负责同志在参加北京学习班以后，全力贯彻中央负责同志关于解决浙江问题的8条指示。11月下旬，召开了各地市委、军分区和驻浙部队负责人会议。会议认为，浙江问

① 《当代浙江简史》，第275—276页。

题面临两大难题。第一，必须对“造反派”是否列席各级党委会议的问题统一思想，改变这种做法；第二，解决民兵问题，停止“民兵指挥部”和“民兵独立团”的活动，保持社会安定。但“山上派”顽固坚持原先做法，会议无果而终。会议结束时，浙江省委强调各地必须迅速传达贯彻中共中央指示，首先立即制止武斗，收缴武器，搞好安定团结，但收效甚微。

1975 年 1 月召开中共十届二中全会（8 日至 10 日）和四届全国人大一次会议（13 日至 17 日）以后，浙江省委即于 1 月 29 日至 2 月 6 日召开工作会议，传达这两个重要会议的精神，着重贯彻中共中央 1975 年 2 号文件——《关于禁止抢夺武器问题的通知》。这个《通知》点名批评浙江：“毛主席最近指示：‘凡有两派的地方，民兵不要搞进去。’但目前，浙江、云南的个别地区、单位，资产阶级派性严重，两派对立，把民兵组织搞了进去，坏人乘机挑动，分裂民兵，抢夺武器，进行武斗，破坏革命生产秩序，危害人民生命安全。”《通知》明令禁止“以任何借口抢夺武器，利用民兵组织搞武斗”。①浙江省委工作会议要求停止派性活动，解散“民兵指挥部”之类组织。对此，张永生等人非常抵触，叫嚷要批判省委领导“支一派、压一派”的“翻烧饼”错误，妄图扭转会议方向，并煽动温州、台州的“造反派”施压，还劫持了谭启龙（劫持途中，谭启龙被杭州市公安局民警和警卫战士救回）。谭启龙不为所动，在会议结束时强调要坚决贯彻中共中央 2 号文件，一律撤销各地（市）、县的“民兵指挥部”一类组织，两派都不得另打旗号继续活动。②浙江省委发出紧急通知，宣布撤销、解散武斗组织，两派民兵组织立即停止活动，谁开枪就把谁作为反革命论处。③

在制止武斗的同时，浙江省委决定撤销省委“批林批孔”小组及其办公室。

为贯彻落实中央二三月间为解决铁路问题召开的全国工业书记会议精神和中共中央 9 号文件，浙江省在 3 月召开了计划、工业会议，重点解决“批林批孔”和“双突”造成的工业生产普遍大幅度下降、主要工业产品都没有完成计

---

① 转引自《中国共产党执政四十年（1949—1989）》，中共党史资料出版社 1989 年版，第 385 页。

② 据《当代浙江简史》，第 275 页。

③ 据访问铁瑛时的谈话（1994 年 5 月 25 日，访问者：程中原、刘志男）；《浙江“文革”记事》（内部本），《浙江地方志》编辑部印行，第 232 页。

划以及企业领导班子“软、懒、散”等问题。4月1日至17日，又召开了“农业学大寨”经验交流会，要求迅速改变浙江农业的徘徊局面，尽快把农业搞上去。①

但是，由于江青、王洪文直接插手浙江，整顿很难进行。浙江省委采取的整顿措施，受到“四人帮”及其帮派势力的严重干扰和阻挠。特别是“双突”问题没有解决，“造反派”头头列席党委会等问题继续存在，严重破坏了党的领导，也严重破坏了生产。其后果是1975年上半年浙江省的国民经济继续恶化，一些地方和单位长时间停工停产或半停工停产。工业生产状况几乎降至全国各省、自治区、直辖市的末位。1975年1至4月，工业生产比1974年同期下降20%，财政收入减少28.5%，地方财政赤字约达4900万元。1至8月，全国工业产值比1974年同期增长17.3%，而浙江却下降了6%，成为全国工业生产低于1974年同期水平的两个省之一。更为严重的是，素享“上有天堂，下有苏杭”美名的江南鱼米之乡，在20世纪50年代末60年代初的三年困难时期，还向国家上缴大批粮食的浙江，于1975年春夏之间却大闹粮荒。1975年，浙江的春粮、早稻减产116万吨。国家减少了收购粮计划数，减少了粮食库存量，动用了战备粮，还不能保证浙江全省的粮食供应，不得不采取特殊措施，向东北地区和江苏、江西、安徽等省借调玉米、山芋干以度粮荒。② 有的从东北地区运粮过来的火车车皮上，用白漆写着“送给浙江懒汉吃”的标语。③浙江的干部、群众蒙受耻辱，深为震动。派性真是祸国殃民！

2. 中央派工作组协助处理浙江问题

毛泽东于1974年7月中旬离开北京到南方，一边休养，一边工作。1975年2月8日，毛泽东到达杭州，住在西湖边的刘庄过农历新年，并请医疗组检查眼疾，商量治疗方案。毛泽东在杭州休养了两个多月，到4月中旬才离杭返京，对浙江存在的突出问题，特别是“双突”和派性武斗，有所了解。至五六月间，粮荒把浙江问题的严重性暴露无遗。毛泽东、周恩来、邓小平决定，派纪登奎带领中央工作组前往浙江调查研究，协助浙江省委，落实整顿措施，解决浙

① 据《当代浙江简史》，第276页。

② 本段所述，据《当代浙江简史》，第276—277页。

③ 访问铁瑛时的谈话（1994年5月25日，访问者：程中原、刘志男）；铁瑛在《总理勉励我抓好经济工作》一文中，也写及此事，标语的语言稍有不同。该文原载于1985年1月5日的《解放军报》，被收入《周恩来与浙江》时用现题，见该书，中共党史出版社1992年版，第13页。

江的派性和"双突"问题。王洪文长期插手浙江。在4月27日、5月3日、5月27日和6月3日的中共中央政治局会议上,"四人帮"尤其是江青、王洪文,受到毛泽东和中共中央政治局的批评。江青、王洪文被迫作了检讨。按毛泽东的意见,王洪文不再主持中共中央日常工作,从6月下旬起离开北京到上海,随后同纪登奎一起到浙江协助解决浙江问题。名义上,中央工作组由王洪文与纪登奎带队;实际上,此时王洪文带有下去锻炼、改造的性质。

纪登奎是从河南调到中央工作的,当时任中共中央政治局委员、国务院副总理(常务)。赴浙江之前,他分别请周恩来、邓小平作指示。

周恩来以重病之躯于6月中旬在医院接见纪登奎,真情地说:浙江历来是鱼米之乡,可现在却要吃北方省、市支援的地瓜干、玉米面。在运粮的火车车厢上,还写有"送给浙江懒汉吃"的大字标语!我这个当总理的,对不起浙江人民。他再三叮嘱纪登奎,一定要制定出切实办法,解决好浙江问题。①

邓小平明确指出:要为解决浙江的派性问题、"双突"问题,制定出办法和措施。②

纪登奎一行于6月底到达杭州。铁瑛等人前往机场迎接。在从机场前往杭州市区的路上,纪登奎与铁瑛同坐一辆车,即对铁瑛讲了王洪文等人在中共中央政治局内受批判、作检查的情况,以及此次前来浙江的任务。

3. 浙江省委工作会议和中共中央16号文件

纪登奎、王洪文等人到达杭州的时候,浙江省委正在召开工作会议,贯彻落实毛泽东的三项重要指示和中共中央12号、13号文件精神,研究解决浙江问题。浙江省委工作会议是从6月20日开始的。参加会议的有各地、市、县委的常委,省属各单位和省军区、生产建设兵团党委的负责同志。在这之前,中共中央12号、13号文件下达后,浙江省委常委进行了学习、讨论,召开了全省公社以上干部收听的电话会议;并从6月13日开始召开各地、市委书记会议,分析全省形势,检查前一阶段工作中的问题和原因,对一些重大问题进行了讨论,基本上统一了认识,归纳了解决浙江问题的几条意见。

(1)谭启龙的讲话

6月20日下午,浙江省委工作会议正式开始,浙江省委第一书记谭启龙

---

① 《周恩来年谱(1949—1976)》(下卷),第712页。

② 转引自《当代浙江简史》,第277页。

根据常委讨论的意见发表讲话。

谭启龙首先明确提出了这次省委工作会议的中心任务。他说：中央12号、13号文件，是继中央9号文件之后，进一步发动全党和全国人民落实毛主席三项重要指示的一个战略部署，也是解决我们浙江问题、扭转被动局面、发展大好形势的强大的思想武器。中央13号文件极其重要的批示，不仅对钢铁战线，而且对其他各条战线都有重大的指导意义。在12号文件中，中央肯定了江苏省委解决徐海地区问题的经验。我们这次会议，就是要认真学习中央今年5号、9号、12号、13号文件，中央领导同志的有关指示和《中央负责同志关于解决浙江问题的指示要点》，统一认识，联系浙江实际，研究贯彻落实的措施，改变我省的被动局面。

谭启龙分析了当时的形势，指出：国内形势，自贯彻中央5号、9号文件以来，全国正在掀起两个高潮，一个是学习无产阶级专政理论的高潮，另一个是国民经济建设的高潮。浙江的形势虽然在向好的方面发展，但发展缓慢，跟不上全国的前进步伐。毛主席关于安定团结的方针还没有在全省落实，有的地方和有的单位还是乱哄哄的。1至5月份，全省的工业生产、财政收入都没有完成国家计划，影响市场供应，影响工业对农业的支援，特别是杭州和有些重点厂矿企业一直上不去，不仅影响本省国民经济计划的完成，而且还拖了全国的后腿。由于我们工作没有搞好，时间过半，完成任务没有过半，差距很大。现在全国只有两个省的工业生产低于1974年同期水平，我们浙江就是其中一个。谭启龙严肃地提出：在这次会议上，我们要根据中央文件的精神，找出上不去的主要原因，研究措施，迅速改变被动局面。

谭启龙主要从省委领导方面分析了浙江上不去的原因，诚恳地作了自我批评。他说：浙江上不去、老是被动的原因是多方面的，从领导上检查，主要还是班子问题。我们省委常委就是一个“软班子”、“散班子”，对贯彻执行中央一系列文件和指示，决心不大，措施不力；在关键时刻，在有些问题上，思想不够统一，步调不够一致，形不成一个拳头，因此错过了时机。毛主席批评我：“太软了”。这是十分正确的。谭启龙深刻地剖析了“软”的原因，从“软”与“怕”的关系上检查自己的弱点。他说：我为什么“软”？主要是“怕”字当头，怕犯错误，怕反复，怕触动那些搞派性的领导干部和头头，不敢摸他们的老虎屁股。谭启龙指出：我们这次工作会议，就是要克服怕这怕那的精神状态，丢掉“怕”字，换上“敢”字，振奋精神，大胆工作，敢摸老虎屁股。他还说：我们这次会上，一定要改变“恐派病”，狠批派性，摆表现，论危害，挖根源，造成一个大讲路线、大讲大局、大讲党性、大讲团结、大讲纪律的革命风气。

谭启龙提出8个问题，要求大家开动机器，集思广益，研究出切实有效的措施，尽快地改变浙江的被动局面。这8个问题是：对浙江省的形势应该怎么估计？怎样更好地执行毛主席、中共中央的路线？学习无产阶级专政理论的群众运动怎么进一步开展起来、深入下去？对派性要不要斗、敢不敢斗、怎么斗？各级领导班子怎样整顿和加强，对于突击提干、突击入党的问题怎么慎重处理好？有些政策问题怎么抓紧落实好？怎样把国民经济尽快搞上去？怎样加强党的一元化领导？

(2)撤销三台山山头

谭启龙代表浙江省委常委，在会上检查了“软”和“怕”的问题。同时，在会议期间就用实际行动克服“怕”字，树立“敢”字，领导班子真正地“硬”了起来。其突出表现，是干净利落地撤销了三台山山头。

三台山在杭州西湖西边，山上有疗养院，被“造反派”抢占后成为一个顽固坚持搞派性的山头。里面有的派头头贪污盗窃，投机倒把，生活腐化，违法乱纪，闹得不成样子。浙江省委曾经发过两次要撤销这个山头的通知，但由于步调不一致，两次都没有搬动。这次浙江省委工作会议统一了思想和步调。7月8日，浙江省委作出《关于撤销三台山山头的决定》：“撤销三台山山头。所有人员集中学习。学习后，除个别坏人外，其他人员一律回原单位、原岗位抓革命、促生产、促工作。所有文件、物资、公共财产、武器弹药、车辆，一律封存上交。此决定自即日起执行，不得违抗。”作出决定后，立即由浙江省委副书记柴启琨等人带领部分机关干部，于当天晚上20点30分前往宣布执行，至7月9日凌晨3时半执行完毕。

(3)前一阶段会议的小结

纪登奎等人到杭州后，参加了浙江省委常委会议，抽时间看了“杭丝联”、“杭二棉”等几个工厂，听了干部的一些意见，接触了一下群众。7月9日晚上，浙江省委召集参加省委工作会议的各单位召集人和县委书记会议，谭启龙代表省委常委和他个人作了自我批评，王洪文、纪登奎先后讲话。实际上，对6月20日以来省委工作会议的前一阶段作了一个小结。

谭启龙代表浙江省委检查了在“批林批孔”运动中的主要错误，实际上也就揭露了派性在浙江全省造成的危害，提出了当时必须抓紧解决的问题。

关于浙江“批林批孔”运动中的主要问题，谭启龙指出：

第一，扩大了打击面。在省“三全会”上，把省委几个书记、常委作为“复辟势力代表人物”公开点名批判，并错误地搞了会内、会外相结合，以致造成相当一部分地方和单位层层揪斗所谓“复辟势力代表人物”，混淆了两类不同性质的矛盾，伤害了许多同志，损害了党的团结。

第二，在处理民兵问题上，批准建立了单派的“民兵指挥部”，另一派又拉起了“民兵独立团”。民兵搞进了派性，加剧了持不同观点的干部、群众之间的对立，有的地区和单位甚至发展到搞武斗，严重影响了革命、生产秩序。中央《指示要点》和 1975 年 2 号文件下达后，采取了措施，制止了武斗，收缴了大部分武器，撤销了各种民兵机构，但由于检查督促不力，至今有些地方的“民兵指挥部”还是明撤暗不撤，“民兵独立团”还是明解散暗不解散，有些武器还没有收缴起来，双方都还有一些人没有回原单位，影响了那些地方的安定团结。

第三，从上到下搞了“批林批孔”小组，有些“批林批孔”小组凌驾于党委之上，发号施令，严重影响党委一元化领导。

第四，在“批林批孔”运动起来以后，搞了“突击入党”、“突击提干”，吸收了一些同志（作者按：实际上是派性头头）固定列席党委常委会议，造成了严重后果。这是浙江最为突出的严重问题。

谭启龙分析了产生这些错误的原因，承担主要责任，并进而检查了自己身上存在的陷入派性、缺乏自我批评精神，以及工作作风、工作方法不好，没有调查研究等 3 个问题。

7 月 9 日晚上谭启龙的这篇讲话，是经过浙江省委常委逐字逐句讨论修改过的。这次省委常委会开得很好。常委彼此之间交心通气，摆事实，讲道理，说了真心话。会议中间，纪登奎一个人一个人地问：话讲完了吗？还有保留吗？与会者都说讲完了，没有保留了。7 月 9 日下午，浙江省委已先征求了各位地委书记的意见，看看省委书记的自我批评可不可以。地委书记们比较满意，只讲了一条意见：请省委言行一致就好了。纪登奎当即叫省委副书记柴启琨讲了 7 月 8 日省委决定撤销三台山山头的例子，说明省委对派性作斗争已经采取坚决果断的行动了。

纪登奎在 7 月 9 日晚的会上讲话。他说明，这次是中共中央、毛泽东要他前来帮助解决浙江问题的。他旗帜鲜明地支持谭启龙和浙江省委常委的工作:省委常委会开得不错。谭启龙同志作了自我批评,大家就鼓掌欢迎。撤销三台山山头的例子说明省委进步了。不是说启龙同志有点“软”吗? 现在也“硬”起来了,敢于和派性作斗争了。谭启龙同志代表常委讲的一篇话,是对过去经验教训的小结。欠了一点账,就是说过去工作中有缺点、错误,现在还账了,还了就拉倒。纪登奎又说:启龙同志是个老同志、好同志、老浙江,和你们许多同志共同战斗过,是你们的老战友了。他多少年来跟毛主席干革命,对党做了许多工作。当然,他过去在工作中也犯过些错误,来浙江后又犯了点错误,但成绩还是主要的。主要错误无非是在这两年的运动中点名多了,搞了一点扩大化。希望大家支持启龙同志的工作,支持省委的工作。

纪登奎指出,当前存在的问题,解决起来,也难也不难。把思想路线端正了,按毛主席、中共中央的指示办,就不难。他要求地委书记、县委书记们回去后,上行下效,像省委这样做,作点自我批评,承担一点责任,不要一层一层揪住不放,要搞好团结。要按“三要三不要”的指示办,有人搞修正主义,搞分裂,搞阴谋诡计,要坚决顶住。地、县委书记要讲党性,讲团结,无论如何不要搞到派性里面拔不出来。三台山这个山头搬掉了,其他的山头,该自动撤掉了吧!

对浙江省委工作会议,纪登奎说,这个会议算开了一半,把过去小结了一下。下一步要处理的问题,有些是重要的政策问题。他把突击入党、突击提干的问题特别着重地提出来,认为需要严肃而又慎重地对待。

(4)处理“双突”问题的请示报告

“双突”问题,错误严重,情况复杂,需要认真调查研究,做具体分析,分别情况,妥善处理。在省委工作会议期间,浙江省委常委议论了几次,开始起草一个文件。打算请示中共中央、毛泽东批准后,纠正这一错误。这个文件题为《关于正确处理突击发展的党员和突击提拔的干部的请示报告》,以浙江省委名义,写给中共中央、毛泽东。

7 月 12 日下午,召集地委书记们开会讨论,征求意见。地委书记们又以文件内容大意征求了各县委书记的意见。7 月 12 日晚上,浙江省委常委会再次讨论了这个请示报告稿。纪登奎等人一起参加讨论,发表意见。7 月 13 日,这个请示报告修改整理完稿。

这个请示报告首先简要说明了“双突”的情况和错误:

我省在批林批孔运动中,由于省委领导没有坚决贯彻执行中央一系列文件的指示精神，放弃了党的一元化领导，在个别资产阶级派性严重的头头策划、带头下，发生了突击发展党员、突击提拔干部（群众通称“双突”）的严重错误。这个错误从杭州市开始，逐渐蔓延到全省大部分地方，到今年年初才基本刹住。

“双突”完全违反毛主席的建党路线和干部路线，在政治上、组织上都是错误的。许多地方和单位，纳新、提干的标准，不是按照党章规定的党员条件，不是坚持无产阶级革命接班人的五个条件，而是接过反潮流这个革命口号，表面上以是否“反潮流”为标准，实际上以是否积极参加和支持某些人的资产阶级派性活动为主要标准。纳新、提干的做法，严重违反了党的组织原则。发展党员，有的是由上面某些人圈定名单，强制党员通过，群众称之为“上督落”。有的本支部通不过，就拿到外单位支部或组织一个所谓临时支部通过，群众称之为“飞过海”。提拔干部，有的未按干部管理权限审批，或由同一派的某些头头指定，或由个别党委成员点头算数。

紧接着，请示报告概述了“双突”造成的恶劣影响和严重危害：

“双突”带来了严重的后果。它干扰了批林批孔的斗争大方向，破坏了党的优良传统，助长了争名于朝，争利于市，拉拉扯扯，封官许愿的“资产风”，造成了党的组织和干部队伍的某些不纯。有些地方和单位搞了大换班，发展了宗派主义、山头主义，分裂了党，分裂了群众，甚至引起武斗。个别单位被坏人乘机篡夺了领导权。“双突”还使得机构臃肿，非生产人员大量增加，资产阶级的法权有所扩大，在一定程度上破坏了机关、企业内部的社会主义相互关系，挫伤了广大干部群众的革命积极性。这是当前影响我省安定团结，造成有些地方、单位的领导班子和工作机构瘫痪半瘫痪，工厂停产半停产的一个重要原因。

在指出“双突”问题的性质和严重危害后，中共浙江省委对“双突”的情况作了具体分析，向中央提出了“对‘双突’问题作为特殊情况处理”的原则和具体的处理意见，请求中央批准。请示报告分析了在“双突”中入党的党员和提拔的干部的不同情况，提出给予他们一年左右培养、教育、考察时间的意见。请示报告写道：

“双突”的错误必须坚决纠正。但是，对于突击发展的党员和提拔的干部，要做具体分析。多数是好的和比较好的，有一些是不够条件的，个别是混进来的坏人。为了坚持毛主席的建党路线和干部路线，纯洁和巩固党的组织，促进全省的安定团结，调动百分之九十五以上干部和群众的革命积极性，请求中央批准我们对“双突”问题作为特殊情况处理，给突击发展的党员和提拔的干部以一年左右的培养、教育、考察时间，然后，在各级党组织的领导下，按照党章规定的党员条件，分别情况，妥善处理。

对于怎样分别情况、妥善处理，请示报告提出六条具体意见，其要点是：

第一，进行一次建党路线和干部路线的教育，划清三个界限：立党为公和立党为私的界限，无产阶级先锋战士和一般的“反潮流”分子与“造反派”分子的界限，党性与派性的界限。肃清那种对“反潮流”不作阶级分析，鼓吹“凡是反潮流的人都可以入党、当干部”的谬论的流毒，加强党的思想建设和组织建设。

第二，凡是突击提拔的干部，全部先回到“批林批孔”运动以前的原单位、原岗位去抓革命、促生产。一个共产党员和革命干部，必须能上能下、能官能民，经得起几上几下的考验。让这些同志先回原单位、原岗位去，不仅有利于促进全省安定团结大局的形成，对这些同志也是政治上的爱护，是给予培养、锻炼的机会。广大干部、群众要热情欢迎他们回去，积极支持他们做好本岗位工作……对个别不执行这一规定的人，要进行批评教育，如果坚持错误，拒绝回去，就要严肃处理。经过培养、考察，表现好、够条件的同志，再由各级党组织根据工作需要，按照干部管理权限，逐个办理任命手续。

第三，对于突击发展的党员，要认真加以培养、教育、考察。这些同志应当按照党章规定的党员“五个必须做到”严格要求自己，努力锻炼成为无产阶级先锋战士。经过培养、教育、考察，确实不够条件的人，经党支部大会讨论、上级党委批准，予以除名。有些“飞过海”入党的人，经过培养、教育、考察，确实够了条件的，也要在本党支部履行入党手续。

第四，对于混进来的、罪证确凿的个别坏人，经上一级党委审批，要坚决清除。

第五，在派性严重存在的情况下，像前一阶段那样吸收一些同志固定列席党委常委会议的做法，不利于党委的集体领导，不利于保守党的机密，不利于安定团结，从现在起，不再采用。

第六，在“双突”中，少数单位搞了大换班，广大干部、群众很不满意。目前已无法实行的单位，要在上级党委帮助下，迅速组织起为多数群众所满意的、强有力的临时领导小组，先把革命和生产抓起来，然后积极创造条件，建立起老、中、青三结合的领导班子。个别被坏人篡了权的领导班子，要在上级党委直接领导下实行改组，把被篡夺了的那一部分权力夺回来。

此外，打算抽调一部分领导干部和原两派组织的一些头头，举办学习班，运用团结——批评和自我批评——团结的方法，交心谈心，“拆墙”、“填沟”、“解疙瘩”，进一步落实毛泽东关于安定团结的指示，以利于尽快改变浙江的被动局面，赶上全国胜利前进的步伐。

（5）中共中央 16 号文件

7 月 14 日，中共浙江省委主要负责人谭启龙、铁瑛跟纪登奎、王洪文一起，乘专机飞抵北京。7 月 15 日，邓小平主持中共中央政治局会议，听取中共浙江省委工作会议情况的汇报和关于处理“双突”等问题的请示，并进行了讨论。邓小平右耳背，他要铁瑛坐在他的左边，随时询问有关情况。中共中央政治局会议除讨论了浙江的请示报告以外，还讨论了中共浙江省委和杭州市委领导干部的任免问题，并作出了决定。也就是说，中央针对浙江的实际情况，既解决了最突出的政治方针、政策问题，又解决了组织问题。7 月 16 日，经中共中央政治局讨论、修改的浙江省委关于正确处理“双突”问题的请示报告和中央对这个请示报告的批语，以及浙江省、杭州市干部任免决定，呈报给毛泽东主席。毛泽东在当天就批阅了这些报告和决定。7 月 17 日，中共浙江省委的《关于正确处理突击发展的党员和突击提拔的干部的请示报告》加了《中央对浙江省委报告的批示》（以下简称《中央批示》），以中共中央文件发布，文件号是“中发[1975]16 号”。说来真巧，1975 年的这个解决浙江问题的中共中央文件，它的文件号竟同 1972 年中共中央发过的一个处理浙江问题的文件号完全一样，都是 16 号。解决浙江问题的先后两个中共中央 16 号文件，在 1972 年和 1975 年两次整顿中都发挥了积极作用。

《中央批示》是对中共浙江省委请示报告的批复，直接指导浙江的整顿；同时，它的基本原则又是普遍适用于全国，特别是地方的，对全国各省、自治区、直辖市的整顿具有指导意义和推动作用。

《中央批示》首先肯定“浙江最近召开的省委工作会议，开得是好的”，表示：“中央同意浙江省委《关于正确处理突击发展的党员和突击提拔的干部的请示报告》,望认真贯彻执行”。

《中央批示》对中共浙江省委关于处理“双突”问题的方针、原则作了批复,并由此提出了在当时情况下有关党的建设的重要指导意见,主要是:

第一,肯定对党组织进行一次整顿,十分必要。

《中央批示》指出:“发展党员,提拔干部,在群众斗争的大风大浪中培养千百万无产阶级革命事业接班人,这是反修防修、巩固无产阶级专政的百年大计,是老一代无产阶级革命家所开创的马克思列宁主义的革命事业是不是后继有人的问题,全党必须高度重视这项具有重大意义的长远的战略任务。但在这项工作中,必须坚持毛主席的建党路线和干部路线,严格按照党章办事,坚持接班人的五项条件,而决不可草率从事,采取突击的方法,更不允许适应某些资产阶级派性头头的需要而突击发展党员。浙江省委以严肃认真的态度,坚决纠正前一段这方面的错误,对广大干部和党员进行一次毛主席建党路线和党章的再教育,对党组织从思想上、组织上进行一次整顿,是十分必要的。”

在1975年整顿中,这是第一次在中共中央文件中明确提出党要整顿的任务。在此之前,邓小平依据毛泽东的指示,把整顿的领域从铁路、煤炭、钢铁发展到工业交通、商业财贸和农业,从经济部门发展到文艺、教育等意识形态部门,从国防科技发展到中国科学院和整个科技领域,从军队发展到地方。在这些方面的整顿中,邓小平已经提出了重要的关键之一是整顿领导班子,也就是解决领导核心的问题。他在7月4日对中央读书班学员的讲话中,已经提到整个党也要整顿的问题。此时,浙江存在的“双突”问题被揭露了出来,从解决浙江“双突”问题开始,邓小平等人提出并得到毛泽东同意,正式确定把党的整顿列为整顿的重要内容,从而把整顿引向深入,进一步解决领导核心这个带有根本性的问题。

第二,同意对“双突”问题作为特殊情况处理。

《中央批示》同意中共浙江省委关于处理“双突”问题的办法:“浙江省委提出,对突击发展的党员和突击提拔的干部,给以一年左右的培养、教育、考察的时间,然后在各级党组织的领导下,分别情况,妥善处理。作为一种特殊情况,这个办法是可行的”,并对浙江各级党组织和“双突”入党或提拔的干部分别提出要求:“浙江各级党组织应当鼓励突击发展的党员和突击提拔的干部回到原单位、原岗位,接受锻炼和考察。基层单位和广大群众应当欢迎他们回去，满腔热情地帮助他们做一个光荣的、真正的共产党员。同时，希望他们自己要认真执行省委的规定，积极参加三大革命运动，努力达到共产党员必须做到的五个条件”。同时，《中央批示》又严肃指出：“如果有的人不执行省委规定，拒绝回原单位、原岗位接受锻炼和考察，不服从党组织的分配，这本身就不具备一个共产党员的条件。”

第三，明确了整顿党的组织、处理“双突”问题的政策界限。

《中央批示》指出：“在整顿党组织的过程中，要划清两个界限，一个是敌我界限，一个是无产阶级先进分子和一般的‘反潮流’分子、‘造反派’分子的界限。对于混进来的个别坏人，经过调查，证据确凿的，必须坚决清除。对于经过一年的培养、教育、考察，仍然不够党员条件的，就不能留在党内。”

第四，为反对和克服派性，对入党和提干的方针、政策作出规定，采取措施。

《中央批示》指出：“当前发展党员和选拔干部，必须采取慎重的方针。发展党员，要按照党章的规定，严格入党手续，成熟一个发展一个，保证质量。”《中央批示》还规定：“凡有两派的地方，在资产阶级派性还没有克服、群众仍然严重对立的情况下，应当暂缓发展党员和提拔干部。一切共产党员，决不容许参加任何资产阶级的派别活动。”

4. 贯彻中共中央16号文件，浙江整顿全面展开

（1）传达、讨论中共中央16号文件，明确当前任务

7月19日下午，中共浙江省委工作会议召开全体会议，谭启龙和纪登奎等人传达中共中央16号文件和中共浙江省委、杭州市委领导班子任免决定。

纪登奎讲话说：这次解决浙江问题，中央批了两个文件。一个是毛主席批阅的关于浙江解决思想政治路线方面问题的文件；还有一个解决组织问题的文件，也是毛主席批阅的，即关于浙江省委和杭州市委领导干部任免的通知。

纪登奎宣读了干部任免的通知，讲到新调来浙江工作的同志时说：有北京来的、上海来的、安徽来的、山东来的、河南来的，五湖四海都有了，大家欢迎。他讲到几位负责“三支两军”的领导同志要调回部队时说：浙江和全国一样，“三支两军”完成了历史使命，胜利结束，他们作出了贡献。工作中有这样那样的缺点、错误，地方同志也有，一分为二。现在胜利返回部队，大家要热情欢送。纪登奎念了中共浙江省委组成名单后说：谭启龙同志仍任第一书记。谭启龙同志是一位老同志、好同志，工作中有缺点、错误，改了就好了。纪登奎还

说:谭启龙同志已经担了千斤担,地委书记也要担上几百斤吧,县委书记再少担一点,就可以了。下面的干部就不搞了,没有事了。

纪登奎在阐述中共中央16号文件的中心思想——对浙江的党组织从思想上、组织上进行整顿时,严肃批判了派性,点了浙江省和杭州市坚持派性的头头翁森鹤等人的名。他说:"贯彻落实中央1975年16号文件,这对浙江党组织,包括老、中、青在内,是一次思想上、组织上的整顿,也就是说要整党。要认真搞好整党,增强无产阶级党性,克服资产阶级派性。有的人把改正错误、坚持党章规定的原则,说成是'翻烧饼',这种说法是错误的。难道不准我们坚持党的原则吗?你把党章都翻掉了,一点也不按党章办事了,还讲我翻你的烧饼,这是什么道理呢?对原则的问题,我们寸步不让,一定要坚持。"

纪登奎希望县委书记、地委书记、省委的同志们,顾全大局,增强团结,不折不扣地坚持党性,坚持党的原则,不要墙上一根草,风吹两边倒。他对浙江在前一段时间发生的部分领导干部纵容派性、放弃党性原则的事情,进行了尖锐的批评。

纪登奎说:你们在座的县委书记、地委书记想一想,有这样的事,一个派头头可以用市"工代会"的名义通知召开全省的县委书记、地委书记会议,这是什么性质的问题?在座的竟然有不少人到会了!你不请示上级党委,擅自去参加某些派头头召开的会,到底还要不要党,到底听谁的话?!我们要听党的话,听毛主席的话,不能听派头头的话。要靠党,靠群众,不要靠"山头"。我不管你开会的内容是什么,这个做法是不能允许的。你们浙江建党以来有过这样的事吗?这是破坏党的原则嘛!

纪登奎又说:比如翁森鹤和另一个派头头,给你们杭州市发了一个紧急通牒性的文件,一开头大骂市委抵制老、中、青三结合,接着说限市委在3天内给他们60个官,这是什么性质的问题?他们点了名,要什么官都得给,限定3天,4天都不行。搞派性的头头可以通牒市委,限3天给他们60个官,他们这样闹并不奇怪。问题在于市委有的领导同志屈服于这个压力,给人家签了字,盖了橡皮图章。你们浙江建党以来有过这样的事吗?我在这里重申一下党中央的精神:伸手要官的,一个不给。

纪登奎还点了另一个派头头方剑文的名,就他的问题进行了严肃批评:方剑文同志,我现在还叫他同志,在1969年跑到北京冲新华社。党中央作过处理,曾派部队把他押送回杭州,并指示省革委会在全省公开批判,肃清其错误影响。为了这个，中央专门发过一个文件，可见中央对这个问题的处理是很严肃的。但这个人并没有改，这次“批林批孔”，又跑出来拉队伍，抢武器，搞武斗。这要算屡教不改了。这样一个问题怎么办？党中央指示要公开批判的人，现在仍然可以在社会上乱干，胡作非为，这是违背中央指示的嘛！

参加省委工作会议的省、地、县三级领导干部，在7月19日听了传达以后，进行了学习、讨论。在省委书记带头作自我批评，对“批林批孔”运动中的错误主动承担责任带动下，各地、市、县委的书记，也根据“自我批评，鼓掌欢迎”的精神，谈心交心，“拆墙”、“填沟”、“解疙瘩”，总结了经验，统一了认识，加强了团结。对“双突”，进一步认清了它的错误性质和严重后果，明确了处理的方针、政策和办法。会议期间，调整充实了中共浙江省委和杭州市委的领导班子，批判了派性，揭露和处理了坏人。各级领导干部进一步看清了派性的反动性和危害性，增强了党性。会议对如何在全省贯彻落实中共中央16号文件精神、搞好浙江的工作进行了讨论，明确了任务。

这次中共浙江省委工作会议开到8月4日结束。铁瑛代表省委常委在会议结束时讲话。他对会议情况作了总结，指出：这次省委工作会议，是在毛主席、党中央的亲切关怀下，在中央领导同志的指导、帮助下召开的，开得是好的，真正开成了一个团结、胜利的会议。会议讨论和解决了浙江存在的几个主要问题，收获是很大的。

对当前任务，铁瑛提出：

第一，要把中央16号文件和这次会议精神认真传达好。

铁瑛指出：毛主席关于学习理论反修防修、安定团结和把国民经济搞上去的重要指示，是当前全党、全军、全国各项工作的总纲。我们贯彻中央16号文件和这次会议精神，就是为了更好地落实毛主席重要指示，深入开展无产阶级专政理论的学习运动，进一步落实安定团结方针，坚决把国民经济搞上去。这次会议，对于解决浙江问题、实现安定团结、发展大好形势，是一次关键性的会议，一定要放手发动群众，大搞群众运动，做到传达好、学习好、落实好、掌握好，把试点工作搞好。铁瑛对传达贯彻工作作了总体部署，至于具体部署，各地、市、县可以根据自己的情况来安排。总之，要把中央16号文件、中央领导同志重要讲话，原原本本地传达到群众，做到家喻户晓、人人明白。

第二，要联系实际，抓好对无产阶级专政理论和中央16号文件的学习。

铁瑛要求，对无产阶级专政理论和中央16号文件的学习要着重从理论与实践的结合上，加深对党的基本路线、阶级路线、党的领导和对社会现象要作阶级分析等问题的理解。通过学习，分清什么是马克思列宁主义的建党路线和干部路线，认清“双突”的错误性质，明确处理“双突”问题的方针、政策和方法，维护党的原则，坚决纠正“双突”的错误。

铁瑛还要求，要以无产阶级专政理论为武器，深入批判那些反马克思主义的谬论。他说：例如，把当前的主要矛盾，说成是“新、老干部之间的矛盾”、“‘山上派’和‘山下派’之间的矛盾”，提出什么“矛头对着领导不会错”等等，都是违反毛主席关于社会主义时期主要矛盾的基本理论的。又如，在我们党内分什么“法家党”、“儒家党”，在工人阶级内部分什么“肯定派”、“否定派”、“革新派”、“复辟派”等等，都是分裂党、分裂革命队伍的口号。又如，什么“要依靠‘造反派’”、“依靠‘反潮流’战士”，“要以革命知识分子改造干部队伍”，说什么“‘造反派’掌权是革命最彻底的标志”、“是无产阶级专政的体现”，这是违背党的阶级路线、歪曲无产阶级专政性质的。还有把坚持抓革命、促生产、促工作的干部和群众，说成是“小绵羊”，提出什么“不为错误路线生产”，这是对抗毛主席关于抓革命、促生产，把国民经济搞上去的指示的。对这些谬论都要深入批判，肃清其流毒。

铁瑛还提出，在学习无产阶级专政理论过程中，还要彻底批判和消除派性，增强党性。他严肃指出：现在搞派性，就是搞资本主义、搞修正主义。它分裂革命队伍，破坏党的团结，搞乱人的思想，干扰并破坏毛主席提出的路线和政策的落实。派性不消除，就不能安定团结，不能贯彻落实毛主席、党中央的一系列指示。铁瑛分析了一些派性严重的头头进行破坏活动的特点，往往是打着“路线斗争”的旗号，接过革命的口号，制造和散布一些似是而非的东西，迷惑和欺骗一些人。他指出，我们要针对这个特点，发动广大干部和群众，通过摆表现、论危害、挖根源，深入批判派性。在干部和群众中要开展讲路线、讲大局、讲党性、讲团结、讲纪律的自我教育运动，自觉抵制派性活动。

第三，要正确区分和处理两类不同性质的矛盾，团结“两个百分之九十五”。

铁瑛指出：在贯彻这次会议精神的过程中，要吸取过去运动中两次犯扩大打击面错误的教训。斗争矛头一定要集中指向一小撮坏分子。对翁森鹤这个坏人的罪行，要在全省揭发批判，但决不能搞什么“之流”、“一伙”，层层去揪“小翁森鹤”。要把翁森鹤这个坏人，同跟着他说了一些错话、做了一些错事的人严格区别开来。在批判派性过程中，对张永生、贺贤春、方剑文三同志在

“批林批孔”运动中的错误言论和派性活动，要进行批判，以肃清其影响。各地、各单位决不能层层搞点名批判。对持不同观点的干部和群众，一定要做好团结工作，团结一切可以团结的人，调动一切积极因素。

铁瑛特别强调，在处理“双突”问题中，对广大干部和群众要做大量艰苦细致的思想政治工作。对思想不大通的“双突”的党员和干部，要通过座谈会、个别谈心等方式，耐心地帮助他们提高认识，端正态度。对于个别坚持派性、对抗中央 16 号文件的人，要坚持原则，进行严肃的批评教育。针对中共中央 16 号文件下达后出现的一种新的错误倾向，铁瑛指出，目前特别值得注意的是，有的人以胜利者自居，有翘尾巴的现象。对这些同志，要让他们全面地、正确地领会中央 16 号文件的精神。过去，广大干部、群众抵制突击入党、突击提干的错误是正确的。现在中央发了 16 号文件，纠正“双突”的错误，这是毛主席革命路线的胜利，绝不是什么个人的或者是哪一个“山头”的胜利。要教育这些同志，克服以胜利者自居的情绪，正确对待自己，善于团结那些和自己意见不同的同志一道工作。应该热烈欢迎突击发展的党员和突击提拔的干部，回到原单位、原岗位抓革命、促生产，满腔热情地帮助他们接受锻炼和考察。在具体政策上，全省需要统一认识的一个问题，就是突击发展的党员，在一年左右的培养、教育、考察期间，都要吸收他们过党的组织生活，按规定交纳党费，但没有选举权和被选举权。这体现了既坚持原则性，又具有灵活性。

第四，要搞好试点工作，做到情况明、决心大、方法对。

铁瑛要求省、地、县各级领导干部，要带领机关干部，深入基层单位，亲手搞调查研究，摸索经验，用典型经验去指导面上的工作。对如何做好整顿的各项工作，都要认真总结经验，不要心中无数就急急忙忙往前闯。要注意掌握运动的动向，发现问题，及时解决，不要使问题成了堆再去纠正。

第五，抓革命、促生产，争取全面完成 1975 年的国民经济计划。

铁瑛指出，最近，中央发的[1975]17 号文件，分析了上半年工业生产的情况，提出了完成与超额完成 1975 年计划和第四个五年计划的要求。我们要认真贯彻执行。我省农业生产，早稻收成是好的，但春粮减产较大，要完成全年农业生产计划，必须千方百计争取晚稻有较大增产。工业生产，3 月份以来，虽然逐月上升，最近棉纺、丝绸等行业的生产上得比较快，但是上半年全省工业欠产多，要完成全年计划需要作很大的努力。铁瑛提出，工业方面，特别要抓好对国民经济影响较大、问题较多的单位，要一个一个分析、一个一个解决。

铁瑛最后强调，现在一个很重要的问题，就是要在斗争中建立起各级党委的威信。要坚决反对那种凌驾于党委之上，对党闹独立性、搞多中心，削弱和摆脱党的领导的错误倾向。铁瑛要求，在贯彻中央16号文件过程中，要加强地、县各级领导班子的建设。党委一班人要加强团结，增强党性，反对派性；要严格执行民主集中制，加强革命纪律性；要敢字当头，大胆领导，不要怕人家骂，不要怕人家攻，坚持原则，坚持斗争，排除各种干扰，贯彻好中央16号文件。

（2）采取果断有力措施，积极进行整顿

如上所述，1975年浙江的整顿是在中共中央直接领导下进行的。中共中央16号文件为解决浙江问题指明了方向，确定了正确的方针、政策。这是搞好浙江整顿的根本保证。中共中央和中共浙江省委在浙江省委工作会议期间及会后，采取果断有力措施，大力进行整顿，取得显著效果。

第一，中共中央在发布16号文件的同时，调整充实了中共浙江省委的领导班子。

前面已经说到，中共中央的这项新的任命，是由纪登奎在7月19日传达中共中央16号文件的浙江省委工作会议上宣布的。任命名单如下：任命谭启龙为中共浙江省委第一书记，铁瑛、赖可可、张文碧为中共浙江省委书记，陈伟达、罗毅、陈作霖为中共浙江省委副书记，陈冰、武世鸿、张子石、冯克、吕剑光为中共浙江省委常委。① 同时，中共中央决定，原军队干部在省委工作的，回部队工作。中共中央的决定，为克服派性、进行整顿、解决浙江问题提供了组织保证。

中共浙江省委采取了一系列调整充实组织机构的措施。8月31日，省委决定建立组织和宣传、文教领导小组；9月1日，建立农业领导小组；9月26日，决定恢复省委组织部、宣传部，省计划委员会、基本建设委员会、农业办公室和财贸办公室，撤销省革委会办事组、政工组和生产指挥组；10月，省革委会设秘书长和办公室。冯克、陈冰、陈伟达、张兆万、王起、王博平分别担任恢复后的各机构负责人。与此同时，重点调整了派性严重地区、单位的领导班子，尽力解决各级领导班子软、懒、散的问题，重新任命了一批干部。10月3日，省委决定由省委副书记陈作霖兼任中共温州地委第一书记，较快地扭转了

---

① 据《当代浙江简史》，第279页。

温州地区的混乱局面。①

第二，果断地批判和处理了在全省影响最大的几个坏头头。

在中共中央支持下，中共浙江省委工作会议批判了张永生、翁森鹤、贺贤春等人坚持派性、搞打砸抢等严重错误，并分别给予处理。张永生被定为反党篡权复辟的罪恶分子、派性的总头目，下放河北遵化劳动②；翁森鹤被隔离审查③；贺贤春等人也被下放到农村劳动改造。

第三，以点带面，狠批派性，纠正"双突"，增强团结，恢复和发展生产。

在中共浙江省委工作会议期间，省委就确定"杭丝联"、杭钢、杭州齿轮箱厂等八个大厂作为纠"双突"、批派性、增团结、促生产的试点单位。省委领导同志分别到这八个试点单位蹲点，纪登奎到杭州丝绸印染联合厂检查指导整顿工作，中央工作组袁木等人分别到杭州钢铁厂等企业给党员干部上党课。省委还在城市和农村各抓了一个典型，在全省宣传推广。这两个典型，一个是杭州齿轮箱厂加强领导班子建设，批派性，顶"双突"，促生产的典型；另一个是黄岩县上研公社贯彻中共中央 16 号文件先进典型。与此同时，采取各种措施，运用各种形式，大张旗鼓地批判派性。省委果断地查封了长期被"山上派"占据、专门用来搞派性活动的所谓"工人政治学校"；先后在杭州齿轮箱厂、中共杭州市委党校、杭州三台山、金华铁路中心站、舟山马目等处举办"造反派"头头学习班，集中揭发批判派性；8、9、10 三个月，每月召开一次大规模的批判派性大会。这样以点带面、点面结合地进行工作，贯彻中共中央 16 号

---

① 据《当代浙江简史》，第 279 页。

② 张永生在王洪文包庇下，托病没有下去，被安排在天津市第一中心医院"住院"，并不断进行翻案活动。"批邓、反击右倾翻案风"运动开始后，王洪文把张永生接到北京长谈，让他当面批判谭启龙。粉碎"四人帮"后，1977 年 3 月 3 日，经中共中央批准，"四人帮"在浙江的亲信张永生被带回浙江，隔离审查。当地召开了有 400 余万人参加的有线广播大会，对张永生进行揭发批判。1978 年 8 月 13 日，以浙江帮派体系的主要头目、打砸抢的组织策划者、现行反革命分子的罪名，由浙江省公安局将张永生依法逮捕。1979 年 4 月 3 日，杭州市中级人民法院召开公判大会，依法判处张永生无期徒刑。据《当代浙江简史》，第 280、288、290 页；浙江省杭州市中级人民法院对张永生的刑事判决书（[79]杭法刑初字第 5 号）。

③ 粉碎"四人帮"后，1976 年 12 月 25 日，中共浙江省委决定撤销翁森鹤的党内外一切职务，将其清除出党，并于 12 月 30 日召开了有 400 多万人参加的批判翁森鹤的有线广播大会。1978 年 3 月，杭州市中级人民法院依法判处帮派体系的头目、打砸抢的首恶分子、新生反革命犯翁森鹤无期徒刑。据《当代浙江简史》，第 278、288、290 页；浙江省杭州市中级人民法院对翁森鹤的刑事判决书（[78]杭法刑初字第 27 号）。

文件很快形成声势，深入人心，干部、群众被发动起来，全省逐步形成一个狠批派性，纠正“双突”，增强团结，恢复、发展生产的局面。[①]

（3）浙江整顿的成效

由于贯彻了中共中央16号文件，调整和充实了省委领导班子，积极而又稳妥地解决了“双突”问题，狠批了派性，果断地处理了少数几个坏头头，浙江整顿取得了显著的成效。

1975年下半年，浙江全省绝大部分停工停产的企业恢复了生产，整顿了劳动纪律，健全了规章制度，歪风邪气大有收敛。1975年，国家向杭州制氧机厂下达8套制氧机生产任务，到8月份只完成20%多。传达、贯彻中共中央16号文件后，干部背了铺盖下车间与职工日夜奋斗，用四个月时间完成70%多的任务，8套制氧机终于按时交货。杭州齿轮箱厂提前一个月完成全年计划，并增产20%。到第四季度，浙江全省的经济局面大为改观。“批林批孔”运动中受干扰最为严重的杭州、温州两市，12月份的工业生产超过历史上最高的月平均水平。杭州市第三季度的工业产值比第二季度增长21.3%，第四季度又比第三季度增长30%。全省的社队企业发展很快，达到4.75万个，产值12.9亿元，分别比1974年增长20%和30%，得到毛泽东的肯定。1975年，浙江全省的工农业总产值达131.02亿元，比1974年增加0.3%。其中，工业产值为74.52亿元，比1974年增长3.9%。[②]

三、全国各地的整顿

全国各省、自治区、直辖市的整顿，在贯彻执行3月5日中共中央9号文件《中共中央关于加强铁路工作的决定》过程中，都已不同程度地开始进行。6月2日发出的中共中央12号文件，批转《中共江苏省委关于徐海地区贯彻执行中央九号文件的情况向中共中央、国务院的报告》，要求各地参考江苏徐海地区进行整顿的经验，解决本地区的问题；7月17日，中共中央发出16号文件，对中共浙江省委《关于正确处理突击发展的党员和突击提拔的干部的请示报告》作出批示，指出“对党组织从思想上、组织上进行一次整顿，是十分必要的”。这两个文件下达以后，各省、自治区、直辖市都结合本地区的实际

① 本段摘引自《当代浙江简史》，第278页。

② 本段摘引自《当代浙江简史》，第279页。

情况，特别是围绕本地区存在的突出问题，开展整顿。9月中旬，在全国“农业学大寨”会议上，邓小平提出“各方面都要整顿”的任务，明确提出“地方要整顿”，并阐述了地方整顿的内涵，特别是农业整顿的必要性和具体要求。在9月下旬中共中央召开的农村工作座谈会上，邓小平再次强调：“当前，各方面都存在一个整顿问题”，“要通过整顿，解决农村的问题，解决科学技术方面的问题，解决各方面的问题”；并指明：“整顿的核心是党的整顿”，“整顿主要放在整顿各级领导班子上”。① 此后，在贯彻落实全国“农业学大寨”会议和中央农村工作座谈会精神的过程中，全国各地的整顿进一步开展和深入。

地方整顿和工交整顿、军队整顿、科技整顿等所要解决的问题，有其共同性。整顿过程中，中共中央连续发出的有关铁路整顿、钢铁整顿、军队整顿、科技整顿等文件，毛泽东的批示，邓小平等中央领导同志的讲话，对地方整顿也都起着指导和推动的作用。

调整充实领导班子，解决领导班子软、懒、散的问题；揭发批判派性，处理屡教不改的派头头的问题。对于整顿中所要重点解决的这两个问题，各省、自治区、直辖市都学习和运用工交、军队、科技等战线的经验，从本地实际出发，上靠中央，下靠群众，求得不同程度的解决。例如，在铁路整顿中，邓小平决定把江西省军区司令员调离南昌；万里报经中央有关领导人批准，免去“造反”起家的坏头头唐岐山②在郑州铁路局的一切职务并调离。各省、自治区、直辖市都罢免、调离或撤换了一批派性严重而又屡教不改的坏头头以及领导干部，并拘留或逮捕了个别“害群之马”，予以集中打击。

地方存在的突出问题，在贯彻中央文件的过程中，逐步得到解决。全国搞“双突”的，不只浙江一省。如山东，搞了所谓“火线入党”，不过全省仅1000多人，主要只在青岛、济南；贵州也搞了一点，数量也不多。③ 比浙江还要多的是河南，全省突击入党18万人，突击提干6.6万人，居全国首位。④ 按照中共

① 《邓小平文选》第2卷，第35—36页。

② 唐岐山原是郑州铁路局工程师、司机长，“造反”起家，先后担任郑州铁路局党委书记、中共河南省委常委、中共郑州市委书记等职。粉碎“四人帮”后，他因反革命罪被逮捕；1979年12月，由郑州市中级人民法院判处无期徒刑（据河南省郑州市中级人民法院对唐岐山的刑事判决书[79]法刑字第50号）。

③ 据《中央领导同志在浙江省委工作会议上传达中央文件时的讲话》（1975年7月19日下午）。

④ 据《当代河南简史》，当代中国出版社1999年版，第187—188页。

中央 16 号文件的要求，都积极、稳妥地作了处理。

各省、自治区、直辖市的整顿，除通过批判派性、整顿领导班子，实现安定团结的局面之外，都花大力气抓了建立健全规章制度，恢复和发展工农业生产，把国民经济搞上去。

限于材料和见闻，笔者不可能对全国各省、自治区、直辖市的这方面情况作出全面的评述。以下我们以湖南为例，也仅仅是因为在“中华人民共和国地方简史丛书”中，《当代湖南简史》是最先出版的地方简史之一，而此书对该省 1975 年整顿的情况，叙述得简明扼要。其他各省、自治区、直辖市的整顿，与湖南大同小异。读者从湖南整顿这“一斑”，加上前面已经叙述的江苏徐海地区和浙江省的整顿情况，当可略知 1975 年地方整顿的“全豹”。①

同全国各地一样，湖南省的整顿也是从贯彻中共中央 9 号文件开始的。1975 年 3 月下旬，根据主持工作的省委第二书记张平化（正在常德调查）关于迅速传达贯彻中共中央 9 号文件的意见，省委书记、省革委会副主任万达主持召开了全省几十万工交战线职工参加的电话广播大会，全文宣读中共中央 9 号文件，传达全国工业书记会议精神，并由已经开始整顿并取得初步成果的几个单位介绍了做法和经验。省委负责同志于明涛就全省工业交通生产讲了意见。毛致用对少数坚持派性的人提出警告，要求他们迅速改正错误。会后，省委加强了对煤炭生产的领导，向几个主要煤矿派了工作组，调离了坚持闹派性的头头，生产很快有了起色。省委、省革委会在占全省煤炭总产量三分之一的涟邵矿务局召开广播大会，张平化、于明涛出席讲话。开始整顿以后，全省 4 月份的工业总产值比 1974 年同期增长 49%。但长沙市、株洲市、湘潭市和邵阳地区等在湖南省占有重要地位的地区，整顿进展迟缓。华国锋（时任中共中央政治局委员、国务院副总理，仍兼任中共湖南省委第一书记）批评中共湖南省委“腰杆子不硬，患了慢性病，对一些严重问题没有摆开”，要求“振作精神，认真贯彻中央的指示和决定”。此后，万里率领工作组到株洲田心机车厂进行整顿，很快扭转了生产局面。中共湖南省委和省革委会于 5 月 7 日及 6 月 5 日两次召开全省广播大会，张平化等人出席讲话，宣读中央文件，介绍田心（田心，即株洲田心机车厂）经验，分析全省形势，号召工交战线的广大干部

① 以下关于湖南省整顿的叙述，均根据或摘引自《当代湖南简史》，当代中国出版社 1997 年版，第 296—302 页。

和职工要讲大局、讲党性、讲团结、讲纪律，批判派性，排除干扰，坚决把国民经济搞上去。在6月5日的大会上，点名表扬了296个抓整顿见效快的单位。在这一阶段，还抓了对各地、市领导班子的整顿。如对全省问题最多、派性最为严重的中共邵阳市委领导班子成员，决定全部调出来进行整风学习，由省里派工作组代行工作。中共中央12号、16号文件下达后，湖南进一步加快了整顿的步伐。省委和省革委会在8月下旬举办部、委、办、局领导干部参加的学习班，进行思想整顿，解决省直机关的派性问题和软、懒、散的问题。会后，抽调了5000名干部下厂、下乡。这一措施既有利于改变省级机关中的派性纠缠和人员臃肿，又有助于对问题较多的地区和企业、农村进行整顿。为了解决湘潭钢铁厂的问题，省委会同冶金部工作组一起，形成、签署了《关于解决湘钢问题的意见》上报中央，对该厂的领导班子也进行了调整。对中共株洲市委的整风学习，省委也派工作组进行了帮助、指导。在整顿取得明显效果的基础上，10月4日，中共湖南省委和省革委会第五次召开全省工交战线职工电话广播大会，传达中央一系列指示，通报表扬532个成绩突出的先进企业。省委书记于明涛在讲话中要求各地区、各单位进一步大造舆论，把批派性，讲团结，为社会主义建设抢时间、争速度的空气搞得浓浓的，把守纪律、遵规章、保产品质量和生产安全的制度定得严严的；并进行具体部署，要求继续狠抓煤炭、电力、钢铁、交通运输的生产和建设，大力发展支农产品和轻工产品的生产。10月10日，中共湖南省委又在株洲市召开全省地、市、州委书记以及省直机关各部门负责人会议，重点听取株洲市开展全面整顿的汇报。省委书记于明涛在会上号召进一步推广田心经验，学习株洲经验，为改变落后面貌而奋斗；并提出不能想斗怕错，想干怕苦，想变怕难。这次会后，对湖南帮派势力雄厚、在"批林批孔"运动中折腾得最厉害的长沙市进行了整顿。11月2日，省委和省革委会召开干部大会，传达全国"农业学大寨"会议精神，动员全省掀起农田水利建设高潮，并从湖南农村的实际情况出发，调整部分政策①，纠正了一部

① 调整部分政策的基本精神是：重申坚持"三级所有，队为基础"的制度不变；县、社、大队都不得无偿调动生产队的资金、物资和劳动力，或者用"捐献"等办法来加重生产队的负担；农田基本建设应按照"全面规划、分期施工、先后受益、以工换工、三级落实、基本平衡"的原则实施；正确对待社员家庭副业，划给社员的自留地不得没收，私养为主、公私并举的养猪方针不得改变；社员的房屋归个人所有，集体兴建的房屋归集体所有，租给社员居住，不得无偿平调建房材料；要把革命干劲和科学态度结合起来，遇事同群众商量，不要强迫命令，不要瞎指挥，不要搞形式主义，不要乱提口号。

分地区出现的“一平二调”、强迫命令、加重生产队负担、瞎指挥和照搬大寨经验等“左”的错误，促进了农业生产的发展和农民生活的改善。

湖南省的整顿，在“四人帮”推波助澜的所谓“批邓、反击右倾翻案风”运动中难以避免被迫中断的厄运，但短短半年多的整顿创造了巨大的业绩，在史册上写下了令人赞叹的一页。

在经济方面，它推动湖南国民经济从1974年“批林批孔”运动坠入的谷底（当年，湖南工业生产落到全国倒数第三位）逐步向上攀升。1975年，全省工业产值达到107.33亿元，超额完成了年度计划，比1974年增长31.2%，比1973年增长5.9%。80种主要工业产品中，有73种的产量比1974年增加，40种超过历史最高水平。其中，钢增长13.6%，原煤增长23%，发电量增长29.5%，棉纱增长66%，棉布增长45%。农业获得全面丰收，总产值达80.16亿元，比1974年增长5.4%。粮食产量达368.5亿斤，比1974年增长5%。交通运输量比1974年增长14%，其中铁路货运量增长39%。基本建设投资完成12.87亿元，比1974年增长10.5%。全省地方财政收入为18.27亿元，比1974年增长31.5%；特别是企业收入完成5.36亿元，比1974年增长81.1%。在政治思想方面，通过整顿，广大干部和群众的政治觉悟与政治鉴别力得到提高，结合亲身感受到的“文化大革命”动乱带来的苦难和造成的损失、1975年整顿以来初步形成的安定团结局面和国民经济的恢复发展，加深了对“文化大革命”错误和危害的认识。“四人帮”及其帮派分子的本来面目进一步暴露，他们的追随者越来越少。这就为1976年粉碎“四人帮”、结束“文化大革命”准备了条件，打下了广泛和深厚的群众基础。

从江苏徐海地区的整顿、浙江围绕解决“双突”问题进行的整顿、湖南通过整顿把国民经济搞上去的情况，以及全国各地整顿的简况，读者当可大致了解1975年全国地方整顿的概貌。从这个侧面，读者就不难理解，把大大有利于中国社会主义事业的1975年整顿说成“右倾翻案风”而加以打击的“四人帮”，为什么必然灭亡。

第十章
文艺调整

1975年五六月间，中共中央政治局和毛泽东主席对“四人帮”搞所谓“反经验主义”进行了严肃的批评、帮助。江青、王洪文被迫作了检讨。6月中共中央政治局会议后，王洪文离开北京赴浙江、上海工作。姚文元也到上海“挤公共汽车”去了。从7月2日起，邓小平主持中共中央政治局日常工作。就在这时，毛泽东提出调整党的文艺政策。这就为1975年的整顿从经济领域进入文艺领域提供了一个十分有利的时机。

当然，“四人帮”只是在不利形势下“韬晦”一时，锋芒有所收敛罢了，并不是说“四人帮”从此只有招架之功而无还手之力，更不能认为“四人帮”已经溃不成军了。

应该看到，当时“文权”基本上还被掌握在“四人帮”的手里。北京、上海的主要报刊都是受“四人帮”控制和操纵的。“四人帮”在北京、上海还培植了一批写作班子，如“梁效”、“初澜”、“罗思鼎”、“唐晓文”等，做他们的“吹鼓手”和“棍子”。进入1975年后，江青又在文化系统策动所谓“反行帮”，继续排斥异己，打击文艺工作者和领导干部，巩固“四人帮”的领地。

还应该看到，毛泽东虽然对“四人帮”非常失望，不让他们“组阁”，对他们接连进行严肃的、尖锐的批评，但不能说完全失去了对他们的信任。毛泽东在批评他们的同时，还是肯定他们“过去有功劳，反刘少奇，反林彪”。对“反经验主义”，他自己还分担了责任，说看（张春桥、姚文元的）文章时，文章中的问题“没有看出来”，“我要负责任，我犯了错误”。他提出“四人帮”的问题要解决；同时又指出，他们的问题，“上半年解决不了，下半年解决；今年解决不了，明年解决;明年解决不了,后年解决”①,并不是那么紧迫、急切。邓小平向毛泽东汇报,他在5月底6月初连续主持批评江青等人的中共中央政治局会议,采取“讲多少算多少”、“不要把话都说完”的方针。毛泽东听了很满意,说:“这个办法好,留有余地。大家清楚就行了”。这说明,此时毛泽东对“四人帮”采取的还是“一批二保”的方针。

1975年春、夏党内斗争的态势,既为把整顿引入“四人帮”长期霸占的文艺领域提供了前所未有的契机,同时也使得文艺调整(其实质是同“四人帮”在文艺领域的斗争)十分尖锐、复杂。这决定了1975年的文艺调整只能就一部一部具体的作品、一个一个具体的作家来展开。如同巷战肉搏,要一所一所房屋、一个一个街垒地进行争夺。

一、毛泽东把整顿之风吹进文艺领域

20世纪60年代前期的文艺批判和学术批判,是按照毛泽东的指示开展起来的;1965年评《海瑞罢官》的文章,也是经过毛泽东修改后批准发表的。毛泽东背离了自己的正确思想,点燃了“文化大革命”之火,陷入了“左”倾错误的深渊。但是,经过“文化大革命”8年事实的教训,毛泽东对这场“政治大革命”中的若干错误开始有所省察、有所纠正,在文艺问题上的变化尤为突出。毛泽东认识到自己的某些失误,特别是看清楚了江青一伙拉大旗做虎皮、实行文化专制主义,造成的百花凋零、万马齐喑的严重后果。他决心加以纠正和扭转。于是,作为发动“文化大革命”突破口的文艺领域,在1975年夏天,再度成为革命与反动、正义与邪恶进行交锋的一个焦点。不过,攻守之势异也!“四人帮”成了被批评、被指责的角色,而把整顿之风吹进文艺领域的,正是毛泽东本人。

本书前面已经提到,1975年7月初,毛泽东同刚刚正式受命主持中共中央政治局日常工作的邓小平谈话。邓小平首先汇报全国生产情况,他说:形势不错。钢没有完全达到指标,但是有希望。今年农业,夏粮是丰收了,秋粮还不错。接着,他谈了解放干部问题、文艺政策问题。② 谈及文艺问题时,毛泽

① 《建国以来毛泽东文稿》第13册,第397页。

② 据《毛泽东传(1949—1976)》(下),第1739页。

东表示了强烈的不满，批评“百花齐放都没有了”。①

7月2日，毛泽东对林默涵给他的一封信写了批语。林信写于1975年6月17日。5月底，中央宣布对林默涵解除监护，恢复自由；又决定他到江西省丰城县钢铁厂工作，同时等候结论。林默涵致函毛泽东表示感谢，希望“留在党内”。毛泽东读罢此信，亲笔给中共中央写了以下一段话：

> 周扬一案，似可从宽处理，分配工作，有病的养起来并治病。久关不是办法。请讨论酌处。②

毛泽东在7月初的这次谈话和这件批语，包含了调整文艺政策的两个互相关联的重要内容：

其一，批评“百花齐放都没有了”，重申文艺工作要贯彻“百花齐放”的方针。这主要是从创作方面说的。

毛泽东对江青控制的文艺工作早有不满。1972年7月，毛泽东曾批评：戏剧、文艺作品太少了。1973年11月25日，毛泽东看到署名“一个普通的共产党员”的群众来信，批评江青在文艺工作中不执行“百花齐放、百家争鸣”的方针，认为“一切为样板戏让路的口号”是不恰当的。毛泽东写了批语，说“有些意见是好的，要容许批评”，让把这封群众来信“印发政治局各同志”。③ 但是，江青一点也没有接受批评。从反“回潮”到“批林批孔”，她又在文艺界大张挞伐，批“无标题音乐”，批晋剧《三上桃峰》，批湘剧《园丁之歌》（已拍成电影公映），搞“黑画”展（所谓“黑画”，实际上是在接待外宾的宾馆里布置的和供出口的山水画、花鸟画与工艺美术品），点名批评一批话剧和小说，使得“9·13”事件以后稍有复苏的文艺园地，又变得一片萧条。

毛泽东对于江青对待文艺作品的专制蛮横是不满意的。1974年12月，毛泽东在长沙看了湘剧《园丁之歌》，带头鼓掌，连说“好戏”。陪同的人说，江青认为它是“毒草”。毛泽东针锋相对，肯定地说：“我看是出好戏！”毛泽东本人爱好中国传统戏曲。1974年10月中旬至1975年2月上旬在长沙近四个月，他看了《徐策跑城》、《追韩信》、《辕门斩子》、《拾玉镯》、《小姑贤》、《哭碑林》等已被禁演多年的京剧和湘剧传统折子戏。1975年春在杭州，他还通过

---

① 参见本书第六章《国务院政治研究室与整顿》第二节《国务院政研室的组织和邓小平的领导方式》。

② 《建国以来毛泽东文稿》第13册，第441页。

③ 《建国以来毛泽东文稿》第13册，第367页。

闭路电视看了六小龄童演的绍剧《孙悟空三打白骨精》。

从毛泽东同邓小平在7月初的这次谈话中，可以强烈地感受到，毛泽东对江青的霸道作风十分恼怒，对她管的文艺工作深为不满。当时，广大人民群众对排斥百花、独尊“样板戏”意见很大，嘲笑是“八亿人民八个戏”，是“八花齐放”。而各地演出“样板戏”，一词一句、一招一式，乃至衣服上的一块补丁，都非得照搬“样板团”的演出规矩，稍微有点差错就挨批，更不用说提意见了。毛泽东的谈话，批评了江青实行的这种文化专制主义，并指出其严重危害是造成“怕写文章，怕写戏，没有小说，没有诗歌”的状况，归结到根本的一点，就是“百花齐放都没有了”。

其二，对“周扬一案”要从宽处理，批评“久关不是办法”。这是从队伍、干部方面来说的。

周扬是杰出的马克思主义文艺理论家。他在1927年加入中国共产党；1930年，从日本回到上海，从事文化工作；1932年，重新入党，在上海历任“左联”党团书记、中共上海中央局文委书记兼文总党团书记，参与领导党的文艺工作。从延安到晋察冀，再到北京，他都是中共宣传部门的重要领导干部之一。新中国成立后，周扬历任中宣部副部长、文化部副部长和党组书记。但是，进入20世纪60年代后，周扬的地位开始动摇。毛泽东继批评中共中央三个部（农工部、中联部、统战部）是修正主义之后，批评周扬管的文化部是“帝王将相、才子佳人部”。1963年12月12日和1964年6月27日，毛泽东对文学艺术先后作了两次批示，批评文艺工作“问题不少，人数很多，社会主义改造在许多部门中，至今收效甚微。许多部门至今还是‘死人’统治着”；指责“许多共产党人热心提倡封建主义和资本主义的艺术，却不热心提倡社会主义的艺术，岂非咄咄怪事”；甚至说文艺界各协会和它们掌握的刊物的大多数，“十五年来，基本上（不是一切人）不执行党的政策，做官当老爷，不去接近工农兵，不去反映社会主义的革命和建设，最近几年，竟然跌到了修正主义的边缘。如不认真改造，势必在将来的某一天，要变成像匈牙利裴多菲俱乐部那样的团体”。周扬是被批评的主要对象。此后，周扬即到天津小站搞“四清”。1966年春，江青得到林彪的支持，抛出所谓“文艺黑线专政论”，在那个《林彪同志委托江青同志召开的部队文艺工作座谈会纪要》中，诬蔑新中国成立以后，文艺界“被一条与毛泽东思想相对立的反党反社会主义的黑线专了我们的政”，声称“要坚决进行一场文化战线上的社会主义大革命，彻底搞掉这条黑线”。毛泽东于1966年3月下旬在杭州、上海，同康生、江青等人三次谈话，严词指斥中共北京市委和中宣部包庇坏人，不支持左派；并说中宣部是“阎王殿”，要“打倒阎王，解放小鬼”。这时，周扬实际上已经在被“打倒”之列了。

“文化大革命”之火点燃起来后，周扬首当其冲，被戴上“阎王殿里的二阎王”（“大阎王”是中宣部部长陆定一）和“文艺黑线代表人物”两顶帽子，加上20世纪30年代的“四条汉子”的绰号，被打翻在地。1966年7月1日的《红旗》杂志编辑部按语说：“二十四年来，周扬等人始终拒绝执行毛泽东同志的文艺路线，顽固地坚持资产阶级、修正主义的文艺黑线。”其时，周扬刚动过左肺切除一叶的大手术，身体十分虚弱，在天津养病。他对“文化大革命”毫无思想准备，只能一任狂风暴雨吹打。1966年11月28日，江青在首都文艺界大会上号召彻底揭发、清算“三旧”（指旧北京市委、旧中宣部、旧文化部）。12月1日，一个寒冷漆黑的雨夜，病中的周扬被从天津转移到北京，送到北京卫戍区的一个师部驻地关押。

1967年新年伊始，《红旗》杂志第1期发表姚文元的长文《评反革命两面派周扬》。1月3日，《人民日报》予以转载，从第1版一直登到第5版。姚文不厌其烦地历数自1951年到1965年15年间一次又一次思想斗争中周扬的表现，诬蔑周扬“是一个典型的反革命两面派”，是反党、反社会主义的“文艺黑线”的“总头目”。姚文元在文中把被周扬尊奉为“当代语言艺术大师”的五位作家（茅盾、巴金、老舍、赵树理、曹禺），说成是“资产阶级‘权威’”。胡风、冯雪峰、丁玲、艾青、秦兆阳、林默涵、田汉、夏衍、阳翰笙、齐燕铭、陈荒煤、于伶、邵荃麟等人都被点名，说成是“这条黑线之内的人物”。于是，重病未愈的周扬被连续揪斗。“黑线”之内的人物也无一幸免。1967年5月，周扬被关进秦城监狱。此后，被正式列入“周扬一案”的七八十人，或被关押，或被监护，或被立案审查。主持审查“周扬一案”的，是江青。看起来，“周扬一案”已成“铁案”，周扬等七八十位同志只有被批倒批臭，永世不得翻身了。

“9·13”事件之后，毛泽东经过思考、反省，不断地调整政策、修正错误。1974年12月下旬，他在长沙同周恩来谈话，作出许多重大决策。其中之一，是交代周恩来，四届全国人大开过以后，要把被关押、监护的干部解放出来。1975年3月，毛泽东在杭州亲自批准了《关于专案审查对象处理意见》。这样，“文化大革命”中由中央立案审查的人员600多人（不包括林彪集团有关人员），绝大多数都得到解放。只有20多人继续被关押、审查。其中，被称为

"四条汉子"的四人中,田汉已故,健在的周扬、夏衍、阳翰笙三人都没有放出来。

不过,"周扬一案"中的重要人物、中宣部原副部长林默涵这时恢复了自由。他于6月17日从江西丰城写信给毛泽东,表示感谢,热切地希望"留在党内",并表示:"决心好好学习马列和毛主席著作,虚心当群众的小学生,把自己的一切献给党和人民的事业,直到最后一息。"林信言辞恳切,表达了一位老共产党员对党的忠贞和深情。这时,毛泽东的双目几近失明。7月2日,他听机要秘书读罢此信,默然良久,拿起铅笔,摸索着给中共中央写了前述关于"周扬一案"的那段意见,并"附林默涵来信"一起送中共中央政治局。

毛泽东对林默涵来信的批示,完全改变了"文化大革命"初期对周扬和"周扬一案"的看法,明确提出应该"从宽处理",并对处理办法作了十分具体的指示。

第一,释放周扬。"久关不是办法"这句话,显然是对被继续关押的周扬、夏衍、阳翰笙说的。因为4月发出《关于专案审查对象处理意见》的文件后,"周扬一案"中和文艺界受审查的大多数人在五六月份都已获得释放或解除监护,恢复了自由。据笔者访问查询,其中有:萧望东、徐平羽、林默涵、石西民、钱俊瑞、张致祥、于伶、金山、郁风、穆欣、黄稻、谢和庚、沙汀、张庚、吕骥、赵寻、华君武、张光年、周巍峙、马彦祥、任桂林、石羽、唐瑜、吴祖光、新凤霞、凤子、苏灵扬、戴爱莲、丁玲、艾青、金紫光、司徒慧敏、周而复、叶浅予、程季华、周立波、阿英、陈白尘、孟超、黄苗子、袁文殊、舒强、阿甲、陈企霞、徐懋庸、葛琴等人。

第二,分配工作。这是对林默涵信的答复,适用于"周扬一案"中的大部分人。可见,毛泽东要使用这批文艺界的老同志,来改变"百花齐放都没有了"的状况。

第三,有病的养起来并治病。这体现了毛泽东对文艺界老同志的关心、爱护。

十多天后,1975年7月14日傍晚,毛泽东又同江青谈文艺调整问题。这次谈话的主题是7月初谈话和批语的继续,但更为广泛、深入、具体。"文化大革命"以来,江青一直以革命的"旗手"自居,管文艺工作仿佛成了江青的"专利"。毛泽东深知江青的脾性,一定会对文艺调整设置障碍、抵制破坏。所以,同邓小平谈话、对林默涵的信批示之后,他还要亲自同江青面谈,对她批评教育、明确指示。这次谈话有一个多小时。对谈话要点，江青作了记录并进行了整理。毛泽东的机要秘书张玉凤也作了记录。同年11月15日，毛泽东对记录稿作了四五处改动，并写了批语。这篇谈话因而又被称为“书面谈话”。1998年出版的《建国以来毛泽东文稿》第13册中，根据毛泽东11月15日的修改件，刊印了这篇谈话和当天所作的批语。全文如下：

> 党的文艺政策应该调整一下，一年、两年、三年，逐步逐步扩大文艺节目。缺少诗歌，缺少小说，缺少散文，缺少文艺评论。
>
> 对于作家，要惩前毖后、治病救人，如果不是暗藏的有严重反革命行为的反革命分子，就要帮助。
>
> 鲁迅那时被攻击，有胡适、创造社、太阳社、新月社、国民党。鲁迅在的话，不会赞成把周扬这些人长期关起来。脱离群众。
>
> 已经有了《红楼梦》、《水浒》，发行了。不能急，一两年之内逐步活跃起来，三年、四年、五年也好嘛。
>
> 我们怕什么？一九五七年右派猖狂进攻，我们把他们骂我们的话登在报上，最后还是被我们打退了。
>
> 以前的《万水千山》没有二、四方面军，这不好。现在听说改好了。
>
> 文艺问题是思想问题，但是不能急，人民不看到材料，就无法评论。
>
> 《反杜林论》，柏林大学撤了杜林的职，恩格斯不高兴了，争论是争论嘛，为什么撤职？杜林这个人活了八十多岁，名誉不好。处分人要注意，动不动就要撤职，动不动就要关起来，表现是神经衰弱症。林彪不跑，我们也不会杀他，批是要批的。
>
> 蒋介石的时候，报纸、广播、学校、电影都是他们的，他们蒙蔽人民。我们都是从那儿来的。我学孔夫子、资本家十三年，就是不知道马列，十月革命后才学马列，过去不知道。反动派没有多少威力，靠剥削过生活，他的兵都是靠抓壮丁，所以我们不怕他们。怕死的是林彪，叫他打锦州，他不打，最后两天他去了，俘虏十万人，又消灭了廖耀湘。长春、沈阳解放。
>
> 释放俘虏放得好，国民党怕得很。

毛泽东改完这篇谈话之后，又写了以下批语：

印发政治局各同志。请讨论一次。

我讲的不完全,至少应该提到鲁迅提倡削烂苹果一篇①,请文元同志找出此文印发,以供讨论之用。

在这次谈话中,毛泽东第一次十分明确地提出:“党的文艺政策应该调整一下”。他对文艺调整作了广泛、深入、具体的论述和指示。

同7月初的谈话与批示一样,他还是从“百花齐放都没有了”和把周扬等人“久关不是办法”,即作品与干部这两个方面着眼,但讲得更为深刻、具体。毛泽东再次对文艺现状表示不满,概而言之是:“缺少诗歌,缺少小说,缺少散文,缺少文艺评论。”对久关周扬等人,毛泽东也又一次提出批评。他很有针对性地指出:“鲁迅在的话,不会赞成把周扬这些人长期关起来。脱离群众。”这是对把周扬这些人关起来,长达9年,还不愿意释放的江青等人的严厉批评。为什么说“鲁迅在的话,不会赞成把周扬这些人长期关起来”呢?毛泽东说:“鲁迅那时被攻击,有胡适、创造社、太阳社、新月社、国民党。”意思很明白,周扬并没有攻击鲁迅,周扬同鲁迅是同一阵线中的战友。更何况,即使是攻击了鲁迅的,如创造社、太阳社以及新月社等,也并不就是敌人,也不能用“长期关起来”的办法。毛泽东还进而批评了干部问题上的极左政策:“处分人要注意,动不动就要撤职,动不动就要关起来,表现是神经衰弱症。”

针对当时的实际情况,毛泽东提出了这次调整党的文艺政策的目标。他说:“已经有了《红楼梦》、《水浒》,发行了。不能急,一两年之内逐步活跃起来,三年、四年、五年也好嘛。”与7月初同邓小平的谈话联系起来,可以看出,毛泽东心中期望的是在中国重新呈现“百花齐放”的局面,但他提的近期目标并不高,只是要求通过文艺调整,使文艺“逐步活跃起来”。他甚至没有给这个目标规定时限,而是嘱咐“不能急”,一两年之内“活跃起来”,当然高兴;3年、4年、5年“活跃起来”,“也好嘛”。这是因为他深知文艺领域灾难深重,伤了元气,调整、恢复,逐步逐步活跃起来,是很不容易的。

那么,党的文艺政策应该进行哪些调整呢?毛泽东在7月14日的谈话中着重提出三点:

第一,扩大文艺节目。毛泽东在谈话一开始就说:“党的文艺政策应该调

---

① 鲁迅提倡削烂苹果的那篇文章,见《准风月谈·关于翻译(下)》,《鲁迅全集》第5卷,人民文学出版社1981年版,第298—299页。

整一下，一年、两年、三年，逐步逐步扩大文艺节目。”这就是说，要改变文艺节目太少、全国只演几个“样板戏”的状况，要改变缺少诗歌、缺少小说、缺少散文、缺少文艺评论的状况，要改变怕写文章、怕写戏的状况，使电影、戏剧的节目扩大起来，使诗歌、小说、散文等作品丰富起来，扭转“百花齐放都没有了”的状况。

第二，对作家要帮助。毛泽东说：“对于作家，要惩前毖后、治病救人，如果不是暗藏的有严重反革命行为的反革命分子，就要帮助。”这就分清了敌我，指明绝大多数作家都是我们的同志，他们的问题是人民内部问题。因此，要改变动不动就撤职、动不动就把人关起来的错误做法，把他们解放出来，团结、帮助他们。从毛泽东修改的手稿上看，7 月 14 日谈话时，这后一句，毛泽东按口头习惯用语，说得比较笼统：“如果不是国民党，就要帮助。”11 月 15 日，他在亲笔修改记录稿时作了严格的界定，把“国民党”一词改为“暗藏的有严重反革命行为的反革命分子”。这就使那些寻找种种借口、不愿意解放被审查的作家的人，不好再对党的政策任意曲解，为己所用。

第三，指明文艺问题是思想问题。毛泽东说：“文艺问题是思想问题，但是不能急，人民不看到材料，就无法评论。”文艺问题是政治问题还是思想问题？这个问题至关重要。长期以来，特别是“文化大革命”中，都把文艺问题看作政治问题，把文艺批评变成政治批判，混淆了两类不同性质的矛盾，使大部分作家受到打击、迫害。就文艺界而言，“百花齐放、百家争鸣”的方针，就是建立于毛泽东在这次谈话中所指明“文艺问题是思想问题”这个理论观点基础之上的。这就回到了毛泽东思想的正确轨道上。据毛泽东的修改稿，末句也是作了改动的。原记录稿记成“人民不看到材料，不暴露他们”（其中的“不暴露”，显然中间漏了一个“能”字）。这句话如果这样说，那就还是“引蛇出洞”的那套办法，同“文艺问题是思想问题”的政策思想显然相悖。毛泽东在 11 月 15 日进行修改时予以纠正，改为“人民不看到材料，就无法评论”，从而指明了解决思想问题的方法。

就这样，毛泽东在 1975 年 7 月亲自启动了文艺调整。此后，文艺调整在邓小平直接组织领导下迅速开展起来。在当时特定的历史条件下，每一个重大举措、每一个具体步骤，都遇到江青一伙的抵制和对抗，但毛泽东支持邓小平进行文艺调整，亲自作出批示、指示，使文艺调整不断取得进展，产生了巨大的影响。

二、邓小平组织领导文艺调整

邓小平对文艺工作向来很关心，他本人就是一个电影爱好者。“文化大革命”前，中南海周末的文娱活动、西楼大厅的舞会上，找不到邓小平的身影。他总是同彭德怀等人在银幕前看电影。早在 1965 年 3 月 2 日的中共中央书记处会议上，邓小平就对 1964 年以来文化战线上开展的错误的、过火的批判提出过批评。他指出：现在有人不敢写文章了，新华社每天只收到两篇稿子。戏台上只演兵，只演打仗的。电影哪有那么完善？这个不让演，那个不让演。那些“革命派”想靠批判别人出名，踩着别人的肩膀上台。他还指出，要赶快刹车。① 不过，在当时的历史条件下，他的这些意见未能奏效，错误批判的大泛滥之势没有被遏制住。10 年以后，毛泽东指出“百花齐放都没有了”，强调要调整文艺政策，邓小平当然完全赞成。他立即决定，把文艺调整纳入正要拓展、深化的各方面整顿的范围。他说：“文艺，毛主席叫调整，实际上调整也就是整顿。”②

那么，整顿文艺应该从何入手呢？邓小平决定从调查入手。靠谁来具体实施呢？他把这个任务交给了刚刚成立的国务院政治研究室。

1975 年 7 月 9 日，邓小平召集国务院政研室负责人开会。会上，他传达了 7 月初毛泽东同他谈话时对文艺工作的意见，要求国务院政研室作些调查研究，收集一些文化、科学、教育、出版方面不执行“双百”方针的材料，因为中共中央政治局将讨论这个问题。邓小平在 7 月 9 日传达毛泽东的指示后还指出，除“百花齐放”外，还有一个“百家争鸣”的问题。要防止僵化。现在的文章千篇一律，是“新八股”。“双百”方针没有贯彻执行，文学、艺术不是更活泼、更繁荣。

国务院政研室的七位负责人很清楚，在当时的情况下，毛泽东的这个指示，不仅对整顿文艺十分重要，而且对全局必将有重大影响。就 1975 年春开始的整顿来说，是整顿的开拓与深化，把整顿从经济领域引向意识形态领域；就同“四人帮”的斗争来说，整顿进到了他们长期盘踞的“领地”，可以直接动

---

① 中共中央党史研究室编：《中共党史大事年表》，人民出版社 1987 年版，第 339 页。

② 《邓小平年谱（1975—1997）》（上），第 99 页。

摇他们的根基。

这时最需要的是，拿出实实在在的、击中要害的材料。

于是，邓小平传达后的第二天，7 月 10 日，胡乔木就在中南海西四院召集国务院政研室负责人开会，讨论怎样贯彻落实。他们议论了调查研究和收集材料的题目、分工与工作方式。邓小平交的调研任务，主要由于光远、邓力群负责执行。胡乔木抓总，别的同志当然也要兼顾。

文艺调整就是这样在邓小平的组织领导下，由胡乔木等人具体筹划、推动开展起来的。从这时到 10 月，从下而上反映情况，取得指示、支持，是通过胡乔木—邓小平—毛泽东这条线路；从上到下贯彻执行，也是通过毛泽东—邓小平—胡乔木这条线路。在当时与“四人帮”对垒的特殊环境下，许多事情不得不采取秘密的办法，经过迂回、曲折的途径。任何个别的历史事件总是有它的特殊逻辑。1975 年文艺调整中的若干事件，既有党内高层矛盾，又有群众公开斗争，且两者常常相互联系、相互影响。由于主要采取个别串联，把材料直送毛泽东，由他作出批示、推动整顿的方式，所以，文艺调整的斗争表现得错综复杂、眼花缭乱，呈现出更多的神秘色彩和偶然因素。

三、揭露“四人帮”的两个严重问题

7 月 10 日国务院政研室负责人开会以后半个月，取得了两项重大成果。一项在当时鲜为人知，就是整理出一份“四人帮”在报刊宣传中砍掉“百花齐放”的材料；另一项当时就轰动全国，是毛泽东对电影《创业》作者张天民来信作的批示。这是国务院政研室提供的、射向“四人帮”的两发“重型炮弹”，也可以说是邓小平组织领导文艺调整最初的两声号炮。

（一）揭露“四人帮”砍掉“百花齐放”

1. 邓力群出了一个好题目

在 7 月 10 日召开的国务院政研室负责人会议商定，调查文艺状况的工作主要由于光远、邓力群负责。7 月 11 日，于光远、邓力群就召集国务院政研室理论组开会，传达毛泽东关于文艺问题的指示精神和邓小平关于进行有关“双百”方针执行情况调研的意见，布置调研任务。会议在武成殿举行。武成殿在中南海内，是过去皇帝接见武将的地方。宫殿墙上嵌着名将的塑像。国务院政研室负责日常工作的一摊，就在这里开会。

邓力群向到会的同志说：前天（7 月 9 日），小平同志召集国务院政研室负责人开会，传达了月初毛主席同他就文艺问题所作的谈话。邓力群的记忆力很好，他凭记忆把毛泽东的话一字不差地复述了一遍，接着说：小平同志要我们做一些调查研究工作，对文艺方面没有贯彻执行“百花齐放”、科学方面没有贯彻执行“百家争鸣”的情况，收集一些材料，供他参考。因为主席有了指示，政治局要讨论这些问题。邓力群说：我想，我们还是先集中力量搞文艺。

在座参加讨论的几个人都刚刚到国务院政研室来工作，成为新建立的理论组的成员。组长王子野，在“文化大革命”前是人民出版社社长、总编辑，当时从湖北咸宁“五七”干校回京不久。组员郑惠、苏沛、滕文生，原先都是《红旗》杂志编辑，当时的关系都还在石家庄“五七”干校，就被召到中南海里去了。他们听了邓力群的传达，都很振奋。他们意识到，这次调研任务非同一般。这是要为小平同志提供资料，向“四人帮”开炮。

关于调研的题目，邓力群其实心里已经想好了一个，但他没有先说。他总是启发大家把意见和想法讲出来，敞开言路，集思广益。经过一番讨论以后，邓力群提出，先搞关于“三突出”的问题。作为文艺创作的所谓“三突出”原则，最初是“四人帮”在上海的亲信于会泳，按江青的意思于 1968 年 5 月在公开发表的文章中提出的。他写道：“我们根据江青同志的指示精神，归纳为‘三突出’，作为塑造人物的重要原则。即：在所有人物中突出正面人物，在正面人物中突出主要英雄人物，在主要人物中突出最主要的中心人物。”1969 年 11 月，由姚文元改定，江青批准了这个正式提法。此后，“四人帮”把它奉为“无产阶级文艺创作的根本原则”。不但戏剧、电影、小说，就连那些不一定描写人物的诗歌、山水画等也统统都要尊奉之。邓力群说：现在的文艺评论文章，都把京剧革命“样板戏”的“三突出”原则说成是适用于一切艺术形式的创作原则，是不妥当的，势必阻碍“百花齐放”。我们的调查研究从这个题目开始。他要王子野他们翻阅报纸、刊物，把有关“三突出”的论述，摘抄并整理成一个材料。

2. 王子野等人的意外发现

王子野是“老延安”，长期搞编辑、出版工作，学识渊博，经验丰富，目光敏锐。他带领理论组郑惠等同志一起，细细地翻阅报刊，从 1969 年中共九大以后查起，重点查阅被“四人帮”控制的《人民日报》、《光明日报》、《红旗》杂志和上海的《文汇报》。他们看到，报刊上鼓吹"三突出"原则的言论真是俯拾皆是。有的文章强调："'三突出'创作原则，深刻地揭示了无产阶级文艺创作的普遍规律。"（《文汇报》1973年12月12日载文）有的文章认为："围绕肯定还是否定'三突出'的创作原则展开的这场斗争，正是在政治战线上，围绕着肯定还是否定无产阶级文化大革命所展开的这场你死我活的复辟与反复辟的斗争的直接反映。"（《光明日报》1974年8月28日载文）有的文章提出："小戏创作必须贯彻革命样板戏'三突出'的创作原则……有人强调小戏的特殊性，胡说什么小戏不要'三突出'，实质上就是反对革命样板戏的创作经验，反对塑造无产阶级英雄典型。"（《文汇报》1974年10月10日载文）还有的文章说，新诗"只有运用'三突出'的创作原则，才能抒写出伟大阶级、伟大人民、伟大时代的最强音"（《人民日报》1974年5月5日载文）。"坚持'三突出'的创作原则，来处理人物塑造与景物描写之间的关系，这是电影艺术领域中一场深刻的革命。"（《人民日报》1973年8月20日载文）如此等等，不一而足。王子野、郑惠等人，很快就把《关于报刊上宣传"三突出"创作原则情况的材料》编好了。

就在翻阅报刊、整理这份材料的同时，王子野、郑惠有了意外的发现。当时报刊上引用毛泽东的话都用黑体字排印，十分醒目。他们一天一天、一张一张地翻阅过去，翻着翻着，突然发觉，报刊上许多引用毛泽东关于文艺方针的话，不见了"百花齐放"四个字。前前后后细细查看，篇篇如此，无一例外。

众所周知，"百花齐放，推陈出新"，是1951年春，毛泽东为中国戏曲研究院成立所作的亲笔题词。在此之前，在1950年11月召开的第一届全国戏曲工作会议上，有人提出戏曲应该"百花齐放"。周扬认为这个提法很好，即向毛泽东报告。所以，毛泽东这个题词，可以说是从群众中来、到群众中去的。此后，"百花齐放，推陈出新"这两句话遂成为指导我国文艺工作发展的方针。1956年4月，在讨论《论十大关系》的过程中，毛泽东又在最高国务会议上明确提出"百花齐放，百家争鸣"，作为促进文艺繁荣和科学进步的方针。1964年9月，毛泽东在对中央音乐学院学生陈莲来信的批示中又指出，在借鉴古代艺术和外国艺术问题上，必须实行"古为今用，洋为中用"。[①] 此后，"古为今用，洋为中用"、"百花齐放，百家争鸣"四句话就连用在一起，作为发展和繁荣

① 《建国以来毛泽东文稿》第11册，第172页。

社会主义文艺的指导方针。谁都不会想到,“四人帮”竟敢从指导方针上把“百花齐放”砍掉了。毛泽东在1975年7月初说“百花齐放都没有了”,指的是文艺创作。而这些文章说明,江青一伙在指导方针上也把“百花齐放”砍掉了。这就正好从指导方针和理论批评方面,同毛泽东批评文艺创作上“百花齐放都没有了”相印证,说明“四人帮”是怎样胆大妄为,有意阉割毛泽东的文艺方针。

王子野他们抓住了江青一伙的重要罪证。指斥别人篡改、阉割毛泽东指示,是“四人帮”在“文化大革命”中整人的“杀手锏”。现在,他们肆无忌惮地砍掉毛泽东规定的文艺方针的事实白纸黑字,铁证如山。在当时同“四人帮”的斗争中,这无疑是向他们开火的一发“重型炮弹”。怎样简洁、明快地将这条罪证揭露出来呢?王子野他们下了功夫。考虑到材料如果过于庞杂,不利于击中要害,他们决定把例证集中在以“四人帮”控制的写作班子“初澜”和“样板戏”演出单位名义发表的文章上。时间跨度从1969年11月到1975年6月,绵延6年,可以看出错误严重而并非偶然。他们只花了一个多星期,就把《关于报刊中宣传“双百”方针情况的材料》和《关于报刊上宣传“三突出”创作原则情况的材料》整理完毕,交到胡乔木、于光远、邓力群的手里。完成了这个任务,王子野松了一口气,要郑惠、苏沛、滕文生立即赶到石家庄,把他们的行李、书籍取回来,正式到国务院政研室工作。

3. 胡乔木寻根究底

胡乔木、邓力群看了王子野、郑惠等人整理的两份材料,感到很重要、很有力。“四人帮”把“三突出”原则拔高为“无产阶级文艺创作的基本规律”、“普遍规律”,把肯定还是否定“三突出”创作原则,说成是政治路线上复辟与反复辟斗争的直接反映,是用他们的片面性、绝对化来扼杀文艺创作的“百花齐放”。“四人帮”在文章中公然砍掉“百花齐放”这份材料,更加引人注目。王子野、郑惠他们从许多例子中选出12条作为罪证,说明“四人帮”把“百花齐放”这句口号砍掉,完全是蓄意为之。他们目无中共中央、目无毛泽东,白纸黑字,无法抵赖。现从这份材料中摘出数例:

“这场斗争表现在许多方面……有艺术思想方面坚持‘古为今用,洋为中用’、‘推陈出新’的方针……同守旧崇洋等各种错误倾向的斗争。”

(上海京剧团《智取威虎山》剧组:《努力塑造无产阶级英雄人物的光辉形象》,《红旗》杂志1969年第11期)

“在塑造英雄人物的舞蹈形象上……必须根据毛主席的‘古为今用,洋为中用’、‘推陈出新’的伟大方针……”

（同上作者:《源于生活　高于生活》,《红旗》杂志1969年第12期）

“遵照毛主席的‘古为今用,洋为中用’、‘推陈出新’的伟大方针……我们…对旧的芭蕾舞艺术形式进行了深刻的改造。”

（中国舞剧团:《毛泽东思想照耀着舞剧革命的胜利前程》,《红旗》1970年第7期）

“革命样板戏的创作遵循毛主席关于‘古为今用,洋为中用’、‘推陈出新’的文艺方针……”

（初澜:《中国革命历史的壮丽画卷》,《红旗》1974年第1期）

“如何对待我国文化,毛主席为我们指出了‘古为今用,洋为中用’、‘推陈出新’的方针。”

（初澜:《应当重视这场讨论》,《人民日报》1974年1月14日）

“这些歌舞节目遵循‘古为今用,洋为中用’,‘推陈出新’的方针……”

（《百花争艳气象新》,《人民日报》1975年5月24日）

胡乔木觉得,这份材料提出了一个原则性问题,不仅暴露了“四人帮”实行文化专制主义的本质,而且表现了他们从理论到实践抗拒毛泽东的文艺方针、割裂毛泽东思想的本来面貌。“文化大革命”开始以来,“四人帮”一直用反对毛主席、反对毛泽东思想这根“棍子”打人。摆在面前的这份材料说明,正是自封为“文化革命旗手”的江青及其同伙,公然反对毛泽东提出的文艺方针,阉割毛泽东思想,持续时间长达6年之久。

胡乔木决定,立即把这两份材料送给邓小平。为引起注意,他特地写了一封信,着重讲“四人帮”砍掉“百花齐放”这份材料,说整理出这个材料很费了功夫,统计数字表明这几年对“双百”方针的宣传的确比较少,特别是毛主席说的“古为今用,洋为中用”、“百花齐放,百家争鸣”这四句联用的话,在一段时间里只用了三句。关于“三突出”的材料,也可看看。这封信同那两份材料立即被送给了邓小平,时间是7月23日,离邓小平布置调研任务仅仅两个星期。

胡乔木是位学者型的政治家,凡事都想弄清来龙去脉。他认为,“初澜”和“样板戏”剧组的文章这样砍去“百花齐放”必有来头。所以,材料送上去以后,他没有就此歇手,又进一步寻根究底。不久,他就发现,砍掉“百花齐放”

的始作俑者是姚文元。其时,胡乔木正在整理毛泽东在 1956 年 8 月 24 日《同音乐工作者的谈话》。在以往的记录稿和整理稿中,有一篇姚文元在 1969 年背着毛泽东“整理”的稿子。在这篇稿子里,姚文元不顾历史事实,把 1964 年 9 月毛泽东所作批语中的“古为今用,洋为中用”,硬塞到 1956 年 8 月的谈话中去;同时,又把毛泽东同音乐工作者的谈话中并没有引述的 1951 年春天的题词,砍掉了“百花齐放”而将“推陈出新”塞了进去,把“古为今用,洋为中用”、“推陈出新”三句联用在一起。“四人帮”肆无忌惮地移花接木,明目张胆地篡改,令人愤慨。

1975 年 8 月 21 日,邓小平同国务院政研室七位负责同志,在三座门中共中央军委办公地阅读、讨论毛泽东的《同音乐工作者的谈话》文稿时,胡乔木把姚文元的这一劣迹报告了邓小平。

4. 邓小平揭露“四人帮”

邓小平接到胡乔木的信以及王子野他们整理的材料,很重视。他见到胡乔木时说,这个材料能够说明一些问题。胡乔木查出砍掉“百花齐放”的始作俑者就是姚文元,这个材料在斗争中的分量就更重了。

1975 年 10 月 4 日,邓小平在全国农村工作座谈会上插话,运用这个材料,痛快淋漓地揭露了“四人帮”割裂毛泽东思想的严重问题。邓小平说:“我总觉得现在有一个很大的问题,就是怎样宣传毛泽东思想。林彪把毛泽东思想庸俗化的那套做法,罗荣桓同志首先表示不同意,说学毛泽东著作要学精神实质。当时书记处讨论,赞成罗荣桓同志的这个意见。林彪主张就学‘老三篇’(后来加成‘老五篇’),是割裂毛泽东思想……割裂毛泽东思想这个问题,现在实际上并没有解决。比如文艺方针,毛泽东同志说,要古为今用,洋为中用,百花齐放,推陈出新。这是很完整的。可是,现在百花齐放不提了,没有了,这就是割裂。”①

5.“四人帮”暂时退却

“四人帮”对毛泽东的批评常有狡辩。毛泽东讲电影《创业》“此片无大错”,他们就说还有“中错和小错”啊。可是,对砍掉“百花齐放”这一条,他们无法抵赖。

由于毛泽东提出“百花齐放都没有了”等批评意见,邓小平又提出他们割

① 《邓小平文选》第 2 卷,第 36—37 页。

裂和篡改毛泽东思想的罪证，这就迫使“四人帮”在“百花齐放”口号等问题上作暂时的、表面的退却。于会泳在文化部的一些会议上只能假惺惺地说：“过去对贯彻‘二百’方针不够自觉”，“我们要进一步贯彻‘二百’方针”。他暗中布置亲信，把过去文章中删掉“百花齐放”的地方，于再版时“要加上去”。在张春桥授意下，1975 年 12 月 12 日，以文化部创作办公室的名义，发出一个《样板戏剧组文章若干提法的修改方案》。第一段“关于文艺方针的提法”说：“（一九）六九年以来，所有样板戏剧组文章，大都是提贯彻执行毛主席的‘古为今用，洋为中用’、‘推陈出新’的方针，未提‘百花齐放’。根据目前情况，应加上‘百花齐放’，改为‘古为今用，洋为中用’、‘百花齐放，推陈出新’方针的完整提法。”为什么“百花齐放”的口号自“六九年以来”必须一刀砍掉，而在“目前情况”下又应加上？“四人帮”无法自圆其说，当然也不敢把不能不供认他们罪证的这个“方案”公之于世了。

（二）揭露“四人帮”扼杀电影《创业》

1. 贺捷生受托搞材料

电影《创业》，是长春电影制片厂拍摄的、反映大庆油田艰苦创业的故事片，于 1975 年 2 月农历春节时公开放映，受到广大群众的热烈欢迎。可是只放了一两天，《创业》就被禁映了。江青和她控制的文化部对《创业》百般挑剔，罗列了十条罪名。毛泽东作出调整文艺政策的指示，邓小平布置了调研任务以后，胡乔木首先想到的是，《创业》受压制的情况应该向上反映。他想到了诗人李季。李季早年以长篇叙事诗《王贵与李香香》闻名。这是贯彻延安文艺座谈会确定的文艺为工农兵服务方向以后产生的代表作，在中国新诗史上具有里程碑的意义。新中国成立以后，李季长期在石油战线深入生活，又发表了叙事诗《五月端阳》、《杨高传》和不少反映石油工人生活的抒情诗。毛泽东知道李季其人，由他出面上书毛泽东，比较合适。胡乔木就请熊复、王子野去联系，希望李季给毛泽东写信反映此事。不想李季患病住院，即由王子野根据李季的口述整理。胡乔木看了不满意，只得作罢（此事在“反击右倾翻案风”时被说成是秘密串联，捉刀代笔）。

就在胡乔木最初的计划眼看要落空的时候，他意外地收到一份揭露江青一伙扼杀电影《创业》的材料。送材料的是贺龙元帅的女儿贺捷生。

当时，贺捷生在中国革命历史博物馆工作。那里离胡乔木的寓所很近，只要穿过天安门广场就到了。而贺捷生的母亲蹇先任住在月坛，离得较远。贺捷生是胡乔木家的常客，她的独生女儿有时还寄居在胡家。贺捷生对“四人帮”早就恨之入骨，她听说毛泽东在7月初同邓小平谈话，批评“百花齐放都没有了”，又得知邓小平等人正要了解情况，很愿意为此出力。胡乔木即委托她收集材料。

贺捷生遂约了当时在中国革命历史博物馆工作的画家范曾，正在八一电影制片厂修改剧本的武汉部队作家白桦，正在北京电影制片厂修改剧本的安徽省蚌埠市文化局的作家张锲和外文局《中国》杂志社的记者、诗人韩瀚等人一起，商量怎样向上级反映文艺界的情况。他们先写了近3万字的全面揭发材料，通篇直呼江青其名，尖锐、辛辣地揭批了江青。胡乔木看后指出，要抓住《创业》和《海霞》两个问题集中写，并转告了中央领导同志的批示：“要站在全党的角度，检查一下我们的文艺工作”，“文艺要百花齐放，不要一花独放”，“材料要注意写事实，为了斗争的需要，现在不要急着点那个人的名。那个人的情况，政治局的同志都知道”。后来，便由张锲写了《〈创业〉问题的前前后后》等专项材料（另外还有三个材料：关于《海霞》、关于“陶钝事件”、关于“黑画展”，由别人执笔）。材料仍由贺捷生交给胡乔木。

关于《创业》的这份材料，将《创业》在1975年春节公映后如何备受群众欢迎，江青一伙又怎样竭力压制、下令禁映、横加指责等情况，详尽写出。江青等人为了达到他们反对周恩来、打击革命老干部的目的，对《创业》罗织了十条罪名。什么给刘少奇“涂脂抹粉”啊，写了“真人真事”就是为某位领导同志“树碑立传”（指余秋里、康世恩等领导打石油翻身仗的老干部），就将“后患无穷”啊，还诬蔑影片主人公周挺杉“不典型”，“表现了一个鲁莽汉子的形象”，指责“主要人物的语言概念化”等等，真是蛮横无理至极！

胡乔木读后，认为贺捷生送的材料反映的情况很充分，很有代表性，能够成为揭露“四人帮”文化专制主义的突破口，但从效果出发，不适于拿它送给毛泽东。胡乔木对贺捷生说，最好由《创业》剧本的执笔者张天民自己向中央上书。他希望贺捷生同张天民联系。说来正巧，这时正好张天民从东北来京。

胡乔木在委托贺捷生同张天民联系的同时，向邓小平汇报了关于电影《创业》受压制的情况和人们的议论，认为文化部对这部影片的处理很不对，管得过严、过死，所以新片子少。这样领导文艺，很难达到繁荣创作、百花齐放的目的。邓小平认为，胡乔木讲得很有道理。

2. 张天民上书毛泽东、邓小平

贺捷生不便直接去找张天民，便托白桦去同张天民联系，请张天民到她母亲蹇先任家里一起商量。张天民的信稿写出以后，贺捷生请胡乔木过目，并立即向张天民转达了修改意见。大致是：信的笔调不要太冷，一点就透的地方不宜说得过满；要冷静、客观、字字有据，不让人感到偏激，才能立于不败之地；一定要建议让影片重新公演。为了增加送信的成功率，贺捷生还建议可写两封信，一封给毛主席，另一封给邓副总理。

7月18日，张天民对信稿又作了一番修改，用普通稿纸抄清，装进带红框的两个牛皮纸大信封里，分别送呈毛泽东和邓小平。信封上只写了收信人的称谓，没有落款。第二天，张天民按照预先的约定，由他的妻子赵亮到天安门广场中国革命历史博物馆门口，把信送给了贺捷生。

张天民的信一开头，就把故事影片《创业》的问题尖锐地摆了出来：

> 这部影片上映后，广大石油工人和其他战线的工农兵观众，反映强烈，感到受到鼓舞。但在同时，也受到了领导上的严肃批评，指出影片存在着严重问题。直到今日，问题没有解决，认识没有统一。

他叙述了《创业》的创作过程，具体地说明影片是实践毛泽东《在延安文艺座谈会上的讲话》的产物：

> 《创业》是由有大庆工人参加的三结合创作组创作的。为了在银幕上塑造我国石油工人的英雄形象，我和其他同志遵照《讲话》指引的方向，深入到石油工人中间去，与他们同吃同住同劳动，接受工人阶级的再教育，用了七个多月的时间，进行调查研究，走访了四个油田和铁人王进喜同志的家乡，阅读了几百万字的材料，先后与一百多位石油工人和干部进行了长时间的谈话，了解石油工人成长的历史、中国石油工业发展史、石油战线两条路线斗争史。在此之前，我还在一个石油钻井队搞过七个月的“四清”。石油工人的英雄事迹，使我们受到很深的教育，鼓励着我们充满激情去写作。摄制组的同志们，在党支部的领导下，以石油工人为榜样，顶严寒、抗酷暑，用比较快的速度拍成了影片。

这样的影片，理所当然地深受广大干部、群众的欢迎。张天民接着写道：“影片经过大庆各条战线模范人物代表的审查，给了我们许多支持和鼓励，又经文化部负责同志多次审查，也给了肯定的评价。吴德同志、于会泳同志以及创办的其他领导同志都认为是一部比较好的影片。中共吉林省委负责同志也表示满意。”

经中央批准，电影《创业》在1975年春节上映，受到广大观众的热烈欢迎。可是，风波突起。张天民写道：

> 但就在上映的第二天，有关领导作出几项决定：不继续印制拷贝，报纸上不发表评介文章，不出国，电视、电台停止广播，并通知了全国各地。不久，北影负责人传达了中央负责同志（本书作者按：即江青等人）的指示，指出影片在政治上、艺术上都有严重错误，政治上美化刘少奇，艺术上写真人真事，公式化、概念化。要求查一查背景，并写批评性的评论文章。这使文艺界受到了极大的震动，思想上比较混乱，我本人也感到压力很大。直到四月八日，文化部核心组“经过仔细认真的讨论”，提出了十条批评意见。（见附件）并建议吉林省委、长影党委和创作人员做了检查，指示我们写一篇自我批评文章准备在报上发表。调查了创作过程，指出“不论涉及任何人和事都没有关系”。

针对江青等人的无理指责，张天民向毛泽东、邓小平申述：“我和文艺界不少同志对十条意见有不同看法，但谁也不公开讲。我想写信给毛主席，又耽心会受到有关方面的责难。考虑再三，我觉得这不仅是一部影片的问题，而是关系到今后创作怎样搞的问题，是广大文艺干部所共同关心的问题”，因此决定给毛主席和邓副主席写信（两信内容相同）。张天民在信中理直气壮地写下五条意见，针对江青等人强加的十条罪状予以驳斥，说明从实践、从效果来看，《创业》是部好影片。张天民写道：

> 一、毛主席教导我们，判断一部作品要看实践，要看效果。这部影片受到工农兵的欢迎，文化部、报社、制片厂都接到许多观众来信，在许多工矿企业中出现了学习剧中英雄人物的动人事例，这说明它在一定程度上起到了团结人民、教育人民的作用，对工业学大庆的群众运动是有好处的。（这首先是石油工人的英雄业绩感染着人们，而不是作者的功劳）我反复考虑，认为它有利于巩固党的领导，有利于社会主义事业，按六条标准衡量，它不是毒草。
>
> 二、影片多次写到毛主席、党中央对石油会战和石油工人的关怀，其中有的地方写到党中央给石油工人主席著作，中央给工人调来

帐篷，中央首长和全国人民期望着我们等等，目的是想体现党在政治上、生活上、生产上都关心着石油工人。这个党中央指的是毛主席为首的党中央，是指无产阶级司令部，限于所写的年代是一九六〇年，不便使用无产阶级司令部这个词……这种写法如有不妥，我们愿意改正，也是不难改正的。怎么能说凡是这样提党中央就是指刘少奇呢？从我们主观意图到广大观众的客观感受，它都未起到“给刘少奇、薄一波之流涂脂抹粉的作用”。

三、我们根据大量的生活素材，经过艺术概括塑造了党的干部华程这个形象。其主要的故事情节是虚构的。这个形象的塑造有这样那样的缺点，但绝不是真人的传记，不是要为某领导同志树碑立传。十条意见认为我们“着力地宣扬了活着的人”，“明显地写活着的真人真事”，主要根据有二，一是语言，二是某些情节。剧中是使用了一些某领导同志讲过的语言，但这些话有的是从群众中来的，又是直至今天还为广大石油工人所共同使用着的，这些话我们用在了华程身上，也用在了周挺彬身上，甚至阶级敌人冯超也讲了。怎么能认为用这些话就是要宣扬某领导同志呢？剧中有的情节可以高出生活原型，就是十条意见本身也承认那不是一个人的原型，也承认这些情节与生活中的真事只是“类似”或“相似”。这就证明是经过了概括，经过了加工的。问题是加工提炼得好不好、够不够，而不是写真人真事。十条意见批评影片写真人真事，又处处以写真人真事的报告文学要求影片，要求“按报告文学来搞”（刘庆棠讲话），也是不好理解的。这个问题已经在创作人员中造成混乱。有人总结《创业》的教训就认为不能写重大题材，不能写重大历史事件，不能写出名的人和事，只有写小题材、小人物、小故事才保险。

四、周挺彬形象塑造得还不够高大完美，但认为他对苏修卡我们脖子表示愤怒的动作是鲁莽汉子似乎不妥。

五、不能因为使用了主席语录、国际歌歌词而说影片语言概念化。

最后，张天民提出：

如果这部影片的错误还没有到十条意见指出的那样严重程度，我建议应该重新上演。

3. 毛泽东作出关于《创业》的批示

7月22日,贺捷生把张天民致邓小平的那封信交给胡乔木,把张天民致毛泽东的那封信交给王海容。胡乔木很快把信送给了邓小平。邓小平在这之前已经听胡乔木谈过有关《创业》被扼杀的情况,所以读了张天民的来信以后,就及时地把这封信送给毛泽东。

毛泽东读到张天民这封信的时候,左眼在7月23日刚刚动过白内障针拨手术。

1973年春,毛泽东觉得视力衰退得厉害,看东西模糊不清。5月13日,经同仁医院主治大夫张淑芳检查,确诊毛泽东患了双眼老年性白内障。起初准备等白内障长熟后,为他做睛体摘除剥离手术。但这时毛泽东已经80高龄,心脏、肺部又都有病,做这种手术很不保险。在国内,北京广安门医院的唐由之大夫在传统的"金针拨障术"基础上研究改进,创造了中西医结合的现代白内障针拨术。这种办法不能根除白内障,但手术简便,不易引起并发症,适合年老体弱的白内障患者。1975年2月9日,正是农历乙卯年的小年夜。唐由之等人被用专机接到杭州,给刚在前一天到达杭州的毛泽东会诊①,倾向用中西医结合的针拨术。2月19至22日召开的中共中央政治局会议,听取了从杭州返回北京的汪东兴和毛泽东医疗组关于最近对毛泽东所作体检情况及治疗方案的汇报,研究了治疗方案,表示完全赞同毛泽东本人提出的先治眼病的决定。毛泽东圈阅了会后中共中央政治局常委的报告。② 4月中旬,毛泽东回到北京。经他本人同意,决定先给毛泽东的左眼做针拨术,并在中南海游泳池毛泽东的住处,临时搞起了一个"阳光屋"手术室。

1975年7月23日晚11点,由唐由之主刀,张淑芳、高培质做助手,为毛泽东实施"金针拨障术"。手术进行得很顺利,实际上只花了六七分钟。应毛泽东的要求,手术时还放了上海昆曲演员岳美缇唱的岳飞的《满江红》。

手术后,毛泽东睡了三个多小时,醒来已是7月24日凌晨。毛泽东发觉唐由之大夫还在,就招呼他坐到自己身边。毛泽东兴致很高,从"由之"这个名字,想到杨杏佛在上海被暗杀后鲁迅悼念他的诗句,风趣地吟叹道:"由之,由之,花开花落两由之!"毛泽东遂命秘书取过纸和铅笔,边吟边把鲁迅的这

---

① 给毛泽东会诊的医疗小组的五位大夫是:广安门医院的唐由之、高培质,同仁医院的张淑芳、张晓楼(院长)和北大医院的周佩荣。

② 据《邓小平年谱(1975—1997)》(上),第19页。

首《吊杨铨》诗默写出来："岂有豪情似旧时，花开花落两由之。何期泪洒江南雨，又为斯民哭健儿"，赠与唐由之。唐由之大夫当时就在毛泽东的这张手书上写上日期："1975 年 7 月 24 日"，留作永久的纪念。

毛泽东的左眼手术效果很好。7 月 24 日白天，为他取下蒙眼的纱布点眼药水时，毛泽东发现左眼可以看见东西了，很高兴。他连纱布都不愿蒙了，还看文件。六七个小时后，眼睛疼痛，只好又把眼睛蒙了起来。

7 月 25 日，张天民的信到达毛泽东案前，正是他老人家眼睛复明、心情愉快的时候。

送到毛泽东那里的，是张天民写给邓小平的那封信。据毛泽东的机要秘书张玉凤回忆，张玉凤把张天民的信和所附江青等人的十条批评意见读给毛泽东听，"主席在听我读的过程中非常生气。听完后，即刻作了批示，并对我说了多遍：'江青这个人不懂事，尽办些蠢事。'这一天，主席一直不高兴，不愿吃饭，也没有睡觉，一直无法休息"。① 毛泽东亲笔写下的批示为：

> 此片无大错，建议通过发行，不要求全责备。而且罪名有十条之多，太过分了，不利调整党的文艺政策。
>
> 此信增发文化部及来信人所在单位。

这就是著名的关于电影《创业》的批示。毛泽东的批示，是用另外的白纸专写的。这时，他的眼睛还被纱布蒙着，写字全凭感觉。虽然写得歪歪斜斜，字距不均，标点远离，但字体端庄，遒劲有力。批示一共 43 个字（不算日期和附注），用了 6 页纸。最多的一页写了 12 个字，最少的写了 5 个字，其中有一页是因为漏字而重写的。② 毛泽东对调整文艺政策早已成竹在胸，从手迹可见，这段批语行文流畅、一气呵成。这也说明毛泽东晚年虽然身体欠佳，但头脑是清醒的，尤其是左眼手术成功后，精神很好。

毛泽东作出对电影《创业》批示的第二天，7 月 26 日，批示就被送到了邓小平的手里。其时，邓小平正在三座门中共中央军委办公地，同国务院政研室

---

① 据张玉凤的揭发材料，1976 年 10 月 20 日。转引自金冲及：《二十世纪中国史纲》第 3 卷，社科文献出版社 2009 年版，第 1098 页。

② 毛泽东对《创业》的批示第一次在内部文件上发表，是 1975 年 7 月 27 日。发表时最后一句为"不利调整党内的文艺政策"，多了一个"内"字，以后一直沿用。1976 年 11 月 5 日，对《创业》的批示第一次在《人民日报》上公开发表，这句仍为"不利调整党内的文艺政策"。此话显然不通。在当时情况下，大概也无人提出质疑。过了若干年，经查毛泽东这件批示的手迹，这句话才更正过来。

的七位负责同志开会。他看过毛泽东的批示以后，当场就宣读了一遍。邓小平说：文化部处理问题太粗暴，连《创业》这样好的影片也不许放映，还有什么“百花齐放”？会上，胡乔木向大家讲了《创业》作者写这封信的情况。邓力群介绍了有关电影《海霞》的争论。

毛泽东的这个批示，支持了《创业》的作者，批评了江青及其控制的文化部，实际上对近半年间围绕《创业》展开的争论作了结论，为受指责的《创业》翻了案。加之毛泽东在批示上注明，要将张天民致邓小平的信增发文化部及来信人所在单位，这样，“四人帮”想要封锁也封锁不住。

毛泽东关于《创业》的批示和张天民的信迅速传播开去，长期受压制、打击的文艺工作者奔走相告，欢欣鼓舞。人们学习毛泽东关于《创业》的批示，联系实际，用各种方式揭发、批判“四人帮”及其在文化部的亲信，引起一连串连锁反应，形成一个又一个“冲击波”。自“文化大革命”以来一直专横跋扈的江青一伙，第一次处在被文艺工作者和公众批评、揭露的地位。

当然，毛泽东关于《创业》批示的影响远远超出文艺界的范围，在全国上下都引起强烈的反响。特别感到振奋的是石油战线的干部和职工。《创业》遭禁，石化部受压。上至领导，下至大庆工人，都憋了一口闷气。毛泽东的批示使他们昂首挺胸，扬眉吐气。余秋里得知毛泽东对《创业》的批示后，立即叫石化部政治部向长春电影制片厂订购了20部拷贝。兴高采烈，由此可见。

毛泽东对《创业》的批示产生如此巨大的影响，胡乔木怕张天民头脑发热、得意忘形。他又要贺捷生出面，找张天民谈话，以贺捷生个人的名义交代张天民：“一、要爱护毛主席的批示，珍惜这个荣誉，不要骄傲，依靠群众，取得群众的信任和支持，准备迎接更困难艰巨的斗争，准备走曲折的道路；二、有事要经常同我们取得联系”，并建议张天民的妻子赵亮给毛泽东写感谢信。胡乔木这位始终没有出面的领导同志，想得多么全面、周到！

四、对《创业》的批示引起连锁反应

如果说毛泽东7月上旬关于文艺调整的谈话、批示主要在高层领导中传达，由高层领导贯彻，外界虽有传闻，但知者寥寥；那么，由张天民上书引出的对《创业》的批示，就把毛泽东要整顿文艺的决策一下子传遍了文艺界。

7月28日，文化部向部属文艺团体和在京文化单位传达毛泽东“7·25”

批示。可以坐2500多人的北京展览馆大演出厅里座无虚席，全场不时响起雷鸣般的、经久不息的掌声。人们从对《创业》的批示中获得了两个重要信息：一是毛泽东对江青等人有所不满，提出了批评。江青一伙不能一手遮天，独霸文坛。二是毛泽东要求调整文艺政策，改变“样板戏”一花独放的状况，扩大文艺节目，使文艺逐步活跃起来。在对《创业》的批示鼓舞下，7月下旬至8月，在文艺界形成了一个对“四人帮”及其在文化部的亲信揭发、批评的态势。广大文艺工作者的斗争得到周恩来、邓小平的支持，也继续得到毛泽东的认可。国务院政研室的胡乔木等负责同志，很好地发挥了中共中央、国务院领导人的参谋与助手的作用。“四人帮”及其在文化部的亲信非常被动，迫于形势，只能消极应付。在最初的一连串“冲击波”中，力度最强、影响最大的有两件事：一件是毛泽东支持电影《海霞》作者的申诉，另一件是邓小平重视中央音乐学院青年教师的“大字报”。

（一）毛泽东支持电影《海霞》作者的申诉

在“文化大革命”中，像《创业》这样受压制、遭“围剿”的事，在文艺界何止一件、两件？在胡乔木与贺捷生商量，怎样把江青一伙扼杀《创业》的事向毛泽东反映的时候，北京电影制片厂《海霞》摄制组的编剧谢铁骊，导演兼摄影钱江（他是革命烈士钱壮飞的儿子），摄影李晨声，副导演陈怀皑、王好为等人，也正在为电影《海霞》的命运，与“四人帮”及其在文化部的亲信进行一场尖锐的斗争。

1. 创作《海霞》的前前后后

《海霞》是谢铁骊根据黎汝清的小说《海岛女民兵》改编的。这部影片虽然到1975年年初才摄制成功，而它的酝酿与筹拍，却早在1972年夏秋之交就开始了。

1972年7月，毛泽东曾批评：“戏剧、文艺作品太少了。”随后，国务院文化组作出决定：大力抓剧本创作，恢复故事片生产。文化组电影口的负责人、北影厂第一军代表立即召集创作人员布置抓剧本，创作、改编都行。这正合谢铁骊等电影工作者的心愿。因为1971年5月20日，谢铁骊与成荫、钱江就曾联名给周恩来写了一个报告，反映工农兵群众迫切要求看到故事影片的愿望，并提出抓好故事片摄制的建议，得到周恩来的赞赏。周恩来在1972年，曾当面批评“四人帮”在文化部门的亲信：你们不要卡得太死，有些电影很好，你看看去嘛！如今，上面布置了任务，谢铁骊、钱江、王好为等人立即行动起来，谢铁骊改编了剧本，并组织了摄制班子，奔赴大江南北，到南京、温州，访作者，访人物原型，又顺着海岸线由北而南，经浙江、福建、广东三省，体验生活，选择外景，一心想要拍出一部好影片来。

1973 年元旦，周恩来在人民大会堂接见文艺界代表时，当着江青等人的面指出："群众提意见，说电影太少，这是对的"，"这是我们的大缺陷"。他还对谢铁骊和钱江说：群众不只是看"样板戏"，也需要看故事片。你们也可以拍些故事片嘛！"文化大革命"中，电影事业也是一个"重灾区"。"文化大革命"前，20 世纪 60 年代每年拍摄故事片 20 多部。但从 1966 年到 1972 年的 7 年时间，没有拍摄一部故事片。周恩来期望在 3 年之内能把这个空白填上。他还热情地表示："你们有什么要求，通过文化组提出，中央批准，党和国家就帮助。"广大电影工作者受到极大鼓舞。谢铁骊、钱江等人更积极地筹拍故事片《海霞》。

谢铁骊等人原希望把这部电影尽快拍成，但因为江青的兴趣只在把"样板戏"搬上银幕上面，一会儿调谢铁骊等人去重拍《海港》，一会儿又逼着他们去摄制《杜鹃山》，弄得《海霞》摄制组几易主帅，拍摄工作断断断续续，直到 1975 年年初才制作完成。

2. 文化部头头扼杀《海霞》

1975 年春节期间，周恩来观看了新摄制完成的影片《海霞》。当时他已病重住院，看了两三次才看完。他认为这部影片拍得不错。朱德、叶剑英、李先念等中央领导同志也相继看了《海霞》，认为很好。邓颖超把这部片子推荐给中联部部长耿飚，建议他用这部片子招待在京的各国使节和友人。

由于周恩来、朱德、叶剑英、李先念以及总参都调看了《海霞》，给予了肯定的评价，一时间，在中南海内形成了一股"《海霞》热"。可是，主管电影工作的文化部头头却大不以为然，给《海霞》提了大大小小几十条意见，并认为这部影片违反了"三突出"、"三陪衬"的创作原则，还扣上一顶政治帽子，说影片有严重的路线问题，令摄制组检查创作思想。谢铁骊同文化部头头据理力争，但无济于事。不难看出，文化部的头头旨在利用手中的权力，通过"围剿"，把《海霞》打入"冷宫"，入库报废。

谢铁骊连气带急，青光眼疾发作，在 5 月初住进北京同仁医院。钱江本来就有病在家休息。面临这样的危局，摄制组的陈怀皑、王好为、王兆麟、李晨声、谢飞等人坚守岗位，勉力撑持。他们组成修改小组，提出一个又一个修改方案，送谢铁骊、钱江定夺后着手修改。他们忙了一个多月，改了100多个镜头，完成了《海霞》的第二稿。

1975年6月15日，经修改后的《海霞》再次送文化部审查，仍然不予通过。理由是：有五个地方，尤其是"吃野菜"和"送水"两场戏，没有按文化部的意见修改。文化部头头于会泳蛮不讲理，说什么海霞到前线阵地送水，方指导员为掩护海霞而受伤，这场戏没有突出主要英雄的主导作用。而方指导员等人吃海霞家锅里的野菜，则违反了"三大纪律八项注意"，问题严重。

谢铁骊、钱江听说了审查结果，实在忍无可忍。谢铁骊气愤地说："耗子给踩了还吱啦一声，我不能眼看着《海霞》就这样让他们给扼杀了不说话！"他决定给江青写信申诉。

3. 向江青申诉，反遭"围剿"

谢铁骊请李晨声执笔，草拟给江青的信。李晨声写好信稿后，请岳母张楠（著名电影演员张瑞芳的大姐）誊清，谢铁骊、钱江签名后，即于6月16日送给江青。信中表示："如果完全按部里意见修改，不仅费力，而且势必改变了人物关系，伤了影片的筋骨，造成支离破碎的结果。"他们指望江青能主持公道，给予"帮助和指导"。他们哪里知道，文化部头头的百般挑剔、恣意扼杀，就是秉承了江青的旨意！江青早就给于会泳作过指示，要他"盯着《海霞》"。江青获悉周恩来等人看了影片《海霞》，即指使于会泳等人进行调查。其实，周恩来看《海霞》，是中南海放映人员为过春节而向北影借调的，跟谢铁骊没有关系。江青却无中生有，编造谎言，对文化部的负责人刘庆棠（当时，张春桥、姚文元在场）说："《海霞》这部片子拍出双片来，他们没有送给我看，可是先送给邓颖超他们那条线上看。总理可支持呢！"所以，谢铁骊、钱江把申诉信送到江青那里，真可说是自投罗网。

江青接到谢铁骊、钱江的信，即写上批语，提出："今后我们不负责审查，保留评论权"，"建议上演，组织评论队伍"，进行"评论"。所谓"评论"，就是"批判"、"围剿"。她还写了一封短信，交张春桥处理此事。张春桥在江青的来信上写了"同意"，还批曰"这是一个积极的办法"，然后将信件一并转给文化部贯彻执行。

于会泳在6月26日打电话给江青处，说："关于《海霞》影片，情况很复杂，受到某人的支持。在未改之前就肯定了。现在听说要公映，让群众评论，有人又想把责任推出去。名义上改了100多个镜头,实际上主要问题没有改。现在有的人说话气很粗。”于会泳希望当面向江青报告。江青随即让人回电话:“有关《海霞》的问题,既然情况复杂,我建议你向春桥同志书面报告。”于会泳即照办不误。他向张春桥建议:“《海霞》仍按未经修改的样子上映,就是他们送中南海审看的样子上映。”其用意显而易见,表明《海霞》的所谓“问题”同文化部及其后台无关,可以放开任意批判,矛头也可以指向肯定过《海霞》的周恩来、叶剑英、李先念等中央领导同志。

这时,《海霞》摄制组的编导、摄影还被蒙在鼓里,不知道江青、张春桥、于会泳又在暗中策划新一轮“围剿”《海霞》的计划。他们仍在苦斗。他们又重拍了一些镜头,又进行了一番剪辑,搞成《海霞》第三稿,送交文化部审查。

江青、张春桥和于会泳等人既然决定按原样放映、批判《海霞》,当然就不屑再看这个第三稿了。6月23日,刘庆棠带领一班人马杀气腾腾地进驻北影厂,宣读江青、张春桥关于《海霞》的指示和《文化部核心组给北影厂核心领导小组及全体革命同志的公开信》,表示要坚决贯彻执行江青、张春桥的指示,并宣布了文化部关于《海霞》的处理决定:“完全按原来(即第一次送审之前)的上演,新改的镜头一概不用”,要“通过上映,让广大群众评论”。6月26日夜,由于会泳等人指挥,采取突然行动,到北影厂查封了《海霞》的全部底片、正片、磁带。7月4日,于会泳等人又向北影厂全体职工传达江青、张春桥的指示,宣读了文化部的第二封《公开信》,提出《海霞》是路线问题,影片是“黑线回潮的代表作”,要北影厂广大群众行动起来,“坚决打掉北影厂行帮性导演中心制和专家治厂路线”。与此同时,他们又放出江青批谢铁骊、钱江的话,诸如谢铁骊、钱江“翅膀长硬了,不尊重基层组织了,骄傲了”等等,并组织和指挥对谢铁骊、钱江等人的围攻,完全把《海霞》当“毒草”,把摄制组的同志当敌人。

阴霾笼罩着北影厂。在这极端困难的时刻,谢铁骊等人想到了一向关心和支持他们的周恩来。他们先是打电话给周恩来的秘书,后又接受贺捷生的建议,给周恩来写了一封信。信由谢铁骊的夫人王霞于7月12日送国务院信访局。此信随即被转到了周恩来办公室,但这时周恩来病重,他已经无法来处理这件事了。

4. 邓力群指点迷津

就在谢铁骊等人无法可想的时候,有人出来为他们指点迷津,传授妙计。此人就是国务院政研室负责人之一邓力群。王好为的母亲张楠和邓力群在《红旗》杂志社共事多年。邓力群从张楠那里得知《海霞》主创人员挨整的严重处境，十分关切，即请张楠约李晨声、王好为夫妇到他家里详谈。

李晨声、王好为即如约到了邓力群家中，向邓力群汇报了《海霞》从摄制到挨批的全过程，希望得到帮助。邓力群对江青一伙的所作所为极为气愤，当场向他们提出一个建议。邓力群说："我给你们出一个主意。你们给毛主席写一封信，我给你们送上去。只要主席批下来，你们的日子就好过了，你们敢不敢啊？"其时，国务院政研室开会时刚刚议论过《创业》被扼杀的事，《创业》编剧张天民给邓小平的信刚刚通过胡乔木转上去，贺捷生约张锲等人写的材料《电影〈海霞〉的前前后后》也已被送到胡乔木的手里。

李晨声、王好为受到邓力群的鼓动、支持，非常兴奋，回厂后立即与挚友、北影厂军代表惠宏安商议，决定上书毛泽东，但认为给毛泽东的信还是由谢铁骊、钱江出面效果比较好。于是，他们找到谢铁骊，讲述了详情，谢铁骊慨然允诺。

7月22日晚，惠宏安、谢铁骊、王好为、李晨声四人相约在离邓力群家较远的胡同口会面，然后一起来到邓力群家。谢铁骊向邓力群详细叙述了《海霞》争议的情况，然后说："现在文化部决定既不按第二次修改稿放映，也不按第三次修改稿放映，而是回到第一稿，意在一边放映、一边批判，并且把几次的底片封存起来，不让原摄制组人员参加。我们心里很着急，只有直接给毛主席写信申诉。"邓力群表示同意转信，但要他们在写信时注意道理和事实都要站得住。邓力群说，你们的争论，我没有发言权。建议你们最好把毛主席著作中关于"百花齐放、百家争鸣"这段话，以及文艺方针方面的著作看看。你们觉得你们是按毛主席思想办事的，你们就写信。如果你们觉得你们的做法与毛主席著作不一致，你们就不要写信。

与以前一样，这次写信仍由李晨声执笔，但王好为、惠宏安在旁参与斟酌。他们忙了一夜，信件草稿写好，第二天交邓力群审阅。邓力群建议将信稿中大好形势之类的虚文全部删去，又指出："要讲策略，先不要点江青、张春桥的名，要强调主席的'六条标准'和'双百'方针，主席的话更有说服力。"李晨声等人根据邓力群的意见，又仔细修改了一遍，再请邓力群审阅，得到肯定。为了避免如前次写信引起追查笔迹等麻烦，这次信稿由谢铁骊抄清。

5. 上书毛泽东，《海霞》得救

7月25日晚上，谢铁骊、惠宏安、王好为、李晨声四人再次来到位于北京朝阳门内一条小胡同深处的邓力群家，这次同去的还有钱江。他们把写好的信交给邓力群。信没有封口。按照中国传统习惯，托人带信是不应封口的，何况转送如此重要的给毛泽东的信件。

邓力群接过信，也没有再看。第二天早上上班后，正好邓小平召集国务院政研室胡乔木、邓力群等七位负责人开会。会议中途，送来了毛泽东对电影《创业》的批示，邓小平即向大家宣读了一遍。与会者都很振奋。关于《海霞》的情况，胡乔木已听邓力群和贺捷生谈过。传达毛泽东对《创业》的批示，为解决《海霞》的问题提供了一个绝好机会。胡乔木即要邓力群当场向邓小平汇报。邓力群向邓小平扼要地介绍了有关影片《海霞》受到围攻、创作人员受到压制和打击的情况，并认为有了毛泽东对《创业》的批示，关于《海霞》的争论就可以迎刃而解了。当然，实际上并不那么简单。谈后，胡乔木、邓力群还是把谢铁骊、钱江的信交给了邓小平。邓小平看过后立即送呈毛泽东。

谢铁骊、钱江向毛泽东诉说："最近我们被文化部于会泳、刘庆棠等同志整得实在没有办法，才向您写这封信。"信中指名道姓地揭露"四人帮"在文化部的亲信于会泳、刘庆棠等人，对《海霞》及其创作人员的批判、打击、围攻。文字尖锐泼辣，为给毛泽东的上书中所少见。信中写道：

"《海霞》确实存在不少缺点，但是用六条标准衡量，它不是毒草。文化部领导口头上也说它不是毒草。可是于会泳等同志的审查意见和多次批评都是无限上纲，把艺术处理问题夸大到政治问题，给《海霞》扣上了'贬低英雄人物'、'丑化人民解放军'、'拿穷人开心'、'文艺黑线回潮的典型'等大帽子。"

"《海霞》修改后，全厂普遍认为比原来有改进。谁知就因为我们保留两点意见，文化部便决定：'完全按原来（即第一次审查之前）的上演，新改的镜头一概不用。'理由是修改了就不好批判了。我们不能理解这是什么用意，这是与人为善吗？这是对广大工农兵观众负责吗？这明显是与我们怄气，是因为我们提了保留意见而对我们进行打击报复。六月二十六日夜突然查封了《海霞》的底片、正片、磁带，并宣布不经文化部领导亲自批准，不得启封。这种粗暴的做法是罕见的。他们组织了一个班子，不让《海霞》摄制组主创人员参加，不管底片缺损，不顾影片质量，强行恢复第一次审查之前的样子。这样做势必影响影片的质量，责任还要让我们来负，这岂不是有意在我们鼻子上抹黑，拿出去让观众笑话吗？在发行上，文化部规定不得用好胶片印，不在节日上演，不发行国外，不印十六毫米和八点七五毫米拷贝，不印发宣传品，拷贝数以能收回成本为限。这实际上是把《海霞》当做毒草对待。”

“我们的保留意见和越级申诉触怒了部领导。刘庆棠等同志亲自出马，组织和指挥对我们的围攻，说‘这是两个阶级、两条路线的斗争’。把我们对艺术处理上的不同意见，说成是‘不要党的领导’，说我们是‘行帮性的导演中心，专家治厂，艺术私有和技术私有’。刘庆棠同志还说：‘北影十年不出故事片也没有什么了不起，文艺革命的形势照样是大好的。’‘我们要赶快培养自己的人。’刘把我们硬划到资产阶级的一边。他们召开数十次大小会议，反复动员群众对我们揭发批判。把《海霞》摄制组说成是‘土围子’，作为‘主攻方向’，并选了‘薄弱环节’作为‘突破口’。他们对在工作中同我们联系较多的同志，进行层层围攻，施加种种压力，逼着他们一定要揭出‘干货’来。刘庆棠同志多次召开所谓座谈会，迫使每人表态，谁发表一点不同意见，就指责、申斥，或从中打断不让说下去……有些同志生气地说：‘在首都北京，在党中央身边，竟然发生这样践踏党章的事情，使人不能容忍。’”

“目前北影厂气氛很紧张，在高压手段下，很多同志不敢说话，不能发表不同意见。他们组织各单位写揭发我们的‘大字报’，不写就是立场问题，就是划不清界限。一些同志来看望我们，也要受到监视和查问，这是把我们当成敌人对待。”

这封信最后严正地指出：“我们认为于会泳、刘庆棠等同志的做法是背离毛主席革命路线的，是违背百花齐放方针的。他们这样搞的结果，冲击了无产阶级专政理论的学习，扩大了矛盾，影响了安定团结，同时也束缚了创作人员的手脚，使之无所适从，谨小慎微，对党的电影事业有害无益。想到这些，我们心情十分沉重。我们急切盼望您老人家在百忙中过问这件事，给予我们指示。”

7 月 29 日，毛泽东对谢铁骊、钱江的信作了批示：“印发政治局各同志。”

7 月 30 日晚，邓小平、李先念等八位中共中央政治局委员审看了《海霞》的两个版本：最初送文化部审查的片子和修改后的片子。谢铁骊、钱江参加。江青称病没有到场。

看过影片后，当天夜里，于会泳便打电话向江青报告：“政治局的同志看《海霞》，我和张维民同志去了，谢铁骊、钱江同志也去了。看完后政治局讨论，我们四人就回去了。在看的时候，谢铁骊在邓副总理和李副总理之间边看边谈，我们没有说话的机会。晚上去了八个政治局同志。”

当晚，中共中央政治局经讨论作出决定：《海霞》按作者修改过的影片上映。① 这是紧接着电影《创业》重新上映之后，对“四人帮”一伙在文艺领域实行文化专制主义的又一次打击。

（二）中央音乐学院青年教师的“大字报”

毛泽东对《创业》的指示传达以后，广大文艺工作者在学习、讨论中联系实际，揭发批判了“四人帮”及其控制的文化部。其中，中央五七艺术大学音乐学院作曲理论系青年教师李春光的一张“大字报”，是突出的代表。这是一篇讨伐“四人帮”的檄文，集中说出了大家的心声。

在8月2日和4日作曲理论系学习、讨论毛泽东对《创业》批示的会上，李春光先后三次发言，得到与会者的好评。会后，他将发言整理成文，于8月8日以《在学习会上的发言》为题，贴出“大字报”。这张“大字报”言辞十分锋利，大胆泼辣地揭发批判文化部头头们的种种悖理行为，一看便知，其矛头所指，就是江青。这篇“大字报”一贴出来，就引起轰动，人们争相传抄，“四人帮”及其党羽则竭力封锁。

李春光的“大字报”，尖锐地批判了文化部头头对毛泽东“7·25”批示的消极抵制和炮制“十条罪名”、扼杀《创业》的行径。“大字报”写道：“主席的《七二五批示》惊天动地。我和许多同志一样，心里很激动。《批示》说出了我们的心里话。”“主席批示是一把火。伟大马克思主义真理之火。谁想扑灭是办不到的。”“文化部对待《批示》的态度如何？从今天的传达会来看，我很不满意。部核心组最后有个表态。我对这个表态的评论是四个字：言之无物。你们犯那样的错误，为什么连发动文化部全体党员、干部、职工、学生给你们提意见，帮助你们认错、改错这样的话都说不出来？为什么不发动群众帮助你们分析、批判《十条》？《十条》说，对于《创业》‘不可等闲对待’，这句话很好，完全适用于《十条》本身。《十条》是个带原则性、带政策性的大问题，决‘不可等闲对待’。应当让群众研究、分析、批判。不批判《十条》，不利于领会主席《批

---

① 1975年8月8日，邓小平在谈到《海霞》时指出：这部影片不算很好，但可以放映，压制是不对的（据《邓小平的二十四次谈话》，第42页）。

示》。正如《创业》是一部政治上、艺术上都不可多得的好作品一样,《十条》也是一篇内容上,乃至语言上都不可多得的奇文。'奇文共欣赏,疑义相与析',应该发动群众严肃批判。我认为《十条》在理论上是荒谬的,逻辑是混乱的,作风是霸道的,政治上是有害的,不利于安定团结,是和安定团结唱反调、唱对台戏的,是反对安定团结的。如果贯彻《十条》,还有什么安定团结?""《十条》的产生非常奇怪。工农兵表示热烈欢迎的作品,中央批准了的事情,文化部竟然可以推翻。这是怎么回事?你们搞这个《十条》,一不要马克思主义,二不要民主集中制,三不要群众路线,四不要无产阶级纪律,你们是目无王法!这么搞,究竟是为什么呢?究竟怀着一颗什么心呢?你们是无产阶级文化大革命后建立起来的文化部,是无产阶级专政的机关。可是你们却不爱工农兵所爱,你们的心不是贴着工农兵的心。你们这个《十条》给工农兵头上一棒,打得他们不知所向。你们这个《十条》向中央示威,表示中央决定了的,你们也敢于推翻。这岂非咄咄怪事?!"

李春光在"大字报"中针对《十条》,进行了有力的驳斥。他写道:"主席接着就指出:'而且罪名有十条之多,太过分了'。这个话是很愤慨的。十大罪状,哪一条站得住脚?哪一条有根据?无非是鸡蛋里挑骨头,不是骨头,也硬说成是骨头。颠倒黑白,罗织罪名,必欲置之死地而后快。不就是这么一回事吗?这是为什么啊!不知道哪里出来这么大的仇恨。什么提到党中央就是美化刘少奇,哪一个不带偏见的人会发生这样怪诞的联想,得出这样荒谬的结论?我实在不能理解,这种意见是怎么想出来的。实在是太过分了吧!太过分了!"

"所谓'树碑立传'。请问,给谁树了碑?给谁立了传?我们在座的同志都去过大港油田,有的去过大庆,到那里的人谁能不受感动?千千万万石油工人,连同他们的领导,例如当年大庆工委那样的马克思主义的领导,他们忠于毛主席,忠于党中央,忠于马克思主义,忠于人民,他们的巨大功绩永世不可磨灭。他们是中国工人阶级的光荣代表。要说'树碑立传',这部影片是给中国工人阶级树了碑,立了传。不应当吗?不允许吗?做了这样一件完全正义的事就有罪?!就叫什么'后患无穷'?!真是岂有此理!真是欺人太甚!未免太过分了吧!"

"大字报"把批判的锋芒,直指忠实执行江青旨意的"文化部的几个头头"。它指出:对有的文艺干部及其作品,我们敬爱的周总理多次过问,可是文化部的头头就是不听。李春光极为愤慨地写道:“总理的话,你们可以置若罔闻。你们是国务院的下属机构,你们竟可以不服从国务院总理!总理指示对你们不过是耳边风,耳边风也不顶。对于全国人民、世界人民深深敬爱的总理,在毛主席、党中央领导下,几十年如一日,对党、对人民一片忠心赤胆,不避艰危,不辞辛劳,呕心沥血,鞠躬尽瘁,这样一个伟大的无产阶级革命家、党的好干部,你们采取这种态度,为亿万人民所不容!对于这件事,人民有权要求你们沉痛检讨,低头认罪!”

对于江青等人发动的反“行帮”,李春光反唇相讥,指出“文化部头头”就有“行帮”。他直截了当地质问:“你们文化部头头有没有行帮?你们有没有‘哥儿们义气’,有没有‘好处想着点’,‘问题兜着点’?有同志发言尖锐地提出这个问题,而且指出你们有行帮,而且指出你们是对文艺危害最大的行帮。我对这个意见表示支持,对这种敢于直言的马克思主义的精神表示钦佩!”李春光举例说明,在“四人帮”批“行帮”中受打击的同志,都在革命文艺作品的创作中尽过心力,“至少是一个愿意进步、愿意革命的共产党员,一个并无阴谋诡计、并无暗算之心的磊落正派之人。批‘行帮’就批此类人,名曰反宗派,不知要干什么”。

“大字报”还相当深刻地谈到解放干部、落实政策的问题:“例如干部政策。毛主席说,我们不能一朝天子一朝臣。说要团结干部的百分之九十五。说批判错误路线不要着重于个人责任。说共产党只能搞任人唯贤,不要搞任人唯亲。文化部执行了多少?文化部的老干部解放了几个?使用了几个?难道真是洪洞县里没有好人,都该打翻在地,永世不许翻身?别人不了解,我讲一个马可。审查了六、七、八、九年,没有发现敌、特、叛之类问题,大体上是犯了路线错误。我和马可不熟,他根本不认识我。但据我看,马可这样一个同志,当年满怀激情,响应毛主席《在延安文艺座谈会上的讲话》的伟大号召,参加过歌剧《白毛女》的创作,还有另一些好歌。这些作品鼓舞过千百万革命战士冲锋陷阵,杀敌立功,总算是做过一点小小的好事吧?功劳不敢和你们比,比你们小一万倍,总是还有一点吧。我听说他向群众做检讨,末尾一句话是:如果允许的话,愿以有限之余生,为党和人民做一点力所能及的小小的工作。这句话你们听见没有?犯了点错,认了,下决心改,请求给一点小小的工作,以期将功补过。这个要求你们不能给予一点点小小的考虑吗?九年时间不算短,一个干部一生能有几个九年?这类事情群众早有意见,不能讲,讲了就犯罪。”

除此之外,“大字报”还尖锐地批评了文化部头头在理论研究上“不讲马克思,不讲列宁,不讲主席,不讲鲁迅,专讲一些伟大发现”,在办刊物、抓创作上“事情没有办好”,反倒责怪别人,以及没有自我批评、压制不同意见等问题。

邓力群的侄儿邓启元在音乐学院看到了这张“大字报”,立即到他叔父那里谈了它的内容。邓力群认为:这是毛泽东关于《创业》的批示传达后,第一个比较强烈的反响。他便请这位晚辈去设法抄来。这时,受“四人帮”党羽的指使,贴“大字报”的那堵墙已经堆上了煤,“大字报”的半截子被遮起来看不全了。邓启元便从作者李春光那儿要到底稿,抄了一份送给邓力群。邓力群看后,感到虽然有些用语过分尖刻,有的提法不免欠妥,但总的说来,“大字报”揭露出来的问题是严重的,批评是深刻、有力的,应该向上面反映。他立即写了两三百字的简要情况,连同“大字报”抄件一起,在第二天开会时于国务院政研室负责同志中传阅。大家都说这份“大字报”写得好。散会后,胡乔木把材料带走,即给邓小平送去。

邓小平读了一遍,很重视,很快就送给了毛泽东。据说毛泽东阅后作了批示,谓“此件有用,暂存你处”,将“大字报”抄件退给了邓小平。

(三)上书、送材料成为一时风尚

《海霞》主创人员的申诉和李春光的“大字报”,是毛泽东对《创业》的批示下达后,最初引起的具有广泛影响的两个事件。此后,给毛泽东和邓小平写信、送材料成为一时风尚,毛泽东对来信或材料作出批示,成为解决具体问题、推动文艺调整以及落实干部政策等工作的主要方式。1975 年 8、9、10 这三个月中,举其要者有:

时任海军司令员萧劲光于 8 月 20 日写信给邓小平,揭发上海报刊发表《刁小三的逻辑》、《八路军的“样子”》,攻击中共中央军委扩大会议。

中华书局业务干部周妙中在 9 月 3 日给邓小平写信,对发挥知识分子作用、社会科学研究、出版工作、图书馆工作等提出一系列建议。邓小平写了处理意见后上报毛泽东,毛泽东予以圈阅。

《化石》杂志①编辑张锋获悉,因毛泽东阅览之需,中央指示印该刊的大字

---

① 《化石》杂志是中国科学院古脊椎动物与古人类研究所编辑出版的科普读物。毛泽东想要阅读该刊。中央于 1975 年 8 月 27 日指示,将该刊印成大字本。

本,即于9月6日给毛泽东写信,反映《化石》这个科普刊物自1972年试刊以后所遇到的种种困难和中国科学院的一些情况。毛泽东在9月16日批示:"小平、文元同志:请考虑,可否将此信印发在京各中央同志",并给来信加了标题:"一封诉苦的信"。①

冼星海的夫人钱韵玲在9月27日给毛泽东写信,要求举办冼星海逝世30周年、聂耳逝世40周年纪念音乐会。毛泽东在10月3日批示:"印发在京各中央同志。"

姚雪垠在10月19日给毛泽东写信,请求支持他完成长篇小说《李自成》的写作计划并解决出版问题。毛泽东于11月2日作了批示:"印发政治局各同志,我同意他写李自成小说二卷、三卷至五卷。"

周海婴在10月28日给毛泽东写信,反映鲁迅书信和著作出版以及鲁迅研究等方面一些急待解决的问题,并提出建议,请求帮助解决。毛泽东于11月1日批示:"我赞成周海婴同志的意见,请将周信印发政治局,并讨论一次,作出决定,立即实行。"。

后面三件事与文艺工作直接相关,将在下一节中详细叙述。

五、逐步扩大文艺节目的举措

毛泽东对《创业》的批示和对《海霞》的批示,为"逐步扩大文艺节目"树立了典型,打开了闸门。此后,为使文艺活跃起来,邓小平又采取了若干重要的措施。这些措施虽然大多属于复苏性质,但在当时的历史条件下,都经过了相当艰难曲折的历程,大多因为得到了毛泽东的批准、支持才得以成功。

(一)一批电影、戏剧重上银幕、舞台

"文化大革命"开始之际,林彪、江青等人就在那个所谓《部队文艺工作座谈会纪要》中,给新中国成立以后17年的文艺工作扣上了一顶"文艺黑线专政"的大帽子。17年里拍摄的故事影片,上演的话剧、戏曲,不分青红皂白,都被加上了种种莫须有的罪名,绝大部分被作为"毒草",打入"冷宫"。给这些文艺作品落实政策、恢复名誉的工作十分艰巨复杂,是逐步进展的。

---

① 《建国以来毛泽东文稿》第13册,第468页。

1. 开禁电影

在毛泽东对《创业》、《海霞》作了批示之后，邓小平立即抓住机遇，冲破阻力，下令开禁电影。他很讲策略，首批解禁的是绝少争议的三部影片：音乐舞蹈史诗《东方红》、历史歌剧片《洪湖赤卫队》和故事片《霓虹灯下的哨兵》。

《东方红》是1964年9月为庆祝中华人民共和国建国15周年，而创作、演出的大型音乐舞蹈史诗。① 它以豪迈磅礴的气势和雄伟壮阔的图景，形象地概括了中国共产党诞生以后几个重大历史时期内，中国人民在中国共产党领导下从事革命和建设的伟大历程；同时，表达出中国人民自力更生，奋发图强，决心战胜一切困难，将社会主义建设推向前进的坚强意志。1965年，这部音乐舞蹈史诗被摄制成彩色宽银幕舞台艺术片，深受全国上下的欢迎。"文化大革命"开始后，"四人帮"却把它也放在禁映之列。

湖北省实验歌剧院的《洪湖赤卫队》，是新中国成立以后新歌剧发展的重要收获。它成功地塑造了韩英这一革命英雄形象，热情地歌颂了土地革命战争时期贺龙领导的洪湖地区的革命斗争。该剧继承和发展了以《白毛女》为代表的新歌剧而又有创新，抒情气氛浓厚，富有中国作风和中国气派。《洪湖赤卫队》演出和拍成电影放映后，深得好评。确如董必武题诗所说："仿佛当年作斗争，韩英刘闯造型真。一篇诗史流传出，音乐悠扬更动人。"剧中那曲《洪湖水，浪打浪》，在全国人民中广为传唱。"文化大革命"初期，贺龙被诬蔑历史上"通敌"和"篡夺军权"、搞"二月兵变"，受到残酷迫害而愤死狱中。《洪湖赤卫队》也被打成"毒草"。

1973年12月21日，毛泽东在会见参加中共中央军委会议的同志时，作自我批评说，我是听了林彪一面之词，所以我犯了错误。他明确表示：贺龙同志搞错了，要翻案。1974年9月29日，中共中央发出《关于为贺龙同志恢复名誉的通知》。在这种形势下，《洪湖赤卫队》首先重上银幕、舞台，江青集团再也无话可说。

《霓虹灯下的哨兵》，是根据同名话剧改编的一部反映部队生活的影片。

---

① 《东方红》共分8场：《东方的曙光》、《星火燎原》、《万水千山》、《抗日的烽火》、《埋葬蒋家王朝》、《中国人民站起来》、《祖国在前进》和《世界在前进》，由30多首革命歌曲和20多个舞蹈组成，中间穿插18段朗诵。在周恩来亲自指导下，许多诗人、音乐家和舞蹈家参加了创作，北京、上海以及部队共70多个单位的音乐舞蹈工作者、舞台美术人员以及工人、学生、业余合唱团团员等共3000多人参加了演出。

它以"南京路上好八连"的事迹为题材，描写了上海解放初期南京路上一场惊心动魄的斗争。这场防止"香风"侵袭、警惕"糖衣炮弹"的斗争，具有温故知新、警钟长鸣的典型意义。"南京路上好八连"在南京路上的胜利，告诉人们：在新的历史条件下，中国人民将像英雄连队那样，牢牢掌握住自己的命运，朝着社会主义目标奋勇前进。1963 年，毛泽东观看了南京军区前线话剧团演出的《霓虹灯下的哨兵》。周恩来前后看了 7 次，并亲自主持召开座谈会，关心剧本的修改、提高。就是这样一部好戏，10 多年间一直被压制。张春桥说它"起点低，基调不高"，把它打入"冷宫"。邓小平首批就把它解放出来，深受群众欢迎。

接着，按照邓小平的指示，又陆续分批开禁了一些故事片，大大丰富了文艺节目，活跃了文化生活。

2.《万水千山》、《长征组歌》重上舞台

《万水千山》是陈其通编导、1954 年 11 月由中国人民解放军总政治部话剧团首演的 10 幕话剧。周恩来多次观看演出，并同作者一起研究这个戏的主题和结构。剧名《万水千山》就是周恩来定下来的。毛泽东于 1964 年观看了演出，肯定过当时演出本的一些情节和人物，并对如何表现好红军各个方面军团结战斗等问题提了修改意见。① 此后，作者对这个戏反复进行了加工、修改。1974 年以后，在内部试验演出了 170 多场，观众达 10 万多人次。这个戏，通过描写中央红军的一个营——"泰山营"在长征中的战斗经历，艺术地再现了红军长征的光辉历程，特别是遵义会议后，红军在毛泽东亲自指挥下，四渡赤水，扭转了战局，然后巧渡金沙江，顺利通过彝族区，抢渡天险大渡河，翻雪山，过草地，突破腊子口，直插六盘山，胜利到达陕北，先后与陕北红军和红二、四方面军会师的情景；歌颂了毛泽东在革命的危急关头力挽狂澜，挽救了革命、挽救了红军、挽救了党的伟大业绩；歌颂了毛泽东革命路线战胜王明、张国焘"左"、右倾错误的伟大历史功绩；歌颂了红军艰苦奋斗的革命精神和优良传统；歌颂了各路红军的胜利会师；较成功地塑造了红军指战员的英雄形象。许多老战士看了演出，重温当年长征的战斗生活，深受鼓舞。广大观众，特别是青年一代，称赞它是进行思想政治教育和革命教育的好教材。

毛泽东指示调整文艺政策、扩大文艺节目，重新上演《万水千山》被提上

① 据郑翼：《"四人帮"为何仇视〈万水千山〉》，《人民日报》1977 年 2 月 10 日。

了日程。

邓小平热情支持《万水千山》重新上演。他希望把《万水千山》的剧本改得更好。1975 年 9 月 1 日，他对剧本提出具体的修改意见：

我看结构不要变了。有些政治上的问题，还要好好斟酌一下。一、主要是二方面军写得不够。张国焘分裂以后，二方面军推动四方面军北上起了很大作用。红二十五军也是拥护毛主席的北上路线的，先到了陕北。这里要有两个加重：二方面军推动四方面军北上的作用要加重，四方面军广大指战员要求走毛主席北上路线要加重。同时，还应讲到陕北红军，把整个红军各方面都照顾到。二、要把长征中的路线斗争写明确。张国焘是分裂主义、退却逃跑路线，概括起来就是右倾机会主义路线。三、要写陕北根据地是落脚点和出发点，甚至可以提到刘志丹。四、直罗镇战役的真正意义不在于争取东北军，而在于打开了通向陕北根据地的通道，在战斗中与陕北红十五军会师。所以，毛主席把这次战役的胜利叫做"奠基礼"。同时，通过直罗镇一战的胜利，促使了统一战线的形成。在语言中，要表达出我们同东北军有联合抗日的基础，可以争取他们调转枪口一致对外。五、三个方面军会师的地点较难处理。真实的会师地点是在会宁。为了符合历史事实，可以说，三个方面军到达陕北后，以党中央、毛主席所在地延安为领导中国革命的中心。戏中三个方面军会师时，对会师的政治意义突出不够。要把毛主席总结长征时说的"长征是历史纪录上的第一次，长征是宣言书，长征是宣传队，长征是播种机"，"长征是以我们胜利、敌人失败的结果而告结束"的意义表现出来。六、毛主席军事思想最光辉的一页，就是长征中的四渡赤水。全剧的中心是要突出毛主席的思想。当时红军要同数倍于我之敌作战，蒋介石亲自到贵阳督战，但蒋介石也得听毛主席的指挥。真是了不起。七、戏中一〇一指谁？这个问题要回答。遵义会议前，总司令名义上是朱老总，实际上指挥全军的是外国人李德。总之，全剧的中心是要突出毛主席的思想。讲清楚长征后红军缩小了，但更强了；讲清楚长征的伟大意义；讲清楚树立了我党领导全国抗日运动的中心地位，迎接革命新高潮。这样才能反映出在艰苦奋斗中的革命乐观主义是从哪里来的。我讲的问题，都是政治性的，至于艺术性如何，靠你们那个行当去努力。①

“四人帮”却设置障碍，妄图不让《万水千山》演出。江青授意她的亲信，写了一个洋洋三千言的《对话剧〈万水千山〉的初步意见》，百般挑剔，借谈意见为名，行否定之实，还以“不改好不看”相威胁。“四人帮”说什么剧中几次提到毛泽东，“反而搞得很平淡，不突出”。他们甚至下令要把台词中提到的“周副主席”、“朱德同志”的名字去掉。他们还攻击剧中人物罗副营长，说他的觉悟直到会师陕北时“仍然停留在‘谁反对革命，我就揍他’的水平上，使人感到不够真实”。

但他们已经不能阻止《万水千山》重新登上首都舞台。话剧《万水千山》经过修改，并经中共中央政治局、全国人大常委会、国务院和中共中央军委领导人集体审看通过后，于1975年10月1日正式公演。这时，“四人帮”更是恼羞成怒。江青指责“这个戏有问题”。张春桥咒骂：“《万水千山》那些东西，都是为那些老家伙评功摆好的！”“四人帮”利用手中的权力，扣压《人民日报》已经编排好的《万水千山》彩色剧照，不让见报。他们还指使人炮制文章，影射攻击《万水千山》“政治背景不明”，“同样板戏唱对台戏”。但是，他们的这些倒行逆施只是螳臂挡车而已。他们最终无法阻挡《万水千山》在纪念红军长征胜利40周年活动期间连续公演。在当时，冲破“样板戏”独霸舞台的局面，就是贯彻“百花齐放”方针的一个胜利。

《长征组歌·红军不怕远征难》是歌颂红军英雄业绩的大型舞台艺术作品。②《长征组歌》的10段歌词，由长征的参加者、解放军总政治部主任萧华创作。晨耕、生茂、唐诃、李遇秋4位作曲家为组歌谱曲。在红军长征胜利30周年前夕，1965年的“八一”建军节，北京部队战友歌舞团在北京首次公演《长征组歌》，随后在京、津、沪、宁等城市和各部队巡回演出。这部作品通过一组组磅礴激越的歌曲、一幅幅雄伟壮丽的画面，生动地再现了红军长征的战斗生活，热情地歌颂了以毛泽东为代表的正确路线战胜“左”、右倾错误的伟大胜利。这部作品的创作、排练、演出，都得到周恩来的关怀和指导。周恩来多次亲临排演场，一曲一曲地指导排练。他要求文艺战士们，唱红军首先要学红军，要以红军长征的革命精神排演好《长征组歌》。为了弥补演员缺乏斗争经

---

① 《邓小平年谱(1975—1997)》(上)，第89—90页。

② 《长征组歌》由《告别》、《突破封锁线》、《遵义会议放光辉》、《四渡赤水出奇兵》、《飞渡大渡河》、《过雪山、草地》、《到吴起镇》、《祝捷》、《报喜》、《大会师》10个部分组成。

历的不足，他亲自给大家讲述红军长征的斗争生活。为了检验演唱效果，他多次到剧场同观众一起观看。《长征组歌》于1965年公演，受到广大干部、战士、群众的热烈欢迎。毛泽东收听《长征组歌》后也高度赞扬。然而，江青等人却极端仇视《长征组歌》。江青诬蔑歌词作者萧华，妄图把作品和作者一起砍倒。他们还诬蔑《长征组歌》是"毒草"，演出《长征组歌》是"复旧"、"翻案"，"是为老帅们招魂"；并威胁说演出后要"批判"、"消毒"，妄图阻止演出。

在1975年文艺调整的形势下，"四人帮"终于无法扼杀《长征组歌》。为纪念红军长征胜利40周年，这部作品经过修改、加工，得到邓小平批示同意，终于再次公演。"四人帮"没有一个人去观看，而广大群众则热情赞扬。张春桥听说后，非常恼火，下令收集对《长征组歌》和其他纪念长征节目的"不同意见"。姚文元指示他们控制的舆论工具，不要刊登《长征组歌》歌词和宣传《长征组歌》的文章。他们还下令不准播放录音，不准制作唱片，不准出版歌集。正在拍摄的《长征组歌》纪录片也横遭他们的破坏，险些夭折。在重病中的周恩来想听一听修改后的《长征组歌》，要一盘录音磁带，"四人帮"也不让送，真是坏极了。

（二）举办纪念聂耳、冼星海音乐会

1975年10月25日，首都音乐界举办了一次盛况空前、激动人心的纪念人民音乐家聂耳、冼星海音乐会。它是继对《创业》的批示以后，1975年文艺调整中又一高潮。这个纪念音乐会的举办和成功，得到了毛泽东、周恩来的支持，得到了胡乔木、于光远、邓力群等人的实际帮助，也受到"四人帮"的阻挠、破坏，其间的起伏曲折，值得人们回顾。

1. 要不要纪念冼星海

"文化大革命"中，在江青一伙的控制下，以前的歌曲都不准唱，连聂耳、冼星海的歌曲都基本上不能唱了。《国歌》（《义勇军进行曲》）只能奏曲，不能唱词。冼星海的歌只有《救国军歌》和《到敌人后方去》允许唱，但也都被改了歌词。《救国军歌》的题目被改成了《抗日战歌》。毛泽东作出调整文艺政策的指示后，音乐界就想改变这种极不正常的局面。

1975年9月，改变这种局面的机会来了。

9月中旬，冼星海的夫人钱韵玲自杭州来到北京。她在浙江省文化厅工作，是带文艺调演节目来京的。中央人民广播电台文艺部工作人员陈莲去看

望钱韵玲。陈莲的父母同冼星海有旧交,她正在研究冼星海,见到钱韵玲后,即请教有关冼星海生平和创作中的问题。钱韵玲在讲述冼星海的往事时感叹:星海已经去世整整30年了,骨灰还在苏联莫斯科呢。陈莲听钱韵玲提到此事,觉得应该在冼星海病逝30周年之际,搞些纪念活动,即建议钱韵玲就纪念冼星海一事给毛泽东写信。她告诉钱韵玲,毛泽东要求扩大文艺节目。这时提出纪念冼星海的请求,正是再好不过的时机。

陈莲为什么一下子就想到给毛泽东写信呢?原来她在中央音乐学院读书时,就曾于1964年9月1日给毛泽东写过信,对实行音乐革命化、民族化、群众化提出意见,得到毛泽东的重视。毛泽东对陈莲来信中提出的问题作了答复,这就是在批示中写下的著名方针:“古为今用,洋为中用。”毛泽东认为:“此信表示一派人的意见,可能有许多人不赞成。”他于1964年9月27日把陈莲的来信转给中宣部部长陆定一,并写一信说:“此件请一阅。信是写得好的,问题是应该解决的。但应采取征求群众意见的方法,在教师、学生中先行讨论,收集意见。”①所以,在文艺调整正在展开的背景下,议论到纪念冼星海,陈莲立即想到写信向毛泽东反映。在当时,要开纪念音乐会,只有得到毛泽东支持才成。而陈莲坚信,毛泽东是一定会支持这件事的。

陈莲同钱韵玲谈妥之后,立即找著名作曲家李焕之商量,得到赞同。他们又一起去找著名指挥家李德伦。李德伦当时是文化部文艺创作领导小组分管音乐工作的成员。他听后当即表示,只要毛泽东点头,他一定全力以赴,操办这次活动。他们商量时还说到,7月17日的聂耳逝世40周年纪念日已经过去,国内没有任何纪念活动,日本倒开了纪念会。10月30日,冼星海逝世30周年纪念日即将到来,如国内再无表示,到时苏联借此做文章,对我们不利。他们几个人觉得,从这一点着笔,上书毛泽东,提出希望在10月30日冼星海逝世30周年时,开展纪念活动,最为有力。他们把酝酿的情况向国务院政研室负责人于光远谈了,于光远也很支持。

胡乔木的一个妹妹方铭,当时与陈莲家住同一幢楼。胡乔木从于光远那里得知这个信息以后,即通过方铭约陈莲到家里见面。胡乔木详细询问了有关情况,表示赞成上书毛泽东,举行纪念音乐会。

酝酿成熟后,陈莲代钱韵玲拟稿,写成致毛泽东的信,时在9月27日。陈

---

① 《建国以来毛泽东文稿》第11册,第172页。

莲说："毛主席在1964年对我的信写批示是9月27日，这一天对我来说是个吉庆、幸运的日子。"这次代钱韵玲写信，又恰逢此时，所以，陈莲有意选了"9月27日"这个"好日子"。

2. 钱韵玲致信毛泽东

钱韵玲的信一开头，就深情回忆了30多年前在延安时，毛泽东"对星海和我们全家的亲切关怀"："那时候您曾多次同星海谈话，给了他深刻的教育。记得一九三九年五月十一日，庆祝鲁艺成立一周年的晚会上，您亲自去听星海指挥演唱《黄河大合唱》。[①] 演出完了，您站起来连声说'好！'星海在当晚的日记里记下了这件事，并写道：'我永不忘记今天晚上的情形'。星海是在党的培养下成长的"。"星海同志逝世后，您亲自题词'为人民的音乐家冼星海同志致哀'"。钱韵玲表示，要"继承星海同志的遗志"，继续前进。

钱韵玲向毛泽东反映了"文化大革命"以来对待冼星海歌曲的情况，提出在冼星海逝世30周年之际开展纪念活动的愿望。信中写道：

> 文化大革命九年以来，星海的作品除二首经过修改过的歌曲，即《抗日战歌》（原名《救国军歌》）和《到敌人后方去》还可演唱外，其余基本没有演出，也没有广播、出版，甚至连《黄河大合唱》也不能唱了。
>
> 今年十月三十日是星海逝世三十周年。解放以后，星海逝世十周年、二十周年，聂耳逝世二十周年、三十周年都曾隆重纪念。但今年七月十七日聂耳逝世四十周年，日本藤泽市民都召开了纪念大会，而我们国内却没有表示。想到星海的骨灰现在还放在莫斯科顿斯柯依古教堂附近的火葬场里，当他逝世三十周年之际，我们若再没有表示，就很可能使苏修利用来反华。我希望今年能演出、广播、出版星海的《黄河大合唱》及其他作品，集会或发表文章，以示纪念。我想这不仅是反对苏修斗争的需要，更重要的是可以教育后代，否则青年人会把革命传统都慢慢忘记了。

---

① 这次演唱晚会在中共中央党校礼堂举行，有500人参加。乐队的组合包括了当时在延安所有的各种中西乐器，曼陀铃、口琴、二胡、笛子、三弦、小提琴等什么都有。没有低音乐器，就用煤油桶加根立柱，再绑上两根弦替代大提琴。茶缸和饭勺凑成"沙锤"（据蒋力：《重话〈黄河大合唱〉》引时乐濛的回忆，《文汇报》1999年4月13日第9版）。

3. 毛泽东赞成举行纪念演出

这封信通过邮局被寄往中南海。因为胡乔木、于光远事先已经知道此信，他们收到后立即转交邓小平送毛泽东。

钱韵玲的信写得真挚感人，建议举行纪念活动，又不单是从个人感情出发，主要是从国际斗争的全局着眼，有一种高屋建瓴的气势。毛泽东在 10 月 3 日读到此信，立即批示："印发在京中央各同志。"这个批示，表示他同意钱信，赞成演出，进行纪念。他以这种方式向在京中央委员们通报，让他们都知道这件事。

毛泽东对开展纪念聂耳、冼星海的活动点了头，李德伦等人便积极行动起来，组织纪念音乐会的排练。音乐界人士兴高采烈，中央各音乐团体争相参加，北京市的专业音乐工作者和业余音乐爱好者也表现了极大热情。大家都要求参加演出，单是民族乐队的人数就有 100 多人。国务院政研室负责人邓力群参与了音乐会和纪念活动的准备工作。

纪念聂耳、冼星海的音乐会确定在 10 月 25 日举行。当时，周恩来已经病重，音乐界希望邓颖超出席，由李德伦出面写信邀请。李德伦同胡乔木联系此事。胡乔木要李德伦带着信到中南海找他。这时已是晚上。当李德伦来到中南海西北门时，邓力群已经在那里等候，直接把李德伦领到西四院的办公室。胡乔木、邓力群询问了音乐会的准备情况，答应把邀请信转交给邓大姐。为便于联系，胡乔木把自己家的住址、电话号码告诉了李德伦。这时已是晚上 9 点。当晚 12 点，邓颖超就直接给李德伦回了电话，说因总理身体不好，音乐会她不能到场了，但她同总理要一起通过电视看演出实况；并说聂耳、冼星海是人民音乐家，要好好准备，把音乐会开好。

4. 冲破"四人帮"的刁难、阻挠

同周恩来、邓颖超的态度完全相反，江青、张春桥等人竭力刁难纪念音乐会，企图缩小音乐会的影响。他们作出所谓"不提纪念"、"不要请人"的指示。文化部头头于会泳、刘庆棠等人执行他们的旨意，给纪念音乐会设置重重障碍。演出地点原来准备在北京人民大会堂，刘庆棠不同意，后被压到民族文化宫剧场。他们不准邀请中央领导人和聂耳、冼星海的生前友好出席，连钱韵玲也只有一张票，而且在很不显眼的位置。《黄河大合唱》的歌词作者张光年在演出前几小时，还没有拿到票。音乐会的横标，不能写"纪念人民音乐家聂耳、冼星海音乐会"，只能写聂耳、冼星海逝世多少周年音乐会。已经印好的音乐会节目单，上面印有毛泽东在1945年11月的题词手迹“为人民的音乐家冼星海同志致哀”。文化部头头竟下令全部废弃，另换一张没有毛泽东题词的节目单。

演唱的歌曲是否按原来的歌词演唱，也经过一番曲折。“文化大革命”开始后，江青以歌词作者“有问题”为由，下令留曲不留词，搞过所谓“革命歌曲配新词”。对《黄河大合唱》也这样对待，将录音带送到中共中央政治局审查。周恩来说，这是历史，全世界都唱这个词，不能改。这才使江青这一不顾历史的蛮横做法没有得逞。这次音乐会又碰到这个问题。这时已经有了毛泽东7月关于文艺问题的多次指示，江青等人再也不能强词夺理，演唱的歌曲“配新词”的都改回来，以历史原貌出现。

5. 纪念音乐会从北京开到天南海北

不论“四人帮”怎样刁难、阻挠，纪念人民音乐家聂耳、冼星海的音乐会如期在1975年10月25日晚，于北京民族文化宫剧场隆重举行。

当天晚上，民族文化宫剧场一派节日景象，大家喜形于色，气氛特别热烈。宋任穷、王震、陈丕显、周建人等中央领导同志出席。国务院政研室的胡乔木、吴冷西、胡绳、于光远、熊复、李鑫、邓力群七位负责人全部到场。在“文化大革命”中被打倒的音乐界人士几乎都来了。真是“文化大革命”以来音乐界第一次盛大的聚会！教育部负责人李琦手拿请柬步入演出厅，看到全场意气风发的情景，情不自禁地说：“我们胜利了！”的确，在当时，能够举行这个纪念音乐会本身就是斗争的胜利。

在音乐会上，中央乐团、中国歌剧团、中国歌舞团、中央五七艺术大学音乐学院、中央人民广播电台少年广播合唱团，分别演唱、演奏了聂耳的《大路歌》、《毕业歌》、《码头工人歌》等，冼星海的《黄河大合唱》、《生产大合唱》选段、《到敌人后方去》、《在太行山上》以及器乐曲等。演出大受欢迎。新华社当晚发了消息：“两位音乐家充满激情的作品在演出中受到了观众的热烈欢迎”；赞扬“他们的作品继承和发扬了民族音乐的传统，有着强烈的战斗性，为群众所喜闻乐见。当年，这些作品曾极大地鼓舞了广大群众的爱国热情；今天，它们仍将激励着我国人民为社会主义革命和社会主义建设，为反帝反霸而英勇战斗”；并通告：“聂耳、冼星海纪念音乐会将在北京举行五天”。

要求观看演出的人实在太多了。民族文化宫剧场实在容纳不下要共享战斗胜利欢乐的各界观众。因此，在民族文化宫剧场演出两天后，演出场地就移到了有上万座位的首都体育馆。在那里又演了三天。

到这时，张春桥、王洪文等人也不能不有所表示了。他们转而接过“纪念音乐会”的旗子，来装潢门面，捞取政治资本。从 10 月 30 日起，上海也举办了纪念音乐会，演出节目与格局同北京的一样，演出地点在人民广场。连彩排的一场在内，一共演出了七场。广州、沈阳、天津也都开了纪念音乐会。

“人民音乐家聂耳、冼星海纪念音乐会”，是“文化大革命”以来中国音乐界的一次盛会。它形成了 1975 年文艺调整中的又一个高潮。从此，继承和发扬了民族音乐传统而又充满革命激情的聂耳、冼星海的作品，又重新在中国大地上被广泛传唱。

（三）支持历史小说《李自成》的写作和出版

1. 毛泽东给了姚雪垠一块“免斗牌”

毛泽东最早关心姚雪垠写作《李自成》的事，是在“文化大革命”初期。这还得从姚雪垠赠书毛泽东说起。

1963 年，《李自成》第一卷由中国青年出版社出版。社会反响非常热烈。作者姚雪垠即寄赠一部给毛泽东。姚雪垠知道，毛泽东一向重视明朝末年李自成领导农民起义这段历史。① 姚雪垠相信，毛泽东对他的长篇历史小说《李自成》会感兴趣的。而实际上，毛泽东却一直没有顾得上看这部书。

3 年以后，一个偶然的机会，长篇历史小说《李自成》才进入毛泽东的视野。那是 1966 年 6 月中旬，毛泽东准备离开杭州汪庄时，秘书整理毛泽东随身携带的图书，拣出了这本《李自成》。毛泽东顺手拿过来翻阅，被吸引住了。他爱不释手，忍不住读了下去。毛泽东在 1966 年 6 月 15 日离开杭州以后，到

---

① 1944 年 3 月，重庆《新华日报》发表郭沫若为纪念李自成领导农民起义、胜利进入北京 300 周年而写的史论《甲申三百年祭》。郭文记述了 1644 年李自成的农民起义军进入北京以后，一些首领因为胜利而骄傲起来，生活腐化，热衷于宗派斗争，以致在 1645 年陷于失败的历史，阐明这次起义的意义和教训。郭文发表后，在当时的政界和文坛上引起巨大震动。毛泽东给予高度评价，于 1944 年 11 月 21 日复函郭沫若，称赞他的“史论、史剧有大益于中国人民”，并说：“你的《甲申三百年祭》，我们把它当作整风文件看待。小胜即骄傲，大胜更骄傲，一次又一次吃亏，如何避免此种毛病，实在值得注意。”（《毛泽东书信选集》，人民出版社 1983 年版，第 241 页）延安和各解放区即印行了《甲申三百年祭》的单行本。1944 年 4 月 12 日，毛泽东在延安党的高级干部会议上作重要报告《学习和时局》，提到学习《甲申三百年祭》这篇文章的意义：“近日我们印了郭沫若论李自成的文章，也是叫同志们引为鉴戒，不要重犯胜利时骄傲的错误。”

故乡韶山的滴水洞住了十几天，于6月28日抵武汉。7月8日，他在一封信里写道："自从六月十五日离开武林以后，在西方的一个山洞里住了十几天，消息不大灵通。廿八日来到白云黄鹤的地方，已有十天了。每天看材料，都是很有兴味的……"①这每天看得"很有兴味"的材料中，就有《李自成》第一卷。而且，毛泽东把上册已经看完了。毛泽东在1966年8月中旬的一次中共中央政治局常委扩大会上，对王任重说：你告诉武汉市委，对姚雪垠要予以保护。他写的《李自成》第一卷，分上、下两册，上册已经看完，写得不错，让他继续写下去。王任重是中共湖北省委第一书记，当时担任中共中央文革小组副组长，所以列席了这次中共中央政治局常委扩大会议。第二天一早，王任重就打电话给中共武汉市委书记宋侃夫，传达了毛泽东的指示。

这条"最高指示"，对姚雪垠来说，真是生死攸关。当时，"文化大革命"掀起"破四旧，立四新"、"横扫一切牛鬼蛇神"的狂潮，"红卫兵"运动方兴未艾，"革命小将"们正狂热地揪斗"黑帮"，许多文艺界人士横遭劫难。姚雪垠在武汉也早已被作为批判的对象，如果不是有毛泽东这条"最高指示"，只怕也难逃厄运了。

毛泽东对姚雪垠"予以保护"的指示，犹如赐给了姚雪垠一块"免斗牌"。中共武汉市委立即研究落实措施，作出规定：不批斗，不游街，不抄家。这三个"不"，救了姚雪垠。1966年8月4日，"红卫兵"一定要抄姚雪垠的家。中共武汉市委下令不准动姚雪垠的书、卡片、资料，贴上封条封存起来。这就使姚雪垠千辛万苦积累起来的资料，在"满街红绿走旌旗"的风雷中没有受到损失，在风雷过后得以继续创作他的巨著。1973年，姚雪垠完成了《李自成》第二卷书稿，全稿约70万字；并于1974年年初，送请茅盾（沈雁冰）指教。茅盾的创作经验丰富，通晓小说艺术，又长于分析作品，读《李自成》第一卷后曾给姚雪垠写了3000字的长信，进行艺术分析和评论。这次阅读《李自成》第二卷手稿后，茅盾接连给姚雪垠写信20多封，说了许多中肯、精辟的意见。姚雪垠在艰苦的条件下作了精心修改，又抄清一遍，但面临的一个难以解决的问题是，中国青年出版社处于停业状态，书写成了怎么出版？

2. 江晓天建议上书毛泽东

正在姚雪垠为出版问题而万般无奈的时候，《李自成》一书的责任编辑、

① 《建国以来毛泽东文稿》第12册，第71页。

中国青年出版社的江晓天，突然出现在姚雪垠的面前。

1975年9月，江晓天因事去广州。9月下旬，江晓天从广州返回北京，中途在武汉下车，专访姚雪垠。对姚雪垠来说，真所谓喜从天降。在姚雪垠的书房里，他们畅谈了四个半天。姚雪垠向江晓天倾吐了《李自成》写作、出版过程中遇到的种种困难。江晓天向姚雪垠畅谈了7月以来文艺调整出现的各种气象。江晓天认为，目前，在毛泽东调整党的文艺政策的一系列指示下，文艺界正逐步复苏、活跃起来，形势是好的。但中国青年出版社不可能在短期内复业，《李自成》的出版问题，看来只有请毛泽东出面关心，才有望解决。

10月6日，姚雪垠接到江晓天从北京的来信。

江晓天在信中郑重建议：直接上书毛泽东。江晓天写道："作为一个编辑，从党的文学事业着想，也应竭力支持把《李自成》尽早尽好出版，而况主席又说过话呢?"但是，根据中国青年出版社的情况，再在中国青年出版社出版，当时不大可能了，怎么办呢?

江晓天在信中说出他的建议："最近有个想法，供你参考：可以给毛主席写封信，报告《李自成》稿子写作情况和你的愿望，所传主席对一卷说的话虽尚待了解确切，但看来是有这回事，说明伟大领袖对《李自成》是关心的。你已近高龄了，虽然健康状况较好，但要完成五卷，还需要抓紧时间。出版晚两年问题不大，我是想早把它搞好，包括早点排印，多听听工农兵和各方面的意见。"江晓天要姚雪垠考虑酌定。

第二天，10月7日，姚雪垠即给江晓天回信："你建议写那封信，很重要，我明白你的意思。我将慎重考虑如何措辞，如何能够确实达到他老人家面前。"他叮嘱江晓天"不可匆忙从事，亦不可使外人知道"，还希望江晓天"不要泄气"："许多老作家信任你，这是你的成功，应引为欣慰。出版界中，有这样情况的并无多人"。①

3. 请宋一平"搭桥"

通过什么渠道能够把信确实送到毛泽东手里呢？经过再三考虑，姚雪垠想到了宋一平。宋一平这位20世纪20年代的老党员，曾经在莫斯科中共驻共产国际代表团工作过。新中国成立后，他在武汉担任过11年市委书记，分管文教工作，对姚雪垠很关心。宋一平后调北京，任对外文委副主任。当时，

① 江晓天：《我是怎样编辑〈李自成〉的》，载《纵横》2002年第4期。

他是中国科学院哲学社会科学学部临时领导小组(三人小组)成员。

1975年10月8日,姚雪垠给宋一平写了一封长信,“汇报稿子的进行情况以及出版问题”,另外请教给毛泽东上书的事。姚雪垠给宋一平的这封信没有留底稿,笔者访问姚雪垠谈及此信时,因时隔近20年,信的内容已经难以记忆了。所幸由于历史的机缘,这封信及姚雪垠在10月19日致宋一平的另一封信的全文,都完整地保存了下来。是怎样的机缘?读了下文,自会明白。现在,且来看10月8日姚雪垠致宋一平信的内容。

姚雪垠向宋一平介绍了《李自成》的写作进展情况和困难,其中特别提到茅盾(沈雁冰)为他看稿的负责精神。姚雪垠写道:

> 第二卷稿子在去年春天请人帮忙抄了一份,约有七十万字,寄到中国青年出版社,由该社文学编辑室江晓天同志看了一遍。因该社暂时不能复业,我又将稿子请沈雁冰同志看看。沈将第一卷看了一遍,写了三千字的长信,从艺术角度对第一卷作了饱满肯定,不少意见十分精辟。对第二卷稿子他看了两遍,随手作了札记,然后对每个单元都写出分析评论,如他认为尚须修改的地方,就作出建议。他在小说方面有丰富的创作经验,又从五四新文学运动时期以来数十年间经常分析别人作品,所以能从小说艺术的角度看作品,不是从条条框框出发,能深入作者的创作意图。他已八十高龄,又患眼疾不愈,如此细心热情,令人感动。

接着,姚雪垠对中国青年出版社,对江晓天的工作作风、负责精神大加赞赏。在介绍了江晓天的建议后,姚雪垠说出自己的想法:

> 我考虑了江的建议,认为可行。我想给主席写一封简短而恳切的信,内容要点为:(一)解放以后,我在主席思想的教育下,决心写一部以李自成为主人公的历史长篇小说,第一卷于1963年由中国青年出版社出版。出版后曾给主席寄上一部,表示对主席的无限敬爱,也表示在主席思想哺育下开始作出的一点成果。(二)1966年夏,得知主席看过了这部书,曾指示说,这部书虽然有些问题,但应该继续写下去,将全书写完。我对主席的关怀和鼓励,多次感动得热泪奔涌,下决心更加勤奋学习,以便将这部书完成得较好一些,报答主席。(三)文化大革命后期,《李自成》被列为第一批开放书目,至今仍继续在工农兵和知识分子读者中发生着影响。由于我的思想水平低,

加上第一卷出版匆忙，书中问题不少，总想修改重印。（四）这部书共分五卷，估计写成后字数在二百五十万以上，愈往后反映的社会生活愈广阔，阶级斗争深刻复杂，而故事也愈波澜壮阔。我有一个约八九万字的《〈李自成〉全书内容概要》，基本上是打的有准备的仗。我认为我是生活在伟大的毛泽东时代，我的祖国是有数千年文明史和八亿人民的伟大国家，我应该有雄心完成这样庞大的写作计划，古人和外国人不曾作到的，我应该努力作到。但是我今年已经进入六十六岁，读者和朋友们都担心我完不成写作计划，因此，我目前更需要党的领导和支持。（五）第二卷约七十万字，已于一年半以前完成。由于中国青年出版社尚未复业，不能付印，晚两年出版没关系，但我希望早点拿出来排印本向工农兵和各方面征求意见，好在正式出版前能够较充分地听取意见和再作修改，这对党的文学事业是有利的。我的这个愿望，希望得到主席支持。倘蒙同意，求主席批交有关单位处理。

据我看，倘若这封信能达到主席面前，主席一定会支持的，特别是在目前时候。但主席是那么忙，一般信件未必能到得了他的手中。我希望你想想办法，通过什么渠道，将我的信转到主席手中。另外，我是否可以写一封内容略同的信给邓副总理？你认为如何送到他的手中？

宋一平接读姚信，立即找到胡乔木。宋一平和胡乔木很熟悉。1938 年秋，他们曾同路从安吴堡到延安，参加西北青年救国会第二次代表大会（实际上是党所领导的全国青年工作会议）的筹备工作，走了 5 天，一路上无所不谈。在延安整风运动中，有人说宋一平是王明教条宗派的人，胡乔木代为澄清。这次中国科学院哲学社会科学学部恢复业务工作，成立临时领导小组，宋一平为成员之一，就是胡乔木提的名。学部当时归国务院政研室分管，胡乔木是国务院政研室主要负责人，宋一平又无法直接给毛泽东转信，所以去找胡乔木。胡乔木读了姚雪垠的信，听了宋一平的汇报，明确表示支持。

宋一平见转信之事有了着落，很快就给姚雪垠去信。信中没有透露宋一平与胡乔木商酌一节，只是表示愿意帮姚雪垠转信，并嘱咐给毛泽东的信要用毛笔书写，字要写大些。因为毛泽东的左眼动过手术后，虽能看书、写字，终究不如健康的眼睛。这个原因，宋一平在信中也未明说。

4. 胡乔木将姚信转呈毛泽东

姚雪垠接到宋一平的回信，十分高兴和感动。他在 10 月 19 日就把给毛泽东的信写好，寄给宋一平，请他设法转呈。

姚雪垠的信，基本上是按照他在 10 月 8 日给宋一平的信中所说“内容要点”来写的，当然内容更加具体，感情上也有更多的抒发。姚雪垠在信中向毛泽东汇报了自己写作的计划、进度和存在的困难，恳切地提出希望得到支持、帮助的请求。他写道：

> 这部书共有五卷，估计写成后字数在二百五十万至三百万之间，愈往后反映的社会生活愈广阔，阶级斗争愈深刻复杂，而故事也愈波澜壮阔。我一直认为，我是生活在伟大的毛泽东时代，我们的社会主义祖国是拥有八亿人口和数千年文明史的伟大国家，纵然外国人和古人不曾有过这样部头庞大和内容繁富的长篇小说，我应该有写成这样一部小说的雄心壮志，以巨大的热情付诸实践。
>
> 第二卷稿子已经写成将近两年，约七十万字左右。由于十年来继续学习和探索，尤其经过无产阶级文化大革命的思想教育，第二卷在思想内容和艺术上都有所提高。
>
> 虽然我寸阴必争，不论盛暑严冬，每日凌晨三时左右起床工作，但人已经是进入六十六岁的人了，不能不有任重道远之感。许多读者都担心我会完不成《李自成》的写作计划。虽然我打的是较有准备的仗，但我仍需要对有关的历史问题和历史生活继续做大量的研究工作，而且将历史研究的成果化为小说艺术，要花费很多的辛苦劳动。往往为几句符合人物性格和历史特点的对话，得反复推敲，才能写定。至于构思一个艺术细节，安排一个人物活动，更要苦心经营。我从来只靠下苦功，不曾靠什么灵感，不曾有过“文思如泉”、挥笔千言的时候。倘若在一切方便的条件下，我能够专心致志地工作，加上已经有了八万字的写作提纲和第一、二卷的基础，大概用三年时间可以写成一卷。由于部头庞大，书中出场的人物众多，头绪穿插复杂，反映的历史问题和生活方面较广，五卷陆续出齐后必须再将全书统改一遍，方算完成。主席！要在我的老年完成这样大的写作计划，不仅需要我自己加紧刻苦努力，更需要党的切实领导和具体帮助。我多么希望能得到有关部门或机构抓一抓我的工作！

> 原中国青年出版社文学编辑室的负责同志虽然表示愿意将《李自成》继续出完，但该社能否复业，何时复业，至今音信渺茫。全国读者都需要读文学作品，也渴盼《李自成》第一卷早日重印，以下各卷能快点出版。我考虑再三，鼓起勇气来写这封信，请求您关心《李自成》的出版问题（包括第一卷的修改本重印），批交中央主管部门解决，或直接批交人民文学出版社处理。

姚雪垠最后向毛泽东表示：

> 为要替党的文学事业多尽点微末力量，为无产阶级专政的利益占领历史题目这一角文学阵地，填补起五四新文学运动以来长篇历史小说的空白，我将不断地努力追求，直至生命终止。即令最后完不成我的写作计划，我也不会丧失我作为一个毛泽东时代的作家的雄心壮志，任何时候都不会将意气化为寒灰。但是我相信，主席是会给我的工作以支持的。

在信的后面，姚雪垠抄呈旧作七律一首《抒怀（赠老友）》，以便让毛泽东更加了解他的心愿：

> 堪笑文通留恨赋，耻将意气化寒灰。
> 凝眸春日千潮涌，挥笔秋风万马来。
> 愿共云霞争驰骋，岂容杯酒持徘徊。
> 鲁阳时晚戈犹奋，弃杖邓林亦壮哉。

姚雪垠相信，用书信详述情况、剖明心迹，再加上这首豪迈奔放而典雅隽永的七律，当更能打动诗人毛泽东的心。

宋一平把姚雪垠给毛泽东的信以及姚雪垠先后给他的两封信，一并交给胡乔木。胡乔木即于10月23日呈送毛泽东。

通常给毛泽东的信和材料都是交邓小平转呈的，这次胡乔木为什么改变线路、直接转呈呢？因为这时毛泽东对邓小平在10月13日转交的清华大学刘冰等人的信已有批评，对《科学院工作汇报提纲》，也当面对邓小平表示不满意。邓小平领导的整顿已显露出不利的态势。胡乔木同吴冷西等人商量后，决定姚信不再通过邓小平转交，而由胡乔木直接呈送毛泽东。为此，胡乔木写了一封短简，扼要地说明此事原委，并将姚雪垠在10月8日、19日致宋一平的两封信一并附奉。胡乔木的短简是这样写的：

> 送上长篇小说《李自成》作者姚雪垠由武汉写给您的一封信。

姚在信里说，这部小说他拟写五卷约三百万字，第一卷已改写，第二卷已写成近两年，但还没有地方出版，请求您能给予帮助。

姚的信是宋一平同志托我转送的。宋现在哲学社会科学部工作，以前长期在武汉，所以姚把信寄给他。宋还把姚给他的两封信也给我看了。因为这两信可以帮助了解姚目前的具体困难，所以现在也一起附上，供您在需要时参阅。

5. 毛泽东支持姚雪垠写好《李自成》

毛泽东阅信后，在 11 月 2 日作了批示："印发政治局各同志，我同意他写李自成小说二卷、三卷至五卷。"毛泽东的批示，写在胡乔木致毛泽东信的天头。所以，印发中共中央政治局各同志的这一文件，包括了胡信、姚信及姚雪垠在 10 月 8 日、19 日给宋一平的两封信。

由于毛泽东的亲自关怀，姚雪垠于 1975 年冬被调进北京，《李自成》第二卷得以发排。粉碎"四人帮"后的 1976 年 12 月，《李自成》第二卷终于付型。第一卷修订版也于 1977 年 2、3 月出版。中国青年出版社由此复业，在当代中国文化史上，留下一本书救活一个出版社的、富有特殊光彩的一页。

1977 年 6 月，《李自成》第二卷中、下册的大开本出书后，姚雪垠即向胡乔木赠书并于 6 月 27 日致函感谢。信中写道："首先感谢你七五年秋天将我给毛主席的一封信转了上去，使我能够继续致力于《李自成》的写作工作。从七五年冬我到北京以后，因'四人帮'当道，每前进一步都有尖锐斗争。"姚雪垠表示："在如何写好这部历史小说问题上，我还得作很大努力，也得作一些新的探索。"他还说："我有意通过这部小说写出明清之际各个阶级、阶层的生活、动态、互相关系，各个地区的生活画面。能否如愿，尚得继续翻山。"

6. 邓小平关心老作家

1977 年 7 月，中共十届三中全会决定恢复邓小平的所有职务。邓小平第三次复出后，即委托张平化（中共中央宣传部部长）去看望姚雪垠。张平化对姚雪垠说：邓副主席委托我来看你，你为党和人民作出了贡献，有什么困难，提出来，帮你解决。据姚雪垠说，张平化还告诉姚雪垠：小平同志说，《李自成》第一卷写得好，无可挑剔。第二卷稍差些，但写到这样也很不容易。姚雪垠当时确实有些困难，家里两三口人还没有北京户口，书和卡片还都在武汉，但他考虑到国家正是百废待兴之时，要处理的事情太多了，所以这次他没有提要求，半年后才写信给邓小平反映。在邓小平的关心下，姚雪垠的困难得到解决,有了一个很好的生活和写作环境。组织上为他配备了助手,为他提供了写作条件,让他到河北、辽宁采风,以便他实地考察山海关、锦西一带的地势风貌,了解清政权入关前建于沈阳的故都情况。这些都是他在以后几卷小说中要描写的。

1993 年 10 月 19 日,笔者访问了姚雪垠。他精神矍铄,思维敏捷。谈到毛泽东对他的关怀,姚雪垠无限深情地说:"在'文化大革命'中像我这样受到毛主席亲自保护的作家,恐怕没有第二位。没有毛主席的支持,《李自成》第一、二卷不可能那么快地出版。"当时,《李自成》第五卷的写作已经进入最后阶段。姚雪垠原来计划要写太平天国题材的《天京悲剧》,后来计划有了改变,准备在《李自成》杀青以后,写以康有为、梁启超和谭嗣同等六君子为主人公的《戊戌变法》了。

姚雪垠于 1999 年 4 月 29 日逝世,享年 89 岁。在他逝世后几个月的 1999 年 8 月,《李自成》第四、五卷正式出版。

(四)支持鲁迅书信、著作的出版

在 1975 年的文艺调整风云中,毛泽东对鲁迅之子周海婴的信作出批示,可以说是一场精彩的"压轴戏"。"四人帮"的恨恨之情,到"批邓、反击右倾翻案风"运动中发泄出来。他们咒骂周海婴"被收买了",说他的信"反映了旧习惯势力的情绪","同黑线有关",认定这封信"是有人指使的"。姚文元特别下令周海婴所在单位国家广播事业局追查写信的情况,查周海婴"接近些什么人",一心要追出写信人的"后台"。经过"文化大革命"将近 10 年的锻炼,人们都成熟、老练了,再是怎样的高压,当事人和知情人都没有走漏一点风声。到临了,"四人帮"都没有弄清楚实情。现在,披露事实真相已经没有任何避忌了。鉴于围绕鲁迅书信、著作出版的这一场惊心动魄的斗争,贯穿于整个"文化大革命"10 年,所以,还是让我们从头说起。

1. 鲁迅书信手稿下落不明

1936 年 10 月 19 日鲁迅先生逝世以后,鲁迅的夫人许广平就把收集、保存、出版鲁迅著作,作为自己的重要使命。1938 年 8 月,20 卷本的《鲁迅全集》在"孤岛"上海出版。1946 年,许广平在上海又编印了一部《鲁迅书简》,收入到那时为止收集到的鲁迅书信 855 封。以后,许广平和鲁迅生前友好一直没有停止过鲁迅书信的收集。到 1966 年"文化大革命"开始前,他们已收集到鲁迅书信手稿1054封、1524页。这是一笔十分宝贵的文化遗产。

毛泽东非常尊崇鲁迅，赞扬鲁迅"不但是伟大的文学家，而且是伟大的思想家和伟大的革命家"，"是党外的布尔什维克"；称颂鲁迅"是中国的第一等圣人"，"是现代中国的圣人"；并说"鲁迅的方向，就是中华民族新文化的方向"。"文化大革命"中，毛泽东又说："我和鲁迅的心是相通的"，号召"读点鲁迅"。林彪、"四人帮"接过毛泽东赞扬鲁迅、号召学习鲁迅的旗帜，怀着不可告人的目的，一方面神化鲁迅，把鲁迅当作"棍子"到处打人；另一方面又一手垄断鲁迅著作的注释权和出版权，妄图不让人们了解真实的鲁迅。控制鲁迅的书信，是其中重要的一项。

本来，鲁迅的全部书信手稿，由设在北京阜成门内宫门口西三条的专门机构——鲁迅博物馆保存。"文化大革命"发动起来以后，在1966年6月30日，原来被装在4个木箱里的全部鲁迅书信手稿，即被文化部"文革"小组调走，转移到朝阳门内大街文化部办公楼内存放。1967年，上海掀起"一月风暴"。在所谓"全面夺权"的混乱之中，存放在文化部的4箱鲁迅书信手稿忽然被人用"中央文革"的名义取走了。当时这事做得很机密，许广平、周海婴都一无所知。过后才透出风来，知道鲁迅书信手稿已被当时"中央文革"成员戚本禹带人取走，但放到哪里去了，则不得而知。为了查实鲁迅书信手稿的下落，鲁迅博物馆曾经分别函询"中央文革"和戚本禹，均如一箭之入大海，没有回音。

1968年年初，戚本禹作为"五一六反革命集团"头目被抓了起来。许广平担心这批鲁迅书信手稿散失、毁损，心急如焚。2月17日，鲁迅博物馆革命大联合勤务组再次写信给"中央文革"，要求追查这批手稿的下落。此信请许广平转交。3月2日，许广平决定给姚文元写信（姚文元当时主管这方面工作）。这封信是许广平口授的。信中写道：

> 北京鲁迅博物馆原来藏有鲁迅《答徐懋庸并关于抗日统一战线问题》手稿十五页，书信手稿一〇五四封、一五二四页（大部未印）。一九六六年六月三十日，旧文化部以"保护"文物为名，从博物馆调走。一九六七年春天，戚本禹在文化部听说此事，又将这部分手稿拿走。现在我不知道这些手稿究竟落于何处，甚为担心。如有散失或毁坏，将给人民带来损失。

许广平由于忧愤交加，受刺激太深，在她的朋友董秋斯家谈心谈及此事时，心脏病突然发作，送医院抢救无效，于3月3日上午心力衰竭，猝然逝世。

此信成为许广平的绝笔。

2. 周恩来指示追回鲁迅书信手稿

周恩来得到许广平突然发病的消息，立即派人前往看望。获悉噩耗后，3 月 3 日当天晚上，他就前往北京医院，到许广平灵床前，向她的遗体告别。在北京医院，周恩来亲切地向周海婴等亲属表示慰问："我和许广平同志初次见面，大概在 1946 年。那时我们跟国民党谈判，我在上海的一家饭店里见到了她。"这时，周海婴把母亲在前一天写好的那封信交给了周恩来。此时已是深夜 11 点半，周恩来因有事要处理，遂同周海婴等人一一握手道别。

过了一个多小时，周恩来又来到许广平的家里，跟周海婴等全家人相聚了一个半小时。陈伯达、江青、姚文元他们也来了。周恩来当场阅读了许广平的遗信，指出：要查清戚本禹盗信事件，立即追回鲁迅书信手稿。

在场的江青，其实是戚本禹盗信的主使者。这时，她在一旁却假情假意地说："信里反映的事情，我们过去一点不知道。叫戚本禹交代，冲这一条就可以枪毙他；如果不交代，就枪毙他。这些王八蛋，想毁坏手稿，将来可能要翻案。"

周恩来等人离开许广平家后，当即到钓鱼台开会，决定追查鲁迅书信手稿的下落，并把这个任务交给代总参谋长杨成武。杨成武要北京卫戍区司令员傅崇碧负责查办。

3. 傅崇碧被诬"武装冲击中央文革"①

傅崇碧和北京卫戍区的几位负责同志受命调查，他们从监狱提审了戚本禹。戚本禹说：鲁迅书信手稿确实已于 1967 年 1 月，由他和"中央文革"的一个工作人员从文化部取走，并且开具了收条。此事是江青亲自要他去办的。这些手稿取回后，当时就交给"中央文革"的保密员保管。

傅崇碧为了当面核实清楚情况，乃亲自前往"中央文革"。去那里之前，他先同"中央文革"的负责人联系，得到同意，然后带领三位同志，分乘两辆汽车赴钓鱼台。本来，傅崇碧的车出入钓鱼台无须通报，因另外带了一辆车，故在门口先经传达室联系，得到允许后才驱车进去。

在一座楼前，傅崇碧遇到姚文元。姚文元同他一起到这座楼的会议室小坐。过不多久，江青来了。出乎意外的是，江青一进来就冲着傅崇碧叫嚷：

① 本节主要据张万来：《"武装冲击中央文革"事件真相》，《人民日报》1979 年 3 月 15 日。

"傅崇碧,你带着这么多人到我这里来干什么？你身为卫戍司令,不经请示就冲进来,你要抓人吗？你懂不懂纪律……"姚文元在一旁帮腔:"傅崇碧,你是没有请示。"傅崇碧想说明情况,但江青他们根本不容他开口。

谈到鲁迅书信手稿,傅崇碧坚持说,经过多方调查,这些手稿和管理手稿的人都在"中央文革"。江青却说不可能。傅崇碧即拿出写着收管手稿人名字的条子,并指出手稿存放的地点。江青只好要姚文元把人叫来。保密员一进来,江青不问情由,劈头就骂:"你是个混蛋！你不是毛主席的兵,应该把你抓起来!"装着书信手稿的4个箱子也被抬来了。江青叫人把箱子撬开,看看到底是不是。箱子撬开,正是鲁迅书信手稿。江青随手翻阅了一会儿,突然把箱子关上说:"不看了,当着你们的面,封存起来!"

可是,过了两个星期,傅崇碧奉命调查鲁迅书信手稿的事一下变成了"武装冲击中央文革"事件。1968年3月23日凌晨,傅崇碧被叫到人民大会堂。林彪突然宣布傅崇碧调动工作,限令他即刻离京赴沈阳。从3月23日凌晨到25日,林彪、江青等人接连召开全军部分师以上干部和北京卫戍区、北京军区干部和战士大会。林彪声称:"傅崇碧前个时期带着几辆汽车,全副武装冲进中央文革的地点去抓人。"江青叫嚷:"傅崇碧不得到中央文革负责同志允许,开了两辆汽车,浩浩荡荡,全副武装,擅自冲进中央文革所在地去抓人。"她煽动说:"冲击中央文革,这是什么性质的问题？要抓什么人？我们伟大领袖毛主席的安全还有没有保障?"当场宣布撤了傅崇碧北京卫戍区司令员的职务。3月27日,在北京市工人体育场10万人大会上,江青又当众讲了这些鬼话,还捏造了更为离奇的情节,指责北京卫戍区对"冲击中央文革的事情至今没查清";甚至说冲"中央文革"时,傅崇碧的秘书用皮包打她,要砸断她的脊梁骨,她的腰一直在疼。江青还说皮包里有手枪,后面车里有一挺机枪等等。此后,接连4次抄傅崇碧的家,并将傅崇碧的家属、子女赶出北京。傅崇碧被关押在沈阳,蒙冤7年。此外,北京卫戍区的一位副司令员、一位副政委和傅崇碧的秘书等人,也先后被拘留、逮捕、隔离反省、离职检查。关于鲁迅书信手稿的整理和出版等问题,也就搁置一边,未能得到解决。

4. 江青一伙心怀鬼胎

江青为什么要陷害傅崇碧？重要原因之一是怕傅崇碧揭露她的老底。原来在"文化大革命"初期,上海就有群众来信,揭发江青的问题。傅崇碧把来信封好送交江青。江青当即问傅崇碧看过没有。傅崇碧回答没有看,但江青如何信得？所以，她一直寻找机会对傅崇碧下手以“灭口”。江青、姚文元等人在鲁迅的书信、著作上大做手脚，是同他们妄图篡夺党和国家最高权力的阴谋联系在一起的。他们把鲁迅当作石头打人，但他们也害怕砸了自己的脚。

深究起来，江青集团的几个成员，除王洪文外，都或直接或间接地中过鲁迅的“投枪”。如果把鲁迅的书信全部公之于世，对鲁迅的著作详加注释，他们的劣迹，就会像一串多米诺骨牌，很可能从此而一路倾倒下去。

20世纪30年代中期，江青在上海曾经争演过赛金花。这本来并不是什么了不起的事。但“文化大革命”开始后，批判所谓“四条汉子”之一的夏衍，无限上纲，说他的剧本《赛金花》是卖国主义、投降主义的“大毒草”，引出当年鲁迅写过的一段话来：“作文已经有了‘最中心之主题’：连义和拳时代和德国统帅瓦德西睡了一些时候的赛金花，也早就封为九天护国娘娘了。”所以，如果对鲁迅著作进行深入研究，在“文化大革命”那样的背景下，把这事张扬起来，对江青总是不大光彩的。由此而引出蓝苹的那段历史，麻烦就更大了。

更有关碍的是张春桥。鲁迅在1936年4月16日做《三月的租界》，揭露“三月里，就‘有人’在上海的租界上冷冷的说道——‘萧军不该早早地从东北回来”；并点明，这里说的“有人”就是“狄克先生”。证据就是“《大晚报》副刊《火炬》的奇怪毫光之一”、张春桥化名狄克在“星期文坛”上发表的《我们要批判与自我批判》。1963年出版的注释本《鲁迅全集》第6卷，在“狄克先生”名下没有加注，所以对此事非经历者无从得知狄克是谁。但化名者本人心里明白：狄克者，张春桥是也。而《火炬》的主编，是张春桥的同乡好友崔万秋。这个崔万秋，是复兴社特务、戴笠手下的军统秘密情报人员。“文化大革命”中讲究的是出身、成分、个人历史。如果认真搞《鲁迅全集》的新注释本，张春桥攻击过鲁迅，也受过鲁迅的批评，与特务文人过从亲密，以至于他本人在1933年春就是法西斯组织华蒂社的发起人之一和中坚分子，种种劣迹势必昭彰。“麒麟皮下露出马脚”，张春桥还怎么能去做他那“旧桃换新符”的迷梦呢?!

姚文元心里也怀着鬼胎。其父姚蓬子，在1934年4月叛党出狱。同年5月14日的《中央日报》登出他的《脱离共党宣言》，后即当上了中统特务徐恩曾手下的文化特务。他的叛逆行径，为人所不齿。鲁迅在好几封书信中指责过这个变节者，说姚蓬子“转向”，在南京“做了小官了”。1934年11月17日，鲁迅致萧军、萧红一信，更把姚蓬子变节作为一种典型加以剖析。鲁迅写道：

蓬子的变化，我看是只因为他不愿意坐牢，其实他本来是一个浪漫性的人物。凡有知识分子，性质不好的多，尤其是所谓"文学家"。左翼兴盛的时候，以为这是时髦，立刻左倾，待到压迫来了，他受不住，又即刻变化，甚而至于卖朋友（但蓬子未做这事），作为倒过去的见面礼。这大约是各国都有的事。但我看中国较甚，真不是好现象。

毛泽东在1937年10月19日鲁迅逝世周年纪念会上的讲演（即《论鲁迅》）中，就引用过这封信的大意。1963年版《鲁迅全集》未收此信。如果将鲁迅的书信全部照手稿付印，或出版鲁迅书信手稿全集，姚文元是鲁迅指责过的变节者的儿子，就将大白于天下。姚文元的政治前途，岂不是岌岌乎殆哉？！

明乎此，江青集团为什么拼死命要把鲁迅书信手稿和著作的出版、注释以至于解释权牢牢控制在自己手里，想方设法阻挠、破坏鲁迅著作的出版工作，就一点也不奇怪了。

5."四人帮"的阻挠和破坏

1971年夏，周恩来直接领导召开了全国出版工作座谈会，提出了全国出版工作的全面规划。这个规划把重新整理出版鲁迅全集、鲁迅书信、鲁迅日记、鲁迅译文集、鲁迅整理的古籍等，作为全国重点出版项目之一，要求集中力量，争取在两三年内完成。同年7月，毛泽东批准了全国出版工作座谈会提出的出版工作全面规划。周恩来十分关心鲁迅著作出版规划的落实，派国务院办公室负责人协助国家出版机关，在广泛听取各方面意见的基础上，制定了切实可行的实施方案。但是，这个实施方案遭到"四人帮"的阻挠和破坏。1972年1月，鲁迅的胞弟周建人拟就一个落实鲁迅著作出版规划的报告，国务院办公室将其转到姚文元手里。姚文元批了"待研究"3个字，把这个报告束之高阁。周海婴先后给姚文元、江青写信催询，没有得到回答。此后一系列有关鲁迅著作注释、出版的计划，都被压下，一个都没有批准。1974年再次提出计划，"四人帮"仍然扣压不批，致使这项工作长期无法进行。

不仅如此，"四人帮"对已经开展的鲁迅著作的选编、注释工作也横加压迫，必欲使之中断而后快。

1971年"9·13"事件以后，为了有助于深入揭批林彪集团的罪行，国家出版部门组织力量，编选和注释了鲁迅的杂文、书信和文学创作的各种选本。对选编、注释的鲁迅杂文书信全集，姚文元以"杂文同书信分开"为名，把书信砍去。1972年3月，姚文元又以审查为借口，扣压了样稿，8个半月之后，下了一道批语:“我的意见,不必再选了!”下令把所有鲁迅著作选注本统统砍掉,已经上机待印的选本也被迫下马。姚文元还伙同张春桥、江青,写了一个“以省注释之繁”的批示,禁止注释鲁迅著作。以后,他们又制造“收信人有问题”之类的借口,反对鲁迅书信集的出版。他们甚至还诋毁鲁迅。姚文元在1972年9月的一个批示中说,鲁迅著作“用今天的眼光看,可删之处尚有不少”,还说什么要“根据马克思主义观点加以批判”。

由于江青一伙对鲁迅著作出版工作制造种种借口,加以阻挠,不让出版书信集,不让出版选本,反对进行注释,使得鲁迅书信、著作的出版工作迟迟不能落实,鲁迅研究工作不能正常开展。

6. 周海婴上书毛泽东

1975年7月以后,在毛泽东调整党的文艺政策的指示下,文艺界出现了“文化大革命”以来未曾有过的有利形势。周海婴和叔父周建人等人商量,感到应该乘这个有利时机,给毛泽东写信,把长期没有解决的鲁迅书信的处置和出版、鲁迅著作的注释、鲁迅研究工作的开展等方面一些亟待解决的问题,向毛泽东反映,请求毛泽东支持和帮助解决。

周海婴给毛泽东的这封信写得很好,“四人帮”追查“后台”,终于没有来得及追出来。粉碎“四人帮”后,许多人读到这封信,也都认为,非有高人指点,周海婴难以写出这样得体、这样能说动毛泽东的信来。此人是谁?又是通过怎样的途径,把这封信送到毛泽东他老人家手里的呢?

笔者带着这个疑问,多方调查,不得要领,遂于1994年1月21日叩询周海婴,才弄清楚,指点、帮助周海婴上书毛泽东的不是别人,正是有中共“党内第一支笔”之誉的胡乔木!

当年,周海婴同周建人商量之后,觉得此事请曾担任毛泽东20多年政治秘书、当时又复出并任国务院政治研究室主要负责人的胡乔木帮忙,最为妥帖。1975年10月下旬,周海婴到胡乔木家登门求教。他把前述有关情况向胡乔木详细叙述了一遍,又把想向毛泽东写信的意向说了,请胡乔木给予指点。

周海婴叔侄有所不知,当时胡乔木的处境已经比前些日子差得多了。胡乔木已经知道,10月中旬,毛泽东对他主持修改的《科学院工作汇报提纲》不以为然,对邓小平替清华大学刘冰等人转信也有批评,而刘冰等人的信正是通过李琦交胡乔木转邓小平送上去的。就是在这样不顺的处境下,胡乔木一点也没有犹豫，当即支持周海婴给毛泽东写信，并表示愿意转交。他感到鲁迅书信、著作的出版，实在太重要了。而在当时，只有得到毛泽东的支持，才能解决问题。对于信的写法，怎样既能回击“四人帮”的阻挠、破坏，又能打动毛泽东的心，取得他的赞同、支持，胡乔木作了详细的指点。

周海婴给毛泽东的信稿草拟好以后，周海婴又到胡乔木家中，请胡乔木修改、润色。最后，由胡乔木把这封信经邓小平呈送毛泽东。要说“后台”，胡乔木确实可算一个。

由于出版一部收入现存鲁迅全部书信的集子是当时斗争的焦点，多年来，姚文元等人以所谓有的收信人后来成了坏人等为借口，百般阻挠，不让出版；所以，周海婴的信把出版新的鲁迅书信集放在最重要的位置，并有理有据地对“四人帮”设置的障碍予以批驳，还特意点出毛泽东引用过的“鲁迅痛斥变质者的一封信”，亦即 1934 年 11 月 17 日鲁迅致萧军、萧红斥责姚蓬子的信，给姚文元以有力的反击。信中写道：

> 一、关于鲁迅书信的处置和出版。出版一部比较完备和准确的鲁迅书信集，始终是母亲多年的愿望。一九六八年母亲去世前几天，得悉戚本禹利用他在中央文革的职权，从旧文化部保险柜弄走全部鲁迅书信手稿一千多封，气愤之下，立即写信向姚文元反映。母亲原有心脏病，受了刺激，在写信的第二天心脏病复发，因心力衰竭去世。至今七年多了，书信集的出版仍然毫无消息。我非常希望书信手稿能交给国家文物局负责保护收藏，以便于做两件事：一是由文物局负责全部影印出版，供研究工作者使用；二是由出版局负责编印一部比较完备和准确的鲁迅书信集（包括鲁迅给日本友人的信等），供广大读者阅读。一九四六年母亲在上海编印过一部鲁迅书简，收入当时收集到的书信八百五十五封。周扬主持文化工作时，编的鲁迅全集，只收入书信三百三十四封。现在搜集到的书信，我见过一个目录，已有一千二百多封（不包括鲁迅给日本友人的信），其中二百多封从未发表过，我也没有看到过信的全部内容。我常收到来信要我设法购买或借阅鲁迅书信，但上述两种版本早已不再印行，新的又一直未出，所以根本无法找到。我不了解鲁迅书信长期不能出版的原因，如果有人认为鲁迅书信的收信人有的后来成了坏人不能出，我想这不应成为一个障碍，因为马（克思）、恩（格斯）著作中，就有许多马、恩

给拉萨尔、伯恩斯坦、考茨基的书信，并未因此不出。敬爱的主席，您最了解鲁迅书信的革命精神，并早在一九三七年十月十九日，您在陕北公学鲁迅逝世周年纪念会的讲演中，就引用过鲁迅痛斥变质者的一封信，给我们留下难忘的印象。我们迫切希望在您的支持下，一部收入现存全部书信，认真按照手稿校订过的新的鲁迅书信集，能够早日出版。

周海婴还请求毛泽东，指示国家出版局组织人力“编辑出版一部比较完善的新的注释本鲁迅全集（包括书信和日记）”，对于开展鲁迅研究方面也提出了看法和建议。信末，周海婴深情地写道：

敬爱的主席，您在一九六六年无产阶级文化大革命初期写过，您和鲁迅的心是相通的。我在一九七一年听到传达您这句话，心情是何等激动啊！我觉得父亲也是这样想的。我听母亲和熟悉父亲的老同志告诉我，父亲在他生命的最后一年，也就是您率领红军经过长征胜利到达陕北后的那一年，心中总是深深地想念您，他曾打电报给您表示祝贺，还常常兴奋地和参加长征见过您的同志谈起您，渴望知道关于您的一切。虽然他终未能见您一面就去世了，然而我知道他和您的心是相通的。您是无产阶级思想的伟大导师，父亲的后期也是无产阶级思想的忠诚战士。我听说他谈起您时，总是点燃着一支烟，眼中充满愉快的微笑，轻轻地说他愿意在您指挥下，做一名小兵，用笔。我想起这情形，就情不自禁地下定决心写这封信，向您提出以上的请求。当然，我的想法可能有不妥之处。我多么渴望跑到您的跟前，倾诉我心中的一切感受，倾听您对我的亲切教诲！主席啊，我衷心祝愿您健康，长寿！

7. 毛泽东的批示和鲁迅著作的出版

周海婴的这封信，情况与要求写得简明扼要、有理有据，感情真挚，言辞恳切。毛泽东读信后，即批示：

我赞成周海婴同志的意见，请将周信印发政治局，并讨论一次，作出决定，立即实行。

毛泽东的批示，使“四人帮”百般阻挠鲁迅书信集出版的倒行逆施无法再继续下去，《鲁迅全集》的整理和注释也一变过去一直无人过问的状况。

毛泽东的批示下达后，国家出版局很快作出规划，主要工作有3项：立即着手出版包括现存全部鲁迅书信的《鲁迅书信集》；新注鲁迅著作单行本 26 种，1977 年年底前出齐；新注《鲁迅全集》15 卷（正式出版时增加《索引》1 卷，为 16 卷），1980 年年底前出齐。1975 年 12 月 5 日，中共中央、毛泽东批准了国家文物事业管理局、国家出版事业管理局关于贯彻毛泽东批示的报告。

为进一步贯彻落实毛泽东的批示，国家出版事业管理局又于 1976 年 4 月 23 日至 5 月 10 日召开了鲁迅著作注释工作座谈会。北京、上海、天津、辽宁、吉林、山东、河北、江苏、浙江、福建、湖北、广东、广西 13 个省、自治区、直辖市宣传部门的负责同志，大专院校参加鲁迅著作注释工作的代表，从事鲁迅研究的专家，认识、熟悉鲁迅的老同志，共 79 人参加，拟订了《鲁迅全集》和鲁迅著作单行本的注释、出版规划，具体落实了分工、任务。国务院于 1976 年 7 月 1 日发出的《批转国家出版事业管理局关于鲁迅著作注释工作座谈会的报告》（国发[1976]54 号），要求各省、区、市革委会，国务院各部委"参照执行"。到 1976 年鲁迅诞辰 95 周年之际，一部包括 1381 封书信的新的《鲁迅书信集》终于问世。

粉碎"四人帮"后，《鲁迅全集》的注释、出版工作有了更好的环境和条件。1977 年"五一"国际劳动节刚过，新上任的国家出版事业管理局局长王匡，即商请当时尚未恢复工作的胡乔木主持这项工作，得到同意。8 月 5 日，王匡即向中央写了《关于鲁迅著作注释出版工作的请示报告》，请吴德转呈。吴德对请示报告提了修改意见，王匡等人修改后即依吴德的意见，于 9 月 11 日直接向中央上报。不久，中央批准了这个请示报告所提各项建议：同意由胡乔木分出部分精力来过问这项工作，主要是掌握编辑方针和对注释中的重大问题加以指导和审定；约请郭沫若、周建人、沈雁冰、王冶秋、曹靖华、李何林、杨霁云、周海婴担任鲁迅著作注释工作的顾问；同意调林默涵来协助胡乔木主持具体工作，借调冯牧、秦牧来加强原来搞注释工作的班子。

胡乔木非常关心和重视《鲁迅全集》的编辑、注释工作。他从 1978 年 11 月起担任中国社会科学院院长，中共十一届三中全会后又担任中共中央副秘书长、毛泽东著作编辑委员会办公室主任，工作十分忙碌，但对鲁迅著作的注释、出版工作还是倾注了许多心血。他不仅确定了编辑方针、总体设计、注释体例，而且对《呐喊》、《彷徨》、《野草》等最初几本集子的注释，都亲自修改，并参加讨论，认真细致，一丝不苟。许多难题，像 20 世纪 30 年代"两个口号的论争"、"左联"等注释条目，都是经他修改，或由他批转有关负责同志过目，才定稿的。茅盾曾在致周而复的信中谈及鲁迅著作的注释工作，对胡乔木当此重任表示信任和赞赏。茅盾写道："盖注释中争议也不少，非乔木同志主此事而默涵等实际负责，将不能妥善解决也。年来以鲁迅为招牌，摘取片言只语，对某某事件作夸大解释者，实在不少。此亦'四人帮'形而上学影响之一事也，非有霹雳手不易摧枯拉朽也"。茅盾以"霹雳手"赞誉胡乔木，真是知人之论。在胡乔木领导、林默涵具体主持下，一部新的16卷本的《鲁迅全集》注释本，终于在1981年鲁迅诞辰100周年时由人民文学出版社出版。胡乔木为此作出了贡献，功不可没。林默涵曾将这项工作同胡乔木倾注了心血的另一项工作，即《毛泽东选集》的编辑和注释工作，放在一起来赞扬胡乔木的功绩。林默涵说："中国有幸，在近百年来出现了许多伟大的思想家和革命家，其中影响最大最深的，是毛泽东和鲁迅。毛泽东领导人民在政治上、经济上翻了身，得到了解放，成为国家和社会的主人；被毛泽东认为骨头最硬的鲁迅，则唤醒人们从思想和精神的被奴役中振奋起来勇于抗争。毛泽东和鲁迅，这两个伟大人物，都给我国人民留下了极为宝贵的精神财富，而乔木同志的功劳，就是在对这两个伟大人物的精神财富的整理、继承和发扬上，都付出了极大的努力和心血，这是值得我们由衷地感谢的。"①

（五）《人民文学》和《诗刊》复刊

综合性文学月刊《人民文学》，创刊于1949年10月25日；1966年"文化大革命"开始后，被迫停刊。"9·13"事件后，《人民文学》的复刊被提上了日程。《人民文学》原负责人根据国务院有关部门的指示，按1971年7月中央批发的《关于出版工作座谈会的报告》中"筹办文艺刊物"的精神，着手准备《人民文学》的复刊工作。但江青、张春桥等人百般刁难，故意拖延，不予批准。结果，筹办班子被迫解散，复刊计划被打入"冷宫"。

1975年7月，在毛泽东连续几次对文艺问题谈话、批示的情势下，《人民文学》复刊工作又被提上日程。这时，"四人帮"忽然热心起来，企图把这块阵地抓到自己手里。1975年8月25日，张春桥亲自召见他们在文化部的一个亲信面授机宜，提出"要夺权，不要原来的班子"。很快，他们就配备好了班子，由文化部那个"四人帮"的亲信副部长任主编，从上海调来他们的"帮刊"

---

① 林默涵：《怀念乔木同志》，《人民日报》1995年1月26日。

《朝霞》的负责人为常务副主编；并于9月6日写好“创办”（不是“复刊”）《人民文学》的报告，以文化部的名义径送中共中央政治局。9月8日，张春桥第一个在这份报告上批了“拟原则同意”。

邓小平赞成《人民文学》复刊，但对“四人帮”想抢夺、把持这个阵地保持高度的警惕。还在此次《人民文学》酝酿复刊之初，邓小平在8月8日与国务院政研室7位负责人开会谈到此事时，就说过：“现在的文化部恐怕办不好《人民文学》。”明确表示了不让《人民文学》落入“四人帮”掌握之中的意向。所以，当张春桥写上“拟原则同意”的批语的这份报告送到邓小平手里时，邓小平除了对复刊表示“我赞成”之外，还针锋相对地写下批语：“看来现在这个文化部领导办好这个刊物，不容易。”张春桥把邓小平的这个批示扣压了一个多月，于10月15日不得不表示“请你们同出版局协商，先办起来”。国家出版事业管理局是一个独立机构，不归文化部管。就这样，“四人帮”攫取《人民文学》领导权的图谋一时未能得逞。此后不久，形势变化，开始所谓“反击右倾翻案风”。“四人帮”即变计让国家出版事业管理局出经费、管出版，而《人民文学》的方针大计概由他们在文化部的亲信包揽了。

《人民文学》筹备复刊，也得到了毛泽东的关怀。关于刊名用字，早在1949年7月筹备《人民文学》创刊时，当时的主编、中华全国文学工作者协会（1953年10月，改组为中国作家协会）主席茅盾就曾请毛泽东题写刊名。刚好郭沫若也在场，毛泽东表示：郭老是书法家，刊名应由他写，我就题一句话吧。1949年9月23日，毛泽东为《人民文学》创刊题词：“希望有更多的好作品出世”，并给雁冰兄（即茅盾）写了复信。信中说：“写了一句话，作为题词，未知可用否？封面宜由兄写，或请沫若兄写，不宜要我写。”1949年10月25日，《人民文学》创刊号出版。杂志正文首页登毛泽东近照，背面刊出毛泽东的题词。刊名即用郭沫若手书。从此，直到《人民文学》在“文化大革命”期间停刊，刊名基本上使用的是郭沫若的题字。此次复刊，写信给毛泽东，请示他同意使用1962年为发表他的《词六首》时，他给《人民文学》复信中所写的字为刊名。毛泽东在这封请示信上用铅笔眉批“可以”二字。这样，从1976年1月《人民文学》复刊至今，刊名就一直用毛泽东在1962年给《人民文学》信中的手迹。

另一份有影响的文艺刊物《诗刊》，也经毛泽东同意复刊。1975年7月20日，民办教育谢革光给《红旗》杂志写信。信中说到，由于各种文艺书刊相继复刊或创刊,因此《特刊》的复刊已成为广大群众热切盼望的一件事。9 月中旬,张春桥将同意这封信所提《诗刊》重新出版的报告送邓小平转报毛泽东。邓小平在报告上圈阅同意。9 月 19 日,毛泽东即在报告上写下批语:“同意。”经过筹备,《诗刊》在 1976 年元旦正式复刊,比《人民文学》复刊还早了 20 天。毛泽东的两首词《水调歌头·重上井冈山》、《念奴娇·鸟儿问答》在复刊的《诗刊》1 月发号上发表,《人民日报》当天转载,全国传诵。①

六、落实“周扬一案，似可从宽处理”的指示

(一)释放周扬及“周扬一案”中人

在文艺调整中,解放干部、落实政策是与扩大节目、活跃文艺同时展开的。

毛泽东于 1975 年 7 月 2 日在林默涵来信上写下“周扬一案,似可从宽处理”一段批示以后,主持中央日常工作的邓小平立即贯彻执行。

7 月 12 日,周扬的夫人苏灵扬忽然接到中宣部军管组的通知:周扬要被放出来了。这真是望外之喜!她已经整整 9 年,没有得到周扬本人的音信。而几年前就纷纷传说“周扬已死”,后来周扬的户口也被注销了,接着又收到了“周扬专案组”送来的周扬的几件日用品。在那样的岁月,哪里还抱什么周扬生还的希望呢!苏灵扬惊喜万分。过了两天,7 月 14 日,周扬被放出来了。周扬、苏灵扬他们知道这不会是“四人帮”的意愿,不久就知道是毛泽东的决策。但在当时的环境下,他们也无从搞清楚具体的原委,以至于直到 1993 年,周扬的秘书在《新文学史料》上撰文谈及此事时,还误以为“是毛主席听了当时半打倒半工作的一些老干部的意见所作出的决定”。

周扬原来的寓所被当时中宣部军管组的人住着,周扬夫妇回不了家,上面安排他们在万寿路西街 7 号中组部招待所 1 号楼二层一个房间暂住。

夏衍从“文化大革命”开始即被“监护”,逼供时右腿被踢断。他被关在秦城监狱长达 8 年零 7 个月。江青、张春桥及其爪牙始终找不到一件可以说明夏衍的问题是敌我矛盾的证据,但还是定他“问题性质严重”。毛泽东指示周扬的问题应为“人民内部问题”,夏衍问题的定性这才随之改变。1975 年 8 月,给夏衍做了恢复党的组织生活的结论,但仍以按夏衍的级别,结论要由中

---

① 《建国以来毛泽东文稿》第 13 册,第 451、453—454 页。

共中央政治局批准为借口，扣压下来。所以，夏衍真正恢复党的组织生活，是在粉碎“四人帮”后的1977年7月25日，正好是夏衍入党整整50年的时候。

阳翰笙加入中国共产党的时间比夏衍还早两年。“文化大革命”中，他被诬蔑为“叛徒”，关押9年之久。他在严酷的迫害下，坚贞不屈，被关押期间从未在审问记录上签字。他在狱中还吟诗百余首，表达了对党和人民的忠诚、对“四人帮”的蔑视。这样坚定的战士，要不是中共中央、毛泽东下指示，“四人帮”是不会放他出来的。

周扬、夏衍、阳翰笙被释放后，专案办公室即在1975年7月16日向中共中央、毛泽东递交了关于“周扬一案”处理情况的报告。报告说，“周扬一案”中作为专案审查对象，凡被关押、监护的人员，至此已全部释放（其中有27人是在1975年5月底前释放的；有34人在原单位接受审查，没有关押；田汉、蔡楚生、刘芝明、邵荃麟、焦菊隐、何干之、穆木天等12人已故）。林默涵等5人已“分配工作”，肖望东、钱俊瑞、刘白羽等26人正在“分配工作”，夏衍、阳翰笙、王昆仑、徐平羽、阿英等20人“养起来并治病”。政治结论属人民内部问题的，原工资照发并补发审查期间停发的工资，党员应恢复党的组织生活。

为了给文艺界被解放出来的干部分配工作做准备，从1975年8月14日起，在北京朝阳门内原文化部留守处办了一个学习班，主要学习1970年中共九届二中全会以来的文件，每周4个半天。据参加这个学习班的黄稻的日记，8月14日第一次学习，到的人有：吕骥（中国音协副主席、党组书记——括号内为审查前的原职务，下同）、周巍峙（文化部艺术局局长）、徐平羽（文化部副部长）、黄稻（文化部代部长肖望东的秘书）、赵寻（中国剧协党组副书记）、张光年（《文艺报》主编）、张庚（中国戏曲研究院副院长）、吴祖光（中国戏曲研究院编剧）、马彦祥（文化部艺术局副局长）、凤子（中国剧协理事）、郁风（中国美术馆展览部主任），还有不属“周扬一案”的司徒慧敏、袁文殊、马少波、丁聪。名单上的文化部副部长石西民、刘白羽，因病住院一直未到。徐平羽后来也没有参加。华君武（中国美协党组副书记）第一天未到，后来一直参加。这个学习班不到20人，但可以说是“文化大革命”以来文艺界各协会、各方面人士的第一次聚会。学习地点虽在原文化部宿舍大院内，但学习班并没有交给于会泳当部长的文化部管，而是由国务院国家机关事务管理局领导，吕骥、周巍峙两人任组长。学习班共学习了两个半月。其间，学习班拟参观天津新港的大港油田。王曼恬（时任中共天津市委书记处书记、副市长）阴阳怪气，要文化部开介绍信。学习班的这批老同志对于会泳等人不满,都不愿意去求文化部,说不去了。天津没去成,学习班结束时,就在北京参观,看了新建的维尼纶厂,看了密云水库和怀柔水库、新发现的曹雪芹故居等等。

(二)毛泽东指示为周扬平反

在前面已经说到的7月16日向中共中央、毛泽东递交的那份关于"周扬一案"处理情况的报告中,对周扬定性为"问题性质严重",因而采取的处理办法用了"拟分配适当工作"这样不很确定的语言,生活待遇也不是"原工资照发",而是"工资照发"。这样一来,周扬的问题就还留着一个尾巴,并没有真正平反。显而易见,这是中共中央政治局内部对解放周扬有不同意见的反映,说明7月14日毛泽东对江青就这个问题反复说服教育没有完全解决问题。江青和她的帮派是靠"打棍子"起家的,批"四条汉子"、批"文艺黑线",是他们的重要"业绩",他们怎么愿意轻易解放周扬呢!7月16日的那份报告,于7月27日送到毛泽东跟前审批。这时,毛泽东的左眼刚动过手术三四天,还不能阅读,更不能在表格上写小字。他仔细地听机要秘书读了这份报告。对周扬的定性,毛泽东说:应该是人民内部问题。他命机要秘书把原来定的"问题性质严重"圈掉,改为"人民内部问题"。7月28日,主持中央日常工作的邓小平接到毛泽东对周扬定性问题作了重要修改的这一文件,又听了毛泽东的机要秘书关于毛泽东口授对这个文件作修改情况的电话报告,立即批示中共中央办公厅主任把这个文件送中共中央政治局委员传阅。"四人帮"这才不好再在周扬定性问题上要弄手段。

当时的中共中央政治局内,吴德与周扬的个人情谊较深。他们在延安相识,又在晋察冀抗日根据地共事。1975年时,吴德是处理专案、审查干部的负责人之一,知道内情。7月28日传阅毛泽东的批示后,吴德的女儿吴铁梅曾去看望周扬夫妇,悄悄讲了毛泽东的指示,说周扬是人民内部问题,恢复党籍,工资照发,分配工作。这样说,与事实基本一致。吴铁梅当时只能知道事情的梗概,不可能也没必要知道上述事情的经过和细节。对于周扬夫妇来说,毛泽东又作了这些指示,也就足够欣慰的了。

(三)毛泽东批评国庆招待会未请周扬、梁漱溟

1975年7、8、9月,在毛泽东支持下,邓小平主持整顿文艺工作,好消息频

频传出。进入9月，就要准备过国庆节了。国务院政治研究室按照安定团结、落实政策的方针，向中共中央、国务院开列了邀请出席1975年国庆招待会的科技教育界、文化艺术界、新闻出版界人士的名单。这个名单相当广泛，在文艺界的名单中就有周扬。信息被传到周扬夫妇耳朵里，他们非常高兴。苏灵扬赶忙找出周扬的中山服，又洗又熨，为周扬出席国庆招待会做准备。当年的中国，在国庆招待会上公开露面，是恢复政治名誉的一个标志。可是，临近国庆，周扬却一直没有收到企盼中的那张请柬。

阻力还是来自"四人帮"。

尽管毛泽东亲自指示释放周扬，又亲自将周扬的问题定性为"人民内部问题"，但"四人帮"仍然把周扬拽住不放。一方面，"四人帮"利用手中掌握的舆论阵地，依旧大批"文艺黑线"，依旧点名批判"黑线头目"；另一方面，他们千方百计设置障碍，不让周扬公开露面。在中共中央政治局讨论文艺界出席国庆招待会的人员名单时，提到周扬，张春桥、江青、姚文元、王洪文都不吭声，一个也不表示同意。由于他们的阻挠，本来没有问题的事成了问题，致使毛泽东亲自解放出来的周扬未能在显示安定团结的国庆招待会上露面。

国庆招待会后，中国科学院哲学社会科学学部政工组把学部出席招待会的吕叔湘、任继愈、俞平伯、顾颉刚、冯至、何其芳、丁声树、吴世昌、贺麟、韩幽桐、傅懋勣、严中平等人的反映整理成材料，于10月9日以《政工简报》第31期印发并上报。

这份材料说，学部有21人（领导干部3人，老知识分子18人，老知识分子中有全国人大代表6人）出席了邓小平副总理主持的、以周恩来总理名义举行的盛大招待会，庆祝国庆26周年。他们在国庆招待会上听了邓小平的祝酒词，看到一片朝气蓬勃、团结胜利的景象，非常兴奋。这些老知识分子认为："国庆宴会充分体现了我国安定团结的大好形势"，"宴会是一个团结的大会，出席的有老年的、中年的，也有青少年，是我们党和国家兴旺发达的表现"。大家还谈到，宴会充分体现了落实党的知识分子政策的精神，"说明党认真贯彻对待知识分子的政策"。有的同志说："出席这次盛会，深切感到党对于犯过错误、承认错误并有所改正的党员干部的关怀和鼓励。"大家听邓小平讲要实现"在本世纪内把我国建设成为一个社会主义强国"这一宏伟目标，都表示要为完成这一光荣、伟大的历史任务贡献自己的力量。

该材料还反映，一些与国民党上层有过联系的人物出席了国庆招待会，对于党的统战工作有影响，对做台湾工作有好处。

胡乔木看到这份载有《学部老知识分子出席国庆招待会的反映》的《政工简报》后，立即报送邓小平。胡乔木在这份材料上写道：

小平同志：

此件可以一看。请考虑要不要转送主席和政治局各同志。

胡乔木

十月十三日

邓小平于10月15日阅后即批上“送主席看看”，将这份简报转报毛泽东。10月16日，毛泽东在这份简报首页的天头写了以下批语：

打破“金要足赤”、“人要完人”的形而上学错误思想。可惜未请周扬、梁漱溟。

毛泽东

十月十六日

毛泽东还在胡乔木致邓小平的短简上“政治局各同志”几个字下画了两道杠，前面加上一个“送”字，叮嘱将这个材料送中共中央政治局各同志。

这是毛泽东继7月2日、14日、27日三次直接过问周扬问题以后，第四次谈到周扬。显然是针对“四人帮”阻挠周扬出席国庆招待会的批评，而且把问题提到了是坚持辩证法还是搞形而上学的哲学高度。

毛泽东这件批示的用语，同当时他在病中又一次读的一篇鲁迅杂文《关于翻译（下）》有关。鲁迅在那篇谈文艺批评的文章中，用吃烂苹果的方法做比喻，谆谆告诫人们要正确对待有缺点的人和作品，批评那种“首饰要‘足赤’，人物要‘完人’。一有缺点，有时就全部都不要了”的不好的脾气。毛泽东读到这篇文章的有关内容时，情不自禁地连声称赞说：“写得好！写得好！”可见鲁迅的这些话，正好道出了毛泽东当时的心曲。

回顾1975年文艺调整中围绕解放周扬的斗争风云，可见毛泽东在他生命的最后岁月，确实是真心实意地要认真纠正自己已经觉察的一些错误；而江青等人，则是一伙作奸弄权、杀灭异己的罪魁。

七、文艺调整的历史评价

1975年的文艺调整，是在邓小平领导铁路、钢铁整顿取得成效，中共中央政治局内围绕所谓“反经验主义”斗争获得胜利的形势下展开的。自此，邓小平领导的整顿进入了10多年间“四人帮”霸占和经营的文艺领地。

文艺调整从7月初开始启动，进展迅速。到7月下旬，就出现了以《创业》重新上演为标志的第一个高潮。经过7、8、9三个月，到国庆节前后，无论在批判“四人帮”的文化专制主义方面，还是在开放文艺节目、解放文艺干部方面，都取得了具有突破意义的成绩。10月，继话剧《万水千山》公演之后，又成功地举办了纪念人民音乐家聂耳、冼星海音乐会，形成了这次文艺调整的第二个高潮。广大文艺工作者正抖擞精神，要使沉寂多年的中国社会主义文艺逐步活跃起来。广大人民群众也重新燃起了希望，希望荒芜多年的文艺园地重新呈现百花齐放的景象。但是，从1975年11月起，一场“批邓、反击右倾翻案风”的运动突然被发动起来。形势陡转，文艺调整也就此中断，真是“其兴也浡，其亡也忽”。在短短几个月里，如此大起大落，为中外文艺史所少见。

文艺调整是1975年整顿中的重要一环，也是整顿全面展开和深入发展的标志。文艺调整不只是一场文艺斗争，而且是一场尖锐的政治斗争，是党内健康力量和文艺工作者结合起来，同“四人帮”及其帮派势力进行的一场短兵相接的较量。它大胆地冲破了“文化大革命”以来在文艺上设置的“禁区”，划定的框框，作出的结论。它是以思想解放为前提，又大大地启发和推动了思想解放。它是在文艺战线上对“文化大革命”进行拨乱反正的一次尝试。

文艺调整的每一个回合都揭发了江青一伙的错误和罪行，推倒了他们的判断和结论。每一次胜利都长了革命文艺工作者的志气，灭了江青一伙的威风。由于文艺节目、文艺作品在广大人民群众中的广泛影响，文艺调整中的每一次较量，几乎都产生了巨大的思想影响和政治影响。文艺调整的进展，使江青一伙进一步走上政治上失败、道义上灭亡的道路。

然而，“四人帮”是不甘心失败的。从文艺调整启动的第一天起，他们就步步为营，设置障碍，进行阻挠。在抵制的情况下，他们又接过口号，企图用“与‘走资派’斗争”的作品来“活跃文艺”。他们窥测方向，伺机反扑，妄图利用评《水浒》来转移方向，篡夺党和国家的最高权力。当所谓“批邓、反击右倾翻案风”的运动发动起来以后，他们就疯狂地进行反攻倒算了。他们诬蔑邓小平转呈毛泽东的信和材料是“诬告信”、“黑材料”，国务院政治研究室是“谣言店”、“黑风口”、“继旧中宣部后的又一个阎王殿”；咒骂文艺调整是“攻击党的文艺政策”、“否定文艺革命的胜利成果”，是“为十七年文艺黑线翻案”。

一切在文艺调整中拥护毛泽东、邓小平调整文艺政策，对“四人帮”文化专制主义进行揭发、提出批评的人，都受到追查、围攻、迫害。人们从这一次反复中，深切地体认到，真正搞翻案复辟的是高喊反复辟的“四人帮”。“庆父不死，鲁难未已”。“四人帮”不倒，中国的动乱就没有尽头，中国的文艺就没有希望。所以，1975 年的文艺调整，不仅带来了文艺的一度复苏，而且起到了动员群众、提高群众觉悟的作用，为 1976 年的四五运动做了一定的思想准备。它不仅在当代中国文艺史上写下了特殊的一页，而且在当代中国政治史上发挥了特殊的作用。

这次文艺调整是由毛泽东直接启动，并自始至终在毛泽东支持下开展的。文艺调整是贯彻落实毛泽东的三项重要指示，进行各方面整顿的一个重要组成部分。毛泽东不仅提出了文艺调整的任务、目标、重点，而且亲自进行指导，逐一作出具体指示。他亲自抓住重点和典型，推动文艺调整的进程。在解放干部、落实政策方面，他在 7 月三次批示或谈话，解放周扬，为周扬平反；10 月，又写下批语，批评国庆招待会未请周扬。在开放文艺节目、逐步活跃文艺方面，从 7 月到 11 月，他写下不少批语，涉及电影、小说、音乐以及出版等各个方面。他在这几个月里就文艺问题所作的指示，不仅对当时的文艺调整产生了直接的、积极的影响，而且对今后中国社会主义文艺的发展有深远的意义。

应该看到，毛泽东调整文艺的一系列指示，不单是对江青等人的批评，其中也包含着毛泽东对自身错误的反省和纠正。经过“文化大革命”八九年的内乱，毛泽东对文艺界的看法确实有了若干改变。他对周扬等文艺界的原负责人，不再采取从 20 世纪 60 年代前期到“文化大革命”初期那种严厉批评、视为敌我的态度；对原来信任、依靠的江青等人，却大为不满，尖锐批评。这种变化，说明毛泽东在文艺问题上确实纠正了若干指导思想上的偏差。这是 1975 年文艺调整的前提。在当时的历史条件下，没有毛泽东的支持，文艺调整是不可能进行的。与此同时，当然应该看到，毛泽东的这种纠正，大多是政策性的变更而并不彻底，只是局部的纠偏而并不全面。当整顿进入科技领域，毛泽东对“科学技术是生产力”的观点就表示不能认同，也没有在《科学院工作汇报提纲》上画圈。当整顿进入教育领域，刘冰等人揭发批判迟群的信被送到他的案前时，毛泽东就不可容忍，以至于转而批评邓小平主持的整顿了。这也反映了毛泽东本人思想的矛盾性和对各个领域认识的不平衡性。毛泽东钟爱文艺，对中国古典文学十分熟悉，有独到见解。他对中国古典诗词形式能够纯熟驾驭，诗词创作有很高的造诣，对中国传统戏剧也有特殊的爱好。所有这些，不能不是毛泽东自觉、主动地启动和支持文艺调整的重要原因。平心而论，同科技、教育等领域相比而言，毛泽东纠正自身错误，在文艺领域是最为自觉和主动的。

1975年文艺调整的领导者是邓小平。他那“敢字当头，横下一条心”的革命意志，与“四人帮”针锋相对、“钢铁公司”对“钢铁公司”的斗争精神，大刀阔斧、雷厉风行的硬朗作风，抓住时机、重点突破的谋略，以及知人善任、依靠骨干的组织才能，使得文艺调整迅速发动起来，取得显著成效。

以胡乔木、邓力群、于光远、吴冷西、胡绳等人为负责人的国务院政治研究室，具体地组织和推动了文艺调整，出色地发挥了中共中央、国务院的参谋和助手的作用。在反对“文化大革命”中文艺领域的极左错误方面，他们站到了斗争的最前列。在这场斗争中，他们集中表现了经过党在斗争中长期教育培养的宣传理论干部的勇气、胆识、智慧和才能。他们是党和国家的宝贵财富。这场尖锐复杂、几经反复的斗争说明，没有一支立场坚定、联系群众、精通业务、善于斗争的马克思主义宣传理论干部队伍，我们就无法进行意识形态领域（包括文艺领域）的斗争并取得胜利。

在文艺调整中，中国几代文艺工作者表现了无私无畏的革命勇气、不屈不挠的斗争精神。他们在“文化大革命”中虽然遭到了少见的压制、迫害、摧残，但是，他们的斗志没有消泯。地火在地下运行，一旦时机到来，就如火山喷发一样奔涌而出。在文艺调整中，广大文艺工作者的历史主动性和创造精神是十分感人的。在20世纪中国革命的背景下产生的中国文艺，有五四新文学的科学和民主精神、鲁迅的“硬骨头”精神、延安文艺的工农兵方向、社会主义文艺“百花齐放”的方针，所有这些构成现代中国文艺的灵魂。几十年间涌现的优秀作品，包括在“文化大革命”前后受到错误批判，在文艺调整中开禁、解放以及重新得到肯定的作品，就是这种传统和灵魂的载体。这是20世纪中国文艺的主潮。在“文化大革命”后期的文艺调整中，广大文艺工作者同“四人帮”进行了短兵相接的斗争。在这场斗争中展现的当代中国文艺工作者的精神，必将被载入史册，成为后来人学习的榜样。

文艺调整又是在特殊条件下进行的一场特殊的斗争。实践证明，在“四人帮”虽受批评但仍居要津的情况下，在对毛泽东的个人崇拜盛行的情况下，通过转呈信件、上报材料，让毛泽东了解情况、作出批示，借助钟馗打鬼，来打击“四人帮”、整顿文艺，方法是对头的，效果是积极的。后人可以认为这种斗争方式过于单一，后人也可能对这场斗争采取近乎地下工作的秘密方式不可理解。但是，在当时的情况下，确实别无选择，没有其他良策。一部电影的放映、一部小说的写作、一部书信集的出版、一场音乐会的举行、一个刊物的复刊，都要经过最高领导人毛泽东的批准。在正常状态下，这是不可思议的。然而，事实正是如此。所以，在肯定毛泽东启动和支持 1975 年文艺调整的同时，无疑还应该指出这些事实本身反映出来的弊端。文艺，是最需要个人自由思想、自由创作的领域，可是，当时从体制上没有给予这一领域充分民主的保证，没有形成一种符合文艺本身性质和发展规律的、管理社会主义文艺的机制。这样，制定了“百花齐放”方针、又重申“百花齐放”方针的人，最后还不得不由他来对一个一个作品的生死作出判决。这种反常的历史现象，我们当然不愿意看到它重现。

第十一章
中国科学院整顿与《汇报提纲》

张爱萍主持国防尖端科技事业的整顿打开局面以后，1975 年六七月间，邓小平即指示：中国科学院要整顿。邓小平清楚地看到，实现四个现代化，科学技术要走在前面。我国科学技术事业落后于世界先进水平，而我国科学研究的最高机构——中国科学院，在"文化大革命"中成为"重灾区"，受到严重的破坏。在"文化大革命"中，原有的国家科学技术委员会及由其代管的中国科学技术协会，都被合并到了中国科学院。① 所以，中国科学院的整顿，不仅关系到中国科学院本身，同时关系到全国的科学技术工作。要实现四个现代化的宏伟目标，整顿中国科学院、恢复正常的科研秩序、调动广大科学工作者的积极性，实在是迫在眉睫，再也不能拖延了。

一、中国科学院在"文化大革命"中遭受的严重破坏

（一）"文化大革命"前中国科学院的发展

中国科学院是伴随着新中国的诞生而成立的。1949 年 9 月召开的中国

① 中国科学院在"文化大革命"中，由"两科"（中国科学院、国家科委）合并组成。原国家科委负责全国科技工作的归口管理，主要任务有 5 项：（1）有关科技工作方针政策的调查研究、提出建议；（2）全国科技规划、计划的制定和管理；（3）组织重大科研项目的协作；（4）管理 3 项费用（新产品试制、中间试验、重点科研项目补助）；（5）对重大科研成果的鉴定和推广。"两科"合并后，中国科学院设有科技办公室，承担原国家科委的部分工作。原由国家科委代管的中国科协，合并后在对外活动中仍沿用中国科协的名义。各专门学会的活动由中国科学院和各有关部门分别负责，全国科协的办公机构做些联系、组织工作。

人民政治协商会议，就提出新中国要建立中国科学院。同年10月底，中央人民政府任命历史学家、考古学家、文学家郭沫若为中国科学院院长。11月1日，中国科学院正式成立，由政务院领导，确定其任务为"有计划地利用近代科学成就以服务于工业、农业和国防的建设，组织并指导全国的科学研究，以提高中国的科学研究水平"。①

1955年起，酝酿制定十二年（1956—1967年）科学技术发展规划。1956年春，提出"向科学进军"的口号和"百花齐放，百家争鸣"的方针，迎来了中国科学院10年的兴旺、发展时期。中国科学院确定了自己的研究任务为三个方面：第一，重大的基础科学理论；第二，世界上最新的科学技术；第三，共同性的、综合性的重大研究任务。1956年，采取四大紧急措施，在半导体、电子学、计算机、自动化四个领域建立了研究所，使这四项新技术得以全面发展。从1958年起，又开始了人造地球卫星的研制、原子弹和导弹的研究、人工合成胰岛素的研究，同时开辟了许多新的领域，取得了一批重要成果，还创办了中国科学技术大学（1958年9月20日正式开学）。各省、自治区、直辖市设立的中国科学院分院也有长足的发展。为加强对国防科研工作的管理，1960年成立新科技局（归口管理34个研究所），以后又成立新技术委员会（1966年成立，有47个研究所，科技人员达11328人）。

"文化大革命"前的10年间，虽有反右派斗争和各种政治运动的干扰，但总的说来，在"双百"方针、十二年科学规划、《科学十四条》②、广州会议③精神的指引下，中国科学院还是得到很大的发展，取得丰硕的成果，对发展我国科技事业、对我国国防事业和经济建设作出了巨大的贡献。其中包括对原子弹和氢弹的研制、对导弹和人造地球卫星的研制、对计算机科学技术的发展、对激光技术和其他光学仪器的发展、对半导体技术和红外技术的发展、对自然条

---

① 这是政务院第二次会议确定的任务。转引自《中国科学院》（上），当代中国出版社1994年版，第14页。

② 1961年6月，在聂荣臻主持下，由中国科学院党组和国家科委党组共同制定了《关于自然科学研究机构当前工作的十四条意见（草案）》，简称《科学十四条》。经中共中央批准，于同年7月发给全国。同时发出的，还有聂荣臻为报送这个文件给中共中央的《关于当前自然科学工作若干政策问题的请示报告》。这两个文件，在新中国科学发展的历史上起了扭转极左影响的作用。

③ 1962年2月15日至3月10日在广州召开的全国科学工作会议，研究讨论了制定《1963—1972年科学技术发展规划》问题。

件和自然资源的考察，以及农业科学研究和经济建设方面的许多研究。在基础研究方面，中国科学院也作出了突出的成绩。例如：1960 年 3 月，发现一种新基本粒子“反西格马负粒子”，进一步证明了存在反粒子的理论，丰富了人们对粒子—反粒子对称性的认识；1965 年 9 月 17 日，在世界上第一次人工合成了一种具有生物活性的结晶蛋白质——牛胰岛素；提出“内陆潮湿坳陷”是陆相生油基本条件的新认识，为中国石油勘探起了指导作用；创立有限元法，成为求解偏微分方程的一整套现代化、系统化的数值方法；叶轮机械三元流动理论研究的新进展，成为叶轮机械研究设计计算的理论基础；等等。到“文化大革命”开始前的 1965 年，中国科学院已拥有 106 个研究所、24714 名科技人员，基本成为学科比较齐全的自然科学综合研究中心。

（二）“文化大革命”对中国科学院的破坏

1966 年 5 月，“文化大革命”席卷中华大地，灾难降临中国科学院。从《“五一六”通知》到《十六条》①，所谓“资产阶级反动的学术权威”都被确定为这场“政治大革命”批判、斗争的重点。运动刚开始，当了中央“文革”小组顾问的陈伯达就蓄意制造混乱。1966 年 6 月，发生“造反派”冲击承担国防科研任务的应用地球物理研究所党委、抢占档案室的事件，中国科学院领导即向陈伯达（陈伯达是中国科学院副院长）汇报此事，陈伯达指示应逮捕“造反派”；随后又倒打一耙，指责中国科学院为何抓人，引起一场大乱。中国科学院党组成为众矢之的，终至被打倒。1966 年 7 月 30 日，陈伯达又与江青一道，以中央“文革”小组的名义召集了科技界的万人大会，煽动中国科学院和科技界群众揪斗“走资派”。在他们的插手、策划下，中国科学院很快掀起所谓“造反”高潮，并形成相互对立的两派。“文化大革命”对中国科学院来说是一场极其严重的灾难。

1. 科学家和领导干部横遭批判、迫害

知识分子被重新戴上“资产阶级”的帽子，成了“臭老九”。许多知名科学家被定为“资产阶级反动学术权威”，被说成“一无政治头脑，二无工农感情，

---

① 1966 年 5 月 16 日，中共中央政治局扩大会议通过《中国共产党中央委员会通知》，简称《“五一六”通知》，这是“文化大革命”开始的标志。1966 年 8 月 8 日，中共八届十一中全会通过《中国共产党中央委员会关于无产阶级文化大革命的决定》，共十六条，简称《十六条》。它对“文化大革命”的性质、任务与方法作了规定和说明。

三无实际本领”。科研人员，不是“资产阶级知识分子”，就是“白专典型”、“修正主义苗子”。同国外的合作、交流成了“洋奴哲学”，引进国外先进技术就是“爬行主义”。名目繁多的罪名被加在知识分子的头上，什么“知识私有”、“个人名利”、“技术挂帅”、“理论至上”、“学院式研究”、“专家路线”、“复辟基础”等等，不一而足。自副院长、著名物理学家吴有训到各专业的研究员、副研究员，都受到不同程度的批判，几乎无人幸免。到 1968 年年底，中国科学院在北京地区的 170 位高级研究人员中，就有 131 位被列为打倒或审查对象。7 位院级党员领导干部都成了打倒对象。71 位厅局级干部中，有 59 位被列为打倒或审查对象。192 位处级干部中，则有 99 位。“文化大革命”中被抄家的有 1909 户。被迫害致死的达 229 人，占全院职工总数的将近 4‰。其中高级科学技术人员有 27 人，包括：著名数学家、全国政协常委熊庆来，真菌学家、微生物研究所副所长邓叔群，气象学家、空间物理学家、对研制人造地球卫星有突出贡献的赵九章，心理学家曹日昌等人。处在“四人帮”直接控制下的上海地区，灾难特别严重。中国科学院上海分院被迫害致死的人数占职工总数的将近 7‰。清理阶级队伍中使用的刑讯手段多达几十种。其中一个重大假案——“两线一会”特务集团案①，涉及 14 个单位、639 人。审查工作延续两年多，遭刑讯逼供的 244 人，被隔离审查的 236 人。200 多人被打，其中两人被活活打死，10 人被打伤致残，6 人被迫害后死亡。此案还株连到长春、沈阳、大连、青岛、福州、武汉等地许多研究机构的不少科技人员和干部、群众。② 大批科技人员和干部被当作改造对象，下放工厂、农村。1969 年至 1970 年，有 2400 多人到设在湖北潜江的“五七”干校劳动。上海、辽宁等地，更让科技人员长期到工厂“战高温”、到农村安家落户。

2. 撤销研究机构，遣散研究人员

“文化大革命”中，中国科学院的机构遭到两次大的变动。到 1973 年，全院仅有直属研究所 13 个，下放给地方后与地方双重领导的研究所 50 个，科技人员只剩下 1.3 万人。

一些单位被撤销，其损失难以估量。突出的例子，如：

---

① “两线”：指日伪时期的上海自然科学研究所为一条线，国民党时期的中央研究院为一条线。“一会”：指在全国解放前夕，上海各单位为反对国民党迁台、组织护所以迎接解放而组织的“应变会”。

② 此处和本段的数字，录自《中国科学院》（上），第 154—156 页。

北京植物园被撤销。该园于1955年迁至香山脚下，正式命名建园。经过10年惨淡经营，到“文化大革命”前夕，它已经拥有各类植物4000余种，其中从世界各地搜集来的葡萄品种就有600余种。温室拥有各类植物2000多种，其中保存有各国元首送给中国领导人的珍贵植物。还同世界上几十个国家进行种子交换，拥有的种子标本也为全国之冠。“文化大革命”开始后，北京植物园被扣上“花花草草”和“封、资、修”的罪名，备受批判，并于1970年被撤销。科研人员乃至工人被全部下放到干校。中央警卫团随之进驻，把这个科学研究基地改造成种菜、养鸡、养猪，给中央首长供应副食品的基地。园中的花草树木，送人、卖钱、当柴烧，悉被破坏。温室无人管理，剩余的热带植物及其他花木大多冻死，只有一株薜荔命硬。到1973年重建北京植物园时，原在温室里生长的2000多种花木，包括斯里兰卡总理送给毛泽东的菩提树、越南领导人胡志明送的叶子花、古巴领导人卡斯特罗送的好几棵香蕉树，全都死了，唯有这株薜荔孤零零地攀援在温室的墙上。

心理学研究所被撤销。心理学是研究人的心理活动的共同规律的科学。该所筹建于1950年，在1956年正式成立。到1966年，它已有150多人，其中研究、技术人员近110人，还有17名研究生。“文化大革命”刚开始，心理学就被扣上“伪科学”的帽子，心理学研究所也被扣上“宣扬资产阶级腐朽没落思想”、“为资产阶级服务”的罪名。研究人员被批判，“砸烂心理所”成为当时的革命口号。1969年6月，心理学研究所被撤销。

中国科学技术大学被下放到合肥。1969年林彪的“第一个号令”下达后，中国科大奉命迁至安徽。搬迁中，所有仪器设备全部报废，教职工散失1/3，若干专业被取消，依靠院所办学的优越性不复存在。①

3. 否定“17年”和批判自然科学理论

“文化大革命”中，对新中国成立以后17年间中央正确的有关知识分子和科学技术的方针、政策，如1954年中共中央对中国科学院党组报告的批示、1956年中共中央知识分子问题会议的文件、1961年中共中央批准的《科学十四条》和聂荣臻的《请示报告》、1962年广州会议的文件和报告，一概予以否定。“文化大革命”前17年的科技工作，被说成是“修正主义黑线统治”。被

① 以上关于中国科学院研究机构被肢解、撤销，研究人员被遣散的情况，据《中国科学院》（上），第146—154页。

誉为“科技宪法”的《科学十四条》,被说成是“修正主义纲领”。为贯彻《十六条》,批判“资产阶级反动学术权威”和“自然科学理论战线上的反动观点”,“四人帮”及陈伯达选定20世纪最伟大的科学家爱因斯坦和他的相对论,作为集中批判的靶子。他们把爱因斯坦视为“自然科学领域中最大的资产阶级反动学术权威”。在陈伯达授意下,1968年,中国科学院革委会组织了专门的学习班进行批判,并上报中共中央说,准备以此“作为典型试验,取得经验,继而在生物学、地学等领域中也开展类似的批判工作”。这个学习班在讨论中认为,相对论的时间空间理论“是彻头彻尾的形而上学唯心主义”,“在物理学中掀起一股强大的唯心主义逆流”。学习班写出“相对论批判”讨论稿,断言“相对论的大前提是哲学上的相对主义”,“相对论中的时空论是资产阶级唯我论”,“相对论的基本原理根本没有得到实验证实”。1970年,陈伯达又说:“要把牛顿、爱因斯坦远远地抛在后面,发出东方无产阶级的声音”,指使要把这场批判“搞成群众运动”。中科院革委会随即专门成立了“相对论批判办公室”,在6月正式出版《相对论问题讨论》的刊物。张春桥、姚文元也组织了“上海市科技革命大批判写作组”。由此,对自然科学基本理论的批判愈演愈烈。大爆炸宇宙论和现代宇宙学被诬指为“供给宗教和神学的新的论证”的伪科学,“适应反动势力从精神上麻痹人民的需要”;黑洞理论被说成是“在科学上是荒谬的,在哲学上是唯心的,在政治上是反动的”;控制论被攻击成企图用“纯技术的观点来解释社会现象,从而掩盖了资产阶级社会腐朽没落的根本原因”;对电子计算机,找不到什么把柄,就硬说“资产阶级把电子计算机吹得那么出神入化,其实……是用以骗人骗己,麻痹人民的意志,转移阶级斗争的方向”。如此等等,蛮横无理、无知可笑至极。①

4. 否定科学研究的性质和特点

在背离科研工作性质和特点的错误方针指导下,正常的科研工作,特别是基础研究无法进行。“文化大革命”开始后,对科研工作本身,集中批判“三脱离”(脱离无产阶级政治,脱离生产实际,脱离工农兵群众)和“专家路线”、“崇洋媚外”等所谓“修正主义路线”。同时,提出“三面向”的口号(面向工厂,面向农村,面向学校)。1970年,陈伯达甚至还提出中国科学院的研究工

① 本段内容据《中国科学院》(上),第145—146页;罗伟:《科技战线的拨乱反正》,中共中央党史研究室科研管理部编:《拨乱反正》(中央卷上),中共党史出版社1999年版,第442—443、453页。以下引用该书,只注书名、页码。

作要“面向中小学”。只是由于陈伯达在1970年的中共九届二中全会上配合林彪搞政变而垮台，这个可笑的方针才终止。然而，“三面向”的口号一直起主导作用。在这个口号下，连实验室也被否定，说是“资产阶级的土围子”、“修正主义的象牙塔”。要“拆墙填沟”，“开门办所”，让科研人员“走出去”，到工厂、农村去，美其名曰“与工农结合”；或者“掺沙子”，即把工人、农民“请进来”，同科研人员一起工作。声称要把科研机构办成“四不像”的机构，即不像研究所，不像学校，不像工厂，不像机关。张春桥说“搞独立的研究所是搞不出什么名堂的”，叫嚷“要把这些知识分子赶出去”。王洪文的同伙鼓吹要把研究所变成“派出所”。当时向全院宣传推广的典型大连化学物理研究所，在1974年一年中就下厂、下乡400多人次，“请进来”100多人。基础研究遭到扼杀。研究所的组织形式和科研工作的正常秩序，都被斥为“苏修模式”、“英美模式”而横遭否定。①

（三）纠“左”的努力及其后的反复

1971年9月，粉碎林彪集团以后，周恩来主持中央工作，开始纠正“左”的错误。1972年7月23日，周恩来在北京大学负责人、著名物理学家周培源提出加强基础理论学习和研究的建议信上批示：“在（国务院）科教组和科学院好好议一下，并要认真实施，不要像浮云一样，过了就忘了。”9月11日，周总理又复信张文裕、朱光亚等18位科学家，指出：“中科院必须把基础科学和理论研究抓起来”，并具体指示“高能物理和高能加速器的预制研究，应该成为中科院要抓的项目之一”。② 这年8月10日，根据中共中央5月的决定，在北京召开了全国科学技术工作会议。来自中国科学院，各省、自治区、直辖市，国务院各部、委、组、院、局和国防部门科技管理机构的代表249人出席会议。会议批判了林彪、陈伯达集团对科技工作的干扰和破坏，讨论了“文化大革命”之前17年的科技工作是正确路线主导还是“反革命修正主义黑线”指导的问题。绝大多数代表以17年间科技发展的大量事实，肯定了17年中正确路线占主导地位。许多代表要求纠正思想上的混乱，把被颠倒的是非重新颠倒过

---

① 本段内容据《中国科学院》（上），第145页；罗伟：《科技战线的拨乱反正》，《拨乱反正》（中央卷上），第451页。

② 周恩来的批示和复信，据《中国科学院大事记（1949年7月至1988年12月）》，《中国科学院》（下），第635页。

来，把被否定的合理的规章制度重新建立健全起来，让离开科研岗位的研究人员重新回到实验室。1972 年 10 月 6 日，《光明日报》发表了周培源根据周恩来意见写的文章《对综合大学理科教育革命的看法》，强调要重视对自然科学基础理论的学习和研究。这时，下放劳动的科研人员陆续回来，科研工作才较多地开展起来。

但是，好景不长。“四人帮”随即掀起批判“刮理论风”的浪潮，扬言要追查周培源文章的后台。接着，又发生了“批林”是批极左还是批极右的争论。毛泽东作出了错误的论断，认为林彪“是极右。修正主义，分裂，阴谋诡计，叛党叛国”。[①] 批判极左思潮受挫。《全国科学技术工作会议纪要（草案）》，经过一番折中调和以后，直到 1973 年 1 月 10 日才由国务院下达。

《纪要》在一定程度上反映了科技工作的规律和科技人员的愿望和要求，同时也不可避免地反映了“文化大革命”中的主导思想以及一些错误的口号和做法。总的说来，它还是有利于科学技术工作的恢复和发展的。如：《纪要》肯定了专业科研机构存在的必要性，并指出：“科研机构应该以研为主，不应随便改厂、转向和撤销。已撤销的必要的科研机构、中间试验基地、工矿企业的中心实验室、农业试验场地等，应根据需要和可能条件，逐步予以恢复。”《纪要》还强调，应着手准备研究制定各地方和各部门的 1973 至 1980 年的科学技术发展规划；对 1966 年以后停止活动的中国科协和各专门学会，提出了不必取消、可以保留的意见。[②] 可见，在周恩来主持的 1972 年整顿中，全国科学技术工作会议及其《纪要》，在当时的历史条件下，带有拨乱反正的性质。

在 1974 年的“批林批孔”运动中，《全国科学技术工作会议纪要（草案）》被“四人帮”作为“复辟回潮”的典型受到严厉的批判，一些参加会议的代表也为此被批判乃至迫害。江青还借给中国科学院感光化学研究所一些人复信的机会，借题发挥，煽动群众“学习柳下跖的办法回敬科技界的孔老二的徒子徒孙们”，把矛头指向中国科学院党的核心小组副组长武衡等领导干部。[③] “批林批孔”运动中，动乱在中国科学院系统再起，中国科学院刚刚开始有所恢复的秩序，再次被打乱。

---

① 引自中共中央党史研究室编：《中共党史大事年表》，第 383 页。

② 据《中国科学院》（上），第 158—160 页。

③ 据《中国科学院》（上），第 114 页。

二、胡耀邦受命主持整顿中国科学院

（一）胡耀邦接受三项任务

1975年7月，邓小平作出“整顿中国科学院，加强领导”的指示。① 刚在第四期中央读书班结束学习的胡耀邦，受命前往中国科学院，主持工作，领导整顿。同他一起接受任务的，是李昌和王光伟。

胡耀邦是出名的“红小鬼”。1929年冬，他刚满14岁，就在家乡湖南浏阳秘密加入了共青团，一直做团的工作。1933年，胡耀邦到了“红都”瑞金；同年9月，接近18岁的入党年龄，转为共产党员，担任少共中央局秘书长。1934年，他参加长征，先后在彭德怀率领的红三军团政治部做民运工作和青年工作。在毛泽东指挥二渡赤水、杀回马枪的娄山关战斗中，他被敌机炸伤，弹片嵌入臀部（直到逝世也没有取出），但革命意志没有丝毫衰减。红军长征到达陕北后，胡耀邦继续担任团的工作，先后当过少共中央局的秘书长、组织部部长、宣传部部长。抗战爆发前，他进抗大学习。他一向勤奋好学，且过目不忘，虽然只有初中文化的底子，但进步很快。毕业后，胡耀邦就留在抗大担任政治部副主任。1939年，他又调任总政治部组织部副部长。在解放战争中，胡耀邦一路征战。他先后以晋察冀野战军第四纵队政委、第三纵队政委身份，参加领导大同、张家口、石家庄等战役。1948年8月，胡耀邦任第十八兵团政治部主任，参加领导太原、宝鸡等战役。接着，他参加了解放大西南的进军。四川解放后，从当时的实际出发，将全省划分为川东、川南、川西、川北四区。胡耀邦任川北区党委书记、川北行政公署主任、红都军区政委，领导土地改革、剿匪反霸，成绩卓著。1952年，当时的团中央第一书记出了一点问题。挑谁来接替担任这个权力不大但影响极大，而又前程远大的职务呢？毛泽东等中央领导人挑选了曾长期做团的工作的胡耀邦。这年，胡耀邦37岁。在团中央第一书记的岗位上，他一干就是10年。他提倡“朝气蓬勃，实事求是”的作风，自己身体力行，领导开展适合青年特点的丰富多彩的活动，用马列主义、毛泽东思想教育广大团员和青年。他团结团中央一班人，像一团火，把全国青年的社会主义建设热情点燃起来，充分发挥了共青团作为党的助手的作用。鉴于苏

---

① 转引自《中国科学院》（上），第161页。

共二十大后赫鲁晓夫篡夺领导权的教训，毛泽东把培养革命事业接班人的问题突出地提到全党面前，采取的重要措施之一，是选择有培养前途的领导干部下放任职，在地方和基层实际工作中、在大风大浪中锻炼。1962年，胡耀邦47岁，年富力强，如日中天。在长征干部中，他属于年纪最轻的几个之一。他久经革命战争考验，在中央和地方，在党、政府和军队，都有卓著的业绩和丰富的经验，那种过人的精力、蓬勃的朝气，那种积极进取、勇于创造的精神，也很少有人能够企及，很自然地成为党和国家领导干部的接班人对象。就在1962年，中央决定胡耀邦带职下放，担任中共湖南省委书记处书记兼湘潭地委第一书记。他在毛泽东的家乡，政声颇佳。1964年年底，换个地方，晋升一级，让他担任中共陕西省委第一书记、中共中央西北局第二书记，独当一面，负责一个省的全面工作。正当他在省里大展宏图之时，"文化大革命"爆发，团的工作被全面否定，胡耀邦被揪回北京批斗。面对残酷打击和迫害，他不顾个人的荣辱安危，坚持斗争。毛泽东三令五申，只要不是叛徒、特务、死不改悔的"走资派"，老干部都应该解放。胡耀邦得到"解放"，于1975年上半年进了在中共中央党校办的第四期中央读书班。学员都是省部级的领导干部。

1975年7月4日，邓小平到中共中央党校，对中央读书班第四期学员讲话。坐在下面听讲的学员中，就有胡耀邦。

胡耀邦和邓小平早在中央苏区就认识了。他们虽然不在一起工作，但互相是知道的。批所谓"江西的罗明路线"时，邓小平受到打击，在遵义会议以后翻身，调任红一军团政治部宣传部部长。那时，胡耀邦是红三军团政治部的组织部部长。新中国成立后，邓小平任中共中央西南局第一书记、西南军政委员会副主席、西南军区政委。胡耀邦当川北区的第一把手，在邓小平直接领导下工作。1952年7月，邓小平调中央工作，任政务院（1954年，改为国务院）副总理兼财经委员会副主任。这年8月，胡耀邦也被调到北京，在8月25日至9月4日召开的中国新民主主义青年团一届三中全会上，当选为团中央书记处书记。1956年，社会主义改造基本完成，我国已经进入一个新的历史时期。作为这个伟大的历史性转变的一项标志，在1957年5月召开的中国新民主主义青年团第三次全国代表大会上，决定将中国新民主主义青年团改名为中国共产主义青年团。在中共八大后担任党中央总书记的邓小平，代表中国共产党中央委员会向大会致祝词。主持这次大会的胡耀邦，当选为共青团中央第一书记。邓小平比胡耀邦年长11岁，虽然他说过他同胡耀邦是同一代人，但实际上，胡耀邦一直是他的部下。在1975年整顿全面展开的时刻，被打倒9年后行将重新工作的胡耀邦，有幸聆听了邓小平的讲话，不用说，是兴奋异常、全神贯注。

1975年7月4日邓小平在中央读书班上的这篇讲话，“主要是讲加强党的领导，反对派性，把毛泽东同志树立的优良作风发扬起来”。① 这是进一步进行各方面整顿的号召书。邓小平首先传达了毛泽东的三条重要指示，并再次明确指出：“这是我们这一时期工作的纲。”“这三条指示互相联系，是个整体，不能丢掉任何一条。”他指出：“我们有好多事情要办。国际方面的斗争，事情很多。国内也有许多事情要做，特别是要把国民经济搞上去。搞好安定团结，发展社会主义经济，需要加强党的领导，把我们党的优良作风发扬起来，坚持下去。这是一个非常重要的问题。毛泽东同志讲军队要整顿，整个党也有这个问题，特别是在党的领导和党的作风方面。”邓小平善于在复杂纷纭的矛盾中抓住主要矛盾。他指出：“解决这个问题，关键是建立省委一级的领导”。他对这一期读书班的学员提出要求说：“在座的许多同志参加省里的工作，希望你们经过学习，通过自己的工作，把省委的领导建立起来，使省委说话有人听，能够担负起领导责任，做到一不是软，二不是懒，三不是散。”“要维护省委的领导，帮助省委建立威信，使省委对工农商学兵、东西南北中，各项工作都能够领导起来。省委坚强了，敢于领导，就能帮助地委、县委。这样，我们党就能够实现自己的领导了。”讲到整顿党的作风，邓小平特别强调反对派性、增强党性。他说：“在这一系列党的原则中，反对宗派主义，也就是反对派性，增强党性，是很重要的一条。‘三要三不要’中讲团结，反对分裂，与延安整风时反对宗派主义是一个精神。”邓小平提出：“我们要按照毛泽东同志提出的‘团结——批评——团结’的公式，来解决群众中的派性问题，从团结的愿望出发，经过批评，达到团结的目的。”②

这期中央读书班结业以后没有几天，邓小平亲自打电话给胡耀邦，告诉他中央决定派他到中国科学院工作。③ 分管科学工作的国务院副总理华国锋就找胡耀邦谈话，同去的还有李昌和王光伟。胡耀邦同华国锋也是熟人。1962

---

① 这篇讲话以《加强党的领导，整顿党的作风》为题，收入《邓小平文选》第2卷，引文见该书，第14页。

② 《邓小平文选》第2卷，第12—14页。

③ 据韩洪洪：《胡耀邦在历史转折关头（1975—1982）》，人民出版社2009年版，第28页。

年，胡耀邦被下派到湖南，担任中共湘潭地委第一书记一职，前任就是华国锋。那时，为毛泽东在韶山冲附近虎歇坪山麓滴水洞修的住所刚刚竣工，接待的第一位客人就是新任中共湖南省委书记处书记兼湘潭地委第一书记胡耀邦。

华国锋向胡耀邦等人说：中央决定，派你们到中国科学院去主持工作。小平同志指示，总的任务是：整顿中国科学院，加强领导。华国锋还向他们转达了邓小平的要求：抓紧对中国科学院进行整顿，尽快把科研工作搞上去，不要拖国民经济的后腿。整顿首先是党的整顿，搞好安定团结。要坚决同派性做斗争。华国锋着重指出，中国科学院整顿的任务很重。他交代了三项具体任务：一是了解情况，经过调查研究之后，尽快向中共中央和国务院作出汇报；二是搞一个中国科学院发展规划；三是准备向中央提出中国科学院党的核心小组名单。① 华国锋提出的这三项具体任务中，第二项任务在 1974 年就已经开始进行。当年 7 月，根据国家计委关于编制十年远景规划的要求，中国科学院提出了《关于制定中国科学院十年规划工作的安排意见（草案）》。第三项任务十分紧迫，因为原来负责中国科学院工作的刘西尧、周荣鑫已于 1975 年 1 月离任。刘西尧是 1966 年 9 月作为周恩来总理的联络员到中国科学院的。1967 年 7 月 20 日，中科院革命委员会成立，刘西尧任副主任，实际主持工作。1970 年 7 月，中共中国科学院核心小组成立，刘西尧是副组长之一。② 周荣鑫原任国务院秘书长，在 1973 年 5 月作为联络员由国务院派到中国科学院，后来担任中共中科院核心小组副组长。1975 年 1 月四届全国人大一次会议后，周荣鑫被任命担任教育部部长，刘西尧被任命担任第二机械工业部部长。他们两人为准备承担新的工作，实际上在 1974 年年底就离开中国科学院了。

（二）胡耀邦主持中国科学院的整顿

1975 年 7 月 14 日，李昌、王光伟就到了中国科学院。接着，胡耀邦于 7 月 18 日到任。③ 他立即召开各种座谈会，深入进行调查研究，围绕三项具体

---

① 引自罗伟：《科技战线的拨乱反正》，《拨乱反正》（中央卷上），第 440 页。

② 中科院革委会主任为郭沫若，副主任为李四光、刘西尧。中共中科院核心小组组长为郭沫若，副组长除刘西尧外，有李四光、武衡、石煌、崔星。郭沫若、李四光实际上只是名义任职。据《中国科学院大事记（1949 年 7 月至 1988 年 12 月）》，《中国科学院》（下），第 631、633 页。

③ 李昌、王光伟、胡耀邦三人先后到任的时间，据张化：《中科院 1975 年大整顿》，《中共党史研究》1996 年第 1 期。

任务,突出领导班子整顿和思想整顿两个重点,进行中国科学院的整顿,领导大家把科研工作搞上去。与此同时,胡耀邦还主持国务院召开的计划工作务虚会的科学技术规划小组会议,讨论科技发展规划和向中共中央、国务院的汇报。我们先开列一份 1975 年 8、9 月份科技整顿的大事记①,来具体了解一下中国科学院整顿的概况,感受一下胡耀邦等人领导整顿的气势和效率。

8 月 4 日至 11 日,胡耀邦主持计划工作务虚会的科学技术规划小组开了六次会,由冶金、邮电、农林、一机、教育五个部门的负责同志,讨论制定科技十年发展规划问题。②

8 月 11 日,胡耀邦主持起草完成《关于科技工作的几个问题(讨论稿)》,在中国科学院内座谈、讨论,征求意见。

8 月 13 日,胡耀邦主持科学技术规划小组会议,讨论《关于科技工作的几个问题(讨论稿)》。

8 月 15 日,《关于科技工作的几个问题(讨论稿)》听取各方面意见后,经修改印出"第二次讨论稿",再次征求意见。

8 月 15、19、22 日,胡耀邦分别召开北京部分老干部、科学家和研究单位党的负责人座谈会,研究中国科学院整顿工作,征求对《关于科技工作的几个问题(第二次讨论稿)》的意见。在 8 月 15 日的座谈会上,胡耀邦指出:中国科学院的整顿要从两个方面着手:第一,领导班子的整顿;第二,思想作风的整顿。

8 月 17 日,《关于科技工作的几个问题(第二次讨论稿)》经征求意见后,又作了修改,形成第三稿,名为《关于科技工作的几个问题(汇报提纲)》,由胡耀邦、李昌、王光伟联名上报。同时,继续征求意见。

8 月 18、19 日,胡耀邦主持科学技术规划小组会议,征求对《关于科技工作的几个问题(汇报提纲)》的意见。

8 月 25 日,华国锋副总理在北京召开"百家争鸣"座谈会,中国科学院的一些科学家应邀参加。随后委托中国科学院主持,座谈会于 9 月 1、20、27 日

---

① 这个大事记,据《中国科学院大事记》(见《中国科学院》(下)关于 1975 年的记载,该书第 637—638 页)和有关档案材料。

② 据《国务院召开计划工作务虚会的情况》。文教、科学技术规划小组是在这次计划工作务虚会中途,于 1975 年 7 月 17 日遵照李先念副总理的指示增加的。以后,这个小组又分成文教规划和科学技术规划两个小组。文教规划小组由周荣鑫召集,科学技术规划小组由胡耀邦召集。

继续举行。

8至9月间，胡耀邦到中国科学院在北京的一部分研究所，同科研人员座谈。他在会上提出"五子登科"的问题，即科研人员迫切需要解决的房子、妻子（两地分居）、孩子（托儿所）、炉子（煤气罐）、票子五个实际生活困难问题，表示要关心群众生活，努力逐步解决这些问题。

9月4、6日，分别召开中国科学院北京地区各单位第一负责人和院部全体人员会议。李昌就政治学习和中国科学院整顿等问题讲了话。

9月26日，邓小平主持国务院会议，听取胡耀邦等人的汇报，讨论并原则同意《科学院工作汇报提纲》。

从上述日程可见，胡耀邦到中国科学院后，整顿、发展规划、汇报提纲，这三个方面是同时进行又相互促进的。只短短三个多月，就取得了显著的成绩，为拨乱反正、恢复正常的科研秩序、把科研工作搞上去，为中国科学院和中国科学技术事业的发展做了坚实的准备。下面，我们分别从整顿、规划、汇报提纲三个方面，来评述胡耀邦与中国科学院的整顿。

三、中国科学院整顿的主要内容及其成效①

（一）整顿院、所两级领导班子

在胡耀邦、李昌、王光伟到中国科学院时，"四人帮"的帮派势力竭力把持着院里的领导权。当时，中国科学院领导班子存在两个突出问题：一是不健全。中国科学院党的核心小组组长是郭沫若，他在"文化大革命"开始后，即受到批判，幸亏得到周恩来的保护，才免受揪斗之苦。1974年年初，"批林批孔"运动刚一开始，郭沫若即被江青在"批林批孔"万人大会上当众公开点名批判。郭沫若所谓"中国科学院党的核心小组组长"一职，不过徒有空名。副组长周荣鑫、刘西尧已在1975年1月被调出。另一位副组长武衡自1972年8月全国科学技术工作会议以后，一直是被"造反派"批判的主要对象，且身体有病，无法参与工作。二是帮派势力很强。"四人帮"在中国科学院的爪牙有的进入了党的核心小组，但他们仍嫌力量不够，遂巧立名目，将未能进入党的

① 以下叙述中国科学院整顿的情况和取得的成绩，材料的主要来源是：（1）钱临照、谷羽主编：《中国科学院》；（2）罗伟：《科技战线的拨乱反正》，《拨乱反正》（中央卷上）；（3）张化：《中科院1975年大整顿》，《中共党史研究》1996年第1期。一般不再逐一注明。

核心小组的帮派势力的一些骨干安排为“列席成员”。浙江有列席常委，中国科学院则有列席成员。“四人帮”的帮派势力篡权，真是花样百出。胡耀邦、李昌、王光伟到中国科学院后，都担任党的核心小组副组长。他们果断地取消了列席成员。中央又先后从国防科委系统调王屏、刘华清到中国科学院，参加党的核心小组，分管政治和业务工作。后来，又增补了原来在中国科学院工作的武衡、胡克实、郁文、秦力生等人，党的领导力量大大增强。1975 年 10 月 7 日，中共中央任命胡耀邦为中共中科院核心小组第一副组长，李昌、王光伟、武衡为副组长，组长仍为郭沫若。中国科学院领导核心的问题基本得到解决。邓小平提出的整顿领导班子、加强党的领导的任务基本完成。但新的中国科学院行政领导班子还在酝酿之中，不久形势逆转，终究没有来得及提出。

对研究所一级，胡耀邦按邓小平的指示，要求配齐三套班子：管党的工作的，管业务的，管后勤的。胡耀邦对业务干部的配备和作用特别重视。他在一次座谈会上提出：“在今后一定时期内要大力扶持业务干部的威信。”“要支持他们大胆放手地抓业务工作，没有这一条对大干快上不利。”他主张恢复所长、研究室制，要选拔一流学者当所长、当研究室主任。他说：“选所长、副所长，研究室正、副主任，最好是对本专业比较精通或比较有权威的、为科学界所公认的，是第一流的——这些人一上来，实际上是一种无形的影响，他们会使人感到有奔头。这是一种精神力量，鼓舞力量。”他还常说：如果我是党委书记，我就找个懂业务的人当所长，老老实实地对他说，所长同志，我不懂，你来主持，听你的！他还在座谈会上公开驳斥恢复研究室主任是复旧的说法，明确地讲：说室主任是“修正主义路线”，我看是形而上学。不要以名词吓唬人。把科研搞上去，谁都要服从这一条。①

（二）落实知识分子政策和干部政策

胡耀邦等人到中国科学院后，立即旗帜鲜明地反对派性，抓紧落实政策。胡耀邦抓住了办好中国科学院、把科研搞上去的关键，强调了一个重要的指导

---

① 中国科学院局、所两级领导班子的问题，到粉碎“四人帮”以后得到解决。1977 年 1 月，中央决定方毅到中国科学院主持工作，任党的核心小组第一副组长，发动群众对“四人帮”及其帮派势力进行揭、批、查，对局、所两级领导班子中的“四人帮”帮派骨干分子以及派性严重又不转变的 127 人进行了处理（包括隔离审查 22 人，撤职、停职、免职 82 人，办学习班 7 人，暂停工作 16 人）。

思想:“研究所里,研究员是中心。”除了上面已经提到的取消帮派势力的党的核心小组列席成员,恢复研究所、室体制,任用专家学者担任业务领导等项以外,胡耀邦主要抓了两件事。一件事是,复查“文化大革命”中对受审查者所作的结论,对大量错误的结论予以改正或平反。对当时还在农村、工厂以及运动中另行分配工作不当的科研人员和干部,胡耀邦要求各研究所、各单位开出名单,设法找到他们,把他们调回来。胡耀邦在 8 月 19 日的座谈会上讲了他了解到的一个典型事例:一位从英国回来的科学家,是牛津大学毕业、搞植物生态研究的,在 1970 年被下放了。胡耀邦对在座的科学家们说:“就你们所知,还有没有一些有成就的人,现在农村,或是分配工作不当,不能发挥作用的?请你们给我开个名单,有一个就写一个,有两个就写两个……写好了寄到我这里来。”他诚恳地说:“拜托大家帮助我一下。”真是求贤若渴。中国科学院在清理阶级队伍、清查“五一六”运动中受审查的人数很多。① 有材料说,在三个多月的整顿中,胡耀邦他们给 800 多人落实了政策。② 另一件事是,帮助科技人员解决生活上的实际困难。通过调查研究,胡耀邦了解到科研人员的实际困难主要是:住房拥挤,放不下书桌;夫妻两地分居,长期得不到解决;孩子进托儿所困难,没有人照看;工资收入低,为生活犯愁;没有煤气罐,烧饭困难。胡耀邦决心要设法解决这五个困难。他把解决问题的目标,用中国传统的语言称为“五子登科”。这个口号一下子就温暖了广大知识分子的心。胡耀邦开始着手切实解决问题,很快就搞来了一部分煤气罐。其他几项正在努力之中,不幸被“批邓、反击右倾翻案风”运动打断。“五子登科”的目标,在粉碎“四人帮”后,经过努力,终于实现。

(三)进行思想整顿

通过调查研究,胡耀邦明确指出:中国科学院存在着思想路线不端正的问题。思想整顿是中国科学院整顿的两个重点之一。在中国科学院整顿的三个多月时间里,胡耀邦、李昌等人在中国科学院各单位作了 50 多次讲话,在中国科学院工作的指导思想、根本方针上拨乱反正。

第一,解决正确认识中国科学院性质和端正中国科学院工作方向的问题。

---

① 据罗伟《科技战线的拨乱反正》一文说:中国科学院在“清队”中受审查的有 1296 人,清查“五一六”运动中受审查的有 490 人。《拨乱反正》(中央卷上),第 445 页。

② 据张化:《中科院 1975 年大整顿》,《中共党史研究》1996 年第 1 期。

针对“四人帮”搞的“三面向”、“开门办所”等那一套错误方针，胡耀邦尖锐地指出：“为什么这次要以思想整顿为主呢？现在好多思想工作、政治工作是妨碍科研的，破坏科研的。行政管理工作、思想政治工作，不是去帮助科研发展，为科研服务，而是妨碍甚至破坏科研工作。”胡耀邦还针锋相对地指出：“科学院就是科学院，不是生产院、教育院、土豆院、白菜院。科学院就是搞科学的，搞自然科学的。”他毫不留情地批驳所谓“开门办所”：“什么叫开门办所？七机部开门办？高能加速器开门？还要保密呢！连参观都不让。”胡耀邦等人指出：“在科研领域，专业队伍是主力军”，“研究所里，研究员是中心”，“科研人员搞科研就是结合实际”，不一定要到工厂、农村去。对“四人帮”鼓吹的“全面专政论”，李昌无所畏惧地指出：“对科学技术战线不要提实行无产阶级专政，对科学技术不能专政。”如果在科技战线提实行无产阶级专政，容易把科技人员变成专政对象，“不能调动科技人员的积极性”。

第二，充分认识科研工作的重要作用，强调科研人员要把业务工作搞上去。在1975年8月的科学技术规划小组会上，胡耀邦和与会的国务院五个部门的负责人都强调：要把国民经济搞上去，科技工作必须走在前面；要充分发挥科技人员的作用，必须否定“知识私有”、“白专道路”、“科技挂帅”等提法，划清发挥科技人员作用与“专家路线”、钻研业务与“技术挂帅”的界限。胡耀邦等人在中国科学院整顿中反复强调，科研人员要搞好业务工作，甚至提出中国科学院要刮搞业务工作的台风。胡耀邦说：“所有搞科研工作的共产党员，业务上非搞上去不行。今后25年赶上世界先进水平，这是我们赌了咒、发了誓的。科研工作搞不上去，不仅是犯错误，而且是犯罪。”胡耀邦号召：“搞业务的台风要刮起来”，“八级台风不行，要刮十二级台风”。他还说：“对科研事业着急的人，才有党性，才有爱国心。”心情之急迫、言辞之慷慨，听者无不为之动容。

第三，明确科研是中国科学院的中心任务，用实现四个现代化的目标动员大家做好各方面工作，为繁荣社会主义科学技术服务。胡耀邦在听取遗传研究所党委汇报时说：“业务、政治、行政三个部门，有个共同目标，就是繁荣社会主义的科学技术，保证每年都要有新成果。这个必须要弄清楚。”他还深情地说：“我们是搞政治的……我们搞了54年。前28年搞了一个事情，推翻三座大山。解放后26年打下了一个社会主义的基础。现在搞第三个伟大目标，沿着社会主义方向，在本世纪末实现四个现代化。”四个现代化实现不了，“我们的子孙后代是要骂我们的”。他提出:“所有的工作为一个目标服务,为把科研工作搞上去扫清道路、创造条件。”①在中国科学院团委纪念红军长征胜利40周年大会上,胡耀邦作了一个感人肺腑的报告,提出了进行“新长征”的口号。他说:长征胜利到现在40年了,我们全国人民要“再干一件惊天动地的事情,要进行一个新长征”。这个新长征就是“要在本世纪末实现四个现代化,把我们可爱的祖国建设成为伟大的社会主义强国”。他说:“现在,我们新的伟大的长征的军号已经吹响了!”“我们一定要在科学技术上赶超世界水平,本世纪末一定要站在世界科学技术前列。”

经过思想整顿,否定了“四人帮”制造的思想混乱,弄清了政治与业务,生产斗争与科学试验,专业队伍与群众运动,自力更生与学习外国长处,理论与实际、基础研究与应用研究,党的领导与百家争鸣这六个方面的关系,明确了中国科学院工作的前进方向和道路,调动了广大科研人员的积极性和创造性。

(四)整顿科技出版工作

对科技出版工作整顿的特别重视,是由毛泽东对《化石》杂志编辑张锋来信的批示引起的。

1975年7月23日毛泽东做了眼科手术后,视力有所恢复。8月,他翻阅中国科学院古脊椎动物与古人类研究所编辑出版的科普刊物《化石》,很有兴味,写批语要求印大字本送他。《化石》杂志编辑张锋于9月6日写信给毛泽东,反映《化石》这个科普刊物自1972年8月试刊以来所遇到的种种困难,以及中国科学院和古脊椎动物与古人类研究所的一些情况。信中说,《化石》杂志创办3年来,虽然得到工农兵的初步好评,但受到出版管理部门个别负责人的排斥、压制和少数权威的挑剔,至今仍为半年刊,且只有一名编辑。听到中央在8月27日关于《动物学杂志》、《化石》两刊出大字本的指示后,知道我们的刊物得到毛主席的关注,社、所已同意改《化石》为季刊,编辑增至4人。信中还对科普工作提出了几点意见。毛泽东在9月16日对张锋的信作了批示:“小平、文元同志:请考虑,可否将此信印发在京各中央同志”,并给来信加了标题《一封诉苦的信》。②

---

① 《胡耀邦文选》,人民出版社2015年版,第69、70页。

② 据《建国以来毛泽东文稿》第13册,第468页。

邓小平在9月19日即向国务院政研室的负责人传达了毛泽东对《化石》杂志编辑张锋来信的批示，邓小平说：这表示主席对基础理论科学的重视。邓小平督促国务院政研室，抓紧把中国科学院哲学社会科学学部拟办的综合性理论刊物《思想战线》办起来。胡耀邦等人收到毛泽东的批示以后，立即作出“改进科技出版工作”和“加强科普工作”两项决定，抓住贯彻落实毛泽东批示的机会，来推动中国科学院的整顿和各项工作。中国科学院党的核心小组组织全院学习列宁的《论战斗唯物主义的意义》一文，号召大家以对党、对革命事业的高度责任感，同一切不符合党的路线、方针、政策的现象，同错误的思想作风，同派性作斗争。对胡耀邦等人提出的贯彻意见，邓小平指示“似可同意”，毛泽东也圈阅同意。这就把姚文元等人想借毛泽东的批示另做文章的企图顶了回去。① 胡耀邦还到中国科学院所属科学出版社听取意见，并同《中国科学》杂志编辑部座谈。胡耀邦发表了不少重要意见。他指出：“《中国科学》，要真正代表中国的科学，要与名字相符，形成中国自己的学派，各个学科又有自己的学派。没有一个好的刊物，好水平就反映不出来。”②

对整顿科技出版工作，经过调查研究、座谈讨论，遵照邓小平在9月26日听取汇报时的指示，形成了以下比较完整的意见：“要积极加强科技出版的领导力量，研究解决出版工作中一些方针、政策性的问题，充实科技著作的写作、翻译、编辑和出版队伍，扩充印刷能力，改进印刷技术，解决纸张供应的困难问题。在认真办好现有刊物的基础上，恢复和积极创办一批新的学术刊物、科普刊物，加强科技书籍的编著、出版和外国科技书刊的翻译、影印工作，以适应我国科学实验、技术革新、技术革命运动蓬勃发展的需要。要使科技出版工作成为宣传马克思主义政治观点、哲学观点，普及、交流现代科学技术成就的重要阵地。”③

四、提出科技十年规划的初步设想

新中国成立后，搞过两次全国性的科技长远规划。第一次是制定1956至1967年的十二年规划。这是1956年1月全国知识分子问题会议以后，在“双

① 据罗伟：《科技战线的拨乱反正》，《拨乱反正》（中央卷上），第445页。
② 据罗伟：《科技战线的拨乱反正》，《拨乱反正》（中央卷上），第447—448页。
③ 引自《科学院工作汇报提纲》1975年9月28日稿，第20页。

百”方针和向科学进军与赶超先进国家的口号下，遵照毛泽东的指示搞的。周恩来总理亲自过问，聂荣臻等三位国务院副总理挂帅，为此专门成立了国务院科学规划委员会。第二次是在十二年规划提前完成的情况下制定的 1963 至 1972 年规划，毛泽东亲自听取了规划的汇报，作了重要指示。这两次规划，对中国科学技术事业的发展都起了重要作用。胡耀邦、李昌、王光伟等人到中国科学院主持工作，搞一个中国科学院的发展规划是邓小平和华国锋交代的三项任务之一。经过调查研究和计划工作务虚会科技规划小组的讨论，胡耀邦他们在不到一个月的时间内形成了一个初步的设想。

首先，是对长远规划的基本要求形成了一个初步看法。胡耀邦等人认为：这个规划应该既看到当时的迫切需要，又要高瞻远瞩，对此后一二十年我国科学技术的发展有个战略设想。既要照顾全面，又要突出重点，集中力量攻一批重点科学技术课题。要力争在一些急需的、重要的科学技术领域，走在世界的前列。

对具体的规划，他们初步设想提出五个方面：

第一，组织钢铁和粮食领域两个科学技术大会战。钢铁领域，要研究成矿规划和综合探矿技术，千方百计把富矿找出来；找出吃贫矿的好办法；抓机械化、自动化，搞出矿山采掘的现代化成套装备，研制一系列连续化、高速化、自动化的轧机；积极研究发展冶炼新技术；解决包头、攀枝花矿的综合利用技术；发展适合我国资源特点的合金钢系统等。农业领域，首先是围绕农业机械化、水利化、化学化和电气化，因地制宜地解决一系列科技问题。此外，还打算按照农业自然区划，在全国搞若干个综合性样板，围绕“八字宪法”，把各种新技术都用上去。

第二，各部门、各行业都要集中力量解决本部门、本行业的关键技术问题，发展新技术、新装备、新工艺、新设计，保证国民经济计划指标的实现，并为下一步的发展打下基础。

第三，配合国防科技部门，研究提供“两弹”、人造卫星、飞船、核潜艇所需的各项配套新材料、新装备等，并探索新技术，促进国防现代化。

第四，狠抓几项新兴技术。过去的十二年规划抓了太阳能、喷气技术、半导体、计算机、自动化、电子学等几项紧急措施，对科技发展起了带动作用，开辟了一些新的工业部门。这次规划初步打算重点抓 4 项：(1) 计算机与自动化技术，研制大规模集成电路和每秒运算 1 亿次的巨型机，参阅若干计算机控制的自动化样板。(2)激光技术，形成新的工业部门，研制激光武器、集成光学、激光通信、激光分离提取铀235等。(3)遥感技术，带动气象、海洋、天文、资源调查和军事侦察技术，拟在1980年发射天文卫星，并在1985年发射地球考察卫星。(4)仿生技术，力争在图像识别、自动机械和化工工艺改革方面得到应用。

第五，加强基础科学的理论研究，向认识自然的深度和广度进军，以服务于更宏伟的建设目标。对微观世界的研究，要大力加强对原子核、基本粒子和层子的深入研究。抓好两个大加速器(重离子加速器和高能加速器)。加强对宇宙线的研究。力争合成新元素，发现新的基本粒子。力争受控热核反应试验装置“点火”。对生命起源(包括细胞起源)的研究，力争人工合成蛋白和人工合成核酸在世界上领先。对宏观世界的研究，首先把地球搞清楚，并大力发展对宇宙空间的研究。要对大气、海洋、高原、山地、沙漠、地震等进行调查研究，掌握基本规律。发展环境科学。抓好两类大望远镜(光学的和射电的)，开展对天体的深入研究。对工农业生产中提出的大量理论课题进行研究，例如研究物质结构与性能的关系，研究化学反应过程，来改进材料的质量和生产工艺，发展新材料；研究遗传学，解决育种中的问题；以及研究肿瘤、针麻原理等。①

在提出规划的同时，胡耀邦等人把中国科学院的科研工作也积极地抓了起来。其中突出的，是把规划中提出的组织钢铁、粮食领域两个科技大会战付诸实施。1975年10月，召开了第一次富铁矿科研工作会议，制定了《关于富铁矿科研工作计划和措施要点》，设立了富铁矿会战办公室，组织了由院属12个单位和6所大学的有关院系组成的科研队，分赴鞍山本溪地区、宁(南京)芜(湖)地区、海南石碌地区等地开展工作。此外，配合各工业部门，解决各部门的关键科技问题，发展新技术、新装备、新工艺、新设计；配合国防科技部门，提供配套的新材料、新装备；狠抓计算机与自动化、激光、遥感、仿生等几项新兴技术，在这些方面都开始着手进行。在加强基础理论研究方面，也做了不少工作。在半导体所，安排从全所的1200人中抽出300人，确定研究室搞基础研究。在电子所，专门成立一个研究室，搞基础理论研究，要求在把尖端技术

① 以上关于科技规划的初步设想，据《关于科技工作的几个问题(汇报提纲)》(1975年8月17日)第五部分《关于科技十年规划轮廓的初步设想问题》。

搞上去的同时,把基础理论搞上去。在感光化学所,也要求他们抽出 2%—3% 的人专门搞理论研究。[①] 同时,在队伍、经费、基建、实验装备、科技情报等方面,也采取了一些措施。

五、拟定《科学院工作汇报提纲》

(一)胡耀邦主持起草

尽快起草一个有关中国科学院工作的文件,提出整顿中国科学院工作的意见,向中共中央国务院汇报,是邓小平、华国锋交给胡耀邦的一个主要任务。经过调查研究、典型试验,形成一个具有指导性的文件,大力贯彻执行,推动全局的整顿,这是邓小平领导 1975 年各方面整顿的基本方法之一。1975 年 3 月的中共中央 9 号文件,以徐州为突破口取得成功以后,不仅用来指导了铁路整顿,而且用来指导了整个工交战线的整顿。按照邓小平的设计,胡耀邦他们在中国科学院搞出一个文件,不仅用来指导中国科学院的整顿,而且用来推动和指导整个文化、教育、科学技术领域的整顿。

胡耀邦不辱使命。他同李昌、王光伟在 1975 年 7 月中旬到任后,经过 20 多天的调查研究,参考 1961 年制定的《关于自然科学研究机构当前工作的十四条意见(草案)》(即《科研十四条》)等文件,于 8 月 11 日写成了一个文件,名为《关于科技工作的几个问题(讨论稿)》。为写好这个文件,胡耀邦组织了一个小的工作班子,亲自抓文件的起草工作。文件中的许多观点和语言,出自他本人。胡耀邦请邓小平通读了第一稿,得到肯定,提了修改意见。同时,在中国科学院内,胡耀邦组织了对这个稿子的座谈、讨论,还把这个稿子交给出席计划工作务虚会科学技术规划小组会议的国务院有关部委负责人讨论。广泛征求意见后作了修改,于 8 月 15 日印出"第二次讨论稿"。再次征求意见后,修改成第三稿,加上"汇报提纲"的称谓,名之为《关于科技工作的几个问题(汇报提纲)》(以下简称"《汇报提纲》初稿")。另有反映基本情况的表格 5 份,作为附件。8 月 17 日,文件由胡耀邦、李昌、王光伟三人联名上报。

文件一开头,简要说明了《汇报提纲》初稿的形成过程:"我们到科学院已经一个月。查阅了一些重要的历史文件,同院内外的一些同志进行了座谈,看

---

① 据罗伟:《科技战线的拨乱反正》,《拨乱反正》(中央卷上),第 448 页。

了一些汇报材料，作了点调查。现对下面六个问题提出一些粗略的看法。”同时，胡耀邦还给邓小平写了一封信，信中说：“这一个月我是把全部精力用在这个文件上的，用一句老话说是拼了一点老命的。”信中说明：“这一稿在几个关键地方是按你的指点改过的”，“祈望得到你的进一步指点”。同时，胡耀邦把这一稿送给国务院政治研究室胡乔木和国防科委张爱萍等人，征求他们的意见。胡耀邦还在8月18、19日两天，主持计划工作务虚会的科学技术规划小组开了两次会议进行讨论。

《关于科技工作的几个问题》从“讨论稿”到“汇报提纲”，这三个稿子的结构没有变动，都是6个部分。6个部分的标题也几乎完全一样：(1)关于肯定科技战线上的成绩问题。(2)关于科技工作的组织领导问题。(3)关于力求弄通毛主席提出的科技战线的具体路线问题。(4)关于科技战线知识分子政策问题。(五)关于科技十年规划轮廓的初步设想问题。(六)关于科学院院部和直属单位的整顿问题。

针对否定“17年”，把新中国成立以后17年的科技工作说成是“修正主义的黑线统治”，《汇报提纲》第一部分明确提出：“二十多年来”，科技战线“成绩是主要的。必须加以肯定”。

这一部分扼要地列举了新中国成立后20多年间科技战线的成绩——

我国人民群众的科学知识和技术水平普遍提高了。

建立了一支具有相当规模的和一定科学技术水平的科学技术队伍，全国近四百万人，其中专门从事科学研究的有十五万人。

科学实验的群众运动蓬勃开展，出现了许多发明创造，有力地促进了工农业生产。

在工农业战线上，解决了农田基本建设、农业增产、大型工程建设、资源勘探开发、成套装备、新材料、新工艺等方面的许多重大科学技术问题。

医疗卫生战线的科学技术，取得了许多重大成就，断肢再植、大面积烧伤治疗、骨折治疗、急腹症治疗、针刺麻醉、中药麻醉、计划生育等，已居于世界前列。

原子能、喷气技术、电子学、半导体、计算机、自动控制、激光、红外等现代新兴的科学技术已经从无到有，发展起来了；“两弹”试验成功，粉碎了美苏两霸的封锁垄断，集中地标志着我国科学技术达到的新水平。

当代重要的自然科学理论研究领域，我们大都开展了工作，有的已取得了具有世界先进水平的成果（如胰岛素合成、地质力学、理论数学某些方面）。

我国科学技术的发展速度是比较快的，从一穷二白的基础上迅速地赶了上来。我们与世界先进水平的差距大大缩小了。

第三部分“关于力求弄通毛主席提出的科技战线的具体路线问题”指出：“1963 年 5 月毛主席关于‘阶级斗争、生产斗争和科学实验，是建设社会主义强大国家的三项伟大革命运动’的这一整段论述，就是科技战线的总方针。”（黑体字是原有的，下同）在这一总方针下，《汇报提纲》初稿从六个方面，鲜明地阐述了科技战线的具体路线、方针、政策：第一是政治与业务的关系，第二是生产斗争与科学实验的关系，第三是专业队伍与群众运动的关系，第四是自力更生与学习外国长处的关系，第五是理论与实际、基础与应用的关系，第六是党的绝对领导与百家争鸣的关系。胡耀邦等人选出马克思、恩格斯、列宁和毛泽东关于科学工作的 16 条语录，作为立论的依据和工作的准绳。文件紧密结合实际，富有针对性，批判的锋芒直指“四人帮”在“文化大革命”中散布的“左”倾谬论。

在“政治与业务的关系”中，文件指出：“在党的基本路线和建设总路线指导下，还必须坚决贯彻党对科技战线的具体路线和一系列方针、政策。思想统一了，才能有统一的行动。”“当前，就是要坚决贯彻学习理论反修防修、安定团结、把国民经济搞上去三项指示。三项指示不能割裂。去掉了反修防修，业务工作就会走到邪路上去。没有安定团结的局面，生产、科技都不可能搞好。生产科技搞不上去，物质基础不牢靠，无产阶级专政也不可能巩固。”结合科技工作，文件对三项指示的关系，阐述得非常清楚。文件还指出：“对科技工作，一定要既有坚强的政治领导，又有切实具体的业务领导。”科技部门的党政领导干部，要“朝又红又专的方向努力，成为既懂政治，又懂业务的好干部”。

《汇报提纲》初稿指明科学实验的重要性。在“生产斗争与科学实验的关系”中，文件写道：“科学来源于生产，又指导生产、促进生产。怎么才能多快好省发展生产？决定的因素是人，一靠人们的高度政治觉悟、革命干劲，二靠掌握先进的科学、先进的技术。‘科学技术是生产力’，‘不打这一仗，生产力无法提高’。科研要走在前面。”文件进而指明，科技现代化在实现建设四个现代化社会主义强国目标过程中的地位和作用：“毛主席和中央提出了两步走的宏伟目标，如果我们在科学技术上没有一个大的飞跃，就难以实现。没有科学技术现代化，也就不可能有工业、农业、国防的现代化。”

对“文化大革命”中“四人帮”搞的“开门办所”、取消实验室等“左”的一套，《汇报提纲》初稿鲜明地予以否定。文件写道：

> 科学实验也是一种社会实践。有许多科学研究工作需要到生产现场去试验研究，也有不少工作必须是在实验室里进行试验研究的。决不能否定和取消实验室的研究工作。不能不加区别要求任何科学研究工作都要实行“以工厂、农村为基地”的三结合。
>
> 科学技术工作搞三结合、大协作，体现了社会主义制度的优越性。但有的工作只能是小集体搞，有的甚至只是一个人在那里观测、试验、钻研。这同许多现代化大工厂的自动化调度室中只有一两个人操作并无性质上的不同。把按照计划分工，在国家科学机关统一领导下，由一个人、几个人搞的工作说成是“小生产”，是不确切的，不利于调动人们的社会主义积极性，而且会造成某些思想政治上的混乱。

《汇报提纲》初稿批判了把学习外国长处说成是“崇洋”、“爬行”的谬论，阐述了对外开放的思想。在“自力更生与学习外国长处的关系”这一部分中，它指出：“我们既要反对崇洋媚外、盲目照搬，又要反对排外主义、闭关自守。‘外国的一切好的经验，好的科学技术。我们都要吸收过来，为我们所用。’”文件又说：“要学习鲁迅所说的‘拿来主义’，把外国的一切先进科学技术统统拿来，为我所用。”

对怎样实行“拿来主义”，《汇报提纲》初稿提出四点要求：

——必须经常地密切注意和调查研究国际上科学技术发展的最新动向，要千方百计地研究、分析外国的科学文献资料，做到知己知彼，吸取长处，避免爬行和走弯路。

——为了争取时间、争取速度，我们有必要从国外引进一些先进技术、先进设备。引进是为了借鉴，为了促进我们自己的创造，而不是替代我们自己的创造。

——必须积极开展国际科学界的友好活动，还要争取利用一切机会，在科学技术上多吸收一些东西。

——要提倡青年科技人员下功夫搞通一两门外文。

《汇报提纲》初稿说:"这样做,决不是'爬行',而正是加快步伐;决不是'崇洋',而正是满怀信心地要同一切洋人试比高。"

《汇报提纲》初稿中,"关于科技战线知识分子政策问题"这一部分写得最为尖锐,与"四人帮"对知识分子的估计和政策针锋相对。它指出:

> 我国现有的四百万科技人员中,绝大多数是我们自己培养起来的;绝大多数虽然世界观还必须继续努力改造,他们在思想上、政治上还会有这样那样的错误观点,不能估计过高。但是,总的说来,他们在基本政治立场上是拥护党、拥护社会主义、愿意为人民服务的,反党、反社会主义分子只是极少数。有一部分科技人员的思想感情基本上工农化了。
>
> 二十多年来,党的团结、教育、改造知识分子的政策取得很好的效果。当前,科技战线在贯彻毛主席三项指示时,要进一步落实党的知识分子政策。

对从旧社会过来的科技人员和新中国成立后培养的科技人员,文件分别作了具体分析,肯定了他们的进步和贡献。文件指出:

> 从旧社会过来的科技人员不到十万人。大多数人为发展我国的生产、提高我国的科学技术水平作出过努力,有所贡献。现在,他们多数人在政治思想上要求进步,在科学技术上有贡献力量的愿望。对他们要大胆使用,帮助他们继续进步。要吸收他们参加一定的业务领导,或在学术工作上用其所长,发挥他们在科学技术上做学问、出主意、带青年的作用。

文件指出,对于他们,"要注意解决他们的思想问题和实际问题,使他们振奋精神,做好工作。对于年迈体弱的,可安排做顾问或者妥善地养起来"。

对新中国成立后我们自己培养的科技人员,文件指出:

> 解放后我们自己培养的科技人员,包括近万名我们选派出国留学过的科技人员,绝大多数是好的或比较好的,做了大量的工作,许多人已经成为政治上、业务上的骨干。他们精力旺盛,积极进取,正是干事业的时期。今后,发展我国科学技术的艰巨任务落在他们肩上。要教育他们坚持坚定正确的政治方向,树立马克思主义世界观,

以百折不挠的精神，刻苦钻研科学技术，担负起历史赋予他们的光荣职责。

关于落实政策，文件提出了基本的要求和原则："对于那些受审查而尚未作出结论的，要尽快落实政策，作出实事求是的结论。只要不是反党、反社会主义分子，就应当安排使用。"

《汇报提纲》初稿还对当时流行的鄙视知识分子的一种说法——知识分子成堆的地方，作了辩证的分析。文件指出：科技战线是知识分子成堆的地方，首先应该看到，"是知识集中，这是好事"。同时也要看到：知识分子有各种各样，要具体分析。知识分子集中的地方，"资产阶级思想、传统和坏习气容易泛滥"。知识分子"思想毛病的要害是主观主义和个人主义"。针对这样的特点，我们的思想政治工作，一是"要以党性来克服派性，以正气来压倒邪气，使他们脱出个人圈子，投身于宏伟事业，冲破小天地，放眼全世界。要帮助他们树立忠于党、忠于人民的坚定正确的政治方向，不断改造世界观"。二是"政治要统率技术。要帮助科技人员做到又红又专"。"我们反对技术挂帅，是反对那种只要技术不要政治或者把技术凌驾于政治之上的倾向，而不是不要钻研和掌握技术。"文件从政治方向的高度，明确地划清界限："我们的政治工作，如果不把改造科技人员的世界观放在首位，那就犯了方向错误；如果是反对钻研业务，使科技人员不敢钻研业务，同样也是犯了方向错误。"文件还指出："我们还要为科技人员从事业务实践、提高科学技术水平创造必要的条件"，"科技人员搞业务工作的时间很少，骨干更少，这种状况需要改变，要'精兵简政'"。

（二）胡乔木接手修改

在胡耀邦等人被派到中国科学院主持工作、进行调查研究、提出整顿意见的同时，国务院政研室负责同志按邓小平布置的任务，对科技界也进行了一些调查研究，并已经向邓小平报送了北京科技人员和鞍钢科技人员情况汇报等材料。邓小平从 3 月任命张爱萍重新担任国防科委主任开始，就几次亲自过问七机部的整顿工作。他在 5 月 19 日听取汇报后，下死命令要求七机部在一个月内解决派性等问题，把通信卫星、导弹、核武器搞上去。到七八月间，科技整顿已经是邓小平注视的一个重点。国务院政研室自然也要跟着在这方面投入精力。

8 月 8 日,邓小平同国务院政研室的胡乔木等七位负责人开会,科技与人才问题就是议论的重要话题之一。邓小平告诉胡乔木,送给他的关于科技人员的材料已经看过,不必转送主席了。科学家张文裕有个很短的谈话,讲科研工作赶不上生产发展的需要。这个谈话好,已送主席。邓小平还说到,现在许多专门人才都有后继无人的现象。北京大学有个搞半导体的专家,现在学校让他改行了,很可惜。

这次会后不久,邓小平收到胡耀邦等人在 8 月 17 日上报的中国科学院《汇报提纲》初稿,看后不很满意。邓小平遂于 8 月 26 日找胡乔木,专门商谈修改《汇报提纲》的问题。

邓小平先听胡乔木谈对《汇报提纲》稿子的意见。胡乔木觉得这个稿子全文太长,思想性不够,文字比较陈旧。

邓小平说:耀邦、李昌他们的稿子涉及问题太多,不必要的太锋利,站不稳。这个文件很重要,要加强思想性,多说道理,但不要太尖锐。道理要站得住,攻不倒。

邓小平要胡乔木同胡耀邦等人一起议论一下,并要胡乔木亲自动手修改。提纲全文要缩短,原则都保留,棱角磨掉一些,写得平衡一些。

8 月 26 日谈话后,胡乔木就接手主持修改《汇报提纲》。他先约胡耀邦、李昌、王光伟等人商量修改方案,国务院政研室负责人吴冷西、胡绳一起参加。胡乔木传达了邓小平的意见,谈了自己设想的修改方案,主要有这样三点:

第一,稿子第一部分"关于肯定科技战线上的成绩问题"要更为鲜明些。要肯定"文化大革命"前的"17 年",在此基础上,明确今后中国科学院与科技工作的发展方向和任务。具体的提法是肯定新中国成立以来"26 年"(1949 到 1975 年)的成绩。肯定了"26 年",也就把"文化大革命"前的"17 年"包括在内了。

在"文化大革命"中,科技战线是"红线"为主还是"黑线"为主,始终是斗争的一个焦点。周恩来在 1967 年 1 月 25 日首都科技界万人大会上明确肯定,17 年"总的方向是遵循着毛主席的革命路线前进,这是一条红线"。1971 年 8 月,中央批转的张春桥、姚文元定调子的《全国教育工作会议纪要》对 17 年的教育工作作出了"两个估计":17 年间,教育战线是资产阶级专了无产阶级的政,是"黑线专政";知识分子的大多数世界观基本上是资产阶级的,是资产阶级知识分子。对知识分子成堆的科技战线,"四人帮"也作如是观。胡乔木、胡耀邦用肯定26年来表示对17年的肯定，来同“四人帮”的否定“17年”唱反调，在当时已经是十分鲜明、非常大胆的了。

第二，讨论稿已经引用了不少毛泽东关于发展科学技术的指示，较多的是在第三部分，还有一些散见于其他五个部分。要把毛泽东关于发展科学技术的指示集中在一起，并重新编排，再补充征引若干，使之较有系统，体现以毛泽东思想作为中国科学院工作和整个科技工作的指导方针。

第三，把第二、四、五、六部分归并作为一个部分，篇幅大加压缩，用整顿来统率。

胡乔木亲自动手，于9月2日改好，这是这个文件的第四稿。题目改为《科学院工作汇报提纲》，全文由六部分变为三部分。开头只用120多字，说明中国科学院系统的状况和《汇报提纲》的主题：

> 中国科学院系统现有科研机构九十三个，职工总数五万六千人，其中科技人员二万五千人。一九七〇年同国家科委合并后，又兼负全国科学技术的归口管理工作。现在汇报我院科研工作的方向任务和贯彻执行毛主席的革命科技路线的问题，以及为此而必须进行的整顿问题。全国科技规划和归口管理问题另行汇报。

显然，文件的主题更加集中和突出了，篇幅自然就压了下来。

《汇报提纲》第一部分为“中国科学院科研工作的方向任务”。在这一部分里，首先明确肯定“二十六年来”“取得了很大成绩”。文件写道：

> 二十六年来，在毛主席、党中央的亲切关怀下，在毛主席革命路线的指引下，社会主义的中国科学院从无到有、由小到大地发展起来，形成了一支有相当规模的、有一定政治觉悟和专业水平的队伍，在一系列重要的科学技术领域上开展了工作，取得了很大成绩，积累了发展社会主义科学事业的丰富经验，进展是比较快的。

在此基础上，文件分析当时的形势和任务，以实现四个现代化为目标，迫切陈词，说明加快发展我国科学技术事业的紧迫性和重要性。文件写道：

> 伟大领袖毛主席和党中央号召我们，要在本世纪内全面实现农业、工业、国防和科学技术的现代化，使我国的国民经济走在世界的前列，把我国建设成为社会主义现代化强国。国际、国内形势都要求我们争取时间，加快速度，把国民经济搞上去。无论从当前还是从长远来说，国民经济和国防建设都提出了大量科学技术问题，要求科研

> 战线迅速组织力量，有计划地、不失时机地加以解决，并且要求用科学技术的现代化来加速国民经济和国防建设的现代化。不能否认，目前我国的科研力量和水平，同社会主义建设的要求相比，同世界先进水平相比，差距还是相当大的。我们在一系列重大的和关键性的科学技术问题上，还没有摆脱被动状态。如果科研工作不能急起直追，加快赶超的进程，就会影响整个国民经济和国防建设发展的速度。

根据上述形势和要求，《汇报提纲》提出，作为我国自然科学研究的综合性中心，“中国科学院今后十年的基本任务可以概括为如下三个方面：协同各有关部门，积极承担国民经济和国防建设中若干综合性的重大科研任务；开辟一批新兴的科学技术领域，力争取得若干有重大作用的成果；发展基础科学，为以上两方面的工作打下坚强的理论基础和探明进一步发展的方向”。《汇报提纲》扼要地讲述了这三项基本任务的初步设想，列举了这三方面的主要课题和项目。同初稿相比，在应用研究和基础研究的项目分类上有一些调整。工农业生产中提出的理论课题研究原来被列在基础科学的理论研究中，这时大多被调到应用研究中去。同时，对基础科学研究作了进一步的充实和强调。胡乔木的修改稿写道：

> 大力发展基础科学研究。科学院作为综合性的基础科学研究基地，应该在广泛深入实践的基础上，发展科学理论，并用以指导实践……应该在数学、天文学、力学、物理学、化学、生物学、海洋学、地球科学的前沿阵地和介乎它们之间的一系列边缘科学上面，有重点地进行深入的探索。对于当代一些重大科学理论问题，如基本粒子、量子化学、天体演化、细胞起源、生命活动和意识活动的本质、跗理论、控制理论等等，我们也要作出应有的贡献。

第二部分“坚决地、全面地贯彻执行毛主席的革命科技路线”，这是胡乔木接手修改后改动最大的部分。《汇报提纲》9月2日稿指出：“毛主席为我们党制定了无产阶级革命路线，这是全党各部门，包括科学院的党组织，都必须坚决地、全面地贯彻执行的。同时，毛主席对多快好省地发展我国科学技术工作还作了一系列重要指示，提出了一条完整的、马克思列宁主义的革命科技路线。”胡乔木把《汇报提纲》初稿中引用的毛泽东关于发展科学技术的指示集中在一起，又补充征引若干，重新编排，形成较为系统的、体现毛泽东主张的科技路线。这一部分概括为10个方面，每个方面又引用若干有关的毛主席语录。《汇报提纲》9月2日稿概括的这10个方面是：

（1）阐明了科技工作在贯彻执行党的基本路线，在反修防修、巩固无产阶级专政中的重要作用。

（2）规定了我国科学技术"一定要在不远的将来，赶上和超过世界先进水平"的伟大目标。在这一点里，用黑体字引了"科学技术是生产力"，"科学技术这一仗一定要打，而且必须打好。不搞科学技术，生产力无法提高"。

（3）"为了实现这个伟大的目标，要有数量足够的、优秀的科学技术专家。"

（4）发展科技工作，必须实行"知识分子同工农群众结合"，实行领导干部、工农群众、科技人员"三结合"。

（5）"要无产阶级政治挂帅"，坚持"政治和技术的统一"，坚持"又红又专"。

（6）要坚持马克思主义的认识路线，实行"理论和实际统一"……同时，必须正确处理普及和提高的关系，实行"在普及基础上的提高"和"在提高指导下的普及"。

（7）要独立自主、自力更生地搞科学技术，"打倒奴隶思想，埋葬教条主义"。"外国一切好的经验，好的科学技术，我们都要吸收过来，为我所用。拒绝向外国学习是不对的。当然，迷信外国，认为外国的东西都是好的，也是不对的。"

（8）要实行"百花齐放，百家争鸣"。

（9）"为了充分适应新社会的需要，为了同工人农民团结一致，知识分子必须继续改造自己，逐步地抛弃资产阶级世界观而树立无产阶级的、共产主义的世界观。世界观的转变是一个根本的转变"。"你们学自然科学的，要学会辩证法。"

（10）"党、政、军、民、学，东、西、南、北、中，党是领导一切的。""全党努力学习科学知识，同党外知识分子团结一致，为迅速赶上世界科学先进水平而奋斗。"

《汇报提纲》指出："对毛主席的革命科技路线，必须努力进行系统的、准确的宣传，并且注意防止和克服对这一路线的任何偏离、割裂或曲解。"《汇报提纲》辩证地分析了政治与业务、群众路线与专业队伍、理论与实际、对知识分子的教育与使用、哲学与自然科学五个方面的相互关系，说明必须系统地、准确地宣传毛泽东的革命科技路线，防止和克服在处理这五个方面相互关系上存在的“左”的和右的两种错误倾向。

《汇报提纲》9月2日稿第三部分是“关于科学院的整顿问题”。它把毛泽东关于“文化大革命”中“斗、批、改”的任务，同正在进行的各方面的“整顿”统一起来，指出：“斗、批、改的任务还需要继续深入，进行整顿就是深入斗、批、改。”为了完成党和国家的任务，为了全面贯彻党的科技路线，“科学院必须在思想上、政治上和组织上进行整顿”。根据中共中央1975年13号文件①所提出的“七个是不是”对照检查，中国科学院还存在着以下比较严重的问题：对正确路线有错误认识甚至曲解、抵制，党的知识分子政策和干部政策还没有得到正确的贯彻执行，各级领导班子在不同程度上存在着软、懒、散的现象，有的部门和单位派性还很严重，党组织的战斗作用受到破坏，纪律松弛，软弱涣散。这些问题不解决，科研工作就不能正常进行。因此，必须依靠全院广大群众，坚决把中国科学院整顿好。《汇报提纲》9月2日稿对中国科学院的整顿提出五项内容：(1)结合实际，认真学习，揭露矛盾，开展批评和自我批评。(2)认真落实党的知识分子政策和干部政策。(3)增强党性，批判和消除派性。(4)调整和健全领导班子。(5)整顿机构。改变机构有些重叠、臃肿的现象，努力“达到精简、统一、效能、节约和反对官僚主义五项目的”。

9月3日，邓小平同国务院政研室七位负责人一起阅读、讨论《毛泽东选集》第五卷的选篇时，胡乔木把修改后的这一稿面交邓小平。邓小平看了比较满意，并说：这个文件很重要，不单管科学，而且可以适用于文化、教育各部门。由此谈到教育工作，邓小平指出：教育方面存在不少问题。现在教师积极性不高，学生也不用心学，教学质量低，这样下去怎么能实现四个现代化?

这次会后，就将《汇报提纲》9月2日这一稿印发有关负责同志征求意见，准备讨论。

（三）邓小平主持国务院会议讨论

邓小平决定在1975年9月26日下午，召开国务院会议讨论《科学院工作汇报提纲》。

---

① 中共1975年中央13号文件是中共中央《关于努力完成今年钢铁生产计划的批示》。该文件批转了中共冶金工业部核心小组《关于迅速把钢铁工业搞上去的报告》，提出钢铁生产上不去的企业要用“七个是不是”认真检查。详见本书第四章《钢铁整顿》。

为开好这次会议，邓小平做了充分的准备。他听说国务院常务副总理纪登奎对《汇报提纲》中关于哲学与自然科学关系问题的论断有点不同看法，就在9月25日（即开会前一天）早上，特地把胡乔木找去，要他搞一个毛泽东和马克思、恩格斯、列宁关于哲学不能代替自然科学的语录，作为《汇报提纲》的附件，并交代胡乔木在9月26日早上要编好。胡乔木当即布置国务院政研室理论组的同志，找中国科学院哲学社会科学学部的专家一起动手，连夜赶编了一份题为《必须用哲学指导自然科学，但不是用哲学代替自然科学》的材料①，第二天印好，在下午的会上分发。

9月26日下午，邓小平主持国务院会议，听取胡耀邦和李昌、王光伟的汇报，讨论《汇报提纲》。国务院政研室负责人胡乔木、吴冷西、于光远，教育部部长周荣鑫，国防科委负责人方强等人列席了会议。

会议开始之前，邓小平问了胡耀邦、李昌、王光伟三人的年纪，高兴地同他们说了一句笑话。

会议的开场白十分简单。邓小平说：好久没开这样的会。（胡耀邦他们）先讲概况，作重点说明。

胡耀邦首先汇报，讲了《汇报提纲》稿的修改过程和组成部分；然后，按邓小平的要求对每一部分作重点说明。邓小平随时插话，有问有答，气氛活跃。

胡耀邦讲，提纲的第一部分讲了4个观点。当讲到我们同世界先进水平拉大了差距时，邓小平说：这一点是要谦虚一点好。

胡耀邦说到科技人员的人数为15万人。邓小平问：国防的在不在内？

方强回答：国防工业7个院，96个所，13.6万人，其中科技人员4.8万人。

邓小平说：一样多啊，加上他们，补充一个材料。有一半科研人员不写上，怎么能说明重要性呢？国防工办，加上，总有三十好几万人。全国应加在一起。

胡耀邦汇报到中国科学院今后10年的根本任务有3个方面。这3个任务的摆法，把生产需要摆在第一，第二是新兴科技领域，第三是基础科学。胡耀邦说，新兴科技方面，自己很不懂。

邓小平插话说：请教一些专家嘛。我根本没有发言权。

---

① 这份材料分两部分：第一，自然科学的研究必须以哲学为向导。第二，哲学不能代替自然科学。这两部分都由“毛主席的论述”和“马克思、恩格斯、列宁的论述”组成。

当问到什么是三大前沿科学时，王光伟回答道：三大前沿科学就是基本粒子、天体演化、生物起源。

邓小平由此想到考古学，风趣地说：考古学，随便找块石头都是最古的，任何石头也是古的。

胡耀邦继续汇报说，第二部分是讲路线问题，归纳起来说是 10 个问题。

当汇报到第五个问题又红又专不敢讲“红专”时，邓小平打断胡耀邦的话说：实际上是不敢讲“专”字。要说清楚。当汇报到开了“双百”方针座谈会时，邓小平说：调动他们的积极性。

胡耀邦接着讲第三部分——关于中国科学院的整顿问题。

当胡耀邦谈到科研人员一周只有 4 个半天搞业务时，胡乔木插话说：看电影也占工作时间。邓小平反语嘲讽：那不是很好吗？文化娱乐。

胡耀邦说：大家不满意。

邓小平说：怎么会满意呢?！并说：这 4 个半天是准确的，那 8 个半天不准确。他还感叹：不务正业，少务正业。

胡耀邦汇报到科技人员生活上存在实际困难。邓小平说：不是一般问题。高级人员的房子被占了，（要为他们）修房子。

讲到落实政策，邓小平说：研究所、研究室领导不调整，说落实，他搞得了？一个县、一个工厂不把班子弄好，谁执行政策？你落实，他就落虚了。归根到底是领导班子问题。

胡耀邦讲到有“辫子”时，邓小平笑着说：“辫子”也确实有一点，比我强一点。我说过我是维吾尔族的姑娘，“辫子”多。有时说错话，办错事。

关于对付“四人帮”的帮派势力和顽固坚持派性的人，邓小平说：办法是群众运动、群众讨论。那些人，他们不怕主席，党中央、国务院不在话下。你们几个算老几？他们怕群众。主席历来讲这个真理。

邓小平鼓励胡耀邦等人要有信心，要相信大多数人。他说：不高兴你们的人是少数，希望改变现状的是百分之九十五，相信这一点。最后是百分之九十九以上。

胡耀邦汇报完以后，李昌讲了当时工作的一些打算。一是请中央调些干部到中国科学院工作。二是想在北京怀柔办一个科技学校，招高中生，半工半读，加强自然科学基础和外语的学习。三是办进修班，把各行各业在科研上表现特别突出的人调来培养。四是办一个宣传自然辩证法的刊物。

谈到办科技学校，邓小平说：不懂外文，你搞什么情报？没有数理化，你名字叫高中、大学毕业，你怎么搞自然科学?！这是对教育部提出的问题。不但懂外文，也得有基础知识，不然，外文的东西也翻译不出来。

谈到要办一个宣传自然辩证法的刊物，邓小平说：你为什么只搞一个？主席对《化石》都有批语。过去你们有多少刊物？现在多少？也不能只讲数量，不讲质量。邓小平还说：刊物太少了，自然科学、社会科学，水平低一点也不怕，慢慢提高。没有刊物也不好发现人才，教育人，发现人。

李昌谈完后，邓小平问：王光伟同志你有什么意见？

王光伟说：我不讲了，请中央指示。

最后，邓小平发表了重要讲话。①

邓小平首先指出："科学研究是一件大事，要好好议一下。"他强调，科研必须走在国民经济的前面。他说："国家嘛，科研要走在前头。""我在大寨会上说，农业搞不好就要拖工业的后腿。如果我们的科学研究工作不走在前面，就要拖整个国家建设的后腿。""你们第一讲应用科学，应用科学也有理论。"邓小平在讲话中批驳了所谓"刮理论风"，他说：毛泽东思想是理论，马列主义是理论，学习这些也叫"刮理论风"？对理论有恢复名誉的问题。

邓小平强调要爱惜人才，发挥他们的作用。他指出："现在科技队伍大大削弱了，接不上了。搞科研要靠老人，也要靠年轻人，年轻人脑子灵活，记忆力强。大学毕业二十多岁，经过十年三十多岁，应该是出成果的年龄。这一段时间一些科研人员打派仗，不务正业，少务正业，搞科研的很少。少数人秘密搞，像犯罪一样。陈景润就是秘密搞的。这些人还有点成绩，这究竟算是红专还是白专？像这样一些世界上公认有水平的人，中国有一千个就了不得。就是'白专'，有一点子有什么！"他针锋相对地说："'白专'，只要对中华人民共和国有好处，比只占茅坑不拉屎的人，比闹派性、拉后腿的人好得多。现在连红专也不敢讲，实际上是不敢讲'专'字。中央表扬了这样的人。对他们应该爱护和赞扬。"

邓小平说：你们有个搞半导体的，是个老科学家，叫黄昆。北大叫他改行教别的，他不会。周荣鑫，你查一查。半导体所请他作学术报告，反映很好。

---

① 邓小平的这个讲话以《科研工作要走在前面》为题，收入《邓小平文选》第2卷。以下讲话内容，主要引自该书第32—34页。另据中共中央文献研究室编：《邓小平年谱（1975—1997）》（上），第104—105页。

他说这是业余研究的。这种用非所学的人是大量的,应当发挥他们的作用,不然对国家是最大的浪费。他是(中国科学院)学部委员,全国知名的人,就这么个遭遇。为什么不叫他搞本行?北大不用他,可以调到中国科学院半导体所当所长,给他配党委书记,配后勤人员。广大的科研人员实在是想搞研究啊!闹派性的是少数。现在这个状况是能够改变过来的。

邓小平建议:建立科技人员档案,把那些比较好的、有培养前途的科技人员记下来。15 万人有 1000 人也好。有成就的也许有几十个人,就了不起。帮助他们创造条件,发展条件。不管他们资格老不老。

邓小平回顾自己的见闻,具体讲了怎样为科研人员创造条件。他说:1957 年,我去苏联。尤金(苏联哲学家,时任苏联驻华大使)说,苏联的原子弹,就是 3 个三四十岁的年轻人搞出来的。他们不是大科学家,没有名气,其貌不扬。这样的人我们就没有啊?总之,要给有培养前途的科技人员创造条件,关心他们,支持他们,包括一些有怪脾气的人。首先要解决这些人的房子问题,家庭有困难也要帮助解决,孩子没有进托儿所的帮助进托儿所,夫妇两地分居要帮助解决。

邓小平还说到:鞍钢科技人员比重少,不是多了。

关于中国科学院的整顿,邓小平作了具体指示。

他说:思想整顿关键是五千(指领导干部),不是四万五千(指科技人员),是班子。要真正执行毛主席科研路线的人。搞组织整顿、思想整顿,还不是这些人?

邓小平指出:科研工作能不能搞起来,归根到底是领导班子问题。不把领导班子弄好,谁来掌握政策?领导班子特别要注意提拔有发展前途的人。对于那些一不懂行、二不热心、三有派性的人,为什么还让他们留在领导班子里?科研人员中有水平、有知识的为什么不可以当所长?现在的工作,主要是依靠 40 多岁的人来搞。好的可以管党务工作,管后勤工作。

邓小平说:后勤工作很重要,它要为研究工作创造条件,保护和管理好资料、材料、仪器、机器。不是忠心耿耿的人、不懂科学知识的人,是搞不起来的。这也是科研工作中的政治工作。不能叫科研人员还去搞后勤,整天东跑西跑。要让党性好的、组织能力强的人搞后勤。党的、科研的、后勤的工作,三个部分,没有后勤,科研搞不起来。

邓小平从科技的整顿,又谈到与科技发展有密切关系的教育的整顿。

邓小平说：要后继有人，这是对教育部门提出的问题。

针对“文化大革命”期间大学停止招生，后来又片面强调办“七二一”大学的情况，邓小平尖锐地提出问题，鲜明地表示自己的观点。他问道：“大学究竟起什么作用？培养什么人？有些大学只是中等技术学校水平，何必办成大学？”他明确指出：上海机床厂的“七二一”大学是一种形式，也要发展，但不能代替其他大学。“科学院要把科技大学办好，选数理化好的高中毕业生入学，不照顾干部子弟。这样做要是犯错误，我首先检讨。这不是复旧！”对“四人帮”否定文化科学知识那一套，邓小平给予辛辣的嘲讽：“一点外语知识、数理化知识也没有，还攀什么高峰？中峰也不行，低峰还有问题。”

邓小平不无忧虑地说：“我们有个危机，可能发生在教育部门，把整个现代化水平拖住了。”讲到这里，他特别提出“要解决教师地位问题”。他说：“几百万教员，只是挨骂，怎么调动他们的积极性呢？毛主席讲消极因素还要转化为积极因素嘛！教育战线也要调动人的积极性。”

邓小平站在世界历史发展的高度看问题，指出：“我们提高工厂自动化水平，要增加科技人员，这就要靠教育。提高自动化水平，减少体力劳动，世界上发达国家不管是什么社会制度都是走这个道路。科技人员是不是劳动者？科学技术叫生产力，科技人员就是劳动者！”

邓小平要求对《汇报提纲》作一些修改：要写清科技队伍情况，把国防科技、国防工业包括进去；把哲学与自然科学的关系进一步写清楚；具体问题增补一点。他说，经过增补修改后，先送主席，并印发政治局。主席非常关心这个问题。在整顿的全局上，邓小平对《汇报提纲》有很高的期待。他希望经中共中央、毛泽东批准后，用这个文件发动科技战线的群众，把我国科学技术的水平搞上去，并推动文化、教育战线的整顿。

（四）会后的修改和一条语录引起的麻烦

按照这次国务院会议上邓小平的讲话和讨论时的意见，胡乔木等人很快又修改了一遍，于 9 月 28 日完成。这是《科学院工作汇报提纲》的第五稿。这次的主要修改之处是：

第一，关于队伍，把全国各专业研究机构 5 个系统（中国科学院，国务院各部、委、局，国防部门，各省、自治区、直辖市和高等学校）都计算在内，全国科技人员共约 25 万人。

第二，进一步明确基础科学研究与应用科学研究、开辟新兴科技领域的关系，强调基础科学理论研究的地位。文件指出："为了解决应用科学中的重大问题，开辟新兴的科学技术领域，都需要在广泛深入实践的基础上，发展科学理论的研究，并用以指导实践。"

第三，明确指出，要选拔科研人员，特别是有水平的中年知识分子，担任正、副所长等领导职务。

第四，明确中国科技大学要从优秀高中毕业生中直接招生。

第五，重视科学普及与科学出版工作。文件指出："科学普及与科学出版工作，是反对落后守旧、反对唯心主义和反修防修的一个重要阵地"，在许多方面"都有不可忽视的巨大作用"。文件要求"科学院和所属各科研机构，要大力加强和不断改进科学普及和科学宣传出版工作"。在"中国科学院整顿的内容"这一部分中，增加了"整顿科技出版工作"一项。

第六，对哲学与自然科学的关系一段作了修改。在写明一定要强调马克思主义哲学对自然科学研究的指导作用，应该积极组织科研人员自觉地学习和运用辩证法的同时，明确指出："不注意哲学与自然科学的区别，以为哲学可以代替自然科学，以为有了哲学就可以不要各门自然科学的基础理论，以为不需要依靠辛勤的科学实验和精确的科学论证，只依靠哲学的一般原理就能推演出具体的科学问题的科学结论，也是不对的。"

9 月 28 日完成的第五稿立即报送毛泽东审阅。这时，正巧毛远新因参加新疆维吾尔自治区成立 20 周年庆祝活动从沈阳来京，他同毛泽东谈了许多不满邓小平领导进行整顿的意见。毛泽东在审阅《汇报提纲》时表示，其中引用的"科学技术是生产力"这句话，他不记得自己在哪里说过。邓小平知道后，即向胡乔木作了传达。这时是 10 月 13 日或 14 日。

胡乔木即组织查核这句话的确切出处，以及文件中引用的其他毛主席语录的出处。

"科学技术是生产力"这句话，在胡耀邦等人于 8 月 17 日上送的《汇报提纲》初稿第三部分"关于力求弄通毛主席提出的科技战线的具体路线问题"谈"生产斗争与科学实验的关系"中，就已被引用。在同时印出的，说明《汇报提纲》中引用马克思、恩格斯、列宁和毛泽东论科学技术语录出处的，题为《十六条语录》的材料中，包含这句话的一段是这样的："要打这一仗，科学技术是生产力，过去打上层建筑，也是为了发展生产力，不打这一仗，生产力无法提高。

要以革命的精神来搞科学技术工作。”谈话的场合与时间语焉不详，只说“毛泽东在听取科学技术规划汇报时的谈话，1963 年 12 月”。① 经胡乔木等人进一步核查，当年作科学技术十年规划汇报的是聂荣臻，毛泽东听取汇报时发表谈话的确切时间是 1963 年 12 月 16 日，聂荣臻汇报时在场的有韩光、张劲夫、范长江、于光远。韩光、范长江、于光远都有毛泽东谈话的原始记录。韩光还于 1964 年 1 月 28 日，在国家科委召开的专业组组长和主管科学技术的副部长联席会议的报告提纲中，引用了毛泽东这次谈话中的五句话。在 1973 年 1 月 10 日国务院发的《全国科学技术工作会议纪要(草案)》中，“科学技术是生产力”这句话用黑体字印刷。在《毛主席论科学技术》这类内部印行的资料中，“科学技术是生产力”这句话也用黑体字排印。韩光、范长江、于光远三人的原始记录没有“科学技术是生产力”这句话，但都有“科学技术这一仗一定要打，而且必须打好。不搞科学技术，生产力无法提高”等意思的话。胡乔木即把经过核查的《汇报提纲第二部分中所引用的毛主席关于科技工作指示的出处》(共 26 处，分 10 部分)，印出报毛泽东。关于科技与生产力的关系这一处，引了两句话：“科学技术是生产力。”“科学技术这一仗一定要打，而且必须打好。不搞科学技术，生产力无法提高。”并引用马克思在《政治经济学批判大纲》中关于这一论点的一段论述，作为“科学技术是生产力”这句话的注释。这一条注释是这样的：“关于这一论点，马克思在讲到近代社会的劳动生产力时，有过这样的论述：‘所谓社会的劳动生产力，首先是科学的力量，其次是在生产过程内部联合起来的社会力量，最后是从直接劳动转移到机器、转移到死的生产力上面去的技巧’。”(马克思：《政治经济学批判大纲》第三分册第 369 页，人民出版社 1963 年版。表示着重号的黑体字是原有的)这时已是 1975 年 10 月下旬。

就在 10 月 13、14 日毛泽东对《汇报提纲》不满的时候，邓小平又把清华大学刘冰等人反映迟群问题的信转交给毛泽东。毛泽东更为恼怒，认为信的动机不纯，信中的矛头是对着他的，邓小平偏袒刘冰。整个形势由此逆转。

10 月 24 日，毛泽东把《汇报提纲》退给邓小平。邓小平即找胡乔木再作修改。胡乔木遵嘱又改出一稿。此时，邓小平已经在中共中央政治局内受到

---

① 引文见《十六条语录》第 6 页。笔者见到的这份材料上，盖有国务院政治研究室的收文章。收到日期为 1975 年 8 月 18 日。

错误的批判了。这样,《汇报提纲》的最后一次修改稿(第六稿)最终被压在邓小平处没有再送上去。1976 年 8 月"四人帮"拿到公众面前的,只是《汇报提纲》(第五稿)六个部分中的第三部分"关于科学院的整顿问题"。

粉碎"四人帮"后,邓小平刚开始恢复工作,就首先抓了科学和教育这两件大事,认为我国赶上世界水平"要从科学和教育着手"。在 1978 年 3 月召开的全国科学大会上,邓小平深刻地阐述了科学技术是生产力、脑力劳动者是劳动人民的一部分的观点,提出了建立宏大的、又红又专的科技队伍的任务。这次全国科学大会制定的《1978 年至 1985 年全国科学技术发展纲要(草案)》,是 1975 年整顿中的《科学院工作汇报提纲》在新的历史条件下的发展;而 1975 年整顿中的《汇报提纲》,正是科技、文化、教育领域拨乱反正的一个前奏。

第十二章
教育整顿

邓小平正式提出"教育也要整顿",是在1975年的9月。实际上,对教育工作的整顿,在四届全国人大"组阁"、决定教育部部长人选的时候已经开始,并在周荣鑫就任教育部部长以后就已经进行了。

一、教育革命的曲折历程

毛泽东十分重视教育革命,在"文化大革命"中力求有所创新。1968年7月21日,他就调查报告《从上海机床厂看培养工程技术人员的道路》作指示:"大学还是要办的,我这里主要说的是理工科大学还要办,但学制要缩短,教育要革命,要无产阶级政治挂帅,走上海机床厂从工人中培养技术人员的道路。要从有实践经验的工人、农民中间选拔学生,到学校学几年以后,又回到生产实践中去。"这就是著名的"七二一"指示。张春桥、姚文元等人对毛泽东的"七二一"指示加以曲解,从"左"的方面加以发挥。通过1970年6月在上海召开的理工科大学教育革命座谈会,并在《红旗》杂志1970年第8期发表"清华大学工人解放军毛泽东思想宣传队"的文章《为创办社会主义理工科大学而奋斗》,提出创办社会主义理工科大学的六条方针:把批判"走资派"作为一门主课;对原有教师坚持边改造、边使用;实行开门办学,厂校挂钩,校办工厂,以厂带专业;使工农兵学员"上大学、管大学、用毛泽东思想改造大学";狠抓老师的立场、感情的转变,解决"为谁教书"和"怎样教书"的问题;破除"以课堂为中心,以书本为中心"。

1970年7月,国务院成立科教组。清华大学"军宣队"的负责人之一迟群，担任了科教组的副组长。他原是担任中央警卫工作的8341部队政治部宣传科副科长，在1968年7月作为“军宣队”负责人到清华大学“支左”，并在1970年1月担任清华大学革委会副主任。清华大学是“六厂二校”①之一，属毛泽东抓的点。迟群当上国务院科教组副组长以后，把持了领导权，把老干部、科教组组长刘西尧架空。

1971年4至7月，召开了全国教育工作会议。会议纪要由迟群主持起草，张春桥、姚文元修改定稿。这个《全国教育工作会议纪要》（以下简称《纪要》），对“文化大革命”前17年的教育作出“两个估计”，即：17年中，“毛主席的无产阶级教育路线基本上没有得到贯彻执行，教育制度、教学方针和方法几乎全是旧的一套”，教育战线是“资产阶级专了无产阶级的政”；原有的教师队伍和新中国成立后培养出来的高等学校学生的大多数，“世界观基本上是资产阶级的”。简而言之，一是认为新中国成立后17年的教育工作基本上执行了一条修正主义教育路线，二是认为知识分子的世界观基本上是资产阶级的。这“两个估计”所导致的必然结果，就是与所谓的“文化大革命”前“十七年修正主义教育路线”对着干。

《纪要》于1971年8月13日，由中共中央批转全党、全国。《纪要》还把“文化大革命”以来已经反复批判的“全民教育”、“天才教育”、“智育第一”、“洋奴哲学”、“知识私有”、“个人奋斗”、“读书做官”、“读书无用”，进一步说成是修正主义教育路线的“八大精神支柱”。对大学学制、招生、教学改革、毕业生分配等政策，《纪要》也作了规定。规定大学学制暂定2年或3年，进修班为1年左右；大专院校招生的主要对象是具有2至3年以上实践经验的、优秀的工农兵，达到初中以上文化程度；选拔工农兵学员，坚持“自愿报名，群众推荐，领导批准，学校复审”的程序。工农兵学员的任务是“上大学，管大学，用毛泽东思想改造学校”。从认为大学的培养目标是“培养工人”、“培养农民”出发，《纪要》规定：“学员毕业后一般返回原单位、原地工作”。这些规定违背了教育工作的规律，不符合大学的性质、任务，给教学工作造成很大困难，大大降低了教学质量。这种招生制度，也为“走后门”上大学提供了方便，严重影响了党群关系、干群关系。

---

① “六厂二校”，指北京针织总厂、北京新华印刷厂、北京化工三厂、北京南口机车车辆机械厂、北郊木材厂、北京二七机车车辆厂、北京大学、清华大学。

1971年"9·13"事件以后，周恩来主持中央工作，在进行整顿的时候，提出要改变"文化大革命"以来的许多极左观点和做法，作出一系列加强文化知识教学、加强理论研究和理科教育的指示，并采取了一些纠正的措施。

1971年11月，周恩来提出要加强外语教学，提高外语学院学生的读、写、听能力。1972年，他提出科技工作是"红线"占主导地位；要求教育部门排除障碍，把已近荒废的基础理论研究抓起来。他关注人才培养，提出为革命学习业务、文化和技术，力求"又红又专"①，并首次提出高中毕业生可以直接上大学。②

1972年7月2日，周恩来会见美籍华人物理学家杨振宁。当杨振宁提出当时在中国应加强基础理论研究和交流的建议时，周恩来表示赞同。他说：杨先生说我们的理论太贫乏了，而且我们也不跟人家交流，恐怕这话有道理，你看到我们的毛病了。周恩来又说，理论不提高，这有两方面的原因。一是不能总结经验，再回到实践中去，再提高；二是对人家的经验不那么感兴趣，不能去多听、多看。你有好的意见，我们应该听取，我们应该能够学到一些好的东西，不要还是自高自大，听不进去你提的意见；或者表面上说好，接受，你走了以后就无所谓了。你热情指出我们一些缺点，我们要是听了当耳边风就很危险。我生怕我们老一代的科学工作者这样。③

7月14日，周恩来会见正在中国参观、探亲的美籍华人学者参观团和美籍华人学者访问团④全体成员。他在谈话时提出，应在马克思主义世界观指导下，在广泛实践的基础上，加强国内自然科学基础理论研究工作。周恩来再次称赞杨振宁：杨振宁博士看了北大和中科院物理研究所，觉得我们基础理论课程差，研究人员的基础学问不牢，希望我们提倡一下。他说话实在，毛主席看了他的讲话后，称赞他。周恩来对着周培源风趣地说：我今天向这位周博士将一军，请他提倡一下理论。周恩来又对周培源说：你回去要把北大理科办好，把基础理论水平提高。这是我交给你的任务。有什么障碍要扫除，有什么

---

① 《周恩来年谱(1949—1976)》(下卷)，第556页。

② 《周恩来年谱(1949—1976)》(下卷)，第558页。参见《当代中国教育》(上)，当代中国出版社1996年版，第101页。

③ 见《周恩来年谱(1949—1976)》(下卷)，第533页。

④ 这个访问团的团长是美国约翰·霍布金斯大学应用物理学研究中心副主任、微波物理学家任之恭教授，副团长是麻省理工学院流体力学、天文物理学家林家翘教授。

钉子要拔掉。①

7 月 20 日，周培源给周恩来写了一封信，汇报他对我国基础理论研究和教学的看法，分析国内基础科学长期落后的原因，提出改进意见。信中说：关于我国基础科学现在这样落后，我认为有下列一些原因：第一，文化大革命前，基础科学研究工作缺乏具体领导。国家科委只抓了 32 个国家重点项目，其他的计划均不管了。经过文化大革命，这 32 项国家重点项目大致都垮了。第二，中国科学院的研究所应注意基础科学研究。如物理所大量接受产品试制等，说是任务带学科。事实上，任务完成了，学科没能全带起来。第三，学校中科研工作的反复性很大，一会儿这样，一会儿那样，没有能够坚持几年的艰苦工作，做些成绩出来。来一次运动，首先受冲击的是基础理论研究。似乎中国科学院也有类似情况。以北京大学为例，现在老年、中年教师普遍的思想情况是不愿搞，也怕搞基本理论研究。怕在短期内搞不出成绩，怕挨"理论脱离现实"的批评。信中说：在您 7 月 14 日晚对北大的指示向北大党委常委传达后，理科教师都很激动，感到党中央对我们的亲切关怀，都表示要做好工作。理科的教改组对过去的科学研究工作曾作过一些调研，今拟进一步总结经验。周培源还对改变落后状况提出建议：我感到，要使我国基础科学赶上去，关键在于领导。是否可以让中国科学院统一领导全国基础科学研究工作，其中包括综合性大学的理论研究工作。其次，要发动科学界的广大群众，统一对基础科学研究工作重要性的认识，把大家的积极性调动起来。

7 月 23 日，周恩来就周培源的来信，批示给中国科学院和国务院科教组负责人郭沫若、刘西尧、迟群、丁国钰、谢静宜、秦力生："把周培源同志来信和我的批件及你们批注的意见都退给你们好作根据，在科教组和科学院好好议一下，并要认真实施，不要如浮云一样，过了就忘了。"②

9 月 5 日，周恩来在与巴基斯坦总统的科学顾问、物理学家萨拉姆谈话时，强调了自然科学理论研究工作的重要性。他说：中国科学院有些研究所的研究人员在文化大革命中分散了，现在应该把他们集中起来，搞点研究。他又说，现在需要提高理论（水平）。本来理论是指导实践的，有了经验，没有理论

① 据 1975 年教育整顿时编印的材料《周总理有关基础科学研究和理科教育革命的部分指示》；《周恩来年谱（1949—1976）》（下卷），第 536 页。

② 周培源的信和周恩来的批示，均据国家教委存 1975 年教育整顿时编印的材料《周总理有关基础科学研究和理科教育革命的部分指示》。

还不行。在理论方面,我们做得很差。不仅在原子能方面,就是一般科学也是如此。一句话,许多经验,没有理论,忽视理论,这是我最不满意的。①

9 月 11 日,周恩来在给张文裕等 18 位科学工作者的回信②中,又一次强调要重视基础科学和理论研究。他说:"这件事不能再延迟了。科学院必须把基础科学和理论研究抓起来,同时又要把理论研究与科学实验结合起来,高能物理研究和高能加速器的预制研究,应该成为科学院要抓的主要项目之一。"他还批评说:"现在强调实践,对理论提倡不够,学校里的基本理论课也少了。"

1972 年 5 月 10 日至 6 月 20 日,国务院科教组召开了综合大学和外国语院校教育革命座谈会。会议根据周恩来的指示精神,提出要抓紧落实干部政策,全面落实知识分子政策;发挥教师的业务专长,鼓励教师刻苦钻研科学技术;要加强基础理论教学,理工科基础课要单独设课、系统学习,保证必要的教学时间;文科学员在实践基础上,着重向理论方面学习;外语院校要加强基本功训练。会议还讨论了综合大学文、理两科的培养目标。9 月 25 日,国务院科教组印发了这次会议的总结。10 月 1 日,《人民日报》、《红旗》杂志、《解放军报》发表题为《夺取新的胜利》的社论,提出要继续落实干部政策、知识分子政策、经济政策,"要提倡又红又专,在无产阶级政治统率下,为革命学业务、文化和技术"。

10 月 6 日,《光明日报》发表周培源按照周恩来关于要重视自然科学理论的指示写的《对综合大学理科教育革命的一些看法》。文章谈了理科教育的内容、理科与工科的关系、理科的培养目标、理论联系实际等问题,批驳了"理向工靠"、"理工不分"、"以校办工厂代替实验课教学"、"按产品划分、设置专业"等取消和削弱理科的倾向。文章认为,理科既要培养当时生产所需的自然科学工作人员,又要培养为国家今后发展生产、发展科学的理论工作人员。工和理、应用和理论都必须受到重视,不可偏废。文章指出:"既要批判理论脱离实际,又要批判'理论无用'的错误思想","'理工不分'的看法,实际上是取消理科,这是十分有害的"。针对"文化大革命"中学校教育片面强调参加生产实践、忽视理论实验的现象,文章强调,改造和建设实验室、加强实验训

① 《周恩来年谱(1949—1976)》(下卷),第 548—549 页。

② 这封回信以《重视基础科学和理论研究》为题,收入《周恩来选集》(下卷),人民出版社 1984 年版。引文见该书第 473 页。关于 18 位科学家来信的情况,参见该书第 534 页注 366。

练，是理科教育革命的一个重要组成部分，因为“有些客观规律可以通过科学实验来掌握”，“实验课是培养学员通过从实践到理论，从理论到实践的循环，认识世界、改造世界的重要途径”。文章还指出：“在学校中基础课的教学工作一定要做好，这是最根本的。掌握必要的基础理论知识，是为了适应学习新学科、掌握新技术和继续提高的需要，并对培养分析问题与解决问题的能力起重要作用。”文章本来是应《人民日报》之约而写的，但张春桥、姚文元以“可能引起争论”为由，不准在《人民日报》上发表。文章在《光明日报》上发表以后，反映很好，特别是教育界的同志，大都赞同文章的观点。很多大专院校也开始重视基础课的教学了。但是，张春桥、姚文元指使上海《文汇报》连续发表《这样提出问题是否妥当?》、《马克思主义是最基础的理论》、《打什么基础理论》等文章进行围攻。

1972 年 10 月 14 日，周恩来在会见李政道及其夫人时，就国内教育和科研方面存在的问题又进一步提出：学校的学生应“以学为主”。“对学习社会科学理论或自然科学理论有发展前途的青年，中学毕业后，不需要专门劳动两年，可以直接上大学，边学习、边劳动。”“在文化大革命中没有修业期满的学生，还可以回校学习，还是应该继续招研究生。”大学毕业生有的也可以不回原单位，“留在学校，从理论上提高”。“我们总要有一批大学培养的研究人才出来”，在大学教育方面“要迎头赶上”。“如果设想一二十年赶上他们（指发达国家），现在就要搞起”。他要求在座陪同接见的国内科学家吴有训、周培源、钱学森、朱光亚、华罗庚等人，注重对研究人才的培养、提高；并告诉李政道：“我们准备派遣一批研究生去美国学习、深造。”在谈到与发达国家的差距时，周恩来说：中国在生产上比日本差 30 年。我们现在不了解这方面的情况，白纸一张。他又说：我们在实验上可以在几年内迎头赶上，但成批生产还不行，这跟整个工业水平、技术水平有关。我们的整个工业水平和技术水平还不行。他还表示：无论生产实践还是理论研究，都有待提高；要把研究工作活跃起来，把科技资料交流工作恢复起来。① 这些讲话、指示，明显是针对张春桥、姚文元等人的极左论调的。

1972 年周恩来领导整顿时，同以《纪要》为代表的极左思潮的这次较量，根本的问题是对“文化大革命”前 17 年教育战线如何估计。由此产生了对教

① 《周恩来教育文选》，教育科学出版社 1984 年版，第 238 页。

育质量认识上的分歧，即学校教育的主要任务、培养目标究竟是什么？在学校教学中，谁应该起主导作用？“四人帮”一伙企图以“阶级斗争为主课”，代替必要的文化科学知识的学习；以“开门办学”、“理论联系实际”为幌子，取消课堂教学，取消基础理论的学习；以“不能让资产阶级知识分子统治学校”的口号，剥夺教师在学校应有的地位和作用。1972至1973年上半年，在周恩来等人的正确思想指导下，经过广大教育工作者的努力，学校的混乱局面有所改变，教学也逐步走上轨道。新入学的工农兵学员开始补习文化课，恢复了基础课或基础理论教学，采取了一些考核学生学习的措施，招生工作中也开始注意对学生的文化考核；学校中无组织、无纪律的情况有所好转……学校的教学质量逐步回升。但从1974年年初开始，在“批林批孔”的旗号下，“四人帮”把这段时期的纠“左”称为“复旧”，提出“反‘右倾回潮’”，并且把矛头指向周恩来。他们又重新强调“两个估计”。迟群等人断言：“两个估计”是“无产阶级文化大革命所以从文教阵地开刀，工人阶级所以开进学校的重要依据；是制定教育革命一系列方针、措施的重要前提。否认这‘两个估计’，就会否定文化大革命，就会从根本上取消教育革命。”①他们从教育领导权、教育制度、办学方向、教育质量、教师队伍、师生关系等方面发起全面攻击，全面否定周恩来自1972年以来整顿教育中取得的积极成果。“四人帮”制造所谓“一份发人深省的答卷”事件、“一个小学生的来信和日记”事件、“考教授”事件、马振扶公社中学事件……掀起一股股“反潮流”、“反复辟”、反“法西斯主义”、反“修正主义”的浪潮。教育领域刚刚出现的一线生机又被扼杀。在“批林批孔”运动中，“四人帮”又进一步批判“师道尊严”、“智育第一”，全面推广辽宁省朝阳农学院“社来社去”的经验，甚至还把文化考试中“交白卷”的学生当作英雄吹捧。中国教育领域的思想混乱，真是到了无以复加的地步。尽管这样，周恩来这一时期为整顿教育所作的努力，仍然产生了积极的影响，为邓小平1975年的教育整顿起了探路、铺垫的作用。

二、教育整顿第一仗：争夺领导权

当年协助周荣鑫进行教育整顿的教育部副部长李琦，在20年后回顾这一

① 据《教育革命通讯》1974年第6期“秦怀文”的文章。

段历史时分析:1975 年的教育整顿,首先体现在争夺领导权。可说是见道之论,是从事情本质着眼作出的深刻判断。

1974 年秋冬,围绕四届全国人大"组阁",以周恩来、叶剑英等人为代表的党内健康力量同"四人帮"展开了一场尖锐复杂的斗争。谁来当教育部部长,是斗争的焦点之一。

"四人帮"企图安排他们的亲信担任。1974 年 11 月,江青给毛泽东写信,推荐迟群当教育部部长。迟群在 1970 年 7 月国务院成立科教组时任科教组副组长。1971 年下半年起,迟群兼任清华大学党委书记、革委会主任。但迟群的素质和作风都很差,国务院科教组的干部、群众对他的反映不好。开始,迟群连四届全国人大代表都选不上,做了工作才勉强被补选上去。

1974 年 12 月 21 日,周恩来召集部分在京中共中央政治局委员开会,讨论四届全国人大人事安排问题。① 江青、张春桥等人,竭力设法要将其亲信安排在文化、教育、体育部门。会后,周恩来同李先念、纪登奎等人交换意见,认为文化部、国家体委可作让步,教育部不能让!教育部以周荣鑫掌管为宜。

周荣鑫堪称中国共产党内的资深教育家。1937 年,他 20 岁,从老家山东蓬莱赴革命圣地延安,进抗日军政大学学习,同年加入中国共产党。在延安,周荣鑫担任过中共中央党校研究员、班主任、教务处干事。以后到晋察冀边区,他当过中共行唐县委组织部部长、平绥铁路局党委书记;后又回到干部教育岗位,任晋察冀中央局党校教务主任。此后,周荣鑫又调任晋察冀中央局和华北局副秘书长。新中国建立后,他从事财经工作,先后任中央财政经济委员会副秘书长、建筑工业部副部长。20 世纪 50 年代后期,中央决定加强对学校的领导。1958 年,周荣鑫奉派担任历史悠久的浙江大学校长、党委书记,对如何办好社会主义大学作了许多探索。他经常深入学生小班和教研组,了解情况,听取意见。特别难得的是,他还亲自兼任一个学生小班的班主任,掌握学生的思想动态,研究思想政治工作。他深入实际、联系群众的工作作风,在浙江大学广为传诵。1961 年年底,周荣鑫调任教育部副部长,以后又担任国务院副秘书长、秘书长。在"文化大革命"错综复杂的斗争岁月里,他是周恩来的得力助手。林彪事件以后,周恩来主持中央日常工作。为加强对中国科学院的领导,他于 1973 年 5 月,把周荣鑫作为联络员派到那里,后来担任中国科

---

① 出席会议的有:王洪文、叶剑英、邓小平、张春桥、李先念、江青、姚文元、纪登奎、吴德。

学院党的核心小组副组长。① 周荣鑫是久经考验的“老八路”，又长期在周恩来身边工作；有国家的全局在胸，又熟悉教育、科技工作，富有领导经验。迟群这个当年的宣传科副科长，同周荣鑫相比，真有天壤之别。教育部部长一职，周荣鑫确属首选。在 1974 年酝酿“组阁”的时候，周恩来总理自然想到要用这位得力助手领导和管理教育这个争夺激烈的领域。

四届全国人大一次会议以后，周荣鑫就任教育部部长。原来的国务院科教组撤销。迟群回清华大学主持工作，带走了他手下的几员干将。当时，教育部的主要负责人还有周宏宝、李琦、刘皑风、姚力。周宏宝是上海工人纠察队的。“四人帮”把他从上海调来中央，在中共十大上当上中央委员。张春桥作为国务院副总理，分管教育、宣传口。可见，“四人帮”在教育战线的势力和影响还是相当大的。

三、周荣鑫着手整顿教育

周荣鑫就任教育部部长以后，就着手进行教育整顿，到 1975 年 11 月开始“批邓、反击右倾翻案风”运动、周荣鑫受到批判，前后大约 8 个月。按 9 月邓小平在全国“农业学大寨”会议上明确提出“教育也要整顿”来划分，可以分为前、后两个段落。

周荣鑫认为，整顿教育，首先要整顿思想。要正确理解和贯彻毛泽东、周恩来关于教育方面的指示，在摸清情况、全面理解的基础上，首先要分清是非、划清界限。

从 5 月到 9 月，周荣鑫主要抓了三件事：

第一，组织部内各司局单位结合总结工作，学习中央文件和毛泽东、周恩来、邓小平的指示。

第二，有计划地组织各种座谈会、讨论会，进一步调查了解情况，就教育方面的重大是非问题交换意见，力求划清界限。

第三，办好《教育革命通讯》，通过刊物引导教育战线分清是非、划清界限。

---

① 本段叙述主要依据：(1)发表在 1977 年 8 月 29 日《人民日报》上的新华社讯：《周荣鑫同志的追悼会在北京隆重举行》；(2)《百年学府　世纪辉煌》中关于周荣鑫的介绍，《中国浙江大学百年华诞纪念光盘》，浙江大学出版社 1998 年出版。

（一）结合总结工作，组织学习讨论，分清是非，划清界限

周荣鑫在一定范围内及时传达了毛泽东最近的一系列有关指示：关于学习理论、安定团结、把国民经济搞上去的三项指示，关于反对修正主义包括反对经验主义和教条主义两个方面的批示，对电影《创业》的批示，对湘剧《园丁之歌》的赞扬，对知识分子问题所作“老九不能走”的指示，斥责“四人帮”形而上学猖獗等等；组织大家学习领会，认清当时的形势，明确政治方向和主要任务。周荣鑫还先后组织编辑了《周总理有关基础科学研究和理科教育革命的部分指示》和《毛主席关于自然科学的部分论述》，供内部学习，明确教育整顿的指导思想。

5 月 7 日上午，周荣鑫和教育部理论研究组的同志谈话，“给大家出几个题目，有些理论问题，界限不清楚，请大家讨论研究一下”。他说：“根本问题是理论问题，理论问题弄清楚，政策才能掌握好。”周荣鑫提出的要研究清楚的理论问题主要有：（1）作为上层建筑的教育与经济基础哪些相适应，哪些不相适应？（2）当前知识分子的主要表现是什么？对知识分子队伍到底怎么看，主流是什么？多数人是在为工农兵服务、与工农兵相结合方面努力，还是搞“知识私有”，把“知识”当商品，卖高价，待价而沽？（3）现在有一个提法，要拆掉“读书做官”的梯子。大学生毕业后被分配到工厂当技术员是不是做官？是不是上了大学就不能当干部？这里的界限到底怎么划？是“拆梯子”，还是克服“读书做官”的观念？我们现在学校有没有培养干部的任务？不培养干部，办大学干什么？（4）学校中的问题，关键在知识分子还是关键在领导？（5）从国家发展看，全日制职工每年还要增加 100 多万，还要从农村回到城市一些人。能不能说只能从城市到农村，不能从农村来城市？工只能工，农只能农，能分得这么清吗？是不是这样的发展前途？（6）如何正确理解在上层建筑领域对资产阶级实行全面专政？是否只是指的资产阶级知识分子的问题？到底怎么专法？专对了没有？学理论会不会走了板，转到别的问题上？周荣鑫还要求理论组同北师大、华东师大挂钩，以掌握、研究外国资料。

六七月间，周荣鑫组织教育部司局级干部学习班，学习中共中央 1975 年 5 号、9 号、12 号、13 号文件①，学习马克思、恩格斯、列宁关于教育的论述和毛

---

① 中共中央 1975 年 5 号文件是《关于学习毛主席关于理论问题的重要指示的通知》，9 号文件是《关于铁路工作的决定》，12 号文件是《关于批转中共江苏省委关于徐海地区贯彻执行中央九号文件的情况向中共中央和国务院的报告》，13 号文件是《关于努力完成今年钢铁生产计划的批示》。

泽东关于教育革命的指示，结合学习，总结 1975 年上半年的工作。他的意图是学国务院计划工作务虚会的办法，先务虚，以虚带实，从理论上把很多问题的界限搞清楚，把影响前进的阻力搞清楚。周荣鑫连续出席教育部各司局的讨论会、汇报会，发表了许多重要意见。

7 月 3 日，周荣鑫参加普通教育司小组讨论会，主要就中小学教育问题发表意见。

7 月 9 日，周荣鑫出席计划司总结工作汇报会，在听汇报的时候不时插话，发表意见。9 日，会议没有开完，周荣鑫说：会议明天继续开。大家思想要开阔，讨论问题不是定案，不要拘束，不要怕，要生动活泼，这样工作才能搞好。

7 月 10 日，计划司总结工作汇报会在教育部三楼会议室继续进行。周荣鑫传达了邓小平关于"三项指示为纲"的谈话，联系中共中央 1975 年 9 号、12 号、13 号文件，讲了当时的形势，指出这三个文件反映了当时的大好形势，也反映了当时存在的问题。教育形势不能与当前形势分开。对今后的学习和工作，周荣鑫提出，要好好总结历史经验教训，结合 17 年及这几年的斗争，从两条路线斗争上来分析和认识；教育理论上的问题要学、要研究，如：什么是基础理论，资产阶级法权限制到什么程度，如何理解德、智、体几方面得到发展等，要分工，做点准备，在会上讲一讲；要把长远规划搞好，把教育的规划与国家的规划联系起来，围绕搞长远规划，总结好工作。他还具体要求以计划司为主，把普教司、高教司、业余教育司等各司局和《教育革命通讯》编辑部、理论组等业务组组织起来，搞好学习和工作总结，准备 8 月份召开的会议。

7 月 23 日，周荣鑫出席普教司学习汇报座谈会。会议开始后，周荣鑫传达了邓小平在 6 月 2 日会见来华访问的美国报纸主编协会代表团时关于教育方面的一段谈话。当美国记者问起我国教育问题时，邓小平讲："教育问题，根据毛主席的教导，我们要彻底改变过去教育制度中理论脱离实际的状况。目前，我们正在进行改革，改革尚处于试验阶段。教育改革的效果不是这么几年就可以看出来的，但我们相信这条道路是对的。说我们的学校不注意研究，不是这样的情况。""我们很注意传统教育。另外，就是我们要教育我们的人民，特别是知识分子不要脱离实际，不要脱离劳动。"①在听取汇报的过程中，

---

① 引自周荣鑫：《在普教司学习汇报座谈会上的讲话》（1975 年 7 月 23 日下午），周荣鑫同新华社记者的谈话记录（1975 年 7 月 24 日）。

周荣鑫就总结历史经验、学习和研究理论问题，结合实际，发表了不少独到的见解。在7月3日的普教司小组讨论会上，他就语重心长地说过："普教司掌握的是一亿八千万人口，肩负的任务很重，管的事不是几个人的事，而是培养下一代，培养接班人。"在这次座谈会上，他又谆谆告勉："不要把教育看简单了，有一亿八千万。这不仅是个数量问题，更重要的是培养无产阶级革命事业接班人的问题。""我们的影响大，一亿八千万，影响极大。社会上人人都有孩子上学，人人都关心，谁都有发言权。熟人见面就谈孩子的学习问题，不要轻视，不要不研究。还是上报中央，下从群众中来。不是怕，而是要认真学习。思想方法上是多学一点辩证法。"①

7月24日，周荣鑫接受新华社记者的采访，谈国内、国际的教育情况和如何做好对外宣传的问题。周荣鑫就知识分子，限制资产阶级法权，文科与理科、理科与工科的区别，"社来社去"，考试等理论与实际问题，比较系统地发表了意见，指出要分清界限，完整、准确地理解毛泽东的指示。这次谈话的内容，可以说是他在这一段时间内发表意见的综合。

在此期间，从7月19日起，周荣鑫作为召集人，主持国务院计划工作务虚会文教规划小组会议。国务院召开的计划工作务虚会从6月16日开始举行，周荣鑫出席。会议先分8个小组，讨论经济各部门的十年长远规划和"五五"计划。从7月17日起，遵照主持会议的李先念副总理的指示，增加文教科学规划小组，随后又分成文教规划和科学技术规划两个小组，周荣鑫为文教组召集人。参加文教组讨论的为6个部门：文化部、教育部、卫生部、国家体委、国家广播局、国家计划生育办公室。讨论以下有共同性的问题：第一，知识分子问题；第二，方针、政策界限；第三，体制；第四，上层建筑怎样适应经济基础，促使生产力发展。文教组从7月19日至8月8日开会9次，出简报5期。② 会议指出，要从指导思想等方面，解决不少单位不敢提智育、文化，在科学研究和教学工作中忽视基础科学，以及只顾当前、不顾长远等倾向。③

---

① 引自周荣鑫：《在普教司学习汇报座谈会上的讲话》（1975年7月23日下午）。

② 本段以上内容据《国务院召开计划工作务虚会的情况》，周荣鑫同新华社记者的谈话记录（1975年7月24日）。

③ 据中国教育科学研究所编：《中华人民共和国教育大事记（1949—1982）》，教育科学出版社1984年版，第476页。

（二）在教育界组织各种座谈、讨论，分清是非，划清界限

从5月开始的座谈、讨论，是由内而外、由小而大进行的。在教育部内总结、讨论告一段落以后，从8月开始，周荣鑫有计划地在教育界组织座谈、讨论。他先召集了部分省、市中小学教育座谈会，后组织了高等学校教育工作座谈会。在这些会上，周荣鑫发表了许多尖锐、泼辣的重要意见。这里，先把周荣鑫出席会议、发表谈话的概况，按我们掌握的材料，顺着时间次序，作一简要的叙述，然后再对他的精彩言论（包括上面讲的在教育部内听取汇报、进行讨论时的言论）作扼要的述评。

8月6日，周荣鑫出席北京部分中学领导干部座谈会并讲话，提出怎样适应新的变化，把教育革命搞好，全面贯彻执行毛泽东的革命路线的问题。他指出：教育革命（包括学工、学农、学军）没有学校、家庭、社会三方面配合搞不好。他还就解决领导问题、贯彻执行知识分子政策问题讲了意见。

8月7日上午，周荣鑫在教育部普教司谈话，指出两次中学座谈会提出的问题，好多涉及方针、政策，不解决要出问题。他要求普教司的同志到学校去调查统计一个年级的情况，解剖典型，搞透各方面的情况。他特别强调要“研究功课”，指出学校“大量的是通过功课教育学生”，要求弄清楚“从初一到高二各年级上些什么课，讲些什么内容，怎么教的，数理两科是打乱教还是结合起来教，政治思想教育讲些什么，怎样进行的，等等”。① 他要求对具体问题作具体分析，不要满足于现象罗列，满足于喊口号，一接触到实际就没有了。

8月9日上午、13日下午，周荣鑫在教育部三楼会议室主持座谈会，听取北京钢铁学院的汇报，进行座谈。北京钢铁学院从1972年招收工农兵学员，实行开门办学，已经3年。北京钢铁学院汇报了3年办学中的经验和存在的问题。周荣鑫在13日的座谈会上发表长篇谈话，指出最重要的一条是在实践中加深理解毛泽东关于教育革命的指示，提高执行毛泽东指示的自觉性，把大学纳入新的轨道。周荣鑫还针对理论与实际结合的问题、对工农兵学员的思想政治教育问题、知识分子问题、理科教育问题等作了分析，发表了意见。

8月23至30日，教育部召开北京、上海、天津、广东四省、市城市中小学教育座谈会。

在23日的座谈会开始时，周荣鑫发表长篇讲话。他首先简要分析了

---

① 据《1975年8月7日上午周荣鑫同志在普教司的谈话》。

1968年复课以来七八年中教育革命的情况，介绍了一些典型单位，指出各项教育事业发展很快，教学、科研、生产三结合，学校、社会、家庭三结合，这样一个新的体制在逐步形成，是好事，促进教育革命大步前进。学制、课程、教材、教学方法的改革都在摸索经验。教育部要及时总结，跟上去。过去规定不点头也不摇头，这是要命的规定！今后该点头的就点头，该摇头的就摇头。这次讲话中，他着重讲了三个问题：争夺青少年的斗争问题，文化教育问题，教师问题。

8月27日下午，周荣鑫在小组讨论会上插话，结合生动具体的实际情况，细致地分析应该怎样全面、完整地理解毛泽东的指示，对"与十七年对着干"、"社来社去，厂来厂去"、"越办越往下"等当时流行的口号，明确表示不能同意。

8月30日上午，周荣鑫在四省、市城市中小学教育座谈会结束会上讲话。

1975年5月以后周荣鑫发表的整顿教育的许多谈话，在教育界、在社会上传播开去，引起强烈的反响，受到广大教育工作者的热烈欢迎；同时，也引起"四人帮"及其帮派势力的强烈不满。他们用歪曲、编造的手法，瞎传他的讲话，来中伤、诋毁周荣鑫。所以，周荣鑫在这次讲话中不得不揭露这种现象，对这些人予以回击，并表明自己无所畏惧的态度。周荣鑫在讲正题以前，首先动情地讲了这样一番话：

> 教育部还没有成立领导小组，现在还是"一长制"（这不是怪话）。所以今天谈的问题没有经过集体讨论，只是讲讲个人意见，供大家参考。最近我陆续讲了些问题，但传得很厉害。北京市流传说，我讲了教育战线就是林彪路线的干扰，林彪的干扰是最大、最大、最大。这样讲法不是跟林彪一样了吗？也是最、最、最！传这些话的人，一种是无聊！还有一种也可能是想打倒你，他来干。要不，瞎传这种话干吗？我的有些话可能刺痛了那些好搞形而上学的人，他们有些不满。我的话也不是百分之百的正确，错误难免，不可能是百分之百的布尔什维克。要坚持真理，修正错误。要打倒，我也不怕。要做小平同志讲的那样不怕被打倒的人。毛主席讲得最彻底，就是五不怕：不怕撤职，不怕开除党籍，不怕老婆离婚，不怕坐班房，不怕杀头。这就是看破红尘，无所谓了。有的好像认为教育部长是肥缺似的，打倒你我来干，争权夺利。我的话刺痛了一些人，我也不怕，有错就改。

9月15至23日，教育部又在江苏省无锡市召开湖南、湖北、山东、江苏四省城市中小学教育座谈会，传达、讨论了周荣鑫在北京、上海、天津、广东四省、市中小学教育座谈会上的讲话，研究了城市教育中的一些问题。

9月30日，周荣鑫接见赴加、英、法高教代表团，就怎样回答人家关于我国教育方面的问题谈话。他指出，要明确我们的教育革命仍然处在试验阶段，我们是根据毛主席规定的方针、政策，根据理论与实践相结合的原则来进行教育革命的。我们相信我们的路是正确的。当前我们的工作，是普及教育，主要是在城市、乡村普及7年教育，进一步发展到普及9年（乡村）和10年（城市）。将来的目标自然要普及大学教育。毛主席在全国政协第一届会议上就讲过，我们要建立具有高度文化的国家，这个目标是不变的。

10月4日，周荣鑫出席理科教育革命汇报会。他在会上指出，要把这几年的变化研究研究，这几年问题是什么、历史和现状是什么，要追根穷源，把产生问题的根子找到。搞不清这个问题，人家又会说你刮什么理论风，说你“右倾”。

10月8日，周荣鑫出席第一次研究《教育工作汇报提纲》的会议。会议开了一天。周荣鑫最后作长篇发言，谈了写好这个提纲的指导思想。

10月20日，周荣鑫听取铁道部人事局同志汇报7所铁路高等学校交接及教育革命的情况，发表长篇讲话。这时，“四人帮”及其帮派势力已经造开了反对整顿的舆论。周荣鑫已经感受到巨大的压力。他一开始就不无感慨地说：“讲话不讲了。一讲就要‘消毒’。有人说我讲的话只有老干部和知识分子赞成，这就有问题，是右倾机会主义了。好像对老干部和知识分子都不要作阶级分析了。我在北京钢院座谈会上讲了话，人家就派××去‘消毒’了。文教战线有些地方是针插不进，水泼不进，北京文教组就是这样，说听毛主席的，别的谁讲话都不听。”但他还是讲了一大篇话，讲话记录有8000多字。

周荣鑫指出，中共中央发出9号文件以后形势大好，但不要忘记形势逼人。离开了当前形势谈教育，就谈不清楚。总的讲来，我国社会主义革命和社会主义建设正处在一个重要的历史发展时期，在20世纪内要实现四个现代化。不搞现代化就不能使我国走在世界的前列。要搞四个现代化，这就要求教育部门培养能为巩固无产阶级专政服务、适应四个现代化需要的人才。

周荣鑫就知识分子问题、以学为主问题、“社来社去”问题展开了相当深入的论述。在结束讲话时，他颇为激动地说：“我讲话有人攻啊！说是右倾机会主义,但我还要讲。没有别的,现在就是有一股干扰毛主席革命路线的歪风,就是要扭转干扰毛主席革命路线的这股风。不怕,最多不过撤职,刚才讲的要能官能民嘛!"真是明知山有虎,偏向虎山行!从这篇讲话,我们感受到了 1975 年整顿中斗争尖锐复杂的气氛。周荣鑫认识到征途的艰险,他从最坏处打算,做好了被撤职的准备,但他没有料到,最后的结果是敌对的一方把他置于死地,他为教育整顿献出了生命。

10 月 23 日,周荣鑫出席第二次研究《教育工作汇报提纲》的会议。他在会上讲了文件的写法,提出写六个段落,并对"两个估计"、教师和知识分子问题作了分析。

10 月 24 日,周荣鑫出席理科教育革命汇报会,在会上作了许多插话。最后,他强调,小平同志的讲话要好好学,指出形势大好、形势逼人,不能只讲形势大好,不讲形势逼人;不但要讲路线,还要讲方针、政策和方法;领导班子是关键,好多问题不是出在教师身上,不要一批就批教师。布置完就可以下去调查了。北大不去了,去北大那个组改去武汉大学吧。你们下去后,要把理科的特点弄清楚。他还叮嘱:出去讲话要当心。我提醒你们一句,不要犯错误哟!

11 月 8 日,周荣鑫出席第三次研究《教育工作汇报提纲》的会议。在会上,他着重讲了如何认识和写好关于"两个估计"以及政治与业务的关系等四个关系的问题。

(三)办好《教育革命通讯》,统一认识,引导教育整顿

在座谈会、讨论会上发表意见,影响毕竟有一定限制。为了分清是非、划清界限,周荣鑫非常重视舆论阵地。办好《教育革命通讯》,就是他亲自抓的一项重要工作。

当时《教育革命通讯》的负责人方玄初①回忆:"周荣鑫还亲自抓《教育革命通讯》。每一期刊物的清样,我们都送给他和李琦审阅。我印象最深的是,他说:'毛主席说过矫枉必须过正,但过正毕竟不是正。'为了在舆论上给教育整顿开路,我们按照周荣鑫的意图精心组织《通讯》第 8 期和第 10 期的两篇评论稿子。第 8 期的评论《全面关怀青少年的成长》……其中有一段专门讲

① 方玄初在 1973 年调国务院科教组工作。《教育革命通讯》原由吉伟清、龚育之负责,因吉伟清生病,龚育之另有任务,从 1975 年 5 月开始,编辑部的工作由方玄初负责。

文化学习的问题。第10期的评论《培养无产阶级革命接班人的正确道路》中说：‘要坚持以学为主的原则，上好政治课和社会主义文化课，保证教学时间和质量’。‘大学的工农兵学员在学习过程中仍要参加实践，在实践的基础上着重向理论方面学习。要重视基础理论课。反对单纯学理论和轻视理论学习的两种偏向’。”“我们应当把培养无产阶级革命事业接班人的任务同适应四个现代化的需要统一起来而不是割裂开来。列宁早就批评过：‘在资产阶级世界观的概念中，政治和经济好像是互不相关的。’现在，在我们有些同志的思想上是不是存在着这个问题呢？有一种误解，认为坚持以学为主的原则，努力学习社会主义文化科学知识，重视基础理论课教学，保证教学时间和质量，便是搞‘智育第一’，考试便是‘走回头路’。这是一种不符合《五七指示》的糊涂观念。这样，就会自觉不自觉地把政治与经济的关系割裂甚至对立起来，就会无视四个现代化对我们提出的任务和要求，任其继续下去，就势必拖四个现代化的后腿。形势逼人，对我们来说，究竟‘逼’在什么地方？我们应当怎么办？这些都应当很好地想一想啊！”

周荣鑫又亲自出题目，要求发几篇讲重视基础理论问题的文章，这就有了后来的《研究基础理论为社会主义建设服务》、《按照马克思主义认识论搞好基础理论研究》等。[①]《教育革命通讯》从1975年6月至10月，连续发表《全面关怀青少年的成长》、《培养无产阶级革命接班人的正确道路》、《研究基础理论为社会主义建设服务》、《按照马克思主义认识论搞好基础理论研究》、《实用主义教育思想剖析》等文章和评论。这些文章和评论提出，要使青少年“努力学习社会主义革命和建设所需要的科学文化知识”，批评了那种“认为坚持以学为主的原则，努力学习社会主义文化科学知识，重视基础理论课教学，保证教学时间和质量，便是搞‘智育第一’，便是‘走回头路’”的错误认识，批判了“以干代学”的实用主义货色。它们还指出：不引导青少年学习科学文化知识，“就势必拖四个现代化的后腿”。这些文章和评论的主要观点体现了邓小平的整顿指示和周荣鑫一系列讲话的精神，大胆地批驳了“四人帮”的许多谬论，为教育整顿做了舆论导向工作。

---

① 据方玄初：《〈教育工作汇报提纲〉出台的前前后后》，《中共党史资料》第70辑，第47页。

（四）周荣鑫关于分清是非、划清界限的意见

“文化大革命”以来，被林彪、“四人帮”搞乱了的教育思想和实践，主要集中在以下几个问题上：（1）“两个估计”的问题，对知识分子（包括教师）的估计和态度问题；（2）以学为主和如何看待学习文化科学知识的问题；（3）基础理论研究和理科教育问题；（4）“社来社去”与大学的培养目标问题。

周荣鑫在上述十多次谈话中，在指导《教育革命通讯》发表的文章中，对这些互有联系的重要问题，大都从全面、完整、准确地理解毛泽东指示的角度，作了深刻的分析，鲜明地表示了对“左”倾理论和做法的否定。上文在叙述中对这些内容已经约略提及，这里再比较系统地就这四个问题，把周荣鑫的主要观点作一述评。

1. 关于“两个估计”

究竟怎样认识和估计“文化大革命”前17年的教育工作，这是一个重大原则问题。“两个估计”，是张春桥、姚文元和迟群在1971年的《全国教育工作会议纪要》中抛出的。他们把“两个估计”看作命根子。迟群等人曾断言：“两个估计”是“无产阶级文化大革命所以从文教阵地开刀，工人阶级所以开进学校的重要依据；是制定教育革命一系列方针、措施的重要前提。否认这‘两个估计’，就会否定文化大革命，就会从根本上取消教育革命”。[①] 而包含“两个估计”的《纪要》，又是经过毛泽东批准的。这就增加了否定它的难度。周荣鑫采取的基本办法是，对《纪要》并不表示否定的态度，在谈到有些问题时还利用《纪要》所作的论断，甚至说应该以此为“标准”。但是，对确属张春桥、姚文元搞出来的“两个估计”，则运用毛泽东、周恩来的指示为武器，毫不留情地进行批判。否定和批判“两个估计”，成为周荣鑫这一时期谈话的共同主题。

周荣鑫明确提出：“对这两个基本估计到现在还有争论”。“一些人把知识分子简单地都说成是资产阶级知识分子，17年都是培养的资产阶级知识分子。有人说17年培养的学生，都是挖社会主义墙脚的，那就比资产阶级知识分子还厉害。”他斩钉截铁地说：“简单地把知识分子看做是资产阶级知识分子，这是错误的。”1975年10月4日和24日，他两次出席理科教育革命汇报会并且讲了话。他又一次说：“有人讲17年培养的人是对社会主义经济基础

---

① 据《教育革命通讯》1974年第6期“秦怀文”的文章。

起破坏作用，这不全面吧！打击面太大了。有人讲学校里40岁左右的教师有权有势，这个打击面更大了。我们就是依靠他们。这是最不讲政策（的表现）。”“‘两个估计’要继续研究。‘两个估计’讲清楚了没有？”“工农兵学员到校三年只学一年半，到底对不对？片面性的东西与‘两个估计’有关”。11月8日，他更概括说：“‘两个估计’实际上是一个估计，对知识分子的估计。主要是知识分子政策不落实，认为17年都是知识分子搞坏的。”到底应该怎样估计知识分子？他曾提醒过：现在学习无产阶级专政理论，知识分子问题更复杂化了。学校批“知识私有”，批资产阶级法权。反正运动一来，就是知识分子，他能有积极性？现在总讲知识分子这也不成，那也不成，那大学不办就是了。

周荣鑫还从上层建筑和经济基础的关系来看问题。他说：“到底在上层建筑对资产阶级全面专政怎么专法，专对了没有？为什么提出这个问题？”“教育与经济基础，哪些相适应，哪些不相适应？现在一讲教育，好像一文不值了，成不成？”“一讲就讲两个，一个是17年，一个是1972年回潮，就是不讲林彪路线的干扰”。“不能一提知识分子就骂一通，这样符不符合主席的方针？”“毛主席当时讲的500万，是指旧社会来的知识分子。现在我国有2500万知识分子……是否大多数都是资产阶级知识分子？”

7月23日，周荣鑫在教育部普教司学习汇报座谈会上指出：“这几年风太多，一刮一阵，一刮一阵。”要进行研究，随便表态要出问题。比如资产阶级法权问题，“知识私有究竟是不是资产阶级法权”？“教授、副教授、讲师、助教是不是等级制度？什么是知识私有？广大知识分子学了知识是不是在为社会主义服务？”“如果知识分子的世界观基本上是资产阶级的，那就是资产阶级知识分子，2500万知识分子怎么估计？如果说他们的世界观有资产阶级的东西，要改造，可以。现在是大多数知识分子在走与工农结合的道路，这是一个很大的变化。”7月24日，他进一步指出：“对这支队伍的看法和估计，是个大政策，不是小政策，搞不好就要影响积极性。”他还不留情面地批评迟群，说他在辽宁省朝阳农学院居然讲17年培养出来的知识分子，对国民经济是个破坏。迟群在清华大学还提出“知识分子是知识私有化、经营个体化、成果商品化”。辽宁也大批“知识私有”、“智育第一”。周荣鑫反问道：“现在到底是‘知识私有’还是‘不学知识’？”“恩格斯曾经称知识分子是‘脑力劳动者’。在资本主义时期，脑力劳动和体力劳动是对立的；在社会主义时期，是差别，并且还不能消灭这个差别，这个差别要在共产主义时期才能消灭。”关于教师问题，周荣鑫说：“一进教育的门槛就不行了，一提知识分子，就是资产阶级知识分子，都要挂上‘资产阶级’，不挂也要挂。”“几百万教师在培养学生，还天天说他们是资产阶级知识分子，这不是自己打自己的嘴巴吗？”他说，毛主席讲的从旧社会过来的500万知识分子大部分是爱国的，是愿意为社会主义服务的。真正反动的是极少数，现在也没有多少了。现在的2500万知识分子，大部分是新中国成立后培养出来的。应该很好研究“怎么把教师的积极性调动起来，解决他们思想上能进步，生活上解决困难，解决他们教书又管人的问题”。

周荣鑫从新中国成立以后教育战线与知识分子的实际出发，对“两个估计”的批判是非常有力的，同毛泽东所作的基本估计是一致的。1971年在全国教育工作会议期间，毛泽东曾针锋相对地批驳了迟群等人的谬论，指出：“（一）十七年的估计不要讲得过分。在无产阶级专政下执行了错误路线，不是大多数人，是一少部分人。（二）多数知识分子还是拥护社会主义制度，执行封、资、修路线的还是少数人。”这些指示，当年被“四人帮”及其亲信封锁了。周荣鑫当然无从得知，但他从实际出发，得出了同毛泽东一致的结论。①

2. 关于以学为主

1975年10月20日，周荣鑫在听取铁道部人事局同志汇报7所铁路高等学校的情况时指出：“当前形势，就是要把培养无产阶级革命事业接班人的任务和适应四个现代化的需要统一起来，不能割裂开。我们现在有人把政治和经济、业务、技术总是割裂开。毛主席一再教导，要讲对立统一，割裂开的思想不对，而现在有人就是搞形而上学。”“四个现代化需要培养有较高政治觉悟和较高文化科学知识水平的人，不注意这一点将来要拖后腿的啊……拖四个现代化的后腿不能前进还不是‘复旧’？科研不抓，理论不提，这样下去怎么行？学生以学为主，兼学别样。现在对以学为主都发生了怀疑，学校不以学为主，以什么为主？”“说无产阶级不要高度的文化水平，这也是错误的。毛主席在全国政协第一届会议上就指出：‘随着经济建设的高潮的到来，不可避免地将要出现一个文化建设的高潮。中国人被认为不文明的时代已经过去了，我们将以一个具有高度文化的民族出现于世界’。四个现代化也是体现高度的

---

① 详见《教育战线上的一场大论战——批判“四人帮”炮制的“两个估计”》，载《人民日报》1977年11月18日。

文化。”他还批评说：“甚至（有人）荒唐到说不要文化也一样革命，从根本上否定了学文化。”

8月23到30日，周荣鑫在教育部召开的北京、上海、天津、广州四城市中小学教育座谈会上，讲了关于争夺青少年的斗争问题、文化教育问题、教师问题。他指出，这三个问题的核心就是如何看待文化知识。“对青少年是争，不是整。”“首先要解决理想教育问题。学不学都上学，这不行。”学生中存在的一个严重问题是认为“读书无用”，不想好好学习科学知识。当时，学生中流传着“学不学都上学，会不会都插队，行不行都回城，干不干都吃饭”的顺口溜儿。周荣鑫说：“毛主席从来没有讲过不要文化。毛主席在《新民主主义论》中提出要建立民族的、科学的、大众的文化。现在一谈起文化，就谈虎色变，怕得要死，赶忙出来说话，什么‘回潮’啊，‘又是1972年的风’啊！毛主席指示过的，也可以不管，这样不成！”周荣鑫进而分析说：“1964年以后，毛主席对学校批评得很多，主要是批评学校脱离实际、脱离工农。修正主义教育路线的要害是‘三脱离’还是‘智育第一’？”“究竟要害是学文化还是理论脱离实际？”“主席关于教育革命的指示中贯穿了一个重点，就是反对理论脱离实际、反对脱离工农”，反对的是“死读书”。“现在批‘智育第一’很起劲。毛主席（在1971年）讲，七八岁起学外语，而且要有七个语种。到现在这个问题解决了吗？”周荣鑫引用了1964年8月29日毛泽东接见尼泊尔教育代表团时的一段讲话：“我们的教育正存在着很多问题，其中主要的问题是教条主义。以教育制度来说，我们现在正在改革。现行的学制，年限太长，课程太多，教学方法很多是不好的。学生读了课本还是课本，学了概念还是概念，别的什么都不知道。”他用毛泽东的话证明自己的分析。周荣鑫还说：“关于学习基础科学，毛主席的指示也很多。毛主席和毛远新同志谈话时讲到，为什么学医学不学解剖学？现在的基础科学打乱了，搞什么‘一条龙’等等。毛主席还说，人认识事物是从具体到抽象的……应该先学解剖学。学习文化、科学，都要搞好政治与业务的关系。”

“老说过去是‘智育第一’，根本不是，不对。”“贫下中农为革命种田，工人为革命做工，学校为什么就不能提为革命读书呢？”“有知识的是私有，没有知识的就公有？那不要学校好了！”“我们教育革命的片面性和形而上学的倾向很严重，非出问题不行。”①

---

① 《中华人民共和国教育大事记（1949—1982）》，第474页。

对工农兵上大学的主要任务问题，周荣鑫说："工农兵学员有上、管、改的作用，但是，要不要捧得那么高？那是片面性，还要讲他们在改造客观世界的同时改造自己。对工农兵学员，如果只讲是'改造者'这一点，那么究竟谁教谁？对教师只讲是'政治上接受再教育，业务上再学习'，那他还怎么上课呢？形而上学！学生学习，有人就说他们是背着口袋来装知识的，要受到批判。不学政治不对，不学业务就对？"①

说到考试问题，他认为："也要一分为二，以学生为敌人是不对的，为什么不能文化考查？主席并没有否定考试，主席讲要考试，不要出偏题、怪题等。现在一批判，就摇摇摆摆，要花点工夫，把理论搞清楚"。②

3. 关于基础理论和理科教育

在这个问题上，"文化大革命"以来经过了反复的斗争。

前面已经提到，在"9·13"事件后，周恩来总理主持中央工作进行整顿的时候，就提出要改变教育界的许多极左观点和做法，作出一系列重视和加强基础理论研究与理科教育的指示。但在当时，特别是在"批林批孔"运动中，"四人帮"把这些正确的主张诬蔑为"右倾回潮"而加以批判。

周荣鑫在1975年领导教育整顿时，同"四人帮"针锋相对，编印了《周总理有关基础科学研究和理科教育革命的部分指示》。主要内容是1972年整顿期间，周恩来关于加强基础科学理论研究和理科教育的谈话和批示（共14次）。以后，又编印了《毛主席关于自然科学的部分论述》，供内部学习。

周荣鑫用毛泽东、周恩来的指示做根据，说明加强基础科学理论研究的重要性。他说："主席对李政道说，基础科学来自应用科学，又指导应用科学。总理也讲，要加强基础科学理论的研究，要在广大实验基础上，把科学理论向上提。总理特别抓了高能加速研究试验。"周荣鑫又说："主席历来重视科学实验。现在看来不搞基础科学问题不大，10年、8年就看出问题来了，国防、国民经济都要出问题。""学文科，先到社会上接触两年再上大学，可以。学理科、外语，年纪大了可不成啊！主席对文科、理工科的指示，是区别对待的。而我们执行时'一刀切'。"③

在一次讲话中，周荣鑫指出："过去搞理论—实践—理论是违反《实践论》

---

① 周荣鑫同新华社记者的谈话，1975年7月24日。

② 周荣鑫在教育部计划司总结工作汇报会上的讲话，1975年7月9日。

③ 周荣鑫和教育部理论研究组的谈话，1975年5月7日。

的,是错误的,但是反过来,实践—实践—实践也不行,也不符合《实践论》。学校要重视基础理论课的教学……单纯学理论不对,但轻视学理论也不对。现在单纯学理论的不多,轻视理论是主要倾向。这两种倾向都要克服。"①十分明快地点出了当时的主要错误倾向。

4. 关于"社来社去"

"四人帮"及其亲信曲解毛泽东的"七二一"指示,毛远新"推出"的辽宁省朝阳农学院的经验更把"社来社去"绝对化。周荣鑫无所畏惧地提出问题:"工农兵学员上了大学就不能当技术员,不能当干部,只能回去当工人、农民,这样成不成?""我们现在学校有没有培养干部的任务? 不培养干部,办大学干吗?""根本不要文化,就讲培养有社会主义觉悟的劳动者,行吗?"②他对毛远新所在的辽宁省的做法很不满。他说:"辽宁来电话,要求学生全部社来社去、厂来厂去,全部分配在省里,我答复不了。另一方面,他们又打电报,向国家计委要 150 名俄文翻译。我告诉国家计委,没有,都社来社去了。""培养出来都社来社去,不给国家办事,行吗?""都社来社去,教育部门也不好办,教师队伍的来源就成问题。""有人提出,把学校办成政治大学,对不对? 也对也不对。从政治挂帅角度讲,是对的。但是还有业务呢? '首先'办成政治大学,那'其次'呢? 工学院总得学工吧? 农学院总得学农吧? 讲一面总是不成。"③

与"社来社去"相联系的,是批"读书做官",主张所谓"拆梯子"。讲到"读书做官",周荣鑫提醒大家:"不能把工农与干部、工程技术人员、知识分子对立起来,这样批不是制造混乱吗?"对所谓"拆梯子",周荣鑫指出:"现在有个提法,要拆掉'读书做官'的梯子。这里有个界限问题。是不是工农兵学员上了大学就不能当技术员,不能当干部,只能回去当工人、农民。只能从城市到农村,不能从农村到城市。这样成不成? 在 20 世纪内,我们要实现四个现代化,产量提高,农业人口相对减少。县社也要办工业。一再强调社来社去,其他部门需要怎么办? 把当国家干部说成做官是错误的。脱离了现阶段的需要和可能来谈教育,很危险。"在 10 月 20 日的谈话中,他对"拆梯子"的说法

---

① 转引自袁丁:《危乱见坚贞 倔强对奸佞——彻底清算"四人帮"诬陷、迫害周荣鑫同志的滔天罪行》,《人民日报》1977 年 9 月 15 日。

② 《中华人民共和国教育大事记(1949—1982)》,第 474 页。

③ 周荣鑫同新华社记者的谈话,1975 年 7 月 24 日。

又作了进一步分析："有人认为学校是读书做官的梯子，说要拆梯子，大学生毕业后先下去劳动两年，然后提拔。他把当干部、当技术员都看成是'官'。这哪里是拆梯子，而是搬梯子，把'梯子'从学校搬到工厂、农村去了。"他提醒大家：好多问题带有方向性。他还说，不能什么口号都接受。①

四、邓小平提出"教育也要整顿"

邓小平在全局上明确提出"教育也要整顿"的任务，是在1975年9月的全国"农业学大寨"会议上。当时不仅铁路、钢铁、煤炭等工交系统的整顿取得了显著成效，国防科技的整顿也见了成效，军队的整顿已经部署和展开，中国科学院的整顿步入轨道，文艺调整取得巨大影响，教育整顿，如上所说，已经做了许多舆论准备。1975年9月15日，邓小平在全国农业学大寨会议上说："毛主席讲过，军队要整顿，地方要整顿。地方整顿又有好多方面，工业要整顿，农业要整顿，商业也要整顿，文化教育也要整顿，科学技术队伍也要整顿。文艺，毛主席叫调整，实际上调整也就是整顿。"②他旗帜鲜明地提出要整顿教育，核心是重新确立教育在国家经济建设和实现四个现代化中的基础地位。

9月26日，邓小平主持国务院会议，听取胡耀邦等人按照《科学院工作汇报提纲》汇报中国科学院的工作。邓小平发表了重要讲话。③ 在强调"科研工作要走在前面"的同时，他还谈到与科技工作密切相关的教育问题。邓小平指出："我们有个危机，可能发生在教育部门，把整个现代化水平拖住了。"他强调："科学技术叫生产力，科技人员就是劳动者！"④邓小平还特别提出"要解决教师地位问题"。他说："几百万教员，只是挨骂，怎么调动他们的积极性？毛主席讲消极因素还要转化为积极因素嘛！教育战线也要调动人的积极性。"⑤

9月27日和10月4日的农村工作座谈会上，邓小平在批评林彪、"四人

---

① 据张化：《1975年教育界的斗争》，《中共党史资料》第70辑，第151—152页。

② 《邓小平年谱（1975—1997）》（上），第98—99页。

③ 这次讲话的重要内容在本书第11章《中国科学院整顿与〈汇报提纲〉》中已经引进，请参看。

④ 《邓小平文选》第2卷，第33—34页。

⑤ 《邓小平文选》第2卷，第34页。

帮”割裂毛泽东思想的时候，举学校教育为例加以说明。他说：“现在相当多的学校学生不读书，这也不符合毛泽东思想。毛泽东同志反对的是教育脱离实际、脱离群众、脱离劳动，并不是不要读书，而是要读得更好。毛泽东同志给少年儿童的题词是‘好好学习，天天向上’嘛。还有，毛泽东同志讲了四个现代化，还讲过阶级斗争、生产斗争、科学实验是三项基本社会实践，现在却把科学实验割裂出来了，而且讲都怕讲，讲了就是罪，这怎么行呢？恐怕在相当多的领域里，都存在怎样全面学习、宣传、贯彻毛泽东思想的问题。”①

在上述关于教育问题的讲话中，邓小平主要提出了以下几个问题：第一，教育在四个现代化建设中的重要地位。他指出，科技人员的培养要靠教育，教育关系到是否“后继有人”的问题。他还用“危机”这个字眼儿，用“把整个现代化水平拖住了”这样的后果，来指出当时（亦即经历“文化大革命”9年内乱的破坏之后）教育部门问题的严重性。第二，要办好大学。学校要以教学为主。大学的主要任务是培养具有文化科学知识，特别是有外语和数理化知识的科技人才。第三，要重视教师的作用，“要解决教师的地位问题”，调动教师的积极性。这些问题如不解决，教育事业就不可能健康发展，就要拖四个现代化的后腿。所以，邓小平及时提出“教育也要整顿”。

五、周荣鑫主持起草《教育工作汇报提纲》

周荣鑫出席了9月26日邓小平主持的国务院会议，当场听取了邓小平关于科学和教育工作的指示，研读了胡耀邦、胡乔木等人起草的《科学院工作汇报提纲》。为完成邓小平提出的教育整顿的任务，他决定学习中国科学院的办法，起草一个关于教育工作的汇报提纲，报请中央批准后，以此来统一思想，指导教育整顿。他说：“教育战线问题成堆，不向中央领导汇报，这样下去很危险。”“这个提纲汇报后，送到主席那里，如能经中央批发下去，一系列工作也就可以跟上去了。”②

在这之前，周荣鑫就曾经想要向中央写一个报告。这个设想中的报告的主题是推倒“两个估计”。周荣鑫认为，教育整顿要深入进行，最主要的拦路

① 《邓小平文选》第2卷，第37页。

② 《国内动态清样》第262期，1975年12月25日。

虎是“两个估计”。他在1975年七八月份，曾在小范围内找几个人酝酿，准备写一个旨在推翻“两个估计”的、修改《全国教育工作会议纪要》的报告。他不知道，毛泽东在1971年夏天对17年的教育和教师队伍作过与“两个估计”完全不同的估计。毛泽东指出，对17年的估计不要讲得过分。在无产阶级专政下执行了错误路线的，不是大多数人，而是一少部分人。毛泽东说，多数知识分子还是拥护社会主义制度。执行封、资、修路线的还是少数人。周恩来也很有针对性地强调：要肯定17年毛主席的“红线”是照耀教育阵地的，要肯定广大师生是拥护党、为社会主义服务的，要有利于调动知识分子的积极性，不能把他们搞得灰溜溜的。① 但后来查阅《纪要》原件，周荣鑫又发现毛泽东不仅在这个《纪要》上画过圈，还有“同意”的批示。“两个估计”是《纪要》中最关键的部分。在这样的情况下，要明确地推翻它显然是不可能的。弄得不好，还会招致严重后果。只好暂时搁置起来。②

那时又出现了一个机会，可以通过关于教育工作的汇报提纲来实际上推翻“两个估计”，纠正“四人帮”的那一套极左观点和做法。不过，在当时，这篇文章做起来却又很不容易。

（一）《教育工作汇报提纲》起草经过

周荣鑫亲自领导《教育工作汇报提纲》的起草工作。他在教育部内成立了一个起草小组，一起商议《汇报提纲》的起草工作，并明确由当时负责《教育革命通讯》编辑工作的方玄初执笔。小组成立后，周荣鑫即向他们传达了邓小平于9月26日在国务院讨论《科学院工作汇报提纲》时的讲话，要求大家学习、领会邓小平讲话的精神，把邓小平的指示贯穿在《汇报提纲》之中。在周荣鑫主持起草这个《汇报提纲》期间，邓小平多次强调：教育工作关系到整个现代化的水平，今后25年发展远景，关键是我们教育部门要培养人。科学研究工作后继有人问题，中心是教育部门的问题。③

起草小组处于半秘密状态。经过几次讨论，确定要把毛泽东在1957年关

---

① 转引自《人民日报》记者：《“两个估计”是怎样炮制出来的？》，《人民日报》1977年11月18日。

② 据方玄初：《〈教育工作汇报提纲〉出台的前前后后》，《中共党史资料》第70辑，第49页。

③ 《邓小平年谱（1975—1997）》（上），第109页。

于“十年树人”的一段指示作为《汇报提纲》立论的基点。毛泽东在1957年曾经提出：“我们要在十年内培养自己的无产阶级的庞大的技术队伍，百年树人，应该改为十年树人。没有这一条，社会主义建设不成。无产阶级没有庞大的技术队伍、理论队伍、专家队伍（有马克思主义思想的专家队伍）不行。”在周荣鑫主持下，起草小组确定《教育工作汇报提纲》立论的基点，放在“新的形势重新把‘十年树人’的历史任务提到我们面前”这个命题上。以毛泽东的论述作为《汇报提纲》的旗帜，联系实际明确提出：要是教育上不去，就会拖后腿，影响无产阶级专政的巩固和四个现代化的全部进程。① 这一立论基点的确定，使《汇报提纲》具有一种高屋建瓴之势。

《汇报提纲》在周荣鑫直接指导下，前后写了三稿。

10月8日，在第一次研究《汇报提纲》时，周荣鑫说：“小平同志讲了两句话，形势大好，形势逼人。要看到逼人的一面，要头脑清醒；要端正路线，要有干劲搞四个现代化。25年发展远景，关键是我们教育部门要培养人。小平同志在听中国科学院汇报时说，要使用现有的科研人员，包括团结好有怪脾气的科学家。”“我们要很好地使用教师，这也是同样的道理。”他批评有些领导不深入教学，随便提口号，如说“学生打教师是打孔老二”，“砸玻璃是对师道尊严的惩罚”。会上，周荣鑫对如何写好《汇报提纲》讲了意见。他说：“《汇报提纲》的精神，要用小平同志的讲话来武装。”他还说，《汇报提纲》要写存在的问题，把对立面的典型言论拿出来，让人家一看就懂。“把尖端拿出来，不能掩盖”。他又说，要扣住1971年《全国教育工作会议纪要》写，这样可以省好多文章。把《纪要》重新改动一下，改掉林彪的东西。“代中央拟个通知发下去，这就是教育上的宪法”。通知要写明“不许整老师”、“不能矛头向下”。周荣鑫看过《汇报提纲》第一稿后，要求在修改时针对偏差，正面讲清涉及面大、有普遍性的几个关系。② 他还对起草者说：《纪要》里有对整顿教育有用的东西，还是讲了一些“文化学习”。我们可以强调这些部分，打出贯彻《纪要》的旗号，在整顿教育中“以子之矛，攻子之盾”。

10月23日，第二次研究《汇报提纲》时，周荣鑫要求，主要从正面阐述几个关系问题：政治和业务、理论和实际、以学为主和兼学别样、分数挂帅和必要

---

① 据方玄初：《〈教育工作汇报提纲〉出台的前前后后》，《中共党史资料》第70辑，第49页。

② 据张化：《1975年教育界的斗争》，《中共党史资料》第70辑，第155页。

的考试、智育第一和智育、基础理论和应用科学、普及和提高、师道尊严和必要的组织纪律的关系等。一方面，全面讲清楚这几个关系；另一方面，联系实际，明确提出要纠正排斥业务和不搞业务的倾向。《汇报提纲》还专门谈了“落实党的知识分子政策，加强教师队伍建设”问题和整顿领导班子问题。此外，汇报了高等院校下放后产生的问题，提出了解决问题的意见。①

《汇报提纲》第二稿写好后，因为形势有了变化，没有立即送上去。周荣鑫交代起草人：修改《汇报提纲》时，要加强有关阶级斗争的内容。因此，《汇报提纲》第三稿便增加了阶级斗争的内容，但主要的思想内容没有变。经过10月23日、11月8日会议研究，《汇报提纲》又按周荣鑫的意见作了重要修改。这时“反击右倾翻案风”运动已经开始。11月8日，张春桥找周荣鑫谈话，责令他检查。周荣鑫还是看了《教育工作汇报提纲》的11月10日稿，又提了一些修改意见。11月12日，《汇报提纲》执笔人方玄初把稿子送给周荣鑫，同时写了一封短简，信上说：“这一稿加强了阶级斗争的内容，分析了当前教育战线阶级斗争的特点（第三部分），讲到形而上学是一种错误的思想路线，是通向修正主义的（第六部分），不知是否妥当。另外，在讲全面看问题的时候，讲政治与业务关系的时候，谈到不能搞折中主义。因为在谈全面看问题，实际上有两种观点，一种是矛盾论的观点，一种是折中主义观点，怕将来在这方面出问题。”

方玄初在信中特别提到两个问题：一是教育战线形而上学的错误，实际上是一种修正主义的思想路线；二是要全面看问题，举政治和业务的关系为例，不能搞折中主义。这两个问题，正是周荣鑫多次提醒大家注意的问题，也是他整顿教育要解决的重点。因为张春桥一伙认为，修正主义教育路线的要害是“智育第一”，是“资产阶级统治了学校”。他们歪曲毛泽东的教育思想，大搞形而上学的东西。

（二）《教育工作汇报提纲》的主要内容

《教育工作汇报提纲》共六个部分：第一，教育革命取得了很大成绩。第二，新的形势重新把“十年树人”的历史任务提到我们的面前。第三，坚持党

---

① 据方玄初：《〈教育工作汇报提纲〉出台的前前后后》，《中共党史资料》第70辑，第49—50页。

的基本路线,进一步搞好教育革命。第四,落实党的知识分子政策,加强教师队伍的建设。第五,坚持两条腿走路,充分发挥两个积极性。第六,整顿领导班子。

《汇报提纲》第二部分郑重地提出:“应当清醒地看到:(一)我们的教育改革还处在试验阶段,改革还不彻底,改革的成果还不巩固。教育战线上两个阶级、两条路线的斗争是长期的,修正主义仍然是当前的主要危险。(二)各类教育事业在培养人才的数量和质量方面,和四个现代化的要求相距很远。(三)教育革命是一场深刻的社会革命,不可避免地出现了一些新矛盾、新问题,我们教育部门和学校领导对此缺乏认真研究,执行党的路线、方针和政策存在不少片面性。”从而说明:“形势的发展迫切要求我们把教育整顿好”。

《汇报提纲》在第三部分“坚持党的基本路线,进一步搞好教育革命”中,着重分析了当时教育改革试验中要正确处理好以下几个关系:

第一,政治和业务的关系。学校中不问政治的倾向有所克服,但还不同程度地存在着。当时学校工作中还有一种值得注意的倾向,就是排斥业务和不敢搞业务。一个重要原因是,在开展革命大批判中没有抓住实质,把“业务挂帅”同为革命钻研业务混同起来,把“智育第一”同上好社会主义文化课混同起来。林彪大搞“政治可以冲击其他”,实际上是用资产阶级政治冲击无产阶级政治,破坏社会生产力的发展和社会主义的生产关系,破坏无产阶级专政的物质基础。因此,我们必须同他们划清界限,充分发挥思想工作和政治工作对业务的保证作用,把思想政治工作深入到教学领域中去,要在正确路线指引下鼓励教员为革命而教、学生为革命而学,使业务工作沿着正确的方向和道路发展。

第二,以学为主和兼学别样的关系。当时的情况是,兼学别样没有开展起来的学校也有,但主要是有相当数量的学校没有坚持以学为主,劳动和各项活动搞得过多。大学 3 年,不少学校的教学时间只占 1/2,有的只有 1/3。有些中学,一个学期只上六七周课。对于这种状况,群众很不满意。不坚持以学为主,实际上是取消学校。要保证教学时间和质量,使学生在德育、智育、体育几方面都得到生动活泼的、主动的发展。

第三,理论和实际的关系。坚持理论与实际的统一,是马克思主义的一个基本原则。几年来,许多学校重视了实践,这是一个很大的进步,但是也要注意防止和纠正轻视理论、轻视读书的倾向。毛泽东指出:“理论这件事是很重要的”,“理论的基础是实践,又转过来为实践服务”,“理论应该跑到实践的前面去”。我们既要反对从理论到理论,也要反对从实践到实践。具有实践经验的工农兵学员在学习过程中仍要参加实践,在实践的基础上着重向理论方面提高。要重视基础理论教学。有一种观点认为,只要搞应用科学就可以了,反对搞基础理论,甚至说什么基础理论是资产阶级知识分子的最后堡垒。在理科专业中,存在着理向工靠、理向农靠等实际上取消理科的有害倾向。对基础理论不但不应当反对,而且应当加强。

第四,普及和提高的关系。这几年来,我们对于提高有所忽视,同四个现代化对我们的要求矛盾很尖锐。如果再不重视,就将要犯很大的错误。各级各类学校的教育质量都应当进一步提高。有条件的高等学校应办研究班、进修班,要努力培养水平较高的、各种又红又专的专门人才。那种认为大学培养各种专门人才就是“读书做官”,就是扩大资产阶级法权,这种看法是不对的。对基础科学、尖端科学和外语人才的培养,要研究出有力的措施。派遣留学生的水平要提高,除外语专业外,还要增派科技进修生。要加强大学的科学研究工作,“高、精、尖”也要搞一些。

此外,还要正确处理教员和学生的关系,划清师道尊严同正确教育和管理学生的界限、“管、卡、压”同执行正确的规章制度的界限。鼓励教员忠诚于党的教育事业,为培养无产阶级革命事业接班人贡献自己的力量。

《汇报提纲》第四部分是“落实党的知识分子政策,加强教师队伍的建设”。它引用毛泽东关于“教改的问题,主要是教员问题”的指示,指出:在现有教师队伍中,一个十分突出的问题是,有相当一部分人存在着“当教师倒霉”的思想,社会主义积极性没有充分调动起来。产生这种情况,固然有教师本身世界观上的原因,但主要是党的知识分子政策没有很好贯彻落实。一些教育部门和学校的领导,对《全国教育工作会议纪要》中关于“文化大革命”前教育战线两条路线斗争的状况和原有教师队伍状况的估计缺乏全面、正确的理解,不加区别地把广大教员一律称作资产阶级知识分子,有的人甚至说什么现在学校中最危险的是40多岁、业务上是骨干、政治上又入了党的人。对教员中的正确意见不支持,对教员的进步不鼓励、不表扬,对教员中的积极分子不依靠,动不动就斥责教员是资产阶级知识分子统治学校。要全面贯彻落实知识分子政策,善于团结、教育他们,领导他们前进。要为他们政治上接受再教育和业务上再学习创造必要的条件,要满腔热情地鼓励和帮助他们自觉改造世界观，鼓励他们为革命刻苦钻研业务，不断提高教学质量。在工作上要给予必要的支持，在生活上要适当照顾，使他们能专心致志地从事教育改革的试验。建议在1976年召开一次全国先进教员表彰大会。

《汇报提纲》在第五部分“坚持两条腿走路，充分发挥两个积极性”中指出，对各级各类学校都要办好，不能偏废，不能把“一条腿”并入另“一条腿”。既要积极改造、切实加强普通高等院校，也要大力发展厂办“七二一”工人大学和农村“五七”大学。“七二一”大学要坚持以业余为主。对中专、技工学校不能随意拆、并。这几年有一些面向全国和大区的高等院校下放地方后，出现了一些问题，有些院校竟长期处于“三不管”（省教育厅管不了，中央有关部门管不上，省委事多管不过来）的状况。为了将中央和地方的两个积极性很好地结合起来，少数院校可考虑改为中央部门与地方双重领导，而以部门领导为主。教育部拟有重点地抓一些综合大学、多科性理工科大学、师范和外语院校，与地方实行双重领导。

第六部分“整顿领导班子”指出：搞好教育整顿，领导班子是关键。有相当一部分领导班子不同程度地存在着“软、懒、散”的情况，领导思想、领导作风不端正。没有全面地、认真地学习毛泽东的教育思想，在同修正主义作战时，不抓住要害和实质，而是形而上学地用一种片面性反对另一种片面性。这样，在工作中必然偏离甚至随心所欲地割裂和曲解毛泽东的教育路线、方针、政策。不少学校的领导干部“怕”字当头，顾虑重重，跟不上形势的发展。有的人则认为整顿是“回潮”，提出“要警惕纠偏风”。“矫枉必须过正，不过正不能矫枉”。“过正”正是为了“矫枉”。如果把“过正”当作正，而且认为越过就越革命，反对进行必要的调整，就必然走偏方向。大量的事实告诉我们：用形而上学是不能战胜修正主义的，弄得不好甚至可能把我们的教育改革试验搞乱，贻误我们的革命事业。形而上学实质上是一种错误的思想路线，是通向修正主义的，如果不坚决克服，就有可能陷进修正主义。

在领导作风上，这几年有几种“风”不好：一是不理论联系实际地学习毛泽东的教育思想，不认真进行调查研究，凭“风”办事，看“风”不看线；二是脱离群众，不深入教育革命第一线，名曰搞教育改革试验，实为放任自流；三是只讲成绩，不讲缺点，听不得批评，也不作自我批评。因此，各级教育部门（包括教育部在内）和高等院校领导，有必要开展一次整风，重点是思想整顿。《汇报提纲》要求，加强教育战线领导班子的组织建设。对坚持派性、屡教不改的人，尽快调离；对混进来的坏人，坚决清除。

（三）《教育工作汇报提纲》的厄运和周荣鑫的牺牲

《教育工作汇报提纲》最后提出：如果同意以上汇报，可否将这个提纲转发给各省、自治区、直辖市。

可惜的是，周荣鑫看到《教育工作汇报提纲（11 月 10 日稿）》的时候，清华大学已经在一个星期以前传达了毛泽东对邓小平转送刘冰的信的严厉批评，一场以所谓"反击右倾翻案风"为特征的"教育革命大辩论"已经在那里掀起。11 月 8 日，张春桥已经找周荣鑫谈话，责令其检查。紧接着，周荣鑫得到通知，要他于 11 月 14 日列席中共中央政治局扩大会议，作为被批判的对象接受批评。11 月 18 日，清华大学、北京大学相继贴出"大字报"，周荣鑫被公开点名批判。这个概括了教育整顿内容的《教育工作汇报提纲》还没有来得及上送，就被扼杀了。唯其如此，在"批邓、反击右倾翻案风"运动中，它也没有很快被发现。张春桥等人后来得知，看到这个《汇报提纲》，恨恨地说：发现迟了，要不然，这就是第四株大毒草。此话说明，在张春桥他们心目中，《教育工作汇报提纲》同《科学院工作汇报提纲》、《工业二十条》、《论总纲》一样，都是击中"四人帮"要害的文件。

《教育工作汇报提纲》因没有暴露而一时避过了"反击"的锋头，但周荣鑫从 1975 年 12 月起即一直受到追查、批判，终至重病住院。从 1976 年 1 月起，迟群一伙强令重病未愈的周荣鑫出院，接受追查、批斗，达 50 余次。1976 年 4 月 12 日上午，迟群一伙又开会批斗周荣鑫，直到周荣鑫当场昏厥。4 月 13 日凌晨，周荣鑫即不幸去世，年仅 59 岁。真是"出师未捷身先死，长使英雄泪满襟"。①

周荣鑫领导的 1975 年教育整顿为后来教育界的拨乱反正，为新时期社会主义先进文化的建设，起了先导的作用。为教育整顿而献身的周荣鑫部长，将永远受到人们的怀念和尊敬。

---

① 该句引自杜甫的七律《蜀相》。

第十三章
围绕评《水浒》的斗争

一、毛泽东发表关于《水浒》评论的经过

毛泽东一生酷爱读书，在博览群书中，尤其熟悉和喜欢中国古典文学作品。“文化大革命”后期，毛泽东对古典小说《红楼梦》、《水浒》有所评论。在他的提倡下，1973 年秋冬，全国上下掀起了一个“评红”的热潮。毛泽东还指示重新印行《红楼梦》、《水浒》。在 1975 年 7 月 14 日同江青的谈话中，毛泽东说：“已经有了《红楼梦》、《水浒》，发行了。不能急，一两年之内逐步活跃起来，三年、四年、五年也好嘛。”①可见，在当时缺乏小说的情况下，毛泽东特别提倡大家都来读《红楼梦》、《水浒》等中国古典小说，正是他扩大文艺节目、逐步活跃文艺的一个重要措施。

在这样的背景下，毛泽东于 1975 年 8 月就《水浒》这部小说发表评论。经过情况是这样的——

毛泽东于 1974 年 7 月离开北京后，先后在武汉（1974 年 7 至 10 月）、长沙（1974 年 10 月至 1975 年 2 月）、杭州（1975 年 2 月 8 日到达）一边休息一边工作，直到 1975 年 4 月中旬，才从杭州回到北京。当时，他双眼的白内障十分严重，已经连大字本都不能再看了。从 5 月 29 日起，北京大学古典文学教员芦荻到他那里，为他读一些文史作品。在读书过程中，毛泽东发表了一些对作家、作品和历史问题的意见，也解答了芦荻提出的一些问题。

8 月 13 日，芦荻就毛泽东多次提到过的关于中国著名的几部古典小说的

---

① 《建国以来毛泽东文稿》第 13 册，第 446 页。

评价问题，向毛泽东请教。毛泽东先谈论了《三国演义》、《红楼梦》等几部书，然后谈到《水浒》。

关于《水浒》的评论，芦荻原先听到过一些传闻。1974 年，《北京日报》到北京大学中文系约写一篇评论《水浒》的文章，透露毛泽东说《水浒》是只反贪官、不反皇帝的。由于不是正式消息，对这两句话的精神实质理解不一，学术界在讨论时分歧又很大，北大中文系写的这篇评论《水浒》的文章没有发表。后来，又传毛泽东有一个讲话，其中提到《水浒》。只反贪官、不反皇帝的评论可能就是毛泽东在这次讲话中说的。所以，这天芦荻乘毛泽东谈到《水浒》的机会，当面请教这件事。

毛泽东回答说：那两句话是他在一次中共中央政治局扩大会议上讲的。

毛泽东所说的中共中央政治局扩大会议，是指 1973 年 12 月 21 日他接见参加中共中央军委扩大会议同志的那次会议。在那次谈话中，他特别提倡读《红楼梦》；同时说到：《水浒》不反皇帝，专门反对贪官。后来，起义军接受了招安。

接着，芦荻又请教毛泽东：既然如此，那么《水浒》这部书的好处在哪里？应当怎样读它？于是，毛泽东对《水浒》作了一番评论。他就这部小说主导的政治倾向问题反复举例，作了细致的分析。当芦荻谈及北大中文系正在修改中国小说史稿时，毛泽东便说，鲁迅评《水浒》评得好，要好好学习鲁迅的思想观点。他称道鲁迅在《流氓的变迁》中对《水浒》的评论，赞赏鲁迅对金圣叹"腰斩"《水浒》的批评，并对在《水浒》评论中长期没有贯彻鲁迅评论的精神，表示不满。毛泽东指示《水浒》主要的三种版本都要出版，把鲁迅的话印在前面。

谈话后，芦荻立即将记录作了整理。8 月 14 日，经毛泽东本人审定。此件即被称为关于评论《水浒》的批示。全文①如下：

> 《水浒》这部书，好就好在投降。做反面教材，使人民都知道投降派。
>
> 《水浒》只反贪官，不反皇帝。屏晁盖于一百〇八人之外。宋江投降，搞修正主义，把晁的聚义厅改为忠义堂，让人招安了。宋江同高俅的斗争，是地主阶级内部这一派反对那一派的斗争。宋江投降

① 《建国以来毛泽东文稿》第 13 册，第 457 页。

了，就去打方腊。

这支农民起义队伍的领袖不好，投降。李逵、吴用、阮小二、阮小五、阮小七是好的，不愿意投降。

鲁迅评《水浒》评得好，他说："一部《水浒》，说得很分明：因为不反对天子，所以大军一到，便受招安，替国家打别的强盗——不'替天行道'的强盗去了。终于是奴才。"（《三闲集·流氓的变迁》）

金圣叹把《水浒》砍掉了二十多回。砍掉了，不真实。鲁迅非常不满意金圣叹，专写了一篇评论金圣叹的文章《谈金圣叹》（见《南腔北调集》）。

《水浒》百回本、百二十回本和七十一回本，三种都要出。把鲁迅的那段评语印在前面。

二、毛泽东评论《水浒》的初衷

从上述毛泽东和芦荻谈话的经过和内容来看，毛泽东这番评论是就《水浒》这部小说的人物形象和认识意义而言的。他指出了这部小说主要的政治倾向和社会价值，进行的是文艺评论。同谈话的另一个重要内容，即做好《水浒》的出版工作联系起来看，主要的目的是解决《水浒》评论中存在的问题，指导人们阅读这部小说。

当然，这并不是说，文艺评论同现实生活、同政治斗争没有联系。作为伟大的无产阶级革命家，毛泽东评论文艺作品，特别注重从历史的、社会的角度，来发掘作品和人物的社会意义和认识价值；特别善于联系现实，古为今用，发表一些独具慧眼的见解。这是他的文艺评论的特点。这在毛泽东历次关于《水浒》的评论中，包括 1975 年 8 月这次关于《水浒》的评论中，表现得非常突出。

不过，毛泽东在 1975 年 8 月对《水浒》的评论，同他以前对《水浒》的评论确有很大不同。毛泽东历来把《水浒》列入"民主文学"的范畴。他多次把自己带队伍上井冈山，比作是"没有法子，被逼上梁山"。① 他在不少文章中，引

① 1939 年 7 月 9 日在陕北公学作题为《三件法宝》的讲演、1964 年同安娜·路易斯·斯特朗的谈话等。

用《水浒》中的故事来说明问题。在《中国革命战争的战略问题》中,他引用林冲踢翻洪教头的故事,说明战略退却的作用和意义;在《矛盾论》中,引用三打祝家庄的故事,分析矛盾的特殊性,就是著名的例子。1944 年 1 月 9 日,看了依据《水浒》"林十回"故事编演的平剧(即京剧)《逼上梁山》以后,毛泽东在深夜给作者写信,祝贺他们写出了"历史是人民创造的"这个主题,"恢复了历史的面目",使"旧剧开了新生面"。① 他还跟别人讲过,《水浒》要当作一部政治书看。它描写的是北宋末年的社会情况,中央政府腐败,群众就一定会起来革命。这支队伍,来自各个山头,但是统率得好。② 由此,他引申出我们革命也要认识山头、承认山头、照顾山头,直到消灭山头,克服山头主义。如此等等。

如果说,毛泽东先前对《水浒》的评论,着重在赞扬它写的反抗,那么,"文化大革命"后期,在 1975 年 8 月对《水浒》的评论,主要就着眼于它所写的投降了。他指出:"《水浒》只反贪官,不反皇帝","宋江投降,搞修正主义","这支农民起义队伍的领袖不好,投降"等等。他认为,《水浒》可以"做反面教材,使人民都知道投降派"。所以,他同鲁迅一样,不满意金圣叹,说"金圣叹把《水浒》砍掉了二十多回。砍掉了,不真实"。毛泽东的这些论点,确有独到之处,对廓清《水浒》评论中模糊的以至于错误的认识,具有积极意义。当然,把《水浒》这部书整个看作是"反面教材",说它"好就好在投降",是有失偏颇的,同毛泽东本人几十年对《水浒》一贯的评价也不一致。

那么,在 1975 年 8 月,毛泽东谈论《水浒》,为什么把重点放在批评宋江的投降上呢?

这同毛泽东当时的心境,同他当时对国家前途的忧虑有着密切的联系,要从了解和分析他当时的心理状况入手,才能说得清楚。

当年为毛泽东做左眼手术的两位大夫唐由之、张淑芳,分别向笔者讲述过这样一件事——

1975 年 7 月 23 日夜,他们用"金针拨障术"成功地为毛泽东的左眼做了白内障手术。

① 毛泽东:《致杨绍萱、齐燕铭》(1944 年 1 月 9 日),《毛泽东书信选集》,人民出版社 1983 年版,第 222 页。

② 据薄一波的回忆。转引自费振刚、董学文主编:《毛泽东批注圈阅史传诗文集成》(下卷),吉林人民出版社 1997 年版,第 1156 页。

手术后有一天，毛泽东在读一首宋人的词。读着读着，他忽然大哭起来。真是涕泪滂沱，不能自抑。医生劝慰后询问原因，才知道毛泽东读的是陈亮的《念奴娇·登多景楼》。词云："危楼还望，叹此意，今古几人曾会？鬼设神施，浑认作、天限南疆北界。一水横陈，连岗三面，做出争雄势。六朝何事，只成门户私计？因笑王谢诸人，登高怀远，也学英雄涕。凭却江山，管不到、河洛腥膻无际。正好长驱，不须反顾，寻取中流誓。小儿破贼，势成宁问强对！"从这首词，毛泽东联想到，如果北方的邻国入侵我国，中国北部的大片领土将沦入敌手，那么，今日的中国也将出现南宋那样的情景。北方已是"河洛腥膻无际"，而南方的妥协投降派却只想划江自守、偏安一隅，表面上还装出一副英雄模样。这是一种多么可怕的情景。毛泽东时已年老力衰，纵有如陈亮在这首词里表现的那种不畏强敌、长驱破贼的英雄气概，也是力不从心了。这又是多么的悲凉。这就是毛泽东泪如泉涌的缘由。这不是毛泽东一时的激动，而是长期为我国国家安全忧虑的心境使然。在长达7000公里的中苏边境线上，苏联陈兵百万，导弹瞄准着我国的核基地，时时威胁着我们国家的安全、民族的独立、领土的完整。在这样的形势下，毛泽东当然要为国家的安危、民族的前途忧虑。他当时选读了不少同陈亮这首《念奴娇》（危楼还望）主题和情绪相仿的宋词，如：张元幹的《石州慢》（寒山依痕）、《贺新郎》（曳杖危楼去）、《贺新郎》（梦绕神州路），张孝祥的《六州歌头》（长淮望断），辛弃疾的《水龙吟》（楚天千里清秋）、《水调歌头》（落日塞尘起）、《摸鱼儿》（更能消几番风雨）、《破阵子》（醉里挑灯看剑）、《永遇乐》（千古江山）等等。① 他在做眼科手术时，还让播放岳飞的《满江红》（怒发冲冠）。从这个侧面，可以体察到毛泽东当时的心境。所以，在当时的形势和心境下，毛泽东评论《水浒》，古为今用，要人们看清宋江投降的本质，使人民都知道投降派，是完全可以理解的，也是有必要的。

从毛泽东发表关于《水浒》评论的经过，从这篇批示的内容，可以看出，毛泽东确是有感而发，但并没有具体所指。毛泽东着眼于发掘《水浒》中固有的思想内涵，引导人们提高警惕，增强鉴别能力。他的评论是泛论，而不是实指。芦荻在1975年9月给毛泽东医疗组同志讲怎样理解毛泽东评《水浒》的课时，特意说明：现在有人说党内有投降派，要抓现代投降派，毛主席完全没有这

---

① 据刘修明：《从印刷"大字本"古籍看毛泽东晚年的思想和心态》，《当代中国史研究》1994年第2期。

个意思。这个解释是不符合实际的。

三、姚文元把对《水浒》的评论引入异途

8月14日,芦荻把整理成文的毛泽东关于《水浒》的谈话交他审阅定稿。毛泽东审定以后,机要秘书张玉凤即按通常的做法,把内容属文艺的这个批示发给了中央宣传口。当时分管中央宣传口工作的是姚文元。这样,毛泽东的这个批示就最先到了姚文元手里。

当时,从批评"反经验主义"到启动文艺调整,"四人帮"处于越来越被动的地位。他们处心积虑地进行抵制,总想反守为攻。毛泽东批评"百花齐放都没有了",江青却说"文化大革命以后,我们出的东西不少","有人说,现在什么也没有,把无产阶级文化大革命以来的成绩全部抹煞"。王洪文则在上海应和,说"从上海来看,文化大革命以来在文艺创作方面取得了很大成绩"。他们还指使党羽搞《从中长篇小说的出版看文学创作情况》、《全国文艺刊物出版情况》等,大摆"成绩"。在一篇文章中,"四人帮"甚至说"文化大革命"以来文艺形势大好,"有了一个新的飞跃发展,呈现出万紫千红、春色满园、百花齐放、欣欣向荣的局面。戏剧、音乐、舞蹈、曲艺、美术等艺术品种都得到了很大的发展,艺术质量和年产量都超过了文化大革命前",公然对抗毛泽东关于缺少文艺作品、应该调整党的文艺政策的指示。尽管如此,他们没有办法挡住文艺调整的步伐。正在这时,毛泽东发表关于《水浒》的评论。在"四人帮"看来,这正好给他们提供了一个机会,可以加以利用,进行反扑。

姚文元在8月14日当天接读毛泽东的批示不到三个小时,便给毛泽东写信,引申、发挥以至于篡改毛泽东的谈话,提出贯彻办法。

姚文元竭力夸大毛泽东关于《水浒》评论的重要性,说"这个问题很重要"①,"不但对手古典文学研究,对于整个文艺评论和文艺工作,而且对于中国共产党人、中国无产阶级、贫下中农和一切革命群众在现在和将来、在本世纪和下世纪坚持马克思主义、反对修正主义,把毛主席的革命路线坚持下去,都有重大的深刻的意义。应当充分发挥这部'反面教材'的作用"②。他又

① 《建国以来毛泽东文稿》第13册,第459页。

② 转引自《中国共产党执政四十年》,中共党史资料出版社1989年版,第394页。参见《人民日报》1978年8月11日发表的文章《"评〈水浒〉运动"到底是怎么一回事?》。

说："从发展马克思主义文艺评论的需要看，开展对《水浒》的讨论和评论，批判《水浒》研究中的阶级斗争调和论的观点，是很需要的，对于反修防修，是有积极意义的。"①姚文元还偷梁换柱，故意歪曲，提出一个"宋江排斥晁盖是为了投降的需要"②的命题。他又竭力将事情扩大，把毛泽东关于一部小说的谈话，引导到进行全国范围的学习、讨论以至于政治斗争。姚文元提出，把毛泽东的批示和自己的这封信"印发政治局在京同志，增发出版局、《人民日报》、《红旗》、《光明日报》，以及北京市委大批判组谢静宜和上海市委写作组"，由《红旗》杂志发表鲁迅论《水浒》的段落，并组织或转载评论文章，要《人民日报》和《光明日报》就此事制定一个规划。③

不能不说，姚文元的信对毛泽东产生了影响。毛泽东对姚信提出的意见批示"同意"。④ 显然，这时毛泽东对评《水浒》问题的思考，同跟芦荻谈话时相比已经有所不同了。毛泽东关于《水浒》的批示和姚信一起，先发给了中共中央政治局内江青等七人，随后即在中共中央政治局内分发。

8 月 18 日，姚文元又给毛泽东送上《人民日报》、《光明日报》的讨论情况及初步规划各一份，说"拟同意他们这样办"。毛泽东又批示"同意"。⑤

这样，姚文元完成了把对一部古典小说《水浒》的评论引导到开展一场政治运动的"合法手续"。

按照"四人帮"的部署，北京"两报一刊"接连发表评《水浒》、批投降主义的文章。8 月 23 日，《光明日报》发表《〈水浒〉是一部宣扬投降主义的反面教材》；28 日，《红旗》杂志登出短评《重视对〈水浒〉的评论》；接着，30 日，《光明日报》发表梁效的《鲁迅评〈水浒〉评得好》；31 日，《人民日报》转载《红旗》杂志短评，并发表竺方明的《评〈水浒〉》；9 月 4 日，《人民日报》发表社论《开展对〈水浒〉的评论》⑥；5 日，发表北大、清华两校大批判组文章《投降主义路线

---

① 《建国以来毛泽东文稿》第 13 册，第 459—460 页。

② 《建国以来毛泽东文稿》第 13 册，第 460 页。

③ 《建国以来毛泽东文稿》第 13 册，第 460 页。

④ 《建国以来毛泽东文稿》第 13 册，第 460 页。

⑤ 据《建国以来毛泽东文稿》第 13 册，第 460 页。

⑥ 1975 年 9 月 2 日，姚文元把这篇社论稿送给毛泽东审阅。在送审稿上，姚文元写道："《人民日报》拟发一短社论，引用主席的一段评语，现送上，请审批。"毛泽东当天写了批语："送小平、春桥阅。这样，可不发内部指示了。"参见《建国以来毛泽东文稿》第 13 册，第 459—460 页。

的赞歌》。就这样，毛泽东关于《水浒》的谈话，经过“四人帮”的引申、拔高，扭曲、变性，经过他们的组织、策划，就由泛论变成了实指，由文艺评论变成了政治斗争。于是，一场评《水浒》、批宋江的运动紧锣密鼓地发动起来了。

从8月下旬到9月上旬的这些文章中，可以清楚地看到“四人帮”的险恶用心。

第一，他们要把评《水浒》纳入学习无产阶级专政理论、反修防修中去，搞成一场政治运动。他们在一篇社论中写道：“这是我国政治思想战线上的又一次重大斗争，是贯彻执行毛主席关于学习理论、反修防修重要指示的组成部分，将有力地促进无产阶级专政理论学习的深入。”①

第二，他们强调评论《水浒》要联系现实，批“现代投降派”。他们在一篇评论中影射、比附说：“宋江的反革命道路证明：搞修正主义，必然要当投降派，出卖革命，充当反动派的走狗。这是一切修正主义者的特点。刘少奇、林彪推行修正主义路线，就是对内搞阶级投降主义，对外搞民族投降主义。从古代投降派宋江的身上，可以看到现代投降派的丑恶面目。”②他们妄图以此来诬陷周恩来、邓小平等党、政、军领导人，把他们打成“现代投降派”。

第三，他们鼓吹《水浒》的要害是“架空晁盖”。北大、清华两校大批判组的文章中说，宋江“上山之后，他却处处排挤晁盖，扩大自己的势力。每当有重大军事行动时，他总是假惺惺地说什么‘哥哥是山寨之主，如何使得轻动’，实际上是架空晁盖。到后来，连口头上的谦让之词也没有了，像分派山寨各种任务这样的大事，也由他擅自决定”。③ 北京此说一出，上海立即呼应。《文汇报》以选评方式，对《水浒》和第六十回晁盖不听宋江苦谏，要亲自打曾头市一段情节评道：“宋江这样做，并非尊重晁盖，甘受劳苦，而是想以此排斥晁盖，架空晁盖，窃取实权。宋江用两面派手法夺取革命队伍中的领导权，今天的修正主义者也是这样做的。他们这样做的目的，都是为了篡改革命路线。”④“四人帮”的用心，是要挑拨周恩来、邓小平和毛泽东的关系，诬陷周恩来、邓小平

---

① 《人民日报》社论《开展对〈水浒〉的评论》，1975年9月4日。

② 《红旗》杂志短评《重视对〈水浒〉的评论》，载《红旗》杂志1975年第9期，《人民日报》在1975年8月31日转载。

③ 文章题为《投降主义路线的赞歌——批判〈水浒〉对农民起义的歪曲》，载《人民日报》1975年9月5日。

④ 题为《看宋江投降派的卑劣嘴脸》，载《文汇报》1975年9月11日。

架空毛泽东，夺取领导权。

四、江青竭力鼓吹《水浒》的要害是“宋江架空晁盖”

1975年八九月间报刊上关于“架空”的鼓噪，同江青的兴风作浪也是分不开的。

江青从“反经验主义”阴谋失败，遭到毛泽东和中共中央政治局批评以后，只得暂时韬光养晦。毛泽东评《水浒》的谈话发表后，江青以为有了可乘之机，又开始活跃起来。8月下旬，她召集文化部的亲信开会，肆意歪曲毛泽东的批示，强调“批示有现实意义”，提出“《水浒》的要害是架空晁盖，现在政治局有些人要架空主席”。

从8月下旬到9月上旬，北京、上海两地报刊连续发表文章之后，江青又乘召开全国农业学大寨会议之机，于9月中旬在大寨接连发表讲话，对毛泽东的《水浒》批示进行歪曲和篡改，妄图进一步制造混乱，为“四人帮”篡夺党和国家最高权力的阴谋服务。

9月12日，江青在大寨群众大会上讲话。她说：“不要以为评《水浒》这是一个文艺评论，同志们不能那么讲，不是，不单纯是文艺评论，也不单纯是历史评论，是对当代有意义的大事，因为我们党内有十次路线错误，今后还会有的，敌人会改头换面藏在我们党内。”她又说：“宋江上了梁山，篡夺了领导权。他怎么篡夺的领导呢？他是上山以后，马上就把晁盖架空了。怎样架空的呢？他把像河北的大地主卢俊义——那是反梁山泊的，千方百计地弄了去，把一些大官、大的将军、武官、文吏，统统弄到梁山上去，都占据了领导的岗位。”9月17日晚，江青和文艺界、新闻界部分人员谈话时说：“评《水浒》要联系实际，评《水浒》是有所指的。宋江架空晁盖，现在有没有人架空毛主席呀？我看是有的。”她还说：“《水浒》的要害是排斥晁盖，架空晁盖，搞投降。宋江收罗了一帮子土豪劣绅、贪官污吏，占据了各重要岗位，架空晁盖”，诬蔑国务院“弄了一些土豪劣绅进了政府”！江青接着说：“批《水浒》就是要大家都知道我们党内就是有投降派。”这哪里是什么评《水浒》？分明是要把周恩来、邓小平、叶剑英等无产阶级革命家打成“党内投降派”，“架空”毛泽东、阴谋夺权的修正主义者。这样，“四人帮”就可以扫清障碍，夺取党和国家的最高领导权。

五、周恩来在特殊条件下的坚定回击

对于“四人帮”利用评《水浒》搞阴谋的险恶用心，重病中的周恩来洞若观火。9 月 15 日，他在与别人谈话时说：“他们那些人有些事情做得太过分了！最近评《水浒》、批投降派，矛头所指，是很清楚的。”①

“文化大革命”以来，林彪、江青一伙总想利用一切机会打击周恩来。在“文化大革命”初期，他们就制造所谓“伍豪启事”事件；在“评法批儒”和“批林批孔”运动中，他们又提出批所谓“现代大儒”、“批周公”；现在，又利用评《水浒》来批所谓“架空”毛泽东的“现代投降派”，矛头直指周恩来，用心何其毒也！

这时，周恩来已是沉疴在身，无法进行回答，但他还是用当时条件下可以采取的独特方式，作出了坚定的回答。

1975 年 9 月 20 日下午，周恩来又要进行一次大手术。在这生死难卜的时刻，周恩来进手术室前，提出要把自己的一份报告记录拿来。报告题为《关于国民党造谣污蔑地登载所谓〈伍豪启事〉问题的报告》，是周恩来于 1972 年 6 月 23 日在中央召开的批林整风汇报会上作的，专门澄清国民党反动派捏造《伍豪启事》、造谣诬陷他自首变节的问题。这时，他用颤抖的手在报告的录音记录稿上签上了名字，并注明签字的环境和时间：“于进入手术室，一九七五、九、二十。”在进入手术室时，他大声说道：“我是忠于党、忠于人民的！我不是投降派！”邓颖超当场要汪东兴把此情此景如实地向毛泽东报告。②

六、邓小平同“四人帮”针锋相对的斗争

8 月 21 日，邓小平与国务院政治研究室负责人开会。胡乔木就评《水浒》请教邓小平：毛主席的指示是针对什么的？是不是有特别所指？邓小平明确回答：就是文艺评论，没有别的意思。9 月 10 日，国务院政研室开会，胡乔木向邓小平报告了关于写评论《水浒》文章的打算。邓小平说：好嘛！政治研究

---

① 转引自毛毛：《我的父亲邓小平：“文革”岁月》，第 406 页。

② 据《周恩来年谱（1949—1976）》（下卷），第 721 页。

室不写评论《水浒》的文章还行？就是不要光讲现话，要讲几句新话。光讲现话没有人愿意看。

九十月间，邓小平在部分省委书记座谈会上说："评论《水浒》是怎么一回事？主席把七十一回本读了三个月，读了以后，主席发了这一通言论。有人借这做文章，想搞阴谋。"①邓小平发出了跟"四人帮"不同的声音。这也是一种"打招呼"的方式，与会的省委书记们一听便知，想搞阴谋的是谁。

9 月 12 日，江青在大寨讲了《水浒》的要害是架空晁盖等话后，在大寨的新华社记者立即把她的讲话要点发回北京。新华社负责人穆青收到后，觉得事关重大，立即向吴冷西报告。吴冷西马上驱车前往新华社，取回江青讲话的要点。在中南海武成殿，胡乔木、吴冷西就江青的讲话稍作商议，随后，两人立即到邓小平处，向他当面汇报。他们同时带去 9 月 5 日《人民日报》和 11 日《文汇报》上登有关于"宋江架空晁盖"的剪报。

邓小平一看便知，江青的大寨讲话和报上文章说"宋江架空晁盖"，显然是对他的影射、攻击，便说：这个讲话要立即送给主席看。要想办法用别的途径尽快送上去。邓小平还说：现在高喊反复辟的人，就是真正复辟资本主义的人。

吴冷西同胡乔木商量决定，新华社记者发回来的这份江青讲话，请另一位新华社的记者李琴交给唐闻生，由唐闻生在陪同毛泽东接见外宾时面交给他。就这样，这份材料很快被送到了毛泽东的面前，让毛泽东及时了解了江青在大寨讲话公开鼓吹"架空说"的情况。

此后，邓小平又抓住机会，向毛泽东当面揭露江青一伙的阴谋。

9 月 24 日，邓小平陪同毛泽东会见越南劳动党第一书记黎笋。在当时，这是向毛泽东反映问题的机会。在会见结束送走客人以后，邓小平立即提出要向毛泽东汇报一些问题。邓小平把江青于 9 月中旬在大寨所作关于《水浒》的要害是"架空晁盖"等讲话，向毛泽东作了汇报。

毛泽东事先已经读到江青讲话的材料，听了邓小平的当面汇报后，立即气愤地说：放屁！文不对题！接着，毛泽东又说：那是学农业，她搞评《水浒》。这个人不懂事，没有多少人信她的，上边（指中共中央政治局）没有多少人信

① 转引自毛毛：《我的父亲邓小平："文革"岁月》，第 406 页。

她的。①

江青要求在全国农业学大寨会议上放她的讲话录音，印发她的讲话稿。华国锋请示毛泽东，毛泽东指示：稿子不要发，录音不要放，讲话不要印。②

邓小平等人及时的汇报，使毛泽东了解了江青等人借评《水浒》进行的活动。毛泽东同意把评《水浒》作为学习理论、反修防修的组成部分，但无意借此来搞一场新的政治运动。他不赞成"架空说"，不同意在党内批所谓"现代投降派"，把矛头指向周恩来、邓小平等老同志。这就使得"四人帮"利用评《水浒》搞宗派、搞分裂、夺取党和国家最高权力的阴谋破产。

与此同时，胡乔木按照邓小平指示的精神，着手组织写评论《水浒》的文章。

对文章的内容和写法，胡乔木在9月16日、10月14日作了指导性的谈话。③ 他指出："不要把历史看成一个平面的问题，把无产阶级革命同农民革命的问题放在一个水平去观察。""农民战争同无产阶级革命不是一回事。农民起义中有革命和投降两条路线的斗争。中国农民战争史很长，从长期的农民战争经验中吸取教训，是很需要的。""斯大林关于皇权主义的话，要作正面的批评"。"农民战争也有不同情况。有拥护好皇帝的，有自己要做皇帝的；有提出土地纲领的，有不提出的；有推翻地主统治重新建立一个地主统治的，有投降的。""不能把投降派用农民阶级的局限性来概括。只反贪官，不反皇帝，不是农民的局限性。""中国历史上的农民起义，夺取政权后本身变质，不是投降。"胡乔木说："梁山这是个悲剧，但并不是不可理解的。我们现在就是从多方面来吸取教训，来对付内部、外部的敌人。"他确定文章的题目为《宋江的投降主义和现代修正主义》，要求由对《水浒》的评论批评苏联现代修正主义，"总的归结到努力提高阶级觉悟，提高识别能力。这就是我们学习毛主席关于评论《水浒》的根本意义所在"。至于对"宋江架空晁盖"的提法，胡乔木说，用不着花很多篇幅去批，只要用马克思批评过的不应把历史和现实作一种"肤浅的历史对比"一句话，就可以驳倒了。总之，国务院政研室力求写出一篇能够正确阐述毛泽东关于《水浒》评论的学术论文来。

---

① 据《建国以来毛泽东文稿》第13册，第399页。

② 据《建国以来毛泽东文稿》第13册，第397页。

③ 胡乔木的两次谈话，以《关于评论〈水浒〉的谈话》为题被收入《胡乔木谈文学艺术》，人民出版社1999年版。以下7处引文，顺次见该书第99、96、97、99、97、97、99页。

七、关于评《水浒》运动的政治作用

“四人帮”策划的评《水浒》运动，可以说是文艺调整中的杂音。从此后的事实来看，他们的诬陷、挑拨，并没有动摇毛泽东对周恩来、邓小平的信任。

9月24日，毛泽东明确否定江青的大寨讲话后，邓小平继续大刀阔斧地推进整顿，对“四人帮”继续采取进攻姿态。

9月26日，邓小平主持国务院会议，听取胡耀邦等人的中国科学院工作汇报，就整顿科技、教育，落实知识分子政策，发表了许多重要意见。过后两天，他就把经胡乔木修改的《科学院工作汇报提纲》报送毛泽东。

9月27日，邓小平出席农村工作座谈会，继9月15日在全国农业学大寨会议报告中提出全面整顿的方针之后，再次重申这个方针。他说：“当前，各方面都存在一个整顿的问题。农业要整顿，工业要整顿，文艺政策要调整，调整其实也是整顿。要通过整顿，解决农村的问题，解决工厂的问题，解决科学技术方面的问题，解决各方面的问题。我在政治局讲了几个方面的整顿，向毛泽东同志报告了，毛泽东同志赞成。”①

10月4日，邓小平又在这个座谈会上插话，尖锐地批评“四人帮”在文艺、教育、科技领域割裂毛泽东思想，提出必须全面学习、宣传、贯彻毛泽东思想的问题。他说：“比如文艺方针，毛泽东同志说，要古为今用，洋为中用，百花齐放，推陈出新。这是很完整的。可是，现在百花齐放不提了，没有了，这就是割裂。”②

邓小平还多次催促胡乔木，抓紧创办可以同“四人帮”控制的舆论阵地相对抗的杂志《思想战线》。10月4日，他收到这个杂志的创办报告后，当天就转送给了毛泽东。毛泽东也立即批示同意。

10月13日，邓小平接到刘冰等人给他转呈毛泽东的信（10月7日写）时，他像两个月前转交刘冰等人的第一封信一样，立即转交给毛泽东。这是理所当然的事，因为按照邓小平的部署，下一步正要把教育的整顿提上日程。这封信正好有助于解决清华大学的问题，并可以由此推动教育革命。

---

① 《邓小平文选》第2卷，第35页。

② 《邓小平文选》第2卷，第37页。

毛泽东支持邓小平进行整顿,实现安定团结,把国民经济搞上去,但是,当整顿进入科技、教育领域的时候,毛泽东就不满意了。他担心会导致对“文化大革命”的否定。邓小平转交刘冰的信,引起毛泽东极大的不快。他认定刘冰是“走资本主义道路的当权派”,“他们信中的矛头是对着我的”,而“小平偏袒刘冰”。11 月 2 日,毛远新向毛泽东再进谗言。毛远新继 9 月下旬之后,又一次系统地攻击邓小平 1975 年主持工作以后进行的整顿,认为路线、方针有问题,同毛泽东关于“文化大革命”的路线、方针是完全对立的。毛远新说什么“三项指示为纲”,其实只剩一项指示,即生产上去。他还说“外面担心中央,怕出反复”。到这时,毛泽东的立场才倾斜到了反对邓小平整顿的一边。由此可见,形势完全逆转,一场名为“批邓、反击右倾翻案风”的新的政治运动被发动起来,起因并不是由于评《水浒》运动的开展。所以,不宜对评《水浒》运动的政治作用估计过高。

第十四章
全国农业学大寨会议与农业整顿

一、全国农业学大寨会议的召开

1975 年 8 月 13 日，华国锋、陈永贵向国务院报送了《关于召开全国农业学大寨会议的请示报告》，提出会议的内容是：以毛泽东关于理论问题、安定团结和把国民经济搞上去三项指示为指针，交流农业学大寨，特别是建设大寨式县的经验，研究进一步开展农业学大寨运动和迅速改变穷队面貌的问题；同时，交流农业机械化经验和讨论在 1980 年基本上实现农业机械化的问题。8 月 16 日，邓小平表示同意。随后，国务院即发出通知。

1975 年 9 月 15 日上午，全国农业学大寨会议在山西省昔阳县开幕。参加这次大会的有：各省、自治区、直辖市的负责人，各地区、各县和各国营农、牧场的负责人，农业、农业机械企业、事业和科教单位的代表，财贸系统、上山下乡知识青年的代表，大庆油田的代表，解放军的代表，国务院有关单位负责人，共 3700 多人。会议先在昔阳县召开，后在北京闭幕。邓小平在 9 月 15 日上午的开幕式上讲话。10 月 15 日，华国锋作总结报告。10 月 19 日，会议闭幕。

会后，全国共抽调了上百万干部下到农村，帮助社队进行整顿。全国各地掀起了学大寨、大搞农田基本建设的热潮。

二、邓小平在开幕式上的讲话

9 月 15 日，邓小平出席开幕式，代表中共中央、国务院向大会祝贺，并发表讲话。他指出："这个会议是很重要的，可以说是一九六二年七千人大会以后各级领导干部来的最多的一次重要会议。"

邓小平的讲话强调了农业的基础地位，提出了农业学大寨的任务，并对农业整顿提出了要求。

（一）强调农业的基础地位

邓小平在讲话中，总结了新中国成立 25 年来农业的成就，着重强调了农业的基础地位和实现农业现代化的艰巨性。

邓小平指出：25 年来，我们做到了农业刚够吃。这件事情不可小视。由过去旧中国的半饥饿状态达到每人占有粮食六百几十斤，这是一个伟大的成绩。在工业方面，我们也打下了一个初步的基础。我们可以自豪地说，无论在工业、农业方面，已经有了一个进入世界前列，实现农业、工业、国防和科学技术现代化的这么一个基础。但是，我们应该有清醒的头脑。我们现在尽管有了这个基础，但还很穷、很落后。不管是工业、农业，要赶上世界先进水平还要几十年时间。所以，我们说形势好，有希望，大有希望。但是，头脑要清醒，要鼓干劲，不仅路线要正确，而且要政策正确、方法正确。周总理在四届全国人大讲了毛主席提出的发展国民经济的任务，就是到 20 世纪末，全面实现农业、工业、国防和科学技术的现代化，使我国国民经济走在世界的前列。从明年起，25 年，我们赌了咒，发了誓，要干这么一件伟大的工作，这真正够得上是雄心壮志。我们相信大家能够办到。现在正在搞第五个五年计划和长远规划，根据现在摸的情况，能够实现这个目标。但是不要疏忽大意，不要以为轻而易举。

邓小平指出：实现四个现代化，照我个人的看法，关键是农业现代化。四个现代化，比较起来，更加费劲的是农业现代化。毛主席向来讲，我们的国家建设要按农、轻、重的次序安排。为什么要把农字放在第一位？农业是基础。我们今后 25 年时间达到四个现代化目标，必须认真注意这个问题。不管工业发展得怎样快，不管我们科学技术的水平提高到怎么样，要有农业这个基础的发展，才能够推动另外三个现代化的前进。如果农业搞得不好，很可能农业拉了我们国家建设的后腿。

邓小平还针对不少干部的思想实际，结合三线建设和家乡四川的情况，说明农业的基础地位，听来非常亲切、感人。邓小平说：有相当多的同志，眼睛只看到工业、科学技术，往往忽视农业，包括我们在农业第一线的部分同志，也常常忽略这个问题。我们三线摆了那么多东西，占全国三分之一的工业能力，以后还要摆。但是粮食不够，副食品不够，提供给工业的原料不够，你就不拉后腿吗？现在已经有拉后腿的现象。我是四川人，我们那个四川就是有这种状况。不只是四川，各省程度不同，可能每个省都有那么一些县，或者一些地区，也有这种状况。

邓小平精辟地指出：形势大好，形势逼人。我们不能吹牛，六百几十斤，够什么？毛主席提出"深挖洞，广积粮，不称霸"，其中就有"广积粮"。我们现在积了多少粮？类似大寨型的县、社、队，各地都有，但是很不平衡。全国还有部分县、地区，粮食产量还不如解放初期。

邓小平分析了粮食产量之后，又分析了农村的人均收入。他指出：据 22 个省、自治区、直辖市统计，人民公社基本核算单位农业产值按人口平均 124 元，最低的贵州，倒数第一，只有六十几块。四川倒数第二，九十几块。这行吗？类似四川 100 元左右的还有好几个省。这是讲产值，还不等于社员收入。社员的收入有的很少，有的还倒欠账。这种现状，我们能够满意吗？

（二）提出农业学大寨的任务

邓小平在讲话中，分析了全国农业学大寨的状况。全国 2200 个县，据说有 300 个县学大寨程度不同地比较好。这 300 个县也要找差距。邓小平对学大寨提出新的要求：现在的问题是，要求逐步地有更多大寨式的县。不要只提公社，不要只提大队，要提高一步，搞大寨县。

普及大寨县，这次全国农业学大寨会议的这个主题，就是根据邓小平这一要求确定的。10 月 15 日，华国锋代表中共中央、国务院作总结报告，题目就是《全党动员，大办农业，为普及大寨县而奋斗》。①

---

① 这个总结报告由胡乔木起草，得到邓小平的指导（据《邓小平年谱（1975—1997）》上，第 115 页）。总结报告指出：当前，摆在我们面前的伟大战斗任务，就是全党动员，大办农业，为普及大寨县而奋斗。总结报告要求从中央到地方各级党委，都要像领导土地改革、农业合作化那样，像指挥作战那样，作出全面规划和切实部署，全力以赴，去夺取胜利。苦战 5 年，到 1980 年，要求全国三分之一以上的县建成大寨县，其他的县也要建成更多的大寨式的大队和公社。总结报告还重申了"1980 年全国基本上实现农业机械化"的目标。总结报告明确提出了大寨县目前的六条标准：第一，有一个坚决执行党的路线和政策、团结战斗的县委领导核心；第二，树立了贫下中农的阶级优势，能够对资本主义活动进行坚决斗争，对阶级敌人进行有效的监督改造；第三，县、社、队三级干部都能够像昔阳县那样坚持参加集体生产劳动；第四，在农田基本建设、农业机械化和科学种田方面，进展快，收效大；第五，集体经济不断壮大，穷社、穷队的生产和收入，达到或超过当地中等社队现在的水平；第六，农、林、牧、副、渔各业全面发展，增产数量大，对国家贡献多，社员生活逐步有改善。这六条标准，成为动员全党奋斗、大办农业的目标。

对于怎样学大寨，邓小平指出，有个真学、假学、半真半假学的问题。他提出“学大寨要真学”。“希望三千多代表都要真学。就是这三百个先进县的代表，也要采取这种态度。”他指出：大寨、昔阳一个很大的特点是不满足自己。毛主席说要继续革命，不断革命。要以继续革命、不断革命的精神来学大寨。他又指出：真学，就表现在学到了，回去就老老实实地干。二是不要只从表面上学，要研究一下，为什么大寨能够这样？昔阳能够这样？不要只看到粮食产量，要研究大寨、昔阳的一些具体政策。要学路线、学方针、学政策、学方法。

（三）提出农业整顿的要求

邓小平在讲话中扼要地阐述了农业整顿的必要性和具体内容。他指出：

第一，要巩固和发展集体经济，这就要整顿。现在农村有15%的社会主义集体经济垮台，有的县达到20%。农业要上去，不纠正这种现象，不行。这就要整顿。

第二，现在有若干方面的政策要调整。有许多方针、政策方面的新的问题提出来了。很多政策问题，包括有关工农联盟的问题，都需要研究。如评工记分，不简单的是一个方法问题，而是路线、政策问题，涉及各方面的制度，要细细研究。

第三，关键在领导。领导第一是省委，然后是地委、县委，特别要注意县委。县委相当于军队的团，又是领导机关，又是执行机关。县委也要注意一、二把手的配备，真正能够领导起来，苦干、实干，像大寨人一样不怕流汗，带头干，永远前进。把手拿出来比嘛，手一比就知道了嘛，手上有没有茧？有一个好的县委领导班子，就可以带动公社、带动大队，就可以很好地选择公社、大队的领导干部。生产队也好，大队也好，公社也好，县也好，领导干部要稳定，不稳定，农业发展不起来。一年一换，一年几换，这不好。要把那些思想好、联系群众、能够带头干、能够艰苦奋斗的人提起来，不管过去是这一派那一派，不管过去犯了点什么错误，要用，用这种党性强的人。邓小平一再强调，关键在领导，从省到地、县、公社、队都要注意选好人，选好了人就有希望。没有好的带路人能带好路吗？不解决这个问题，空喊口号，天天喊学大寨，也没有希望。

在邓小平讲话时，江青多次插嘴打断，邓小平毫不客气地顶了回去。邓小平讲到全国还有部分县、地区的粮食产量还不如新中国成立初期。江青插嘴说:是少数。邓小平立即说:个别的也是不得了的事啊！邓小平讲到社员收入有的很少,有的还倒欠账时,对着江青反问道:这种现状,我们能够满意吗?

邓小平讲话的另一个重要内容,是指出当时全国存在各方面要整顿的问题。关于邓小平作出全面整顿部署的情况,将在本书下一章叙述。

9 月 25 日,邓小平将自己的讲话稿送毛泽东审阅。9 月 26 日,经毛泽东批准,讲话稿印发会议代表。

三、农村政策的调整

在全国“农业学大寨”会议之前,中共中央、国务院已经就有关农村政策作出某些调整,就有些政策问题进行了调查研究。在全国农业学大寨会议后期,从 9 月 23 日起,中共中央在北京召开了全国农村工作座谈会。座谈会由纪登奎、吴德主持,中央主管农业的负责人和南方 12 个省、自治区、直辖市党委第一书记共 17 人参加,专门讨论农村政策问题。这个座谈会开了一个月,到 10 月 21 日结束。

总的看来,在 1975 年的整顿中,农村政策的调整包含“放宽”和“稳定”两种情况。属于放宽政策的,有发展养猪业、支持社队企业等;属于稳定政策的,有农村人民公社的所有制问题、粮食收购价格问题等。农村政策的放宽和稳定,带来了农业的增产、农村的发展、农民和全国人民生活的改善。

(一)大力发展养猪业

在相当长的一段时间里,由于片面强调集体养猪、限制农民家庭养猪等政策的偏差,造成生猪生产下降,猪肉供应紧张。1974 年,全国只收购肉猪 9843.4 万头,比 1973 年减少 352.5 万头。城市采取定量供应的办法,许多城市人均肉食定量只有 1 斤。干部、群众吃不到肉,营养不足,颇多怨言。如东北三省,想尽了办法,在一段时间里,每人每月只发肉票三两。于是,民间戏称领导人为“××三两”。四川素称“天府之国”,吃肉也成了问题。

邓小平敏锐地看到,问题出在指导思想和政策上面。1975 年 7 月,邓小平同中共四川省委第一书记刘兴元谈话,要四川省委研究农业政策,包括养猪政策。邓小平对刘兴元说:四川要树立“农业第一”的思想。四川没有肉吃,没有菜吃,要去很远的地方去拉菜,就不能安定。邓小平指出,根据国家计委1975年6月份的统计,四川农业增产比例在全国倒数第一,农民分配水平在全国倒数第二,农业机械化水平在全国倒数第三;1974年,四川人均农业产值在全国倒数第二。邓小平要求四川管农业的班子要加强,要研究农业方面的政策,包括养猪政策。政策不能随便改,改了群众就不信任。四川要在几年内把农业搞上去。①

1975年8月20日至9月7日,国务院召开生猪生产座谈会。参加会议的有19个省、自治区、直辖市和部分重点工矿城市的负责人。座谈会重申了"积极发展集体养猪,继续鼓励社员养猪"的方针,讨论、修改了《国务院关于大力发展养猪业的通知(草稿)》,制定了发展养猪业的规划。

1975年9月16日,中共中央发出《关于大力发展养猪业的通知》。这个通知的主要精神是对养猪业的政策作出调整,改变限制社员养猪的办法,纠正把社员正当的家庭副业当作资本主义倾向去批判的错误做法,对社员养猪采取"鼓励"的方针和"奖励"的办法。《通知》指出:积极发展集体养猪、继续鼓励社员养猪的方针,是毛泽东批准的现阶段发展养猪业的正确方针,不能改变。最近一个时期,生猪存栏量除了一些地方持续上升外,也有的地方徘徊不前,个别的省还有所下降。社员饲养公、母猪,应当允许。只能用积极发展集体养猪的办法提高集体养猪的比例,决不能用限制社员养猪的办法来提高这个比例。不能把社员正当的家庭副业当作资本主义倾向去批判。鼓励社员养猪的政策和奖励办法,不要随意变动。

《通知》下达以后,产生了积极的作用,社员养猪得到一定的发展。1975年年底,生猪存栏量上升到2.8亿头,比1974年年底的2.6亿头增加了2000万头,增长7.7%。四川省1975年的生猪年底存栏数,也比1974年增长了2.4%。

(二)支持发展社队企业

在中央召开全国农村工作座谈会期间,毛泽东于9月27日对支持发展社队企业(即后来的"乡镇企业")的三份材料写了批语②:

---

① 转引自《当代四川简史》,当代中国出版社1997年版,第210页。

② 引自《建国以来毛泽东文稿》第13册,第470页。

小平同志：

请考虑，此三件（两封信及一篇报导）可否印发在京各中央同志。

毛泽东

九月二十七日

毛泽东批给邓小平的三件材料是：

（1）1975年9月5日，浙江省永康县银行干部周长庚给毛泽东、中共中央的信。

周长庚在9月4日熬了一个通宵，写成此信，5日即寄出。信的落款为："浙江省部分财政银行干部，执笔人：永康县人民银行干部周长庚"。意谓这是集体意见，个人只是执笔而已。万一有什么麻烦，有条保护自己的退路。随信附上《华国锋同志给湖南省委的一封信》和记者姬业成写的调查报告《河南省巩县回郭镇公社围绕农业办工业，办好工业促农业》。① 周长庚在信中说：目前我省广大农村的社（队）办企业，如烂漫的山花，冲破种种阻力，到处开放。由于《农村人民公社工作条例修正草案》的有关规定未作修改，中央没有明确由哪个部门主管社队企业，致使省内一些党政领导同志对这一新生事物态度暧昧，不敢大胆支持和领导，社队企业处境困难。一些地方的社（队）办企业自流发展，偏离社会主义方向，走了弯路。在实际工作中，有一些社办企业搞得好，省、地、县有的领导部门就千方百计要把它们转变体制，收归他们自己所辖的企业范围，并说"社办企业转大集体专业社、厂，大集体专业社、厂转全民所有制的国营工厂，是社会主义大方向"，如不转变体制就不分配原材料，不安排产品销路。这种说法和做法，受到基层党组织和广大贫下中农的坚决反对。最近中央即将召开农业学大寨会议，我们恳请党中央对这些方面作些新的指示，动员全党和全国各条战线，学习、推广一些先进省、市的典型经验。

（2）华国锋在1974年12月28日给中共湖南省委书记张平化的一封信。

华国锋当时担任中共中央政治局委员、国务院副总理。这封信是他看到了湖南省社队企业局写的《社队企业具有强大的生命力》、《积极发展社队企业，加速实现农业机械化》两个调查材料后，写给中共湖南省委书记张平化

① 据吴增地：《周长庚致信毛泽东主席的前因后果》，《当代农业史研究》1997年第3期。

的。周长庚把这封信的抄件，附在他给毛泽东和中共中央的信里。

华国锋在信中说：目前社队企业取得了可喜成绩，显示了强大生命力，对于巩固、发展人民公社集体经济，加速实现农业机械化，消灭“三大差别”，都有重大意义。它代表了人民公社的伟大希望和前途。但有一些同志对此却瞧不起，以种种理由妄图取消或砍掉社队企业。我们劝这些同志要坚决丢掉错误思想，热情支持这一新鲜事物，加强领导，全面规划。这样，社队企业就会从无到有，由少到多，由低级到高级，不断向前发展。一个社会主义新农村，就会展现在我们面前。

（3）《河南日报》在1974年12月15日，以《光明灿烂的希望》为题发表的“河南省巩县回郭镇公社围绕农业办工业、办好工业促农业的调查”。

这篇调查报告总结回郭镇公社的实践经验，认为社队工业有四个巨大作用：第一，进一步巩固了人民公社集体经济；第二，改进了农业生产条件，加快了实现农业水利化、机械化、电气化、化学化的速度；第三，进一步发挥了人民公社“一大二公”的优越性，公社利用自己的经济力量，扶持穷队发展生产，帮助受灾队进行生产自救，使一些较穷的生产队能够较快地赶上较富的生产队。第四，人民公社三级经济关系的新变化，对生产力的发展和人们社会主义觉悟的提高，产生了积极的影响。这篇调查报告指出：“他们的实践说明，公社必须办工业，公社能够办工业。”①

9月底，邓小平收到毛泽东批转的这三份材料，即按照毛泽东的批示，将这两封信和一篇报道一起，作为中共中央召开的全国农村工作座谈会的文件印发。参加座谈会的部门和地方负责人，都支持发展社队工业。

在座谈会期间，10月11日，《人民日报》头版通栏转载了《光明灿烂的希望》一文，转载时在原标题上加了“伟大的”三字，成为《伟大的光明灿烂的希望》。同时，配发署名郭大江的评论《满腔热情地办好社队企业》。

10月16日，《人民日报》以《希望就在这里——全国农业学大寨会议讨论发展社队企业、壮大集体经济的问题》为题，发表“记者述评”，肯定社队企业“这一具有强大生命力的社会主义新事物，为我国农村的社会主义革命和社会主义建设开辟了广阔的道路”，并指出：“哪里的社队企业发展得快、办得

① 此处对该文的引述，按《人民日报》1975年10月11日发表稿，据《新华月报》1975年第10号。

好，哪里就有力量扶助穷队发展生产，就能加快穷队逐步赶上富队的进程，使富队继续前进，从而使整个集体经济欣欣向荣，走上共同富裕的道路。”社队企业代表着“伟大的希望和前途，要满腔热情地支持它，办好它”。社队企业的发展，展现了中国社会主义新农村的远大前景，“伟大的、光明灿烂的希望就在这里”。

10月出版的《红旗》杂志1975年第10期，也发表了《大有希望的新生事物——江苏省无锡县发展社队工业的调查报告》，用典型事实说明，社队工业“对于发展农业、建设社会主义新农村、改造小生产的习惯势力有着很大的作用”。此文发表以后，当月，就有21个省、市，中央4个部门，共243个单位6000多人，前往江苏省无锡县参观、学习。①

社队企业，这个中国农民在实践中创造的、富有中国特色的新形式，于1975年九十月间，在毛泽东、邓小平的明确肯定和积极支持下，得到蓬勃发展。到1976年，全国社队企业发展到111.5万个，社队工业总产值达到243.5亿元。② 1975年后社队工业的发展，为20世纪80年代实行改革开放后乡镇企业的大发展，奠定了坚实的基础。

（三）稳定以生产队为基本核算单位的政策

陈永贵（大寨大队原党支部书记，时任中共中央政治局委员、国务院副总理，主管全国农业工作）在学习毛泽东关于理论问题的指示后，于1975年8月24日，向中共中央和毛泽东报送了对农村工作的几点建议。主要内容是：第一，关于人民公社的基本核算单位问题。从昔阳的情况看，在人民公社化后的一段时间内，实行小队核算是完全对的。经过几年生产的发展，小队核算就不适应了。近两年，我跑过的地方，许多搞得好的大队，大都是大队核算。我同不少县以下的同志们讨论过，他们也认为，农业要大干快上，要缩小队与队之间的差别，实行大队核算势在必行。第二，关于人民公社的劳动管理问题。大寨实行的办法叫“标准工分，自报公议”。实行这种评工制度，政治就挂帅了。目前，全国大多数地方沿用的还是定额包工、死分活评。弱点一是搞工分挂帅。二是没有对资产阶级法权实行必要的限制，扩大了人与人之间的差别。

---

① 据《无锡县志》，上海社会科学院出版社1994年版，第287页。

② 据《中华人民共和国史百科全书》，中国大百科全书出版社1999年版，第391页。

第三，关于用什么办法照顾穷队的问题。我觉得，解决这个问题，不能采用国家出钱提高分值的办法，一定要坚持政治挂帅，从加速发展穷队的生产着手。第四，关于盖社员住宅问题。集体盖比单户盖好。这是防止扩大社员之间差别和两极分化的一个重要措施。第五，关于社员欠集体的粮食问题。我觉得，在一定的条件下，免了比欠着好，这样能大大调动农民的社会主义积极性。①

陈永贵的建议中最重要的一项是，农村基本核算单位要不要升级的问题，即：继续实行以生产队（即生产小队）为基本核算单位，还是实行以大队为基本核算单位。在所有制问题上，人民公社实行"三级所有、队为基础"，以生产队为基本核算单位。这是毛泽东于 1961 年接受人民公社化运动中的经验教训，经过广泛深入的调查研究，又经过中央工作会议多次讨论，在《农村人民公社工作条例（草案）》（简称《农业六十条》）中确定下来的，是比较适合中国农村生产力水平的一项大政策。这时要不要加以改变？毛泽东采取审慎的态度。他在 1975 年 9 月 3 日，对陈永贵的建议写了一段批语②：

小平同志：

此件请阅。请考虑一下，此件是否可以印发政治局同志，并在政治局讨论一次。

毛泽东

1975. 9. 3

邓小平阅后，即于 9 月 4 日函告汪东兴：嘱中央办公厅将建议连同主席批语印出并提交政治局会议讨论。9 月 23 日至 10 月 21 日，中共中央在北京召开全国农村工作座谈会，讨论的主要问题就是陈永贵在 8 月 24 日提出的建议。

在全国农村工作座谈会上，只有个别人赞成陈永贵的意见，主张从现在开始，就分期分批地把核算单位从生产小队过渡到生产大队。谭启龙（中共浙江省委第一书记）、赵紫阳（中共四川省委第一书记）等大多数与会同志不同意这样做。有的同志指出，三级所有、队为基础，毛主席讲过至少 30 年不变，已经深入人心。如果向大队核算过渡这件事一股风吹下去，对群众生产、分配会产生不利影响。有的同志认为，现在最好不要一下大量地改变核算单位，这样容易引起波动，也巩固不下来。说是要分期分批，但实际上人们会怕被说成

① 转引自《建国以来毛泽东文稿》第 13 册，第 464—465 页。
② 毛泽东的批语，引自《建国以来毛泽东文稿》第 13 册，第 464 页。

右倾，一哄而起，不可能分期分批。即使分期分批，搞上几年，没有实行大队核算的生产队也会观望，积累也不会搞了，农田基本建设也不搞了，吃光分光。此事只能搞试点，宁可把准备时间拖长一些。① 座谈会于10月8日写出《关于目前农村工作中若干问题的讨论意见（送审稿）》，上报毛泽东。关于所有制问题，在提出"从现在起，可以考虑大体上在今后五年或者稍长一点时间内，基本上过渡到大队核算"的同时，对完成过渡的实施方案，列出了座谈会上的不同意见："用三年或者稍长一点时间，集中做好准备，使条件更加成熟，并认真总结已有大队核算单位的经验，然后在一两年内分期分批完成。"报告反映的座谈会上的这种意见，是在当时条件下用拖延来进行抵制的一种办法。毛泽东在这个问题上保持了比较清醒的头脑，他考虑了不同意见，没有批发这个文件。虽然在农业学大寨运动中仍然有一些地方搞向大队核算过渡，但终究没有形成规模和潮头。这就稳定了农村经济政策，避免了"左"的干扰可能带来的对农业生产和农村经济的破坏。

（四）稳定粮食收购价格

在学习理论的过程中，中国人民解放军第三十八军政治部干事白云涛于1975年5月22日给毛泽东写信，建议变更粮食收购价格，区别不同的生产条件，采取不同的收购价格。

白云涛在信中说，目前国家在对集体所有制征购同种类粮谷时，没有完全考虑到自然条件和劳动生产率等等不同的情况，一律按同一价格收购，这是属于形式上的平等而实际上不平等的资产阶级法权。它是造成我国农业发展不平衡的重要原因。我设想，国家目前实行的同一征购价格，能否加以变更，即实行按自然条件好与差的情况和劳动生产率高低程度，采取不同种类的征购价格，条件好的适当低些，条件差的适当高些。调整价格后，一方面可以促进农业生产的全面发展；另一方面也有利于缩小农村社、队之间的差别和工农、城乡之间的差别，加速集体所有制向全民所有制过渡的步伐。同时，还可以从经济上限制小生产者的产生和发展。②

毛泽东虽然从思想、理论上指明对资产阶级法权、对小生产要加以限制，

---

① 此处及以下讨论情况和报告内容，均据席宣、金春明：《"文化大革命"简史》，中共党史出版社1996年版，第304—305页。

② 引自《建国以来毛泽东文稿》第13册，第436—437页。

但是在政策上、行动上比较谨慎。他吸取了过去“大跃进”和人民公社化运动中“一平二调”错误的教训，认识到粮食价格问题的复杂性和重要性，要求进行调查研究和试点以后再说。毛泽东在5月25日写了以下批语①：

此件印发中央各同志研究。

此事办起来甚复杂，应在几个公社试点。富队可能不高兴。富队里也有贫户，贫队里也有富户。看看结果如何再说。

请先念主持办理。

毛泽东

一九七五．五．二十五．

李先念根据毛泽东的批示精神，即组织国务院调查组到山西、河北等地调查。9月份，他又听取调查组的汇报，并召开几次座谈会讨论、研究。在9月召开的全国农村工作座谈会上，毛泽东5月25日的批语和白云涛5月22日的来信也作为会议文件印发。经过调查研究、座谈讨论，国务院调查组向毛泽东并中共中央写出了报告。报告中说，白云涛同志建议的区别穷队与富队、实行两种收购价格，实际上不可行。因为富队拼命生产但价格低，穷队生产未搞好反而价格高，会挫伤农民的生产积极性，政治上造成农民之间的对立。而且形成穷队与富队的原因，不完全是由于自然条件不同，与人们的主观努力也有很大关系。生产条件是可以改变的，如果对不同生产队生产的农产品实行两种价格，实际上是“鞭打快牛”，在具体工作上也难以操作，因为商品可以在队与队之间流动，国家的收购站是难以区别对待的。②

1975年整顿中采取的放宽和稳定农业的政策，对农业生产和农村经济的发展，起到了推动和促进的作用。1975年夏季，河南、安徽、湖北、辽宁等省部分地区遭特大洪水袭击，但农业还是取得了丰收。农业总产值比1974年增长4.6%；粮食产量达到28452万吨，比1974年增长3.4%，创历史最高水平。粮食亩产上《纲要》的省、市达到9个（上海、北京、浙江、广东、天津、江苏、湖南、辽宁、山东），历史上多灾低产的山西、陕西、甘肃、宁夏、青海、西藏等省、区及工业比较集中的辽宁，继河北、山东、河南之后，也实现了粮食基本自给。这些巨大成绩的取得，同1975年放宽和稳定农业政策是密切相关的。

① 引自《建国以来毛泽东文稿》第13册，第436页。

② 调查组报告内容概述，引自《建国以来毛泽东文稿》第13册关于毛泽东对白云涛来信批语的注释，见该书第437页。

第十五章
全面整顿的部署与《论总纲》

一、邓小平提出“全面整顿”的任务

1975年9月15日上午，邓小平在全国农业学大寨会议开幕式上讲话，向全国提出了“各方面要整顿”的任务。邓小平说：

> 现在全国存在各方面要整顿的问题。毛主席讲过，军队要整顿，地方要整顿。地方整顿又有好多方面，工业要整顿，农业要整顿，商业也要整顿，文化教育也要整顿，科学技术队伍也要整顿。文艺，毛主席叫调整，实际上调整也就是整顿。

邓小平在这里提出要整顿的八个方面，其中军队、地方、工业、商业、教育、科技、文艺这七个方面已经进行或正在进行整顿，“农业要整顿”是这次明确提出来的。虽然在农业和农村政策方面已经采取了若干调整措施，但从整顿的角度来看，这次全国农业学大寨会议，正是对农业整顿的一次重大部署和动员。

邓小平回到北京以后，于9月19日与国务院政研室主要负责人胡乔木谈话，在重申各方面都要整顿的同时，又第一次明确地把“整党”列为整顿的重要内容，并作出了部署。

邓小平说：

> 今冬明春要整党。军队要整顿，地方也要整顿，工业、农业、文教、文艺等都要整顿。

在这次谈话中，邓小平还表示赞成胡乔木提出的写一篇全面宣传毛泽东三项指示的文章，认为这篇文章很重要，要抓紧写出来。同时，邓小平还要求国务院政研室：再写两篇文章，一是关于党的作风，一是关于“双百”方针。

不难看出，邓小平赞成写的和要求写的文章，都是同“今冬明春要整党”的部署相一致、为全面整顿的展开和深入所需要的。由此我们也可以看到，邓小平领导1975年整顿，是由点到面，由经济部门到科技、文艺、教育等部门，由各个方面的具体工作到执政党的党风和组织，这样逐步铺开、逐步深入的。

同胡乔木谈话后一个星期，邓小平出席中共中央召开的有12个省、区、市委负责同志参加的全国农村工作座谈会。9月27日，邓小平在会上插话，再一次谈整顿问题，明确指出整党是整顿的核心。邓小平说：

> 当前，各方面都存在一个整顿的问题。农业要整顿，工业要整顿，文艺政策要调整，调整其实也是整顿。要通过整顿，解决农村的问题，解决工厂的问题，解决科学技术方面的问题，解决各方面的问题。我在政治局讲了几个方面的整顿，向毛泽东同志报告了，毛泽东同志赞成。①

邓小平又说：

> 整顿的核心是党的整顿。只要抓住整党这个中心环节，各方面的整顿就不难。这次座谈会要议议整党这个题目，这是毛泽东同志同意的。整党怎么搞？办法肯定应当不同于过去。请各省根据自己的特点，搞出个规划来。整党主要放在整顿各级领导班子上，农村包括公社、大队一级的，工厂包括车间一级的，科研机构包括研究室一级的，这样解决问题比较快。领导班子整顿好了，党员的问题就容易解决了。②

从在全国农业学大寨会议上提出包括“农业要整顿”在内的“各方面要整顿的问题”，到在全国农村工作座谈会上第一次明确提出“整顿的核心是党的整顿”，并阐明整党即党的整顿在全面整顿中的地位、作用，以及它的目的、任务和做法，可以说，邓小平关于全面整顿的思想，至此完整地形成。

在这里，对邓小平关于“党也要整顿”这一思想和决策的酝酿、形成过程作一点说明，有助于对全面整顿的认识和理解。

---

① 《邓小平文选》第2卷，第35页。

② 《邓小平文选》第2卷，第35—36页。

二、“党也要整顿”的酝酿和决策

（一）决定“党也要整顿”的主要原因

从1975年整顿的过程来看，邓小平关于“党也要整顿”的思想和决策，是由互相关联的两个主要因素促成的：一是整顿取得成功的经验，二是整顿揭露出来的突出问题。

1. 整顿取得成功的经验

从军队整顿的准备、铁路整顿的突破开始，邓小平领导1975年整顿取得成功的一条重要经验，是抓住整顿领导班子这个关键。

1975年1月25日，邓小平在总参机关团以上干部会上提出“军队要整顿”，尖锐地指出，整顿军队要解决“闹派性”这个“新的大问题”，而“这个问题主要在干部”；并指出，军队干部中“确有少数人热衷于搞派性。他们在军队内部搞，到地方去也搞。要安定团结，就必须消除派性，增强党性”。①

1975年3月5日，邓小平在全国工业书记会议上讲铁路整顿问题，特别强调要把搞派性的头头调开，把铁路上搞派性活动的里外联系切断。②

1975年5月29日，邓小平在全国钢铁工业座谈会上讲话，尖锐地指出：“钢铁生产搞不好，关键是领导班子问题，是领导班子软、懒、散。冶金部的领导班子就是软的，当然还不能说是懒的、散的。软，就要加强一下。”他提出钢铁工业重点要解决四个问题，第一个问题就是“必须建立一个坚强的领导班子”。他说：“领导班子就是作战指挥部”，“要使领导班子一不软，二不懒，三不散，说了话大家都能听，都能指挥得动，都能领导起来”。③

1975年7月4日，邓小平在对中央读书班第四期学员的讲话中，对在座的许多省级领导干部提出要求：“希望你们经过学习，通过自己的工作，把省委的领导建立起来，使省委说话有人听，能够担负起领导责任，做到一不是软，二不是懒，三不是散”；并说：“最近中央关于加强铁路工作的决定和关于努力完成今年钢铁生产计划的批示，都讲了加强党的领导问题。我们全党都要做

---

① 《邓小平文选》第2卷，第1—2页。

② 《邓小平文选》第2卷，第6—7页。

③ 《邓小平文选》第2卷，第8—9页。

这个工作”。①

1975年7月14日，邓小平在中共中央军委扩大会议上讲话谈军队整顿，又一次指出：“最近，中央连续发了几个文件，都提出要解决领导班子问题。领导班子软懒散的问题，地方有，军队也有。”②

领导班子的问题就是党的领导核心问题，是作为执政党的中国共产党建设的根本问题。1975年已经或正在进行的各方面整顿，取得成功的主要经验之一，是贯彻、落实了邓小平的上述指示，较好地解决了领导班子软、懒、散的问题，建立了坚强的党的领导。所以，到9月27日，邓小平提出整顿党的任务时，很自然地要特别强调一点：“整党主要放在整顿各级领导班子上”。同时，他指示：“要在整党的基础上挑选干部。”③

2. 整顿揭露出来的突出问题

整顿中揭露出来的“双突”等突出问题，也是促使邓小平下决心在进行各方面整顿中提出“党也要整顿”的重要原因。

邓小平在1983年9月20日，同几位中央领导同志谈怎样使整党不致“走过场”的问题时，曾对1975年整顿中提出“党也要整顿”的缘由作过回顾。邓小平说：

> “文化大革命”前夕，全党有一千八百多万党员。“文化大革命”中，从一九六六年到一九七六年，发展了一千六百一十多万。其中最突出的是一九七四年，搞了一个“双突”：突击提干、突击入党，这些人中的大多数（不是说全部），是占据了领导岗位的“造反派”头头欣赏的人。一九七五年我主持工作，那时有同志到河南、浙江跑了一趟，回来讲这两个省突击提干、突击入党数量相当大。河南突击入党的二十四万五千多人。④ 浙江突击入党的三万三千多人。看来问题很严重，于是引起注意。当时提出各方面要整顿，就加上党也要整顿。

① 《邓小平文选》第2卷，第13页。

② 《邓小平文选》第2卷，第17页。

③ 《邓小平文选》第2卷，第35、36页。

④ 据《当代河南简史》记载，当时河南全省突击入党18万人、突击提干6.6万人，“双突”加起来是24.6万人。见该书，第187—188页。

（二）“党也要整顿”的决策经过

“党也要整顿”从酝酿到决策，也有一个过程。在这里，我们依据邓小平在 1975 年 7 至 9 月的几次讲话和谈话，作一简要的叙述。

关于党的整顿问题，邓小平在 1975 年 7 月 4 日对中央读书班第四期学员的讲话中，已经明确地提出来了。邓小平说：“毛泽东同志讲军队要整顿，整个党也有这个问题，特别是在党的领导和党的作风方面。现在，相当一部分地方党的领导没有建立起来，党的领导削弱了。各级都有这个问题……解决这个问题，关键是建立省委一级的领导”。①

7 月 15 日，邓小平主持中共中央政治局会议，讨论中共浙江省委关于处理“双突”问题的请示报告。会后，中央批转了这个请示报告。中央的批示指出：“对党组织从思想上、组织上进行一次整顿，是十分必要的。”这句话就是邓小平加上的。

8 月 18 日，邓小平在讨论《工业二十条》的会议上讲话时，对党要整顿的思想与部署已经十分明确。邓小平说，不但各行各业要整顿，党也要整顿。他还说，浙江的“双突”，不只是浙江一个省的现象，全国各省、市的一些地区和单位都不同程度地有这个问题。不整顿不行。不整顿，我们这个党就成问题。他说，今冬明春，在整党的同时，1975 年 11、12 月，要腾出时间来搞好企业管理、生产秩序、设备维修等。

当时，纪登奎处理浙江、河南“双突”问题后回到北京，邓小平主持中共中央政治局会议听取汇报，肯定“浙江和河南的问题解决得不错”，提出：“各方面都要整顿，但整党是整顿的核心。而整党首先就是要解决领导班子问题。浙江、河南已经取得整党的初步经验。建议代中央起草一个整党的决定。”8 月 24 日，纪登奎即召集中共中央组织部有关领导同志落实此事，说明中央决定在 1975 年冬到 1976 年春把党整顿一下，要求中组部在 1975 年国庆节前做些进一步的调查研究，代中央起草一个整党文件。②

---

① 《邓小平文选》第 2 卷，第 12 页。

② 据王英、孙中范：《一九七五年党组织整顿的前前后后》，《百年潮》2001 年第 8 期。据该文，中组部在 1975 年 9 月中旬召开了云南、福建、四川、湖北等六个省委组织部负责人会议，并派出三个组到贵州、吉林、宁夏三省、区进行调查研究。在此基础上，中组部开始起草《关于整党问题的汇报提纲》和《整党问题参阅资料》，并组织力量着手起草“整党工作指示”。10 月下旬，对这个指示进行了修改。其主要精神是：消除派性，增强党性；彻底纠正“双突”；调整领导班子。后因“批邓、反击右倾翻案风”运动被发动起来，中央关于整党的决定未能形成和发出。

邓小平于9月15日在全国农业学大寨会议上提出了“各方面都要整顿”的任务。回到北京以后，他在9月19日同胡乔木谈话时，又一次提出“今冬明春要整党”的部署。同时，邓小平又一次指明各方面都要整顿。他明确地对胡乔木说：今冬明春要整党。军队要整顿，地方也要整顿，工业、农业、文教、文艺等都要整顿。

9月27日，邓小平在中共中央召开的全国农村工作座谈会上又进一步指出：“当前，各方面都存在一个整顿的问题。农业要整顿，工业要整顿，文艺政策要调整，调整其实也是整顿。要通过整顿，解决农村的问题，解决工厂的问题，解决科学技术方面的问题，解决各方面的问题。”他明确指出：“整顿的核心是党的整顿。只要抓住整党这个中心环节，各个方面的整顿就不难”，“整党主要放在整顿各级领导班子上”，“要在整党的基础上挑选干部”。① 他在发言中说明，整党的决策是经过毛泽东同意的。邓小平说：“这次座谈会要议议整党这个题目，这是毛泽东同志同意的。”②

邓小平关于“党也要整顿”的决策和部署，通过这个重要会议在党内正式宣布。邓小平完整的全面整顿的思想至此形成。1975年整顿，即将进入以整党为核心的“全面整顿”阶段。

三、指导全面整顿的纲领——《论全党全国各项工作的总纲》

（一）胡乔木提出重要命题

要写一篇全面宣传毛泽东三项重要指示的文章，以指导即将进行的全面整顿，这个重要命题是胡乔木首先提出的。

1975年9月18日，胡乔木在国务院政研室内提出要写这样一篇文章。他把这个任务交给了邓力群。邓力群欣然同意，找了几个人研究、讨论、写作。到10月7日，邓力群就拿出了初稿，这就是后来被“四人帮”定为“大毒草”的《论全党全国各项工作的总纲》（简称《论总纲》）。写这篇文章，完全是胡乔木的主意，邓小平并没有授意。但引起胡乔木写作动机的，确实是邓小平关于

① 《邓小平文选》第2卷，第35—36页。

② 《邓小平文选》第2卷，第35页。

三项指示不可分割的思想和全面整顿的部署。

邓小平一贯主张要全面宣传毛泽东思想。对于林彪把毛泽东思想庸俗化的那套做法，邓小平和罗荣桓一起早就进行过斗争。在1975年整顿中，邓小平针对“四人帮”对毛泽东思想和毛泽东的指示“各取所需”、片面宣传的做法，又多次提出要全面宣传、贯彻毛泽东思想，反对“割裂”毛泽东思想。1975年5月29日，邓小平在全国钢铁工业座谈会上讲话，首次把毛泽东的三项指示连在一起，提出“三项指示为纲”。怎样全面地而不是片面地学习、宣传、贯彻毛泽东关于学习理论反修防修、安定团结、把国民经济搞上去这三项重要指示，是当时斗争的焦点。

邓小平在全国钢铁工业座谈会上说：毛主席最近有三条重要指示，一条是关于理论问题的，要反修防修，再一条是关于安定团结的，还有一条是要把国民经济搞上去。这三条重要指示，就是我们今后一个时期各项工作的纲。邓小平还指出：这三条重要的指示，是互相联系的、不能分割的，一条都不能忘记。①

7月4日，邓小平对中央读书班第四期学员讲话，又说：“前一个时期，毛泽东同志有三条重要指示：第一，要学习理论，反修防修；第二，要安定团结；第三，要把国民经济搞上去。这三条指示互相联系，是个整体，不能丢掉任何一条。这是我们这一时期工作的纲。”②

9月10日，邓小平在三座门中共中央军委办公地，同胡乔木、邓力群等国务院政研室七位负责人谈话，尖锐地批评了“四人帮”控制的宣传舆论。邓小平说：要全面宣传毛泽东思想。现在的宣传有很大的片面性。现在对毛主席的思想各取所需，把毛泽东思想割裂了。只有基本路线还不够，还要有各项具体路线和政策，不然，基本路线是空的。他又说：现在只讲斗争，不讲团结。团结——批评——团结的公式丢掉了。毛主席在党的七大报告中讲的三大作风，在延安整风报告中讲的反对主观主义、反对宗派主义、反对党八股，都有重大现实意义。要重新宣传毛主席的这些思想，用来反对修正主义、反对派性、反对新八股。党的七届四中全会的决议有重要现实意义，要大讲增强党的团结，加强党的统一领导。邓小平要国务院政研室抓紧写文章，并要求文章不要光讲现话，要讲点新话，要摆事实、讲道理。

---

① 《邓小平年谱(1975—1997)》(上)，第50页。

② 《邓小平文选》第2卷，第12页。

9月10日邓小平的谈话,触发了胡乔木要写一篇全面论述和宣传毛泽东三项指示文章的动机。他认为,同国务院政研室正在写的评《水浒》的文章比较起来,全面宣传毛泽东三项指示的文章更具有现实性,一定要把它写好。不几天,胡乔木又读到邓小平在9月15日全国"农业学大寨"会议上的讲话。邓小平明确提出了"全面整顿"的任务。邓小平依据毛泽东讲过的军队要整顿、地方要整顿的意见,提出工业、农业、商业、文化、教育、科学技术、文艺都要进行整顿。胡乔木感到为全面整顿做思想理论准备,也很需要抓紧写这样一篇文章。

9月18日,胡乔木把写这篇文章的任务布置给邓力群负责时,讲了文章的题旨和布局。胡乔木要求从理论与实际的结合上讲清每项指示的意义,讲清三项指示之间的相互关系,最后落实到全面贯彻三项指示,集中精力进行全面整顿,促进安定团结,把国民经济搞上去。对文章的布局,胡乔木也提了初步意见:开头总的讲,由于贯彻执行了毛主席的三项指示,我们的工作有了进步。但是,由于没有全面执行,有的只执行了一项,有的只执行了两项,所以各地方的工作发展不平衡。接着分三段,分别讲每项指示的意义和三项指示之间的相互关系,最后落实到全面贯彻三项指示,进行各方面的整顿。胡乔木又嘱咐邓力群:把小平同志这方面的几次讲话记录找来认真研究,把小平讲的意见组织到文章里去。邓力群对当时报刊宣传的片面性、对安定团结和把国民经济搞上去宣传得太少,也很不满。他和胡乔木都想改变当时报刊宣传三项指示不够的状况,所以他很乐意接受这项任务。

第二天,9月19日,胡乔木向邓小平汇报了拟写这样一篇文章的打算。邓小平听了很赞成,说,文章很重要,要抓紧写出来。他还表示,如果文章写得好,可以约几位副总理研究一下,送毛主席审阅。主席同意了,就可以作为《人民日报》社论发表。

9月20日,胡乔木把邓小平赞成写这样一篇文章的意见,向邓力群和国务院政研室其他负责人作了传达。

(二)邓力群主持起草

邓力群接受任务以后,即找了四位同志,组成一个写作班子,帮助他写这篇文章。这四位同志是:胡绩伟、余宗彦、苏沛、滕文生。

邓力群首先向写作班子提出写这篇文章所要依据的材料,主要是:

第一,邓小平的讲话。包括:邓小平在铁路会议(3月5日)、钢铁会议(5月29日)、接见中央读书班(7月4日)、中共中央军委扩大会议(7月14日)、国防工业会议(8月3日)、讨论《工业二十条》会议(8月18日)、全国"农业学大寨"会议(9月15日)等会议上的讲话、插话,后来还有在讨论《科学院工作汇报提纲》的国务院会议(9月26日)上的讲话、插话。

第二,中共中央文件。包括:批转1975年国民经济计划的通知(4号,2月10日),关于学习毛主席关于理论问题指示的通知(5号,2月18日),关于铁路工作的决定(9号,3月5日),批转中共江苏省委关于解决徐海地区问题情况的报告(12号,6月2日),关于努力完成1975年钢铁生产计划的批示(13号,6月4日),批转国防科委关于解决七机部问题的报告(14号,6月30日),批转中共浙江省委关于正确处理"双突"问题的请示报告(16号,7月17日),转发国务院关于1975年上半年工业生产情况的报告(17号,7月17日),批转中共中央军委关于精简整编的报告和邓小平、叶剑英在中共中央军委扩大会议上的讲话(18号,7月19日)。

此外还有:国防工业会议上几位负责同志的讲话,纪登奎关于处理浙江问题的讲话,《工业二十条》9月2日稿,20个企业党委书记讨论《工业二十条》的会议简报,1974年中共中央关于处理内蒙古问题的文件等。

邓力群让胡绩伟他们把有关的这些讲话、文件、材料找来,在他主持下学习、研究、讨论。同时,邓力群他们还学习、讨论了毛泽东关于理论问题的指示和其他有关指示,马克思、恩格斯、列宁有关无产阶级专政的语录。

与此同时,邓力群等人还召开了两次座谈会,请外单位的五位同志谈实际工作中毛泽东三项重要指示的执行情况,并对这篇文章该怎样写提出意见。

经过三四天的学习、研究、讨论、座谈,邓力群和四位同志一起,商定了文章的内容和结构。拟就提纲后,四个人分工,各写一部分。胡绩伟先写出第一部分。邓力群看了不满意,决计重写。时间很紧,邓力群即亲自口授,让滕文生、苏沛记录整理。邓力群讲一段,滕文生和苏沛记录整理一段,印出一段。全文整理完毕,由邓力群统稿改定。10月7日,文章完稿,题目也由邓力群确定:《论全党全国各项工作的总纲》。

(三)《论总纲》的主要内容

《论全党全国各项工作的总纲》(简称《论总纲》)虽然不是邓小平直接授

意写的，但引起胡乔木、邓力群写作动机的，确实是邓小平关于三项指示不可分割的思想和全面整顿的部署。这篇文章的主要论点，如前所述，确是依据邓小平在几次会议上的讲话、1975 年中共中央的一系列正式文件以及中共中央和国务院其他领导同志讲话中的观点形成的。所以，《论总纲》这篇文稿虽然是一篇尚待修改的初稿，但它确实比较集中地传达了 1975 年中共中央一系列文件的精神和要点，相当集中地阐发了邓小平以“三项指示为纲”进行全面整顿的思想。

《论总纲》这篇文稿以实现四个现代化为出发点和归宿，全面论述了毛泽东三项指示的内涵和相互关系，阐述了进行全面整顿、促进安定团结、把国民经济搞上去等方面的问题，同时又尖锐地揭露了“四人帮”的本质和反革命策略，既有深刻的说服力和强烈的号召力，又有尖锐的批判性和战斗性。这篇文稿的主要内容是：

1. 明确提出毛泽东的三项重要指示是全党、全军和全国各项工作的总纲

文章从实现四个现代化的宏伟目标入笔，高屋建瓴地提出“三项指示为纲”。文章写道：

> 党的十届二中全会和四届（全国）人大，遵照毛主席的建议，提出了我国今后二十五年国民经济发展的宏伟任务。第一步，在一九八〇年以前，建成一个独立的比较完整的工业体系和国民经济体系；第二步，在本世纪内，全面实现农业、工业、国防和科学技术的现代化，使我国国民经济走在世界的前列。
>
> 与此同时，毛主席作出了学习无产阶级专政理论的指示、促进安定团结的指示、把国民经济搞上去的指示。毛主席的这三项重要指示，不仅是当前全党、全军和全国各项工作的总纲，而且也是实现今后二十五年宏伟目标的整个奋斗过程中的工作总纲。执行毛主席的这三项重要指示，就是执行党的基本路线，执行党的团结胜利路线，执行党的社会主义建设总路线。

文章强调指出：

> 只要我们以毛主席的三项重要指示为纲，做好各方面的整顿工作，继续坚持独立自主、自力更生的方针，我们就一定能够实现在本世纪内把我国建设成为一个社会主义强国的宏伟目标。

2. 明确提出以“三项指示为纲”进行全面整顿的任务

《论总纲》指出：“毛主席的三项重要指示，是互相联系的不能割裂的统一整体，不能丢掉任何一项，也不能孤立地只抓其中任何一项。我们必须以这三项指示为纲，总结无产阶级文化大革命以来的丰富经验，制定各项工作的具体政策，用这个工作总纲和各项政策来指导各方面的工作，整顿各方面的工作。工业要整顿，农业要整顿，交通运输要整顿，财政贸易要整顿，科学技术要整顿，文化教育卫生要整顿，文学艺术要整顿，军队要整顿，党也要整顿。”

文章指出：

> 毛主席说：“领导我们事业的核心力量是中国共产党。”在各方面的整顿中，党的整顿、党的工作的整顿是重点。“工、农、商、学、兵、政、党，这七个方面，党是领导一切的。党要领导工业、农业、商业、文化教育、军队和政府。”各个地方、各个单位的一切工作，一切政治运动，都要由党委遵照毛主席的三项重要指示和各项具体政策，进行统一领导。革委会、工会、青年团和民兵，都要在同级党委一元化领导下进行工作。决不允许任何人、任何组织凌驾于党之上。决不允许任何党员、任何党的干部违反“个人服从组织，少数服从多数，下级服从上级，全党服从中央”的组织原则、组织纪律。

关于党的整顿，《论总纲》提出有两个重点。

(1)整顿领导班子

文章指出：

> 要落实毛主席的三项重要指示和各项具体政策，关键在于加强各级党委的领导，加强各级党委的领导班子。
>
> 这些领导班子，必须按照毛主席关于培养革命接班人的五个条件和老中青相结合的原则，由能够坚持党的路线、方针、政策的，党性强、作风好、能团结人的同志组成。这些领导班子，要敢字当头，敢于领导，敢于斗争，敢于向反马克思主义的阶级敌人作斗争，敢于向顽固地搞资产阶级派性的头头作斗争，敢于向一切违反党的路线、方针、政策的错误倾向作斗争。要善于识别真假马克思主义。要坚持不懈地批判修正主义，批判资本主义倾向，批判资产阶级思想……工矿企业、农村党的基层组织的成员和党小组组长，在政治上应当是最先进的分子，在劳动中又应当是最积极的分子。对于某些程度不同

地存在着“软、懒、散”的领导班子，应当在上级党委的领导下进行适当的调整。长期闹资产阶级派性、屡教不改的，要坚决调离，甚至给予党纪处分；混进来的个别坏人，要坚决清除。

（2）整顿党的作风

文章指出：“要落实毛主席的三项重要指示和各项政策，还必须在全党范围内整顿党的作风。”整顿党的作风，要抓住以下几个方面：

要批判唯心主义的先验论，坚持唯物主义的反映论。各级党委要经常地进行调查研究，如实地了解情况，具体地加以分析。要实事求是，反对报喜不报忧，提倡说真话，不要说假话。深入一点，取得经验，推动全盘，真正做到胸中有全局、手中有典型。

要批判脱离群众、脱离劳动、当官做老爷、搞特殊化的坏作风，发扬艰苦奋斗的作风、同群众共甘苦的作风，坚持干部参加集体生产劳动的制度，同人民群众保持最广泛、最密切、最经常的联系。

要批判自高自大、自以为是、骄横跋扈、动辄训人的坏毛病，坚持谦虚谨慎、戒骄戒躁的优良作风。人贵有自知之明。要严于解剖自己，任何时候对自己的工作都要一分为二，勇于坚持真理，勇于修正错误。不要只喜欢听奉承话，不喜欢听批评话。不要一听到批评就发火，更不应该对批评者打击报复。我们的同志都要懂得，只要做工作，就不能不犯错误；犯了错误，自己进行认真的而不是敷衍的自我批评，诚恳地而不是虚伪地接受人家的批评，这决不是坏事，而是好事，决不会损害同志们和人民群众对自己的信任，而只会增强这种信任，无论对自己、对革命事业都是有益无害的。

3. 论述毛泽东三项重要指示的内涵及其相互关系

第一，文章指出：“学习无产阶级专政理论，反修防修，在三项指示中占首要地位”。它提出检验学习理论成绩好坏、大小的“唯一标志”，“就看我们是否应用这种理论，就看我们在应用中，是否有利于把无产阶级专政的任务落实到基层，是否有利于促进安定团结的政治局面，是否有利于国民经济更快地发展”。

《论总纲》尖锐地指出：学习理论要“增强识别真假马克思主义的能力”。文章总结当时斗争的特点是：反马克思主义的阶级敌人、假马克思主义的政治骗子，“他们打着反修正主义的旗号搞修正主义，打着反复辟的旗号搞复辟，把党的好干部和先进模范人物打下台，篡夺一些地方和一些单位的领导权，在这些地方和单位实行资产阶级专政”。文章尖锐地提出“识破假马克思主义的政治骗子”的问题，指出“决不能只看他们的宣言，而要看他们的实际行动”，“鲁迅说过：‘战斗正未有穷期，老谱将不断的袭用。’林彪垮台了，现在有些地方、有些单位中，假马克思主义政治骗子又在袭用林彪的老谱”。文章还尖锐地提出：“在阶级社会里，对一切社会现象都要进行马克思主义的阶级分析”，并运用这样的方法对“造反”、“反潮流”等作了分析。文章写道：“例如，对‘造反’，就要看他是造哪一个阶级的反，是代表哪一个阶级在造反。又例如，对‘反潮流’，就要看他是反什么性质的潮流，是反马克思主义的潮流，还是反修正主义的潮流，是反正确的潮流，还是反错误的潮流。再例如，对‘大鸣、大放、大字报、大辩论’，它们本身是没有阶级性的，无产阶级可以利用这些武器来反对资产阶级，资产阶级也可以利用这些武器来反对无产阶级。”对顽固地搞派性的头头，文章尖锐地进行了揭露：“值得我们注意的是，在一些地方、一些单位中，那些顽固地搞资产阶级派性的头头，把无产阶级同资产阶级之间你死我活的斗争撇在一边。他们对向社会主义猖狂进攻的阶级敌人没有仇恨，对社会主义生产建设受到损失毫不痛心，对社会主义遭到破坏无动于衷。他们热衷于拉山头，打派仗，长期纠缠于所谓这一派和那一派的斗争，所谓造反派和保守派的斗争，所谓新干部和老干部的斗争，所谓‘儒家’和‘法家’的斗争。有的为了达到资产阶级极端个人主义的目的，不惜同那些反马克思主义的阶级敌人同流合污，串通一气。”所有这些，显然都是对“四人帮”的极左路线、极左面貌、极左口号、极左手法的揭露和批判。

第二，文章指出：“我们学理论，抓路线，就是要促进安定团结。”人民内部的各种各样的矛盾，只有通过团结——批评——团结的公式去解决。

文章提出“假马克思主义的政治骗子”这个名称，用以揭露破坏安定团结的“四人帮”及其亲信、爪牙。它指出，识破假马克思主义的政治骗子、落实对敌斗争政策，是实现安定团结的关键。文章揭露，假马克思主义的政治骗子“最恶毒的一手，就是混淆两类矛盾，颠倒敌我”。为了实现安定团结，必须坚决落实对敌斗争的政策，要彻底揭露和打击六种人：反党、反社会主义的新老资产阶级分子，贪污盗窃分子，投机倒把分子，腐化堕落分子，违法乱纪分子，刑事犯罪分子。

与此同时，文章强调，为了实现安定团结，必须像爱护自己的眼珠一样，爱护全党的团结，爱护全军的团结，爱护全国人民的团结。“全体党员，无论老党员、新党员，全体干部，无论老干部、新干部，都要遵循毛主席的教导，加强无产阶级的党性，把团结看做党的生命，有利于团结的话就说，不利于团结的话就不说；有利于团结的事就做，不利于团结的事就不做。一切犯了或轻或重的资产阶级派性错误的同志，都要痛下决心，认真检查，切实改正。全体党员，特别是党员干部，要坚决遵循毛主席提出的'要搞马克思列宁主义，不要搞修正主义；要团结，不要分裂；要光明正大，不要搞阴谋诡计'的基本原则……不容许任何党员、任何干部拉山头，搞宗派，在组织上自成系统，自成局面，把自己所管辖的地区和单位搞成独立王国……"

文章对实现安定团结最主要的障碍——派性，进行了具体的、深刻的揭露和批判，并指出：

> 现在，无产阶级文化大革命已经九年了，有的地方、有的单位，却有人还在分裂工人阶级，闹资产阶级派性。他们不是依靠整个工人阶级，而是依靠他们垒起来的这个山头、那个山头。他们还在工人阶级内部搞什么"以我划线"，把那些同意他们观点的人说成是"站对了队"，封为"最革命的"，把那些不同意他们观点的人说成是"站错了队"，戴上"不革命"的帽子；甚至把老工人和模范人物都说成是"保守派"、"复辟势力"。他们公然反对"各自多做自我批评"，大搞形而上学，对自己全盘肯定，不做自我批评，对别人全盘否定，一意压倒。谁要是不赞成，就说谁是"和稀泥"，是"中庸之道"。他们这种破坏工人阶级团结的做法，其目的是为了争权夺利，一派霸权。

落实政策，是促进安定团结的必要条件和重要举措。文章明确指出，要促进安定团结，"必须进一步落实党的各项政策，包括干部政策、知识分子政策、科学技术人员政策、民族政策、经济政策，以及有关解决工人阶级内部矛盾的政策"。文章在这里特别提出的六个方面的政策，大多针对"文化大革命"中搞得十分混乱的方面，也有的是针对"文化大革命"中产生的新问题（如有关解决工人阶级内部矛盾的政策）。

第三，文章用上层建筑与经济基础的关系这一基本理论，来阐明毛泽东三项指示的相互关系，用马克思主义和毛泽东思想来论述把国民经济搞上去的任务，并针对当时实际提出把国民经济搞上去的措施。

《论总纲》第三部分对这些问题的论述非常精彩，作出了不少简要的阐述，提出了不少精辟的论断。

(1)关于毛泽东三项重要指示的关系

文章写道：

> 学习无产阶级专政的理论，把无产阶级专政的任务落实到基层；正确区别和处理两类不同性质的矛盾，促进全国的安定团结，是属于调整上层建筑的任务。把国民经济搞上去，是属于加强社会主义经济基础的任务。它们之间的相互关系，就是革命和生产的关系，就是政治和经济的关系，就是上层建筑和经济基础的关系。

(2)关于政治与经济的关系

文章对当时我国所处的发展阶段作出论断："我们的国家现在还是发展中的社会主义国家，还处在国内存在着阶级、阶级矛盾和阶级斗争的历史阶段。"据此，说明学习理论、反修防修的必要性："在这样的条件下，毛主席教导我们要把学习无产阶级专政理论，反修防修，放在首要地位；一再提醒全党注意，政治是统帅，是灵魂。'政治工作是一切经济工作的生命线。在社会经济制度发生根本变革的时期，尤其是这样。'如果我们忽视了政治的统率作用，我们的一切工作就一定要走到邪路上去。"

文章指出：要"辩证地理解政治和经济的对立统一关系，既要认识政治的统率作用，又要认识政治工作是完成经济工作的保证，是为经济基础服务的"。文章批判了林彪一类骗子，同时又批判了"四人帮"的极左观点和做法，指出：

> 他（指林彪——引者注）把政治和经济完全割裂开来，把政治的统率作用歪曲成为政治可以冲击一切。他在"念念不忘阶级斗争，念念不忘无产阶级专政，念念不忘突出政治"的词句掩盖下，用资产阶级政治，冲击无产阶级政治，冲击无产阶级专政，冲击社会主义经济，冲击国家计划，冲击企业管理，冲击生产秩序，使社会主义的生产建设在一些地方和单位受到了严重的损失……必须狠狠地批判林彪的政治可以冲击一切，彻底肃清这种反动谬论的流毒。
>
> 可是我们一些同志至今还是用形而上学来对待政治和经济、革命和生产的关系，总是把政治和经济互相割裂开来，把革命和生产互相割裂开来，只讲政治，不讲经济，只讲革命，不讲生产，一听到要抓好生产，搞好经济建设，就给人家戴上"唯生产力论"的帽子，说人家搞修正主义。这种观点是根本站不住脚的。

文章引用毛泽东在革命战争年代批评那种“认为革命战争的环境不应该进行经济建设的意见是极端错误的”论述，结合当时实际阐明革命与生产的关系，批评当时流行的糊涂观念。文章写道：

> 革命就是解放生产力，革命就是促进生产力的发展。我们中国共产党人，要对革命负责，也要对生产负责。要从自己的头脑中清除那些“抓革命保险，抓生产危险”、“革命非常重要，生产无关紧要”、“抓革命吃得开，抓生产活倒霉”的糊涂观念。

文章还进一步引用列宁和毛泽东的论述，提出了区别真假、衡量好坏的生产力标准，并对“四人帮”宣扬的一套作了辛辣的批评。文章说：

> 列宁说过：“政治教育的成果，只有用经济状况的改善来衡量。”毛主席也说过：“中国一切政党的政策及其实践在中国人民中所表现的作用的好坏、大小，归根到底，看它对于中国人民的生产力是否有帮助及其帮助之大小，看它是束缚生产力的，还是解放生产力的。”区别真马克思主义和假马克思主义，区别正确路线和错误路线，区别真干革命和假干革命，区别真干社会主义和假干社会主义，区别干部所做工作的成绩是坏是好、是大是小，归根结底，只能也只应按照列宁和毛主席所提出的这个标准来衡量。
>
> 一个地方、一个单位的生产搞得很坏，而硬说革命搞得很好，那是骗人的鬼话。那种认为抓好革命，生产自然会上去，用不着花力气去抓生产的看法，只有沉醉在点石成金一类童话中的人才会相信。

文章还从分析阶级斗争、生产斗争、科学实验这三大革命运动关系的角度，来阐明政治与经济的关系。文章写道：

> 毛主席说：“阶级斗争、生产斗争和科学实验，是建设社会主义强大国家的三项伟大革命运动，是使共产党人免除官僚主义，避免修正主义和教条主义，永远立于不败之地的确实保证，是使无产阶级能够和广大劳动群众联合起来，实行民主专政的可靠保证”。这三大革命运动是互相联系的，我们是以阶级斗争为纲，来开展生产斗争和科学实验的。但是，这三大革命运动又各有自己的特点和规律，各有自己的特殊矛盾需要我们去解决。即使我们真正掌握了阶级斗争的特点和规律，解决了阶级斗争中的特殊矛盾，也不等于掌握了生产斗争、科学实验的特点和规律，不等于解决了这两大革命运动中的特殊

矛盾，也还需要我们进行艰苦的努力，进行一系列的工作，来研究和解决生产斗争和科学实验的特殊矛盾。

(3)关于怎样把国民经济搞上去

《论总纲》总结我国社会主义建设的经验教训和1975年整顿的新鲜经验，针对当时存在的实际问题，提出必须抓住四个要点：

——要把国民经济搞上去，我们的干部既要学会搞阶级斗争，也要学会搞生产斗争和科学实验，做到又懂政治，又懂业务，以身作则，带领广大群众和科学技术人员走又红又专的道路。

——要把国民经济搞上去，就必须用心研究我国社会主义建设的客观规律，按照农、轻、重的次序，把农业放在第一位，安排好各个经济部门的比例关系，进行综合平衡，制订统一的国家计划，付之执行；并在执行过程中不断进行调整，解决出现的新矛盾，求得新的平衡。

——要把国民经济搞上去，各行业、各部门、各单位都要建立健全必要的、严格的规章制度。生产斗争和科学实验所需要的规章制度，是劳动人民和科学技术人员多年的实践经验凝结成的，其中有许多是付出血的代价才取得的。决不能把它看成可有可无的东西，更不能不加分析地把一切规章制度看成是"管、卡、压"。遵守生产斗争日益发展所需要的规章制度，才能使人们在生产斗争中取得越来越多的自由，违反这种规章制度必然会在生产斗争中碰得头破血流。责任制是企业规章制度的核心。要把建立责任制，作为整顿企业管理的重要一环。

——要把国民经济搞上去，各级领导要做到生产、生活同时抓。不仅要关心群众的政治生活，也要关心群众的物质生活，要在发展生产的基础上逐步改善群众的生活。要把群众生活上的问题，提到重要的议事日程上来，凡是能够解决的，都要发动群众，自己动手，积极去解决。

从上述对《论总纲》起草经过和主要内容的介绍，可以看出，《论总纲》这篇文章确实比较集中地表达了1975年中共中央一系列文件的精神和要点，集中地表达了邓小平关于全面整顿的思想。《论总纲》以实现四个现代化为出发点和归宿，论述了以"三项指示为纲"从经济基础到上层建筑进行"全面整顿"的任务、方针、政策，探索了在进行了9年"文化大革命"的中国，摆脱动乱局面、实现安定团结、把国民经济搞上去的办法，称得上是邓小平领导全面整顿的政治纲领。文章在论述以"三项指示为纲"进行全面整顿的同时，又相当尖锐地揭露了“四人帮”的极左路线、策略及其本质，具有强烈的批判精神和战斗力量，简直是一篇揭发批判“四人帮”的檄文。

《论总纲》和《工业二十条》、《科学院工作汇报提纲》构成1975年整顿中的三个著名文件，从理论到具体方针、政策，为全面整顿的展开做了准备。这三个文件既是对由点到面、由经济部门到意识形态部门已经进行的初步整顿的理论概括，又是对即将全面铺开、逐步深入的全国各方面整顿的全面部署和具体指导。如上所说，《论总纲》是邓小平领导全面整顿的政治纲领，《工业二十条》和《科学院工作汇报提纲》则分别抓住工业和科技这两个实现四个现代化宏伟目标的关键，针对这两个领域存在的问题，提出了加快发展的具体目标、任务、方针、政策和办法，作出了相应的、必要的规定，是进行各方面整顿的具体纲领。

（四）《论总纲》的历史命运

1.《论总纲》的讨论、修改

10月7日，《论总纲》的这篇初稿印出，印发给国务院政研室负责人胡乔木、吴冷西、胡绳、熊复、于光远、李鑫等同志审阅，请他们提意见。

胡乔木读后对文章的写法不满意。在10月9日讨论时，胡乔木说，这篇稿子不能用。文章用批判和论争的语调写不好。他认为，这篇文章应该正面讲道理。熊复的意见则相反，他认为批“四人帮”还不够尖锐。其他几位都没有发言。

胡乔木让吴冷西、胡绳、于光远同邓力群等五人一起讨论怎样修改。经讨论，他们共同的意见是要围绕无产阶级专政来写三项指示。邓力群等人于10月20日左右写出第二个稿子，题目改为《为加强无产阶级专政而奋斗》，印出再送国务院政研室各负责同志审阅。胡乔木看了仍不满意，认为批判的语调没有完全改掉；标题也不好，文章中选用的有些材料不妥当。胡乔木要邓力群等人再作修改，并另外找吴冷西起草。邓力群又主持改出一稿，题为《沿着社会主义道路大踏步前进》，准备在1976年元旦《思想战线》创刊号上发表。吴冷西也在11月初写出一稿，题为《坚决执行毛主席的三项重要指示》。这时，风向已经变了，胡乔木已经成为批判对象，所以，邓力群的第三稿没有来得及送给胡乔木看，吴冷西的稿子根本就没有拿出来。

2.“四人帮”对《论总纲》的诬陷

如上所述,《论总纲》只是一个初稿,因胡乔木认为还要修改,根本没有送给邓小平看。可是,在“批邓、反击右倾翻案风”运动中,“四人帮”抓住这个初稿,扣上种种“帽子”,妄图作为打倒邓小平和其他支持邓小平进行整顿的中央负责同志的口实。1976 年 2 月,姚文元对《论总纲》写下了 47 处批语,把《论总纲》断为“一篇复辟资本主义的总纲”,并把它同林彪的反革命政变纲领《“五七一”工程纪要》类比,说《论总纲》“同‘五七一’工程纪要何其相似”!他对《论总纲》以实现四个现代化开头和结尾也大张挞伐。对开头,姚文元批曰:“前提:经济领域社会主义革命,阶级斗争为纲被排除”;对结尾“只要我们以毛主席的三项重要指示为纲,做好各方面的整顿工作,继续坚持独立自主、自力更生的方针,我们就一定能够实现在本世纪内把我国建设成为一个社会主义强国的宏伟目标,就一定能够解放台湾,完成祖国统一的大业”这段话,姚文元竟批道:“一定能复辟吗? 痴心梦想!”“四人帮”仇恨、害怕和诬蔑四个现代化,真是到了丧心病狂的地步!

3. 邓力群独自承担责任

姚文元作出批示以后,对《论总纲》的写作经过和政治责任进行了清查、追究。一时之间,形成巨大的政治高压。

邓力群在国务院政研室的会议上主动表示:《论总纲》这篇文章是由他负责并口授写成的。起草过程中,他再没有就文章的内容同胡乔木交换过意见。三次稿子中的每个观点、每个提法和每句话,都由他一个人负全部责任。参加写这篇文章的同志对此不负任何政治责任。

1976 年 2 月 29 日,邓力群写信给当时担任国务院代总理的华国锋,如实地向他报告“写三项指示为纲的文章的经过”后,明确地承担了全部责任。邓力群写道:“从开始研究材料到写成初稿,胡乔木同志没有向我提任何意见,我也没有向他汇报文章的内容。所以,这个初稿的每个论点、每个提法、每句话,都由我负全部责任。”①

在批判的高潮中,整人的人又向邓力群施加压力,要他“老实交代”。邓力群毫不含糊地说,这篇文章的每个观点、每个提法、每句话到每个标点,都由我负全部责任。他还拿起笔来,当众在《论全党全国各项工作的总纲》这个大

① 引自邓力群致华国锋信的手稿复印件。

标题上画了一个圈,并用一条直线画下来,签上名字:"邓力群"。真是铁肩担道义,威武不能屈。

胡乔木也承担了责任,负责地说明,写作此文并非邓小平所布置,完全出于我自己的主动,是我布置邓力群他们写这篇文章的。在布置写作此文之前,并未向邓小平谈过,只是布置后向他作了汇报。文章正在写作过程之中,当然也没有送给邓小平看过。

4."四人帮"的"围剿"和《论总纲》的大得人心

从1976年4月起,"四人帮"通过他们控制的舆论工具,把《论总纲》和《工业二十条》、《科学院工作汇报提纲》这三个文件诬蔑为"三株大毒草"进行公开批判。由于邓力群、胡乔木都把责任承担起来,"四人帮"无法把此文同邓小平直接挂钩。在公开批判所谓"三株大毒草"时,在《论全党全国各项工作的总纲》题目之下,署上的名字即为邓力群。他们给《论总纲》安上"邓小平复辟资本主义的政治宣言"、"赫鲁晓夫秘密报告式的大毒草"等罪名,还说什么《论总纲》是"文拳头",丙辰年清明节的"天安门事件"是"武拳头";《论总纲》是"主体",《工业二十条》和《科学院工作汇报提纲》是"两翼";诬蔑《工业二十条》是"工业战线上复辟资本主义的黑纲领","《科学院工作汇报提纲》是《二月提纲》在新形势下的变种",说这两个文件是"一条黑线"上"两个并蒂的毒瓜"。他们不仅在报刊上连篇累牍地竭力诋毁,而且还编了三本小册子,由张春桥、姚文元改定"前言",于1976年8月印了几千万册,向全国发行。他们诡称这是"不用中央名义的中央文件",图谋在全国范围内组织发动对"三株大毒草"的"围剿",为他们篡夺党和国家的最高权力制造舆论。

然而,历史同"四人帮"的倒行逆施开了一个大玩笑。本来还没有来得及同广大党员、干部和群众见面的《论总纲》等三个文件,却通过这种特殊方式走到了人民中间。如果说,人们从1975年整顿的实践中已经感觉到、体会到邓小平的正确,那么,恰恰是在"批邓"的高潮中,人们又从《论总纲》和《工业二十条》、《科学院工作汇报提纲》所谓"三株大毒草"中,把原来的感性认识提高到理性阶段,理解并认定邓小平提出的思想、理论和方针、政策真正反映了人民的意志和愿望,真正代表了科学社会主义,而发动"反击"和"围剿"的"四人帮"是站在中国人民和社会主义的敌对方面的一小撮。历史编排的这种喜剧,真令一切后来有机会翻看这段历史的人哑然失笑。

如果说,1976年4月的四五运动为10月粉碎"四人帮"奠定了伟大的群众基础，那么，对“三株大毒草”的“大批判”则同发动者的愿望完全相反，反而从思想上、理论上巩固了邓小平的群众基础，而使得“四人帮”人心尽失，首先在道义上灭亡了。

5. 邓小平对《论总纲》的评论

如上所述，《论总纲》实际上还是一个正在修改中的未定稿，当时并没有送给邓小平看。直到粉碎“四人帮”以后，邓小平才看到它。1977 年 5 月 24 日，邓小平同王震、邓力群谈话，对《论总纲》作了评论。邓小平说：

> “三株大毒草”中的《论全党全国各项工作的总纲》，我确实是在最近才看到的。文章写得好，针锋相对，很尖锐，是香花，不是毒草。《关于科技工作的几个问题》，当时想争取通过，但没有能做到，有些问题现在要进一步写。《工业二十条》，看过第二稿。以后的稿子没有看过。这些文章也有缺点，没有缺点的香花我看是没有的。①

① 据谈话记录稿。参见《邓小平年谱（1975—1997）》（上），第 161 页。

第十六章 “批邓、反击右倾翻案风”运动的发动与整顿的中断

在邓小平对全面整顿作出部署，各方面的整顿将更加深入和广泛地展开的关键时刻，清华大学刘冰（校党委常务副书记、革委会副主任）、惠宪钧（校党委副书记）、柳一安（校党委副书记、“工宣队”负责人之一）、吕方正（校党委常委、政治部主任）4 人于 10 月 7 日联名写了一封信，抬头是：“邓副主席并呈毛主席”。信中揭露了迟群、谢静宜①在清华大学的严重问题，特别是揭发迟群在中共十大和四届全国人大后，由于没有当上中共中央委员和教育部部长而发泄对毛泽东、周恩来的不满，以至于公开攻击中共中央和中央领导同志，在干部、群众中造成恶劣影响等事实。这封信经教育部副部长李琦交给胡乔木，胡乔木于 10 月 13 日夜间送到邓小平处。当时邓小平不在家，信由秘书王瑞林收下。两个月前，邓小平曾把刘冰等 4 人在 8 月 13 日写给“小平同志转呈主席”，反映迟群政治思想、工作和生活作风方面问题的信转呈毛泽东。这次，他当然也照转不误。当时，教育领域的整顿正要全面展开，邓小平希望此信有助于解决清华大学的问题，并推动教育整顿。

刘冰等 4 位清华大学负责同志给毛泽东写信，完全符合党的组织原则；请主持中央工作的邓小平转呈，也是很正常的事。没有想到，邓小平转呈刘冰等

---

① 迟群，当时任清华大学党委书记、革委会主任；1978 年，被北京市公安机关逮捕；1983 年，以积极参加反革命集团罪、反革命宣传煽动罪、诬告陷害罪，被判处有期徒刑 18 年，剥夺政治权利 4 年。谢静宜，当时任中共中央委员、北京市委书记、清华大学党委副书记。1976 年 10 月后，她被免去党内外一切职务；1977 年 8 月，被北京市公安机关逮捕，因坦白认罪较好，免予起诉。

人的信，引起毛泽东极大的不快。

一、毛泽东对刘冰等人来信的批评

10月19日晚上，毛泽东在会见马里共和国国家元首特拉奥雷的夫人等客人后，同陪同会见的李先念谈话，对邓小平转呈刘冰等人的信进行严厉批评。毛泽东说：

> 清华大学刘冰等人来信告迟群和小谢。我看信的动机不纯，想打倒迟群和小谢。他们信中的矛头是对着我的。我在北京，写信为什么不直接写给我，还要经小平转。小平偏袒刘冰。①

毛泽东把刘冰等人的来信、清华大学所涉及的问题，同对自己的态度联系起来，问题的严重性非同一般。政治的天平在当时完全倾向迟群、谢静宜那一边，刘冰等人被认定"反毛"，而"小平偏袒刘冰"，真是罪莫大焉。

冰冻三尺，非一日之寒。毛泽东对邓小平的不满，当然不单由转信这一件事引起。事实上，当邓小平主持1975年整顿，涉及批评、否定"文化大革命"以来的一些方针、政策和思想理论，特别是涉及批评、否定"文化大革命"以来文化、教育、科技等意识形态领域里的一系列变革，毛泽东内心已有不满。借题发挥，用小事情做大文章，是毛泽东进行政治斗争常用的办法。这回，他是用批评刘冰等人的来信这种方式，把对邓小平主持1975年整顿、否定"文化大革命"的不满，表而出之。

同时，也不能排除引发这一重大事件的一些偶然因素。就我们现在所知，在刘冰等4人的信到达毛泽东案头之前，至少有两件事对毛泽东的心态和判断力产生了较大影响。

其一，9月27日，毛泽东的侄儿毛远新同他谈了一些对邓小平主持整顿不满的话。②

---

① 《毛主席重要指示（1975年10月—1976年1月）》，《建国以来毛泽东文稿》第13册，第486页。这段话最后一句之前还有一句："你们告小平注意，不要上当。"内部公布时删去。加上一句："清华所涉及的问题不是孤立的，是当前两条路线斗争的反映。"

② 以下毛远新的谈话，据毛远新笔记（1975年9月至11月）；胡乔木、邓力群编：《毛泽东言论》，1975年本，第108页；《毛泽东传（1949—1976）》（下），第1753页；《邓小平年谱（1975—1997）》（上），第105页。

其时，毛远新已经担任中共辽宁省委书记、沈阳军区政委、辽宁省革委会副主任三个要职。毛远新是革命烈士、毛泽东弟弟毛泽民的遗孤，他在新疆国民党反动派的监狱中出生。1975 年 9 月 30 日，是新疆维吾尔自治区成立 20 周年。中共中央、国务院派出以陈锡联为团长的中央代表团，于 9 月 28 日前往乌鲁木齐参加庆祝活动。毛远新为中央代表团副团长之一。他于 9 月 27 日到北京，即去看望伯父毛泽东。毛远新谈了辽宁省的情况，也谈了自己对形势的看法，说了一些对邓小平主持中央日常工作、进行整顿不满的话。毛远新把肯定还是否定“文化大革命”的问题尖锐地提了出来，说自己感到社会上有股风，就是对“文化大革命”怎么看，是肯定还是否定，成绩是 7 个指头还是错误是 7 个指头，有分歧。毛远新的这些极富挑拨性的话，使毛泽东对邓小平的信任产生了动摇。

其二，毛泽东对《科学院工作汇报提纲》不满。

本书第十一章曾经说过，《科学院工作汇报提纲》经 9 月 26 日邓小平主持的国务院会议讨论后，胡乔木等人又修改了一遍。9 月 28 日，《汇报提纲》成稿后，邓小平即送毛泽东审阅。在胡耀邦主持起草的《汇报提纲》第一稿中，就引用了“科学技术是生产力”这句话。所据版本是 1969 年国家科委编印的小册子《毛主席论科学技术工作》，注明的出处是：“毛泽东：《在听取科学技术规划汇报时的谈话》，1963 年 12 月。”以后几个稿子一直保留这句话。大约在 10 月 13 日左右，毛泽东同邓小平谈看了《汇报提纲》后的意见。10 月 14 日，邓小平向胡乔木讲了毛泽东同他谈话的情况。邓小平告诉胡乔木，主席讲他不记得讲过科学技术是生产力，对《科学院工作汇报提纲》有一些不赞成的意见。邓小平对毛泽东说，请主席把稿子退给我们修改吧，但还没有退回来。①

刘冰等人的来信于 10 月 14 日被转送到毛泽东的案头之时，正好是在毛泽东听过毛远新的谈论、对“文化大革命”态度问题特别敏感、又刚看过《科学院工作汇报提纲》颇为不满之际。在这种精神状态下，毛泽东对刘冰等人的信、对邓小平转信的行动，作出这种不切实际的、过于严厉的批评，自有其逻辑的必然。对于 1975 年整顿，当然是极大的不幸。

---

① 毛泽东于 1975 年 10 月 24 日把《科学院工作汇报提纲》退回，邓小平即找胡乔木，要他照毛泽东的意见再作修改。胡乔木于 10 月 27 日改好，是为《汇报提纲》的第六稿。这时，邓小平已受到错误的批判，他没有再把这份稿子送给毛泽东。

不过，当时毛泽东对邓小平还是“一批二保”，立足于帮。

毛泽东在10月19日关于刘冰等人来信的谈话中，还特别关照：你们告小平注意，不要上当。

10月下旬和11月1日，毛泽东还两次亲自找邓小平谈话，批评、劝勉他。

这时，邓小平一面坚持工作，一面传达、贯彻毛泽东的批评。10月23日，邓小平根据毛泽东10月19日的意见，主持召集6人会议。参加者为李先念、汪东兴、吴德、谢静宜、迟群。邓小平和李先念、汪东兴，传达了毛泽东对清华大学刘冰等人来信和邓小平转信的批评。经初步讨论，会议一致认为毛泽东的指示非常重要，并就如何贯彻提出两个方案：第一，召集清华大学党委扩大会议，传达毛泽东的指示，其中毛泽东批评邓小平、江青的内容不传达。毛泽东的指示传达后，展开辩论。第二，以刘冰等人的两封信为主要内容，放手发动群众在清华大学全校开展大辩论。先是校党委常委扩大会，然后再逐步扩大到全体工、军宣传队，各系革委会主任，之后再扩大到全校干部和全校师生员工。由吴德到清华大学说明情况，由迟群主持会议。在10月底或11月初，召开第一次会议。会议还建议，向中共中央政治局原原本本地传达毛泽东的指示。① 10月27日，邓小平和李先念、吴德、汪东兴联名向毛泽东书面报告6人会议情况。毛泽东表示同意第二方案，在第一方案“其中主席对邓小平、江青批评的内容不传达”下面画线批示“对”。

10月31日，邓小平给毛泽东写了一张便笺，提出：“我有事需要向主席当面谈谈并取得主席的指示和教诲。明(1)日下午或晚上都可以。如蒙许可，请随时通知。”11月1日晚上，毛泽东召见邓小平。毛泽东当面批评了邓小平为刘冰等人转信的事。邓小平问毛泽东，他主持这一段工作的方针、政策怎样？毛泽东说：对。②

邓小平仍然主持中央日常工作。10月25日晚讨论《关于十年规划几个问题的汇报要点》的中共中央政治局会议，乃至11月中、下旬讨论对“文化大革命”评价、批评邓小平本人的中共中央政治局会议，都还是由邓小平主持的。

---

① 《邓小平年谱(1975—1997)》(上)，第121—122页。

② 据毛毛：《我的父亲邓小平：“文革”岁月》，第413—414页。

二、从整顿到"反击"的转折

形势的进一步逆转,是在毛远新于11月2日向毛泽东再进谗言以后。

毛远新参加新疆维吾尔自治区成立20周年庆祝活动后,回到北京。11月2日上午,他又在毛泽东面前大谈对形势的看法,歪曲事实,攻击邓小平。①

毛远新继续向他的伯父鼓吹,他在9月27日谈话时已经说过的对整个形势的看法。

毛远新再一次尖锐地提出肯定还是否定"文化大革命"的问题。他说:今年以来,在省里工作,感觉到有一股风,主要是对文化大革命。第一,文化大革命怎么看?主流,支流,"三七开"还是"倒三七",肯定还是否定,成绩是7个指头还是错误是7个指头?有分歧。第二,"批林批孔"运动怎么看,主流,支流?似乎迟群、小谢讲了批"走后门"的错话,干扰,就不讲"批林批孔"的成绩了。口头上也说两句,但阴暗面讲得一大堆。第三,刘少奇、林彪的路线还需不需要继续批?对刘少奇的路线似乎也不大提了。毛远新总括了他的看法:"对文化大革命,有一股风。似乎比(19)72年批极左还凶些。"

毛远新又谈论了对1975年工作的看法。

毛远新不仅否定各方面经过初步整顿取得的成绩,而且认为1975年整顿在路线上有问题。他说:工业现代化主要强调加强企业管理、规章制度,但工交战线的主要矛盾是什么?农业、财贸战线也有类似问题。教育革命的主流、成绩是什么?对文艺革命的主流、支流怎么看?等等。毛远新把问题归结到路线上:"总之,文化大革命中批判了刘少奇、林彪的路线,批判了17年中各条战线的修正主义路线,还应该不应该坚持下去?"

毛远新还就落实干部政策问题谈了看法:当前一方面要进一步落实主席的干部政策;另一方面也应该对干部教育有正确的态度,应该感谢革命群众对自己的帮助、教育。

在对整个形势进行非议之后,毛远新直接谈了他对邓小平的看法,进行恶意诽谤。

① 以下毛远新的谈话,据毛远新笔记(1975年9月至11月);胡乔木、邓力群选编:《毛泽东言论》,1975年本,第108页;《毛泽东传(1949—1976)》(下),第1753页;《邓小平年谱(1975—1997)》(上),第125页。

毛远新说：我很注意小平同志的讲话，我感到有一个问题，他很少讲文化大革命的成绩，很少提批刘少奇的修正主义路线。今年以来，没有听他讲过怎样学习理论、怎样批《水浒》、怎样批修正主义。毛远新还说："三项指示为纲"，其实只剩下一项指示，即生产上去。毛远新把问题提到十分严重的程度："外面担心中央，怕出反复。"

在这里，毛远新尖锐地提出，邓小平对"文化大革命"的态度很成问题。邓小平在1975年主持中央日常工作所执行的路线、方针，同毛泽东发动"文化大革命"的路线、方针是完全对立的。根本的分歧是：肯定还是否定"文化大革命"；工作重点是搞阶级斗争、路线斗争，还是把国民经济搞上去。

毛泽东同意毛远新的这些看法，并由此谈到对"文化大革命"的态度问题。

毛泽东说：有两种态度：一是对文化大革命不满意；二是要算下账，算文化大革命的账。

毛泽东让毛远新看清华大学刘冰等人在8月和10月先后写的两封信，并把他关于刘冰等人来信谈话的记录稿念给毛远新听。两人边读边议。对前后经过情况，毛远新作了如下记录：

> 主席让我看清华两封信和影印件。
>
> 主席："刘冰是副校长，走资本主义道路的当权派"。
>
> 主席念："他们信中的矛头是对着我的。"
>
> 我说："这是要害。"
>
> 主席点头："是。"
>
> 主席念："我在北京，写信为什么不直接写给我，还要经小平转。你们告小平注意，不要上当。小平偏袒刘冰"，并重复"小平偏袒刘冰"。
>
> 我说："这也是要害？"
>
> 主席点头："对。"

毛泽东告诉毛远新：你找（邓）小平、（陈）锡联、（汪）东兴谈一下，把你的意见全讲，开门见山，不要吞吞吐吐。你要帮助他（指邓小平）提高。

就这样，毛泽东作出一个重要决定，在中共中央政治局内的一个小范围里开会批评邓小平，毛远新参加并唱主角。

11月2日上午毛泽东同毛远新的谈话，是毛泽东从支持邓小平主持中央日常工作进行各方面整顿,改变为批评邓小平以至于发动“批邓、反击右倾翻案风”运动的一个转折点。从这次谈话之后,毛远新成了毛泽东和中共中央政治局之间的联络员。江青当时已被毛泽东明令“不要打电话”、“不要来看我”①,她立即利用亲属关系,把毛远新拉到自己一边,企图通过毛远新竭力对毛泽东施加影响,并操纵中共中央政治局。

三、“批邓、反击右倾翻案风”的开端

11 月 2 日晚,毛远新找邓小平、陈锡联、汪东兴开会。这次中共中央政治局内的 4 人小会,可以被看作在中央内部“批邓、反击右倾翻案风”的开端。

在这次会上,毛远新有恃无恐,对邓小平在 1975 年主持中央日常工作期间的形势进行攻击和诬蔑,否定整顿取得的成绩。

邓小平立即针锋相对地进行答辩,理直气壮地讲了自己的意见。

邓小平说:这个问题还可以想一想。你的描述,中央整个是执行了修正主义路线,而且是在所有领域里都没有执行主席的路线,说毛主席为首的党中央搞了个修正主义路线,这个话不好说。邓小平还对自己在这一段时间的主要工作和讲话作了简略回顾:我是从今年 3 月中央发出 9 号文件后开始抓工作,主持中央工作是 7 月。9 号文件以后是什么路线,我主持中央工作 3 个多月是什么路线,可以考虑嘛,上我的账要从 9 号文件开始算起。从 9 号文件以后全国的形势是好一点,还是坏一点,这可以想想嘛。对 9 号文件以后的评价,远新同志的看法是不同的。是好是坏,实践可以证明。邓小平列举了从 1975 年 3 月份以来,他做了哪些工作和讲了哪些话;并说,昨天(11 月 1 日)晚上,我问了主席,这一段工作的方针、政策怎样。主席说:对。

毛泽东在 11 月 1 日同邓小平谈话时,明确肯定邓小平主持中央日常工作这一段时间的方针、政策是对的。可是,对于 11 月 2 日晚上邓小平同毛远新的这一场争论,毛泽东却又站到了毛远新一边。他在听取毛远新关于会议情况的汇报时说:你没有精神准备,但他也没有料到,顶了起来。你有理,顺着不好,顶了他,这就叫帮助。可见,毛泽东从肯定还是否定“文化大革命”这个根本点上着眼,对邓小平系统地纠正“文化大革命”的错误是不能容忍的。

---

① 《建国以来毛泽东文稿》第 13 册,第 480 页。

四、中共中央政治局内“批邓”的升级

（一）毛泽东对“文化大革命”作出总评价

11月3日，毛泽东听取了毛远新关于2日晚4人会上他与邓小平争论的情况汇报。毛泽东在赞扬毛远新“顶了他”、“有理”的同时，也认为邓小平开始转弯了，态度很好。

参加会议的4人，在给毛泽东的报告中说：“一致认为，主席的指示非常重要。所涉及的问题绝不是孤立的，反映了当前两条路线的斗争。”毛泽东指示继续开会，就讨论这个问题——当前两条路线的斗争；并说：讨论限于文化大革命问题，作个决议。他指示：扩大一点人，李先念、纪登奎、华国锋、张春桥也参加，8个人先讨论，吵也不要紧，然后政治局再讨论。

在这次谈话中，毛泽东对“文化大革命”作出总的评价。他说：

> 对文化大革命，总的看法：基本正确，有所不足。现在要研究的是在有所不足方面。三七开，七分成绩，三分错误，看法不见得一致。①

关于“文化大革命”的错误，毛泽东说：

> 文化大革命犯了两个错误，1. 打倒一切，2. 全面内战。打倒一切其中一部分打对了，如刘、林集团。一部分打错了，如许多老同志，这些人也有错误，批一下也可以。②

毛泽东要求8人会议抓住当时两条路线的斗争，集中讨论“文化大革命”问题，以他的这个结论为基础，对“文化大革命”作个决议。毛泽东说：你们8个人先讨论，一次开不好，两次、三次，不要着急。

（二）两次中共中央政治局8人会议及批评对象的扩大

11月4日，中共中央政治局即开了第一次8人会议。当天晚上，毛远新向毛泽东汇报了会议情况。

谈到对“全面内战”的理解时，毛泽东说：无战争经验已经十多年了，全面

---

① 《建国以来毛泽东文稿》第13册，第488页。

② 《建国以来毛泽东文稿》第13册，第488页。

内战,抢了枪,大多数是发的,打一下,也是个锻炼。但是把人往死里打,不救护伤员,这不好。①

谈到会上有的同志讲,主席一个时期批评这些人,一个时期批评那些人,为的是在路线上一致起来,不要一批评就要打倒似的。毛泽东点头说:对,不是打倒,而是改正错误,团结起来,搞好工作。我批评江青也是这样。他又说:开会就是帮助他(指邓小平)及大家,互相帮助,搞好团结,搞好工作。

毛泽东还指出:“安定团结不是不要阶级斗争,阶级斗争是纲,其余都是目。”他由此谈到理论问题:“斯大林在这个问题上犯了大错误。列宁则不然,他说小生产每日每时都产生资本主义。列宁说建设没有资本家的资产阶级国家,为了保障资产阶级法权。我们自己就是建设了这样一个国家,跟旧社会差不多,分等级,有八级工资,按劳分配,等价交换。要拿钱买米、买煤、买油、买菜。八级工资,不管你人少人多。”②

毛泽东最后叮嘱毛远新:这个不要告诉江青,什么也不讲。他还指示:会议还要逐步扩大几个人。

11 月 7 日的中共中央政治局第二次 8 人会议后,得到毛泽东同意,指名批评的对象,扩大到在宣传理论和教育、科技、文艺等领域积极支持邓小平进行整顿的几位领导同志:胡乔木、胡耀邦、李昌、周荣鑫。会议的范围也扩大到 17 人,包括全体身体健康状况能够参加会议的中共中央政治局成员。

11 月 8 日,张春桥找周荣鑫谈话,指责周荣鑫对教育工作提出的一系列正确主张,责令周荣鑫作检查。周荣鑫提出:当前学生不读书等问题急待解决。张春桥却说:“社会上有否定文化大革命、否定教育革命的风。”“一个是培养有资产阶级觉悟的、有文化的剥削者、精神贵族,一个是培养有觉悟的、没有文化的劳动者,你说要什么人?我宁要一个没有文化的劳动者,而不要一个有文化的剥削者、精神贵族。”张春桥还说:迟群在 1968 年带领“军宣队”、“工宣队”到清华大学、北京大学,路线是正确的。

11 月 14 日,按毛泽东前一天所作向“一些老同志打个招呼”的指示③,邓小平和几位常务副总理在国务院召集周荣鑫、李昌、胡耀邦、胡乔木开会,通知他们中共中央政治局日内将开会谈他们的问题,要他们准备到政治局会议上作检讨。

---

① 《建国以来毛泽东文稿》第 13 册,第 488 页。
② 《建国以来毛泽东文稿》第 13 册,第 486 页。
③ 《建国以来毛泽东文稿》第 13 册,第 495 页。

五、从“教育革命大辩论”到“反击右倾翻案风”

（一）清华大学发动“教育革命大辩论”

广泛发动群众，是毛泽东的一个重要工作方法。他在指导中共中央政治局内讨论对“文化大革命”的评价并对邓小平进行批评的同时，指示在清华大学传达他对刘冰等人来信的批评，发动群众，开展“教育革命大辩论”。

11月3日下午，中共中央政治局委员、北京市委第一书记吴德到清华大学，在该校党委常委扩大会议上传达毛泽东在10月下旬关于刘冰等人来信谈话的记录整理稿（后来习惯称之为批示）。吴德还传达：根据毛主席指示的精神，在清华大学展开大辩论，辩论刘冰等人两封信的实质。非常明显，其意图是以“教育革命大辩论”来发动“反击右倾翻案风”运动。

从11月3日当天起，迟群连续主持召开不断扩大的清华大学党委常委扩大会议，对刘冰等人进行有组织的围攻。北京大学党委常委和各系党总支书记也参加。清华大学的所谓“教育革命大辩论”在迟群、谢静宜操纵下，很快就变成激烈的政治运动。到11月12日，校党委常委会竟扩大到1700多人参加。

11月18日，清华大学召开全校师生大会，公布了毛泽东指责刘冰等人来信的谈话、批示（但对其中批评邓小平的话没有公布）。迟群、谢静宜采取威胁、利诱等手段，指使15人①上台作证，对刘冰等人揭发的问题作了完全颠倒黑白的所谓“澄清”，把两封揭发信打成“诬告信”，并竭力攻击周荣鑫、刘冰等人“否定教育革命”，“翻文化大革命的案”，还叫嚷要“揪后台”。

会后，清华大学开辟大字报区，一天之内贴出2000多张大字报。北京大学紧跟其后。这些大字报公开点名批判周荣鑫、刘冰等人。北京和一些省、市奉命组织干部、群众到清华大学看大字报。两校大字报的内容迅速在各地传

① 出场作证的15个证人，有的是追随迟群干坏事的人，有的是政治品质恶劣的人，也有的是上当受骗或被逼上台作证的。1977年5月，清华大学党委改组后，组织专门调查小组进行调查。这15个人都推翻了自己当时的证词，有些证人还揭发了迟群一伙采取威胁、利诱等手段指使他们出场作证的劣迹（据新华社记者报道《刘冰等给毛主席写信符合党章，内容属实，清华大学党委公开纠正这一错案》，载《人民日报》1978年11月23日）。

播,各地一些学校也开展了"教育革命大辩论"。"四人帮"还在各种场合,诬陷周荣鑫的正确言论是"奇谈怪论",说他进行的教育整顿是"把矛头指向毛主席和以毛主席为首的党中央","妄图恢复资产阶级在学校的一统天下,专无产阶级的政"。与此同时,迟群等人一方面打着"大辩论"的旗号,对刘冰等人进行全校性的批斗,把他们打成"正在走的走资派"、"投降派"、"右倾翻案风急先锋";另一方面借题发挥,把矛头指向周恩来和邓小平,在全国掀起所谓"反击右倾翻案风"的逆流。

(二)通过"打招呼"会议进一步发动

1. 毛泽东要邓小平继续主持中央日常工作

当时,虽然中共中央政治局内"批邓"的范围逐步扩大,在清华大学进行的所谓"教育革命大辩论"正在演变为一场激烈的政治运动,但是,毛泽东对邓小平仍然立足于帮,并不想把邓小平打倒。

这从毛泽东对外交部《关于缅甸总统吴奈温访华接待计划的请示》和邓小平报告的批示中可以看出。邓小平就接待计划报告毛泽东:"奈温已表示希望会见春桥、江青、文元同志,故我请外交部提出由我和春桥两人之一出面接待的方案。我觉得以后对主要国宾,由我一人出面,过于繁重,故这次拟请春桥出面。如何,请主席考虑指示后,再送政治局各同志审核。"毛泽东阅后批示:"由小平主持会谈。春桥可参加欢送及宴会。"删去了《请示》中的"江青同志会见已有安排",并把"由邓小平或张春桥副总理代表周总理主持"、"请邓小平或张春桥副总理讲话"、"请邓小平或张春桥副总理祝酒"中的三处"或张春桥"四个字圈掉。①

这从毛泽东处理王洪文回京后中央日常工作的安排上,也看得很清楚。

王洪文在五六月间召开的中共中央政治局会议上受到批评,写了书面检讨。他于6月下旬离开北京前往上海、浙江,在11月中旬回到北京。照说,在当时形势下,利用邓小平挨批的机会,就势要邓下王上,顺理成章。可是,毛泽东并没有这样做。

邓小平在王洪文回到北京以后,即于11月15日给毛泽东写了一个报告:

> 七月份洪文同志到外地时,经主席批准,由我暂时代替主持中央

---

① 据《邓小平年谱(1975—1997)》(上),第128页。

> 日常工作。现洪文同志已回，按例，从即日起，中央日常工作仍请洪文同志主持。近日召开的十七人会议，亦应请洪文同志主持。①

毛泽东当夜在邓小平的信上写下批语②：

> 暂时仍由小平同志主持，过一会再说。
>
> 毛泽东
>
> 十一月十五日二十三时

由此可见，毛泽东当时对邓小平还有所期待，希望经过“批评、帮助”，邓小平能够同他一致起来，继续共同工作。

同一天，毛泽东批示，将他在7月14日关于文艺等问题的谈话印发中共中央政治局讨论。毛泽东写道：“印发政治局各同志。请讨论一次。我讲的不完全，至少应该提到鲁迅提倡削烂苹果一篇，请文元同志找出此文印发，以供讨论之用。”③鲁迅提倡削烂苹果一篇，指《准风月谈》中的《关于翻译（下）》。此文用削烂苹果做比喻，告诫人们要正确对待有缺点的人和作品，批评那种“首饰要‘足赤’，人物要‘完人’。一有缺点，有时就全部都不要了”的不好的脾气。

从这里也可以看出，毛泽东批评邓小平，是希望他改变观点，纠正“错误”，以便团结一致，共同工作。

2. 中共中央政治局17人会议讨论“文化大革命”评价和“打招呼”问题

按照毛泽东的部署，11月20日，中共中央政治局召开17人会议，批评邓小平，讨论对“文化大革命”的评价问题和向一些同志“打招呼”的问题。会议仍由邓小平主持。

（1）关于“文化大革命”评价问题

毛泽东在11月3日同毛远新谈话时，就作出了一个“三七开”的总评（即：“基本正确，有所不足”，“七分成绩，三分错误”），要求中共中央政治局通过讨论，统一认识，作个决议。这时，毛泽东又提出，希望这个决议由邓小平主持来作。

邓小平不同意毛泽东对“文化大革命”的这种评价。若干年后，他作过这

---

① 《建国以来毛泽东文稿》第13册，第497页。当时，中共中央办公厅将毛泽东的这个批语和邓小平的信一起以中央内部文件1975年第270号印发。

② 引自《建国以来毛泽东文稿》第13册，第497页。

③ 《建国以来毛泽东文稿》第13册，第447页。

样的批评:“毛泽东同志到了晚年,确实是思想不那么一贯了,有些话是互相矛盾的。比如评价‘文化大革命’,说三分错误、七分成绩,三分错误就是打倒一切、全面内战。这八个字和七分成绩怎么能联系起来呢?”①邓小平还说:“毛主席在去世前一两年讲过,文化大革命有两个错误,一个是‘打倒一切’,一个是‘全面内战’。只就这两点讲,就已经不能说‘文化大革命’是正确的。”②但在当时,对“文化大革命”的否定当然只能腹诽而无法明说。邓小平不愿在毛泽东这个“三七开”的指导思想下为“文化大革命”作决议,又不能直截了当地表述自己的不同意见,他只能寻找托辞。邓小平在11月20日的中共中央政治局会议上说:由我主持写这个决议不适宜。我是桃花源中人,不知有汉,何论魏晋。其中,“不知有汉,何论魏晋”这句话,出自晋朝陶渊明的《桃花源记》,是毛泽东在前几天(11月13日)《关于打招呼问题的批语》中刚用过的典故。③ 邓小平用这种方式,把自己在“文化大革命”评价问题上丝毫也不妥协的态度清楚地表达了出来。毛泽东得知后,大失所望。

有论者认为,邓小平表示的这种不妥协态度,促使毛泽东下定发动“批邓、反击右倾翻案风”运动的决心。这当然有一定道理,因为毛泽东不满意邓小平的是邓小平对“文化大革命”的否定,如果在这一点上邓小平能够同毛泽东一致,已有的缝隙就可能弥合起来。不过,从当时已经形成的局面来看,毛泽东的这种试探在邓小平那里必然碰壁姑且置之不论,即使邓小平允诺承当,笔者以为至多对“批邓、反击右倾翻案风”运动的时间、规模、程度产生一些影响。从全局来说,毛泽东“批邓”的决心在此之前就已经下定了(虽然他并不想“打倒”邓小平)。这从11月以来毛泽东的历次谈话可见,从在清华大学传达毛泽东对刘冰等人来信的谈话、发动“教育革命大辩论”可见,从事实上已经开始的对邓小平的批判可见,特别是从11月20日中共中央政治局会议讨论的另一个议题“打招呼”问题也可见。

(2)关于“打招呼”问题

11月13日下午,毛泽东在会见缅甸总统吴奈温后,把陪同会见的邓小平和张春桥留下谈话。毛泽东建议胡耀邦、胡乔木、周荣鑫、李昌、刘冰等人列席中

---

① 《邓小平文选》第2卷,第301页。

② 《邓小平文选》第2卷,第346页。

③ 据《邓小平年谱(1975—1997)》(上),第132页;《建国以来毛泽东文稿》第13册,第495页。何论魏晋,一作无论魏晋。

共中央政治局的"帮邓"会议，并说，他们参加会议也是对他们的一种帮助。①

11月13日这天，毛泽东写了一段批语，指示向一些同志打个招呼，以免这些同志犯新的错误。批语全文如下：

过去只有河南同百分之八十的县委书记打了招呼，所以没有受冲击。在多数人身上复杂一点。桃花源中人，不知有汉，何论魏晋。要估计这种情况。一些老同志打个招呼，如周荣鑫、李昌、胡耀邦、胡、刘冰、李井泉等几十个人也要打招呼。②

11月20日，中共中央政治局会议讨论了"打招呼"的问题。

会后，邓小平于11月21日给毛泽东写了报告，请示关于召开"打招呼"会的有关问题。报告写道：

主席：

遵照主席指示，向一些同志打个招呼，免犯错误。现拟了一个一百三十六人的名单，并拟了一个打招呼的谈话要点，都是由政治局会议讨论修改了的，现送上，请审阅批示。

打招呼的方法是，把大家召集到一块谈，政治局同志都出席。

政治局商量，准备把谈话要点发给各大军区司令员和政委以及省市委第一书记，也给他们打个招呼。此点也请主席批准。

邓小平

十一月二十一日

随报告附送的"打招呼"谈话要点讲到，中央认为，毛泽东对刘冰等人来信的指示非常重要。"清华大学出现的问题绝不是孤立的，是当前两个阶级、两条道路、两条路线斗争的反映。这是一股右倾翻案风"。"清华大学的这场大辩论必然影响全国。毛主席指出，要向一些同志打个招呼，以免这些同志犯新的错误"。

毛泽东于11月22日在邓小平的报告上写了批语③：

很好。但不仅只是老同志，要有中年、青年各一人同听同议，如同此次十七人会议那样。即也要对青年人打招呼。否则，青年人也

---

① 《邓小平年谱(1975—1997)》(上)，第129页。

② 《建国以来毛泽东文稿》第13册，第495页。文中"胡耀邦"后面的"胡"，指胡乔木。

③ 《建国以来毛泽东文稿》第13册，第504页。

会犯错误。请政治局再议一次,或者分两次开,或者先分后合。

毛泽东

十一月廿二日

过了一天,毛泽东改变了想法,又给邓小平写信①:

小平同志:

还是你们议的好,先给老同志打招呼。青年问题暂缓。因有的还未结合,有的在打派仗(如七机部),有的貌合神离(如清华),召集不起来。

毛泽东

十一月廿三日

3.“打招呼”会议动员“批邓、反击右倾翻案风”

11 月 24 日下午,中共中央政治局按照毛泽东的指示精神,在北京召开了一个“打招呼”会议。参加会议的有全体在京中共中央政治局委员,党、政、军机关一些负责的老同志,共 130 多人。会议仍由邓小平主持。邓小平宣读了经毛泽东审阅批准的《打招呼的讲话要点》——

一、清华大学党委副书记刘冰等人,于一九七五年八月、十月两次写信给毛主席,他们用造谣诬蔑、颠倒黑白的手段,诬告于一九六八年七月带领工人宣传队进驻清华、现任清华大学党委书记迟群、副书记谢静宜两同志,他们的矛头实际上是对着毛主席的。根据毛主席指示,清华大学党委自十一月三日起召开常委扩大会议,就刘冰等同志的信展开了大辩论。这个会议逐步扩大,现在已经在全校师生中进行辩论。

二、毛主席指出:“清华大学刘冰等人来信告迟群和小谢。我看信的动机不纯,想打倒迟群和小谢。他们信中的矛头是对着我(指毛主席)的。”中央认为,毛主席的指示非常重要。清华大学出现的问题绝不是孤立的,是当前两个阶级、两条道路、两条路线斗争的反映。这是一股右倾翻案风。尽管党的九大、十大对无产阶级文化大革命已经作了总结,有些人总是对这次文化大革命不满意,总是要算文化大革命的账,总是要翻案。根据惩前毖后、治病救人的方针,通

① 《建国以来毛泽东文稿》第 13 册,第 504 页。

过辩论，弄清思想，团结同志，是完全必要的。

三、清华大学的这场大辩论必然影响全国。毛主席指示，要向一些同志打个招呼，以免这些同志犯新的错误。中央希望大家认真学习无产阶级专政理论，正确对待无产阶级文化大革命，正确对待群众，正确对待自己，同广大干部、广大群众团结在一起，以阶级斗争为纲，把各项工作做好。

宣读之后，邓小平作了几点说明。主要是：第一，"三个正确对待"的问题，也就是毛主席所说的要正确对待文化大革命、正确对待群众、正确对待自己。第二，毛主席说要以阶级斗争为纲，这是党的基本路线。有一种提法，说以毛主席"三项指示为纲"，这是不正确的。阶级斗争是纲，其他两项是目。第三，要正确对待新生事物，应该支持和肯定，不要指手画脚，教育界和各行各业都要注意这个问题。第四，老、中、青三结合，特别是对青年干部，采取一棍子打死的态度不对。最后，清华这场大辩论很快要扩大到全国，至少扩大到教育、文化领域。①

毛泽东指示召开这次会议，除了给老同志"打个招呼"，让他们转弯子，避免再"犯错误"以外，也有让邓小平就此机会当众作个检查的意思。

11月26日，中共中央发出《关于转发〈打招呼的讲话要点〉的通知》。《通知》说：

遵照毛主席的指示，中央最近在北京召开了一次打招呼的会议。参加这次会议的主要是党、政、军机关一些负责的老同志，也有几位青年负责同志，共一百三十余人。会上宣读了毛主席审阅批准的《打招呼的讲话要点》，会后分组进行座谈讨论。

毛主席、党中央决定将《打招呼的讲话要点》转发给你们，希望你们在省、市、自治区党委常委，大军区党委常委，中央国家机关各部委常委或领导小组、党的核心小组成员，军委各总部、各军兵种党委常委中进行传达讨论，并将讨论情况报告中央。

对《打招呼的讲话要点》的传达和讨论，在党、政、军的高层领导中进行了"批邓、反击右倾翻案风"运动的动员。从此，全国开始了"批邓、反击右倾翻案风"运动，持续了9个月的整顿为之中断。

---

① 据毛毛：《我的父亲邓小平："文革"岁月》，第428—429页。

4. 中共中央政治局会议“批邓”和邓小平的“检讨”①

在全国党、政、军高层领导中传达和讨论《打招呼的讲话要点》的同时，12月份，中共中央政治局连续开会，批判邓小平。会议场景十分奇特。主持者就是被批判者。邓小平到场宣布“开会”以后，就像一尊铜像一般，稳稳地坐在那里，不言，不动，一任“四人帮”一伙大张挞伐、诬蔑攻击。时间到了，他说声“散会”，若无其事，离席而去。

邓小平这时仍然牵挂着重病中的周恩来，关心着他的病情，不断听取医疗组的汇报，安排治疗事宜。重病中的周恩来，也为处在批判狂潮中的老战友担心。他特意把邓小平找来，关切而郑重地问道：“态度会不会变？”邓小平回答：“永远不会！”周恩来听了，说：“那我就放心了！”面对凶险的政治风浪，他们坚如磐石，义无反顾。

12月20日晚上，邓小平在中共中央政治局会议上作“检讨”。他没有预先写好稿子，要说的话早已久久萦回在心中，好在存有会议记录，使我们得以知道邓小平这篇充满政治智慧、坚持原则立场的“检讨”是怎样讲的。

照例，他先表示感谢：“首先感谢主席的教导，感谢同志们的帮助，特别是青年同志的帮助”，并说：“我自己对这些错误的认识也是逐步的”，接着“谈谈我的思想状态”，也就是他这次所作的“检讨”。他说：

> 九号文件以前一段时间，看到相当部分工业生产上不去，事故比较多，不少地方派性比较严重，确实很着急。二三月间铁路运输问题很多，影响到各方面的生产，所以我提出首先从铁路着手解决问题。在这个问题上，除了在管理体制上提出强调集中统一以外，特别强调了放手发动群众，批判资产阶级派性，强调了抢时间，企图迅速解决问题。因此，在方法上强调对少数坚持打派仗头头，采取坚决调离的方法。徐州问题的解决，铁路上的面貌很快地改观。我当时觉得，用这种方法的结果，打击面极小，教育面极大，见效也最快。同时我还觉得江苏运用铁路的经验解决了全省其他问题，也得到较快较显著的效果，所以我认为这个方法可以用之于其他方面。紧接着，把这样的方法用之于钢铁，用之于七机部，用之于某些地区、某些省，用之于整顿科学院的工作。在这次会议之前，我还自认为这些方法是对头

---

① 本节史实据毛毛：《我的父亲邓小平：“文革”岁月》，第430—432页。

> 的，所以，当着有同志对这些方针和方法提出批评的时候，我还（觉得）有些突然，有些抵触情绪。

邓小平在“检讨”中谈到了对派性，对工业生产，对文教系统，对老、中、青三结合，对新生事物，特别是对“文化大革命”的态度等问题。

邓小平“检查”原因，坦诚地说：

> 最主要、最根本的，是对文化大革命的态度问题。“桃花源中人”，八年未工作，不是主要原因。主要原因是思想认识问题。

当天会后，邓小平连夜给毛泽东写信，并附上他在会上所作“检讨”的记录。信是这样写的：

> 主席：
>
> 在今（20日）晚的会议上，我对自己的错误作了一个检讨性的发言，现将这个发言送呈主席审阅。当然，这是一个初步的检讨。我希望能够取得主席的当面教诲。当然应该在主席认为必要的时候。

显而易见，邓小平的这篇发言是申辩而并没有检讨，用谈思想状态的方式对1975年整顿作了回顾和肯定；通过“检查”原因，委婉地表明了对毛泽东批评的异议，说明了在“文化大革命”评价问题上存在的原则性分歧。

在毛泽东那里，邓小平的这篇发言当然无法通过。从此，邓小平也再没有“取得主席的当面教诲”。

（三）毛泽东对邓小平的肯定和安排

周恩来逝世前后，对邓小平的批判一点没有降温。

1976年新年伊始，1月3日，中共中央政治局的“帮邓会”就重新开始了。邓小平作补充检查。他说：提出要以“三项指示为纲”这样重大的问题，既没请示主席，也没提到政治局和国务院讨论。会后，邓小平把补充检查送毛泽东，并写信给毛泽东，说：“上次在政治局会议上作过初步检查之后，又听到远新同志传达主席的一些重要指示。先是六位同志，随后又是两次大的会议上，同志们又对我的错误，进行了严肃的分析、批评和帮助，使我进一步认识到上次检查的不足。”“对我批判的会议，还要继续开，我除了继续取得同志们的批评帮助外，总希望能够向主席当面陈述自己对错误的认识，取得主席的教诲，当然要在主席认为可以的时候。”

1月20日晚上，中共中央政治局的“帮邓会”再次召开，邓小平再作检查。

会上有人责问:你为什么要见毛主席？邓小平平静地回答:想当面向毛主席讲自己错误的严重,特别想当面听取主席的批评和指示,我还想当面提出自己的工作问题。我觉得这种要求是正常的,我仍然抱有这样的希望。

散会后,邓小平连夜给毛泽东写信。信中说:“我两次要求见主席,除了讲自己错误和面聆主席教导外,确实想谈谈我的工作问题。还在批判我的错误的时候,提出我的工作问题是否妥当,我自己确很踌躇。提,怕觉得我受不得批评;不提,也有什么恋栈之嫌。再三考虑,还是想当主席面谈这个问题为好。”“现在,已过去两个多月,批判还将继续下去,再不提出会妨碍中央的工作,增加自己的过失。因此,我首先向主席提出:解除我担负的主持中央日常工作的责任,恳请予以批准。”并说:“我自己再不提出,实在于心有愧。”“至于我自己,一切听从主席和中央的决定。”

1 月 21 日上午,毛远新向毛泽东汇报了 20 日会上邓小平作检讨发言的情况。毛泽东这时也已看到了邓小平给他的信。毛泽东肯定邓小平的检讨,并对邓小平的工作作出安排。这从 21 日毛泽东听取毛远新汇报时的谈话中可以清楚地看到。

毛泽东说:还是人民内部问题,引导得好,可以不走到对抗方面去。邓愿意作自我批评。

毛远新说:还要创造条件,看实践怎样做到自己的申明。小平同志讲向主席陈述自己错误,听取教诲外,还想讲自己的工作问题。

毛泽东说:小平工作问题以后再议。我意可以减少工作,但不脱离工作,即不应一棍子打死。

毛远新说:还是惩前毖后、治病救人的方针。

毛泽东说:对。

毛远新又谈到,华国锋、纪登奎、陈锡联提出,国务院请主席确定一个主要负责同志牵头,他们 3 人做具体工作。

毛泽东说:就请华国锋带个头,他自认为是政治水平不高的人。小平专管外事。

可见,当时毛泽东一方面要“批邓、反击右倾翻案风”;另一方面并不想把邓小平一棍子打死,还是要继续用邓小平,让他做工作。①

---

① 《毛远新的笔记(节录)》(1975 年 11 月至 1976 年 1 月),胡乔木、邓力群编:《文革十年资料》第一辑,第 172 页。

可是，“四人帮”一伙对毛泽东的指示置若罔闻。他们把邓小平视为他们篡党夺权的最大障碍，必欲置之死地而后快。他们利用手中的权力和舆论工具，进一步把“批邓、反击右倾翻案风”运动在全国范围公开发动起来。

（四）“批邓、反击右倾翻案风”运动的公开发动和展开

1.“四人帮”处心积虑造舆论

毛泽东就刘冰等人来信作出错误判断，批评了邓小平和刘冰等人以后，“四人帮”认为反攻倒算的时机到了，立即加以利用，力图搞成一场整垮邓小平的政治运动。在“打招呼”会议前后，“四人帮”一伙处心积虑地进行各种准备。

在北京，谢静宜、迟群秉承江青的旨意，将周荣鑫的一些讲话汇编成《周荣鑫修正主义教育观点》、《周荣鑫右倾翻案言行》等 8 种材料，印刷 2 万册公开散发，供批判。

同时，“四人帮”指使他们的亲信给毛泽东写信诬告，制造到处都在刮“右倾翻案风”的印象。1975 年 10 月 1 日，七机部党的核心小组原成员舒龙山写信给中共中央和毛泽东，诬告国防科委主任张爱萍推行“今不如昔”的“右倾机会主义错误路线”①；10 月 20 日，教育部林××给毛泽东写信，诬告教育部部长周荣鑫“搞宗派”，“千方百计地要否定（国务院）科教组几年来的工作”，想把迟群“从政治上搞臭，组织上搞倒”等②；12 月 8 日，中国科学院党的核心小组原成员柳忠阳给毛泽东写信，诬告胡耀邦等同志到中国科学院后刮起了所谓“右倾翻案风”。③ 迟群还指使他安插在教育部的亲信通宵达旦地偷抄国家机密，收集中央领导同志的讲话。④

在这场政治斗争中起了极坏作用的毛远新，于 11 月 6 日主动把毛泽东自 9 月以来的几次谈话集中整理，给毛泽东报告说：“为了集中讨论对文化大革

① 毛泽东在 1975 年 11 月 2 日批示：“印发政治局各同志，请总政酌处。此人是‘九一六’左派。”同时，他口头指示：“对张爱萍要帮。”

② 林××原是海军的一名基层干部，后调教育部工作。毛泽东在 1975 年 11 月 4 日对此信批示：“印发政治局各同志（加发教育部党的核心小组），先作调查，然后讨论一次。”

③ 毛泽东在 1975 年 12 月 8 日对此信批示：“科学院柳忠阳同志的信，印发政治局（给科学院党的领导小组一份），予以调查研究。”

④ 据教育部大批判组：《一株反党乱校的大毒草——批判北京大学、清华大学大批判组的〈教育革命的方向不容篡改〉》，《人民日报》1977 年 10 月 21 日。

命的看法；为了贯彻互相帮助，统一认识，团结起来，搞好工作的原则；也考虑到下一步逐步扩大，便于传达讨论，我把前几次谈话主席有关的指示整理一个材料，请主席审阅指正。”[①]以后，他又陆续多次整理毛泽东的谈话，下发全党。[②] 这就使得“四人帮”能够打着毛泽东指示的旗帜，肆无忌惮地打击邓小平等力图纠正“文化大革命”错误的老一辈无产阶级革命家。

在外地，“四人帮”把两校（北大、清华）与辽宁、上海的死党、亲信连成一线，昼夜不停地搜集、编印为他们进行所谓“反击”，矛头指向周恩来、邓小平、叶剑英和其他中央领导同志的材料。[③]

号称“四人帮”的“金棍子”的姚文元，忙着指使他们在《红旗》杂志的一个亲信，授意“两校”大批判组，炮制公开发动“批邓、反击右倾翻案风”运动的重头文章《教育革命的方向不能篡改》。姚文元反复强调：“这是一个信号”，“分量要重一些”。[④] 同时，姚文元遵从王洪文的旨意，让《人民日报》和新华社派出大批记者到全国各地去“调查”“反击右倾翻案风”的情况，搜集邓小平和老干部的“黑材料”，准备发起新一轮攻击的“炮弹”。[⑤]

---

① 这份材料包括毛远新在1975年9月27日、11月2日汇报辽宁省情况和对形势看法后的谈话，11月3日汇报中共中央政治局4人开会情况后的谈话，11月4日晚汇报中共中央政治局8人第一次讨论情况时的谈话。

② 随着“批邓、反击右倾翻案风”运动的展开，1975年12月18日，毛远新给毛泽东写报告说：“此次请示是否可以把主席近一时期有关指示整理一下，开会时印发大家学习，主席同意可以试试。”“我试着综合了一下。为便于大家学习理解，没有按时间顺序，而是根据内容整理的。”“主要三个方面：1、阶级斗争为纲；2、文化大革命（包括教育革命）；3、当前运动的方针、政策。”“这样编排是否妥当，送上草稿，请主席批评指正。”毛泽东阅后批示：“可以。”12月21日，毛远新将他整理的毛泽东指示稿送中共中央政治局委员、中央办公厅主任汪东兴，并“建议先印发政治局及参加会议的同志”。1976年2月2日，毛远新再次给毛泽东写报告说：“根据大家的要求，我对去年十二月二十一日整理的主席有关指示作了一些补充，现将补充过的段落都重抄一份，请主席审阅。”当日，毛泽东又在这个报告上批示：“可以。”1976年3月3日，中共中央发出通知说：“中央根据毛主席一九七五年十月至一九七六年一月的多次重要讲话，整理了《毛主席重要指示》，并经毛主席审阅批准。现将《毛主席重要指示》印发给你们，请你们组织县团以上干部认真学习，深刻领会，坚决贯彻执行。”（《建国以来毛泽东文稿》第十三册，中央文献出版社1998年版，第490—491页。）

③ 据教育部大批判组：《一株反党乱校的大毒草——批判北京大学、清华大学大批判组的〈教育革命的方向不容篡改〉》，《人民日报》1977年10月21日。

④ 转引自教育部大批判组：《一株反党乱校的大毒草——批判北京大学、清华大学大批判组的〈教育革命的方向不容篡改〉》，《人民日报》1977年10月21日。

⑤ 据范硕：《叶剑英在1976》，中共中央党校出版社1995年版，第7页。

2. 张春桥制造国际影响

11月30日，张春桥向阿尔巴尼亚教育代表团介绍中国“教育革命大辩论”的情况，把国内刚刚发动起来的运动情况向国外扩散。

张春桥说：“现在争论的头一个问题是对文化大革命以前十七年教育怎样估计。”这17年是“资产阶级专了我们的政”，“但是，有人说，这十七年很好，那个时候倒是马列主义的，相反，文化大革命以来，学校反而不好了，教育质量降低了，在课堂上课少了。大学生不如以前中学生读书多”。张春桥还对外宾说：“我们的教育部长也有问题。”

12月20日，中共中央转发了载有张春桥谈话内容的《外交通报》，作为省军级以上党、政、军机关和驻外使馆等外事单位对外宾谈话的依据。

3.“两校”文章发出“批邓、反击右倾翻案风”的信号

12月1日，《红旗》杂志1975年第12期发表北大、清华两校大批判组的文章：《教育革命的方向不容篡改》（以下简称《篡改》）。12月4日，《人民日报》等报纸都予以转载。“四人帮”通过它，向全国发出了“批邓、反击右倾翻案风”的信号。

《篡改》把教育部部长周荣鑫在整顿中的正确讲话诬蔑为“奇谈怪论”：“最近，教育界有一种奇谈怪论，说什么文化大革命以来，教育革命这也不行，那也不是，教育革命的方向‘总没有解决好’，因而‘就是要扭’。这无非是说，教育革命搞过了头，搞糟了，要把教育革命的方向‘扭’回去。”

《篡改》在大学招生问题上大做文章。在1975年整顿中，邓小平提出理科“要挑中学生好的，要直接上大学”。实际上，这是重申周恩来提出、毛泽东赞成的主张。1972年10月14日，周恩来会见美籍华人科学家李政道及其夫人。李政道建议中国采取措施，从小培养基础科学人才，进大学后，一边学习、一边劳动，造就一批比较年轻的科学家。周恩来赞成这个建议，他说：学校学生应“以学习为主”，“对学习社会科学理论或自然科学理论有发展前途的青年，中学毕业后，不需要专门劳动两年，可以直接上大学，边学习、边劳动”。“我们总要有一批大学培养的研究人才出来”，在大学教育方面“要迎头赶上”。他还指出：这个办法，和从有实践经验的工人、农民中选拔大学生是平行的。①

---

① 据《周恩来年谱（1949—1976）》（下卷），第558页；教育部大批判组：《一株反党乱校的大毒草——批判北京大学、清华大学大批判组的〈教育革命的方向不容篡改〉》，《人民日报》1977年10月21日。

但“四人帮”和迟群拒不执行周恩来的上述指示，没有选拔中学生直接上大学。1974 年 5 月 30 日，毛泽东会见来华探亲、访问的李政道。李政道重提前述建议。毛泽东明确表示，对这个建议是赞成的。① 迟群等人对此是知情的。可是，他们在 1975 年 11 月竟把周恩来的指示编进所谓“右倾翻案言论”中去，并在《篡改》一文中大张挞伐。

《篡改》还抓住“要有热心科学的外行来领导”这句话大批特批，甚至扣上“右派”的大帽子。《篡改》将周荣鑫批评教育质量下降，说现在的大学生“不如过去的中技生”，学校“开门办学”后学习理论知识的热情下降，出现“实践—实践—实践”的片面强调实践的现象等谈话内容，统统诬蔑为“奇谈怪论”进行批判。他们的矛头，表面上指向教育部部长周荣鑫，实际上是指向当时主持中央日常工作的邓小平。

《篡改》把“当前争论的焦点”归结为：“是坚持教育要革命的方向，把无产阶级教育革命进行到底，还是为修正主义教育路线翻案，复辟资产阶级知识分子统治我们学校的旧教育制度？”《篡改》认为：“教育战线上的这场争论，是当前社会上两个阶级、两条道路、两条路线斗争的组成部分”，“现在，教育界的奇谈怪论就是企图为修正主义教育路线翻案，进而否定文化大革命，改变毛主席的革命路线。修正主义仍然是当前的主要危险”。《篡改》叫嚷：“必须抓住问题的实质，批判否定教育革命的错误思潮，分清路线上的大是大非，继续巩固和发展教育革命的成果，加强无产阶级在上层建筑领域对资产阶级的全面专政”。显而易见，《篡改》是要以批判“教育界的奇谈怪论”为突破口，在各条战线上发动对否定“文化大革命”的“右倾翻案风”的“反击”。

4. “批邓、反击右倾翻案风”形成运动，整顿中断

《篡改》一文发出信号，“初澜”、“苗雨”等“四人帮”控制的写作班子紧紧跟上。在“四人帮”指挥下，报刊上连续不断地发表“反击”的文章。1975 年 12 月 14 日，中共中央转发了《清华大学关于教育革命大辩论的情况报告》（以下简称《报告》）。《报告》叙述了清华大学抓住该校党委副书记刘冰等人给毛泽东的信，召开校党委常委扩大会议，开展“教育革命大辩论”的情况。《报告》说，刘冰等人的信是“诬告”，“矛头实际上是对着毛主席的”，是有着深刻

---

① 据教育部大批判组：《一株反党乱校的大毒草——批判北京大学、清华大学大批判组的〈教育革命的方向不能篡改〉》，《人民日报》1977 年 10 月 21 日。

的政治背景的。《报告》说："今年七、八、九三个月，社会上政治谣言四起，攻击和分裂以毛主席为首的党中央，否定无产阶级文化大革命，翻文化大革命的案，算文化大革命的账。这是一股右倾翻案风。在教育界，尤其突出。""教育部长周荣鑫同志到处讲话，制造和散布种种否定教育革命的奇谈怪论，反对毛主席的教育路线，篡改教育革命的方向，并且直接插手刘冰等人的诬告信。"因此，清华大学这场斗争，"绝不是孤立的，而是当前两个阶级、两条道路、两条路线斗争的反映，是无产阶级文化大革命的继续和深入"。中共中央在转发《报告》的批语中说，这个《报告》很好，提供了在党委领导下开展教育革命大辩论的经验；并要求将《报告》下发到大、中、小学校的党支部。

"四人帮"利用毛泽东的指示，在他们控制的报刊上大造舆论，又把所谓清华大学的"典型经验"通过中央文件下发。就这样，由刘冰等人来信引发、以"教育革命大辩论"为突破口的一场"批邓、反击右倾翻案风"的政治运动在全国上下被发动了起来。

领导 1975 年整顿的邓小平，在中共中央政治局内进一步受到批判，连续检讨，不能过关。"四人帮"处心竭虑，搜集材料，罗织罪名，为公开批判直至把邓小平再一次打倒而磨刀霍霍。

"把几个方面的工作整顿得很有成效"、受到邓小平重用的那"几个人才"①，当时都受到追查、批判。"四人帮"对他们"残酷斗争，无情打击"，并想从他们那里打破缺口，逼出材料。

在新疆马兰基地组织了第二次地下平洞核试验（10 月 27 日）取得成功的张爱萍，刚回到北京，就被责令检查。江青在中共中央政治局会议上定调子："张爱萍不是好人，是个通台湾的特务，要把他彻底打倒。"王洪文在国防科委党委常委和七机部党的核心小组成员联席会议上讲话："张爱萍的错误实际上是否定文化大革命在国防科委、七机部的伟大胜利，否定整个文化大革命。"他还亲自参加七机部"批邓联张"、"反击右倾翻案风"的大会，给他的"造反"起家的派头头朋友撑腰鼓气。11 月下旬，返回式卫星发射成功，这在"四人帮"那里竟也成了张爱萍的"罪名"。张春桥的"判词"是："卫星上天是

---

① 此处引用邓小平的话，见《邓小平文选》第 3 卷，第 369 页。这句话的全文是："一九七五年我抓整顿，用了几个人才，就把几个方面的工作整顿得很有成效，局面就大不一样。"

幌子,红旗落地才是真意。”①此论一出,“卫星上天,红旗落地”的谬论塞满了报刊。“四人帮”以“批邓联张”为说辞,指使国防科委党委与七机部党的核心小组联合起来,对张爱萍揭发批判,把张爱萍整顿七机部时的即席讲话记录稿汇编成册,要求打一场“人民战争”。1976 年 1 月 18 日,在北京先农坛体育馆召开了七八千人参加的批判大会,参加单位有国防科委机关、二机部和七机部机关。因病住院的张爱萍带着氧气袋参加大会,宣读了一份 72 个字的稿子,表示在领导整顿中所作的讲话、决定“由我个人承担全部责任。与其他同志没有任何关系”!②

“批邓联万”,1975 年整顿中的“开路先锋”万里,被诬蔑为邓小平搞“右倾翻案风的急先锋”、“不肯改悔的走资派”,遭到激烈批判。郑州、兰州铁路局得到地方党、政、军主要负责人支持,翻案得逞。重点整顿过的一些单位一片混乱。铁路系统某些单位的一些人纷纷赴京上访,冲击铁道部机关,连沙发上都刻上了“打倒万里”的口号。万里被赶下台,“检查交代问题”。

国务院政治研究室也是“四人帮”重点打击的对象。他们一面亲自出马,罗织罪名,诬蔑攻击,指责国务院政研室“是一个相当大的谣言店”(江青语)、“继旧中宣部后又一个阎王殿”(姚文元语),通过报刊攻击国务院政研室负责同志是“邓小平的谋臣”、“邓记班子中的‘理论家’”;一面扶植自愿充当“钉子”的人从内部发难,插手国务院政研室的运动,一连制造了七次大的所谓“揭批高潮”,企图整垮国务院政研室的负责同志,并由此打开一个搜集攻击邓小平等中央领导同志“黑材料”的缺口。胡乔木首当其冲,成为追逼交代和打击的重点。邓力群、于光远也是被着重攻击的对象。他们面临强横的里应外合、内外夹击的政治高压,经受住了考验,没有被压垮,没有让“四人帮”的阴谋得逞。

主持中国科学院整顿的胡耀邦,被传为邓小平手下的“四大金刚”③之一,当然也是被追查和批判的重点。胡耀邦被称为“科学院的那个走资派”公开批判。“四人帮”把《科学院工作汇报提纲》同“文化大革命”即将开始时的《二月提纲》相提并论,说 1966 年的“提纲”是为了阻挠“文化大革命”的开展,

---

① 上述材料据东方鹤:《张爱萍传》(下卷),第 938 页;《中华人民共和国实录》第三卷(下),第 1275 页。

② 据东方鹤:《张爱萍传》(下卷),第 943 页。

③ 当时社会传言,或为“四人帮”或其亲信故意为之。其他三人为:周荣鑫、万里、张爱萍。

今天搞的那个提纲则是为了砍掉“文化大革命”的胜利果实。

煤炭部部长徐今强也成为打击的对象。王洪文对徐今强在全国煤矿采煤掘进队长会议上的报告《学大庆、赶开滦，为建设一支特别能战斗的队伍而奋斗》下了“胡说八道”四字评语，勒令煤炭部收回这个报告并作检讨。重病中的徐今强回答：“言如箭出，不可乱发，一入人耳，有力难拔。报告能收回，但话是收不回来的。事关全局，文件不能收回，也不作什么检讨。”

在“批邓、反击右倾翻案风”运动中受迫害最为深重的，是周荣鑫和刘冰等人。教育部部长周荣鑫重病在身，被残酷批斗50余次。至1976年4月12日，他在连续被批斗5天的情况下，心脏病突发，昏厥在批斗会上，于4月13日凌晨离开了人世。刘冰等4位同志，在短短几个月内，被批斗220多次。“四人帮”撤销了他们的党内外一切职务，停止了他们党的组织生活，并且把他们送到清华大学农场等地监督劳动。

1975年的冬天是一个严寒的冬天。“反击”的旋风把整个中国搅得周天寒彻。邓小平部署的全面整顿被迫中断。整顿带来的各个领域、各个方面的复苏、好转和秩序，又一次遭到破坏。人们刚刚升腾起来的希望，被困惑、迷惘所取代。“四人帮”妖雾重来，邓小平再次挨批，周恩来病重垂危，中国将怎么办？1976年元旦，尽管广播喇叭中响彻“到处莺歌燕舞”的豪迈词句，却无法驱散全国人民心头的惨雾愁云。

1976年1月，新年伊始，“四人帮”控制的舆论工具全部开动起来。全国报刊充斥着“批邓、反击右倾翻案风”的文章，其气势不亚于“文化大革命”初期“横扫一切牛鬼蛇神”的时候。从《不许为修正主义教育路线翻案》，扩展到《回击科技界的右倾翻案风》、《坚持文艺革命，反击右倾翻案风》，以至于《反击卫生战线的右倾翻案风》①；从《评“三项指示为纲”》②，到剖析《论全党全国各项工作的总纲》，批判《科学院工作汇报提纲》和加快工业发展的《工业二十条》；③从《孔丘之忧》、《再论孔丘其人》的影射攻击，到《从资产阶级民主派到走资派》等的论证“规律”。所有这些文章，都颠倒黑白，把邓小平主持的各方面整顿诬蔑为“右倾翻案风”，把邓小平主持制定的文件、条例诬蔑为“复辟

① 以上各篇，分别载于《红旗》杂志1976年第2、3、4期。

② 载于《人民日报》1976年2月29日。

③ 分别载于《红旗》杂志1976年第4期、《学习与批判》杂志1976年第4期、《人民日报》1976年5月31日等。

纲领”，还从“批邓”概括出所谓“从民主派到走资派”的公式，为层层揪“走资派”、从上到下打倒老干部制造理论根据。而“至今不肯改悔的走资派”，公开地成了邓小平的代名词。江青、张春桥还布置文艺作品要写“与走资派斗争”的主题，要拍20多部这类电影。于是，影片《反击》、《盛大的节日》、《欢腾的小凉河》等“阴谋文艺”的代表作不断地被炮制出来。

但是，不论上面怎样一再“打招呼”、发文件，不论“四人帮”怎样拼命鼓噪，除了帮派势力、“反潮流战士”之外，应者寥寥。相反，人民不满和愤怒的情绪，通过各种方式宣泄出来，汇成反对“四人帮”的浪潮。随着“四人帮”对周恩来、邓小平诬蔑攻击的加剧，对人民压迫、钳制的严酷，反对的浪潮汇聚成声讨“四人帮”的汪洋大海，终于在农历丙辰年清明节爆发了四五运动，鲜明地表达了中国人民坚决拥护中国共产党正确领导、支持邓小平1975年整顿、反对“四人帮”倒行逆施的坚决态度。四五运动及其表达的中国人民实现四个现代化和社会主义民主的强烈愿望，为1976年粉碎“四人帮”的伟大胜利奠定了坚实的群众基础。

结束语

对1975年整顿的历史评价

我们已经和读者一起，对1975年整顿的历史作了比较全面、系统的回顾和分析。想来，读者会乐意赞成本书《引言》中所作的评论，邓小平领导的1975年整顿，将以其在"文化大革命"10年内乱中独具的辉煌，被载入中华人民共和国和中国共产党的史册。1975年整顿，是拨乱反正的开端，是改革开放的试验，是伟大历史转折的前奏，是邓小平理论的起点。1975年整顿丰富的实践经验和多方面的理论创造，是一份十分宝贵的精神财富。它将永远给予为建设社会主义现代化强国的中国人民以启发和激励。在这里，我们就1975年整顿的发展过程、显著成效及其在短时间内取得成功、又突然中断的原因，1975年整顿的作用、意义及其历史地位等问题，作一简要的评述。

一、1975年整顿的发展过程、显著成效及取得成功的原因

在中共十届二中全会和四届全国人大一次会议之后，邓小平于1975年1月即为落实毛泽东早已作出的"军队要整顿"的指示作了部署。2月酝酿、3月开始，雷厉风行地领导铁路整顿。重点突破铁路运输这个薄弱环节以后，随即在工交战线各行各业推广铁路整顿的经验，并乘胜转入国防科技和钢铁的重点整顿。短短三四个月，铁路运输面貌改观，煤炭工业恢复发展，钢铁扭转欠产局面，整个工业交通战线发生显著变化，出现安定团结和把生产搞上去的好势头。国防科技事业恢复正常，为在1975年取得"三星高照"的优异成绩奠定了基础。这是整顿的第一阶段，是重点整顿阶段，也可以说是整顿的试点

阶段。在此期间，围绕“反经验主义”问题，毛泽东尖锐地批评了“四人帮”，有力地支持了邓小平。江青、王洪文被迫检讨。王洪文离开北京。从 7 月 2 日起，中共中央政治局常务工作由邓小平主持。

7 月初，毛泽东提出要调整党的文艺政策，并接连对“周扬一案”（7 月 2 日）和电影《创业》（7 月 25 日）作出批示，再次对文艺调整发表谈话（7 月 14 日），并批准国务院设立政治研究室（7 月初）。邓小平抓住毛泽东作出这些指示和决策的有利时机，把整顿从经济部门引导到上层建筑特别是意识形态领域，1975 年整顿由此进入第二阶段。从 7 月起，文艺的调整、军队的整顿、教育的整顿、科技的整顿、国防工业的整顿、地方的整顿、农业的整顿，先后展开，并取得成绩。

邓小平在整顿向面上铺开和引向深入的基础上，决心乘胜前进，提出“党也要整顿”，并部署在 1975 年冬至 1976 年春进行以整党为核心的“全面整顿”。他在中共中央政治局讲了“各方面都要整顿”的问题，得到毛泽东的赞成；他又在全国农业学大寨会议上，向全党、全国提出“全面整顿”的任务。为了给全面整顿做准备，邓小平指导起草了工业和科技方面的两个条例；论“以三项指示为纲”的社论，也由国务院政治研究室起草。就在 1975 年整顿准备进入第三阶段——全面整顿阶段之际，一场名为“批邓、反击右倾翻案风”的运动开始，以整党为核心的“全面整顿”还没有来得及展开，1975 年整顿就被迫中断了。

1975 年整顿进行不过八九个月，其发展之迅速、成效之显著，在当代中国历史上是不多见的。

通过整顿，“文化大革命”特别是“批林批孔”运动造成的动乱局面有了很大改观。军队完成了“三支两军”任务，开始实施缩编方案，步入正规化、现代化建设的轨道。通过调整军队各大单位的领导干部，军队的领导权被牢牢地掌握在忠于党和人民的马克思主义者手中。大批被长期关押、审查的老干部获得了解放，不少人被重新分配了工作。各省、自治区、直辖市党委的领导重新恢复和建立起来。从中央各部委到各省、地、县直到基层单位的各级领导，经过调整充实，逐步克服了软、懒、散的状态。派性斗争在全国各地得到了遏制。除个别地区以外，全国各地的武斗停止了下来。随着文艺政策的调整，不少电影、戏剧、文学作品被解禁，广大群众的文化生活逐步活跃起来。农村政策的调整，使得人们能够较多地吃到猪肉，口袋里也有一点钱了。坐火车、坐长途汽车，一律对号入座，改变了拥挤、争抢的混乱状况。总之，生产秩序、工作秩序、社会秩序逐步趋于正常，全国上下呈现出安定团结的景象。邓小平在毛泽东、周恩来的支持下，战胜了“四人帮”的干扰、破坏，领导中国共产党和中国各族人民进行整顿，只用了短短八九个月的时间，就把中国从持续9年的动乱中解脱出来，逐渐恢复正常，并开始改革开放，加快发展，在新中国的历史上，确实写下了令人赞叹不绝的篇章。

政治路线和方针、政策的正确与否，最终要用经济的效果来衡量和检验。邓小平领导1975年整顿，是以建设四个现代化的社会主义强国为号召、作动员的。用经济建设的成就来衡量和检验，1975年整顿确实是异常辉煌的。

1975年7月，国务院总结上半年工业生产情况，在报告中指出：“今年上半年，传达贯彻毛主席关于理论问题、关于还是安定团结为好和把国民经济搞上去的三项重要指示和中央九号、十二号、十三号文件，工业交通战线的形势发生了显著变化。”“三月以来，工业生产和交通运输一个月比一个月好。原油、原煤、发电量、化肥、水泥、内燃机、纸及纸板、铁路货运量等，五、六月份创造了历史上月产的最高水平。军工生产情况也比较好。”这个报告还指出：“全国工业总产值，上半年完成全年计划的百分之四十七点四。从各地区完成的百分比看，高出全国平均数的有北京、上海、天津、河北、吉林、黑龙江、甘肃、陕西、广东等十二个省、市。其他省、区，也正在赶上来。”“上半年，全国财政收入完成全年计划的百分之四十三，收支平衡，略有节余。”①从这些数据可见，整顿仅三个多月，成效就已经十分明显了。全年统计，经济形势令人欣喜。1975年全年工农业总产值达到4467亿元，比1974年增长11.9%。其中，工业增长15.1%，农业增长4.6%。粮食产量创历史最高水平。进出口贸易额为147.5亿美元，超过以往任何一年。国防科技取得了“三星高照”的优异成绩，令全世界刮目相看。财政收入815.6亿元，比1974年增长32.5亿元。整顿使1975年成为“文化大革命”10年内乱中经济发展状况最好的一年。

在经过“文化大革命”9年的长期动乱之后，邓小平主持1975年整顿，只用了八九个月时间，在政治上、经济上就取得了如此显著、如此巨大的成效，在中华人民共和国的历史上，写下了十分辉煌的一页。1975年整顿何以能够在

---

① 据《国务院关于今年上半年生产情况的报告》（1975年7月12日），《党的文献》1999年第6期。

短期内取得显著成效呢？它留给后人的主要经验是什么呢？从本书的叙述中，不难看出，主要有以下几点。

第一，邓小平高举毛泽东思想的旗帜，遵照毛泽东的指示，取得毛泽东的支持，来领导整顿。这是 1975 年整顿能够顺利发展的关键。1975 年整顿，是以贯彻落实毛泽东的指示为动因而进行和展开的。总体上说，整顿就是要贯彻落实毛泽东关于学习理论、反修防修，安定团结，把国民经济搞上去三项重要指示。邓小平把它概括、上升，创造性地提出以毛泽东的"三项指示为纲"来指导 1975 年整顿。各个方面的整顿，有些是邓小平审时度势，主动提出，报告毛泽东，得到毛泽东的同意、批准后进行的，如铁路整顿、钢铁整顿、国防科技整顿、党的整顿等；有些是毛泽东亲自提出来的，如军队整顿、文艺调整等，邓小平组织调查研究，积极有效地贯彻落实。在整顿进行过程中，围绕"反经验主义"问题和评《水浒》的问题，邓小平同江青一伙展开了斗争，毛泽东在这两场斗争中都支持了邓小平，有力地推动了整顿的发展。邓小平纯熟地运用毛泽东思想指导整顿。在论述反对派性、增强党性时，邓小平从毛泽东领导延安整风时的"整顿三风"①，讲到毛泽东在中共七大政治报告中阐述的"三大作风"②，联系当时的实际，学习和贯彻毛泽东最近提出的"三要三不要"③原则。他还明确要求撰写阐述毛泽东关于整顿党的作风、关于"双百"方针的文章，请示毛泽东允许发表《论十大关系》以指导当时的整顿，反复强调要全面学习、宣传、贯彻毛泽东思想，反对对于毛泽东思想的庸俗化和割裂。在"文化大革命"爆发 9 年后的 1975 年，以贯彻落实毛泽东的指示、学习运用毛泽东思想来领导整顿，既是取得毛泽东的支持和信任，使整顿能够顺利进行的必要条件，也是动员干部、群众，排除"四人帮"的干扰、阻挠的有力武器。

第二，1975 年整顿反映了人民群众的迫切愿望和强烈要求，同时又是广泛深入地发动群众、依靠群众来进行的。经历了 9 年"文化大革命"动乱以及

---

① 整顿三风：一是整顿学风，反对主观主义；二是整顿党风，反对宗派主义；三是整顿文风，反对党八股。

② 毛泽东在中共七大政治报告中提出了理论联系实际、密切联系群众、批评和自我批评三大作风。

③ "三要三不要"，即"要搞马克思主义，不要搞修正主义；要团结，不要分裂；要光明正大，不要搞阴谋诡计。"这是毛泽东于 1971 年 8 月中旬至 9 月 12 日在巡视南方期间，同沿途各地负责同志谈话中针对林彪等人的阴谋活动而提出的。毛泽东在 1975 年 5 月 3 日召集的中共中央政治局会议上，针对"四人帮"的阴谋活动，再次强调"三要三不要"原则。

长期低水平生活的困顿以后，人心思治，人心思富，毛泽东关于要安定团结、把国民经济搞上去的指示，周恩来在四届全国人大一次会议上重申的建设四个现代化社会主义强国的奋斗目标，符合全国各族人民的心愿。邓小平领导1975年整顿，以实现发展国民经济的两步设想为目标，强调“全党讲大局，把国民经济搞上去”，号召全党、全国都要为实现到20世纪末把我国建设成为具有现代农业、现代工业、现代国防和现代科学技术的社会主义强国这个目标而奋斗，得到全党、全国的拥护和响应。而从铁路整顿开始，整顿的展开，采取了一竿子插到底、直接诉诸群众的办法。中央文件直接传达到群众，做到家喻户晓、人人明白。用中央文件来教育群众、发动群众、组织群众。无论是批判派性，调整领导班子，转变领导作风，落实党的政策，还是加强企业管理，恢复、建立、健全规章制度，完成生产任务，都依靠群众来进行、来完成。许多“老大难”问题的解决，以至于整个1975年整顿的胜利，都是中央与地方、领导与群众结合的结果，都是群众路线的胜利。

第三，抓住要害，集中解决派性和领导班子软、懒、散的问题。在纷乱复杂的局面中，邓小平对当时存在的主要矛盾看得很准。“批林批孔”运动再度引起社会动乱，其要害是派性。而派性之所以能够兴风作浪，是由于少数坏头头篡夺了领导权，而少数党委领导班子怕字当头，软、懒、散。邓小平领导1975年整顿，着重抓了批派性和调班子这两个相互关联的要害问题。广泛发动群众对派性作斗争，把思想教育、政治攻势和行政措施、法律手段结合起来。对闹派性的人，该调的调，该批的批，该斗的斗，限期改正；过时不改的，不发工资，有的下放劳动；对个别坚持搞派性的坏头头，予以逮捕，集中打击。与此同时，调配领导干部，解决软、懒、散的问题，建立起坚强的领导班子。

第四，不仅有总的路线、任务、方针，还有具体的目标、任务和方针、政策、措施。从中央到地方，从部门到地区、企业，具体的目标、任务和方针、政策、措施有三个层次：一是用《工业二十条》和《科学院工作汇报提纲》，来分别指导经济部门和意识形态部门的整顿；二是用中央作出批示、转发文件的方式，来提出某一方面整顿的目标、任务和方针、政策、措施，以统一思想，指导整顿；三是地区、企业或基层单位作出整顿的具体计划，大中型钢铁企业由企业，所在省、市，冶金部三方联合签署“保证书”。中央文件，通过召开专门会议，采取中央与地方、部门相结合的方法形成，从部门、地方以至于企业的实际情况出发，由中央作出批示、转发请示报告，提出整顿的具体目标、任务，规定具体的方针、政策、措施。所提目标、任务和方针、政策、措施，既体现了总体要求，吸收了既有经验，又适合各自的实际情况和特点。例如，对各地方和各部门、各行业，提出解决软、懒、散的问题；对军队，则提出要解决肿、散、骄、奢、惰的问题。铁路整顿，强调铁路与地方要脱钩；钢铁整顿，则强调企业和地方要结合。

第五，大刀阔斧，雷厉风行，坚决果断，敢于碰硬。邓小平的这种工作作风和战斗风格，也是 1975 年整顿迅速见效的重要原因。铁路整顿、钢铁整顿、国防科技整顿，都是说干就干，规定任务，限时完成；令行禁止，来不得半点含糊。邓小平提倡不怕被打倒的精神，提倡敢摸老虎屁股的精神，这种义无反顾、敢于碰硬的大无畏精神，是整顿制胜的法宝。在整顿过程中，邓小平自己也正是这样身体力行的。我们看到，在 1975 年整顿中，邓小平同"四人帮"在许多问题上通过各种方式展开了多种多样的斗争，他同江青、同张春桥、同王洪文，在中共中央政治局会议上，在接见会议代表时，在全国"农业学大寨"会议全体代表面前，都面对面进行过针锋相对的斗争。没有这种无私无畏的斗争精神，1975 年整顿的顺利发展是不可能的。

第六，重点突破、以点带面的工作方法。在工交系统中选择铁路作为整顿的突破口，在铁路整顿中又确定以徐州为重点。重点突破取得经验后，即在面上推广。运用徐州铁路整顿的经验，不仅指导铁路系统的整顿，而且指导整个工交系统的整顿。又运用徐海地区整顿的经验，指导全国各地方的整顿。钢铁整顿首先抓"八大钢"的整顿，在"八大钢"整顿的过程中，及时发现太原钢铁公司的经验，在整个钢铁系统推广。集中力量解决"老大难"问题，又用解决"老大难"问题的经验来指导全局，使整顿很快在面上推开，取得成效。

第七，善于用人。邓小平在后来谈论发现和使用人才时，曾回顾 1975 年整顿的经验："一个人才可以顶很大的事，没有人才什么事情也搞不好。一九七五年我抓整顿，用了几个人才，就把几个方面的工作整顿得很有成效，局面就大不一样。"①在 1975 年整顿中，邓小平对万里、张爱萍、周荣鑫、胡耀邦、胡乔木等人委以重任，放手让他们领导一个方面的整顿，取得了显著的成效。知人善任，这是邓小平的一个突出长处，也是 1975 年整顿成功的重要因素。

---

① 《邓小平文选》第 3 卷，第 369 页。

二、1975 年整顿突然中断的经过及其原因

（一）1975 年整顿突然中断的经过

1975 年整顿的挫折，发生在整顿进入科技领域特别是教育领域的时候。这时，毛泽东开始改变他对整顿支持的态度，他与邓小平的矛盾开始显现并很快尖锐起来。

9 月 27 日，毛远新向毛泽东汇报辽宁的情况，在谈话中对邓小平主持下的这一段时间工作颇多否定，并提到肯定还是否定"文化大革命"的高度。9 月 28 日，恰好是这次谈话后的第二天，邓小平把经过修改的《科学院工作汇报提纲》报给毛泽东。毛泽东看后不满意，对邓小平讲了一些不赞成的意见，特别指出，文件中引用的"科学技术是生产力"这句话，他不记得曾经讲过。[①] 而恰恰就在毛泽东对邓小平整顿科技、教育的方针有所不满之时，10 月 15 日左右，邓小平又把刘冰等人揭发迟群、谢静宜的信转到毛泽东的案头。[②] 邓小平希望由此推动教育的整顿，不想结果适得其反。毛泽东认为"信的动机不纯"，"信中的矛头是对着我的"，而"小平偏袒刘冰"；并说刘冰是"走资本主义道路的当权派"，"清华所涉及的问题不是孤立的，是当前两条路线斗争的反映"。就在毛泽东形成这些看法的时候，毛远新在新疆参加庆祝活动后回到北京，于 11 月 2 日上午到毛泽东处大谈当时的形势，攻击邓小平主持的整顿，说现在有一股风，要否定"文化大革命"。于是，形势逆转，天平完全向"左"边倾斜。毛泽东与邓小平的矛盾表面化了，一场"批邓、反右击倾翻案风"的运动被发动起来。不过，毛泽东认为邓小平"还是人民内部问题"，"批是要批的，但不应一棍子打死"。毛泽东同"四人帮"的矛盾这时虽然随之下降，但毛泽东也没有再重用他们。毛泽东对江青依然有批评，没有让王洪文再主持中共中央政治局日常工作，出面主持"批邓反右"并担任国务院代总理的也不是张春桥，而是华国锋。

---

① 毛泽东对《汇报提纲》的意见，邓小平于 1975 年 10 月 14 日转告胡乔木。据《邓小平的二十四次谈话》，第 96 页。

② 刘冰等人的信写于 1975 年 10 月 7 日，在 10 月 13 日晚，由教育部负责人李琦转交给胡乔木，胡乔木于当晚即把信交给了邓小平的秘书王瑞林。

（二）1975 年整顿中断的命运何以不可避免

1975 年整顿在它深入到科技、教育领域时遭到批判而中断的命运，是不可避免的。因为在整顿的指导思想上，从而在社会主义革命和建设的指导思想上，邓小平和毛泽东既有契合、一致的方面，也有矛盾、不同的方面。主要表现在三个层面上。

第一，在实践层面上，是肯定还是否定“文化大革命”。

毛远新在毛泽东面前就是这样提出问题的：对“文化大革命”怎么看？“三七开”还是“倒三七”，肯定还是否定？毛远新认为，1975 年，邓小平主持中央日常工作，对工交、财贸、文艺、教育等进行整顿，就是否定“文化大革命”对新中国成立以后 17 年“修正主义路线”的批判。邓小平主持的 1975 年整顿，确实是在总体保持“文化大革命”外壳的情况下，从工交、文艺、科技、军队等方面，局部地对“文化大革命”进行具体的否定，发展下去，势必要系统地纠正“文化大革命”的错误，并导致对“文化大革命”的否定。这是毛泽东所不能容忍的。毛泽东也看到，对于他毕生所做两件大事之一的“文化大革命”，反对的人不少。有两种态度：一是不满意，二是要算账。毛泽东提出对“文化大革命”的评价是“三七开”，七分成绩，三分错误。到 1975 年 11 月，在中共中央政治局内批评邓小平时，毛泽东还希望邓小平主持作个决议。但邓小平推辞说：由我主持写这个决议不适宜。我是桃花源中人，不知有汉，何论魏晋。由此，毛泽东与邓小平的矛盾更加尖锐。

第二，在路线层面上，是“以阶级斗争为纲”还是“以经济建设为中心”。

邓小平提出“以三项指示为纲”，既强调毛泽东的三项指示是一个“整体”，又指出“把国民经济搞上去”是“大局”，从而突出了经济建设这个中心。毛泽东批评邓小平：“什么‘三项指示为纲’？安定团结不是不要阶级斗争，阶级斗争是纲，其余都是目。”据此，“四人帮”批判邓小平的“三项指示为纲”，是“故意把安定团结和发展国民经济这些属于‘目’的东西，摆进‘纲’里，就是为了以目乱纲，以目代纲”。① 其实，邓小平并没有否定阶级斗争。他在主持 1975 年整顿中，突出地抓了反对派性，打击各种经济犯罪和破坏活动，促使安定团结的实现和把生产搞上去。他甚至对本应允许的所谓农村“资本主义倾向”的一些表现，也进行了批评。毛泽东也没有否定经济建设，他提出“把国

① 梁效、任明：《评“三项指示为纲”》，《人民日报》1976 年 2 月 29 日。

民经济搞上去”的要求，支持为此而采取的整顿措施、进行的种种努力。问题的焦点在于，社会主义制度在我国基本上建立起来以后，国内主要矛盾是否仍然是工人阶级和资产阶级的矛盾。毛泽东把社会主义社会中一定范围内存在的阶级斗争扩大化和绝对化。“以阶级斗争为纲”背离了中共八大路线，导致“文化大革命”这样全局性的错误。邓小平后来批评毛泽东说：“毛泽东同志是伟大的领袖，中国革命是在他的领导下取得成功的。然而他有一个重大的缺点，就是忽视发展社会生产力。不是说他不想发展生产力，但方法不都是对头的”，“社会主义改造基本完成了，还是‘以阶级斗争为纲’，忽视发展生产力。‘文化大革命’更走到了极端”。①

第三，在理论层面上，是对什么是社会主义的认识有差异。

毛泽东过于强调社会主义的纯和公，而不大注重社会主义的富，忽视社会主义社会可以或容许存在的私。他看到社会主义制度下商品生产、货币交换还有存在的必要，但不是致力于促进其得到应有的发展，而是强调进行限制；对按劳分配也不是促使其充分实现并臻于完善，而是着眼于限制。“四人帮”则把它推到极端，在上层建筑领域鼓吹“全面专政论”，在经济领域鼓吹“宁要社会主义的草，不要资本主义的苗”。邓小平认为，贫穷不是社会主义，发展太慢也不是社会主义，搞平均主义也不行。一个公有制占主体、一个共同富裕，是社会主义的根本原则。他没有把本来属于社会主义的东西，或社会主义社会容许存在或发展的东西，当作资本主义来反对或限制；也没有把共产主义高级阶段才能做到的一些东西，当作现实的社会主义必须做到的来要求。邓小平对什么是社会主义的认识，比较切合中国所处社会主义初级阶段的现实。

三、对 1975 年整顿的历史评价

在 1975 年冬天开始发动的“批邓、反击右倾翻案风”运动中，在当时的中国，对邓小平主持的 1975 年整顿有两种截然不同的评价。一种是以“四人帮”为代表的颠倒黑白、混淆是非的评价，攻击 1975 年整顿是“右倾翻案风”，“以三项指示为纲”是复辟资本主义的“修正主义纲领”，《论全党全国各项工作的总纲》、《关于加快发展工业的若干问题》（即《工业二十条》）、《科学院工

① 《邓小平文选》第 3 卷，第 116、141 页。

作汇报提纲》是三株“大毒草”，诬蔑邓小平是“至今不肯改悔的最大的走资派”。这些诬蔑、攻击充斥报纸、杂志，一时操纵了中国的舆论。可是，在人民群众中，在干部、党员中，有着另一种评价。他们拥护邓小平主持的1975年整顿，反对“四人帮”的倒行逆施。这种代表历史主潮的评价，从对“批邓反右”的抵制中表现出来，从广为传播的所谓“政治谣言”中反映出来，在四五运动中爆发出来。在中华人民共和国历史发展的航程中，1975年整顿的成就与挫折，为四五运动和粉碎“四人帮”做了十分重要的精神准备与物质准备。

中共十一届三中全会以后，1975年整顿所开始而没有完成的事业，在新的历史条件下，在根本否定“文化大革命”的指导思想下，得到继续和发展。被“四人帮”颠倒了的对1975年整顿的历史评价，自然也就被颠倒过来：

第一，1975年整顿是对“文化大革命”拨乱反正的开始。

邓小平说得好，中共十一届三中全会“总结了历史经验，决定了一系列拨乱反正的政策。其实，拨乱反正在一九七五年就开始了。那时我主持中央党政工作，提出了一系列整顿措施，每整顿一项就立即见效，非常见效。这些整顿实际上是同‘文化大革命’唱反调”。① 1975年整顿前后只用了短短八九个月，就使中国从持续9年的动乱中解脱出来，经济发展状况成为“文化大革命”10年内乱中最好的一年。

第二，1975年整顿是改革开放的实验。

胡乔木认为，1975年整顿，“实际上内容不但包含了改革，也包含了开放”。② 江泽民指出，1975年整顿，“实质上是后来改革的实验，反映了广大干部群众的愿望，代表了党的正确领导”，“整顿的业绩和他（指邓小平）在整顿中表现出来的风骨，赢得了党心、军心、民心，为粉碎‘四人帮’准备了广泛的群众基础”。③

1975年在经济领域和意识形态领域的整顿，都包含了改革开放的内容。改革，主要是改变、取消“文化大革命”中形成的许多做法：

——铁路整顿实行以铁道部为主的管理体制，重申全国铁路由铁道部统一管理、集中指挥，反对派性，建立健全必要的规章制度，整顿运输秩序，同种种破坏行为作斗争，加强组织性、纪律性，确保运输安全畅通。

---

① 《邓小平文选》第3卷，第81页。

② 《胡乔木文集》第2卷，人民出版社1993年版，第248页。

③ 《江泽民文选》第1卷，人民出版社2006年版，第630、631页。

——计划工作务虚会分析了当时经济生活中散和乱等主要问题，提出必须狠抓整顿、强调集中，对计划体制、企业管理体制、物资管理体制、财政体制的整顿都提出了具体意见。

——农业方面，强调农业的基础地位，并开始对农村政策进行调整：大力发展养猪业，重申鼓励公社社员养猪的方针；积极支持社队企业的发展，指出"伟大的、光明灿烂的希望就在这里"，开辟了建设中国社会主义新农村的新道路；同时，又采取了稳定的生产队为基本核算单位、稳定粮食收购价格等政策。

第三，1975 年整顿中，邓小平提出的"三项指示为纲"和在邓小平指导与影响下形成的三个著名文件，以及邓小平的一系列讲话和中共中央发出的指导整顿的一系列文件，是对建设中国特色社会主义道路的探索，是邓小平理论的酝酿和起点。毛泽东的三项指示本身就是总结"文化大革命"经验教训的产物，包含了反思和探索。邓小平把它们联系在一起，称"三项指示为纲"，是对建设中国特色社会主义理论的一次酝酿。胡乔木曾这样分析"三项指示为纲"同中共十一届三中全会后党的基本路线的联系："这里已经提到一个中心，一个基本点，另一个基本点改革开放当时还不可能提出来，只能叫整顿，实际上不但包含了改革，也包含了开放。当时主要是指对外贸易，首先是引进国外先进项目。"他还指明，邓小平"把侧重点放在安定团结和把国民经济搞上去上面"，"这两个口号的实质一直到十一届三中全会，一直到十三大和十三大以后，都还起着指路标的作用"。① 中共十一届三中全会以后形成的邓小平理论，其不少基本内容，在邓小平领导 1975 年整顿的文献中，有些已经有了明晰的表述，有些已经有了茁壮的萌芽。应该说，邓小平理论的产生是以他对 1975 年整顿的领导为起点的。

总之，邓小平主持的 1975 年整顿，贯彻落实并发展了"文化大革命"后期毛泽东三项重要指示所体现的正确思想和决策。它上承中共八大路线和"文化大革命"前 10 年的正确发展趋向，是 20 世纪 60 年代前期调整、1972 年周恩来主持的整顿的继续和发展；它下启中共十一届三中全会以后改革开放新时期，给当代中国的历史进程起了开辟航道的作用。

历史学家已经指出，在"文化大革命"前 10 年对社会主义道路的探索中，

---

① 《胡乔木文集》第 2 卷，第 248 页。

中国共产党的指导思想有两个不同的发展趋向，正确的和比较正确的趋向的发展和积累，为新时期纠正“文化大革命”的错误，实行指导思想上的拨乱反正，做了一定的准备。① 研究了 1975 年整顿的实践和理论，我们认为，对这个论点有必要加以补充。应该指出，在对建设中国特色社会主义道路的探索中，正确的和比较正确的趋向在“文化大革命”10 年中并没有完全中断。邓小平主持的 1975 年整顿，包括整顿中邓小平主持或指导起草的一系列文件，所作的讲话、谈话和批示，特别是《论总纲》、《工业二十条》、《科学院工作汇报提纲》三个著名文件，正是在“文化大革命”发展到 1975 年的特殊条件下，对“文化大革命”前 10 年发展与积累起来的正确和比较正确的理论、方针、政策的运用和发展。显而易见，1975 年整顿的理论和实践，具有强烈的现实针对性，对“四人帮”那一套极左的理论和方针、政策进行了尖锐的批判，实际上在许多方面具体地否定了“文化大革命”；同时，又相当全面地阐述和贯彻执行了毛泽东关于学习理论、反修防修，安定团结，把国民经济搞上去的三项重要指示。较之“文化大革命”前 10 年的探索，应该说，1975 年整顿所作的探索，为新时期的拨乱反正和改革开放做了更为直接的准备。

综观对建设中国特色社会主义道路的探索历程，不难看出，1975 年整顿有着重要的历史地位，它是连接“文化大革命”前 10 年和新时期的一个重要环节。作为 1975 年整顿历史主角的邓小平，他领导整顿取得的巨大成功、在“批邓反右”中遭受的沉重打击、在四五运动中受到的拥戴、第三次复出后创造的辉煌，构成了他那富有传奇色彩的人生中最为跌宕起伏、波澜壮阔的篇章。而邓小平用以指导整顿的“三项指示为纲”、他指导或影响下产生的三个著名文件、他领导制定的一系列中央文件，以及他在 1975 年整顿中的一系列讲话、谈话、批示，创造性地运用马克思列宁主义和毛泽东思想解决“文化大革命”造成的复杂、混乱局面，不仅具有丰富的实践经验，而且具有深刻的理论价值，构成日后形成完整科学体系的邓小平理论的起点。从 1975 年整顿的历史，已经可以看出，在 20 世纪中国历史转折关头产生的世纪伟人邓小平，既是毛泽东事业和毛泽东思想的继承人，又是毛泽东事业和毛泽东思想的发展者。

---

① 详见《中国共产党的七十年》，中共党史出版社 1991 年版，第 434—436 页。

主要参考书目

《建国以来毛泽东文稿》第 13 册

《周恩来选集》下卷

《邓小平文选》第 2 卷、第 3 卷

《叶剑英选集》

《胡乔木文集》第 2 卷

逄先知、金冲及主编:《毛泽东传(1949—1976)》(下)

金冲及主编:《周恩来传》

力平、马芷荪主编:《周恩来年谱(1949—1976)》

中共中央文献研究室编:《邓小平年谱(1975—1997)》

《胡乔木传》编写组编、程中原执笔:《邓小平的二十四次谈话》

毛毛:《我的父亲邓小平:“文革”岁月》

范硕等:《叶剑英传》

中国人民解放军军事科学院编:《叶剑英年谱(1897—1986)》(下)

东方鹤:《张爱萍传》(下卷)

张广友:《改革风云中的万里》

《三中全会以来重要文献选编》(上、下)

《十一届三中全会以来党的历次全国代表大会中央全会重要文件选编》(上、下)

中共中央党史研究室著、胡绳主编:《中国共产党的七十年》

中共中央党史研究室编写:《中共党史大事年表》

中国人民解放军军事科学院军事历史研究部:《中国人民解放军的七十年》

中国教育科学研究所编:《中华人民共和国教育大事记》(1949—1982)
陈东林、杜蒲主编:《中华人民共和国实录》第3卷(下册)
王年一:《大动乱的年代》
金春明:《"文化大革命"史稿》
席宣、金春明:《"文化大革命"简史》
谭宗级、郑谦、张沱生等:《十年后的评说——"文化大革命"史论集》
张化、苏采青主编:《回首"文革"》
中共中央党史研究室科研管理部编:《拨乱反正》(中央卷上)
《当代中国丛书》以下各卷:
中国人民解放军
当代中国军队的军事工作
当代中国军队的政治工作
当代中国军队的后勤工作
当代中国的国防科技事业
当代中国的航天事业
中国科学院
当代中国的钢铁工业
当代中国教育
《中华人民共和国地方简史丛书》以下各卷:
当代浙江简史
当代河南简史
当代江苏简史
当代湖南简史

初版后记

1991年春，我们奉调到刚刚成立的中国社会科学院当代中国研究所，从事中华人民共和国史的编研工作。程中原负责"文化大革命"时期的研究工作，夏杏珍参加"前10年"（1956—1965年）的研究工作。为适应工作需要，实现专业转换，程中原确定以"1975年整顿"这个课题为研究"文化大革命"史的切入点，夏杏珍确定以1975年的"文艺调整"作为展开她的研究专题"'双百'方针的历史命运"的突破口。这样，"1975年整顿"就成为我们从事中华人民共和国史研究的入门课题。

在完成《中华人民共和国史稿》写作任务的同时，到20世纪90年代中期，我们分别发表了一些专题论文和史事述评文章。程中原写的《1975年整顿中的三个著名文件》、《邓小平与1975年铁路整顿》、《国务院政治研究室和1975年整顿》，夏杏珍写的《当代中国文艺史上特殊的一页——1975年文艺调整述论》、《关于1975年评〈水浒〉运动的若干问题》两篇述论和关于文艺调整的七篇纪实文章，都以查阅档案和访问当事人所得的新史料为依据，提出了一些新的观点，纠正了一些流行的、不确切的说法，得到有关方面领导同志和学术界的好评。特别是夏杏珍写的两篇述论，产生了较大的社会反响：《新华文摘》列为要目全文转载；中共党史出版社于1995年11月，出版了她在此基础上写成的《1975：文坛风暴纪实》一书。

我们在学习、研究的过程中，逐渐形成一个看法：以中共十一届三中全会为转折点的第二次历史转折，是以邓小平在毛泽东、周恩来支持下领导的1975年整顿为前奏的。应该从这样的历史高度来认识邓小平与1975年整顿，应该放在这样的框架内来叙述和评论这一段历史，总结其经验教训。继承我国史传散文特别是纪事本末体历史著作的传统，学习五四运动以来马克思主义史学著作的优长，吸取通讯、报告文学等纪实文体的写作经验，我们冀望把这部作品写成一部思想性、学术性和可读性相结合的著作。它首先应该是一部信史。必须根据翔实可靠的第一手材料，通过科学的研究分析，在广阔的社会历史背景下，进行符合历史真实的叙述，作出客观、公正的评价。书里所写的所有历史场景、故事情节、人物对话、具体细节等，都必须是有根有据的。内容可以有所取舍，叙述可以或详或略，但决不容许半点虚构，也不容许任何想象的成分。对历史事件，不仅叙述其来龙去脉，说明其前因后果，而且评论其是非曲直，总结其经验教训。不单对历史事件进行叙述和评价，还要通过生动的场景，通过人物在历史事件中"做什么"和"怎样做"，通过他们的活动对政治、社会生活和历史进程的影响，写出活生生的历史人物，让读者不仅了解他们的是非功过，而且看到他们的音容笑貌，触摸到他们的个性特征。历史著作的思想内涵和学术价值，它独具的真实性、丰富性、生动性和借鉴作用，是可读性的根基，是吸引读者的主要之处。当然，同时还需要文采。《左传》中就已指出："言之无文，行而不远。"（见《左传·襄公二十五年》）孔子进而提出"文质彬彬"的要求（见《论语·雍也》）。没有内容与形式的适称配合，没有恰如其分的、富有文采的表述，也是不能吸引读者，让读者手不释卷，从而使著作传之广远的。为此，我们作了一番努力。我们主要采取夹叙夹议的写法，力求以准确简练的语言、生动流畅的文笔，来叙述和评析多姿多彩的历史进程和经历不同、个性各异的历史人物，企望能够引起读者阅读的兴趣。我们的耕耘，究竟能够得到几分收获，只有等待读者来评判了。

不过，有一点可以肯定，编写、出版这一类以中华人民共和国历史上重大事件为题材的，思想性、学术性和可读性相结合的历史著作，对于在广大干部、群众和青年中进行国史教育，提高国民素质是很有意义的，也是十分必要的。历史著作的认识价值和感染力，是别的著作所无法取代的。如能编写一系列这样的历史著作，并以这些基本著作做基础，经过更具广泛性、群众性的传媒进行再传播，那么，中华人民共和国历史上的成就和经验，可望进一步深入人心，也可望进一步发扬光大。我们期待有更多从事国史研究的学者在深入进行专题研究的基础上，拿起笔来，写这类普及与提高相结合的历史著作。至于我们自己，当竭尽我们的绵薄之力，继续进行尝试，不断探索前进。

作　者

壬午年四月十五日

新版后记

《历史转折的前奏——邓小平在1975》在2003年出版以后，我们对1975年整顿的研究并没有中止，陆续发表了《邓小平与1975年整顿》等论文和史事述评文章，先后出版了论文集《邓小平与一九七五年整顿》（人民出版社2004年8月）和资料书《邓小平的二十四次谈话》（人民出版社2004年9月），《"邓小平与一九七五年整顿"大事记》收入了《二十世纪中国通鉴》。我们的学术研究成果受到广大读者的欢迎，得到学术界的认可。由此延伸和扩大的"1975—1982：历史转折研究"，被批准列为2006年度国家社会科学基金重点项目。现在奉献在读者面前的《1975：邓小平主持整顿》，就是这个项目的最终成果"历史转折三部曲"的第一部。其他两部，分别为《1976：从四五运动到粉碎"四人帮"》和《1977—1982：实现转折，打开新路》，也将同时出版。

同6年前的旧作相比，本书反映了我们进一步研究这个课题发现的新材料、形成的新认识，也吸收了学术界关于这一课题的新成果、新进展。在内容方面，增设《全国"农业学大寨会议"与农业整顿》一章，进行比较全面的评述；增加了《国防尖端科技事业发展历程的回顾》、《计划工作务虚会后起草十年发展规划的情况》、《中共中央军委常委会多次开会进行筹备（军委扩大会议）》等篇目；在《钢铁整顿》这一章中增加了中国钢铁工业发展史的概述，在《文艺调整》这一章中增写了1975年年初邓小平主持中共中央日常工作后与毛泽东谈话的经过，邓小平对话剧《万水千山》的修改意见；在《"批邓、反击右倾翻案风"运动的发动与整顿的中断》这一章中，增加了1975年10月23日"六人会议"传达、讨论毛泽东对刘冰等人来信批评并提出如何贯彻的两个方案等情况；等等。总之，对1975年整顿的叙述和评论更加全面和翔实。在结构方面，作了若干调整，《军队整顿》、《地方整顿》提前，《文艺调整》、《科学院整顿》挪后，使全书更为符合历史与逻辑统一的要求。此外，我们对全书进行了校订和润色，力求史实无误，语言准确、鲜明、生动。

在这个课题立项的时候，我们就怀着一个志向，要在马克思主义唯物史观的指导下，在深入分析和研究历史事实的基础上，有所创新，有所前进。要求在继承中国古代史传散文和纪事本末体史书的优良传统的基础上，兼采近现代中外报告文学的特点，采用夹叙夹议的方式记述事件本末，力求义理、考据、辞章兼优，思想性、科学性、可读性统一，写出有新材料、新观点，有吸引力、感染力的历史著作。我们为此而进行了努力。究竟做得怎样，只有请读者和专家来评判了。我们期待着读者和专家们的批评、指正。

作　者

2017 年 6 月 20 日

出　　品：图典分社
策划编辑：侯　春
责任编辑：侯　春

图书在版编目(CIP)数据

1975：邓小平主持整顿/程中原 夏杏珍 著. —北京：大民出版社，2017.8
(2018.11 重印)
ISBN 978－7－01－016888－3

Ⅰ.①1…　Ⅱ.①程…②夏…　Ⅲ.①中国共产党-党史-史料-1975
Ⅳ.①D232

中国版本图书馆 CIP 数据核字(2016)第 257820 号

1975：邓小平主持整顿

1975：DENGXIAOPING ZHUCHI ZHENGDUN

程中原　夏杏珍　著

人民出版社 出版发行
(100706　北京市东城区隆福寺街 99 号)

北京新华印刷有限公司印刷　新华书店经销

2017 年 8 月第 1 版　2018 年 11 月北京第 2 次印刷
开本:710 毫米×1000 毫米 1/16　印张:36　插页:4
字数:580 千字

ISBN 978－7－01－016888－3　定价:80.00 元

邮购地址 100706　北京市东城区隆福寺街 99 号
人民东方图书销售中心　电话 (010)65250042　65289539

版权所有・侵权必究
凡购买本社图书，如有印制质量问题，我社负责调换。
服务电话：(010)65250042